# 现行有效交通法规汇编

（2008）

## 水运分册

中华人民共和国交通运输部　编

人民交通出版社

## 内 容 提 要

本汇编主要收集了截止到2007年12月现行有效的水路运输、水运工程建设方面的交通法律、行政法规、规章及部分综合性常用规章，共133件。内容按下列分类顺序编排：规划投资管理、水运工程建设和管理、水路运输、水路规费征收、港口生产作业、人事财务审计、交通法制、综合、附则。


**图书在版编目（CIP）数据**

现行有效交通法规汇编. 水运分册/中华人民共和国交通运输部编. —北京：人民交通出版社，2008.5

ISBN 978-7-114-07133-1

Ⅰ.现… Ⅱ.中… Ⅲ.①交通运输管理-法规-汇编-中国②水路运输-交通运输管理-法规-汇编-中国 Ⅳ.D922.149

中国版本图书馆CIP数据核字（2008）第059122号

书　　名：现行有效交通法规汇编(2008)　水运分册
著 作 者：中华人民共和国交通运输部
责任编辑：钱悦良
出版发行：人民交通出版社
地　　址：(100011)北京市朝阳区安定门外外馆斜街3号
网　　址：http://www.ccpress.com.cn
销售电话：(010)85285656,85285838,85285995
总 经 销：北京中交盛世书刊有限公司
经　　销：各地新华书店
印　　刷：北京市密东印刷有限公司
开　　本：850×1168　1/32
印　　张：38.125
字　　数：1022千
版　　次：2008年6月第1版
印　　次：2008年6月第1次印刷
书　　号：ISBN 978-7-114-07133-1
印　　数：0001—2000册
定　　价：60.00元

# 编 辑 说 明

一、本卷汇编是国家出版的水运交通专业性法律、法规、规章汇编正式版本。

二、本卷汇编收集了现行有效的水运交通法规、行政法规、规章,共133件。内容包括:全部现行有效水运方面的法律、行政法规;部分现行有效的水运方面的部颁规章。

三、本汇编的内容,按下列分类顺序编排:规划投资管理、水运工程建设和管理、水路运输、水运规费征收、港口生产作业、人事财务审计、交通法制、综合、附则。

**中华人中共和国交通运输部**

**2008 年 4 月**

# 目　录

中华人民共和国海商法

中华人民共和国主席令(92)第64号　1993.11.07 ········ 1

中华人民共和国港口法

中华人民共和国主席令(2003)第5号　2003.06.28 ······ 49

港口建设费征收办法

国发[1985]124号　1985.10.22 ································ 60

水路货物运输合同实施细则

国务院批准,交通部公布　(86)交河字915号

1986.12.01 ··································································· 63

长江干线航道养护费征收办法

国务院批准,交通部、财政部公布　(87)交河字110号

1987.02.21 ··································································· 72

中华人民共和国水路运输管理条例

国发[1987]46号　1997.12.03修正 ······················· 74

中华人民共和国航道管理条例

国发[1988]31号　1987.08.22 ································· 79

内河航道养护费征收和使用办法

国务院批准,交通部、财政部、国家物价局公布

交工发(1992)672号　1992.08.04 ··························· 85

上海航运交易所管理规定

国务院批准,交通部公布　交通部令1996年第8号

1996.10.03 ··································································· 96

关于不满300总吨船舶及沿海运输、沿海作业船舶海事赔偿限额的规定

国务院批准,交通部公布　交通部令1993年第5号

1993.11.15 …………………………………………………… 101
中华人民共和国港口间海上旅客运输赔偿责任限额规定
国务院批准，交通部公布　交通部令1993年第6号
1993.12.17 …………………………………………………… 103
中华人民共和国国际海运条例
中华人民共和国国务院令2001年第335号　2001.12.11
…………………………………………………………………… 104

## 规划投资管理

内河航运建设项目可行性研究报告编制办法
交通部　(88)交计字500号　1988.08.09 ……………… 119
港口建设项目后评价报告编制办法
交通部　(89)交计字701号　1989.12.14 ……………… 122
港口总体布局规划编制办法
交通部　(90)交计字58号　1990.02.04 ……………… 125
公路、水运基本建设利用国外贷款项目管理暂行办法
交通部　(91)交计字399号　1991.06.13 ……………… 128
港口消防规划建设管理规定
交通部　交公安发[1992]151号　1992.03.06 ………… 134
公路、水路运输全行业统计工作规定
交通部、国家统计局令1992年第36号　1992.07.21 …… 138
部属单位小型和限额以下固定资产投资建设项目管理办法
交通部　(90)交工字76号　1990.02.13 ……………… 141
关于交通行业基本建设和技术改造项目工程可行性研究报告增列"节能篇(章)"暂行规定
交通部　交体法发[1995]607号　1995.07.13 ………… 149
交通部直属航运支持保障系统非经营性船舶购置计划管理办法(试行)
交通部　交计发[1995]1153号　1995.12.04 ………… 153
沿海港口建设工程可行性研究投资估算编制规定

交通部　交基发[1995]1230号　1995.12.20 ………… 162
《关于交通行业基本建设和技术改造项目工程可行性研究报告增列"节能篇(章)"暂行规定》实施细则
交通部　交体法发[1996]354号　1996.04.18 ……… 169
港口规划管理规定
交通部令2007年第11号　2007.12.17 ……………… 174

## 水运工程建设和管理

内河航运工程初步设计文件编制办法(试行)
交通部　(91)交工字78号　1991.02.13 ……………… 187
中华人民共和国航道管理条例实施细则
交通部　(91)交工字609号　1991.08.29 ………… 189
港口建设工程项目职业安全卫生评价暂行办法
交通部、劳动部　交人劳发[1994]423号
1994.05.03 …………………………………………… 206
水运工程施工监理规定(试行)
交通部　交基发[1994]840号　1994.08.30 ………… 209
部属单位小型及限额以下固定资产投资建设项目初步设计文件编制和审批办法
交通部　交基发[1994]854号　1994.09.01 ………… 219
跨越国家航道的桥梁通航净空尺度和技术要求的审批办法
交通部　交基发[1994]906号　1994.09.10 ………… 236
交通部水运工程质量奖评选办法(试行)
交通部　交基发[1994]1270号　1994.12.27 ………… 244
交通部水运工程定额管理办法(试行)
交通部　交基发[1995]97号　1995.02.13 …………… 249
沿海港口工程初步设计文件编制规定
交通部　交基发[1995]483号　1995.05.25 ………… 255
交通部水运工程设计计算机软件管理办法(试行)
交通部　交基发[1995]520号　1995.06.12 ………… 282

交通部水运工程造价人员资格认证工作管理规定

交通部　交基发[1995]1068号　1995.11.13 ………… 286

公路、水运工程监理工程师资质管理办法

交通部　交基发[1996]29号　1996.01.04 ………… 290

长江干流桥区航标设置及维护管理规定

交通部　交基发[1996]489号　1996.03.14 ………… 297

内河航运建设项目(工程)竣工验收办法

交通部　交基发[1996]911号　1996.11.04 ………… 299

水运工程质量监督规定

交通部令2000年第3号　2000.06.07 ………… 304

水运工程施工招标投标管理办法

交通部令2000年第4号　2000.09.12 ………… 313

水运工程施工监理招标投标管理办法

交通部令2002年第3号　2002.06.19 ………… 324

水运工程勘察设计招标投标管理办法

交通部令2003年第4号　2003.05.13 ………… 335

水运工程机电设备招标投标管理办法

交通部令2004年第9号　2004.10.29 ………… 346

港口工程竣工验收办法

交通部令2005年第2号　2005.04.12 ………… 355

公路水运工程试验检测管理办法

交通部令2005年第12号　2005.10.19 ………… 360

公路水运工程监理企业资质管理规定

交通部令2004年第5号　2004.06.30 ………… 369

公路水运工程安全生产监督管理办法

交通部令2007年第1号　2007.02.14 ………… 388

航道建设管理规定

交通部令2007年第3号　2007.04.11 ………… 399

港口建设管理规定

交通部令2007年第5号　2007.04.24 ………… 411

## 水路运输

关于海运生铁、金属块锭、煤炭、散盐、矿石、砂、粉等散装货物装舱标准和船舶、港口责任划分的暂行规定
交通部 (84)交海字711号 1984.04.18 …………… 425
水路运输管理条例实施细则
交通部 (87)交河字680号文公布,交水发[1998]107号修改 1987.09.22 ………………………………… 428
沿海开放港口外贸货运计量管理暂行规定
国家经委、经贸部、交通部、国家商检局、国家计量局 (88)交海字210号 1988.03.21 ……………………… 442
海运精选矿粉及含水矿产品安全管理暂行规定
交通部 (88)交海字275号 1988.04.22 …………… 444
省际水路运输企业审批管理办法
交通部 (90)交运字275号 1990.05.22 …………… 447
水路运输违章处罚规定(试行)
交通部令1990年第22号 1990.09.28 ……………… 453
水路货物运输质量管理办法
交通部 交运发[1992]62号 1992.01.25 …………… 467
水路旅客运输规则
交通部 交水发[1995]1178号 1995.12.12 ………… 486
中华人民共和国水路运输服务业管理规定
交通部令1996年第3号公布,交通部令1998年第6号修改 1996.06.18 ……………………………… 508
关于加强承运进口废物管理的规定
交通部令1996年第5号 1996.08.09 ……………… 515
台湾海峡两岸间航运管理办法
交通部令1996年第6号 1996.08.19 ……………… 517
国际集装箱班轮运输运价报备制度实施办法
交通部 交水发[1996]880号 1996.10.17 ………… 519

水路危险货物运输规则(第一部分　水路包装危险货物运输规则)
交通部令1996年第10号　1996.11.04 ………………… 522
海上国际集装箱运输电子数据交换电子报文替代纸面单证管理规则
交通部　交水发[1997]233号　1997.05.04 ………… 535
海上国际集装箱运输电子数据交换管理办法
交通部　交水发[1997]233号　1997.05.04 ………… 539
海上国际集装箱运输电子数据交换协议规则
交通部　交水发[1997]233号　1997.05.04 ………… 546
海上国际集装箱运输电子数据交换报文传递和进出口业务流程规定
交通部　交水发[1997]233号　1997.05.04 ………… 550
外商独资船务公司审批管理暂行办法
交通部、对外贸易经济合作部令2000年第1号 2000.01.28 ………………………………………… 556
国内船舶运输经营资质管理规定
交通部令2001年第1号　2001.02.14 ………………… 559
国内船舶管理业规定
交通部令2001年第3号　2001.07.04 ………………… 564
内河运输船舶标准化管理规定
交通部令2001年第8号　2001.10.11 ………………… 570
船舶引航管理规定
交通部令2001年第10号　2001.11.30 ……………… 573
中华人民共和国国际海运条例实施细则
交通部令2003年第1号　2003.01.20 ………………… 582
外商投资国际海运业管理规定
交通部、商务部　交通部令2004年第1号 2004.02.25 ………………………………………… 605
老旧运输船舶管理规定
交通部令2006年第8号　2006.07.05 ………………… 610

## 水路规费征收


水路运输管理费征收和使用办法

交通部、财政部　(90)交运字136号　1990.03.05 …… 621

港务费收支管理规定

交通部、财政部　(90)交财字566号　1990.10.15 …… 626

航行国际航线船舶及外贸进出口货物理货费收规则

交通部　交财发[1993]272号　1993.03.16 ………… 632

港口建设费征收办法实施细则

交通部、财政部　交财发[1993]541号　1993.05.25 …… 638

水运客货运附加费征收办法

交通部、财政部　交财发[1993]541号　1993.05.25 …… 643

长江干线航道养护费征收办法实施细则

交通部　交工发[1993]749号　1993.07.22 ………… 651

航行国际航线船舶长江航道养护费征收办法

交通部　交基发[1995]1199号　1995.12.13 ………… 663

长江干线船舶港务费征收办法

交通部、国家计委、财政部　交财发[1997]93号
1997.02.12 ……………………………………… 666

中华人民共和国交通部港口收费规则(外贸部分)

交通部令1997年第3号公布,交通部令2001年
第11号修改　1997.04.29 ……………………… 669

国内水路集装箱港口收费办法

交通部、国家发展计划委员会　交水发[2000]156号
2000.03.20 ……………………………………… 691

中华人民共和国港口收费规则(内贸部分)

交通部令2005年第8号　2005.07.14 ……………… 695


## 港口生产作业


港口国际集装箱码头管理暂行规则

交通部　(85)交海字402号　1985.02.25 …………… 707

港口消防监督实施办法

交通部令1988年第2号　1988.07.05 ………………… 712

港口治安管理规定

交通部、公安部　交通部令1989年第3号

1989.03.04 ………………………………………………… 722

油船、油码头防油气中毒规定

交通部、劳动部　(91)交人劳字523号　1991.05.09 …… 725

港口煤尘防治规定(试行)

交通部、劳动部　(91)交人劳字478号　1991.07.06 …… 729

港口道路交通管理办法

交通部　交公安发[1996]703号　1996.07.31 ……… 736

港口装卸机械管理规定

交通部令1998年第1号　1998.01.05 ………………… 742

港口货物作业规则

交通部令2000年第10号　2000.08.28 ……………… 755

港口大型机械防阵风防台风管理规定

交通部令2003年第3号　2003.05.09 ………………… 763

港口危险货物管理规定

交通部令2003年第9号　2003.08.29 ………………… 770

港口经营管理规定

交通部令2004年第4号　2004.04.15 ………………… 777

港口统计规则

交通部令2005年第13号　2005.12.30 ……………… 789

中华人民共和国港口设施保安规则

交通部令2007年第10号　2007.12.17 ……………… 797

**人事财务审计**

交通行业高级技师评聘试点办法

交通部、劳动部　交人劳发[1994]88号　1994.01.21 …… 829

交通运输企业成本费用管理核算办法
交通部　交财发[1995]445号　1995.05.17 ………… 834
交通部施工企业成本费用核算办法
交通部、财政部　交财发[1995]911号　1995.09.29 ……… 918
交通行业内部控制制度评审办法
交通部　交审计发[1995]1140号　1995.11.29 ……… 987
疏浚工程概算预算编制规定
交通部　交基发[1997]246号　1997.05.04 ………… 992
交通部直属单位专业技术人员管理规定
交通部　交人劳发[1997]595号　1997.10.06 ……… 999
交通部部属企事业单位会计基础工作规范化实施办法
交通部　交财发[1998]348号　1998.06.12 ………… 1013
交通行业行政事业单位定期审计规定
交通部　交审计发[1998]667号　1998.11.03 ……… 1035
交通部科技、教育、人才专项补助经费财务管理办法
交通部　交财发[1999]11号　1999.01.08 ………… 1039
交通建设项目审计实施办法
交通部　交审计发[2000]64号　2000.02.12 ……… 1042
交通基本建设项目竣工决算报告编制办法
交通部　交财发[2000]207号　2000.04.21 ………… 1047
交通行业内部审计工作规定
交通部令2004年第12号　2004.11.19 ……………… 1054
交通建设项目委托审计管理办法
交通部令2007年第4号　2007.04.11 ……………… 1062

## 交通法制

交通行政执法监督规定
交通部令1995年第1号　1995.03.20 ……………… 1069
交通行政处罚程序规定
交通部令1996年第7号　1996.09.25 ……………… 1074

交通行政执法证件管理规定
交通部令 1997 年第 16 号　1997.11.26 ………………… 1083
交通行政复议规定
交通部令 2000 年第 5 号　2000.06.27 ………………… 1087
交通行政许可实施程序规定
交通部令 2004 年第 10 号　2004.11.22 ………………… 1093
交通行政许可监督检查及责任追究规定
交通部令 2004 年第 11 号　2004.11.22 ………………… 1112
交通法规制定程序规定
交通部令 2006 年第 11 号　2006.11.24 ………………… 1116

综　合

交通卫生防疫工作条例
交通部　(86)交劳字 756 号　1986.10.21 ……………… 1129
交通部工业产品质量监督抽查试行办法
交通部　(88)交企字 77 号　1988.01.30 ……………… 1135
交通运输公共场所卫生管理办法
交通部　(89)交人劳字 484 号　1989.08.26 ………… 1138
交通行业能源利用监测管理暂行规定
交通部　(90)交体字 391 号　1990.07.18 ……………… 1142
汽车、船舶节能产品公布规则
交通部　交体发[1992]191 号　1992.03.20 …………… 1146
交通部专业计量检定站管理办法(试行)
交通部　交体发[1993]49 号　1993.01.27 …………… 1149
交通女职工劳动保护实施办法
交通部　交人劳发[1995]419 号　1995.05.12 ……… 1152
全国在用车船节能产品(技术)推广应用管理办法
交通部　交体法发[1995]753 号　1995.08.14 ……… 1156
交通食品卫生监督管理办法
交通部　交人劳发[1996]801 号　1996.09.13 ……… 1159

交通部防静电个人防护用品使用管理规定

交通部　交人劳发[1997]517号　1997.08.25 ········ 1165

交通部《关于在公共交通工具及其等候室禁止吸烟的规定》实施细则

交通部　交人劳发[1997]838号　1997.12.22 ········ 1168

交通行业实施节约能源法细则

交通部　交体法发[2000]306号　2000.06.16 ········ 1171

交通建设项目环境保护管理办法

交通部令2003年第5号　2003.05.13 ················ 1178

突发公共卫生事件交通应急规定

卫生部、交通部令2004年第2号　2004.03.04 ········ 1183

## 附　　则

关于废止47件交通规章的决定

交通部令2007年第9号　2007.11.14 ················ 1199

# 中华人民共和国海商法

（中华人民共和国主席令(92)第64号　1993.11.07）

## 第一章　总　则

**第一条**　为了调整海上运输关系、船舶关系，维护当事人各方的合法权益，促进海运输和经济贸易的发展，制定本法。

**第二条**　本法所称海上运输，是指海上货物运输和海上旅客运输，包括海江之间、江海之间的直达运输。

本法第四章海上货物运输合同的规定，不适用于中华人民共和国港口之间的海上货物运输。

**第三条**　本法所称船舶，是指海船和其他海上移动式装置，但是用于军事的、政府公务的船舶和20总吨以下的小型船艇除外。

前款所称船舶，包括船舶属具。

**第四条**　中华人民共和国港口之间的海上运输和拖航，由悬挂中华人民共和国国旗的船舶经营。但是，法律、行政法规另有规定的除外。

非经国务院交通主管部门批准，外国籍船舶不得经营中华人民共和国港口之间的海上运输和拖航。

**第五条**　船舶经依法登记取得中华人民共和国国籍，有权悬挂中华人民共和国国旗航行。

船舶非法悬挂中华人民共和国国旗航行的，由有关机关予以制止，处以罚款。

**第六条**　海上运输由国务院交通主管部门统一管理，具体办法由国务院交通主管部门制定，报国务院批准后施行。

## 第二章　船　　舶

### 第一节　船舶所有权

**第七条**　船舶所有权，是指船舶所有人依法对其船舶享有占有、使用、收益和处分的权利。

**第八条**　国家所有的船舶由国家授予具有法人资格的全民所有制企业经营管理的，本法有关船舶所有人的规定适用于该法人。

**第九条**　船舶所有权的取得、转让和消灭，应当向船舶登记机关登记；未经登记的，不得对抗第三人。

船舶所有权的转让，应当签订书面合同。

**第十条**　船舶由两个以上的法人或者个人共有的，应当向船舶登记机关登记；未经登记的，不得对抗第三人。

### 第二节　船舶抵押权

**第十一条**　船舶抵押权，是指抵押权人对于抵押人提供的作为债务担保的船舶，在抵押人不履行债务时，可以依法拍卖，从卖得的价款中优先受偿的权利。

**第十二条**　船舶所有人或者船舶所有人授权的人可以设定船舶抵押权。

船舶抵押权的设定，应当签订书面合同。

**第十三条**　设定船舶抵押权，由抵押权人和抵押人共同向船舶登记机关办理抵押权登记；未经登记的，不得对抗第三人。

船舶抵押权登记，包括下列主要项目：

(一)船舶抵押权人和抵押人的姓名或者名称、地址；

(二)被抵押船舶的名称、国籍、船舶所有权证书的颁发机关和证书号码；

(三)所担保的债权数额、利息率、受偿期限。

船舶抵押权的登记状况，允许公众查询。

**第十四条** 建造中的船舶可以设定船舶抵押权。

建造中的船舶办理抵押权登记,还应当向船舶登记机关提交船舶建造合同。

**第十五条** 除合同另有约定外,抵押人应当对被抵押船舶进行保险;未保险的,抵押权人有权对该船舶进行保险,保险费由抵押人负担。

**第十六条** 船舶共有人就共有船舶设定抵押权,应当取得持有三分之二以上份额的共有人的同意,共有人之间另有约定的除外。

船舶共有人设定的抵押权,不因船舶的共有权的分割而受影响。

**第十七条** 船舶抵押权设定后,未经抵押权人同意,抵押人不得将被抵押船舶转让给他人。

**第十八条** 抵押权人将被抵押船舶所担保的债权全部或者部分转让他人的,抵押权随之转移。

**第十九条** 同一船舶可以设定两个以上抵押权,其顺序以登记的先后为准。

同一船舶设定两个以上抵押权的,抵押权人按照抵押权登记的先后顺序,从船舶拍卖所得价款中依次受偿。同日登记的抵押权,按照同一顺序受偿。

**第二十条** 被抵押船舶灭失,抵押权随之消灭。由于船舶灭失得到的保险赔偿,抵押权人有权优先于其他债权人受偿。

### 第三节 船舶优先权

**第二十一条** 船舶优先权,是指海事请求人依照本法第二十二条的规定,向船舶所有人、光船承租人、船舶经营人提出海事请求,对产生该海事请求的船舶具有优先受偿的权利。

**第二十二条** 下列各项海事情求具有船舶优先权:

(一)船长、船员和在船上工作的其他在编人员根据劳动法律、行政法规或者劳动合同所产生的工资、其他劳动报酬、船员遣返费用和社会保险费用的给付请求；

（二）在船舶营运中发生的人身伤亡的赔偿请求；

（三）船舶吨税、引航费、港务费和其他港口规费的缴付请求；

（四）海难救助的救助款项的给付请求；

（五）船舶在营运中因侵权行为产生的财产赔偿请求。

载运 2000 吨以上的散装货油的船舶，持有有效的证书，证明已经进行油污损害民事责任保险或者具有相应的财务保证的，对其造成的油污损害的赔偿请求，不属于前款第（五）项规定的范围。

**第二十三条** 本法第二十二条第一款所列各项海事请求，依照顺序受偿。但是，第（四）项海事请求，后于第（一）项至第（三）项发生的，应当先于第（一）项至第（三）项受偿。

本法第二十二条第一款第（一）、（二）、（三）、（五）项中有两个以上海事请求的，不分先后，同时受偿；不足受偿的，按照比例受偿。第（四）项中有两个以上海事请求的，后发生的先受偿。

**第二十四条** 因行使船舶优先权产生的诉讼费用，保存、拍卖船舶和分配船舶价款产生的费用，以及为海事请求人的共同利益而支付的其他费用，应当从船舶拍卖所得价款中先行拨付。

**第二十五条** 船舶优先权先于船舶留置权受偿，船舶抵押权后于船舶留置权受偿。

前款所称船舶留置权，是指造船人、修船人在合同另一方未履行合同时，可以留置所占有的船舶，以保证造船费用或者修船费用得以偿还的权利。船舶留置权在造船人、修船人不再占有所造或者所修的船舶时消灭。

**第二十六条** 船舶优先权不因船舶所有权的转让而消灭。但是，船舶转让时，船舶优先权自法院应受让人申请予以公告之日起满 60 日不行使的除外。

**第二十七条** 本法第二十二条规定的海事请求权转移的，其船舶优先权随之转移。

**第二十八条** 船舶优先权应当通过法院扣押产生优先权的船

舶行使。

**第二十九条** 船舶优先权，除本法第二十六条规定的外，因下列原因之一而消灭：

（一）具有船舶优先权的海事请求，自优先权产生之日起满一年不行使；

（二）船舶经法院强制出售；

（三）船舶灭失。

前款第（一）项的一年期限，不得中止或者中断。

**第三十条** 本节规定不影响本法第十一章关于海事赔偿责任限制规定的实施。

# 第三章 船 员

## 第一节 一般规定

**第三十一条** 船员，是指包括船长在内的船上一切任职人员。

**第三十二条** 船长、驾驶员、轮机长、轮机员、电机员、报务员，必须由持有相应适任证书的人担任。

**第三十三条** 从事国际航行的船舶的中国籍船员，必须持有中华人民共和国港务监督机构颁发的海员证和有关证书。

**第三十四条** 船员的任用和劳动方面的权利、义务，本法没有规定的，适用有关法律、行政法规的规定。

## 第二节 船 长

**第三十五条** 船长负责船舶的管理和驾驶。

船长在其职权范围内发布的命令，船员、旅客和其他在船人员都必须执行。

船长应当采取必要的措施，保护船舶和在船人员、文件、邮件、货物以及其他财产。

**第三十六条** 为保障在船人员和船舶的安全，船长有权对在船上进行违法、犯罪活动的人采取禁闭或者其他必要措施，并防止其隐匿、毁灭、伪造证据。

船长采取前款措施，应当制作案情报告书，由船长和两名以上在船人员签字，连同人犯送交有关当局处理。

**第三十七条** 船长应当将船上发生的出生或者死亡事件记入航海日志，并在两名证人的参加下制作证明书。死亡证明书应当附有死者遗物清单。死者有遗嘱的，船长应当予以证明。死亡证明书和遗嘱由船长负责保管，并送交家属或者有关方面。

**第三十八条** 船舶发生海上事故，危及在船人员和财产的安全时，船长应当组织船员和其他在船人员尽力施救。在船舶的沉没、毁灭不可避免的情况下，船长可以作出弃船决定；但是，除紧急情况外，应当报经船舶所有人同意。

弃船时，船长必须采取一切措施，首先组织旅客安全离船，然后安排船员离船，船长应当最后离船。在离船前，船长应当指挥船员尽力抢救航海日志、机舱日志、油类记录簿、无线电台日志、本航次使用过的海图和文件，以及贵重物品、邮件和现金。

**第三十九条** 船长管理船舶和驾驶船舶的责任，不因引航员引领船舶而解除。

**第四十条** 船长在航行中死亡或者因故不能执行职务时，应当由驾驶员中职务最高的人代理船长职务；

在下一个港口开航前，船舶所有人应当指派新船长接任。

## 第四章 海上货物运输合同

### 第一节 一般规定

**第四十一条** 海上货物运输合同，是指承运人收取运费，负责将托运人托运的货物经海路由一港运至另一港的合同。

**第四十二条** 本章下列用语的含义：

（一）“承运人”，是指本人或者委托他人以本人名义与托运人订立海上货物运输合同的人。

（二）“实际承运人”，是指接受承运人委托，从事货物运输或者部分运输的人，包括接受转委托从事此项运输的其他人。

（三）“托运人”，是指：

1. 本人或者委托他人以本人名义或者委托他人为本人与承运人订立海上货物运输合同的人；

2. 本人或者委托他人以本人名义或者委托他人为本人将货物交给与海上货物运输合同有关的承运人的人。

（四）“收货人”，是指有权提取货物的人。

（五）“货物”，包括活动物和由托运人提供的用于集装货物的集装箱、货盘或者类似的装运器具。

**第四十三条**　承运人或者托运人可以要求书面确认海上货物运输合同的成立。但是，航次租船合同应当书面订立。电报、电传和传真具有书面效力。

**第四十四条**　海上货物运输合同和作为合同凭证的提单或者其他运输单证中的条款，违反本章规定的，无效。此类条款的无效，不影响该合同和提单或者其他运输单证中其他条款的效力。将货物的保险利益转让给承运人的条款或者类似条款，无效。

**第四十五条**　本法第四十四条的规定不影响承运人在本章规定的承运人责任和义务之外，增加其责任和义务。

### 第二节　承运人的责任

**第四十六条**　承运人对集装箱装运的货物的责任期间，是指从装货港接收货物时起至卸货港交付货物时止，货物处于承运人掌管之下的全部期间。承运人对非集装箱装运的货物的责任期间，是指从货物装上船时起至卸下船时止，货物处于承运人掌管之下的全部期间。在承运人的责任期间，货物发生灭失或者损坏，除本节另有规定外，承运人应当负赔偿责任。

前款规定，不影响承运人就非集装箱装运的货物，在装船前和卸船后所承担的责任，达成任何协议。

**第四十七条** 承运人在船舶开航前和开航当时,应当谨慎处理,使船舶处于适航状态,妥善配备船员、装备船舶和配备供应品,并使货舱、冷藏舱、冷气舱和其他载货处所适于并能安全收受、载运和保管货物。

**第四十八条** 承运人应当妥善地、谨慎地装载、搬移、积载、运输、保管、照料和卸载所运货物。

**第四十九条** 承运人应当按照约定的或者习惯的或者地理上的航线将货物运往卸货港。

船舶在海上为救助或者企图救助人命或者财产而发生的绕航或者其他合理绕航,不属于违反前款规定的行为。

**第五十条** 货物未能在明确约定的时间内,在约定的卸货港交付的,为迟延交付。

除依照本章规定承运人不负赔偿责任的情形外,由于承运人的过失,致使货物因迟延交付而灭失或者损坏的,承运人应当负赔偿责任。

除依照本章规定承运人不负赔偿责任的情形外,由于承运人的过失,致使货物因迟延交付而遭受经济损失的,即使货物没有灭失或者损坏,承运人仍然应当负赔偿责任。

承运人未能在本条第一款规定的时间届满六十日内交付货物,有权对货物灭失提出赔偿请求的人可以认为货物已经灭失。

**第五十一条** 在责任期间货物发生的灭失或者损坏是由于下列原因之一造成的,承运人不负赔偿责任:

(一)船长、船员、引航员或者承运人的其他受雇人在驾驶船舶或者管理船舶中的过失;

(二)火灾,但是由于承运人本人的过失所造成的除外;

(三)天灾,海上或者其他可航水域的危险或者意外事故;

(四)战争或者武装冲突;

(五)政府或者主管部门的行为、检疫限制或者司法扣押;

(六)罢工、停工或者劳动受到限制;

(七)在海上救助或者企图救助人命或者财产;

（八）托运人、货物所有人或者他们的代理人的行为；

（九）货物的自然特性或者固有缺陷；

（十）货物包装不良或者标志欠缺、不清；

（十一）经谨慎处理仍未发现的船舶潜在缺陷；

（十二）非由于承运人或者承运人的受雇人、代理人的过失造成的其他原因。

承运人依照前款规定免除赔偿责任的，除第（二）项规定的原因外，应当负举证责任。

**第五十二条** 因运输活动物的固有的特殊风险造成活动物灭失或者损害的，承运人不负赔偿责任。但是，承运人应当证明业已履行托运人关于运输活动物的特别要求，并证明根据实际情况，灭失或者损害是由于此种固有的特殊风险造成的。

**第五十三条** 承运人在舱面上装载货物，应当同托运人达成协议，或者符合航运惯例，或者符合有关法律、行政法规的规定。

承运人依照前款规定将货物装载在舱面上，对由于此种装载的特殊风险造成的货物灭失或者损坏，不负赔偿责任。

承运人违反本条第一款规定将货物装载在舱面上，致使货物遭受灭失或者损坏的，应当负赔偿责任。

**第五十四条** 货物的灭失、损坏或者迟延交付是由于承运人或者承运人的受雇人、代理人的不能免除赔偿责任的原因和其他原因共同造成的，承运人仅在其不能免除赔偿责任的范围内负赔偿责任；但是，承运人对其他原因造成的灭失、损坏或者迟延交付应当负举证责任。

**第五十五条** 货物灭失的赔偿额，按照货物的实际价值计算；货物损坏的赔偿额，按照货物受损前后实际价值的差额或者货物的修复费用计算。

货物的实际价值，按照货物装船时的价值加保险费加运费计算。

前款规定的货物实际价值，赔偿时应当减去因货物灭失或者损坏而少付或者免付的有关费用。

**第五十六条** 承运人对货物的灭失或者损坏的赔偿限额，按照货物件数或者其他货运单位数计算，每件或者每个其他货运单位为666.67计算单位，或者按照货物毛重计算，每公斤为2计算单位，以二者中赔偿限额较高的为准。但是，托运人在货物装运前已经申报其性质和价值，并在提单中载明的，或者承运人与托运人已经另行约定高于本条规定的赔偿限额的除外。

货物用集装箱、货盘或者类似装运器具集装的，提单中载明装在此类装运器具中的货物件数或者其他货运单位数，视为前款所指的货物件数或者其他货运单位数；未载明的，每一装运器具视为一件或者一个单位。

装运器具不属于承运人所有或者非由承运人提供的，装运器具本身应当视为一件或者一个单位。

**第五十七条** 承运人对货物因迟延交付造成经济损失的赔偿限额，为所迟延交付的货物的运费数额。货物的灭失或者损坏和迟延交付同时发生的，承运人的赔偿责任限额适用本法第五十六条第一款规定的限额。

**第五十八条** 就海上货物运输合同所涉及的货物灭失、损坏或者迟延交付对承运人提起的任何诉讼，不论海事请求人是否合同的一方，也不论是根据合同或者是根据侵权行为提起的，均适用本章关于承运人的抗辩理由和限制赔偿责任的规定。

前款诉讼是对承运人的受雇人或者代理人提起的，经承运人的受雇人或者代理人证明，其行为是在受雇或者受委托的范围之内的，适用前款规定。

**第五十九条** 经证明，货物的灭失、损坏或者迟延交付是由于承运人的故意或者明知可能造成损失而轻率地作为或者不作为造成的，承运人不得援用本法第五十六条或者第五十七条限制赔偿责任的规定。

经证明，货物的灭失、损坏或者迟延交付是由于承运人的受雇人、代理人的故意或者明知可能造成损失而轻率地作为或者不作为造成的，承运人的受雇人或者代理人不得援用本法第五十六条或者第五十七条限制赔偿责任的规定。

**第六十条** 承运人将货物运输或者部分运输委托给实际承运人履行的，承运人仍然应当依照本章规定对全部运输负责。对实际承运人承担的运输，承运人应当对实际承运人的行为或者实际承运人的受雇人、代理人在受雇或者受委托的范围内的行为负责。

虽有前款规定，在海上运输合同中明确约定合同所包括的特定的部分运输由承运人以外的指定的实际承运人履行的，合同可以同时约定，货物在指定的实际承运人掌管期间发生的灭失、损坏或者迟延交付，承运人不负赔偿责任。

**第六十一条** 本章对承运人责任的规定，适用于实际承运人。对实际承运人的受雇人、代理人提起诉讼的，适用本法第五十八条第二款和第五十九条第二款的规定。

**第六十二条** 承运人承担本章未规定的义务或者放弃本章赋予的权利的任何特别协议，经实际承运人书面明确同意的，对实际承运人发生效力；实际承运人是否同意，不影响此项特别协议对承运人的效力。

**第六十三条** 承运人与实际承运人都负有赔偿责任的，应当在此项责任范围内负连带责任。

**第六十四条** 就货物的灭失或者损坏分别向承运人、实际承运人以及他们的受雇人、代理人提出赔偿请求的，赔偿总额不超过本法第五十六条规定的限额。

**第六十五条** 本法第六十条至第六十四条的规定，不影响承运人和实际承运人之间相互追偿。

### 第三节 托运人的责任

**第六十六条** 托运人托运货物，应当妥善包装，并向承运人保证，货物装船时所提供的货物的品名、标志、包数或者件数、重量或者体积的正确性；由于包装不良或者上述资料不正确，对承运人造成损失的，托运人应当负赔偿责任。

承运人依照前款规定享有的受偿权利，不影响其根据货物运输合同对托运人以外的人所承担的责任。

**第六十七条** 托运人应当及时向港口、海关、检疫、检验和其他主管机关办理货物运输所需要的各项手续，并将已办理各项手续的单证送交承运人；因办理各项手续的有关单证送交不及时、不完备或者不正确，使承运人的利益受到损害的，托运人应当负赔偿责任。

**第六十八条** 托运人托运危险货物，应当依照有关海上危险货物运输的规定，妥善包装，作出危险品标志和标签，并将其正式名称和性质以及应当采取的预防危害措施书面通知承运人；托运人未通知或者通知误的，承运人可以在任何时间、任何地点根据情况需要将货物卸下、销毁或者使之不能为害，而不负赔偿责任。托运人对承运人因运输此类货物所受到的损害，应当负赔偿责任。

承运人知道危险货物的性质并已同意装运的，仍然可以在该项货物对于船舶、人员或者其他货物构成实际危险时，将货物卸下、销毁或者使之不能为害，而不负赔偿责任。但是，本款规定不影响共同海损的分摊。

**第六十九条** 托运人应当按照约定向承运人支付运费。

托运人与承运人可以约定运费由收货人支付；但是，此项约定应当在运输单证中载明。

**第七十条** 托运人对承运人、实际承运人所遭受的损失或者船舶所遭受的损坏，不负赔偿责任；但是，此种损失或者损坏是由于托运人或者托运人的受雇人、代理人的过失造成的除外。

托运人的受雇人、代理人对承运人、实际承运人所遭受的损失或者船舶所遭受的损坏，不负赔偿责任；但是，这种损失或者损坏是由于托运人的受雇人、代理人的过失造成的除外。

### 第四节 运输单证

**第七十一条** 提单，是指用以证明海上货物运输合同和货物已经由承运人接收或者装船，以及承运人保证据以交付货物的单证。提单中载明的向记名人交付货物，或者按照指示人的指示交付货物,或者向提单持有人交付货物的条款,构成承运人据以交付货物的保证。

**第七十二条** 货物由承运人接收或者装船后,应托运人的要求,承运人应当签发提单。

提单可以由承运人授权的人签发。提单由载货船舶的船长签发的,视为代表承运人签发。

**第七十三条** 提单内容,包括下列各项:

(一)货物的品名、标志、包数或者件数、重量或者体积,以及运输危险货物时对危险性质的说明;

(二)承运人的名称和主营业所;

(三)船舶名称;

(四)托运人的名称;

(五)收货人的名称;

(六)装货港和在装货港接收货物的日期;

(七)卸货港;

(八)多式联运提单增列接收货物地点和交付货物地点;

(九)提单的签发日期、地点和份数;

(十)运费的支付;

(十一)承运人或者其代表的签字。

提单缺少前款规定的一项或者几项的,不影响提单的性质;但是,提单应当符合本法第七十一条的规定。

**第七十四条** 货物装船前,承运人已经应托运人的要求签发收货待运提单或者其他单证的,货物装船完毕,托运人可以将收货待运提单或者其他单证退还承运人,以换取已装船提单;承运人也可以在收货待运提单上加注承运船舶的船名和装船日期,加注后的收货待运提单视为已装船提单。

**第七十五条** 承运人或者代其签发提单的人,知道或者有合理的根据怀疑提单记载的货物的品名、标志、包数或者件数、重量或者体积与实际接收的货物不符,在签发已装船提单的情况下怀疑与已装船的货物不符,或者没有适当的方法核对提单记载的,可以在提单上批注，说明不符之处、怀疑的根据或者说明无法核对。

**第七十六条**　承运人或者代其签发提单的人未在提单上批注货物表面状况的，视为货物的表面状况良好。

**第七十七条**　除依照本法第七十五条的规定作出保留外，承运人或者代其签发提单的人签发的提单，是承运人已经按照提单所载状况收到货物或者货物已经装船的初步证据；承运人向善意受让提单的包括收货人在内的第三人提出的与提单所载状况不同的证据，不予承认。

**第七十八条**　承运人同收货人、提单持有人之间的权利、义务关系，依据提单的规定确定。

收货人、提单持有人不承担在装货港发生的滞期费、亏舱费和其他与装货有关的费用，但是提单中明确载明上述费用由收货人、提单持有人承担的除外。

**第七十九条**　提单的转让，依照下列规定执行：

（一）记名提单：不得转让；

（二）指示提单：经过记名背书或者空白背书转让；

（三）不记名提单：无需背书，即可转让。

**第八十条**　承运人签发提单以外的单证用以证明收到待运货物的，此项单证即为订立海上货物运输合同和承运人接收该单证中所列货物的初步证据。

承运人签发的此类单证不得转让。

### 第五节　货物交付

**第八十一条**　承运人向收货人交付货物时，收货人未将货物灭失或者损坏的情况书面通知承运人的，此项交付视为承运人已经按照运输单证的记载交付以及货物状况良好的初步证据。

货物灭失或者损坏的情况非显而易见的，在货物交付的次日起连续 7 日内，集装箱货物交付的次日起连续 15 日内，收货人未提交书面通知的，适用前款规定。

货物交付时，收货人已经会同承运人对货物进行联合检查或者检验的，无需就所查明的灭失或者损坏的情况提交书面通知。

**第八十二条** 承运人自向收货人交付货物的次日起连续60日内，未收到收货人就货物因迟延交付造成经济损失而提交的书面通知的，不负赔偿责任。

**第八十三条** 收货人在目的港提取货物前或者承运人在目的港交付货物前，可以要求检验机构对货物状况进行检验；要求检验的一方应当支付检验费用，但是有权向造成货物损失的责任方追偿。

**第八十四条** 承运人和收货人对本法第八十一条和第八十三条规定的检验，应当相互提供合理的便利条件。

**第八十五条** 货物由实际承运人交付的，收货人依照本法第八十一条的规定向实际承运人提交的书面通知，与向承运人提交书面通知具有同等效力；向承运人提交的书面通知，与向实际承运人提交书面通知具有同等效力。

**第八十六条** 在卸货港无人提取货物或者收货人迟延、拒绝提取货物的，船长可以将货物卸在仓库或者其他适当场所，由此产生的费用和风险由收货人承担。

**第八十七条** 应当向承运人支付的运费、共同海损分摊、滞期费和承运人为货物垫付的必要费用以及应当向承运人支付的其他费用没有付清，又没有提供适当担保的，承运人可以在合理的限度内留置其货物。

**第八十八条** 承运人根据本法第八十七条规定留置的货物，自船舶抵达卸货港的次日起满60日无人提取的，承运人可以申请法院裁定拍卖；货物易腐烂变质或者货物的保管费用可能超过其价值的，可以申请提前拍卖。

拍卖所得价款，用于清偿保管、拍卖货物的费用和运费以及应当向承运人支付的其他有关费用；不足的金额，承运人有权向托运人追偿；剩余的金额，退还托运人；无法退还、自拍卖之日起满一年又无人领取的，上缴国库。

## 第六节　合同的解除

**第八十九条**　船舶在装货港开航前，托运人可以要求解除合同。但是，除合同另有约定外，托运人应当向承运人支付约定运费的一半；货物已经装船的，并应当负担装货、卸货和其他与此有关的费用。

**第九十条**　船舶在装货港开航前，因不可抗力或者其他不能归责于承运人和托运人的原因致使合同不能履行的，双方均可以解除合同，并互相不负赔偿责任。除合同另有约定外，运费已经支付的，承运人应当将运费退还给托运人；货物已经装船的，托运人应当承担装卸费用；已经签发提单的，托运人应当将提单退还承运人。

**第九十一条**　因不可抗力或者其他不能归责于承运人和托运人的原因致使船舶不能在合同约定的目的港卸货的，除合同另有约定外，船长有权将货物在目的港邻近的安全港口或者地点卸载，视为已经履行合同。

船长决定将货物卸载的，应当及时通知托运人或者收货人，并考虑托运人或者收货人的利益。

## 第七节　航次租船合同的特别规定

**第九十二条**　航次租船合同，是指船舶出租人向承租人提供船舶或者船舶的部分舱位，装运约定的货物，从一港运至另一港，由承租人支付约定运费的合同。

**第九十三条**　航次租船合同的内容，主要包括出租人和承租人的名称、船名、船籍、载货重量、容积、货名、装货港和目的港、受载期限、装卸期限、运费、滞期费、速遣费以及其他有关事项。

**第九十四条**　本法第四十七条和第四十九条的规定，适用于航次租船合同的出租人。

本章其他有关合同当事人之间的权利、义务的规定，仅在航次租船合同没有约定或者没有不同约定时，适用于航次租船合同的出租人和承租人。

**第九十五条** 对按照航次租船合同运输的货物签发的提单，提单持有人不是承租人的，承运人与该提单持有人之间的权利、义务关系适用提单的约定。但是，提单中载明适用航次租船合同条款的，适用该航次租船合同的条款。

**第九十六条** 出租人应当提供约定的船舶；经承租人同意，可以更换船舶。但是，提供的船舶或者更换的船舶不符合合同约定的，承租人有权拒绝或者解除合同。

因出租人过失未提供约定的船舶致使承租人遭受损失的，出租人应当负赔偿责任。

**第九十七条** 出租人在约定的受载期限内未能提供船舶的，承租人有权解除合同。但是，出租人将船舶延误情况和船舶预期抵达装货港的日期通知承租人的，承租人应当自收到通知时起48小时内，将是否解除合同的决定通知出租人。

因出租人过失延误提供船舶致使承租人遭受损失的，出租人应当负赔偿责任。

**第九十八条** 航次租船合同的装货、卸货期限及其计算办法，超过装货、卸货期限后的滞期费和提前完成装货、卸货的速遣费，由双方约定。

**第九十九条** 承租人可以将其租用的船舶转租；转租后，原合同约定的权利和义务不受影响。

**第一百条** 承租人应当提供约定的货物；经出租人同意，可以更换货物。但是，更换的货物对出租人不利的，出租人有权拒绝或者解除合同。

因未提供约定的货物致使出租人遭受损失的，承租人应当负赔偿责任。

**第一百零一条** 出租人应当在合同约定的卸货港卸货。合同订有承租人选择卸货港条款的，在承租人未按照合同约定及时通知确定的卸货港时，船长可以从约定的选卸港中自行选定一港卸货。承租人未按照合同约定及时通知确定的卸货港，致使出租人遭受损失的,应当负赔偿责任。出租人未按照合同约定,擅自选定港口卸货致使承租人遭受损失的,应当负赔偿责任。

### 第八节 多式联运合同的特别规定

**第一百零二条** 本法所称多式联运合同,是指多式联运经营人以两种以上的不同运输方式,其中一种是海上运输方式,负责将货物从接收地运至目的地交付收货人,并收取全程运费的合同。

前款所称多式联运经营人,是指本人或者委托他人以本人名义与托运人订立多式联运合同的人。

**第一百零三条** 多式联运经营人对多式联运货物的责任期间,自接收货物时起至交付货物时止。

**第一百零四条** 多式联运经营人负责履行或者组织履行多式联运合同,并对全程运输负责。

多式联运经营人与参加多式联运的各区段承运人,可以就多式联运合同的各区段运输,另以合同约定相互之间的责任。但是,此项合同不得影响多式联运经营人对全程运输所承担的责任。

**第一百零五条** 货物的灭失或者损坏发生于多式联运的某一运输区段的,多式联运经营人的赔偿责任和责任限额,适用调整该区段运输方式的有关法律规定。

**第一百零六条** 货物的灭失或者损坏发生的运输区段不能确定的,多式联运经营人应当依照本章关于承运人赔偿责任和责任限额的规定负赔偿责任。

## 第五章 海上旅客运输合同

**第一百零七条** 海上旅客运输合同,是指承运人以适合运送旅客的船舶经海路将旅客及其行李从一港运送至另一港,由旅客支付票款的合同。

**第一百零八条** 本章下列用语的含义:

(一)"承运人",是指本人或者委托他人以本人名义与旅客订立海上旅客运输合同的人。

（二）“实际承运人”，是指接受承运人委托，从事旅客运送或者部分运送的人，包括接受转委托从事此项运送的其他人。

（三）“旅客”，是指根据海上旅客运输合同运送的人；经承运人同意，根据海上货物运输合同，随船护送货物的人，视为旅客。

（四）“行李”，是指根据海上旅客运输合同由承运人载运的任何物品和车辆，但是活动物除外。

（五）“自带行李”，是指旅客自行携带、保管或者放置在客舱中的行李。

**第一百零九条** 本章关于承运人责任的规定，适用于实际承运人。本章关于承运人的受雇人、代理人责任的规定，适用于实际承运人的受雇人、代理人。

**第一百一十条** 旅客客票是海上旅客运输合同成立的凭证。

**第一百一十一条** 海上旅客运输的运送期间，自旅客登船时起至旅客离船时止。客票票价含接送费用的，运送期间并包括承运人经水路将旅客从岸上接到船上和从船上送到岸上的时间，但是不包括旅客在港站内、码头上或者在港口其他设施内的时间。

旅客的自带行李，运送期间同前款规定。旅客自带行李以外的其他行李，运送期间自旅客将行李交付承运人或者承运人的受雇人、代理人时起至承运人或者承运人的受雇人、代理人交还旅客时止。

**第一百一十二条** 旅客无票乘船、越级乘船或者超程乘船，应当按照规定补足票款，承运人可以按照规定加收票款；拒不交付的，船长有权在适当地点令其离船，承运人有权向其追偿。

**第一百一十三条** 旅客不得随身携带或者在行李中夹带违禁品或者易燃、易爆、有毒、有腐蚀性、有放射性以及有可能危及船上人身和财产安全的其他危险品。

承运人可以在任何时间、任何地点将旅客违反前款规定随身携带或者在行李中夹带的违禁品、危险品卸下、销毁或者使之不能为害，或者送交有关部门，而不负赔偿责任。

旅客违反本条第一款规定，造成损害的，应当负赔偿责任。

**第一百一十四条** 在本法第一百一十一条规定的旅客及其行李的运送期间，因承运人或者承运人的受雇人、代理人在受雇或者受委托的范围内的过失引起事故，造成旅客人身伤亡或者行李灭失、损坏的，承运人应当负赔偿责任。

请求人对承运人或者承运人的受雇人、代理人的过失，应当负举证责任；但是，本条第三款和第四款规定的情形除外。

旅客的人身伤亡或者自带行李的灭失、损坏，是由于船舶的沉没、碰撞、搁浅、爆炸、火灾所引起或者是由于船舶的缺陷所引起的，承运人或者承运人的受雇人、代理人除非提出反证，应当视为其有过失。

旅客自带行李以外的其他行李的灭失或者损坏，不论由于何种事故所引起，承运人或者承运人的受雇人、代理人除非提出反证，应当视为其有过失。

**第一百一十五条** 经承运人证明，旅客的人身伤亡或者行李的灭失、损坏，是由于旅客本人的过失或者旅客和承运人的共同过失造成的，可以免除或者相应减轻承运人的赔偿责任。

经承运人证明，旅客的人身伤亡或者行李的灭失、损坏，是由于旅客本人的故意造成的，或者旅客的人身伤亡是由于旅客本人健康状况造成的，承运人不负赔偿责任。

**第一百一十六条** 承运人对旅客的货币、金银、珠宝、有价证券或者其他贵重物品所发生的灭失、损坏，不负赔偿责任。

旅客与承运人约定将前款规定的物品交由承运人保管的，承运人应当依照本法第一百一十七条的规定负赔偿责任；双方以书面约定的赔偿限额高于本法第一百一十七条的规定的，承运人应当按照约定的数额负赔偿责任。

**第一百一十七条** 除本条第四款规定的情形外，承运人在每次海上旅客运输中的赔偿责任限额，依照下列规定执行：

（一）旅客人身伤亡的，每名旅客不超过 46666 计算单位；

（二）旅客自带行李灭失或者损坏的，每名旅客不超过 833 计算单位；

（三）旅客车辆包括该车辆所载行李灭失或者损坏的，每一车辆不超过 3333 计算单位；

（四）本款第（二）、（三）项以外的旅客其他行李灭失或者损坏的，每名旅客不超过 1200 计算单位。

承运人和旅客可以约定，承运人对旅客车辆和旅客车辆以外的其他行李损失的免赔额。但是，对每一车辆损失的免赔额不得超过 117 计算单位，对每名旅客的车辆以外的其他行李损失的免赔额不得超过 13 计算单位。在计算每一车辆或者每名旅客的车辆以外的其他行李的损失赔偿数额时，应当扣除约定的承运人免赔额。

承运人和旅客可以书面约定高于本条第一款规定的赔偿责任限额。

中华人民共和国港口之间的海上旅客运输，承运人的赔偿责任限额，由国务院交通主管部门制定，报国务院批准后施行。

**第一百一十八条** 经证明，旅客的人身伤亡或者行李的灭失、损坏，是由于承运人的故意或者明知可能造成损害而轻率地作为或者不作为造成的，承运人不得援用本法第一百一十六条和第一百一十七条限制赔偿责任的规定。

经证明，旅客的人身伤亡或者行李的灭失、损坏，是由于承运人的受雇人、代理人的故意或者明知可能造成损害而轻率地作为或者不作为造成的，承运人的受雇人、代理人不得援用本法第一百一十六条和第一百一十七条限制赔偿责任的规定。

**第一百一十九条** 行李发生明显损坏的，旅客应当依照下列规定向承运人或者承运人的受雇人、代理人提交书面通知：

（一）自带行李，应当在旅客离船前或者离船时提交；

（二）其他行李，应当在行李交还前或者交还时提交。

行李的损坏不明显，旅客在离船时或者行李交还时难以发现的，以及行李发生灭失的，旅客应当在离船或者行李交还或者应当交还之日起 15 日内，向承运人或者承运人的受雇人、代理人提交书面通知。

旅客未依照本条第一、二款规定及时提交书面通知的，除非提出反证，视为已经完整无损地收到行李。

行李交还时，旅客已经会同承运人对行李进行联合检查或者检验的，无需提交书面通知。

**第一百二十条** 向承运人的受雇人、代理人提出的赔偿请求，受雇人或者代理人证明其行为是在受雇或者受委托的范围内的，有权援用本法第一百一十五条、第一百一十六条和第一百一十七条的抗辩理由和赔偿责任限制的规定。

**第一百二十一条** 承运人将旅客运送或者部分运送委托给实际承运人履行的，仍然应当依照本章规定，对全程运送负责。实际承运人履行运送的，承运人应当对实际承运人的行为或者实际承运人的受雇人、代理人在受雇或者受委托的范围内的行为负责。

**第一百二十二条** 承运人承担本章未规定的义务或者放弃本章赋予的权利的任何特别协议，经实际承运人书面明确同意的，对实际承运人发生效力；实际承运人是否同意，不影响此项特别协议对承运人的效力。

**第一百二十三条** 承运人与实际承运人均负有赔偿责任的，应当在此项责任限度内负连带责任。

**第一百二十四条** 就旅客的人身伤亡或者行李的灭失、损坏，分别向承运人、实际承运人以及他们的受雇人、代理人提出赔偿请求的，赔偿总额不得超过本法第一百一十七条规定的限额。

**第一百二十五条** 本法第一百二十一条至第一百二十四条的规定，不影响承运人和实际承运人之间相互追偿。

**第一百二十六条** 海上旅客运输合同中含有下列内容之一的条款无效：

(一)免除承运人对旅客应当承担的法定责任；

(二)降低本章规定的承运人责任限额；

(三)对本章规定的举证责任作出相反的约定；

(四)限制旅客提出赔偿请求的权利。

前款规定的合同条款的无效,不影响合同其他条款的效力。

## 第六章　船舶租用合同

### 第一节　一般规定

**第一百二十七条**　本章关于出租人和承租人之间权利、义务的规定,仅在船舶租用合同没有约定或者没有不同约定时适用。

**第一百二十八条**　船舶租用合同,包括定期租船合同和光船租赁合同,均应当书面订立。

### 第二节　定期租船合同

**第一百二十九条**　定期租船合同,是指船舶出租人向承租人提供约定的由出租人配备船员的船舶,由承租人在约定的期间内按照约定的用途使用,并支付租金的合同。

**第一百三十条**　定期租船合同的内容,主要包括出租人和承租人的名称、船名、船籍、船级、吨位、容积、船速、燃料消耗、航区、用途、租船期间、交船和还船的时间和地点以及条件、租金及其支付,以及其他有关事项。

**第一百三十一条**　出租人应当按照合同约定的时间交付船舶。

出租人违反前款规定的,承租人有权解除合同。出租人将船舶延误情况和船舶预期抵达交船港的日期通知承租人的,承租人应当自接到通知时起48 小时内,将解除合同或者继续租用船舶的决定通知出租人。

因出租人过失延误提供船舶致使承租人遭受损失的,出租人应当负赔偿责任。

**第一百三十二条**　出租人交付船舶时,应当做到谨慎处理,使船舶适航。交付的船舶应当适于约定的用途。

出租人违反前款规定的,承租人有权解除合同,并有权要求赔偿因此遭受的损失。

**第一百三十三条** 船舶在租期内不符合约定的适航状态或者其他状态，出租人应当采取可能采取的合理措施，使之尽快恢复。

船舶不符合约定的适航状态或者其他状态而不能正常营运连续满24小时的，对因此而损失的营运时间，承租人不付租金，但是上述状态是由承租人造成的除外。

**第一百三十四条** 承租人应当保证船舶在约定航区内的安全港口或者地点之间从事约定的海上运输。

承租人违反前款规定的，出租人有权解除合同，并有权要求赔偿因此遭受的损失。

**第一百三十五条** 承租人应当保证船舶用于运输约定的合法的货物。

承租人将船舶用于运输活动物或者危险货物的，应当事先征得出租人的同意。

承租人违反本条第一款或者第二款的规定致使出租人遭受损失的，应当负赔偿责任。

**第一百三十六条** 承租人有权就船舶的营运向船长发出指示，但是不得违反定期租船合同的约定。

**第一百三十七条** 承租人可以将租用的船舶转租，但是应当将转租的情况及时通知出租人。租用的船舶转租后，原租船合同约定的权利和义务不受影响。

**第一百三十八条** 船舶所有人转让已经租出的船舶的所有权，定期租船合同约定的当事人的权利和义务不受影响，但是应当及时通知承租人。船舶所有权转让后，原租船合同由受让人和承租人继续履行。

**第一百三十九条** 在合同期间，船舶进行海难救助的，承租人有权获得扣除救助费用、损失赔偿、船员应得部分以及其他费用后的救助款项的一半。

**第一百四十条** 承租人应当按照合同约定支付租金。承租人未按照合同约定支付租金的，出租人有权解除合同，并有权要求赔偿因此遭受的损失。

**第一百四十一条** 承租人未向出租人支付租金或者合同约定的其他款项的，出租人对船上属于承租人的货物和财产以及转租船舶的收入有留置权。

**第一百四十二条** 承租人向出租人交还船舶时，该船舶应当具有与出租人交船时相同的良好状态，但是船舶本身的自然磨损除外。

船舶未能保持与交船时相同的良好状态的，承租人应当负责修复或者给予赔偿。

**第一百四十三条** 经合理计算，完成最后航次的日期约为合同约定的还船日期，但可能超过合同约定的还船日期的，承租人有权超期用船以完成该航次。超期期间，承租人应当按照合同约定的租金率支付租金；市场的租金率高于合同约定的租金率的，承租人应当按照市场租金率支付租金。

### 第三节 光船租赁合同

**第一百四十四条** 光船租赁合同，是指船舶出租人向承租人提供不配备船员的船舶，在约定的期间内由承租人占有、使用和营运，并向出租人支付租金的合同。

**第一百四十五条** 光船租赁合同的内容，主要包括出租人和承租人的名称、船名、船籍、船级、吨位、容积、航区、用途、租船期间、交船和还船的时间和地点以及条件、船舶检验、船舶的保养维修、租金及其支付、船舶保险、合同解除的时间和条件，以及其他有关事项。

**第一百四十六条** 出租人应当在合同约定的港口或者地点，按照合同约定的时间，向承租人交付船舶以及船舶证书。交船时，出租人应当做到谨慎处理，使船舶适航。交付的船舶应当适于合同约定的用途。

出租人违反前款规定的，承租人有权解除合同，并有权要求赔偿因此遭受的损失。

**第一百四十七条** 在光船租赁期间，承租人负责船舶的保养、维修。

**第一百四十八条** 在光船租赁期间，承租人应当按照合同约定的船舶价值，以出租人同意的保险方式为船舶进行保险，并负担保险费用。

**第一百四十九条** 在光船租赁期间，因承租人对船舶占有、使用和营运的原因使出租人的利益受到影响或者遭受损失的，承租人应当负责消除影响或者赔偿损失。

因船舶所有权争议或者出租人所负的债务致使船舶被扣押的，出租人应当保证承租人的利益不受影响；致使承租人遭受损失的，出租人应当负赔偿责任。

**第一百五十条** 在光船租赁期间，未经出租人书面同意，承租人不得转让合同的权利和义务或者以光船租赁的方式将船舶进行转租。

**第一百五十一条** 未经承租人事先书面同意，出租人不得在光船租赁期间对船舶设定抵押权。

出租人违反前款规定，致使承租人遭受损失的，应当负赔偿责任。

**第一百五十二条** 承租人应当按照合同约定支付租金。承租人未按照合同约定的时间支付租金连续超过7日的，出租人有权解除合同，并有权要求赔偿因此遭受的损失。

船舶发生灭失或者失踪的，租金应当自船舶灭失或者得知其最后消息之日起停止支付，预付租金应当按照比例退还。

**第一百五十三条** 本法第一百三十四条、第一百三十五条第一款、第一百四十二条和第一百四十三条的规定，适用于光船租赁合同。

**第一百五十四条** 订有租购条款的光船租赁合同，承租人按照合同约定向出租人付清租购费时，船舶所有权即归于承租人。

## 第七章 海上拖航合同

**第一百五十五条** 海上拖航合同，是指承拖方用拖轮将被拖物经海路从一地拖至另一地，而由被拖方支付拖航费的合同。

本章规定不适用于在港区内对船舶提供的拖轮服务。

**第一百五十六条** 海上拖航合同应当书面订立。海上拖航合同的内容，主要包括承拖方和被拖方的名称和住所、拖轮和被拖物的名称和主要尺度、拖轮功率、起拖地和目的地、起拖日期、拖航费及其支付方式，以及其他有关事项。

**第一百五十七条** 承拖方在起拖前和起拖当时，应当谨慎处理，使拖轮处于适航、适拖状态，妥善配备船员，配置拖航索具和配备供应品以及该航次必备的其他装置、设备。

被拖方在起拖前和起拖当时，应当做好被拖物的拖航准备，谨慎处理，使被拖物处于适拖状态，并向承拖方如实说明被拖物的情况，提供有关检验机构签发的被拖物适合拖航的证书和有关文件。

**第一百五十八条** 起拖前，因不可抗力或者其他不能归责于双方的原因致使合同不能履行的，双方均可以解除合同，并互相不负赔偿责任。除合同另有约定外，拖航费已经支付的，承拖方应当退还给被拖方。

**第一百五十九条** 起拖后，因不可抗力或者其他不能归责于双方的原因致使合同不能继续履行的，双方均可以解除合同，并互相不负赔偿责任。

**第一百六十条** 因不可抗力或者其他不能归责于双方的原因致使被拖物不能拖至目的地的，除合同另有约定外，承拖方可以在目的地的邻近地点或者拖轮船长选定的安全的港口或者锚泊地，将被拖物移交给被拖方或者其代理人，视为已经履行合同。

**第一百六十一条** 被拖方未按照约定支付拖航费和其他合理费用的，承拖方对被拖物有留置权。

**第一百六十二条** 在海上拖航过程中，承拖方或者被拖方遭受的损失，由一方的过失造成的，有过失的一方应当负赔偿责任；由双方过失造成的，各方按照过失程度的比例负赔偿责任。

虽有前款规定，经承拖方证明，被拖方的损失是由于下列原因之一造成的，承拖方不负赔偿责任：

（一）拖轮船长、船员、引航员或者承拖方的其他受雇人、代理人在驾驶拖轮或者管理拖轮中的过失；

（二）拖轮在海上救助或者企图救助人命或者财产时的过失。

本条规定仅在海上拖航合同没有约定或者没有不同约定时适用。

**第一百六十三条** 在海上拖航过程中，由于承拖方或者被拖方的过失，造成第三人人身伤亡或者财产损失的，承拖方和被拖方对第三人负连带赔偿责任。除合同另有约定外，一方连带支付的赔偿超过其应当承担的比例的，对另一方有追偿权。

**第一百六十四条** 拖轮所有人拖带其所有的或者经营的驳船载运货物，经海路由一港运至另一港的，视为海上货物运输。

## 第八章 船舶碰撞

**第一百六十五条** 船舶碰撞，是指船舶在海上或者与海相通的可航水域发生接触造成损害的事故。

前款所称船舶，包括与本法第三条所指船舶碰撞的任何其他非用于军事的或者政府公务的船艇。

**第一百六十六条** 船舶发生碰撞，当事船舶的船长在不严重危及本船和船上人员安全的情况下，对于相碰的船舶和船上人员必须尽力施救。

碰撞船舶的船长应当尽可能将其船舶名称、船籍港、出发港和目的港通知对方。

**第一百六十七条** 船舶发生碰撞，是由于不可抗力或者其他不能归责于任何一方的原因或者无法查明的原因造成的，碰撞各方互相不负赔偿责任。

**第一百六十八条** 船舶发生碰撞，是由于一船的过失造成的，由有过失的船舶负赔偿责任。

**第一百六十九条** 船舶发生碰撞，碰撞的船舶互有过失的，各船按照过失程度的比例负赔偿责任；过失程度相当或者过失程度的比例无法判定的，平均负赔偿责任。

互有过失的船舶，对碰撞造成的船舶以及船上货物和其他财产的损失，依照前款规定的比例负赔偿责任。碰撞造成第三人财产损失的，各船的赔偿责任均不超过其应当承担的比例。

互有过失的船舶，对造成的第三人的人身伤亡，负连带赔偿责任。一船连带支付的赔偿超过本条第一款规定的比例的，有权向其他有过失的船舶追偿。

**第一百七十条** 船舶因操纵不当或者不遵守航行规章，虽然实际上没有同其他船舶发生碰撞，但是使其他船舶以及船上的人员、货物或者其他财产遭受损失的，适用本章的规定。

## 第九章　海难救助

**第一百七十一条** 本章规定适用于在海上或者与海相通的可航水域，对遇险的船舶和其他财产进行的救助。

**第一百七十二条** 本章下列用语的含义：

（一）“船舶”，是指本法第三条所称的船舶和与其发生救助关系的任何其他非用于军事的或者政府公务的船艇。

（二）“财产”，是指非永久地和非有意地依附于岸线的任何财产，包括有风险的运费。

（三）“救助款项”，是指依照本章规定，被救助方应当向救助方支付的任何救助报酬、酬金或者补偿。

**第一百七十三条** 本章规定，不适用于海上已经就位的从事海底矿物资源的勘探、开发或者生产的固定式、浮动式平台和移动式近海钻井装置。

**第一百七十四条** 船长在不严重危及本船和船上人员安全的

情况下,有义务尽力救助海上命。

**第一百七十五条** 救助方与被救助方就海难救助达成协议,救助合同成立。

遇险船舶的船长有权代表船舶所有人订立救助合同。遇险船舶的船长或者船舶所有人有权代表船上财产所有人订立救助合同。

**第一百七十六条** 有下列情形之一,经一方当事人起诉或者双方当事人协议仲裁的,受理争议的法院或者仲裁机构可以判决或者裁决变更救助合同:

(一)合同在不正当的或者危险情况的影响下订立,合同条款显失公平的;

(二)根据合同支付的救助款项明显过高或者过低于实际提供的救助服务的。

**第一百七十七条** 在救助作业过程中,救助方对被救助方负有下列义务:

(一)以应有的谨慎进行救助;

(二)以应有的谨慎防止或者减少环境污染损害;

(三)在合理需要的情况下,寻求其他救助方援助;

(四)当被救助方合理地要求其他救助方参与救助作业时,接受此种要求,但是要求不合理,原救助方的救助报酬金额不受影响。

**第一百七十八条** 在救助作业过程中,被救助方对救助方负有下列义务:

(一)与救助方通力合作;

(二)以应有的谨慎防止或者减少环境污染损害;

(三)当获救的船舶或者其他财产已经被送至安全地点时,及时接受救助方提出的合理的移交要求。

**第一百七十九条** 救助方对遇险的船舶和其他财产的救助,取得效果的,有权获得救助报酬;救助未取得效果的,除本法第一百八十二条或者其他法律另有规定或者合同另有约定外,无权获得救助款项。

**第一百八十条** 确定救助报酬，应当体现对救助作业的鼓励，并综合考虑下列各项因素：

（一）船舶和其他财产的获救的价值；

（二）救助方在防止或者减少环境污染损害方面的技能和努力；

（三）救助方的救助成效；

（四）危险的性质和程度；

（五）救助方在救助船舶、其他财产和人命方面的技能和努力；

（六）救助方所用的时间、支出的费用和遭受的损失；

（七）救助方或者救助设备所冒的责任风险和其他风险；

（八）救助方提供救助服务的及时性；

（九）用于救助作业的船舶和其他设备的可用性和使用情况；

（十）救助设备的备用状况、效能和设备的价值。

救助报酬不得超过船舶和其他财产的获救价值。

**第一百八十一条** 船舶和其他财产的获救价值，是指船舶和其他财产获救后的估计价值或者实际出卖的收入，扣除有关税款和海关、检疫、检验费用以及进行卸载、保管、估价、出卖而产生的费用后的价值。

前款规定的价值不包括船员的获救的私人物品和旅客的获救的自带行李的价值。

**第一百八十二条** 对构成环境污染损害危险的船舶或者船上货物进行的救助，救助方依照本法第一百八十条规定获得的救助报酬，少于依照本条规定可以得到的特别补偿的，救助方有权依照本条规定，从船舶所有人处获得相当于救助费用的特别补偿。

救助人进行前款规定的救助作业，取得防止或者减少环境污染损害效果的，船舶所有人依照前款规定应当向救助方支付的特别补偿可以另行增加，增加的数额可以达到救助费用的百分之三十。受理争议的法院或者仲裁机构认为适当，并且考虑到本法第一百八十条第一款的规定,可以判决或者裁决进一步增加特别补偿数额;但是,在任何情况下,增加部分不得超过救助费用的百分之一百。

本条所称救助费用,是指救助方在救助作业中直接支付的合理费用以及实际使用救助设备、投入救助人员的合理费用。确定救助费用应当考虑本法第一百八十条第一款第(八)、(九)、(十)项的规定。

在任何情况下,本条规定的全部特别补偿,只有在超过救助方依照本法第一百八十条规定能够获得的救助报酬时,方可支付,支付金额为特别补偿超过救助报酬的差额部分。

由于救助方的过失未能防止或者减少环境污染损害的,可以全部或者部分地剥夺救助方获得特别补偿的权利。

本条规定不影响船舶所有人对其他被救助方的追偿权。

**第一百八十三条**　救助报酬的金额,应当由获救的船舶和其他财产的各所有人,按照船舶和其他各项财产各自的获救价值占全部获救价值的比例承担。

**第一百八十四条**　参加同一救助作业的各救助方的救助报酬,应当根据本法第一百八十条规定的标准,由各方协商确定;协商不成的,可以提请受理争议的法院判决或者经各方协议提请仲裁机构裁决。

**第一百八十五条**　在救助作业中救助人命的救助方,对获救人员不得请求酬金,但是有权从救助船舶或者其他财产、防止或者减少环境污染损害的救助方获得的救助款项中,获得合理的份额。

**第一百八十六条**　下列救助行为无权获得救助款项:

(一)正常履行拖航合同或者其他服务合同的义务进行救助的,但是提供不属于履行上述义务的特殊劳务除外;

(二)不顾遇险的船舶的船长、船舶所有人或者其他财产所有人明确的和合理的拒绝,仍然进行救助的。

**第一百八十七条**　由于救助方的过失致使救助作业成为必需或者更加困难的,或者救助方有欺诈或者其他不诚实行为的,应当取消或者减少向救助方支付的救助款项。

**第一百八十八条** 被救助方在救助作业结束后，应当根据救助方的要求，对救助款项提供满意的担保。

在不影响前款规定的情况下，获救船舶的船舶所有人应当在获救的货物交还前，尽力使货物的所有人对其应当承担的救助款项提供满意的担保。

在未根据救助人的要求对获救的船舶或者其他财产提供满意的担保以前，未经救助方同意，不得将获救的船舶和其他财产从救助作业完成后最初到达的港口或者地点移走。

**第一百八十九条** 受理救助款项请求的法院或者仲裁机构，根据具体情况，在合理的条件下，可以裁定或者裁决被救助方向救助方先行支付适当的金额。

被救助方根据前款规定先行支付金额后，其根据本法第一百八十八条规定提供的担保金额应当相应扣减。

**第一百九十条** 对于获救满 90 日的船舶和其他财产，如果被救助方不支付救助款项也不提供满意的担保，救助方可以申请法院裁定强制拍卖；对于无法保管、不易保管或者保管费用可能超过其价值的获救的船舶和其他财产，可以申请提前拍卖。

拍卖所得价款，在扣除保管和拍卖过程中的一切费用后，依照本法规定支付救助款项；剩余的金额，退还被救助方；无法退还、自拍卖之日起满一年又无人认领的，上缴国库；不足的金额，救助方有权向被救助方追偿。

**第一百九十一条** 同一船舶所有人的船舶之间进行的救助，救助方获得救助款项的权利适用本章规定。

**第一百九十二条** 国家有关主管机关从事或者控制的救助作业，救助方有权享受本章规定的关于救助作业的权利和补偿。

## 第十章 共同海损

**第一百九十三条** 共同海损，是指在同一海上航程中，船舶、货物和其他财产遭遇共同危险，为了共同安全，有意地合理地采取措施所直接造成的特殊牺牲、支付的特殊费用。

无论在航程中或者在航程结束后发生的船舶或者货物因迟延所造成的损失，包括船期损失和行市损失以及其他间接损失，均不得列入共同海损。

**第一百九十四条** 船舶因发生意外、牺牲或者其他特殊情况而损坏时，为了安全完成本航程，驶入避难港口、避难地点或者驶回装货港口、装货地点进行必要的修理，在该港口或者地点额外停留期间所支付的港口费，船员工资、给养，船舶所消耗的燃料、物料，为修理而卸载、储存、重装或者搬移船上货物、燃料、物料以及其他财产所造成的损失、支付的费用，应当列入共同海损。

**第一百九十五条** 为代替可以列为共同海损的特殊费用而支付的额外费用，可以作为代替费用列入共同海损；但是，列入共同海损的代替费用的金额，不得超过被代替的共同海损的特殊费用。

**第一百九十六条** 提出共同海损分摊请求的一方应当负举证责任，证明其损失应当列入共同海损。

**第一百九十七条** 引起共同海损特殊牺牲、特殊费用的事故，可能是由航程中一方的过失造成的，不影响该方要求分摊共同海损的权利；但是，非过失方或者过失方可以就此项过失提出赔偿请求或者进行抗辩。

**第一百九十八条** 船舶、货物和运费的共同海损牺牲的金额，依照下列规定确定：

（一）船舶共同海损牺牲的金额，按照实际支付的修理费，减除合理的以新换旧的扣减额计算。船舶尚未修理的，按照牺牲造成的合理贬值计算，但是不得超过估计的修理费。

船舶发生实际全损或者修理费用超过修复后的船舶价值的，共同海损牺牲金额按照该船舶在完好状态下的估计价值，减除不属于共同海损损坏的估计的修理费和该船舶受损后的价值的余额计算。

（二）货物共同海损牺牲的金额，货物灭失的，按照货物在装船时的价值加保险费加运费，减除由于牺牲无需支付的运费计算。货物损坏，在就损坏程度达成协议前售出的，按照货物在装船时的价值加保险费加运费，与出售货物净得的差额计算。

（三）运费共同海损牺牲的金额，按照货物遭受牺牲造成的运费的损失金额，减除为取得这笔运费本应支付，但是由于牺牲无需支付的营运费用计算。

**第一百九十九条**　共同海损应当由受益方按照各自的分摊价值的比例分摊。

船舶、货物和运费的共同海损分摊价值，分别依照下列规定确定：

（一）船舶共同海损分摊价值，按照船舶在航程终止时的完好价值，减除不属于共同海损的损失金额计算，或者按照船舶在航程终止时的实际价值，加上共同海损牺牲的金额计算。

（二）货物共同海损分摊价值，按照货物在装船时的价值加保险费加运费，减除不属于共同海损的损失金额和承运人承担风险的运费计算。货物在抵达目的港以前售出的，按照出售净得金额，加上共同海损牺牲的金额计算。

旅客的行李和私人物品，不分摊共同海损。

（三）运费分摊价值，按照承运人承担风险并于航程终止时有权收取的运费，减除为取得该项运费而在共同海损事故发生后，为完成本航程所支付的营运费用，加上共同海损牺牲的金额计算。

**第二百条**　未申报的货物或者谎报的货物，应当参加共同海损分摊；其遭受的特殊牺牲，不得列入共同海损。

不正当地以低于货物实际价值作为申报价值的，按照实际价值分摊共同海损；在发生共同海损牺牲时，按照申报价值计算牺牲金额。

**第二百零一条**　对共同海损特殊牺牲和垫付的共同海损特殊费用，应当计算利息。对垫付的共同海损特殊费用，除船员工资、给养和船舶消耗的燃料、物料外，应当计算手续费。

**第二百零二条**　经利益关系人要求，各分摊方应当提供共同海损担保。

以提供保证金方式进行共同海损担保的，保证金应当交由海损理算师以保管人名义存入银行。

保证金的提供、使用或者退还，不影响各方最终的分摊责任。

**第二百零三条** 共同海损理算，适用合同约定的理算规则；合同未约定的，适用本章的规定。

## 第十一章 海事赔偿责任限制

**第二百零四条** 船舶所有人、救助人，对本法第二百零七条所列海事赔偿请求，可以依照本章规定限制赔偿责任。

前款所称的船舶所有人，包括船舶承租人和船舶经营人。

**第二百零五条** 本法第二百零七条所列海事赔偿请求，不是向船舶所有人、救助人本人提出，而是向他们对其行为、过失负有责任的人员提出的，这些人员可以依照本章规定限制赔偿责任。

**第二百零六条** 被保险人依照本章规定可以限制赔偿责任的，对该海事赔偿请求承担责任的保险人，有权依照本章规定享受相同的赔偿责任限制。

**第二百零七条** 下列海事赔偿请求，除本法第二百零八条和第二百零九条另有规定外，无论赔偿责任的基础有何不同，责任人均可以依照本章规定限制赔偿责任：

（一）在船上发生的或者与船舶营运、救助作业直接相关的人身伤亡或者财产的灭失、损坏，包括对港口工程、港池、航道和助航设施造成的损坏，以及由此引起的相应损失的赔偿请求；

（二）海上货物运输因迟延交付或者旅客及其行李运输因迟延到达造成损失的赔偿请求；

（三）与船舶营运或者救助作业直接相关的，侵犯非合同权利的行为造成其他损失的赔偿请求；

（四）责任人以外的其他人，为避免或者减少责任人依照本章规定可以限制赔偿责任的损失而采取措施的赔偿请求，以及因此项措施造成进一步损失的赔偿请求。

前款所列赔偿请求，无论提出的方式有何不同，均可以限制赔偿责任。但是，第(四)项涉及责任人以合同约定支付的报酬，责任人的支付责任不得援用本条赔偿责任限制的规定。

**第二百零八条** 本章规定不适用于下列各项：

(一)对救助款项或者共同海损分摊的请求；

(二)中华人民共和国参加的国际油污损害民事责任公约规定的油污损害的赔偿请求；

(三)中华人民共和国参加的国际核能损害责任限制公约规定的核能损害的赔偿请求；

(四)核动力船舶造成的核能损害的赔偿请求；

(五)船舶所有人或者救助人的受雇人提出的赔偿请求，根据调整劳务合同的法律，船舶所有人或者救助人对该类赔偿请求无权限制赔偿责任，或者该项法律作了高于本章规定的赔偿限额的规定。

**第二百零九条** 经证明，引起赔偿请求的损失是由于责任人的故意或者明知可能造成损失而轻率地作为或者不作为造成的，责任人无权依照本章规定限制赔偿责任。

**第二百一十条** 除本法第二百一十一条另有规定外，海事赔偿责任限制，依照下列规定计算赔偿限额：

(一)关于人身伤亡的赔偿请求

1. 总吨位300吨至500吨的船舶，赔偿限额为333000计算单位；

2. 总吨位超过500吨的船舶，500吨以下部分适用本项第1目的规定，500吨以上的部分，应当增加下列数额：

501吨至3000吨的部分，每吨增加500计算单位；

3001吨至30000吨的部分，每吨增加333计算单位；

30001吨至70000吨的部分，每吨增加250计算单位；

超过70000吨的部分，每吨增加167计算单位。

(二)关于非人身伤亡的赔偿请求

1. 总吨位 300 吨至 500 吨的船舶,赔偿限额为 167000 计算单位;

2. 总吨位超过 500 吨的船舶,500 吨以下部分适用本项第 1 目的规定,500 吨以上的部分,应当增加下列数额:

501 吨至 30000 吨的部分,每吨增加 167 计算单位;

30001 吨至 70000 吨的部分,每吨增加 125 计算单位;

超过 70000 吨的部分,每吨增加 83 计算单位。

(三)依照第(一)项规定的限额,不足以支付全部人身伤亡的赔偿请求的,其差额应当与非人身伤亡的赔偿请求并列,从第(二)项数额中按照比例受偿。

(四)在不影响第(三)项关于人身伤亡赔偿请求的情况下,就港口工程、港池、航道和助航设施的损害提出的赔偿请求,应当较第(二)项中的其他赔偿请求优先受偿。

(五)不以船舶进行救助作业或者在被救船舶上进行救助作业的救助人,其责任限额按照总吨位为 1500 吨的船舶计算。

总吨位不满 300 吨的船舶,从事中华人民共和国港口之间的运输的船舶,以及从事沿海作业的船舶,其赔偿限额由国务院交通主管部门制定,报国务院批准后施行。

**第二百一十一条** 海上旅客运输的旅客人身伤亡赔偿责任限制,按照 46666 计算单位乘以船舶证书规定的载客定额计算赔偿限额,但是最高不超过 25000000 计算单位。

中华人民共和国港口之间海上旅客运输的旅客人身伤亡,赔偿限额由国务院交通主管部门制定,报国务院批准后施行。

**第二百一十二条** 本法第二百一十条和第二百一十一条规定的赔偿限额,适用于特定场合发生的事故引起的,向船舶所有人、救助人本人和他们对其行为、过失负有责任的人员提出的请求的总额。

**第二百一十三条** 责任人要求依照本法规定限制赔偿责任的,可以在有管辖权的法院设立责任限制基金。基金数额分别为本法第二百一十条、第二百一十一条规定的限额,加上自责任产生之日起至基金设立之日止的相应利息。

**第二百一十四条** 责任人设立责任限制基金后,向责任人提出请求的任何人,不得对责任人的任何财产行使任何权利;已设立责任限制基金的责任人的船舶或者其他财产已经被扣押,或者基金设立人已经提交抵押物的,法院应当及时下令释放或者责令退还。

**第二百一十五条** 享受本章规定的责任限制的人,就同一事故向请求人提出反请求的,双方的请求金额应当相互抵消,本章规定的赔偿限额仅适用于两个请求金额之间的差额。

## 第十二章 海上保险合同

### 第一节 一般规定

**第二百一十六条** 海上保险合同,是指保险人按照约定,对被保险人遭受保险事故造成保险标的的损失和产生的责任负责赔偿,而由被保险人支付保险费的合同。

前款所称保险事故,是指保险人与被保险人约定的任何海上事故,包括与海上航行有关的发生于内河或者陆上的事故。

**第二百一十七条** 海上保险合同的内容,主要包括下列各项:

(一)保险人名称;

(二)被保险人名称;

(三)保险标的;

(四)保险价值;

(五)保险金额;

(六)保险责任和除外责任;

(七)保险期间;

(八)保险费。

**第二百一十八条** 下列各项可以作为保险标的:

(一)船舶;

（二）货物；

（三）船舶营运收入，包括运费、租金、旅客票款；

（四）货物预期利润；

（五）船员工资和其他报酬；

（六）对第三人的责任；

（七）由于发生保险事故可能受到损失的其他财产和产生的责任、费用。

保险人可以将对前款保险标的的保险进行再保险。除合同另有约定外，原被保险人不得享有再保险的利益。

**第二百一十九条** 保险标的的保险价值由保险人与被保险人约定。

保险人与被保险人未约定保险价值的，保险价值依照下列规定计算：

（一）船舶的保险价值，是保险责任开始时船舶的价值，包括船壳、机器、设备的价值，以及船上燃料、物料、索具、给养、淡水的价值和保险费的总和；

（二）货物的保险价值，是保险责任开始时货物在起运地的发票价格或者非贸易商品在起运地的实际价值以及运费和保险费的总和；

（三）运费的保险价值，是保险责任开始时承运人应收运费总额和保险费的总和；

（四）其他保险标的的保险价值，是保险责任开始时保险标的的实际价值和保险费的总和。

**第二百二十条** 保险金额由保险人与被保险人约定。保险金额不得超过保险价值；超过保险价值的，超过部分无效。

### 第二节 合同的订立、解除和转让

**第二百二十一条** 被保险人提出保险要求，经保险人同意承保，并就海上保险合同的条款达成协议后，合同成立。保险人应当及时向被保险人签发保险单或者其他保险单证，并在保险单或者其他保险单证中载明当事人双方约定的合同内容。

**第二百二十二条** 合同订立前，被保险人应当将其知道的或者在通常业务中应当知道的有关影响保险人据以确定保险费率或者确定是否同意承保的重要情况，如实告知保险人。

保险人知道或者在通常业务中应当知道的情况，保险人没有询问的，被保险人无需告知。

**第二百二十三条** 由于被保险人的故意，未将本法第二百二十二条第一款规定的重要情况如实告知保险人的，保险人有权解除合同，并不退还保险费。合同解除前发生保险事故造成损失的，保险人不负赔偿责任。

不是由于被保险人的故意，未将本法第二百二十二条第一款规定的重要情况如实告知保险人的，保险人有权解除合同或者要求相应增加保险费。保险人解除合同的，对于合同解除前发生保险事故造成的损失，保险人应当负赔偿责任；但是，未告知或者错误告知的重要情况对保险事故的发生有影响的除外。

**第二百二十四条** 订立合同时，被保险人已经知道或者应当知道保险标的已经因发生保险事故而遭受损失的，保险人不负赔偿责任，但是有权收取保险费；保险人已经知道或者应当知道保险标的已经不可能因发生保险事故而遭受损失的，被保险人有权收回已经支付的保险费。

**第二百二十五条** 被保险人对同一保险标的就同一保险事故向几个保险人重复订立合同，而使该保险标的的保险金额总和超过保险标的的价值的，除合同另有约定外，被保险人可以向任何保险人提出赔偿请求。被保险人获得的赔偿金额总和不得超过保险标的的受损价值。各保险人按照其承保的保险金额同保险金额总和的比例承担赔偿责任。任何一个保险人支付的赔偿金额超过其应当承担的赔偿责任的，有权向未按照其应当承担的赔偿责任支付赔偿金额的保险人追偿。

**第二百二十六条** 保险责任开始前，被保险人可以要求解除合同，但是应当向保险人支付手续费，保险人应当退还保险费。

**第二百二十七条** 除合同另有约定外,保险责任开始后,被保险人和保险人均不得解除合同。

根据合同约定在保险责任开始后可以解除合同的,被保险人要求解除合同,保险人有权收取自保险责任开始之日起至合同解除之日止的保险费,剩余部分予以退还;保险人要求解除合同,应当将自合同解除之日起至保险期间届满之日止的保险费退还被保险人。

**第二百二十八条** 虽有本法第二百二十七条规定,货物运输和船舶的航次保险,保险责任开始后,被保险人不得要求解除合同。

**第二百二十九条** 海上货物运输保险合同可以由被保险人背书或者以其他方式转让,合同的权利、义务随之转移。合同转让时尚未支付保险费的,被保险人和合同受让人负连带支付责任。

**第二百三十条** 因船舶转让而转让船舶保险合同的,应当取得保险人同意。未经保险人同意,船舶保险合同从船舶转让时起解除;船舶转让发生在航次之中的,船舶保险合同至航次终了时解除。

合同解除后,保险人应当将自合同解除之日起至保险期间届满之日止的保险费退还被保险人。

**第二百三十一条** 被保险人在一定期间分批装运或者接受货物的,可以与保险人订立预约保险合同。预约保险合同应当由保险人签发预约保险单证加以确认。

**第二百三十二条** 应被保险人要求,保险人应当对依据预约保险合同分批装运的货物分别签发保险单证。

保险人分别签发的保险单证的内容与预约保险单证的内容不一致的,以分别签发的保险单证为准。

**第二百三十三条** 被保险人知道经预约保险合同保险的货物已经装运或者到达的情况时,应当立即通知保险人。通知的内容包括装运货物的船名、航线、货物价值和保险金额。

## 第三节　被保险人的义务

**第二百三十四条**　除合同另有约定外，被保险人应当在合同订立后立即支付保险费；被保险人支付保险费前，保险人可以拒绝签发保险单证。

**第二百三十五条**　被保险人违反合同约定的保证条款时，应当立即书面通知保险人。保险人收到通知后，可以解除合同，也可以要求修改承保条件、增加保险费。

**第二百三十六条**　一旦保险事故发生，被保险人应当立即通知保险人，并采取必要的合理措施，防止或者减少损失。被保险人收到保险人发出的有关采取防止或者减少损失的合理措施的特别通知的，应当按照保险人通知的要求处理。

对于被保险人违反前款规定所造成的扩大的损失，保险人不负赔偿责任。

## 第四节　保险人的责任

**第二百三十七条**　发生保险事故造成损失后，保险人应当及时向被保险人支付保险赔偿。

**第二百三十八条**　保险人赔偿保险事故造成的损失，以保险金额为限。保险金额低于保险价值的，在保险标的发生部分损失时，保险人按照保险金额与保险价值的比例负赔偿责任。

**第二百三十九条**　保险标的在保险期间发生几次保险事故所造成的损失，即使损失金额的总和超过保险金额，保险人也应当赔偿。但是，对发生部分损失后未经修复又发生全部损失的，保险人按照全部损失赔偿。

**第二百四十条**　被保险人为防止或者减少根据合同可以得到赔偿的损失而支出的必要的合理费用，为确定保险事故的性质、程度而支出的检验、估价的合理费用，以及为执行保险人的特别通知而支出的费用，应当由保险人在保险标的损失赔偿之外另行支付。

保险人对前款规定的费用的支付，以相当于保险金额的数额为限。

保险金额低于保险价值的，除合同另有约定外，保险人应当按照保险金额与保险价值的比例，支付本条规定的费用。

**第二百四十一条** 保险金额低于共同海损分摊价值的，保险人按照保险金额同分摊价值的比例赔偿共同海损分摊。

**第二百四十二条** 对于被保险人故意造成的损失，保险人不负赔偿责任。

**第二百四十三条** 除合同另有约定外，因下列原因之一造成货物损失的，保险人不负赔偿责任：

（一）航行迟延、交货迟延或者行市变化；

（二）货物的自然损耗、本身的缺陷和自然特性；

（三）包装不当。

**第二百四十四条** 除合同另有约定外，因下列原因之一造成保险船舶损失的，保险人不负赔偿责任：

（一）船舶开航时不适航，但是在船舶定期保险中被保险人不知道的除外；

（二）船舶自然磨损或者锈蚀。

运费保险比照适用本条的规定。

## 第五节　保险标的的损失和委付

**第二百四十五条** 保险标的发生保险事故后灭失，或者受到严重损坏完全失去原有形体、效用，或者不能再归被保险人所拥有的，为实际全损。

**第二百四十六条** 船舶发生保险事故后，认为实际全损已经不可避免，或者为避免发生实际全损所需支付的费用超过保险价值的，为推定全损。

货物发生保险事故后，认为实际全损已经不可避免，或者为避免发生实际全损所需支付的费用与继续将货物运抵目的地的费用之和超过保险价值的，为推定全损。

**第二百四十七条** 不属于实际全损和推定全损的损失，为部分损失。

**第二百四十八条** 船舶在合理时间内未从被获知最后消息的地点抵达目的地，除合同另有约定外，满两个月后仍没有获知其消息的，为船舶失踪。船舶失踪视为实际全损。

**第二百四十九条** 保险标的发生推定全损，被保险人要求保险人按照全部损失赔偿的，应当向保险人委付保险标的。保险人可以接受委付，也可以不接受委付，但是应当在合理的时间内将接受委付或者不接受委付的决定通知被保险人。

委付不得附带任何条件。委付一经保险人接受，不得撤回。

**第二百五十条** 保险人接受委付的，被保险人对委付财产的全部权利和义务转移给保险人。

## 第六节 保险赔偿的支付

**第二百五十一条** 保险事故发生后，保险人向被保险人支付保险赔偿前，可以要求被保险人提供与确认保险事故性质和损失程度有关的证明和资料。

**第二百五十二条** 保险标的发生保险责任范围内的损失是由第三人造成的，被保险人向第三人要求赔偿的权利，自保险人支付赔偿之日起，相应转移给保险人。

被保险人应当向保险人提供必要的文件和其所需要知道的情况，并尽力协助保险人向第三人追偿。

**第二百五十三条** 被保险人未经保险人同意放弃向第三人要求赔偿的权利，或者由于过失致使保险人不能行使追偿权利的，保险人可以相应扣减保险赔偿。

**第二百五十四条** 保险人支付保险赔偿时，可以从应支付的赔偿额中相应扣减被保险人已经从第三人取得的赔偿。

保险人从第三人取得的赔偿，超过其支付的保险赔偿的，超过部分应当退还给被保险人。

**第二百五十五条** 发生保险事故后，保险人有权放弃对保险标的的权利，全额支付合同约定的保险赔偿，以解除对保险标的的义务。

保险人行使前款规定的权利,应当自收到被保险人有关赔偿损失的通知之日起的七日内通知被保险人;被保险人在收到通知前,为避免或者减少损失而支付的必要的合理费用,仍然应当由保险人偿还。

**第二百五十六条** 除本法第二百五十五条的规定外,保险标的发生全损,保险人支付全部保险金额的,取得对保险标的的全部权利;但是,在不足额保险的情况下,保险人按照保险金额与保险价值的比例取得对保险标的的部分权利。

## 第十三章 时 效

**第二百五十七条** 就海上货物运输向承运人要求赔偿的请求权,时效期间为1年,自承运人交付或者应当交付货物之日起计算;在时效期间内或者时效期间届满后,被认定为负有责任的人向第三人提起追偿请求的,时效期间为90日,自追偿请求人解决原赔偿请求之日起或者收到受理对其本人提起诉讼的法院的起诉状副本之日起计算。

有关航次租船合同的请求权,时效期间为2年,自知道或者应当知道权利被侵害之日起计算。

**第二百五十八条** 就海上旅客运输向承运人要求赔偿的请求权,时效期间为2年,分别依照下列规定计算:

(一)有关旅客人身伤害的请求权,自旅客离船或者应当离船之日起计算;

(二)有关旅客死亡的请求权,发生在运送期间的,自旅客应当离船之日起计算;因运送期间内的伤害而导致旅客离船后死亡的,自旅客死亡之日起计算,但是此期限自离船之日起不得超过3年;

(三)有关行李灭失或者损坏的请求权,自旅客离船或者应当离船之日起计算。

**第二百五十九条** 有关船舶租用合同的请求权,时效期间为2年,自知道或者应当知道权利被侵害之日起计算。

**第二百六十条** 有关海上拖航合同的请求权,时效期间为1年,自知道或者应当知道权利被侵害之日起计算。

**第二百六十一条** 有关船舶碰撞的请求权,时效期间为2年,自碰撞事故发生之日起计算;本法第一百六十九条第三款规定的追偿请求权,时效期间为1年,自当事人连带支付损害赔偿之日起计算。

**第二百六十二条** 有关海难救助的请求权,时效期间为2年,自救助作业终止之日起计算。

**第二百六十三条** 有关共同海损分摊的请求权,时效期间为1年,自理算结束之日起计算。

**第二百六十四条** 根据海上保险合同向保险人要求保险赔偿的请求权,时效期间为2年,自保险事故发生之日起计算。

**第二百六十五条** 有关船舶发生油污损害的请求权,时效期间为3年,自损害发生之日起计算;但是,在任何情况下时效期间不得超过从造成损害的事故发生之日起6年。

**第二百六十六条** 在时效期间的最后6个月内,因不可抗力或者其他障碍不能行使请求权的,时效中止。自中止时效的原因消除之日起,时效期间继续计算。

**第二百六十七条** 时效因请求人提起诉讼、提交仲裁或者被请求人同意履行义务而中断。但是,请求人撤回起诉、撤回仲裁或者起诉被裁定驳回的,时效不中断。

请求人申请扣船的,时效自申请扣船之日起中断。

自中断时起,时效期间重新计算。

## 第十四章 涉外关系的法律运用

**第二百六十八条** 中华人民共和国缔结或者参加的国际条约同本法有不同规定的,适用国际条约的规定;但是,中华人民共和国声明保留的条款除外。

中华人民共和国法律和中华人民共和国缔结或者参加的国际条约没有规定的,可以适用国际惯例。

**第二百六十九条** 合同当事人可以选择合同适用的法律，法律另有规定的除外。合同当事人没有选择的，适用与合同有最密切联系的国家的法律。

**第二百七十条** 船舶所有权的取得、转让和消灭，适用船旗国法律。

**第二百七十一条** 船舶抵押权适用船旗国法律。

船舶在光船租赁以前或者光船租赁期间，设立船舶抵押权的，适用原船舶登记国的法律。

**第二百七十二条** 船舶优先权，适用受理案件的法院所在地法律。

**第二百七十三条** 船舶碰撞的损害赔偿，适用侵权行为地法律。

船舶在公海上发生碰撞的损害赔偿，适用受理案件的法院所在地法律。

同一国籍的船舶，不论碰撞发生于何地，碰撞船舶之间的损害赔偿适用船旗国法律。

**第二百七十四条** 共同海损理算，适用理算地法律。

**第二百七十五条** 海事赔偿责任限制，适用受理案件的法院所在地法律。

**第二百七十六条** 依照本章规定适用外国法律或者国际惯例，不得违背中华人民共和国的社会公共利益。

## 第十五章　附　　则

**第二百七十七条** 本法所称计算单位，是指国际货币基金组织规定的特别提款权；其人民币数额为法院判决之日、仲裁机构裁决之日或者当事人协议之日，按照国家外汇主管机关规定的国际货币基金组织的特别提款权对人民币的换算办法计算得出的人民币数额。

**第二百七十八条** 本法自 1993 年 7 月 1 日起施行。

# 中华人民共和国港口法

（中华人民共和国主席令(2003)第5号　2003.06.28）

## 第一章　总　　则

**第一条**　为了加强港口管理，维护港口的安全与经营秩序，保护当事人的合法权益，促进港口的建设与发展，制定本法。

**第二条**　从事港口规划、建设、维护、经营、管理及其相关活动，适用本法。

**第三条**　本法所称港口，是指具有船舶进出、停泊、靠泊，旅客上下，货物装卸、驳运、储存等功能，具有相应的码头设施，由一定范围的水域和陆域组成的区域。

港口可以由一个或者多个港区组成。

**第四条**　国务院和有关县级以上地方人民政府应当在国民经济和社会发展计划中体现港口的发展和规划要求，并依法保护和合理利用港口资源。

**第五条**　国家鼓励国内外经济组织和个人依法投资建设、经营港口，保护投资者的合法权益。

**第六条**　国务院交通主管部门主管全国的港口工作。

地方人民政府对本行政区域内港口的管理，按照国务院关于港口管理体制的规定确定。

依照前款确定的港口管理体制，由港口所在地的市、县人民政府管理的港口，由市、县人民政府确定一个部门具体实施对港口的行政管理；由省、自治区、直辖市人民政府管理的港口，由省、自治区、直辖市人民政府确定一个部门具体实施对港口的行政管理。

依照前款确定的对港口具体实施行政管理的部门，以下统称港口行政管理部门。

## 第二章　港口规划与建设

**第七条**　港口规划应当根据国民经济和社会发展的要求以及国防建设的需要编制,体现合理利用岸线资源的原则,符合城镇体系规划,并与土地利用总体规划、城市总体规划、江河流域规划、防洪规划、海洋功能区划、水路运输发展规划和其他运输方式发展规划以及法律、行政法规规定的其他有关规划相衔接、协调。

编制港口规划应当组织专家论证,并依法进行环境影响评价。

**第八条**　港口规划包括港口布局规划和港口总体规划。

港口布局规划,是指港口的分布规划,包括全国港口布局规划和省、自治区、直辖市港口布局规划。

港口总体规划,是指一个港口在一定时期的具体规划,包括港口的水域和陆域范围、港区划分、吞吐量和到港船型、港口的性质和功能、水域和陆域使用、港口设施建设岸线使用、建设用地配置以及分期建设序列等内容。

港口总体规划应当符合港口布局规划。

**第九条**　全国港口布局规划,由国务院交通主管部门征求国务院有关部门和有关军事机关的意见编制,报国务院批准后公布实施。

省、自治区、直辖市港口布局规划,由省、自治区、直辖市人民政府根据全国港口布局规划组织编制,并送国务院交通主管部门征求意见。国务院交通主管部门自收到征求意见的材料之日起满30日未提出修改意见的,该港口布局规划由有关省、自治区、直辖市人民政府公布实施;国务院交通主管部门认为不符合全国港口布局规划的,应当自收到征求意见的材料之日起30日内提出修改意见;有关省、自治区、直辖市人民政府对修改意见有异议的,报国务院决定。

**第十条**　港口总体规划由港口行政管理部门征求有关部门和

有关军事机关的意见编制。

**第十一条** 地理位置重要、吞吐量较大、对经济发展影响较广的主要港口的总体规划,由国务院交通主管部门征求国务院有关部门和有关军事机关的意见后,会同有关省、自治区、直辖市人民政府批准,并公布实施。主要港口名录由国务院交通主管部门征求国务院有关部门意见后确定并公布。

省、自治区、直辖市人民政府征求国务院交通主管部门的意见后确定本地区的重要港口。重要港口的总体规划由省、自治区、直辖市人民政府征求国务院交通主管部门意见后批准,公布实施。

前两款规定以外的港口的总体规划,由港口所在地的市、县人民政府批准后公布实施,并报省、自治区、直辖市人民政府备案。

市、县人民政府港口行政管理部门编制的属于本条第一款、第二款规定范围的港口的总体规划,在报送审批前应当经本级人民政府审核同意。

**第十二条** 港口规划的修改,按照港口规划制定程序办理。

**第十三条** 在港口总体规划区内建设港口设施,使用港口深水岸线的,由国务院交通主管部门会同国务院经济综合宏观调控部门批准;建设港口设施,使用非深水岸线的,由港口行政管理部门批准。但是,由国务院或者国务院经济综合宏观调控部门批准建设的项目使用港口岸线,不再另行办理使用港口岸线的审批手续。

港口深水岸线的标准由国务院交通主管部门制定。

**第十四条** 港口建设应当符合港口规划。不得违反港口规划建设任何港口设施。

**第十五条** 按照国家规定须经有关机关批准的港口建设项目,应当按照国家有关规定办理审批手续,并符合国家有关标准和技术规范。

建设港口工程项目,应当依法进行环境影响评价。

港口建设项目的安全设施和环境保护设施,必须与主体工程同时设计、同时施工、同时投入使用。

**第十六条** 港口建设使用土地和水域，应当依照有关土地管理、海域使用管理、河道管理、航道管理、军事设施保护管理的法律、行政法规以及其他有关法律、行政法规的规定办理。

**第十七条** 港口的危险货物作业场所、实施卫生除害处理的专用场所，应当符合港口总体规划和国家有关安全生产、消防、检验检疫和环境保护的要求，其与人口密集区和港口客运设施的距离应当符合国务院有关部门的规定；经依法办理有关手续，并经港口行政管理部门批准后，方可建设。

**第十八条** 航标设施以及其他辅助性设施，应当与港口同步建设，并保证按期投入使用。

港口内有关行政管理机构办公设施的建设应当符合港口总体规划，建设费用不得向港口经营人摊派。

**第十九条** 港口设施建设项目竣工后，应当按照国家有关规定经验收合格，方可投入使用。

港口设施的所有权，依照有关法律规定确定。

**第二十条** 县级以上有关人民政府应当保证必要的资金投入，用于港口公用的航道、防波堤、锚地等基础设施的建设和维护。具体办法由国务院规定。

**第二十一条** 县级以上有关人民政府应当采取措施，组织建设与港口相配套的航道、铁路、公路、给排水、供电、通信等设施。

## 第三章 港口经营

**第二十二条** 从事港口经营，应当向港口行政管理部门书面申请取得港口经营许可，并依法办理工商登记。

港口行政管理部门实施港口经营许可，应当遵循公开、公正、公平的原则。

港口经营包括码头和其他港口设施的经营，港口旅客运输服务经营，在港区内从事货物的装卸、驳运、仓储的经营和港口拖轮经营等。

**第二十三条** 取得港口经营许可,应当有固定的经营场所,有与经营业务相适应的设施、设备、专业技术人员和管理人员,并应当具备法律、法规规定的其他条件。

**第二十四条** 港口行政管理部门应当自收到本法第二十二条第一款规定的书面申请之日起30日内依法作出许可或者不予许可的决定。予以许可的,颁发港口经营许可证;不予许可的,应当书面通知申请人并告知理由。

**第二十五条** 经营港口理货业务,应当按照规定取得许可。实施港口理货业务经营许可,应当遵循公开、公正、公平的原则。具体办法由国务院交通主管部门规定。

港口理货业务经营人应当公正、准确地办理理货业务;不得兼营本法第二十二条第三款规定的货物装卸经营业务和仓储经营业务。

**第二十六条** 港口经营人从事经营活动,必须遵守有关法律、法规,遵守国务院交通主管部门有关港口作业规则的规定,依法履行合同约定的义务,为客户提供公平、良好的服务。

从事港口旅客运输服务的经营人,应当采取保证旅客安全的有效措施,向旅客提供快捷、便利的服务,保持良好的候船环境。

港口经营人应当依照有关环境保护的法律、法规的规定,采取有效措施,防治对环境的污染和危害。

**第二十七条** 港口经营人应当优先安排抢险物资、救灾物资和国防建设急需物资的作业。

**第二十八条** 港口经营人应当在其经营场所公布经营服务的收费项目和收费标准;未公布的,不得实施。

港口经营性收费依法实行政府指导价或者政府定价的,港口经营人应当按照规定执行。

**第二十九条** 国家鼓励和保护港口经营活动的公平竞争。

港口经营人不得实施垄断行为和不正当竞争行为,不得以任何手段强迫他人接受其提供的港口服务。

**第三十条** 港口行政管理部门依照《中华人民共和国统计

法》和有关行政法规的规定要求港口经营人提供的统计资料,港口经营人应当如实提供。

港口行政管理部门应当按照国家有关规定将港口经营人报送的统计资料及时上报,并为港口经营人保守商业秘密。

**第三十一条** 港口经营人的合法权益受法律保护。任何单位和个人不得向港口经营人摊派或者违法收取费用,不得违法干预港口经营人的经营自主权。

## 第四章 港口安全与监督管理

**第三十二条** 港口经营人必须依照《中华人民共和国安全生产法》等有关法律、法规和国务院交通主管部门有关港口安全作业规则的规定,加强安全生产管理,建立健全安全生产责任制等规章制度,完善安全生产条件,采取保障安全生产的有效措施,确保安全生产。

港口经营人应当依法制定本单位的危险货物事故应急预案、重大生产安全事故的旅客紧急疏散和救援预案以及预防自然灾害预案,保障组织实施。

**第三十三条** 港口行政管理部门应当依法制定可能危及社会公共利益的港口危险货物事故应急预案、重大生产安全事故的旅客紧急疏散和救援预案以及预防自然灾害预案,建立健全港口重大生产安全事故的应急救援体系。

**第三十四条** 船舶进出港口,应当依照有关水上交通安全的法律、行政法规的规定向海事管理机构报告。海事管理机构接到报告后,应当及时通报港口行政管理部门。

船舶载运危险货物进出港口,应当按照国务院交通主管部门的规定将危险货物的名称、特性、包装和进出港口的时间报告海事管理机构。海事管理机构接到报告后,应当在国务院交通主管部门规定的时间内作出是否同意的决定,通知报告人,并通报港口行政管理部门。但是,定船舶、定航线、定货种的船舶可以定期报告。

**第三十五条** 在港口内进行危险货物的装卸、过驳作业，应当按照国务院交通主管部门的规定将危险货物的名称、特性、包装和作业的时间、地点报告港口行政管理部门。港口行政管理部门接到报告后，应当在国务院交通主管部门规定的时间内作出是否同意的决定，通知报告人，并通报海事管理机构。

**第三十六条** 港口行政管理部门应当依法对港口安全生产情况实施监督检查，对旅客上下集中、货物装卸量较大或者有特殊用途的码头进行重点巡查；检查中发现安全隐患的，应当责令被检查人立即排除或者限期排除。

负责安全生产监督管理的部门和其他有关部门依照法律、法规的规定，在各自职责范围内对港口安全生产实施监督检查。

**第三十七条** 禁止在港口水域内从事养殖、种植活动。

不得在港口进行可能危及港口安全的采掘、爆破等活动；因工程建设等确需进行的，必须采取相应的安全保护措施，并报经港口行政管理部门批准；依照有关水上交通安全的法律、行政法规的规定须经海事管理机构批准的，还应当报经海事管理机构批准。

禁止向港口水域倾倒泥土、砂石以及违反有关环境保护的法律、法规的规定排放超过规定标准的有毒、有害物质。

**第三十八条** 建设桥梁、水底隧道、水电站等可能影响港口水文条件变化的工程项目，负责审批该项目的部门在审批前应当征求港口行政管理部门的意见。

**第三十九条** 依照有关水上交通安全的法律、行政法规的规定，进出港口须经引航的船舶，应当向引航机构申请引航。引航的具体办法由国务院交通主管部门规定。

**第四十条** 遇有旅客滞留、货物积压阻塞港口的情况，港口行政管理部门应当及时采取有效措施，进行疏港；港口所在地的市、县人民政府认为必要时，可以直接采取措施，进行疏港。

**第四十一条** 港口行政管理部门应当组织制定所管理的港口的章程，并向社会公布。

港口章程的内容应当包括对港口的地理位置、航道条件、港池水深、机械设施和装卸能力等情况的说明,以及本港口贯彻执行有关港口管理的法律、法规和国务院交通主管部门有关规定的具体措施。

**第四十二条** 港口行政管理部门依据职责对本法执行情况实施监督检查。

港口行政管理部门的监督检查人员依法实施监督检查时,有权向被检查单位和有关人员了解有关情况,并可查阅、复制有关资料。

监督检查人员对检查中知悉的商业秘密,应当保密。

监督检查人员实施监督检查时,应当出示执法证件。

**第四十三条** 监督检查人员应当将监督检查的时间、地点、内容、发现的问题及处理情况作出书面记录,并由监督检查人员和被检查单位的负责人签字;被检查单位的负责人拒绝签字的,监督检查人员应当将情况记录在案,并向港口行政管理部门报告。

**第四十四条** 被检查单位和有关人员应当接受港口行政管理部门依法实施的监督检查,如实提供有关情况和资料,不得拒绝检查或者隐匿、谎报有关情况和资料。

## 第五章 法律责任

**第四十五条** 有下列行为之一的,由县级以上地方人民政府或者港口行政管理部门责令限期改正;逾期不改正的,由作出限期改正决定的机关申请人民法院强制拆除违法建设的设施;可以处5万元以下罚款:

(一)违反港口规划建设港口、码头或者其他港口设施的;

(二)未经依法批准,建设港口设施使用港口岸线的。

建设项目的审批部门对违反港口规划的建设项目予以批准的,对其直接负责的主管人员和其他直接责任人员,依法给予行政处分。

**第四十六条** 未经依法批准,在港口建设危险货物作业场所、实施卫生除害处理的专用场所的，或者建设的危险货物作业场所、实施卫生除害处理的专用场所与人口密集区或者港口客运设施的距离不符合国务院有关部门的规定的，由港口行政管理部门责令停止建设或者使用，限期改正，可以处5万元以下罚款。

**第四十七条** 码头或者港口装卸设施、客运设施未经验收合格，擅自投入使用的，由港口行政管理部门责令停止使用，限期改正，可以处5万元以下罚款。

**第四十八条** 有下列行为之一的，由港口行政管理部门责令停止违法经营，没收违法所得；违法所得10万元以上的，并处违法所得2倍以上5倍以下罚款；违法所得不足10万元的，处5万元以上20万元以下罚款：

（一）未依法取得港口经营许可证，从事港口经营的；

（二）未经依法许可，经营港口理货业务的；

（三）港口理货业务经营人兼营货物装卸经营业务、仓储经营业务的。

有前款第（三）项行为，情节严重的，由有关主管部门吊销港口理货业务经营许可证。

**第四十九条** 港口经营人不优先安排抢险物资、救灾物资、国防建设急需物资的作业的，由港口行政管理部门责令改正；造成严重后果的，吊销港口经营许可证。

**第五十条** 港口经营人违反有关法律、行政法规的规定，在经营活动中实施垄断行为或者不正当竞争行为的，依照有关法律、行政法规的规定承担法律责任。

**第五十一条** 港口经营人违反本法第三十二条关于安全生产的规定的，由港口行政管理部门或者其他依法负有安全生产监督管理职责的部门依法给予处罚；情节严重的，由港口行政管理部门吊销港口经营许可证，并对其主要负责人依法给予处分；构成犯罪的，依法追究刑事责任。

**第五十二条** 船舶进出港口，未依照本法第三十四条的规定向海事管理机构报告的，由海事管理机构依照有关水上交通安全的法律、行政法规的规定处罚。

**第五十三条** 未依法向港口行政管理部门报告并经其同意，在港口内进行危险货物的装卸、过驳作业的，由港口行政管理部门责令停止作业，处5000元以上5万元以下罚款。

**第五十四条** 在港口水域内从事养殖、种植活动的，由海事管理机构责令限期改正；逾期不改正的，强制拆除养殖、种植设施，拆除费用由违法行为人承担；可以处1万元以下罚款。

**第五十五条** 未经依法批准在港口进行可能危及港口安全的采掘、爆破等活动的，向港口水域倾倒泥土、砂石的，由港口行政管理部门责令停止违法行为，限期消除因此造成的安全隐患；逾期不消除的，强制消除，因此发生的费用由违法行为人承担；处5000元以上5万元以下罚款；依照有关水上交通安全的法律、行政法规的规定由海事管理机构处罚的，依照其规定；构成犯罪的，依法追究刑事责任。

**第五十六条** 交通主管部门、港口行政管理部门、海事管理机构等不依法履行职责，有下列行为之一的，对直接负责的主管人员和其他直接责任人员依法给予行政处分；构成犯罪的，依法追究刑事责任：

（一）违法批准建设港口设施使用港口岸线、违法批准建设港口危险货物作业场所或者实施卫生除害处理的专用场所，或者违法批准船舶载运危险货物进出港口、违法批准在港口内进行危险货物的装卸、过驳作业的；

（二）对不符合法定条件的申请人给予港口经营许可或者港口理货业务经营许可的；

（三）发现取得经营许可的港口经营人、港口理货业务经营人不再具备法定许可条件而不及时吊销许可证的；

（四）不依法履行监督检查职责，对违反港口规划建设港口、码头或者其他港口设施的行为，未经依法许可从事港口经营、港口理货业务的行为，不遵守安全生产管理规定的行为，危及港口作业安全的行为，以及其他违反本法规定的行为，不依法予以查处的。

**第五十七条** 行政机关违法干预港口经营人的经营自主权的，由其上级行政机关或者监察机关责令改正；向港口经营人摊派财物或者违法收取费用的，责令退回；情节严重的，对直接负责的主管人员和其他直接责任人员依法给予行政处分。

## 第六章 附 则

**第五十八条** 对航行国际航线的船舶开放的港口，由有关省、自治区、直辖市人民政府按照国家有关规定商国务院有关部门和有关军事机关同意后，报国务院批准。

**第五十九条** 渔业港口的管理工作由县级以上人民政府渔业行政主管部门负责。具体管理办法由国务院规定。

前款所称渔业港口，是指专门为渔业生产服务、供渔业船舶停泊、避风、装卸渔获物、补充渔需物资的人工港口或者自然港湾，包括综合性港口中渔业专用的码头、渔业专用的水域和渔船专用的锚地。

**第六十条** 军事港口的建设和管理办法由国务院、中央军事委员会规定。

**第六十一条** 本法自 2004 年 1 月 1 日起施行。

# 港口建设费征收办法

（国发[1985]124号　1985.10.22）

**第一条**　为了加快港口建设，以适应经济发展的需要，特制定本办法。

**第二条**　对进出下列港口的货物，征收港口建设费：

大连、营口、秦皇岛、天津、烟台、青岛、石臼、连云港、上海、宁波、温州、福州、厦门、汕头、广州、黄埔、海口、八所、三亚、湛江、北海、防城、南京、镇江、张家港、南通。

**第三条**　港口建设费的义务缴费人（以下简称缴费人），为发货人（或其代理人）或收货人（或其代理人）。

**第四条**　对进出第二条所列港口的货物（含国内转港的外贸进出口货物），在水路运输全过程中只征收一次港口建设费。

**第五条**　港口建设费的征收标准，按照本办法所附《港口建设费费率表》执行。

**第六条**　下列货物免征港口建设费：

一、交通部颁发的港口费收规则中免征货物港务费的货物；

二、企业专用码头运输本企业生产所需要的原材料及其产品；

三、《港口建设费费率表》中免征的货物。

**第七条**　港口建设费的征收管理工作由交通部负责。第二条所列港口的港务管理局或装卸联合公司，为港口建设费的代征单位；代征单位指定的水上装卸单位以及与第二条所列港口实行联运的其他港口，为港口建设费的代收单位。

**第八条**　征收港口建设费不另制凭证。代征单位或代收单位应在现行的运输费用单证上增列港口建设费费目，在向缴费人核收运杂费时，一并核收港口建设费。

代收单位收到费款后，应在 3 日内向代征单位结算交付，不得截留、挪用。

**第九条** 港口建设费的收入列为交通部专户。代征单位必须在当地中国工商银行开立交通部港口建设费专户，并应在三日内将征收的费款存入专户，按月划缴交通部。代征单位对征收的费款只能存入和划转，不能动支。

**第十条** 港口建设费的收入，作为国家建设港口资金的一项来源。资金的使用，由交通部按照国家有关规定统一安排。

**第十一条** 交通部应检查代征单位或代收单位的收缴情况。

代征单位或代收单位不得漏征、错征港口建设费；如发现有漏征、错征时，必须及时补征、订正。

**第十二条** 缴费人不按照本办法缴纳港口建设费的，除追缴费款外，可酌情处以应缴费款五倍以下的罚款。

**第十三条** 缴费人同代征单位或代收单位在缴付港口建设费的问题上发生争议时，必须先按照代征单位或代收单位的决定缴费，然后向交通部申请复议，或直接向人民法院起诉。

**第十四条** 本办法由交通部负责解释；施行细则由交通部制定。

**第十五条** 本办法自 1986 年 1 月 1 日起施行。

**附件**

# 港口建设费费率表

<table>
<tr><td rowspan="3">港口</td><td rowspan="3" colspan="2">货类</td><td colspan="4">费率(元/吨)</td><td rowspan="3">备注</td></tr>
<tr><td colspan="2">出口</td><td colspan="2">进口</td></tr>
<tr><td>海港</td><td>长江四港</td><td>海港</td><td>长江四港</td></tr>
<tr><td rowspan="7">大连、营口、秦皇岛、天津、烟台、青岛、石臼、连云港、上海、宁波、温州、福州、厦门、汕头、广州、黄埔、海口、八所、三亚、湛江、北海、防城、南京、镇江、张家港、南通</td><td colspan="2">石油(包括原油)</td><td>3.00</td><td>1.50</td><td>4.00</td><td>2.00</td><td rowspan="2">国内进口免征<br>长江四港国内出口只征石油(包括原油)和煤炭(包括焦炭)两类</td></tr>
<tr><td colspan="2">煤炭(包括焦炭)、钢铁(包括生铁)、金属矿石、非金属矿石、水泥、木材、化肥</td><td>1.50</td><td>0.80</td><td>2.50</td><td>1.30</td></tr>
<tr><td colspan="2">矿建材料、其他</td><td>1.50</td><td>0.80</td><td>2.50</td><td>1.30</td><td>国内进、出口免征</td></tr>
<tr><td colspan="2">粮食、盐</td><td>0.50</td><td>0.30</td><td>1.00</td><td>0.50</td><td>国内进口免征<br>长江四港国内进、出口免征</td></tr>
<tr><td colspan="2">按体积吨(立方米)计费的货物</td><td>0.50</td><td>0.30</td><td>1.00</td><td>0.50</td><td>按以上货类分征、免范围</td></tr>
<tr><td rowspan="2">国际集装箱货物(元/箱)</td><td>20英尺箱</td><td>12.50</td><td>6.30</td><td>25.00</td><td>12.50</td><td rowspan="2">国内进、出口免征</td></tr>
<tr><td>40英尺箱</td><td>25.00</td><td>12.50</td><td>50.00</td><td>25.00</td></tr>
</table>

说明:1.货物的计量单位及重量换算,按交通部颁发的港口费收规则办理。

2.国外进、出口的其他集装箱按其80%的内容积和进口1.00元/立方米、出口0.50元/立方米的费率计征港口建设费。

3.港口建设费的起码收费额为0.10元。

# 水路货物运输合同实施细则

（国务院批准，交通部公布 （86）交河字915号 1986.12.01）

## 第一章 总 则

**第一条** 根据《中华人民共和国经济合同法》的有关规定，制定本细则。

**第二条** 本细则所称水路运输是指中华人民共和国沿海、江河、湖泊以及其他通航水域中一切营业性的货物运输。本细则适用于水路运输企业与其他企业、农村经济组织、国家机关、事业单位、社会团体等法人之间签订的水路货物运输合同。持有营业执照的个体（联户）船民与企业、农村经济组织、国家机关、事业单位、社会团体等法人之间，以及水路运输企业与个体经营户、个人之间签订的水路货物运输合同，应参照本细则执行。军事运输，水路与铁路、公路、航空、管道之间的货物联运，另行规定。

**第三条** 水路货物运输合同，应贯彻优先运输国家指令性计划产品和急需物资，适当兼顾指导性计划产品和其他物资的原则，根据国家下达的产品调拨或购销计划和船舶运输、港口通过能力签订。对指令性计划产品的运输，在签订合同中如不能达成一致意见，可报请双方上级主管综合部门处理；其他物资运输，由托运人与承运人协商签订货物运输合同。

## 第二章 货物运输合同的签订

**第四条** 水路货物运输合同，除短途驳运、摆渡零星货物，双方当事人可以即时清结者外，应当采用书面的形式。大宗物资运输,可按月签订货物运输合同。对其他按规定必须提送月度托运计划的货物,经托运人和承运人协商同意,可以按月签订货物运输合同或以货物运单作为运输合同。零星货物运输和计划外的整批货物运输,以货物运单作为运输合同。

**第五条** 按月度签订的货物运输合同,经双方在合同上签认后,合同即告成立。如承、托运双方当事人无需商定特约事项的,可以用月度托运计划表代替运输合同,经双方在计划表上签认后,合同即告成立。在实际办理货物承托运手续时,托运人还应向承运人按批提出货物运单,作为运输合同的组成部分。以货物运单作为运输合同的,经承、托运双方商定货物的集中时间、地点,由双方认真验收、交接,并经承运人在托运人提出的货物运单上加盖承运日期戳后,合同即告成立。货物运单的格式,江海干线和跨省运输的由交通部统一规定;省(自治区、直辖市)内运输的由省(自治区、直辖市)交通主管部门统一规定。

**第六条** 按月度签订的货物运输合同,应具备下列基本内容:一、货物名称;二、托运人和收货人名称;三、起运港和到达港,海江河联运货物应载明换装港;四、货物重量,按体积计费的货物应载明体积;五、违约责任;六、特约条款。

**第七条** 货物运单应具备下列内容:一、货物名称;二、重量、件数,按体积计费的货物应载明体积;三、包装;四、运输标志;五、起运港和到达港,海江河联运货物应载明换装港;六、托运人、收货人名称及其详细地址;七、运费、港口费和有关的其他费用及其结算方式;八、承运日期;九、运到期限(规定期限或商定期限);十、货物价值;十一、双方商定的其他事项。

## 第三章 货物运输合同的履行

**第八条** 托运人应当承担下列义务:一、托运的货物必须与货物运单记载的品名相符;二、在货物运单上准确地填写货物的重量或体积。对起运港具备符合国家规定计量手段的,托运人应按照起运港核定的数据确定货物重量；对整船散装货物，托运人确定重量有困难时，可以要求承运人提供船舶水尺计量数，作为托运人确定的重量。对按照规定实行重量和体积择大计费的货物，应填写货物的重量和体积。对笨重长大货物，还应列出单件货物的重量和体积（长、宽、高）；三、需要包装的货物，必须按照国家或国家主管部门规定的标准包装；没有统一规定包装标准的，应在保证运输安全和货物质量的原则下进行包装；需要随附备用包装的，应提供备用包装；四、正确制作货物的运输标志和必要的指示标志；五、在托运货物的当时，按照合同规定的结算方式付清运输费用；六、实行保价运输的个人生活用品，应提出货物清单，逐项声明价格，并按声明价格支付规定的保价费；七、国家规定必须保险的货物，托运人应在托运时投保货物运输险。对于每件价值在700元以上的货物或每吨价值在500元以上的非成件货物，实行保险与负责运输相结合的补偿制度，托运人可在托运时投保货物运输险，具体办法另行规定；八、按规定必须凭证运输的货物，应当提供有关证件；九、按照货物属性或双方商定需要押运的货物，应派人随船押运；十、托运危险货物必须按危险货物运输的规定办理，不得匿报品名、隐瞒性质或在普通货物中夹带危险货物。

**第九条** 承运人应当承担下列义务：一、应按商定的时间和地点调派适航、适载条件的船舶装运，并备妥相应的护货垫隔物料；但按规定应由托运人自行解决的特殊加固、苫垫材料及所需人工除外；二、对承运货物的配积载、运输、装卸、驳运、保管及交接工作，应谨慎处理，按章作业，保证货运质量；三、对经由其他运输工具集中到港的散装运输、不计件数的货物，如具备计量手段的，应对托运人确定的重量进行抽查或复查；如不具备计量手段的，应在保证质量的前提下，负责原来、原转、原交。对按体积计收运输费用的货物，应对托运人确定的体积进行抽查或复查，准确计费；四、对扫集的地脚货物，应做到物归原主；对不能分清货主的地脚货物，应按无法交付货物的规定处理；五、组织好安全及时运输，保证运到期限；六、按照船舶甲板货物运输的规定，谨慎配装甲板货物；

七、按照规定的航线运输货物，到达后，应由到达港发出到货通知，并负责将货物交付给指定的收货人。

**第十条** 收货人应当承担下列义务；一、接到达港到货通知后，应在规定时间内同到达港办妥货物交接验收手续，将货物提离港区；二、按规定应由收货人支付的运输费用、托运人少缴的费用以及运输途中发生的垫款，应在提取货物时一次付清；三、由收物人自理卸船的货物，应在商定的时间内完成卸船作业，将船舱、甲板清扫干净；对装运污秽货物、有毒害性货物的，应负责洗刷、消毒，使船舱恢复正常清洁状态。

**第十一条** 散装液体货物，只限于整船、整舱运输。装船前应由托运人验舱，合格后才能装运。托运人要求在两个以上地点装船或卸船，或在同一卸船地点由几个收货人接收货物时，其计量分劈工作及发生重量差数，由托运人和收货人自行处理。

**第十二条** 拖带运输的货物，托运人应按规定提供被拖物的技术资料，承运人应当根据被拖物的技术资料和航道、气象等条件，调配适当的拖轮。在航行中，被拖物上的人员应听从拖轮船长的指挥，配合拖轮保证航行安全。对于有特殊技术要求的拖带运输，承、托运双方必须签订特约条款。

**第十三条** 易腐货物和有生动植物，承、托运双方应预先商定容许的运到期限；采用冷藏设备船舶装运的，应商定冷藏温度。有生动植物在运输途中需要照料、饲养的，由托运人自行负责；随带的饲料免收运费，需用的淡水由承运人按规定提供。

**第十四条** 遇有下列情况之一，应采取包船、包舱或租船运输：一、由于货物本身性质，需用专船、专舱运输，造成船舶亏吨的；二、货物的起运点或到达点超出正常的营业航线，承运人必须指派专船运输，造成船舶亏吨或排空的；三、由于其他原因，经承、托运双方协议采用包船运输的。

**第十五条** 在已经开办集装箱运输的水运航线和海江河联运线路上，凡精密、易碎、价高及其他适于集装箱运输的物品，承、托运双方应采用集装箱运输。

**第十六条** 承运人向收货人交付货物时应认真进行验收交接。按件承运的货物如发现货物有异状或与货物运单记载不符，按舱、按箱施封的货物如发现舱封、箱封有异状，收货人应即向通运人提出异议。收货人在验收交接时没有提出异议，并在提货单上签章后，运输合同即终止。运输合同的终止，不影响履行合同中发生违约责任事项的处理。

## 第四章 货物运输合同的变更和解除

**第十七条** 凡发生下列情况之一者，允许变更或解除月度货物运输合同：一、订立运输合同所依据的国家计划被变更或取消；二、由于不可抗力使运输合同无法履行；三、合同当事人一方由于关闭、停产、转产而确实无法履行合同；四、由于合同当事人一方违约，使合同履行成为不必要或不可能；五、在不损害国家利益和不影响国家计划的前提下，经当事人双方协商同意。变更或解除月度货物运输合同应当采用书面形式(包括文书、电报或变更计划表等)，并应在货物发送前，由要求变更或解除的一方向对方提出。月度货物运输合同只能变更一次。

**第十八条** 以货物运单作为运输合同的，允许按下列规定变更或解除运输合同：一、货物发运前，承运人或托运人征得对方同意，可以解除运输合同。承运人提出解除合同的，应退还已收的运输费用，并付给托运人已发生的货物进港短途搬运费用；托运人提出解除合同的，应付给承运人已发生的港口费用和船舶待时费用；二、货物发运后，承运人或托运人征得对方同意，可以变更货物的到达港和收货人。同一运单的货物不得变更其中的一部分，并只能变更一次。对指令性运输计划内的货物要求变更时，除必须征得对方同意外，还必须报下达该计划的主管部门核准。由于航道、船闸障碍、海损事故、自然灾害、执行政府命令或军事行动，货物不能运抵到达港时，承运人可以到就近港口卸货，并及时通知托运人或收货人提出处理意见，合同中订有特约变更条款的，应按双方商定的变更条款办理。

## 第五章 违反货物运输合同的责任

**第十九条** 按月度签订的货物运输合同,承运人在履行时未配备足够的运力,应按落空的运量每吨偿付违约金一元;托运人在履行时未提供足够的货源,应按落空的货源每吨偿付违约金一元;运量与货源均有落空时,应按对等数量相互抵消违约金,偿付差额。由于第十七条第一、二、五项所规定的情况变更或解除月度货物运输合同时,免除托运人或承运人的违约金。

**第二十条** 从承运货物时起,至货物交付收货人或依照规定处理完毕时止,货物发生灭失、短少、变质、污染、损坏,按下列规定赔偿:一、已投保货物运输险的货物,由承运人和保险公司按规定赔偿。二、实行保价运输的个人生活用品,由承运人按声明价格赔偿,但货物实际损失低于声明价格的按实际损失赔偿。三、除上述一、二两项外,均由承运人按货物的实际损失赔偿。赔偿的价格如何计算,由交通部国家物价局、国家工商行政管理局另行规定。

**第二十一条** 由于下列原因造成货物灭失、短少、变质、污染、损坏的,承运人不承担赔偿责任:一、不可抗力;二、货物的自然属性和潜在缺陷;三、货物的自然减量和合理损耗,以及托运人自行确定的重量不正确;四、包装内在缺陷或包装完整、内容不符;五、标记错制、漏制、不清;六、有生动植物的疾病、死亡、枯萎、减重;七、非责任性海损事故的货物损失;八、免责范围内的甲板货物损失;九、其他经承运人举证或经合同管理机关或审判机关查证非承运人责任造成的损失。

**第二十二条** 如果托运人或收货人证明损失的发生确属承运人的故意行为,则承运人除按规定赔偿实际损失外,由合同管理机关处其造成损失部分10%~50%的罚款。

**第二十三条** 由于承运人责任发生货物错运、错交,应无偿运回合同规定的到达港,交给指定的收货人。如由此发生逾期运到,应按本细则第二十四条规定偿付逾期违约金。

**第二十四条** 随运人未按规定或约定的时间将货物运抵到达港，应按规定向收货人偿付违约金，但由于下列原因之一引起的滞延时间应从实际运到期限中扣除：一、自然灾害或气象、水文原因；二、参加水上救助或发生海损事故；三、政府命令或军事行动；四、等候通过船闸；五、应托运人要求在起运港预收保管的时间；六、其他非承运人责任造成的延误。逾期运到违约金额，视逾期天数的长短，按照每票货物的装卸或运费的5%到20%偿付。对于海江河联运货物的运到期限责任，另行规定。对于代办中转货物的运到期限责任，按承、托运双方的协议执行。

**第二十五条** 由于托运人责任发生下列事故，以致船舶、港口设备或波及其他货物的损坏、污染、腐蚀，或造成人身伤亡的，应由托运人负责赔偿：一、在普通货物中夹带危险货物，匿报危险货物品名，隐瞒危险货物性质，或其他违反危险货物运输规定的行为，引起燃烧、爆炸、中毒、污染、腐蚀等事故；二、在普通货物中夹带流质、易腐货物，引起污染事故；三、错报笨重货物重量，引起船体损伤，吊机倾翻、货件摔损、人员伤亡等事故；四、货物包装材质不良、强度不足或内部支衬不当等缺陷，以及外包装上必须制作的指示标志错制、漏制、引起摔损事故。

**第二十六条** 由于托运人责任发生下列情况之一，应由托运人负责处理；一、自理装船的货物，卸船时向体完好，舱封完整或装载状态无异状，而发生货物灭失、短少、损坏的；二、自行装箱、施封的集装箱运输货物，箱体完整，铅封完好，拆箱时发现货物灭失、短少、损坏或内容不符；三、除证明属于承运人责任外，自行押运的货物所发生的灭失、短少、变质、污染、损坏或其他损失。

**第二十七条** 由于托运人或收货人责任发生下列情况之一，应由托运人或收货人承担有关的费用或违约金：一、货物运抵到达港，承运人发生到货通知后，收货人拒绝收货或找不到收货人，承运人应通知托运人在限期内自行处理该项货物，并应承担由此而发生的一切费用；如托运人在限期内不予处理的，承运人可以按照无法交付货物的规定对该项货物就地处理；二、以货物运单作为运输合同的，未按运单规定的时间和要求提供托运的货物，应向承运人支付落空货源每吨 1 元违约金，但由于自然灾害影响货物按期托运的以及已按本细则第十九条规定承担违约责任的货物除外；三、托运人或收货人未及时付清运输费用及其他应付的费用，应按规定按日向承运人支付迟交金额的滞纳金。

**第二十八条** 由于货物本身原因或应托运人要求，需要对货物、船舱、库场进行检疫、熏蒸、消毒的，应由托运人或收货人负责办理检疫、熏蒸、消毒并承担有关费用。

**第二十九条** 承、托运双方对拖带运输的责任划分如下：一、木（竹）排在拖运途中，属于木（竹）排本身原因造成的散失，由托运人负责；属于拖轮责任造成的散失，承运人应支付清漂费和必须的重新扎排费，未能全部清回的，应按照本细则第二十条规定承担实际短少部分的赔偿；二、拖带船舶或其他水上浮物，属于拖轮责任造成被拖物或第三者损失的，由承运人负责；属于被拖物本身原因造成自身、拖轮或第三者损失的，由托运人负责；属于拖轮和被拖物双方责任造成彼此的损失以及第三者的损失，按双方应负的责任比例，分别承担。对钻井平台、浮船坞、工程船舶及其他大型水上装置的特殊拖带，承运人和托运人的权利、义务关系和责任划分，可以由双方签订特约条款另行规定。

**第三十条** 由托运人自理装船或收货人自理卸船的货物，可以由承运人与托运人或收货人签订装卸合同，商定装卸时间和条件，实行船舶速遣和滞期奖罚办法。对工矿企业自备船舶运输经由交通部门管辖港口装卸的货物，可以按照上款规定由当事双方签订船舶速遣和滞期的奖罚办法。

**第三十一条** 承运人与托运人或收货人彼此之间要求赔偿的时效，从货运记录交给托运人或收货人的次日起算不超过 180 日。赔偿要求应以书面形式提出，对方应在收到书面赔偿要求的次日起 60 日内处理。承、托运双方相互索取各项违约金、滞纳金、速遣奖金或滞期费的时效，按有关规定办理。

## 第六章　争议处理

**第三十二条**　承运人和托运人或收货人在履行货物运输合同中发生纠纷,应协商解决,协商不成时,可向合同管理机关申请调解、仲裁,也可以直接向人民法院起诉。

## 第七章　附　　则

**第三十三条**　对行驶国际航线,香港、澳门航线的船舶及所载货物,在我国港口作业中发生的船体、船具或货物的灭失、损坏事故,不适用于本细则。

**第三十四条**　本细则由交通部负责解释。

**第三十五条**　本细则自 1987 年 7 月 1 日起施行。

# 长江干线航道养护费征收办法

（国务院批准，交通部、财政部公布

（87）交河字110号　1987.02.21）

**第一条**　为加强长江干线航道的管理和养护，保证航道畅通和船舶航行安全，进一步发挥长江航运在国民经济中的作用，特制定本办法。

**第二条**　凡在宜宾至浏河口长江干线航道上航行的下列船舶（包括排筏），除第三条另有规定者外，应当缴纳长江干线航道养护费：（一）国营、集体专业水运企业的船舶；（二）企业事业单位、军政机关的船舶；（三）个体船民（联户）的船舶。

**第三条**　下列船舶免征长江干线航道养护费：（一）执行国防、治安、消防、救护、防洪、抢险任务以及从事捕鱼、钻探、测量、检疫、医疗、环保监测、科学查勘、教练、体育活动的船舶；（二）工程船舶；（三）客渡船舶；（四）经交通部、财政部共同核准免征长江干线航道养护费的船舶。本条第一款第一、二项所指船舶从事营业性运输时不免征长江干线航道养护费。

**第四条**　长江干线航道养护费按下列标准征收：（一）从事营业性运输的船舶，按运费收入的3%征收；（二）从事非营业性运输的机动船舶，按船舶马力、定额载重吨中大者计征，每马力（或载重吨）每月征收1.5元；从事非营业性运输的非机动船舶，按船舶定额载重吨计征，每载重吨每月征收0.5元。

**第五条**　江海、海江直达运输船舶的长江干线航道养护费，营业性运输船舶按长江干线段运费计征；非营业性运输船舶按第四条第二项规定的办法计征。支干、支干支直达运输的船舶，航道养护费由起运地的航运（航务）管理部门按本地区规定和全程运费一次计征；干支直达运输的船舶，航道养护费由交通部长江航务管理局按本办法规定和全程运费一次计征。

**第六条** 长江干线航道养护费（除支干、支干支直达运输应缴纳部分外），由交通部长江航务管理局统一征收。

**第七条** 长江干线航道养护费作为事业费收入纳入预决算管理。

**第八条** 长江干线航道养护费应当专款专用，用于航道的养护和管理。

**第九条** 违反本办法、不缴纳航道养护费的，征收单位除追缴费款外，可酌情处以应缴费款五倍以下的罚款。

**第十条** 执行本办法发生争执时，必须先按征收单位的决定缴费，然后向交通部申请复议，或直接向人民法院起诉。

**第十一条** 各类船舶不得因缴纳长江干线航道养护费而提高运价。

**第十二条** 本办法由交通部、财政部共同负责解释，由交通部制定实施细则。

**第十三条** 本办法自 1987 年 3 月 1 日起施行。

# 中华人民共和国水路运输管理条例

（国发[1987]46号　1997.12.03修正）

## 第一章　总　　则

**第一条**　为加强水路运输管理，维护运输秩序，提高运输效益，特制定本条例。

**第二条**　本条例适用于在中华人民共和国沿海、江河、湖泊及其他通航水域内从事水路运输和水路运输服务业务的单位和个人。

**第三条**　水路运输分为营业性运输和非营业性运输。

营业性运输是指为社会服务，发生费用结算的旅客运输（含旅游运输，下同）和货物运输。

非营业性运输是指为本单位或本身服务，不发生费用结算的运输。

**第四条**　交通部主管全国水路运输事业，各地交通主管部门主管本地区的水路运输事业。

各地交通主管部门可以根据水路运输管理业务的实际情况，设置航运管理机构。

**第五条**　水路运输在国家计划指导下，实行地区、行业、部门多家经营的方针。保护正当竞争，制止非法经营。

**第六条**　从事水路运输和水路运输服务业务的单位和个人，必须遵守国家有关法律、法规及交通部发布的水路运输规章。

**第七条**　未经中华人民共和国交通部准许，外资企业、中外合资经营企业、中外合作经营企业不得经营中华人民共和国沿海、江河、湖泊及其他通航水域的水路运输。

## 第二章 营 运 管 理

**第八条** 设立水路运输企业、水路运输服务企业以及水路运输企业以外的单位和个人从事营业性运输，由交通主管部门根据本条例的有关规定和社会运力运量综合平衡情况审查批准。审批办法由交通部规定。

对水路运输行业管理影响较大的非营业性船舶运输的审批办法，由交通部会同有关部门另行规定。

**第九条** 设立水路运输企业必须具备下列条件：

（一）具有与经营范围相适应的运输船舶；

（二）有较稳定的客源或货源；

（三）经营旅客运输的，应当落实客船沿线停靠港（站）点，并具备相应的服务设施；

（四）有经营管理的组织机构和负责人；

（五）有与运输业务相适应的自有流动资金。

**第十条** 设立水路运输服务企业，必须具备第九条第四项规定的条件，并拥有与水路运输服务业务相适应的自有流动资金。

**第十一条** 水路运输企业以外的单位和个人从事营业性运输，必须具备第九条第一、二、三、五项规定的条件，并有确定的负责人。

**第十二条** 交通主管部门应当根据水路运输企业和其他从事营业性运输的单位、个人的管理水平、运输能力、客源货源情况审批其经营范围。

**第十三条** 交通主管部门对批准设立的水路运输企业和其他从事营业性运输的单位、个人，发给运输许可证；对批准设立的水路运输服务企业，发给运输服务许可证。

**第十四条** 取得运输许可证和运输服务许可证的单位和个人，凭证向当地工商行政管理机关申请营业登记，经核准领取营业执照后，方可开业。

**第十五条** 水路运输企业、水路运输服务企业和其他从事营业性运输的单位、个人停业,应当向交通主管部门和工商行政管理机关办理停业手续。

**第十六条** 交通部和省、自治区、直辖市交通主管部门负责对水路运输计划分级进行综合平衡。

需要进行综合平衡的重点物资、联运物资、外贸物资的运输计划,属于全国性的,由交通部按国家计划组织综合平衡;属于长江、珠江、黑龙江水系干线省际间的,由交通部派驻水系的航运管理机构组织综合平衡;属于省、自治区、直辖市以内的,由省、自治区、直辖市的交通主管部门组织综合平衡。

**第十七条** 经综合平衡确定的运输计划以外的货源和客源,水路运输企业和其他从事营业性运输的单位、个人,可以在批准的经营范围内自行组织承运。任何单位和个人均不得实行地区或部门封锁,垄断客源、货源。

**第十八条** 营业性水路货物运输的承运方和托运方,必须按照《中华人民共和国经济合同法》和《水路货物运输合同实施细则》的规定,签订运输合同。

**第十九条** 水路运输企业和其他从事营业性运输的单位、个人,必须按国家有关规定计收运杂费用,并使用交通部规定的运输票据。

**第二十条** 从事营业性运输的个体(含联户,下同)船舶必须按照国家有关规定办理保险。

**第二十一条** 水路运输企业和其他从事营业性运输的单位、个人以及石油、煤炭、冶金、商业、供销、外贸、林业、电力、化工、水产部门,必须按规定向交通主管部门和统计主管部门提供营业性和非营业性运输统计表。

**第二十二条** 水路运输服务企业不得垄断货源,强行代办服务;不得超出规定的收费标准收取服务费用。

**第二十三条** 海、河民用港口应当按照国家港口管理规定和计划安排,向运输船舶提供港埠设施和业务服务。

船舶进出港口必须遵守港口规章,服从管理。

水路运输企业和其他从事营业性运输的单位、个人同港埠企业之间,可以根据自愿原则,按照有关规定签订业务代理合同。

**第二十四条** 水路运输企业和其他从事营业性运输的单位、个人必须按照国家规定缴纳税金、规费(港务费、船舶停泊费、航道养护费)和运输管理费;从事非营业性运输的单位和个人必须按照国家规定缴纳规费。

规费和运输管理费的计征办法由交通部会同国务院有关主管部门制定。

**第二十五条** 全民、集体所有制单位和个体船民经营水路运输,其合法权益受国家法律保护,任何单位和个人均不得向其非法收取或摊派费用。

## 第三章 罚 则

**第二十六条** 违反本条例有下列行为之一的,交通主管部门可以分别给以警告、罚款、停业处罚:

(一)未经批准,擅自设立水路运输企业、水路运输服务企业;

(二)未经批准,水路运输企业以外的单位和个人擅自从事营业性运输;

(三)哄抬运价或超出规定的收费标准收取服务费用;

(四)不使用规定的运输票据进行营业性运输;

(五)不按规定缴纳规费和运输管理费;

(六)垄断货源,强行代办服务;

(七)扰乱水路运输秩序,不服从管理。

**第二十七条** 当事人对交通主管部门的处罚不服的,可以向上级交通主管部门提出申诉;对上级交通主管部门复核确定的罚款、停业处罚不服的,可以在接到复核处理决定书之日起 15 日内向人民法院起诉。当事人期满不起诉又不履行的,交通主管部门可以申请人民法院强制执行。

**第二十八条** 违反本条例应当受治安管理处罚的，由公安机关处理；构成犯罪的，由司法机关依法追究刑事责任。

**第二十九条** 水路运输管理人员违反本条例，由交通主管部门给予行政处分或经济处罚。

## 第四章 附 则

**第三十条** 本条例下列用语的含义是：

水路运输企业，是指专门从事水路营业性运输的企业。

水路运输服务企业，是指从事代办运输手续、代办货物中转、代为组织货源的企业，但为多种运输方式服务的联运服务企业除外。

**第三十一条** 本条例不适用于国际航线水路运输和以排筏作为运输工具的水路运输。

**第三十二条** 本条例公布前已开业的水路运输企业、水路运输服务企业和其他从事营业性运输的单位、个人，应当于本条例公布之日起180天内申请补办审批手续。对不具备开业条件的，交通主管部门应当责令其停业或限期整顿；整顿无效的，由工商行政管理机关吊销营业执照。

**第三十三条** 本条例由交通部负责解释。交通部可根据本条例制定实施细则。

**第三十四条** 本条例自1987年10月1日起施行。

# 中华人民共和国航道管理条例

（国发[1988]31号 1987.08.22）

## 第一章 总 则

**第一条** 为加强航道管理，改善通航条件，保证航道畅通和航行安全，充分发挥水上交通在国民经济和国防建设中的作用，特制定本条例。

**第二条** 本条例适用于中华人民共和国沿海和内河的航道、航道设施以及与通航有关的设施。

**第三条** 国家鼓励和保护在统筹兼顾、综合利用水资源的原则下，开发利用航道，发展水运事业。

**第四条** 中华人民共和国交通部主管全国航道事业。

**第五条** 航道分为国家航道、地方航道和专用航道。

**第六条** 国家航道及其航道设施按海区和内河水系，由交通部或者交通部授权的省、自治区、直辖市交通主管部门管理。

地方航道及其航道设施由省、自治区、直辖市交通主管部门管理。

专用航道及其航道设施由专用部门管理。

国家航道和地方航道上的过船建筑物，按照国务院规定管理。

## 第二章 航道的规划和建设

**第七条** 航道发展规划应当依据统筹兼顾、综合利用的原则，结合水利水电、城市建设以及铁路、公路、水运发展规划和国家批准的水资源综合规划制定。

**第八条** 国家航道发展规划由交通部编制，报国务院审查批准后实施。

地方航道发展规划由省、自治区、直辖市交通主管部门编制，报省、自治区、直辖市人民政府审查批准后实施，并抄报交通部备案。

跨省、自治区、直辖市的地方航道的发展规划，由有关省、自治区、直辖市交通主管部门共同编制，报有关省、自治区、直辖市人民政府联合审查批准后实施，并抄报交通部备案；必要时报交通部审查批准后实施。

专用航道发展规划由专用航道管理部门会同同级交通主管部门编制，报同级人民政府批准后实施。

**第九条** 各级水利电力主管部门编制河流流域规划和与航运有关的水利、水电工程规划以及进行上述工程设计时，必须有同级交通主管部门参加。

各级交通主管部门编制渠化河流和人工运河航道发展规划和进行与水利水电有关的工程设计时，必须有同级水利电力主管部门参加。

各级水利电力主管部门、交通主管部门编制上述规划，涉及运送木材的河流和重要的渔业水域时，必须有同级林业、渔业主管部门参加。

**第十条** 航道应当划分技术等级。航道技术等级的划分，由省、自治区、直辖市交通主管部门或交通部派驻水系的管理机构根据通航标准提出方案。一至四级航道由交通部会同水利电力部及其他有关部门研究批准，报国务院备案；四级以下的航道，由省、自治区、直辖市人民政府批准，报交通部备案。

**第十一条** 建设航道及其设施，必须遵守国家基本建设程序的规定。工程竣工经验收合格后，方能交付使用。

**第十二条** 建设航道及其设施，不得危及水利水电工程、跨河建筑物和其他设施的安全。

因建设航道及其设施损坏水利水电工程、跨河建筑物和其他设施的，建设单位应当给予赔偿或者修复。

在行洪河道上建设航道，必须符合行洪安全的要求。

## 第三章　航道的保护

**第十三条**　航道和航道设施受国家保护，任何单位和个人均不得侵占或者破坏。交通部门应当加强对航道的养护，保证航道畅通。

**第十四条**　修建与通航有关的设施或者治理河道、引水灌溉，必须符合国家规定的通航标准和技术要求，并应当事先征求交通主管部门的意见。

违反前款规定，中断或者恶化通航条件的，由建设单位或者个人赔偿损失，并在规定期限内负责恢复通航。

**第十五条**　在通航河流上建设永久性拦河闸坝，建设单位必须按照设计和施工方案，同时建设适当规模的过船、过木、过鱼建筑物，并解决施工期间的船舶、排筏通航问题。过船、过木、过鱼建筑物的建设费用，由建设单位承担。

在不通航河流或者人工渠道上建设闸坝后可以通航的，建设单位应当同时建设适当规模的过船建筑物；不能同时建设的，应当预留建设过船建筑物的位置。过船建筑物的建设费用，除国家另有规定外，应当由交通部门承担。

过船、过木、过鱼建筑物的设计任务书、设计文件和施工方案，必须取得交通、林业、渔业主管部门的同意。

**第十六条**　因紧急抗旱需要，在通航河流上建临时闸坝，必须经县级以上人民政府批准。旱情解除后，建闸坝单位必须及时拆除闸坝，恢复通航条件。

**第十七条**　对通航河流上碍航的闸坝、桥梁和其他建筑物以及由建筑物所造成的航道淤积，由地方人民政府按照"谁造成碍航谁恢复通航"的原则，责成有关部门改建碍航建筑物或者限期补建过船、过木、过鱼建筑物，清除淤积，恢复通航。

**第十八条** 在通航河段或其上游兴建水利工程控制或引走水源，建设单位应当保证航道和船闸所需要的通航流量。在特殊情况下，由于控制水源或大量引水影响通航时，建设单位应当采取相应的工程措施，地方人民政府应当组织有关部门协商，合理分配水量。

**第十九条** 水利水电工程设施管理部门制定调度运行方案，涉及通航流量、水位和航行安全时，应当事先与交通主管部门协商。协商不一致时，由县级以上人民政府决定。

**第二十条** 在防洪、排涝、抗旱时，综合利用水利枢纽过船建筑物应当服从防汛抗旱指挥机构统一安排。

**第二十一条** 沿海和通航河流上设置的助航标志必须符合国家规定的标准。

在沿海和通航河流上设置专用标志必须经交通主管部门同意；设置渔标和军用标，必须报交通主管部门备案。

**第二十二条** 禁止向河道倾倒沙石泥土和废弃物。

在通航河道内挖取沙石泥土、堆存材料，不得恶化通航条件。

**第二十三条** 在航道内施工工程完成后，施工单位应当及时清除遗留物。

## 第四章 航道养护经费

**第二十四条** 船舶、排筏应当按照国家规定缴纳内河航道养护费。

内河航道养护费的征收办法，由交通部、财政部共同制定，报国务院批准后实施。

**第二十五条** 经国家批准计征港务费的沿海和内河港口，进出港航道的养护费由港务费开支。

**第二十六条** 专用航道的养护费，由专用部门自行解决。

**第二十七条** 对征收的航道养护费和中央、地方财政拨给的航道事业费，必须贯彻统收统支、专款专用的原则。

## 第五章　罚　　则

**第二十八条**　对违反本条例规定的单位和个人，县以上交通主管部门可以视情节轻重给予警告、罚款的处罚。

**第二十九条**　当事人对交通主管部门的处罚不服的，可以向上级交通主管部门提出申诉；对上级交通主管部门的处理不服的，可以在接到处理决定书之日起15日内向人民法院起诉。逾期不起诉又不履行的，交通主管部门可以申请人民法院强制执行。

**第三十条**　违反本条例的规定，应当受治安管理处罚的，由公安机关处理；构成犯罪的，由司法机关依法追究刑事责任。

## 第六章　附　　则

**第三十一条**　本条例下列用语的含义是：

"航道"是指中华人民共和国沿海、江河、湖泊、运河内船舶、排筏可以通航的水域。

"国家航道"是指：(一)构成国家航道网、可以通航五百吨级以上船舶的内河干线航道；(二)跨省、自治区、直辖市，可以常年通航三百吨级以上船舶的内河干线航道；(三)沿海干线航道和主要海港航道；(四)国家指定的重要航道。

"专用航道"是指由军事、水利电力、林业、水产等部门以及其他企业事业单位自行建设、使用的航道。

"地方航道"是指国家航道和专用航道以外的航道。

"航道设施"是指航道的助航导航设施、整治建筑物、航运梯级、过船建筑物(包括过船闸坝)和其他航道工程设施。

"与通航有关的设施"是指对航道的通航条件有影响的闸坝、

桥梁、码头、架空电线、水下电缆、管道等拦河、跨河、临河建筑物和其他工程设施。

**第三十二条** 本条例由交通部负责解释。交通部可以根据本条例制定实施细则。

**第三十三条** 本条例自 1987 年 10 月 1 日起施行。

# 内河航道养护费征收和使用办法

（国务院批准，交通部、财政部、国家物价局公布

交工发（1992）672 号　1992.08.04）

**第一条**　为加强航道管理和养护，改善通航条件，保证航道畅通和航行安全，充分发挥水运在国民经济中的作用，根据《中华人民共和国航道管理条例》和《中华人民共和国水路运输管理条例》的有关规定，制定本办法。

**第二条**　凡在交通部门管理的内河航道上航行、作业的各种船舶、竹木排筏和浮运物体，除第四条另有规定者外，均应缴纳航道养护费（以下简称航养费）。

**第三条**　航养费由交通部或省、自治区、直辖市交通厅（局）的航道管理机构负责征收管理。

**第四条**　下列船舶免征航养费：

（一）执行国防、治安、消防、救护、防洪、抢险任务以及从事渔业捕捞、检疫、医疗、环保监测、科学查勘、教学、体育活动的船舶；

（二）交通部门从事航道维护和管理、港航监督、救助打捞、钻探、测量的船舶；

（三）经交通部或各省、自治区、直辖市交通厅（局）核准免征的船舶。

本条所指船舶从事营业性运输时，不免征航养费。

**第五条**　航养费依照下列标准按月或季度计征：

（一）营业性运输船舶，按其运费收入的 8% 计征航养费；个别省、自治区、直辖市航道自然条件较差，养护工作繁重，确需提高费率的，须经交通部、国家物价局、财政部审核后，联合报请国务院批准；

对难以准确反映运费和水上作业收入的船舶，按其总吨或载重吨、客位、功率，比照营业性运输船舶的航养费费率标准择大者计征；

（二）非营业性运输船舶，按其总吨或载重吨、客位、功率，比照营业性运输船舶的航养费费率标准择大者计征。如参加营业性运输时，按本条（一）款规定计征；

（三）竹木排筏、浮运物体按立方米（吨）公里，比照营业性运输船舶的航养费费率标准计征；

（四）对外国籍和港澳台籍的船舶，比照国内船舶相同人民币收费标准计征外币或外汇人民币，汇率按当日中国人民银行公布的标准执行。

**第六条** 航养费原则上由船舶、竹木排筏、浮运物体所有者或经营者负责缴纳，生产单位和个体（联户）缴纳的航养费列入成本开支，行政事业单位缴纳的航养费列入经费开支。

**第七条** 航养费由船籍省、自治区、直辖市负责征收。跨省、自治区、直辖市航行船舶、竹木排筏、浮运物体的航养费，应按下列规定计征：

（一）在外省、自治区、直辖市航道上起运客货的营业性和非营业性船舶，由该航道所属省、自治区、直辖市的航养费征收单位按通过该航段里程和当地的航养费费率计征航养费。但对起、讫地均在外省、自治区、直辖市境内营运的营业性和非营业性船舶的航养费，由客货起运港全程一次征收；

（二）固定在某一省、自治区、直辖市境内营运、施工作业一个月以上的船舶，由船舶营运、施工作业所在省、自治区、直辖市征收航养费；营运、施工作业一个月以下的船舶，由船籍省、自治区、直辖市征收航养费；

（三）对于外省、自治区、直辖市籍过境或卸客货的船舶，当地省、自治区、直辖市均不再征收航养费。如过境船舶或外省、自治区、直辖市籍船舶到达很多，可通过协商，由船籍省、自治区、直辖市定期拨给过境或到达省、自治区、直辖市一定款额的航养费，作为航道养护之用；

（四）跨省、自治区、直辖市的竹木排筏或浮运物体，应分别按经过各省、自治区、直辖市的有关规定和通过的航段里程计征航养费；

（五）船籍省、自治区、直辖市在计征航养费时，凭在外省、自治区、直辖市的有效缴讫凭证抵扣，不得重复征收。

**第八条** 征收的航养费必须贯彻统收统支、专款专用的原则，全部用于航道的养护管理。年终如有结余，可结转以后年度继续使用，不许挪作他用。

**第九条** 航养费使用范围如下：

（一）养护工程费：包括维护航道的测量、疏浚、整治、炸礁工程、清除障碍、整治建筑物维修等养护工程费，航标、绞滩等助航设施的设置、维护费，航道设施的一般水毁修复费，航道工程船舶及机具设备保养修理费，段、站（台）房屋修建费，养护工程的小型船艇、机具设备和仪器购置费，航道改善工程费；

（二）养护事业费：包括行政管理费，养护职工住房修建费，养护的科研、教育费，通信设施费，航道普查费，航道保护管理费，征收业务费；

（三）养护其他费：包括离、退休人员费及抚恤费，职工子弟学校经费等。

**第十条** 航养费用于养护工程方面的费用比例，原则上不低于航养费总支出的80%，同时要首先确保养护工程的需要。

**第十一条** 各省、自治区、直辖市交通厅（局）应就省、自治区、直辖市航道工作的需要，全面安排，综合平衡，编制年度航道养护计划和相应的燃、材料供应计划，经省、自治区、直辖市计经委审核批准后，下达执行，并报交通部备案。

**第十二条** 各省、自治区、直辖市交通厅（局）应编制航养费的年度财务收支预算，经省、自治区、直辖市财政厅（局）核定，并报送交通部、财政部备案。航道管理单位应按期编报航养费决算，经交通厅（局）审查后送财政厅（局）审批，年度决算在汇送财政厅

(局)的同时,应抄报交通部、财政部备案。

**第十三条** 航养费的会计制度,由交通部、财政部共同制定。

建立航养费收支及管理情况的内部审计制度。各级航道主管部门应对所辖范围的航养费征收、使用和管理情况进行内部审计,并将审计结果报告同级审计部门和上级主管部门。

**第十四条** 航养费征收单位应健全制度,必须配备专、兼职人员,负责航养费的征收,做到应征不漏。征收人员执行公务时,应持有交通部统一制发的《中华人民共和国航道征费稽查证》,佩戴"中国航道征费"胸章(式样见附件一),必须遵守各项航道征费管理规章,秉公办事,不得乱收费、乱罚款和营私舞弊。

各征收航养费单位在收到航养费时,应同时向缴费单位和船舶核发航养费"统缴证"和单船"缴讫证",各种缴(免)费凭证由省级交通主管部门按交通部、财政部、国家物价局统一规定的式样印制、核发(式样见附件二);航养费缴费收据由省级财政部门按统一规定的式样(式样见附件二)印制、核发。

**第十五条** 各种船舶、竹木排筏、浮运物体所有者或经营者应按规定主动缴纳航养费,不得拖欠、拒缴,并须随船携带缴(免)费凭证,以备检查。对漏缴、欠缴、逃缴、拒缴航养费或瞒报营运收入者,各地征收部门除有权追缴费款外,每迟交一天加收应缴航养费额千分之五以内的滞纳金,并视情节可处以应缴费款五倍以下的罚款。滞纳金和罚款收入纳入航养费收入一并管理。

对假报运输性质、涂改、转借缴(免)费凭证者,除按上款处罚外,征收部门有权收缴其缴(免)费凭证。

**第十六条** 当事人对执行本办法发生争议或处罚不服的,必须先按征收单位的决定缴费,然后可以向上一级交通主管部门申请复议,对复议结果仍不服的,可以自收到复议决定书之日起15日内向人民法院起诉,也可以直接向人民法院起诉。逾期不起诉,又不履行的,航养费征收主管部门可以申请人民法院强制执行。

**第十七条** 各省、自治区、直辖市交通、财政厅(局)和物价局(委员会)可根据本办法结合本地区的具体情况,共同拟订本省、自治区、直辖市的内河航道养护费征收和使用办法实施细则，经省、自治区、直辖市人民政府批准后施行，并报交通部、财政部、国家物价局备案。

对由各省、自治区、直辖市交通部门负责管理养护的内河入海口和沿海航道，可根据各地的实际情况，经省、自治区、直辖市人民政府批准，一并计征航道养护费。

交通部黑龙江航运管理局所辖航道的航养费征收和使用办法实施细则，由交通部、财政部、国家物价局制定。

长江干线航道的航养费按1991年交通部、财政部、国家物价局发布的《关于调整长江干线航道养护费费率的通知》执行。

**第十八条** 本办法由交通部、财政部、国家物价局负责解释。

**第十九条** 本办法自1992年9月1日起施行，1964年交通部、财政部颁发的《内河航道养护费征收和使用试行办法》同时废止。

## 附件一

# 航道征费稽查证式样

### 一、封面

| | 中华人民共和国<br>航道征费<br>稽<br>查<br>证 |
|---|---|

注:1. 规格尺寸 135mm × 95mm;

2. 封面为墨绿色造革,字面烫金。

### 二、内芯

| 字第 | | 号 |
|---|---|---|
| 姓名 | | 贴照片处 |
| 性别 | | |
| 职务 | | |
| 工作单位 | | |
| 管辖区域 | | |
| 发证机关 | | |
| 发证日期 | 年 月 日 | |

使 用 守 则

一、此证由中华人民共和国交通部统一监制,为航道征费人员执行公务的证件,持证人员应严格贯彻执行国家及各级政府有关航道征费的法规。

二、凡行驶本辖区航道的船舶、竹木排筏、浮运物体及其驾驶人员均应接受检查,不得拒绝、刁难。

三、此证应妥为保管,不得转借、涂改、伪造。如有遗失,应即报告发证机关,如工作变动,应交回发证机关注销。

注:内芯规格尺寸为 128mm × 88mm。

# 胸章式样

正　面

中国航道征费

反　面

NO

注：1. 正面红底烫金凸字；

2. 铝质；

3. 规格 55mm×16mm；

4. 胸章号与稽查证同。

附件二

# 航养费票证说明

1. 各种票证的规格尺寸为16cm×10.5cm；

2. 为防止伪造票证，除“航养费收据”外，各种票证的最后一联均需加厚纸质，并在其背面印刷彩色图案，以便携带、查核，其图案暂由各省（自治区、直辖市）自行设计、印制；

3. 各票证的编号一律套印红色。

表式一

**中华人民共和国航道养护费航次缴讫证**

省（自治区、直辖市）交航次字（200　）NO.　　号

| 船舶单位 | | 船籍港 | |
|---|---|---|---|
| 船名船号 | | 币别 | |
| 运费或容积 | | 费率 | |
| 吨位、功率 | | | |
| 起讫地点 | 自　　经　　至　　止 | 计征里程 | |
| | | | （公里） |
| 缴费金额 | 万　仟　佰　拾　元　角　分 | | |
| 有效期 | ×年×月×日至×年×月×日 | | |
| 收费单位（盖章） | | 经办人 | |

填发日期：　　年　　月　　日

第一联：存根

说明：1. 本票证一式四联：

第一联　存根（收费单位存查，白底黑字）；

第二联　收据（缴费单位付款凭证，白底黑字）；

第三联　会计入账（收费单位收费凭证，白底绿字）；

第四联　缴讫证（随船携带，以备查验，白底黑字）。

2. 本票证使用范围：

①外省（自治区、直辖市）的船舶在本省起运客货交纳航养费时；

②航行在本省航道的竹木排筏，浮运物体交纳航养费时；

③外国籍和港澳台籍船舶缴纳航养费时；

④省内船舶按航次征费时，均填发此证。

表式二

**中华人民共和国航道养护费月度缴讫证**

省（自治区、直辖市）交航月字（200　）NO.　　号

| 船舶单位 | | | | | |
|---|---|---|---|---|---|
| 船名船号 | | | | 船籍港 | |
| 船舶类型 | | 吨位或功率 | | 费率 | |
| 缴费金额 | 拾　万　仟　佰　拾　元　角　分　¥……元 | | | | |
| 有效期 | ×年×月至×年×月 | | | | |
| 收费单位（盖章） | | | | 经办人 | |

填发日期：　年　月　日

第一联：存根

说明：1. 本票证一式四联，各联规定与"航次缴讫证"相同；

2. 本票证使用范围，根据吨位或功率按月计征航养费的船舶。

表式三

**中华人民共和国航道养护费统缴证**

省（自治区、直辖市）交航统字（200　）NO.　　号

| 船舶单位 | | | |
|---|---|---|---|
| 船名船号 | | 船籍港 | |
| 船舶类型 | | 吨位或功率 | |
| 有效期 | 年×月×日至×年×月×日 | | |
| 填发单位（盖章） | | 经办人 | |

填发日期：　年　月　日

第一联：存根

说明:1. 本票证一式二联:

第一联　存根(填发单位存查,白底黑字);

第二联　统缴证(随船携带,以备查验,白底黑字)。

2. 本票证使用范围:

航运企业根据运费收入按月或季度统缴所属营运船舶的航养费时填发此证。

表式四

**中华人民共和国航道养护费收据**

(统交、补交、罚款、滞纳金)

省(自治区、直辖市)交航收字(200　)NO.　号

| 缴费单位 | | | | | |
|---|---|---|---|---|---|
| 船名船号 | | 船舶类型 | | 船籍港 | |
| 费号 | | 吨位或功率 | | 费率 | |
| 运费收入 | 佰　拾　万　仟　佰　拾　元　角　分 | | | | |
| 缴费金额 | 拾　万　仟　佰　拾　元　角　分　¥……元 | | | | |
| 备注 | | | | 经办人 | |

收费单位(盖章);　　　　填发日期:　年　月　日

第一联:存根

说明:1. 本票证一式四联:

第一联　存根(收费单位存查,白底黑字);

第二联　收据(缴费单位付款凭证,粉红底黑字);

第三联　会计入账(收费单位收费凭证,浅绿底黑字);

第四联　证明(缴费单位费用缴讫证明,白底黑字);

2. 本票证使用范围:

①根据运费收入按月或季度统缴航养费的单位;

②收取罚款、滞纳金时;

③对未按时主动缴纳航养费的船舶补征时;

④收取填发免费证、补发缴讫证的工本费时,均填发此收据。

表式五

## 中华人民共和国航道养护费免缴证

（自治区、直辖市）交航免字（200　）NO.　　号

| 船舶单位 | | | |
|---|---|---|---|
| 船名船号 | | 船籍港 | |
| 船舶性质 | | 吨位或功率 | |
| 有效期 | ×年×月至×年×月 | | |
| 填发单位（盖章） | | 经办人 | |

填发日期：　　年　　月　　日

第一联：存根

说明：1. 本票证一式二联：

第一联：存根（收费单位存查，白底黑字）；

第二联：免缴证（随船携带备查，白底黑字）。

2. 本票证使用范围：

《办法》第四条规定免征航养费的船舶。

# 上海航运交易所管理规定

（国务院批准，交通部公布
交通部令1996年第8号　1996.10.03）

## 第一章　总　　则

**第一条**　为了加强对上海航运交易所的管理，维护航运交易秩序，促进水路货物运输业的发展，制定本规定。

**第二条**　上海航运交易所（以下简称航运交易所）是不以营利为目的，为航运业务提供交易场所、设施、信息的事业法人。

**第三条**　国务院交通主管部门和上海市人民政府，依照本规定对航运交易所进行管理和监督。

**第四条**　航运交易所应当提供公开、公平、公正的交易环境和便利的交易条件，保证航运交易的正常进行。

## 第二章　组织机构

**第五条**　航运交易所实行理事会领导下的总裁负责制。

**第六条**　理事会是航运交易所的权力机构。

理事会由理事长1人、副理事长1至2人和理事5至7人组成，总人数为单数。理事会应当有2至3名会员理事。理事长、副理事长由上海市人民政府和国务院交通主管部门共同任命。理事由理事长提名，上海市人民政府批准。

**第七条**　理事会行使下列职权：

（一）制定航运交易所章程、交易规则及其他有关规定；

（二）审议航运交易所的工作计划和工程报告；

（三）决定、处理航运交易所运作中的重大问题；

（四）聘任、解聘航运交易所总裁、副总裁；

（五）决定取消会员资格。

**第八条** 理事会会议由理事长召集；理事长因故不能召集会议时，由其指定的副理事长代为召集。

理事会会议的决议必须经理事会 2/3 以上成员表决同意。

**第九条** 航运交易所设总裁一人、副总裁若干人。

总裁由理事长从理事中提名，理事会聘任。副总裁由总裁提名，理事会聘任。

总裁是航运交易所的法定代表人、主持航运交易所的日常工作，对理事会负责。

## 第三章 会 员

**第十条** 取得会员资格，应当具备下列条件：

（一）具有中国法人资格的经营水路货物运输业务、水路货物运输代理业务、船舶代理业务和港口业务的企业及其他有关企业；

（二）遵守航运交易所章程；

（三）有良好的商业信誉。

外国企业申请取得会员资格的条件，由国务院交通主管部门另行规定。

**第十一条** 申请取得会员资格，应当经航运交易所审查批准，并按照航运交易所章程办理入会手续。

会员退会，应当按照航运交易所章程办理退会手续。

**第十二条** 会员分为正式会员和临时会员。

会员资格期限 3 个月以上的为正式会员，会员资格期限不超过 3 个月的为临时会员。

**第十三条** 会员享有下列权利：

（一）对航运交易所的工作提出批评和建议；

（二）推荐会员理事和被推荐为会员理事；

（三）在场内进行交易；

（四）使用航运交易所提供的设施；

（五）获取航运交易所提供的信息。

前款第（二）项规定不适用于临时会员。

**第十四条** 会员应当履行下列义务：

（一）遵守航运交易所章程和交易规则；

（二）按时缴纳会费；

（三）如实向航运交易所提供本企业与航运交易有关的价格及其他信息；

（四）不得向新闻媒介及公众泄露或者传播从航运交易所获取的航运信息；

（五）在航运交易中接受航运交易所的管理和监督。

前款第（三）项规定的信息，不包括会员的商业秘密。

**第十五条** 会员可以通过会员会议对航运交易所的工作提出批评和建议。

经2/3以上的会员提议，可以召开会员会议。

**第十六条** 会员在航运交易所内从事交易的人员为出市代表，出市代表须经航运交易所培训。

## 第四章 交易管理

**第十七条** 航运交易所的交易范围：

（一）水路货物运输；

（二）港口业务；

（三）船舶租赁；

（四）船舶买卖；

（五）国务院交通主管部门允许进场交易的其他航运业务。

**第十八条** 会员的出市代表，只能代表本企业进行交易；但是，从事水路货物运输代理业务、船舶代理业务的会员除外。

**第十九条** 非会员企业可以委托从事水路货物运输代理或者

船舶代理业务的会员代表本企业进场交易。

**第二十条** 会员不得有下列行为：

（一）利用内幕信息进行交易或者利用从航运交易所获取的信息进行场外交易；

（二）制造或者散布虚假信息或者以其他手段扰乱交易秩序；

（三）超越经营范围交易；

（四）法律、法规禁止的其他行为。

**第二十一条** 以竞价方式进行交易和以协商方式进行船舶买卖交易的，交易双方应当向航运交易所提供信用保证。

**第二十二条** 从事国际班轮运输的会员应当将本企业的运价报航运交易所备案。

**第二十三条** 交易双方成交后，应当向航运交易所缴纳手续费。

手续费的标准由航运交易所提出方案，报上海市人民政府交通主管部门会同物价主管部门批准。

**第二十四条** 除国家另有规定外，航运交易所内的交易价格由交易双方自主决定。

航运交易所可以制定交易指导价格；在交易价格暴涨或者暴跌时，航运交易所可以限定最高价或者最低价，必要时可以宣布暂停交易。

**第二十五条** 航运交易所应当及时、准确地向会员发布航运交易信息。

**第二十六条** 航运交易所工作人员应当廉洁自律、奉公守法，不得以任何方式从航运交易所会员或者其他有关单位获取利益，不得泄露内幕信息。

**第二十七条** 因突发事件导致航运交易所停市时，理事会应当及时向上海市人民政府和国务院交通主管部门报告。

**第二十八条** 会员和出市代表违反本规定、航运交易所章程和交易规则的，航运交易所有权责令当事人停止违法行为，并可以视情节给予警告、暂停进场交易或者取消会员资格的处理。

## 第五章　争议处理与法律责任

**第二十九条**　交易双方在交易过程中发生争议，可以自行协商解决或者申请航运交易所调解，也可以依照有关法律、行政法规的规定申请仲裁或者提起诉讼。

**第三十条**　会员有本规定第二十条第（一）、（二）项所列行为之一的，由上海市人民政府交通主管部门根据不同情况给予警告、没收违法所得；情节严重的，并处2万元以下的罚款。

会员有本规定第二十条第（三）、（四）项所列行为之一的，由有关部门依照有关法律、法规予以处罚。

**第三十一条**　违反本规定第二十二条规定；不将运价报备案或者不执行报备案的运价的，由上海市人民政府交通主管部门根据情节给予警告、责令停开航线，处5万元以下的罚款。

**第三十二条**　航运交易所违反本规定，接收不符合会员条件的企业入会的，随意开除会员的，或者明知会员超经营范围从事交易而不予制止的，由国务院交通主管部门给予警告；情节严重的，处2万元以下的罚款。

**第三十三条**　航运交易所违反本规定第十七条规定，擅自扩大交易范围的，由国务院交通主管部门给予警告；情节严重的，处5万元以下的罚款。

**第三十四条**　航运交易所违反本规定第二十七条规定，停市时不报告的，由国务院交通主管部门处2万元以下的罚款。

**第三十五条**　航运交易所违反本规定，给会员造成经济损失的，应当依法承担赔偿责任。

## 第六章　附　　则

**第三十六条**　本规定自发布之日起施行。

# 关于不满300总吨船舶及沿海运输、沿海作业船舶海事赔偿限额的规定

（国务院批准，交通部公布

交通部令1993年第5号　1993.11.15）

**第一条**　根据《中华人民共和国海商法》第二百一十条规定，制定本规定。

**第二条**　本规定适用于超过20总吨、不满300总吨的船舶及300总吨以上从事中华人民共和国港口之间货物运输或者沿海作业的船舶。

**第三条**　除本规定第四条另有规定外，不满300总吨船舶的海事赔偿责任限制，依照下列规定计算赔偿限额：

（一）关于人身伤亡的赔偿请求：

1. 超过20总吨、21总吨以下的船舶，赔偿限额为54000计算单位；

2. 超过21总吨的船舶，超过部分每吨增加1000计算单位。

（二）关于非人身伤亡的赔偿请求：

1. 超过20总吨、21总吨以下的船舶，赔偿限额为27500计算单位；

2. 超过21总吨的船舶，超过部分每吨增加500计算单位。

**第四条**　从事中华人民共和国港口之间货物运输或者沿海作业的船舶，不满300总吨的，其海事赔偿限额依照本规定第三条规定的赔偿限额的50%计算；300总吨以上的，其海事赔偿限额依照《中华人民共和国海商法》第二百一十条第一款规定的赔偿限额的50%计算。

**第五条**　同一事故中的当事船舶的海事赔偿限额，有适用

《中华人民共和国海商法》第二百一十条或者本规定第三条规定的,其他当事船舶的海事赔偿限额应当同样适用。

**第六条** 本规定由中华人民共和国交通部负责解释。

**第七条** 本规定自 1994 年 1 月 1 日起施行。

# 中华人民共和国港口间海上旅客运输赔偿责任限额规定

（国务院批准，交通部公布

交通部令1993年第6号　1993.12.17）

**第一条**　根据《中华人民共和国海商法》第一百一十七条、第二百一十一条的规定，制定本规定。

**第二条**　本规定适用于中华人民共和国港口之间海上旅客运输。

**第三条**　承运人在每次海上旅客运输中的赔偿责任限额，按照下列规定执行：

（一）旅客人身伤亡的，每名旅客不超过4万元人民币；

（二）旅客自带行李灭失或者损坏的，每名旅客不超过800元人民币；

（三）旅客车辆包括该车辆所载行李灭失或者损坏的，每一车辆不超过3200元人民币；

（四）本款第（二）项、第（三）项以外的旅客其他行李灭失或者损坏的，每千克不超过20元人民币。

承运人和旅客可以书面约定高于本条第一款规定的赔偿责任限额。

**第四条**　海上旅客运输的旅客人身伤亡赔偿责任限制，按照4万元人民币乘以船舶证书规定的载客定额计算赔偿限额，但是最高不超过2100万元人民币。

**第五条**　向外籍旅客、华侨和港、澳、台胞旅客给付的赔偿金，可以兑换成该外国或者地区的货币。其汇率按照赔偿金给付之日中华人民共和国外汇管理部门公布的外汇牌价确定。

**第六条**　本规定由中华人民共和国交通部负责解释。

**第七条**　本规定自1994年1月1日起施行。

# 中华人民共和国国际海运条例

（中华人民共和国国务院令2001年第335号　2001.12.11）

## 第一章　总　则

**第一条**　为了规范国际海上运输活动，保护公平竞争，维护国际海上运输市场秩序，保障国际海上运输各方当事人的合法权益，制定本条例。

**第二条**　本条例适用于进出中华人民共和国港口的国际海上运输经营活动以及与国际海上运输相关的辅助性经营活动。

前款所称与国际海上运输相关的辅助性经营活动，包括本条例分别规定的国际船舶代理、国际船舶管理、国际海运货物装卸、国际海运货物仓储、国际海运集装箱站和堆场等业务。

**第三条**　从事国际海上运输经营活动以及与国际海上运输相关的辅助性经营活动，应当遵循诚实信用的原则，依法经营，公平竞争。

**第四条**　国务院交通主管部门和有关的地方人民政府交通主管部门依照本条例规定，对国际海上运输经营活动实施监督管理，并对与国际海上运输相关的辅助性经营活动实施有关的监督管理。

## 第二章　国际海上运输及其辅助性业务的经营者

**第五条**　经营国际船舶运输业务，应当具备下列条件：

（一）有与经营国际海上运输业务相适应的船舶，其中必须有中国籍船舶；

（二）投入运营的船舶符合国家规定的海上交通安全技术标准；

（三）有提单、客票或者多式联运单证；

（四）有具备国务院交通主管部门规定的从业资格的高级业务管理人员。

**第六条** 经营国际船舶运输业务，应当向国务院交通主管部门提出申请，并附送符合本条例第五条规定条件的相关材料。国务院交通主管部门应当自受理申请之日起30日内审核完毕，作出许可或者不予许可的决定。予以许可的，向申请人颁发《国际船舶运输经营许可证》；不予许可的，应当书面通知申请人并告知理由。

国务院交通主管部门审核国际船舶运输业务申请时，应当考虑国家关于国际海上运输业发展的政策和国际海上运输市场竞争状况。

申请经营国际船舶运输业务，并同时申请经营国际班轮运输业务的，还应当附送本条例第十七条规定的相关材料，由国务院交通主管部门一并审核、登记。

**第七条** 经营无船承运业务，应当向国务院交通主管部门办理提单登记，并交纳保证金。

前款所称无船承运业务，是指无船承运业务经营者以承运人身份接受托运人的货载，签发自己的提单或者其他运输单证，向托运人收取运费，通过国际船舶运输经营者完成国际海上货物运输，承担承运人责任的国际海上运输经营活动。

在中国境内经营无船承运业务，应当在中国境内依法设立企业法人。

**第八条** 无船承运业务经营者应当在向国务院交通主管部门提出办理提单登记申请的同时，附送证明已经按照本条例的规定交纳保证金的相关材料。前款保证金金额为80万元人民币；每设立一个分支机构，增加保证金20万元人民币。保证金应当向中国境内的银行开立专门账户交存。

保证金用于无船承运业务经营者清偿因其不履行承运人义务或者履行义务不当所产生的债务以及支付罚款。保证金及其利息，归无船承运业务经营者所有。专门账户由国务院交通主管部门实施监督。

国务院交通主管部门应当自收到无船承运业务经营者提单登记申请并交纳保证金的相关材料之日起15日内审核完毕。申请材料真实、齐备的，予以登记，并通知申请人；申请材料不真实或者不齐备的，不予登记，书面通知申请人并告知理由。已经办理提单登记的无船承运业务经营者，由国务院交通主管部门予以公布。

**第九条** 经营国际船舶代理业务，应当具备下列条件：

（一）高级业务管理人员中至少2人具有3年以上从事国际海上运输经营活动的经历；

（二）有固定的营业场所和必要的营业设施。

**第十条** 经营国际船舶代理业务，应当向国务院交通主管部门提出申请，并附送符合本条例第九条规定条件的相关材料。国务院交通主管部门应当自收到申请之日起15日内审核完毕。申请材料真实、齐备的，予以登记，并通知申请人；申请材料不真实或者不齐备的，不予登记，书面通知申请人并告知理由。

**第十一条** 经营国际船舶管理业务，应当具备下列条件：

（一）高级业务管理人员中至少2人具有3年以上从事国际海上运输经营活动的经历；

（二）有持有与所管理船舶种类和航区相适应的船长、轮机长适任证书的人员；

（三）有与国际船舶管理业务相适应的设备、设施。

**第十二条** 经营国际船舶管理业务，应当向拟经营业务所在地的省、自治区、直辖市人民政府交通主管部门提出申请，并附送符合本条例第十一条规定条件的相关材料。

省、自治区、直辖市人民政府交通主管部门应当自收到申请之日起15日内审核完毕。申请材料真实、齐备的，予以登记，并通知申请人；申请材料不真实或者不齐备的，不予登记，书面通知申请人并告知理由。

**第十三条** 国际船舶运输经营者、无船承运业务经营者、国际船舶代理经营者和国际船舶管理经营者经依照本条例许可、登记后，应当持有关证明文件，依法向企业登记机关办理企业登记手续。

**第十四条** 国际船舶运输经营者、无船承运业务经营者、国际船舶代理经营者和国际船舶管理经营者，不得将依法取得的经营资格提供给他人使用。

**第十五条** 国际船舶运输经营者、无船承运业务经营者、国际船舶代理经营者和国际船舶管理经营者依照本条例的规定取得相应的经营资格后，不再具备本条例规定的条件的，国务院交通主管部门或者省、自治区、直辖市人民政府交通主管部门应当立即取消其经营资格。

## 第三章 国际海上运输及其辅助性业务经营活动

**第十六条** 国际船舶运输经营者经营进出中国港口的国际班轮运输业务，应当依照本条例的规定取得国际班轮运输经营资格。

未取得国际班轮运输经营资格的，不得从事国际班轮运输经营活动，不得对外公布班期、接受订舱。

以共同派船、舱位互换、联合经营等方式经营国际班轮运输的，适用本条第一款的规定。

**第十七条** 经营国际班轮运输业务，应当向国务院交通主管部门提出申请，并附送下列材料：

（一）国际船舶运输经营者的名称、注册地、营业执照副本、主要出资人；

（二）经营者的主要管理人员的姓名及其身份证明；

（三）运营船舶资料；

（四）拟开航的航线、班期及沿途停泊港口；

（五）运价本；

（六）提单、客票或者多式联运单证。

国务院交通主管部门应当自收到经营国际班轮运输业务申请之日起 30 日内审核完毕。申请材料真实、齐备的，予以登记，并通知申请人；申请材料不真实或者不齐备的，不予登记，书面通知申请人并告知理由。

**第十八条** 取得国际班轮运输经营资格的国际船舶运输经营者，应当自取得资格之日起 180 日内开航；因不可抗力并经国务院交通主管部门同意，可以延期 90 日。逾期未开航的，国际班轮运输经营资格自期满之日起丧失。

**第十九条** 新开、停开国际班轮运输航线，或者变更国际班轮运输船舶、班期的，应当提前15 日予以公告，并应当自行为发生之日起 15 日内向国务院交通主管部门备案。

**第二十条** 经营国际班轮运输业务的国际船舶运输经营者的运价和无船承运业务经营者的运价，应当按照规定格式向国务院交通主管部门备案。国务院交通主管部门应当指定专门机构受理运价备案。

备案的运价包括公布运价和协议运价。公布运价，是指国际船舶运输经营者和无船承运业务经营者运价本上载明的运价；协议运价，是指国际船舶运输经营者与货主、无船承运业务经营者约定的运价。

公布运价自国务院交通主管部门受理备案之日起满 30 日生效；协议运价自国务院交通主管部门受理备案之时起满 24 小时生效。

国际船舶运输经营者和无船承运业务经营者应当执行生效的备案运价。

**第二十一条** 国际船舶运输经营者在与无船承运业务经营者订立协议运价时，应当确认无船承运业务经营者已依照本条例规定办理提单登记并交纳保证金。

**第二十二条** 从事国际班轮运输的国际船舶运输经营者之间

订立涉及中国港口的班轮公会协议、运营协议、运价协议等,应当自协议订立之日起15日内将协议副本向国务院交通主管部门备案。

**第二十三条** 国际船舶运办理经营者有下列情形之一的,应当在情形发生之日起15日内,向国务院交通主管部门备案:

(一)终止经营;

(二)减少运营船舶;

(三)变更提单、客票或者多式联运单证;

(四)在境外设立分支机构或者子公司经营国际船舶运输业务;

(五)拥有的船舶在境外注册,悬挂外国旗。

国际船舶运输经营者增加运营船舶的,增加的运营船舶必须符合国家规定的安全技术标准,并应当于投入运营前15日内向国务院交通主管部门备案。国务院交通主管部门应当自收到备案材料之日起3日内出具备案证明文件。

其他中国企业有本条第一款第(四)项、第(五)项所列情形之一的,应当依照本条第一款规定办理备案手续。

**第二十四条** 国际船舶运输经营者之间的兼并、收购,其兼并、收购协议应当报国务院交通主管部门审核同意。

国务院交通主管部门应当自收到国际船舶运输经营者报送的兼并、收购协议之日起60日内,根据国家关于国际海上运输业发展的政策和国际海上运输市场竞争状况进行审核,作出同意或者不同意的决定,并书面通知有关国际船舶运输经营者。

**第二十五条** 经营国际船舶运输业务、无船承运业务和国际船舶代理业务,在中国境内收取、代为收取运费以及其他相关费用,应当向付款人出具中国税务机关统一印制的发票。

**第二十六条** 未依照本条例的规定办理提单登记并交纳保证金的,不得经营无船承运业务。

**第二十七条** 经营国际船舶运输业务和无船承运业务,不得有下列行为:

（一）以低于正常、合理水平的运价提供服务，妨碍公平竞争；

（二）在会计账簿之外暗中给予托运人回扣，承揽货物；

（三）滥用优势地位，以歧视性价格或者其他限制性条件给交易对方造成损害；

（四）其他损害交易对方或者国际海上运输市场秩序的行为。

**第二十八条** 外国国际船舶运输经营者从事本章规定的有关国际船舶运输活动，应当遵守本条例有关规定。

外国国际船舶运输经营者不得经营中国港口之间的船舶运输业务，也不得利用租用的中国籍船舶或者舱位，或者以互换舱位等方式变相经营中国港口之间的船舶运输业务。

**第二十九条** 国际船舶代理经营者接受船舶所有人或者船舶承租人、船舶经营人的委托，可以经营下列业务：

（一）办理船舶进出港口手续，联系安排引航、靠泊和装卸；

（二）代签提单、运输合同，代办接受订舱业务；

（三）办理船舶、集装箱以及货物的报关手续；

（四）承揽货物、组织货载，办理货物、集装箱的托运和中转；

（五）代收运费，代办结算；

（六）组织客源，办理有关海上旅客运输业务；

（七）其他相关业务。

国际船舶代理经营者应当按照国家有关规定代扣代缴其所代理的外国国际船舶运输经营者的税款。

**第三十条** 国际船舶管理经营者接受船舶所有人或者船舶承租人、船舶经营人的委托，可以经营下列业务：

（一）船舶买卖、租赁以及其他船舶资产管理；

（二）机务、海务和安排维修；

（三）船员招聘、训练和配备；

（四）保证船舶技术状况和正常航行的其他服务。

## 第四章　外商投资经营国际海上运输及其辅助性业务的特别规定

**第三十一条**　外商在中国境内投资经营国际海上运输业务以及与国际海上运输相关的辅助性业务，适用本章规定；本章没有规定的，适用本条例其他有关规定。

**第三十二条**　经国务院交通主管部门批准，外商可以依照有关法律、行政法规以及国家其他有关规定，投资设立中外合资经营企业或者中外合作经营企业，经营国际船舶运输、国际船舶代理、国际船舶管理、国际海运货物装卸、国际海运货物仓储、国际海运集装箱站和堆场业务；并可以投资设立外资企业经营国际海运货物仓储业务。

经营国际船舶运输、国际船舶代理业务的中外合资经营企业，企业中外商的出资比例不得超过49%。

经营国际船舶运输、国际船舶代理业务的中外合作经营企业，企业中外商的投资比例比照适用前款规定。

中外合资国际船舶运输企业和中外合作国际船舶运输企业的董事会主席和总经理，由中外合资、合作双方协商后由中方指定。

**第三十三条**　经国务院交通主管部门批准，外商可以依照有关法律、行政法规以及国家其他有关规定投资设立中外合资经营企业、中外合作经营企业、外资企业，为其拥有或者经营的船舶提供承揽货物、代签提单、代结运费、代签服务合同等日常业务服务；未在中国境内投资设立中外合资经营企业、中外合作经营企业、外资企业的，上述业务必须委托中国的国际船舶代理经营者办理。

**第三十四条**　外国国际船舶运输经营者以及外国国际海运辅助企业，经国务院交通主管部门批准，可以依法在中国境内设立常驻代表机构。

外国国际船舶运输经营者以及外国国际海运辅助企业在中国境内设立的常驻代表机构，不得从事经营活动。

## 第五章 调查与处理

**第三十五条** 国务院交通主管部门应利害关系人的请求或者自行决定，可以对下列情形实施调查：

（一）经营国际班轮运输业务的国际船舶运输经营者之间订立的涉及中国港口的班轮公会协议、运营协议、运价协议等，可能对公平竞争造成损害的；

（二）经营国际班轮运输业务的国际船舶运输经营者通过协议产生的各类联营体，其服务涉及中国港口某一航线的承运份额，持续1年超过该航线总运量的30%，并可能对公平竞争造成损害的；

（三）有本条例第二十七条规定的行为之一的；

（四）可能损害国际海运市场公平竞争的其他行为。

**第三十六条** 国务院交通主管部门实施调查，应当会同国务院工商行政管理部门和价格部门（以下统称调查机关）共同进行。

**第三十七条** 调查机关实施调查，应当成立调查组。调查组成员不少于3人。调查组可以根据需要，聘请有关专家参加工作。

调查组进行调查前，应当将调查目的、调查原因、调查期限等事项通知被调查人。调查期限不得超过1年；必要时，经调查机关批准，可以延长半年。

**第三十八条** 调查人员进行调查，可以向被调查人以及与其有业务往来的单位和个人了解有关情况，并可查阅、复制有关单证、协议、合同文本、会计账簿、业务函电、电子数据等有关资料。

调查人员进行调查，应当保守被调查人以及与其有业务往来的单位和个人的商业秘密。

**第三十九条** 被调查人应当接受调查，如实提供有关情况和资料，不得拒绝调查或者隐匿真实情况、谎报情况。

**第四十条** 调查结束，调查机关应当作出调查结论，书面通知被调查人、利害关系人。

对公平竞争造成损害的，调查机关可以采取责令修改有关协议、限制班轮航班数量、中止运价本或者暂停受理运价备案、责令定期报送有关资料等禁止性、限制性措施。

**第四十一条** 调查机关在作出采取禁止性、限制性措施的决定前，应当告知当事人有要求举行听证的权利；当事人要求听证的，应当举行听证。

## 第六章 法律责任

**第四十二条** 未取得《国际船舶运输经营许可证》，擅自经营国际船舶运输业务的，由国务院交通主管部门或者其授权的地方人民政府交通主管部门责令停止经营；有违法所得的，没收违法所得；违法所得50万元以上的，处违法所得2倍以上5倍以下的罚款；没有违法所得或者违法所得不足50万元的，处20万元以上100万元以下的罚款。

**第四十三条** 未办理提单登记、交纳保证金，擅自经营无船承运业务的，由国务院交通主管部门或者其授权的地方人民政府交通主管部门责令停止经营；有违法所得的，没收违法所得；违法所得10万元以上的，处违法所得2倍以上5倍以下的罚款；没有违法所得或者违法所得不足10万元的，处5万元以上20万元以下的罚款。

**第四十四条** 未办理登记手续，擅自经营国际船舶代理业务或者国际船舶管理业务的，由国务院交通主管部门或者其授权的地方人民政府交通主管部门责令停止经营；有违法所得的，没收违法所得；违法所得5万元以上的，处违法所得2倍以上5倍以下的罚款；没有违法所得或者违法所得不足5万元的，处2万元以上10万元以下的罚款。

**第四十五条** 外国国际船舶运输经营者经营中国港口之间的船舶运输业务，或者利用租用的中国籍船舶和舱位以及用互换舱位等方式经营中国港口之间的船舶运输业务的，由国务院交通主管部门或者其授权的地方人民政府交通主管部门责令停止经营；有违法所得的，没收违法所得；违法所得50万元以上的，处违法所得2倍以上5倍以下的罚款；没有违法所得或者违法所得不足50万元的，处20万元以上100万元以下的罚款。拒不停止经营的，拒绝进港；情节严重的，撤销其国际班轮运输经营资格。

**第四十六条** 未取得国际班轮运输经营资格，擅自经营国际班轮运输的，由国务院交通主管部门或者其授权的地方人民政府交通主管部门责令停止经营；有违法所得的，没收违法所得；违法所得50万元以上的，处违法所得2倍以上5倍以下的罚款；没有违法所得或者违法所得不足50万元的，处20万元以上100万元以下的罚款。拒不停止经营的，拒绝进港。

**第四十七条** 国际船舶运输经营者、无船承运业务经营者、国际船舶代理经营者和国际船舶管理经营者将其依法取得的经营资格提供给他人使用的，由国务院交通主管部门或者其授权的地方人民政府交通主管部门责令限期改正；逾期不改正的，撤销其经营资格。

**第四十八条** 未履行本条例规定的备案手续的，由国务院交通主管部门或者其授权的地方人民政府交通主管部门责令限期补办备案手续；逾期不补办的，处1万元以上5万元以下的罚款，并可以撤销其相应资格。

**第四十九条** 未履行本条例规定的运价备案手续或者未执行备案运价的，由国务院交通主管部门或者其授权的地方人民政府交通主管部门责令限期改正，并处2万元以上10万元以下的罚款。

**第五十条** 依据调查结论应当给予行政处罚或者有本条例第二十七条所列违法情形的，由交通主管部门、价格主管部门或者工商行政管理部门依照有关法律、行政法规的规定给予处罚。

**第五十一条** 国际船舶运输经营者与未办理提单登记并交纳保证金的无船承运业务经营者订立协议运价的，由国务院交通主管部门或者其授权的地方人民政府交通主管部门给予警告，并处

2 万元以上 10 万元以下的罚款。

**第五十二条** 未经国务院交通主管部门批准，外国国际船舶运输经营者以及外国国际海运辅助企业擅自设立常驻代表机构的，由国务院交通主管部门或者其授权的地方人民政府交通主管部门责令限期改正，并处 2 万元以上 10 万元以下的罚款。

外国国际船舶运输经营者以及外国国际海运辅助企业常驻代表机构从事经营活动的，由工商行政管理部门责令停止经营活动，并依法给予处罚。

**第五十三条** 拒绝调查机关及其工作人员依法实施调查，或者隐匿、谎报有关情况和资料的，由国务院交通主管部门或者其授权的地方人民政府交通主管部门责令改正，并处 2 万元以上 10 万元以下的罚款。

**第五十四条** 非法从事进出中国港口的国际海上运输经营活动以及与国际海上运输相关的辅助性经营活动，扰乱国际海上运输市场秩序的，依照刑法关于非法经营罪的规定，依法追究刑事责任。

**第五十五条** 国务院交通主管部门和有关地方人民政府交通主管部门的工作人员有下列情形之一，造成严重后果，触犯刑律的，依照刑法关于滥用职权罪、玩忽职守罪或者其他罪的规定，依法追究刑事责任；尚不够刑事处罚的，依法给予行政处分：

（一）对符合本条例规定条件的申请者不予审批、许可、登记、备案，或者对不符合本条例规定条件的申请者予以审批、许可、登记、备案的；

（二）对经过审批、许可、登记、备案的国际船舶运输经营者、无船承运业务经营者、国际船舶代理经营者和国际船舶管理经营者不依照本条例的规定实施监督管理，或者发现其不再具备本条例规定的条件而不撤销其相应的经营资格，或者发现其违法行为后不予以查处的；

（三）对监督检查中发现的未依法履行审批、许可、登记、备案的单位和个人擅自从事国际海上运输经营活动以及与国际海上运输相关的辅助性经营活动，不立即予以取缔，或者接到举报后不依法予以处理的。

## 第七章　附　　则

**第五十六条**　香港特别行政区、澳门特别行政区和台湾地区的投资者在内地投资经营国际海上运输业务以及与国际海上运输相关的辅助性业务，比照适用本条例。

**第五十七条**　外国国际船舶运输经营者未经国务院交通主管部门批准，不得经营中国内地与香港特别行政区、澳门特别行政区之间的船舶运输业务，不得经营中国内地与台湾地区之间的双向直航和经第三地的船舶运输业务。

**第五十八条**　内地与香港特别行政区、澳门特别行政区之间的海上运输，由国务院交通主管部门依照本条例制定管理办法。

内地与台湾地区之间的海上运输，依照国家有关规定执行。

**第五十九条**　任何国家或者地区对中华人民共和国国际海上运输经营者、船舶或者船员采取歧视性的禁止、限制或者其他类似措施的，中华人民共和国政府根据对等原则采取相应措施。

**第六十条**　本条例施行前已从事国际海上运输经营活动以及与国际海上运输相关的辅助性经营活动的，应当在本条例施行之日起60日内按照本条例的规定补办有关手续。

**第六十一条**　本条例自2002年1月1日起施行。1990年12月5日国务院发布、1998年4月18日国务院修订发布的《中华人民共和国海上国际集装箱运输管理规定》同时废止。

# 规划投资管理

# 内河航运建设项目可行性研究报告编制办法

（交通部 （88）交计字500号 1988.08.09）

**第一条** 内河航运建设可行性研究的任务是：在充分调查研究和必要的勘察、科学试验工作的基础上，对项目建设的必要性、技术的可行性和经济合理性提出综合论证报告。

**第二条** 根据国家基本建设程序的规定，内河航运建设项目主要包括航道整治、通航建筑物、航运及与航运有关的水利水电枢纽、内河港口、通信等建设工程须首先进行可行性研究，编报可行性研究报告。可行性研究工作分为预可行性研究和工程可行性研究两个阶段。预可行性研究报告是编制项目建议书的依据，工程可行性研究报告是编制设计计划任务书的依据。不同阶段，应按要求达到相应的深度。小型项目和技术上较成熟的项目，经主管部门认可后可简化工作程序，但深度应达到工程可行性研究要求。

**第三条** 预可行性研究，主体工程（通航建筑物与通航有关的水利水电枢纽、港口等）应达到方案设计的深度，工程可行性研究，主体工程应达到初步设计深度，其他工程内容可按综合指标估算。工程可行性研究阶段的投资估算与初步设计阶段的概算之差应控制在上下10%以内。

可行性研究阶段的勘察工作应按不同阶段的深度要求进行。

**第四条** 本办法适用于新建或改、扩建的内河航运建设项目。其中，港口工程的可行性研究报告除本办法外尚应按《港口建设项目可行性研究报告编制办法》编制，其他工程的可行性研究报告可参照有关规定编制。

**第五条** 预可行性研究要以河流（河段）所在水系的航运规

划成果和河道自然条件为基础。具体分析论证建设项目对腹地经济发展的必要性。航道建设标准和建设规模、建设方案的技术可行性、工程的经济合理性，为建设项目立项提供依据。

工程可行性研究是确定建设项目是否可行的最后研究阶段，要以上级主管部门批准的项目建议书为依据，做到任务落实，标准、规模明确，工程措施可行。技术经济数据确切，实施步骤具体。其主要内容包括：评价河流（河段）航运现状，预测沿河经济发展对水运的要求，分析与工程项目相关的自然条件，论证适航船型，论定通航标准和建设规模，选定工程方案和工程措施，提出配套设施、协作条件、实施步骤以及组织管理、工程投资、经济评价等，反映工程实施中可能出现的问题。可行性研究报告的文本格式和内容要求详见本办法附件。

**第六条** 可行性研究报告一般应由主审单位组织预审，尤其是工程可行性研究，经预审认为符合国家有关规定和本办法要求的才能提交审查，否则应进行修改、补充或重新编报。

**第七条** 引进项目和利用外资项目的可行性研究工作，除按本办法的一般要求外，尚应按国家有关规定办理。

**第八条** 可行性研究均应严格遵守国家颁布的各项政策、规定和交通部有关的工程技术规范规定。

**第九条** 可行性研究报告一般由研究报告（含主要协议）、图纸、附件三部分组成。文件的外形尺寸统一按大16开（230×297毫米）装帧。文件封皮颜色，预可行性研究报告为淡黄色，工程可行性研究报告为墨绿色。附图单独装订，重要附件附于可行性研究报告。

**第十条** 可行性研究工作必须由经过资格认证，获得相应等级水运工程勘察设计证书的勘察设计单位承担，大中型及国家重点工程项目原则上应由持甲级证书的单位承担（需委托的单项工程可由有乙级以上证书的单位承担）。

**第十一条** 建设单位或项目主办单位应根据任务要求，同可行性研究报告编制单位签订可行性研究工作合同，明确工作任务、工作深度、完成时间、双方责任以及有关问题;并按国家规定付给可行性研究费用。

建设单位委托进行工程可行性研究任务时,应提供经上级批准的项目建议书以及预可行性研究报告,作为开展工作的依据。

**第十二条** 可行性研究报告编就后,应由编制单位行政领导、总工程师、项目负责人签章并加盖公章后,送交委托单位,由建设单位上投主管部门30份。

**第十三条** 本办法解释权属交通部,执行中如与国家颁发的其他规定相抵触时,由交通部会同有关部门协商解决。

**第十四条** 本办法自批准公布之日起实行。

# 港口建设项目后评价报告编制办法

（交通部　(89)交计字701号　1989.12.14）

为了全面总结港口建设项目从决策、设计、实施到投产营运全过程的经验、教训，科学评价建设成果，使港口建设管理步入程序化、规范化、工作方法科学化的轨道，强化全行业宏观管理机制，提高港口建设的管理水平，在交通部1986年建立的《交通建设重点项目管理卡》和《交通建设重点项目总结工作制度》试点的基础上，特制订本办法。

**第一条**　港口建设项目后评价工作是建设项目科学管理的重要机制，是项目管理的最终环节，也是建设项目的全面总结。它是在建设项目建成投产后，经过二三年的实际生产活动考核，按系统工程的思想方法，全面对照、总结建设项目从立项决策、设计方案、工程施工直至投产营运的全过程各阶段工作的成功与失误、先进与落后，追踪各阶段工作成果变化的内在联系与促成因果，为不断地提高决策、设计、施工管理水平，合理利用建设资金，全面改进建设管理，制定相关政策等提供科学依据。

**第二条**　编制建设项目后评价报告必须以建设项目的实际情况和各阶段的正式文件为依据，以提高社会经济效益为中心，以科学数据为基础，通过科学分析、对比，检验项目决策、设计、施工管理及生产营运各阶段主要指标及方案、物价、利率、汇率等方面的重大变化及其因果关系；对比、分析建设规模、工程概算、经济效益、财务效益等各项技术经济指标的变化及其原因，判别其变化是否科学、合理。

**第三条**　后评价依据的主要文件包括：立项决策、设计阶段的主要工作成果及其审查意见、批复文件，施工阶段重大问题的请示及批复、工程竣工报告、验收报告和审计后的工程决算及主要图纸等。

**第四条** 建设项目后评价的主要方法是“对比”、“追踪”。科学的后评价工作，必须与完善的跟踪管理系统相结合，建立、健全“港口建设项目综合管理卡”和若干子系统管理卡，实行计算机统计跟踪管理，推行建设项目跟踪审计，建立决策、设计、施工、投产营运各阶段的技术、经济档案，为建设项目后评价工作积累完整的技术经济资料和科学的技术经济数据。

**第五条** 要建立建设项目营运考核期制度。根据项目特点，建设项目自验收投产至后评价工作开始的二三年内，在企业内部经济核算的基础上实行单独的统计、会计、业务核算，检验设计能力、技术参数、经济效益等各项指标的实际水平，为项目最终总结提供营运方面的可靠数据。

**第六条** 建设项目后评价成果的主要文件为“后评价报告”、“项目综合管理卡”、“施工监理大事记”。“后评价报告”的主要内容包括：

建设项目的概述；

项目立项决策、设计阶段(“项目建议书”、“设计计划任务书”、“初步设计”)的变化分析；

项目施工阶段与设计阶段的主要变化及原因分析；

考核期营运情况及其与决策、设计的预期目标的差别和原因分析；

对建设项目最终的综合评价；

后评价的结论和建议；

利用国外贷款的项目的后评价报告还应包括国内、外咨询(评估)效果、贷款额及其使用情况和偿还能力等；

后评价报告的文本格式及其主要内容要求详见本办法附件。

**第七条** 凡属港口建设的大中型及重点工程项目，均应按规定开展项目的后评价工作。各建设单位应于建设项目立项后(即项目建议书批准)，开始填写港口建设项目综合管理卡，建立起建设项目跟踪管理系统和定期检查制度，并按规定逐步完善各阶段的各项管理机制。

**第八条** 港口建设项目后评价工作由港务局负责，组织设计、施工和其他有关部门参加，研究编制后评价报告，经本单位行政领导和主管技术、经济的负责人（总经济师、总工程师、总会计师）自审后上报主管部门；主管部门邀集国家有关部门、设计与施工单位和港口管理方面的有关专家及地方政府的有关人员共同审查；提出审查意见后，评价报告的编制单位要根据主管部门的审查意见对后评价报告做进一步修改、补充，并报送主管部门作为建设项目管理的最终成果。

**第九条** 上报的后评价报告编就后，由编制单位负责人、总经济师、总工程师、总会计师签章并加盖公章，报送主管部门一式30份。报告文本统一按16开（210mm×297mm）装帧，封面为紫红色；报告及主要附件合并装订。

**第十条** 本办法适用于沿海及内河港口的大中型和重点工程项目，包括利用国内资金和国外贷款的新建工程、改扩建工程和技术改造项目。小型项目的后评价工作，亦参考本办法执行。

**第十一条** 本办法的解释权属交通部，执行中如与国家颁布的其他规定相抵触时，由交通部会同有关部门协商解决。

**第十二条** 本办法自正式批准公布之日起实行。

# 港口总体布局规划编制办法

（交通部　(90)交计字58号　1990.02.04）

**第一条**　为了强化港口发展的行业管理和宏观控制，健全港口建设和科学管理机制，使港口总体布局规划工作程序化、规范化、方法科学化，在总结改革开放以来港口建设前期工作和港口总体布局规划工作经验的基础上，吸取国内外制订港口总体布局规划方面的有益理论和经验，结合当前我国港口发展中的实际问题，特制订本办法。

**第二条**　港口总体布局规划是根据全国资源、生产力布局和港口自身特点以及未来的发展战略，制订的布局性规划，它是港口建设管理大系统中决策管理系统的重要环节，属港口建设前期工作的重要组成部分，是制订中长期建设规划、计划，选择建设项目的主要依据。是确保港口持续、稳定、协调发展，防止盲目性和随意性的重要手段。港口总体布局规划属港口城市总体规划的重要组成部分，是对城市总体规划的具体充实、完善。

**第三条**　制定港口总体布局规划必须坚决贯彻党中央、国务院制定的战略方针和战备目标，充分体现党的十三大确定的“以发展综合运输体系为主轴的交通业”的方针和国民经济持续、稳定、协调发展的方针；牢固树立全局观点，使港口的总体布局规划服从于社会经济发展的总战略、总目标，服从于全国运输网和全国港口布局规划，妥善安排港口的集疏运布局；严格执行国家颁布的有关政策、法规和有关制度，严格执行港口工作有关的经济、技术标准。

**第四条**　港口总体布局规划的主要任务是：在充分的调查研究的必要的勘察工作基础上，深入剖析港口现状，研究港口发展中的问题，揭露存在的主要矛盾；要通过定量分析，论证港口的经济腹地，预测规划期的发展需要；确定港口的性质与功能；根据深水深用，浅水浅用，各得其所的原则，做出港口所在城市辖区的不同岸线、不同水域、不同港区的合理布局和全港的水、陆域的总体布局，明确不同港区的具体功能；划定港区水、陆域界限，标明港界坐标；根据发展预测提出分期实施的建设序列。

**第五条** 制定港口总体布局规划要坚持实事求是，讲究科学，讲究经济效益的原则，一切要从国情、港情实际出发，放眼未来；既要吸取国内外有益的经验的技术，又不能盲目追求高标准，规划方案要以科学数据为依据，水域、陆域规划需具备必要的钻探、测量资料，要通过多方案比较，优选最佳方案。妥善处理各类港区，各种码头泊位的布局。

**第六条** 港口总体布局规划的报告的主要内容包括：港口的地理位置、自然条件、现状及评价。要通过历史发展的分析，认识特点，提示矛盾，提出问题；要通过现状分析和发展预测，论证港口的蛋白质与功能，确定港口的经济腹地；要通过多种方法科学预测未来港口的发展水平，分析发展特点；要从港口的货源特点和自然条件出发，进行到港船型的发展预测；根据岸线和水陆条件，结合客、货流特点及本地区经济发展格局做出包括岸线利用、陆域布局、水域布局、港区划分、港界划分、环境保护、配套设施在内的总体布局规划；反映实施总体布局规划所安排的建设序列；提出总体布局规划方案中存在的问题，解决的措施和建议，并附有反映规划方案的有关图纸（详见附件一：港口总体布局规划文本格式及内容要求）。

**第七条** 港口总体布局规划由港务局负责组织编制；编制港口总体布局规划必须由拥有经济、营运、工程各类专业技术人员组成的专门工作班子负责；凡没有专门规划工作班子的单位，属大、中型港口可委托持有甲级设计证书的水运工程勘察设计院和规划院承担，地方小型港口可委托持乙级设计证书单位承担。大中型港口总体布局规划编就后应由港务局先行组织预审后再上报交通部一式30份,同时抄报所在省、市政府主管部门。地方小型港口总体布局规划编就后应由地方港航部门先行预审后再上报省、市人民政府主管部门,抄报交通部。内河港口同时抄报所在的水系规划办公室。

**第八条** 港口总体布局规划上报后,大、中型港口由交通部与所有省、市人民政府组织有关部门有关专家进行联合审查,提出审查意见。港务局根据审查意见,组织修改后,由交通部与所有省、市人民政府联合审批。地方小型港口的总体布局规划由省、市人民政府主管部门组织审查,交通部或交通部授权的水系规划办公室派员参加,审查后的总体布局规划由省、市主管部门办理审批文件。审批后的港口总体布局规划,未经审批机关批准不得任意修改。

**第九条** 凡港务局委托规划设计单位编制的总体布局规划事前要签订合同,要明确具体要求,规划报告经主管机关审查如不符合要求需要修改时,规划设计单位应负责限期完成修改补充任务。

**第十条** 港口总体布局规划一般由三部分组成,即规划报告、规划图纸、主要附件等。规划报告的外形尺寸按16开(210mm × 297mm)装帧,规划报告要与规划图纸合并装订,上报文件封皮为浅蓝色,审批后颁布文件的封皮为湖蓝色。

**第十一条** 本办法对海、河港口,新港口、新港区开发和老港口技术履行的总体布局规划均适用。地方小型港口,各省、市可根据本办法基本原则,结合各自情况适当简化,制订补充规定。

**第十二条** 本办法的解释权属交通部。

**第十三条** 本办法自1990年2月4日起施行。

# 公路、水运基本建设利用国外贷款项目管理暂行办法

（交通部　(91)交计字399号　1991.06.13）

## 第一章　总　　则

**第一条**　为加强公路、水运基本建设利用国外贷款项目的管理，更有效地使用外资，制定本办法。

**第二条**　公路、港口、内河等大中型基本建设利用国外贷款的项目（以下简称贷款项目），其项目前期工作、实施、后评价和还本付息等均按本办法进行管理。

**第三条**　本办法所称国外贷款系指世界银行、亚洲开发银行、日本海外经济协力基金以及其他外国政府或国际金融组织（以下简称贷款机构）向我国公路、水运建设项目所提供的贷款。现阶段国家统一对外借款的机构是：

世界银行贷款为财政部；

亚洲开发银行贷款为中国人民银行；

日本海外经济协力基金以及其他外国政府贷款为对外经济贸易部。

**第四条**　公路、水运建设项目利用上述贷款，除经国家批准实行统借统还外，一律实行统借自还，对内实行转贷。

**第五条**　贷款项目实行行业归口、分级管理的原则。交通部负责对贷款项目的行业归口管理，各省、自治区、直辖市、计划单列市交通厅（局、委、办）、港务局、航务局等（以下简称项目单位）应成立专门机构，在交通部的指导、组织下负责贷款项目的实施和管理。

## 第二章 贷款项目申请的原则

**第六条** 公路、港口、内河等基础设施建设项目均可申请国外贷款。申请国外贷款的项目必须具备以下条件:

(一)已列入行业规划或五年建设计划;

(二)配套资金基本落实;

(三)具备还贷能力或还贷资金落实;

(四)有较好的经济、社会和财务效益。

**第七条** 申请国外贷款渠道应根据项目性质、规模、采购方式以及贷款机构的贷款条件、原则、规模等因素综合考虑。

## 第三章 贷款项目的前期工作

**第八条** 贷款项目的前期工作必须遵循国家规定的基本建设程序,并应符合贷款机构的贷款程序要求。

**第九条** 申请利用国外贷款的单位,在编制五年建设计划时,应提出拟利用国外贷款的项目,按计划渠道逐级平衡上报。交通部经过筛选和综合平衡,提出公路、水运利用国外贷款项目计划,报国家计委,申请列为备选项目。

**第十条** 项目单位应按计划管理体制上报项目建议书。凡国内已批准项目建议书而未考虑国外贷款的项目,若需利用国外贷款,项目单位应提出利用国外贷款的申请报告。

贷款项目的可行性研究除执行交通部颁发的《水运、公路建设项目可行性研究报告编制办法》的规定外,还应包括贷款额度、贷款渠道的建议、贷款使用方案及还贷方案等内容。

**第十一条** 贷款项目必须向国家计委出具还贷担保,作为审批贷款项目的必要条件。还贷担保由项目单位所在省、市、自治区人民政府或计划委员会出具。交通部直属单位贷款项目的还贷担保按国家计委的要求办理。

**第十二条** 贷款项目的工程可行性研究报告的报批程序同项目建议书。工程可行性研究报告批准后，项目单位应根据有关保密规定，编制可行性研究报告对外本，经上级主管部门及保密部门审查后，报交通部审核，统一对外提供，为据此开展贷款项目的预评估工作。

**第十三条** 贷款机构对贷款项目的正式评估（事前调查）一般在初步设计批准后进行。正式评估的内容包括项目的规模、工程设计、贷款额度、贷款的使用、采购方式（包括土建和设备、材料）、贷款支付等。正式评估的结果如与原批准的工程可行性研究报告的主要内容有重大出入，应报原批准单位进行复审。

**第十四条** 贷款项目经正式评估并与贷款机构取得基本一致意见后，项目单位应按计划管理体制或项目管理的隶属关系向国家计委上报利用外资方案。利用外资方案不仅包括已批准的工程可行性研究报告的主要内容，还应提出需用贷款采购的设备、材料的详细清单（附主要技术参数）、采购方式、技术合作和人员培训计划以及研究课题等具体内容。批复后的利用外资方案作为贷款谈判和项目执行的重要依据。

**第十五条** 贷款的谈判与签约由统一对外借款机构组织和负责。交通部组织项目单位准备贷款谈判的资料，协助有关统一对外借款机构修改和完善贷款协议文本、参与贷款谈判等有关工作。

## 第四章 贷款项目的实施

**第十六条** 项目单位应按国家有关规定和贷款协议的要求，做好贷款项目的工程设计与施工、设备采购与安装、工程验收、生产准备以及完成贷款协议规定的有关内容，并对工程质量、费用和工期实行有效的控制，保证贷款项目的顺利实施。

**第十七条** 贷款项目实施阶段的各项准备工作，包括施工图设计、招标文件和施工现场准备等应和贷款项目评估或现场调查阶段的工作交叉进行，以保证贷款协议生效后工程及时开工、尽早用款。

**第十八条** 贷款项目的土建和水工工程及设备、材料的采购方式应根据国家有关规定和贷款协议的要求办理。所有对外采购，须按国家有关规定委托合格的外贸公司代理。

采用国际竞争性招标方式采购的土建和水工工程及设备、材料，项目单位负责组织编写土建工程的有关招标文件和设备、材料的技术规格书；采用询价比价方式采购的机电设备，项目单位负责组织编制直接采购设备清单。土建和水工工程招标文件内容及设备、材料的技术规格书或直接采购设备清单中的技术性能、参数、数量等必须符合已批准的初步设计的要求和贷款协议的有关规定，并报交通部或按项目管理的隶属关系报上级主管部门进行审查。

拟进口机电设备的审批，应按国务院机电设备进口审查办公室《利用国外贷款项目进口机电设备审查实施办法》的规定执行。

**第十九条** 评估必须根据招标文件的要求进行，交通部组织、参与初评工作或审查初评结果。所有评标结果须由国家评标委员会审定后，方可提交贷款机构。项目单位应根据国家评标委员会审定的评标结果办理有关手续。

**第二十条** 贷款项目的土建和水工工程实行工程监理制度。项目单位应按照国家有关规定和国际惯例，组建监理工程师机构，选聘中方或外方监理咨询专家，工程质量的控制和监督由独立的施工监督理机构负责。

贷款项目的设备采购，项目单位应严格按照合同文件和技术规范对设备的制造和安装进行监督。

**第二十一条** 贷款项目实施过程中，不得改变国家审定和贷款协议认可的工程规模和主要内容。如确需改变的，项目单位应按有关规定报原审批单位，经批准后提交贷款机构认可。

**第二十二条** 项目单位在编制年度计划的同时应编制贷款项目外资使用年度计划，报送项目主管部门。

**第二十三条** 项目单位应根据贷款协议有关研究课题和培训的内容及要求,按年度编制考察或培训计划(附详细大纲),报交通部审批。项目单位应严格执行经批准的计划,并在交通部的统一组织或协调下具体实施。培训及考察完成后应及时编报总结材料。

**第二十四条** 贷款项目在实施过程中,交通部和贷款机构将对项目执行情况进行检查。项目单位应按有关规定向交通部、上级有关部门和贷款机构报送项目执行进度报告。

**第二十五条** 贷款项目竣工后,由政府主管部门按国家有关规定组织工程验收。项目竣工半年内,项目单位就按贷款机构推荐的格式,并在国内竣工文件的基础上编制对外提供的项目竣工总结报告,报交通部审查后送交贷款机构。

## 第五章 贷款项目的支付和还本付息

**第二十六条** 贷款协议签署以后,由相应的统一对外借款的机构与国内借款单位签订转贷协议。项目单位应严格按照转贷协议规定的内容和条款履行其责任和义务。

**第二十七条** 项目单位应在贷款协议签署后,按国家有关规定办理外债登记手续,如贷款协议要求开列贷款项目的外汇特别账户的,可开列特别账户,并及时办理首次提款手续。

**第二十八条** 项目单位应建立完整的会计核算体系,做好支付预测和分析,定期向交通部报送贷款支付进度报告,并按贷款协议和转贷协议的要求,按期还本付息。

## 第六章 组织机构、项目后评价及其他

**第二十九条** 贷款项目立项后,项目单位应组织成立专门的贷款项目管理机构,负责贷款项目的全过程管理。贷款项目管理机构成立后,应及时报交通部备案。参加贷款项目管理机构的人

员应保持相对稳定。

**第三十条** 项目单位应整理保存原始资料、报告和各种文件，以备对贷款项目的检查、审计及后评价。

**第三十一条** 贷款项目的后评价，除执行交通部颁发的有关建设项目后评价报告编制办法外，还应对利用贷款的管理工作提出评价和总结，并配合贷款机构做好贷款项目的后评价工作。

**第三十二条** 使用技术合作费聘用咨询公司（专家）的，项目单位应根据国家有关规定和贷款机构聘用咨询专家指南的要求进行。咨询公司的选定，原则上应按照短名单方式进行比选，经主管部门同意后报贷款机构认可。

## 第七章 附 则

**第三十三条** 本办法的实施细则将按不同的贷款渠道另行制定。

**第三十四条** 本办法由交通部负责解释。

**第三十五条** 本办法自1991年7月1日起施行。

# 港口消防规划建设管理规定

（交通部　交公安发[1992]151号　1992.03.06）

## 第一章　总　则

**第一条**　为了保障港口安全，根据《中华人民共和国消防条例》及其实施细则和《港口消防监督实施办法》，制订本规定。

**第二条**　本规定适用于港口新建、改建、扩建工程的消防规划、建设。

**第三条**　港口消防设施实行与港口建设统一规划、统一设计、统一建设、统一验收的原则。

**第四条**　港口的消防建设规划必须列入港口总体规划，由港口公安消防监督机构审核，并报上级公安消防监督机关备案。

**第五条**　港口公安消防监督机构按照有关消防技术规范对港口建设工程进行防火设计审核、监督检查和消防设施的竣工验收。

**第六条**　港口消防设施的建设、管理、使用情况，应作为企业评审、考核、升级的一项内容。

**第七条**　本规定由港口规划、计划、基建、通信以及供水、供电等有关部门贯彻实施，港口公安消防监督机构负责监督。

## 第二章　港口总体布局的消防要求

**第八条**　港口总体布局中，必须将储存、装卸危险货物的码头、仓库以及载运该类货物的船舶锚地设在相对独立的安全地带。

港区内已建成投产、尚不符合有关消防技术规范和规定的危险货物码头泊位、仓库、锚泊地等，必须纳入改造计划，采取迁移或改变使用性质等措施，消除不安全因素。

**第九条** 港口规划、建设中，应合理选择液化石油气站、加油站、配（变）电站、油漆库、乙炔气库、氧气瓶库、锅炉房以及输送易燃液体、可燃气体管道的位置，设置明显的消防标志。严禁在其防火间距内搭建任何建、构筑物或堆放物资。

**第十条** 港口新建的各种建筑应优先采用一、二级耐火等级的建筑，控制三级耐火等级建筑，严格限制四级耐火等级建筑。

对原有耐火等级低、防火间距不足等不符合《建筑设计防火规范》（以下简称《建规》）要求的建、构筑物（列入文物保护的除外），应按《建规》进行改造。

**第十一条** 由国外引进的港口大型机械设施，应符合或不低于我国消防规范要求。规范没有规定的，可参照国外有关技术规范，但须将规范有关条款的中文译本和设计图纸送港口公安消防监督机构审核。

## 第三章 消 防 站

**第十二条** 沿海、内河港口，应按交通部《港口消防站布局与建设标准》和公安部《消防站建筑设计标准》，建立水、陆域消防站及配套设施。

**第十三条** 港口消防站的站址和用地（岸线），应纳入港口总体规划。已经划定的消防站址和用地（岸线），任何单位不得占用。

**第十四条** 消防站应选建在港区适中位置。其布局应以接到报警陆域消防队5分钟内和水域消防船20分钟内到达责任区边缘为一般原则。

**第十五条** 消防码头基地前沿水域和消防船外舷不得靠泊其他船舶和设置任何障碍，应保证火警时消防船紧急出动回转半径的需要。

**第十六条** 基本抗震烈度6度（含）以上的港口，其消防站的建筑应按基本抗震烈度提高一度进行设计。

## 第四章 消 防 给 水

**第十七条** 港口应建设共用或专用的消防给水设施，并有可靠的供电系统和取水设施。码头前沿的消火栓应为国际通岸接口。

**第十八条** 消防给水应充分利用江、河、湖、海等天然水源。

**第十九条** 消防给水管道的管径及消火栓的设置应符合《建规》的要求。

**第二十条** 消防给水管道锈蚀、陈旧或水量、水压不足的，供水主管部门应及时进行更换、修复，满足消防给水的需要。

**第二十一条** 港区消火栓规格必须统一。拆除或移动消火栓须经港口公安消防监督机构同意。消火栓损坏的，港口主管部门应及时修复。

## 第五章 消 防 车 道

**第二十二条** 港口应合理规划建设消防车道，其宽度、间距和转弯半径等应符合《建规》要求。

**第二十三条** 任何单位或个人不得随意挖掘或占用港区消防车道。临时挖掘或占用时，须事先报经港口公安消防监督机构同意。

## 第六章 火灾报警与消防通信

**第二十四条** 港口公安消防监督机构应建立灭火通信指挥系统，并与所在城市公安消防调度指挥中心联网，配备接收船舶火警甚高频无线通信设备。

**第二十五条** 港口的重点消防单位、部位应设置与港口公安消防监督机构联通的有线或无线通信火灾报警设备。

**第二十六条** 靠泊、装卸1000吨(含)以上易燃液化气体、5000吨(含)以上甲、乙类易燃液体

船舶的专用码头及总储量在10万吨以上的油库区,应根据具体情况,逐步采用闭路电视监控或火灾自动报警装置。

## 第七章 建设与维护资金

**第二十七条** 港口消防设施建设,属于基本建设范围的,应列入港口基本建设投资计划;属于更新、改造工程项目的,从更新、改造工程费用或设备维修费用内投资建设。

任何单位和个人不得任意削减、挤占、挪用消防建设投资。

**第二十八条** 港区内因工程建设及其他原因损坏或拆迁的消防设施,其重建、修复费用全部由损坏或拆迁单位负担。

## 第八章 附 则

**第二十九条** 本规定由交通部负责解释。

**第三十条** 本规定自1992年5月1日起施行。

# 公路、水路运输全行业统计工作规定

（交通部、国家统计局令1992年第36号　1992.07.21）

**第一条**　为科学、有效地组织公路、水路运输全行业统计，完善运输行业管理基础工作，加强对全国公路、水路运输经济的宏观调控，依据《中华人民共和国统计法》、《中华人民共和国统计法实施细则》和有关运输管理法规，制定本规定。

**第二条**　根据国家关于加强运输统计工作的要求，公路、水路运输全行业统计工作应在各级政府统计部门统一协调下，由各级交通运输主管部门负责组织实施。有条件的地区可建立交通行业统计联合组织协调领导小组。

**第三条**　凡在中华人民共和国注册从事公路、水路营业性客、货运输或在中华人民共和国境内从事非营业性客、货运输的单位、私人（包括个体联户），不论其隶属关系、所有制形式如何，均应纳入统计范围。军事部门从事营业性运输的，也应按本规定进行统计。

**第四条**　实施公路、水路运输全行业统计，以全面调查和非全面调查两种方式进行。

实行全面调查的调查对象原则上为从事营业性运输的独立核算的公路、水路运输单位及个体（联户）。上述单位和个体（联户）应执行交通行业统计报表制度，定期向当地公路、水路运输行业管理机构报送统计资料。

实行非全面调查的调查对象原则上为从事营业性运输非独立核算的单位和从事非营业性运输的单位、私人，以抽样调查为主进行。上述单位和私人应按要求向公路、水路运输行业管理机构提供统计资料。

各省、自治区、直辖市行业统计主管部门对本辖区的行业统计资料审核汇总后，应上报交通部，并报送同级政府统计部门。

**第五条** 公路、水路运输全行业统计调查，应按国家统计局和交通部联合颁发的报表制度、抽样调查方案进行统计，以保证调查资料的规范化。

**第六条** 各省、自治区、直辖市开展公路、水路运输全行业统计，应由交通主管部门与政府统计部门及有关部门根据工作的需要，采取灵活多样的组织形式，加强领导组织协调工作，成立联合领导组（小组），领导和协调所辖地区的公路、水路运输全行业统计工作。其主要任务是：

（一）贯彻公路、水路运输全行业统计调查制度，制定实施工作计划；

（二）组织、协调本辖区公路、水路运输全行业统计调查工作；

（三）搜集、整理和准确及时地提供本辖区的统计调查资料；

（四）对本辖区公路、水路运输全行业统计工作计划执行情况，进行统计分析，实行统计监督；

（五）建立和开发公路、水路运输全行业统计信息系统；

（六）指导地（州、市）、县（区）、乡（镇）开展公路、水路运输全行业统计工作。

**第七条** 各省、自治区、直辖市公路、水路运输管理部门负责实施公路、水路运输全行业统计工作。其主要任务是：

（一）承担本辖区公路、水路运输全行业统计调查任务；

（二）执行公路、水路运输全行业统计报表制度，组织有关单位认真填报；

（三）布置公路、水路运输全行业统计抽样调查工作，培训人员，采集、审查、汇总统计数据，提供统计调查资料，进行统计分析；

（四）建立和开发公路、水路运输全行业统计抽样调查数据处理系统。

**第八条** 有关机构和人员，应遵守国家有关保密规定，未经政府统计部门和交通运输主管部门批准同意，不得随意对外提供统计调查资料。

**第九条** 各省、自治区、直辖市公路、水路运输全行业统计机构,应配备必要的计算机和通信设备。在统一规划下,逐步建立和完善适合公路、水路运输全行业统计需要的统计信息系统,以实现运输全行业统计手段的现代化。

**第十条** 开展和实施公路、水路运输全行业统计工作的日常费用,列入交通部门行政事业费预算,如有困难,不足部分在各级公路、水路运输管理部门征收的公路、水路运输管理费中开支。

**第十一条** 公路、水路运输全行业统计调查工作,应贯彻执行统计人员资格考试制度,对从事公路、水路运输全行业统计调查和计算机操作的人员,有计划地进行岗位培训,做到合格上岗,以保证统计工作质量。

**第十二条** 对能够准确、及时、全面提供统计资料和统计分析并作出显著成绩的单位和个人,予以表彰和奖励。

**第十三条** 有下列违章行为之一的,根据其情节轻重,由各级公路、水路运输管理部门会同当地政府统计部门,按国家有关规定予以处罚。

(一)拒报或屡次迟报公路、水路运输全行业统计调查表者;

(二)虚报、瞒报及伪造、篡改统计资料者;

(三)妨碍或侵犯公路、水路运输全行业统计调查人员执行本规定职权者;

(四)未经核定和批准、自行公布和泄露统计调查资料者。

**第十四条** 为公路、水路交通运输服务和配套的其他经济活动的统计调查制度另行制定。

**第十五条** 各省、自治区、直辖市交通厅(局)可依据本规定制定实施细则,报国家统计局和交通部备案。

**第十六条** 本规定由交通部负责解释。

**第十七条** 本规定自 1992 年 10 月 1 日起施行。1986 年交通部颁发的《公路、水路运输全行业统计试行方案》同时废止。

# 部属单位小型和限额以下固定资产投资建设项目管理办法

（交通部　(90)交工字76号　1990.02.13）

## 第一章　总　　则

**第一条**　为了加强小型和限超以下固定资产投资建设项目的管理工作，发挥投资效益，制定本办法。

**第二条**　除港口、内河航道、公路建设大、中型项目按有关规定执行外，其余小型基建项目和限超以下技术改造项目（以下统简称建设项目），均按此办法执行。

**第三条**　建设项目必须严格遵守国家有关基本建设的规定，维护计划的严肃性，严禁搞计划外项目。对搞计划外项目的，有关部门应及时制止，停止拨款、拨料，并追究有关领导和当事人的责任。

**第四条**　建设项目按投资规模划分为三类：

（一）生产性及教学、科研、安全、救捞等用房建设项目投资在1000万元以上（含1000万元）。

非生产性建设项目投资在500万元以上（含500万元）。

（二）生产性及教学、科研、安全、救捞等用房建设项目投资在300万元至1000万元（含300万元，不含1000万元）。

非生产性建设项目投资在100万元至500万元（含100万元，不含500万元）。

（三）生产性及教学、科研、安全、救捞等用房建设项目投资在300万元（不含300万元）以下。

非生产性建设项目投资在100万元（不含100万元）以下。

**第五条** 第一、二类建设项目必须具备批准的设计任务书，第三类建设项目可依据部下达的年度计划或批准的设计任务书。

**第六条** 建设项目一般应按下列程序执行：

（一）根据批准的设计任务书（或部下达的年度计划）进行初步设计。

（二）根据批准的初步设计进行施工图设计，编制招标文件。

（三）与上级主管部门签订建设项目投资包干合同。

（四）组织招标、评标和定标工作。

（五）向部工程管理司报送申请开工报告。

（六）与承包厂商签订工程施工承包合同和设备采购合同。

（七）工程实施及组织（或委托）监理。

（八）验收及交付使用，并进行总结。

选用定型设计及投资在30万元以下非定型设计的建设项目，其初步设计和施工图设计阶段可合并为一个阶段进行。

## 第二章 初步设计的审批

**第七条** 报送初步设计文件必须完整、齐全，内容必须包括：

（一）设计说明；

（二）设计图纸；

（三）主要设备和材料表；

（四）总用水量、用电量；

（五）主要工程量；

（六）工程概算（包括征地拆迁、主要设备及外部水、电、暖、路等工程投资费用）；

（七）三材用量。

初步设计完成后，项目建设单位应首先进行初审，在报送初步设计文件（报送四份）的同时，将初审意见一并报送。

**第八条** 审批权限的划分：

（一）部工程管理司负责审批第一类建设项目。

（二）中国远洋运输总公司、中国汽车运输总公司、交通部长江航务管理局、交通部黑龙江航运管理局、交通部长江轮船总公司、交通部上海海运管理局、交通部广州海运管埋局、中国港湾建设总公司，中国公路建设总公司、秦皇岛港务局负责审批所属二级单位的第二类建设项目（需要报部者除外），并报部工程管理司核备。公司（局）本部的第二类建设项目报部工程管理司审批。其他单位的第二类建设项目由部工程管理司审批。

（三）部属一级企业负责审批第三类建设项目（需要报部审批者除外），并报部工程管理司核备。

（四）教育、安监、救捞、卫生、规划等单位建设项目的初步设计，在报部工程管理司的同时，抄报主管司（局），按部工程管理司与有关司（局）商定的分工办理审批手续。

科研单位建设项目的初步设计。在报部工程管理司的同时，抄报交通部科学研究院和部科技司，按部工程管理司与交科院商定的分工办理审批手续。

（五）以地方管理为主的港口的审批权限按港口体制改革时的协议执行。

**第九条** 初步设计必须按基建程序报批，对已批准的初步设计不得任意修改。重大的设计修改和概算调整、应由建设单位会同设计单位报原审批单位审批。

**第十条** 建设项目的设计由建设单位委托经资格认证的勘察设计单位承担。设计方案必须进行多方案比选。为了提高设计技术水平，节约工程投资，增加经济效益，可进行设计方案招标。其具体办法按1986年7月5日国家计委（1986）1085号《关于加强工程设计招标工作的通知》执行。

**第十一条** 审查初步设计应以批准的设计任务书为依据，不得任意改变建设内容，扩大建设规模和提高标准。初步设计应技术相对先进，可靠、适用、经济合理，效益较高，符合国家有关技术规范和标准。总概算原则上不得超过设计任务书的投资控制额，如超出投资控制额或经审查认为有必要修改设计任务书时，应重报设计任务书。

## 第三章　施工图设计的审定与招标

**第十二条**　施工图应由设计单位负责根据批准的初步设计进行编制,做到适合国情,技术相对先进,计算正确,工程量准确,结构合理,详图清晰,预算准确合理,作为招标和施工的依据。

**第十三条**　施工图由建设单位负责审定但不能改变已批准的初步设计标准和规模,施工图预算不能超过已批准的概算。

**第十四条**　建设项目实行投资包干责任制。由建设单位与其上级主管部门按 1984 年 9 月 29 日国家计委、城乡建设环境保护部、劳动人事部、中国人民建设银行计基（1984）2008 号《关于印发基本建设项目投资包干责任制办法的通知》签订投资包干合同。

**第十五条**　建设项目应按 1984 年 11 月 20 日国家计委、城乡建设环境保护部计施(1984)2410 号《关于印发建设工程招标投标暂行规定的通知》或省(自治区)、市颁发的招标投标办法实行招标、投标。

**第十六条**　凡利用外资或留成外汇由国外采购设备、材料,均应进行国际招标(经批准不招标者除外)。其招标文件应经部工程管理司审查;评标报告报工程管理司审批定标。其出国团组的审批手续,由部工程管理司归口办理。

**第十七条**　建设项目开工前,建设单位必须向部工程管理司报送申请开工报告,待批准后,方可开工。

**第十八条**　申请开工必须具备的条件:

(一)已与上级主管部门签订了投资包干合同。

(二)征地拆迁已办妥,现场已具备三通一平(路、水、电通,施工场地平)或四通一平(路、水、电、通讯通,施工场地平)。

(三)已经选定了施工单位。

(四)已经组织建立或委托了施工质量监理或监督。

## 第四章　施工阶段管理

**第十九条**　建设项目开工前,一般由施工单位做出施工组织设计或施工方案,报建设单位及现场施工监理审查同意。

**第二十条**　施工中应严格执行质量监理或监督。隐蔽工程必须经工程监理人员签字验收。在工程监理中发现施工质量不合格时,均应遵照有关质量监理或监督条例或规定进行处理。

**第二十一条**　施工中如发生重大安全、质量事故,或甲乙方发生争议需进行仲裁时,均应及时报告部工程管理司。

**第二十二条**　在施工阶段如需使用材料设备差价、预备费则应由建设单位报原初步设计审批单位批准(包干合同一次包死者除外)。

**第二十三条**　建设项目实施计划必须严格按部下达的年度计划执行,遇有特殊情况必须改变时,应预先征得部计划司、工程管理司和有关主管部门的同意。

**第二十四条**　基建投资完成情况月报(交统基 8 表),按资金来源分的固定资产投资及财务拨款月报(交统基 9 表)上报部计划司的同时,应抄报工程管理司及主管司(局)。

**第二十五条**　一、三季度应将工程进展情况,存在问题及处理结果按(89)工基字 134 号《关于请按时报送小型基建项目有关资料的通知》写成书面简报,报部工程管理司。

**第二十六条**　每半年应进行工作小结,将工程形象进度,没有完成计划的原因,准备采取的措施,以及存在问题,处理意见等按(89)工基字 134 号《关于请按时报送小型基建项目有关资料的通知》写成书面报告,报部工程管理司并抄报主管司(局)。

**第二十七条**　工程完工后,建设单位应及时向部工程管理司提出申请竣工验收报告,除由部工程管理司主持验收者外,其余建设项目验收后,应报部工程管理司备案。

**第二十八条**　参加验收单位应包括设计、施工、使用单位及当地环保、消防、建行等有关部门,并在工程验收证书上签字。

**第二十九条** 验收时,应资料齐全,验收文件及时归档。

**第三十条** 验收文件应包括:

(一)竣工图纸;

(二)工程决算;

(三)重大工程事故处理文件;

(四)中间验收及质量监督、监理文件;

(五)隐蔽工程验收文件;

(六)材料检验及试验报告;

(七)工程验收证书(验收证书格式见附件)。

**第三十一条** 建设项目投产使用一年后,建设单位应会同设计,施工部门进行回访,及时总结经验教训。

## 第五章 附 则

**第三十二条** 本办法由交通部负责解释。

**第三十三条** 本办法自1990年3月1日起试行。

附件

# 工程验收证书

××工程验收小组

年　　月　　日

| 工程名称 | | | |
|---|---|---|---|
| 工程地点 | | | |
| 建设依据 | | | |
| 建设规模 | | | |
| 开工日期 | | 竣工日期 | |
| 工程概算 | | 工程决算 | |
| 工程建设主要内容 | | | |
| 建设完成情况说明 | | | |
| 质量评定 | | | |
| 验收鉴定意　见 | | | |

| 工程交接单位 | | 签字 |
|---|---|---|
| 建设单位 | | |
| 设计单位 | | |
| | | |
| | | |
| 施工单位 | | |
| | | |
| | | |
| 使用单位 | | |

# 关于交通行业基本建设和技术改造项目工程可行性研究报告增列“节能篇(章)”暂行规定

（交通部　交体法发[1995]607号　1995.07.13）

## 第一章　总　　则

**第一条**　为保证交通工程建设项目符合合理利用能源和节约能源的要求,根据国家有关规定,结合交通部门实际,特制订本规定。

**第二条**　本规定适用于以下工程项目

(一)交通部门按规定要报批的基本建设及技术改造项目(下称“工程项目”)。

(二)主机功率在500kW以上的各类新建及购置船舶。

**第三条**《节能篇(章)》的审核、监督实施工作实行分级管理,报交通部审批的工程项目由交通部能源管理办公室负责。省、市审批的工程项目由省(市)交通厅(局)能源管理部门负责,企业审批的工程项目由企业节能主管部门负责。

**第四条**　经交通部授权的行业能源利用监测机构具有承担《节能篇(章)》评估、检测的资质。

**第五条**《节能篇(章)》的编制应认真贯彻国家产业、行业政策和设计规范,在工程项目设计中要积极采用节能新技术、新材料和新的工艺装备,要以国内外先进的能耗标准作为编制依据。

## 第二章　《节能篇(章)》的编制及评审

**第六条**　本规定第二条规定的工程项目的工程可行性研究报

告中必须有《节能篇(章)》。

**第七条** 工程项目《节能篇(章)》的编制工作由工程可行性研究报告编制单位组织专人负责编写或委托其他咨询机构编写。

**第八条** 工程项目《节能篇(章)》中应对本项目的能源消费系统、主要耗能工艺设备(常用工况及参数)进行阐述,计算出单位产品、产值的能耗、主要工艺的单耗及各种能源实物消耗量,分析能源利用的合理性、能耗水平的先进性及经济效益,列举所采用的节能措施及其可行性。

**第九条** 《节能篇(章)》是工程可行性研究报告组成部分,其审批程序与工程可行性研究报告同时进行。工程可行性研究报告审批单位组织同级节能主管部门参与审查。

**第十条** 年能耗量在2000吨标准煤及其以上的工程项目为交通重点能耗工程项目,在报批以前,须经节能评估;评估单位必须在建设单位上报工程可行性研究报告前提出评估报告。对可行性研究阶段以后耗能设备选型变化较大的项目,经主管部门同意,亦可将节能评估跟踪到初步设计阶段。评估单位应对工程项目能源利用合理性、能耗水平先进性及节能措施的可行性作出科学公正的评价,提出节能评估报告。

**第十一条** 工程项目工程可行性研究报告无《节能篇(章)》或未按规定提交节能评估报告的,审批单位不予审批并责成报送单位补办。

**第十二条** 新建及购置主机功率在500kW以上的各类船舶的设计任务书或购置合同(下称新建或购船文件)中必须有节能要求,提出全船能耗控制指标,主机、发电机及其他耗能设备的最低设备效率和最高能耗限额,需要采用的节能新技术和新装备。用船单位须组织本单位节能主管部门参与新建或购船文件中有关节能要求的编制。无节能要求的新建或购船文件的,负责审批的单位不予审批。

## 第三章 《节能篇(章)》实施的监督检查

**第十三条** 工程项目初步设计须单列相应《节能篇(章)》,节能评估、审核单位亦应参与初步设计的审查,设计不符合《节能篇(章)》要求的项目,可专门组织进行《节能篇(章)》的评审。

**第十四条** 工程项目竣工后,应对《节能篇(章)》的实施结果进行评价。经节能评估的重点能耗工程项目,须经行业能源利用监测机构进行节能检测,达不到节能指标和要求的工程项目,要进行整改。

**第十五条** 船舶设计单位的设计(包括初步设计、技术设计)报告书必须增列《节能篇(章)》,设计单位要组织专人负责编制,《节能篇(章)》的内容包括:全船能量利用系统及节能措施,耗能设备选型依据及性能指标、船舶能耗水平及经济效益分析。

**第十六条** 船舶设计《节能篇(章)》的审核由船舶建造审批单位节能主管部门负责。

**第十七条** 主机功率在2000kW以上的船舶设计必须经水运行业能源利用监测机构对其《节能篇(章)》进行评估,评估单位应对《节能篇(章)》进行综合评价,并提出节能评估报告。

**第十八条** 船舶设计的审查,应有节能主管部门参与,船舶设计报告无《节能篇(章)》,未按本规定进行《节能篇(章)》评估、审核的船舶设计,主持设计审查单位均不予审理。

**第十九条** 主机功率2000kW以上新建及购置的船舶,须经水运行业能源利用监测机构进行节能检测。经检测,能耗指标未达规定要求的,船舶购置单位须制定节能措施,限期进行节能技术改造。监测机构提供的新建船舶检测报告为船舶验收的必要依据。

**第二十条** 未按本规定编制"节能篇(章)"的,"节能篇(章)"未经审查或审查未被通过就进行施工、购入船舶的,按有关节能法的规定给予工程项目用能单位处罚。

## 第四章 附 则

**第二十一条** 编制节能篇(章)及评估、检测所需费用在工程项目预研费或工程建设费中支付。

**第二十二条** 本规定暂不适用公路、桥梁、航道工程。

**第二十三条** 本规定由交通部负责解释。

**第二十四条** 本规定自 1996 年 1 月 1 日起施行。

# 交通部直属航运支持保障系统非经营性船舶购置计划管理办法(试行)

(交通部　交计发[1995]1153号　1995.12.04)

## 第一章　总　则

**第一条**　“交通部直属航运支持保障系统非经营性船舶”船舶种类多、技术要求高、建设周期长、一次性投资大,为加强前期工作、年度购置、建造和资金安排等计划管理工作,特制定本办法。

**第二条**　“交通部直属航运支持保障系统非经营性船舶”是特指交通部沿海海(水)监局、长江与黑龙江省港监局、长江与黑龙江航道局、海上救助打捞局等为行使国家行政职能使用的船舶。这些船舶是保证航道畅通,航标正常设置、维护,港口、航道测量,维护港口水域水上交通秩序,水上巡逻,救生救助打捞的重要设施。

**第三条**　交通部直属航运支持保障系统非经营性船舶的购置原则上由国家投资建造。

**第四条**　交通部直属航运支持保障系统非经营性船舶购置计划管理工作的主管机关为交通部计划管理部门。

**第五条**　船舶购置必须是已纳入交通部五年船舶发展计划中的船型,其基本原则是:先确定五年计划,后确定年度计划;先安排设计,后安排建造;先签订造船合同,后批准开工;先单船初建,后批量建造。

**第六条**　用船单位应系统地积累船舶技术资料,建立完整的技术档案,按照资料的性质和重要程度,分类管理,妥善保存,每年3月份以前向部报送船舶基础资料报表(交通部计划司计运字

〔1992〕109号文附件——交业计5表），并将新建、报废、转卖、调出船舶予以注明。

## 第二章 前期工作

**第七条** “交通部直属航运支持保障系统”各单位应根据国民经济发展预测，水运客、货运量发展水平、港口吞吐量和航道发展规划，结合船舶正常更新，确定自身业务发展规模，编制五年船舶发展建议计划，按要求上报部计划管理部门并抄送有关司局。

**第八条** 部计划管理部门在编制五年船舶发展计划时，根据“统筹规划、综合平衡、远近结合、需要与可能结合”的原则，在与各单位交换意见后，会同有关的业务司局初审，报部批准后正式实施。

**第九条** 经批准的五年船舶发展计划是安排年度船舶购置计划的依据。

**第十条** 列入五年船舶发展计划的船型，凡属新型船舶，应做技术经济论证，在对国内外同类船舶发展现状充分调研基础上，根据业务特点提出新型船舶设计任务书，报部计划管理部门会同有关的业务司局审批。

**第十一条** 船舶设计既要考虑国内外科学技术的发展，使船舶具有一定的先进性，又要从实际出发，充分考虑我国国情，做到“安全可靠、实用先进、经济合理、维修方便。”

**第十二条** 船舶设计任务书应包括以下主要内容：

（一）项目名称；

（二）船舶用途；

（三）船舶航区；

（四）船舶应满足的规范和应取得的船级；

（五）船舶限定的主尺度；

（六）船舶主要技术经济性能要求；

（七）在何种限定条件下的航速和工程技术指标；

（八）主机种类、主要机电通导设备要求；

（九）特殊施工设备要求，工程技术参数；

（十）船员及定员、舱室标准；

（十一）适航性；

（十二）其他应予明确的要求。

**第十三条** 审批新型船舶设计任务书，应当根据国家制订的船舶技术政策、能源政策，力求简化和统一，要符合标准化、通用化和系列化的要求。

**第十四条** 船舶设计任务书批准后，用船单位即可组织开展设计工作。设计工作按方案设计、技术设计、施工设计三阶段或按初步设计与详细设计两阶段进行。

**第十五条** 设计单位由用船单位选择委托。船舶设计合同及所有附件向部计划管理部门报备。单船估价 500 万元以上船舶（或设计费用 30 万元以上）的设计合同要得到部计划管理部门的确认。设计合同应包括以下主要内容：

（一）项目名称；

（二）设计依据和要求；

（三）船舶主要要素和技术指标；

（四）每个设计阶段达到的深度及阶段完成时间；

（五）设计文件清单、图纸发送单位与数量；

（六）技术情报和资料的保密；

（七）技术成果的归属与分享；

（八）设计单位与船舶承造厂的配建要求；

（九）设计费及支付办法；

（十）违约金和设计失误赔偿金的计算方法；

（十一）争议的解决办法；

（十二）名词和术语解释；

（十三）其他应予明确的问题。

**第十六条** 凡预估造价在 500 万元（含 500 万元）以上的船舶，方案与技术设计审查需有部有关的业务司局及计划管理部门人员参加;方案或技术设计审查意见需经部计划管理部门批准后,方可进行下阶段工作。

凡预估造价在500万元以下的,部有关的业务司局及计划管理部门人员视情况参加方案或技术设计审查。方案与技术设计审查意见作为下一阶段设计工作的技术依据。

**第十七条** 凡预估造价在100万元(含100万元)以下的小型船舶和非机动船,其设计任务书的审批和设计工作,由用船单位掌握,有关资料报部备案。

**第十八条** 采用母型船进行重大修改设计的,比如:修改主尺度、更换主机、改变用途、主要施工机具改型等,需将修改设计方案报部计划管理部门审批。经批复后方可开展前期工作。

**第十九条** 列入部前期工作计划的船舶,其设计费用在船舶建造费用中列支。

设计合同费用应包括各阶段的审查费用。

**第二十条** 设计费用的确定(含方案、技术、施工三个设计阶段),取预估船价的3%~6%,船舶造价高,取下限;技术难度低,取下限;工程船、科研船可适当偏高。也可采取定额方式确定设计费用,但设计费用的总额不得超过船价的6%。

船舶造价一般按500万元以下、500~999万元、1000~2999万元、3000万元以上划档,相应的设计费为船价的6%、5%、4%和3%。

**第二十一条** 船舶设计费和建造费为船舶总投资。

## 第三章 船舶购置年度计划

**第二十二条** 根据年度资金计划落实情况和船舶前期工作情况,分轻重缓急安排年度船舶购置计划。

**第二十三条** 列入年度购置计划的船舶,必须具备下列条件:

(一)审报船型是五年船舶发展计划中的船型;

(二)新船型已经完成技术设计,设计单位完成船检部门指认修改的部分,并具有船检审查认可的书面证明或签章。

(三)修改设计达到上款相同进度;

(四)用船单位与建造厂签订的有效合同。

**第二十四条** 具备上述条件后,各单位以正式文件(附船舶建造合同)报部计划管理部门和主管司(局)。

**第二十五条** 用船单位与建造厂签订的有效合同的生效,以交通部批准下达计划为准,各用船单位不得擅自让船厂开工,否则,引起的一切费用纠纷由批准开工单位负责。

**第二十六条** 船舶购置资金,专款专用,不得挪用。由于特殊原因船舶建造达不到原计划进度,应不晚于每年十月中旬将年度调整计划报部。

**第二十七条** 对批量船舶的首制船必须高度重视,设计阶段的审查会议,要有三个以上使用该类船舶单位及船检部门的专家参加;建设阶段,要有详细的试车试航(工程作业)大纲;交船以后,经过三个月(或主机运行 300 小时)以上运行,由用船单位组织专家对其技术性能是否达到原设计要求予以鉴定,并提出改进意见。在此基础上,方可安排后续船舶。

**第二十八条** 批量船舶首制船的技术评估,应当具备如下内容:

(一)组织与会专家考察实船航行或作业;

(二)提供设计、建造、实船测试资料和用户使用 3 份报告;

(三)讨论并形成专家鉴定意见和纪要。

**第二十九条** 船价中包含首制船的技术评估费用。

## 第四章 船舶建造

**第三十条** 船舶主要机电设备的选用,凡国内已经生产或引进专利在国内生产,并经过国家鉴定或实船使用证明质量已经过关、性能稳定、安全可靠、维修管理方便、配件易于解决、价格合理,应优先选用;对那些没有经过鉴定、质量不过关、性能不稳定、尚处于试验阶段的新产品，一般不装船使用。

**第三十一条** 船用设备进口要严格控制，对于进口设备价格（含进口关税、增值税）与国内同类产品大致相同的，可酌情选用；属于确需进口的设备，进口设备清单报部计划管理部门商有关的业务司局审查后批复。

**第三十二条** 船舶舱室布置装修、生活设施，要实用经济，不要追求高标准，反对豪华奢侈。

**第三十三条** 船舶建造合同签订前，用船单位应要求承造船厂提供详细报价资料，以便于商务谈判的顺利进行。报价资料仅有几大项而缺少细目的、船价留有缺口的，不能签订正式建造合同。

**第三十四条** 船舶建造合同必须每页小签，凡文字有改动的地方也须小签；合同的主签人必须是单位法人，如代签必须有法定代表人正式书面委托书。

**第三十五条** 船舶建造合同应当使用交通部编制的《交通部直属航运支持保障系统非经营性资金船舶建造合同样本》（详见附件）。合同具体条款可以根据每艘船的具体情况进行修改或增删。

**第三十六条** 船舶建造合同，应包括下列主要内容：

（一）合同双方法定代表人、开户银行、账号；

（二）船舶建造内容、数量、质量和依据，在依据中应列明主要设计说明书、主要图纸和供货厂商表（附设计单位设计图号）；

（三）船舶概述与船级，包括船舶结构、用途、航区、主尺度及主要技术指标，主要机电设备型号，取得何种船舶证书。

（四）何种限定条件下的航速、燃油消耗量和工程技术指标；

（五）设备与材料供应方式；

（六）合同价格及付款办法；

（七）施工设计或施工工艺图纸审查、认可和船舶监造；

（八）质量保证；

（九）试航（工程作业）与验收；

（十）争议的解决；

（十一）交船时间、地点和优惠期；

（十二）违约责任；

（十三）双方约定的其他条款。

**第三十七条** 在履行合同期间，根据情况变化双方签订的有效协议，作为合同不可分割的部分。

**第三十八条** 船舶建造合同的违约规定，包括航速、燃油消耗量、工程技术指标、船舶质量和交船期（优惠期以外）。上述四方面视船舶具体情况确定，也可根据情况增加违约项目。违约罚金必须定量约束，并累进计算。

**第三十九条** 用船单位应当给予承造船厂在交船时间上的优惠期，优惠期时间一般为 15 天、30 天、45 天三档。选择哪一档作为优惠期视船舶大小、技术复杂程度由双方商定。

**第四十条** 船舶建造合同除进口设备外，合同价格一般为封闭价；当合同约定第一期付款在合同生效时，则付款期数不得少于五期；当合同约定第一期付款在船舶开工时，则付款期数不得少于四期。无论采用何种付款办法，第一、二期款的总额不得超过合同总价的 50%，尾款不少于 10%。

**第四十一条** 船舶建造期间，更改主要设备型号和修改设计，必须经过原批准单位审查并送船检部门审查认可后方能进行，并由责任一方承担由此产生的经济损失。由此影响交船时间和船价的增减，应在补充合同中明确。

**第四十二条** 船舶建造过程中，遇到不可抗力影响或船检规范修改并要求本船遵守时，承造船厂必须出具有效法定证明。由此引起的不能如期交船和经济损失，由合同双方商议并签订补充协议，报请各自主管部门备案。

**第四十三条** 用船单位要指定监造组首席代表并明确授权范围。监造组的主要职责是：

（一）监督船舶建造合同的执行，签认工程进度；

（二）根据图纸和技术文件的要求，监督检查船舶建造质量；

参加各阶段的验收，督促船厂消除由于施工质量不良而产生的缺陷；

（三）配合厂方解决施工中的技术问题，提出解决方案；

（四）按季写出船舶监造工作情况报告，上报用船单位和部计划管理部门及有关的业务司局；

（五）其他有关业务。

**第四十四条** 监造组成员要严格按《监造人员实用工作手册》进行工作。

**第四十五条** 监造组首席代表在整个建造期间不宜更换，如必须更换时，新任人员应了解前任人员的工作，不得擅自推翻前任人员的决定。如发现不妥处，应及时报告单位主管领导。

**第四十六条** 用船单位应根据船舶进度适时派遣接船员到厂，其中主要船员须不迟于系泊试验前一个月到厂。当承造船厂做试航（工程作业）试验有困难时，用船单位可派船员协助，但安全等事宜仍由船厂负责。

**第四十七条** 新建船舶必须符合中国船舶检验局（ZC）或中国船级社（CCS）的有关规范、规则，并取得船舶检验部门颁发的各项证书；进口设备已取得 ZC 签发的船用产品证书。

## 第五章 附 则

**第四十八条** 船舶建造厂的选择，打破行业界线，鼓励公平竞争，以质量可靠、重合同、守信誉、价格合理为原则。

**第四十九条** 较大型船舶的建造鼓励招标选厂。在进行招标选厂工作时，发送给各投标厂的技术文件必须一致。

**第五十条** 如发现有下列情况之一的，将对用船单位提出严肃批评，情况严重的，将取消计划，所造成的一切损失由用船单位负责。

（一）挪用资金，以至影响船舶建造正常进行的；

（二）在设计、建造阶段采用不正当手段提高设计、建造费用的；

（三）在建造过程中有意降低标准以得到经济好处的；

（四）将船上设备挪用上岸的；

（五）采用招标方式时各投标单位所得技术文件不一致的。

**第五十一条**　本办法只适用于国内造船。

**第五十二条**　本办法解释由交通部负责。

**第五十三条**　本办法自1996年1月1日起试行。

# 沿海港口建设工程可行性研究投资估算编制规定

（交通部　交基发[1995]1230号　1995.12.20）

## 总　则

一、投资估算（以下简称估算）是建设项目可行性研究报告的重要组成部分。进行建设项目可行性研究时，必须根据项目的构成编制建设项目总估算以及单项工程估算。

二、经审批后的预可行性研究投资估算是编制项目建议书投资的依据。在批准项目建议书后，并进行可行性研究的基础上，编报可行性研究投资估算；经审批后的可行性研究投资估算是控制建设项目投资的依据。

三、设计单位必须严格执行国家方针、政策和有关规定，根据可行性研究的内容，实事求是地分析影响投资的各种因素，合理选用指标、价格等编制依据，做到使估算完整地反映建设项目的内容、正确地确定工程投资，努力提高估算的准确性。

## 第一章　估算的编制内容

一、港口工程建设项目的总估算，应包括建设项目从可行性研究起至竣工验收止的全部建设费用。总估算按其投资构成划分如下：

第一部分　工程费用

第二部分　其他费用

第三部分　预留费用

第四部分　建设期贷款利息和固定资产投资方向调节税及铺底流动资金。

二、对于使用外资的建设项目,应根据有关规定计算外币及与之有关的其他费用,并按内币和外币分列的形式编制估算。

三、估算文件应包括以下内容:

预可行性研究估算:(一)编制说明;(二)编制依据;(三)总估算表。

工程可行性研究估算:(一)编制说明;(二)编制依据;(三)总估算表;(四)主体工程单项估算表;(五)主要设备及钢材、木材、水泥和大宗砂石材料用量表。

## 第二章　估算的编制依据

一、国家的有关规定。

二、可行性研究报告。

三、本规定及《沿海港口建设工程投资估算指标》。

四、有关定额及计费标准。

五、设备出厂价格及工程所在地区的现行材料价格。

## 第三章　估算的工程费用

一、工程费用是构成建设项目的工程实体所必需的投资(包括建筑工程费、设备购置费、安装工程费)和临时工程费。

二、港口建设的工程费用项目划分一般为:

(一)港池及航道疏浚工程

(二)陆域形成及软基加固工程

(三)水工建筑工程

(四)装卸机械设备购置及安装工程

(五)港作车船

(六)堆场道路工程

（七）铁路、公路工程

（八）生产、辅助生产和生活福利等建筑工程

（九）供电照明工程

（十）给排水、消防及污水处理工程

（十一）自动控制工程

（十二）通信导航工程

（十三）采暖、通风、空调工程

（十四）机修、供油设施

（十五）环保工程

（十六）临时工程

上述项目可根据建设项目的实际情况增减。

三、根据工程可行性研究的主体工程部分应达到初步设计深度的要求，水工建筑工程、装卸机械设备购置及安装工程的估算应按初步设计概算的编制规定进行编制，其中的建筑工程费和安装工程费加乘 1.05 的扩大系数。

四、凡《沿海港口建设工程投资估算指标》中缺项部分，可套用有关专业部或地方编制的《估算指标》及《定额》。

## 第四章　估算的其他费用

一、土地征用及拆迁补偿费

（一）费用内容

1. 土地补偿费

被征用土地地上、地下附着物及青苗补偿费，征用城市郊区的菜地等缴纳的菜地开发建设基金，耕地占用税或城镇土地使用税，土地登记费及征地管理费等。

2. 征用耕地安置补偿费

指被征用耕地需要安置农业人口的补偿费。

3. 征地动迁费

指被征用或占用土地上的房屋及附属建、构筑物、城市公用设

施等的拆除、迁建补偿费,搬迁运输费,企业单位因搬迁造成的减产、停产损失补偿费,拆迁管理费等。

4. 复耕费

指临时占用的耕地、鱼塘等,待工程竣工后将其复还所发生的费用。

(二)计算方法

土地征用及拆迁补偿费应根据设计提出的用地(包括水面)数量和其附着物的情况以及实际发生的费用项目,按照国家有关规定和工程所在地政府制定的标准计算。

二、生产准备费

包括建设单位管理费,工程建设监理费,工程质量监督费,定额编制管理费,生产职工培训费,办公和生活家具购置费,扫海费及供电贴费。

计算方法:按照《沿海港口建设工程概算预算编制规定》和有关文件分别计算。

三、联合试运转费

包括装卸机械设备的单机重载试车、整个生产运行系统空载或重载联合试运转所需的全部费用(扣除试车期间的收入)

计算方法:以装卸机械设备购置费为基础,单一的杂货、集装箱码头按0.3%,油码头、散货码头、综合性码头等按0.7%计算。

四、工器具及生产家具购置费

指为保证建设项目初期正常生产所必须购置的第一套不够固定资产标准的设备、仪器、生产工具和生产家具的购置费用。

计算方法:按装卸机械设备购置费的1.6%~4%计算。

五、研究试验费

包括可行性研究及设计阶段的试桩、模型试验等研究试验所需要的费用。

计算方法:如已确定了试验项目,按项目进行估算;如尚未确定研究试验的内容,可按工程费用总和的0.2%~1%计算。

六、前期工作费及勘察设计费

包括前期工作费、工程勘察设计费。

计算方法:按国家计委、建设部及交通部的有关规定计算。如计算条件不具备时亦可根据工程费用总和,按下表所列费率估算:

| 工程费用总和(万元) | 1000以内 | 3000以内 | 5000以内 | 10000以内 | 30000以内 | 50000以内 | 50000以外 |
|---|---|---|---|---|---|---|---|
| 费率(%) | 7.50 | 5.63 | 4.50 | 3.75 | 2.08 | 1.75 | 1.50 |

七、进口设备和材料的其他费

包括国内接运保管费、从属费用和技术合作费,按有关规定分别以内币和外币计列。

(一)国内接运保管费

指进口设备和材料从到达港口运到施工现场仓库或指定堆放地点的运杂费及保管费等费用,如合同规定的进口设备和材料的到岸价为舱底价时,还应包括卸船费。

计算方法:按进口设备(包括备品备件)和材料原价外币金额和现行外汇牌价折算成人民币后:进口设备按0.5%~2%计算;进口材料按2%~5%计算。超限设备运输的特殊措施费,按有关规定另行计算。

(二)从属费用

指进口设备和材料的外贸手续费、中国银行手续费、外国银行手续费、海关关税、增值税、海关监管手续费、商品检验费、车辆购置附加费、承诺费等。

计算方法:按国家有关规定或贷款协定计算。

(三)技术合作费

1. 为引进技术和进口设备派出人员进行设计联络、设备材料监检、培训等的差旅费、置装费和生活费用等。

2. 国外工程技术人员来华差旅费、生活费和接待费用等。

3. 国外设计及技术资料、软件、专利和技术转让费，延期或分期付款利息等。

4. 利用外资贷款建设项目的外方监理费。

上述费用按照合同和国家有关规定计算。

八、其他

指根据建设任务的需要，必须在建设项目列支的其他费用。例如施工机构迁移费、施工专用设备购置费、电增容费、水资源费、工程保险费等。

## 第五章　估算的预留费用

一、基本预留费

指在可行性研究时，难以预料的工程和费用。

计算方法：预可行性研究阶段按工程费用与其他费用之和的10%计算。工程可行性研究阶段按工程费用与其他费用之和的7%计算。

二、价格上涨费

指工程从编制可行性研究报告时起至竣工投产时止的期限（简称“建设期限”）内，由于价格、利率、汇率等的变化，而引起工程投资变化，需要在估算中预列的费用。

计算方法：

计算基数为工程费用与其他费用之和（不含土地征用及拆迁补偿费）。

计算公式：

$$E = F_n[(1+P)^n - 1]$$

式中：$E$——价格上涨费；

$n$——施工年度；

$F_n$——第 $n$ 年的年度投资；

$P$——年投资价格指数（暂按7%计算）。

# 第六章 建设期贷款利息和固定资产投资方向调节税及铺底流动资金

一、建设期贷款利息

根据投资来源(或拟定的投资来源),建设期贷款利息根据需要付息的分年度投资,按现行利率计算。计算公式为:

$$建设期贷款利息 = \sum(年初付息贷款累计 + 本年度付息贷款 \div 2) \times 年利率$$

式中:年利率——国内贷款利息按人民币计列;国外贷款利息按外币计列。

二、固定资产投资方向调节税

指根据1991年4月10日中华人民共和国国务院82号令《中华人民共和国投资方向调节税暂行条例》和1991年7月12日国家计委、国家税务局"关于实施《中华人民共和国固定资产投资方向调节税暂行条例》的若干补充规定"所列应缴纳的固定资产投资方向调节税。

三、铺底流动资金

指建设项目建成初期,为保证生产和经营正常进行,按规定应列入建设项目总投资中的流动资金。

计算方法:按项目建成后流动资金计划需要量的30%计列。

铺底流动资金只适用于新建项目,有老企业作依托进行改建或扩建的项目所需铺底流动资金由老企业自筹解决,原则上不得计列此项费用。

# 第七章 估算审查

按照《港口建设项目可行性研究报告编制办法》的有关规定执行。

# 《关于交通行业基本建设和技术改造项目工程可行性研究报告增列“节能篇(章)”暂行规定》实施细则

(交通部　交体法发[1996]354号　1996.04.18)

## 第一章　总　则

**第一条**　根据交通部《关于交通行业基本建设和技术改造项目工程可行性研究报告增列“节能篇(章)”暂行规定》(下称暂行规定),为规范“节能篇(章)”的编制及审核程序,制定本实施细则。

**第二条**　本细则适用于水运工程基建项目和主机功率500Kw以上的各类新建及购置船舶,交通行业的工业与民用建筑项目可参照执行。

**第三条**“节能篇(章)”的编制应认真贯彻国家节能方针、政策和《水运工程设计节能技术规定》、《新建及购置船舶节能技术规定》等相关节能技术标准规范。

## 第二章　建设工程“节能篇(章)”的编制及审核

**第四条**　建设工程“节能篇(章)”由工程可行性研究报告编制单位组织专人负责编写或委托咨询机构编写,其主要内容应包括:

1. 工程项目能源消耗概述:主要耗能工序及设备;年耗能总量;供能规模及来源;

2. 工程项目能耗水平分析:计算出单位产品(产值)能耗及主要工序能耗指标;新建工程依工程情况与同行业国内先进水平相对比;改、扩建工程应有工程进行前后能耗指标的分析比较;

3. 节能技术及可行性分析：耗能设备选型依据；主要工序流程采取的节能技术、新工艺及其可行性分析；

4. 主要节能措施及社会、经济效益分析。

**第五条** 年耗能量在2000吨标准煤及其以上（下同）的工程项目须经交通部授权的行业能源利用监测机构进行节能评估。建设单位应向评估机构提供工程可行性研究报告。

**第六条** 评估机构应以《水运工程设计节能技术规定》及相关的节能标准和规范为依据，对所评估的工程项目能源利用和耗能设备选型的合理性、先进性及节能措施的可行性作出科学公正的评价。评估机构应在收到齐全的评估资料后20天内向建设单位提交评估报告。

**第七条** 建设单位须向可行性研究报告审批机构的同级节能主管部门报送如下文件：

1. 工程可行性研究报告（年耗能2000吨标准煤以上的工程项目须附节能评估报告）；

2. “建设工程节能篇（章）审核表”（附表一）。

**第八条** “节能篇（章）”的审查在工程可行性研究报告审查的同时进行。节能主管部门参加工程可行性研究报告的审查。

## 第三章 新建船舶节能篇（章）编制及审核

**第九条** 新建船舶增列节能篇（章），指在设计任务书中必须增列节能篇（章），对新建船舶提出节能要求。新建单位（船东）负责节能篇（章）的编写。

**第十条** 建船单位要按设计任务书的要求参与设计阶段节能篇（章）的编写，其主要内容包括：

1. 设计工况下的主机燃油消耗量额定值，海军系数额定值；

2. 船体及轮机部分的节能新技术，新材料及节能监测仪表；

3. 耗能设备效率、功率储备系数、电网负载率、功率因数、电压变化率、频率变化率等控制指标；

4. 其他节能措施要求。

**第十一条** 新建主机功率在2000kW及其以上船舶应进行节能评估。建船单位应委托交通部授权的行业能源利用监测机构对船舶设计文件进行节能评估。

**第十二条** 评估机构应对船舶设计文件的节能技术措施进行科学公正的评价,评估机构应在收到齐全评估资料后20天内向委托单位提出"船舶设计节能评估报告"。评估报告可在技术设计阶段提出,亦可在初步设计阶段提出。评估报告主要内容:

1. 是否符合设计任务书中节能篇的要求;

2. 是否符合《建设及购置船舶节能技术规定》及有关法规和节能技术标准要求;

3. 对船舶能源利用的合理性、先进性以及节能措施可行性评价;

4. 关于节能篇的意见及建议。

**第十三条** 建船单位节能主管部门负责组织船舶设计"节能篇(章)"的审核,其内容包括:

1. 是否符合设计任务书中的"节能篇(章)"的技术要求和有关规定;

2. 负责与评估单位的联系并处理有关评估意见和建议;

3. 填写"船舶设计节能篇(章)审核表"(附表二)。

**第十四条** "船舶设计节能篇(章)审核表"及评估报告应列入船舶设计审查内容。在设计审查时,应由建船单位节能主管部门和评估机构的代表参与审查。

## 第四章 购置船舶"节能篇(章)"的编写及审核

**第十五条** 购置船舶"节能篇(章)"指在船舶购买审批文件增列"节能篇(章)",对购置船舶提出节能要求。

**第十六条** 购置船舶"节能篇(章)"主要内容包括:

1. 船舶在正常营运状态下的主机燃油消耗量及能耗水平分析;

2. 船体节能装置及轮机耗能设备耗能指标及水平；

3. 高耗能设备节能技术改造措施及可行性分析；

4. 其他节能措施要求。

**第十七条** 购船“节能篇（章）”须经买船单位节能主管部门进行节能审核，并填写“购置船舶节能篇（章）审核表”（附表三）。

## 第五章 实施节能篇的考核与奖罚

**第十八条** 实施节能篇的考核与奖罚由交通部能源管理办公室监督执行。

**第十九条** 经节能评估的重点耗能工程项目，在工程竣工验收时，须经交通部授权的行业能源利用监测机构进行节能检测，达不到节能指标和要求的要进行节能改造。

**第二十条** 新建及购置主机功率在2000kW及其以上的船舶，要进行能源利用监测。新建船舶的监测可与出厂试验同时进行，也可单独进行。购置船舶的监测可在接船后的一年以内进行。检测试验大纲由监测机构和船东共同制定。

检测完成后，监测机构应向船东提出“船舶节能检测试验报告”。新建船舶的检测试验报告船舶验收的必要依据，购买船舶的检测试验报告为制定节能技术改造计划的依据。

**第二十一条** 未按本《细则》编制“节能篇（章）”，节能篇未经审查或审查未通过就进行工程施工、建船或买船舶的单位，按《暂行规定》第二十条给予处罚。

**第二十二条** 经节能检测和实际应用证明，节能效果和经济效益显著者，交通部能源管理办公室组织交流推广，对有关单位给予表彰。并以节能篇实施效果好的船舶作为评选优秀船型的依据。

## 第六章 附 则

**第二十三条** 节能评估、监测所需费用在工程项目预研费

（建设费）或在船舶建造（购置）费中支付。节能评估、监测机构应按物价部门规定的收费标准合理收费。

**第二十四条** 本细则由交通部能源管理办公室负责解释。

**第二十五条** 本细则自公布之日起实施。

附表：一、建设工程节能篇（章）审核表（略）

二、船舶设计节能篇（章）审核表（略）

三、购置船舶节能篇（章）审核表（略）

# 港口规划管理规定

（交通部令2007年第11号　2007.12.17）

## 第一章　总　　则

**第一条**　为规范港口规划工作，科学利用、有效保护港口资源，促进港口健康、持续发展，根据《中华人民共和国港口法》，制定本规定。

**第二条**　本规定适用于港口规划的编制、审批、公布、修订与调整、实施和监督管理等活动。

**第三条**　交通部负责全国的港口规划管理工作。

省、自治区、直辖市人民政府港口行政管理部门负责本行政区内的港口规划管理工作。

港口所在地的市（指设区的市，下同）、县（包括县级市）人民政府港口行政管理部门或者省、自治区人民政府设立的负责特定港口管理的部门具体实施该港口的规划管理工作。

本规定所称港口行政管理部门，包括承担港口行政管理职能的交通主管部门或者与交通主管部门分设的港口管理部门。

**第四条**　港口规划应当根据国民经济和社会发展的要求以及国防建设的需要，统筹考虑产业布局、港口资源条件、综合运输网状况等因素制定，体现贯彻科学发展观、合理利用岸线资源的原则。

**第五条**　港口规划应当符合城镇体系规划，并与土地利用总体规划、城市总体规划、江河流域规划、防洪规划、海洋功能区划、水路运输发展规划和其他运输方式发展规划以及法律、行政法规规定的其他有关规划相衔接、协调。

## 第二章 港口规划的编制

**第六条** 港口规划包括港口布局规划和港口总体规划。

港口布局规划是指港口的分布规划。港口布局规划包括全国港口布局规划和省、自治区、直辖市港口布局规划。对港口资源丰富、港口分布密集的区域,可以根据需要编制跨省、自治区、直辖市或者省、自治区行政区内跨市的港口布局规划。

港口总体规划是指一个港口在一定时期的具体规划。

**第七条** 港口布局规划主要确定港口的总体发展方向,明确各港口的地位、作用、主要功能与布局等,合理规划港口岸线资源,促进区域内港口健康、有序、协调发展,并指导区域内港口总体规划的编制。

港口总体规划主要确定港口性质、功能和港区划分,根据港口资源条件、吞吐量预测和到港船型分析,重点对港口岸线利用、水陆域布置、港界、港口建设用地配置等进行规划。

**第八条** 直辖市根据实际情况可不编制港口布局规划,仅编制港口总体规划。

**第九条** 编制和修订、调整港口布局规划和港口总体规划时,应当根据需要编制相关的专项规划。

港口布局规划的专项规划包括分层次港口布局规划、分运输系统港口布局规划、港口资源整合规划及其他专项规划。

港口总体规划的专项规划包括港区总体规划、港口集疏运设施规划和港口仓储、保税、物流等园区规划及其他专项规划。

专项规划是港口布局规划和港口总体规划的组成部分。

**第十条** 组织编制港口总体规划的部门应当根据经审批的港口总体规划组织编制有关港区、作业区控制性详细规划。

港区、作业区控制性详细规划,是指对港口总体规划中的港区规划的深化方案。

**第十一条** 全国港口布局规划由交通部组织编制;跨省、自治区、直辖市的港口布局规划由交通部组织有关省、自治区、直辖市人民政府港口行政管理部门共同编制。

省、自治区、直辖市港口布局规划由省、自治区、直辖市人民政府港口行政管理部门组织编制；省、自治区行政区内跨市的港口布局规划由省、自治区人民政府港口行政管理部门组织有关市人民政府港口行政管理部门共同编制。

**第十二条** 主要港口的总体规划由港口所在直辖市、市人民政府港口行政管理部门或者省、自治区人民政府确定的具体实施港口行政管理的部门编制。

主要港口以外港口的总体规划，由港口所在市、县人民政府港口行政管理部门编制。

**第十三条** 编制港口规划应当符合以下要求：

（一）有效保护和节约使用港口资源，实现港口可持续发展；

（二）适应国家对外开放和东中西部区域经济协调发展及产业合理布局的要求；

（三）促进现代化综合运输体系协调发展，发挥港口衔接各种运输方式的综合运输枢纽作用；

（四）统筹不同层次港口的合理布局和功能分工，优化港口资源配置，提高港口群体的综合竞争力；

（五）依靠科技进步，适应国际国内航运、现代物流等发展的要求，提高港口专业化、规模化、集约化、现代化水平。

**第十四条** 跨省、自治区、直辖市的港口布局规划和省、自治区、直辖市港口布局规划应当符合全国港口布局规划。

省、自治区行政区内跨市的港口布局规划应当符合省、自治区港口布局规划。

港口总体规划应当符合相应的港口布局规划。

**第十五条** 编制和修订、调整港口布局规划和港口总体规划时，涉及新港区开发或者对现有港区功能有重大调整的，应当进行新港区选址论证或者有关专题论证。其中港口总体规划论证完成后应当编制港区总体规划。

**第十六条** 港区、作业区的控制性详细规划的编制，应当优化港区水陆域总体布局，统筹安排港区内集疏运、给排水、供电、通信信息、安全监督、口岸管理、环境保护等配套设施的布置，并与城市规划的相关设施协调、衔接。

**第十七条** 港口规划的编制部门在编制港口规划时，应当征求同级发展和改革、城市规划、国土、铁路、水利、海洋等有关部门和有关军事机关以及海事、航道等管理机构的意见。港口管理部门与交通主管部门分设的，还应当征求同级交通主管部门的意见。

**第十八条** 港口规划应当按照交通部统一制定的港口规划编制内容及文本格式的要求编制。

**第十九条** 编制港口规划应当依法进行环境影响评价，并符合国家规定的环境影响评价的程序、内容及深度要求。

**第二十条** 编制港口规划应当符合港口工程相关规范及有关技术要求，并统筹考虑航道、通航安全与港口规划布置的关系。

**第二十一条** 港口规划的具体编制工作，应当委托具备国家规定的相应资质的单位承担。

港口布局规划、主要港口和地区性重要港口的总体规划（包括相应的专项规划和港区、作业区控制性详细规划，下同），应当委托持有港口河海工程专业甲级工程咨询资格证书或者水运行业甲级工程设计证书的单位编制；其他港口的总体规划，应当委托持有港口河海工程专业乙级以上工程咨询资格证书或者水运行业乙级以上工程设计证书的单位编制。

前款所称地区性重要港口，是指省、自治区、直辖市人民政府按照《港口法》的规定确定的本地区的重要港口。

## 第三章 港口规划的审批与公布

**第二十二条** 全国港口布局规划由交通部报国务院批准后公布实施。

**第二十三条** 跨省、自治区、直辖市的港口布局规划由交通部征求相关省、自治区、直辖市人民政府和国务院有关部门意见后批准并公布实施。

**第二十四条** 省、自治区、直辖市港口布局规划和省、自治区行政区内跨市的港口布局规划由省、自治区、直辖市人民政府港口行政管理部门报省、自治区、直辖市人民政府审查同意后，书面征求交通部意见。交通部应当自收到征求意见的材料之日起30个工作日内提出意见。交通部同意或者提出的修改意见被采纳或者在上述规定期限内未提出意见的，有关省、自治区、直辖市人民政府可依法公布实施。有关省、自治区、直辖市人民政府对交通部提出的修改意见有异议的，报国务院决定。

**第二十五条** 主要港口所在城市是直辖市的，其港口总体规划由直辖市人民政府港口行政管理部门报交通部和直辖市人民政府审批。

主要港口所在城市不是直辖市的，其港口总体规划由港口所在市的港口行政管理部门报经市人民政府审核后，由市人民政府报交通部和省、自治区人民政府审批。

港口总体规划范围因特殊原因涉及跨行政区域的，港口总体规划上报前，相关人民政府应当就规划内容协调一致。

交通部会同省、自治区、直辖市人民政府对上报的港口总体规划进行审查，审查过程中应当征求国务院有关部门和有关军事机关的意见。经审查予以批准的，由交通部会同省、自治区、直辖市人民政府公布实施。

**第二十六条** 地区性重要港口的总体规划由港口所在地的市、县港口行政管理部门报经市、县人民政府审核同意后，由市、县人民政府报省、自治区人民政府审批。

省、自治区人民政府对上报的地区性重要港口的总体规划进行审查，审查过程中应当书面征求交通部意见。经审查予以批准的，由省、自治区人民政府公布实施。港口行政管理部门应当将公布实施的地区性重要港口总体规划报交通部备案。

**第二十七条** 主要港口和地区性重要港口以外港口的总体规

划，由港口所在市、县的港口行政管理部门报市、县人民政府审批。

市、县人民政府对上报的港口总体规划进行审查，审查过程中应当书面征求省、自治区人民政府港口行政管理部门意见。经审查予以批准的，由市、县人民政府公布实施，并报省、自治区人民政府备案。

由县人民政府审批的港口总体规划在征求省、自治区人民政府港口行政管理部门意见前，应当先征得市人民政府同意。

**第二十八条** 主要港口所在城市是直辖市的，其港区、作业区控制性详细规划由直辖市人民政府港口行政管理部门书面征得交通部同意后，报直辖市人民政府批准并公布实施。直辖市人民政府港口行政管理部门应当将公布实施的港区、作业区控制性详细规划报交通部备案。

主要港口所在城市不是直辖市的，其港区、作业区控制性详细规划由港口所在市人民政府书面征得交通部和省、自治区人民政府同意后批准并公布实施，同时报交通部和省、自治区人民政府备案。

**第二十九条** 地区性重要港口的港区、作业区控制性详细规划由港口所在市、县人民政府书面征求交通部意见并征得省、自治区人民政府同意后批准并公布实施，同时报交通部和省、自治区人民政府备案。

由县人民政府审批的地区性重要港口的港区、作业区控制性详细规划在征求交通部和省、自治区人民政府意见前，应当先征得市人民政府同意。

**第三十条** 主要港口和地区性重要港口以外港口的港区、作业区控制性详细规划由港口所在市、县人民政府书面征求省、自治区人民政府港口行政管理部门意见后批准并公布实施，同时报省、自治区人民政府港口行政管理部门备案。

由县人民政府审批的港区、作业区控制性详细规划在征求省、自治区人民政府港口行政管理部门意见前，应当先征求市人民政府意见。

**第三十一条** 审批部门在审查港口规划时,应当听取相关专家的意见。

**第三十二条** 审批部门对送审的材料进行审查后,认为需要作重大修改的,应当提出书面审查意见。报审单位应当按照审查意见的要求进行修改。审查部门对修改后的送审材料可以重新组织审查。

**第三十三条** 交通部和省、自治区人民政府及其港口行政管理部门收到港口总体规划和港区、作业区控制性详细规划相关的专项规划征求意见文件及相关材料后,应当在30个工作日内提出书面意见,逾期视为同意。

**第三十四条** 报批港口规划,应当提交以下材料:

(一)申请报批的文件;

(二)报批的规划报告和规划文本;

(三)征求意见的情况;

(四)其他相关材料。

规划文本应当基于规划报告编制,是对规划有关内容提出规定性要求的文件。

**第三十五条** 港口规划经批准后,审批部门应当在其政府信息网站或者其他便于公众知悉的政府信息发布渠道上公布规划文本。国家规定需要保密的除外。

## 第四章 港口规划的修订与调整

**第三十六条** 港口规划经批准后,未经规定程序任何单位和个人不得随意更改。

**第三十七条** 组织编制港口规划的单位可以根据经济社会和港口发展的需要修订或者调整港口规划。

港口规划的修订是指对规划范围、港口性质及功能、岸线利用、港口布局及水陆域布置等进行重大变更。

港口规划的调整是指对港口规划进行局部修改。

**第三十八条** 修订或者调整港口规划，应当通过编制相应专项规划的方式进行。

**第三十九条** 对港口规划进行修订的专项规划，按照相应港口规划的编制、审查、批准、公布的程序办理。

对港口布局规划进行调整的专项规划，按照相应港口布局规划的编制、审查、批准、公布的程序办理。

对港口总体规划进行调整的专项规划，由原组织编制单位组织编制，报同级人民政府审批。同级人民政府征得原审批部门同意后批准并公布实施。

## 第五章 港口规划的实施与监督管理

**第四十条** 建设港口设施应当符合港口布局规划和港口总体规划，在港口总体规划确定的港区范围内进行。不得违反港口规划建设任何港口设施和其他设施。

需要在尚未纳入港口总体规划的区域建设港口设施或者在港口总体规划中新开发的港区建设港口设施的，应当首先按港口总体规划修订程序编制新港区总体规划，经批准后作为建设港口设施的规划依据。

**第四十一条** 拟建设港口项目的功能及选址与港口总体规划有较大差异，经专题论证认为确需改变港口总体规划按所选方案建设的，应当按规定程序修订或者调整港口总体规划后，方可办理港口建设项目的审批、核准手续。

**第四十二条** 建设港口设施使用港口岸线的，必须符合港口规划，并按国家有关规定办理港口岸线使用审批手续，取得港口岸线使用权。

**第四十三条** 建设码头（包括单点系泊及水上过驳设施）、船坞、船台、滑道等设施的港口建设项目，建设单位在申请水上水下施工作业许可时，应当提交由发展和改革部门、交通主管部门按照规定的权限出具的港口建设项目审批文件和交通主管部门按照规定的权限出具的港口岸线审批文件。海事管理机构在审批上述港口建设项目水上水下施工作业许可时,应当审查申请人是否依法办理了港口建设项目审批和港口岸线审批的相关手续。未依法办理的,海事管理机构不得批准其施工许可。

**第四十四条** 任何单位和个人需要使用港口总体规划区内的土地和水域,或者建设任何跨越、穿越港口总体规划区水陆域及其上下部相关空间的设施,建设项目的审批部门审批时应当征求港口所在地港口行政管理部门的意见,港口行政管理部门应当出具其是否符合港口规划及是否影响港口规划实施的审查意见。

**第四十五条** 在港口总体规划区周边建设工程项目,可能引起港口岸线及港区水陆域、通航水域、航道、锚地等水文、地形、地貌变化,从而影响港口规划实施的,建设项目的审批部门在审批前应当征求港口行政管理部门的意见。

**第四十六条** 交通部和各级港口行政管理部门应当依法对港口规划的实施情况进行监督检查,核查港口建设项目是否依法办理了项目审批和港口岸线审批手续,并公布检查结果。

港口行政管理部门在监督检查中发现未按规定程序取得批准,违反港口规划建设港口、码头及其他设施的行为,应当及时制止,依法查处,并通报相关部门。主要港口的港口行政管理部门应当将上述违法情况及处理意见书面报告交通部和省、自治区、直辖市人民政府港口行政管理部门;其他港口书面报告省、自治区、直辖市人民政府港口行政管理部门。

交通部和省、自治区、直辖市人民政府港口行政管理部门接到书面报告后,对处理意见无异议的,应当检查、督促有关港口行政管理部门落实对违法行为的处理意见;认为处理意见不当的,应当回复书面意见,并予以督促、落实。

**第四十七条** 任何企业、单位和个人投资、建设、经营港口、码头及相关设施的行为涉及港口规划的,应当接受各级港口行政管理部门依法进行的监督检查,并如实提供有关情况和相关的文件、资料;港口行政管理部门应当为被检查者保守有关技术秘密和商业秘密。

## 第六章 法律责任

**第四十八条** 港口规划审批部门违反规定的审批权限和程序批准规划，或者在审批中徇私舞弊、滥用职权或者玩忽职守的，由其上级行政主管机关责令改正，情节严重的，对其直接负责的主管人员和其他直接责任人员依法给予行政处分；构成犯罪的，依法追究刑事责任。

**第四十九条** 建设项目的审批或核准部门对违反港口规划的建设项目予以批准的，对其直接负责的主管人员和其他直接责任人员，依法给予行政处分。

**第五十条** 未经依法批准，违反港口规划建设港口、码头及其他设施的，由县级以上地方人民政府或者港口行政管理部门责令限期改正；逾期不改正的，由作出限期改正决定的机关申请人民法院强制拆除违法建设的设施；可以处5万元以下罚款。

**第五十一条** 港口行政管理部门不依法履行监督检查职责，对未经依法批准违反港口规划建设港口、码头及其他设施的行为不依法予以查处的，对其直接负责的主管人员和其他直接责任人员依法给予行政处分；构成犯罪的，依法追究刑事责任。

**第五十二条** 港口行政管理部门滥用规划职权导致破坏港口规划的，对其直接负责的主管人员和其他直接责任人员依法给予行政处分；构成犯罪的，依法追究刑事责任。

**第五十三条** 不依法履行职责，有下列行为之一的，有关部门对其直接负责的主管人员和其他直接责任人员，依法给予行政处分：

（一）未征求港口行政管理部门意见，违反港口规划擅自批准使用港口总体规划区内土地和水域的；

（二）未征求港口行政管理部门意见，违反港口规划擅自批准建设跨越、穿越港口总体规划区水陆域及其上下部相关空间的设施的；

（三）对违反项目审批、岸线使用审批规定的建设项目批准其水上水下施工作业许可的；

（四）对港口总体规划区周边可能影响港口自然条件变化的工程项目，负责审批该项目的部门在审批前不征求港口行政管理部门意见的。

## 第七章　附　　则

**第五十四条**　本规定自2008年2月1日起施行。交通部1990年2月4日(90)交计字58号文发布的《港口总体布局规划编制办法》同时废止。

# 水运工程建设和管理

# 内河航运工程初步设计文件编制办法（试行）

（交通部　(91)交工字78号　1991.02.13）

初步设计是基本建设程序中的主要环节之一。为适应内河航运事业发展的需要，进一步做好内河航运工程初步设计工作的基础上，并考虑今后发展需要，特制定办法（试行）。

一、内河航运工程包括：航运枢纽工程、航道整治工程、港口工程、修造船厂工程、通信工程及航标工程等。

二、初步设计必须以批准的设计计划任务书为依据，按照设计计划任务书要求的建设规模、等级标准、任务范围及投资控制额等要求进行编制。没有批准的设计计划任务书，不能编制初步设计文件。

三、初步设计阶段，应在充分掌握工程地点的现状、自然条件、技术经济资料、建筑材料、施工材料、施工力量、外协条件等基本资料的基础上，进行多方案比较、论证和优化工作，提出推荐方案。初步设计文件的深度应达到能确定该工程及其配套项目的建设规模、总体（平面）布置、工程措施及工艺设备选取型和数量、人员编制、主要建、构筑物的结构形式、环境保护、土地利用及拆迁、总工程量、单项工程量、总用水量、总用电量、技术经济指标、总概算及三大材用量等。

四、初步设计应严格遵守国家颁发的有关政策、规定和交通部及有关部门颁发的规范、规定进行编制。

五、初步设计任务应由建设单位委托设计单位，同时向被委托单位提供经上级批准的设计计划任务和工程可行性研究报告。承办初步设计的设计单位，必须由经营资格认证，获得水运工程勘察、设计证书的勘察设计单位承担。勘察设计单位必须按照其证书等级和副本所规定的工程规模、任务范围承担设计任务，不得超越。该设计单位即为该工程的主体设计单位。个别专业性较强的单项设计项目，可由建设单位或主体设计单位委托其他有资格的专业设计单位承担，其总体设计及技术方案由主体设计单位负责归口、协调，文件可单列分册，并应与主体工程的初步设计同时编制，其概算和三材应经总体设计单位确认后汇总。

六、本办法适用于新建或改、扩建的内河航运工程建设项目。对于小型工程，经由主管部门认可后可适当简化，但深度应达到初步设计的要求。

七、初步设计文件一般由五部分组成；设计说明书、主要设备及材料、工程概算、图纸和附件（包括专题报告、外协文件等）。文件的外形尺寸统一按大 16 开本（210×297 毫米）装帧。设计说明书、工程概算及图纸一般应分别装订。文件封皮颜色为深红色。

八、本办法由交通部工程管理司负责解释。

九、本办法由湖南省航道管理局负责出版发行。

# 中华人民共和国航道管理条例实施细则

（交通部　(91)交工字609号　1991.08.29）

## 第一章　总　则

**第一条**　根据《中华人民共和国航道管理条例》（以下简称《条例》）第三十二条和国家有关法律、法规的规定，制定本实施细则（以下简称《细则》）。

**第二条**　中华人民共和国交通部（以下简称交通部）主管全国航道事业。各级交通主管部门设置的航道管理机构是对航道及航道设施实行统一管理的主管部门。

**第三条**　国家航道是指：

（一）构成国家航道网、可以通航500吨级以上船舶的内河干线航道；

（二）跨省、自治区、直辖市，可以常年（不包括封冻期）通航300吨级以上（含300吨级）船舶的内河干线航道；

（三）可通航3000吨级以上（含3000吨级）海船的沿海干线航道；

（四）对外开放的海港航道；

（五）国家指定的重要航道。

**第四条**　地方航道是指：

（一）可以常年通航300吨级以下（含不跨省可通航300吨级）船舶的内河航道；

（二）可通航3000吨级以下的沿海航道及地方沿海中小港口间的短程航道；

（三）非对外开放的海港航道；

（四）其他属于地方航道主管部门管理的航道。

**第五条** 航道建设和管理，必须遵守国家的有关法律、法规和规章，符合国家和交通部发布的有关航道技术标准。

**第六条** 航道是重要的水运交通基础设施，各级人民政府有责任加强对航道建设、管理和养护工作的领导；制定国民经济发展计划时，应统筹安排航道的建设发展，并认真组织实施。

**第七条** 《条例》和本《细则》所指"航道"是指中华人民共和国沿海、江河、湖泊、水库、渠道和运河内船舶、排筏在不同水位期可以通航的水域；

"航道设施"是指航道的助航、导航、绞滩和通信设施、整治建筑物、航运梯级、过船建筑物（指船闸、升船机、水坡、航运渡槽和隧洞）、航道水文监测设施、航道测量标志、航道段（站）房、航道工程船舶基地和其他航道工程设施；

"与通航有关的设施"是指对航道的通航条件有影响的闸坝、桥梁、渡槽、架空电线、水下电缆、管道、隧道、码头、驳岸、栈桥、护岸矶头、滑道、房屋、涵洞、抽（排）水站、固定渔具、贮木场等拦河、跨河、临河建筑物和其他工程设施。

## 第二章 航道管理机构及其职责

**第八条** 国家航道及其航道设施由交通部按海区和内河水系设置的航道管理机构或者交通部委托的省、自治区、直辖市交通主管部门设置的航道管理机构负责管理。

地方航道及其航道设施，由省、自治区、直辖市交通主管部门设置的航道管理机构负责管理；一般分省和地、市两级管理，也可由省级统一管理，水运发达地区，可增加县一级管理。管理机构及权限的确定，由省、自治区、直辖市交通主管部门根据本省情况报省、自治区、直辖市人民政府审批。

专用航道及其航道设施由专用部门管理。除军事专用航道外，其他专用航道应接受当地航道管理机构的业务监督和指导。

**第九条** 各级交通主管部门对航道管理的主要职责是:

(一)组织宣传、贯彻《条例》和本《细则》以及国家其他有关航道建设、养护、管理的方针、政策、法律、法规和有关技术标准;

(二)组织编制所辖航道的发展规划和协同有关部门编制专用航道的发展规划;

(三)配合有关部门,进行与通航有关的河流流域综合规划或者区域的综合规划的编制工作;

(四)向交通部或省级人民政府提出划分航道技术等级方案;

(五)协调与航道管理和航运有关的事宜;

(六)根据《条例》和本《细则》,对违反航道管理的行为进行处罚,或授权航道管理机构进行处罚。

**第十条** 各级航道管理机构的主要职责是:

(一)根据《条例》和本《细则》以及国家其他有关规定和技术标准,对所辖航道及航道设施实施管理、养护和建设;

(二)审批与通航有关的拦河、跨河、临河建筑物的通航标准和技术要求;

(三)参加编制航道发展规划,拟订航道技术等级,组织航道建设计划的实施;

(四)配合有关部门开展与通航有关河流的综合开发与治理,负责处理水资源综合利用中与航道有关的事宜;

(五)组织开展航道科学研究、先进技术交流和对航道职工进行技术业务培训;

(六)负责对航道养护费、船舶过闸费等规费的征收和使用管理;

(七)负责发布内河航道通告;

(八)负责航道及航道设施的保护,制止偷盗、破坏航道设施、侵占和损坏航道的行为;

(九)接受交通主管部门委托,对违反《条例》和本《细则》的行为进行处罚。

## 第三章 航道的规划和建设

**第十一条** 凡可开发通航和已通航的天然河流、湖泊、人工运河、渠道和海港航道,都应编制航道发展规划。

航道发展规划应当根据国民经济、国防建设和水运发展的需要,按照统筹兼顾、综合利用水资源的原则进行编制。内河航道规划应当与江河流域规划相协调,结合城市建设,以及铁路、公路发展规划制定;海港航道规划应结合海港建设规划制定。

**第十二条** 航道发展规划的编制和审批的管理权限,按《条例》第八条规定执行。修改已经批准的航道发展规划,必须经原批准机关核准。年度计划应与规划相衔接。

**第十三条** 交通、水利、水电主管部门应按《条例》第九条规定编制各类规划和设计文件。规划和设计文件的主管部门应向参加部门详尽提供有关资料,并在编制、审查的各个重要阶段,采纳有关部门的合理意见。各方意见不能协商一致时,应报请同级人民政府协调或仲裁。

违反《条例》第九条规定,未邀请有关主管部门参加编制的规划、设计文件,有关审批部门应不予批准。

**第十四条** 航道的技术等级,是确定跨河桥梁、过船建筑物和航道建设标准的依据。内河航道技术等级的划分,应根据国家规定的全国内河通航标准,经过技术经济论证,充分考虑航运远期发展需要后确定。一至四级航道由省、自治区、直辖市交通主管部门或交通部派驻水系的管理机构提出方案,由交通部会同水利部及其他有关部门研究批准,报国务院备案。五至七级航道由省、自治区、直辖市航道主管部门提出方案,经省级交通主管部门同意,报省、自治区、直辖市人民政府批准,并报交通部备案;其中五至七级跨省、自治区、直辖市的航道技术等级由有关省、自治区、直辖市航道主管部门共同提出方案,经有关省级交通主管部门同意,报有关省、自治区、直辖市人民政府联合审批,并报交通部备案。七级以下的航道技术等级,按省、自治区、直辖市人民政府颁布的内河通航标准规定的审批权限办理。

已经批准的航道技术等级不得随意变更,如确需变更,必须报原批准机关核准。

**第十五条** 因建设航道及其设施,损坏或需搬迁水利水电工程、跨河建筑物和其他设施的,建设单位应当按照国家的规定给予赔偿、修复或搬迁,但原有工程设施是违章的除外。

在行洪河道上进行航道整治,必须符合行洪安全的要求,并事先征求河道主管机关对有关设计和计划的意见。如意见不能协商一致时,报请同级人民政府协调或裁决。

## 第四章 航道的保护

**第十六条** 航道和航道设施受国家保护,任何单位和个人不得侵占、破坏。

航道主管部门负责管理和保护航道及航道设施,有权依法制止、处理各种侵占、破坏航道和航道设施的行为。

**第十七条** 航道管理机构应当加强航道管理和养护工作,维护规定的航道尺度,保持航道和航道设施处于良好技术状态,保障航道畅通。

航道管理机构应定期发布内河航道变迁、航标移动、航道尺度和水情以及航道工程施工作业的航道通告。

航道管理机构为了保证航道畅通,在通航水道上进行正常的航道养护工程,包括勘测、疏浚、抛泥、吹填、清障、维修航道设施和设置航标等,任何单位或个人不得非法阻挠、干涉或索取费用。

**第十八条** 修建与通航有关的设施,或者治理河道、引水灌溉,必须符合国家规定的通航标准和有关的技术要求,以及交通部和各省、自治区、直辖市人民政府颁发的有关技术标准、规范的规定,不得影响航道尺度,恶化通航条件,不得危害航行安全。与通航有关设施的设计文件中有关航道的事项应事先征得航道主管部门同意。

任何单位和个人有违反前款规定行为的,航道主管部门有权制止;如工程已经实施,造成断航或恶化通航条件后果的,建设单位或个人应承担赔偿责任,并在航道主管部门规定的期限内拆除设施,恢复原有通航条件或采取其他补救措施。

**第十九条** 在通航河流上建设永久性拦河闸坝,建设单位必须按设计和施工方案同时建设过船、过木、过鱼建筑物,并妥善解决施工期间的船舶、排筏安全通航问题,所需建设费用由建设单位承担。

工程施工确需断航的,应修建临时过船设施或驳运设施。断航前必须征得交通、林业主管部门同意,并赔偿断航期间对水路运输所造成的经济损失。

在不通航河流或人工渠道上建设闸坝后可以通航的,建设单位应当同时建设适当规模的过船建筑物;不能同时建设的,应当预留建设过船建筑物的位置和条件。过船建筑物的建设费用,除国家另有规定者外,应由交通部门承担。

过船建筑物的建设规模,应依照经批准的航运规划和交通部颁发的《船闸设计规范》的规定执行;对过木、过鱼建筑物的建设规模,由建设单位的主管部门与林业、渔业主管部门商定。

过船、过木、过鱼建筑物的设计任务书、设计文件和施工方案,必须取得交通、林业、渔业主管部门的同意。工程竣工验收应有各该主管部门参加,符合设计要求后方可交付使用。

**第二十条** 在原有通航河流上因建闸坝、桥梁和其他建筑物,造成断航、碍航、航道淤塞的,应由航道主管部门根据通航需要,提出复航规划、计划、或解决办法,按管辖权限报经相应级别人民政府批准,由地方人民政府本着"谁造成碍航谁恢复通航"的原则,责成有关部门限期补建过船、过木、过鱼建筑物,改建或拆除碍航建筑物,清除淤积,恢复通航和原有通航条件。属于中央掌管的建设项目,由交通部与有关部协商责成办理。

**第二十一条** 在通航河段或其上游兴建水利、水电工程,控制或引走水源，建设单位应保证航道和船闸所需通航流量，并应事先与交通主管部门达成协议。在特殊情况下，由于控制水源或大量引水将影响通航的，建设单位在动工前应采取补救工程措施；同时应由县以上地方人民政府组织水利、水电、农业、林业、交通等有关部门共同协商，统筹兼顾给水、灌溉、水运、发电、渔业等各方面需要，合理制定水量的分配办法。

**第二十二条** 水利水电工程设施管理部门制定调度运行方案，涉及通航流量、水位和航行安全的，必须事先与交通主管部门协商，达成协议，并切实按协议执行。协商不能取得一致意见时，由县级以上人民政府裁定。

遇到特殊情况，水利水电工程需要减流断流或突然加大流量，必须事前及时与交通主管部门联系并采取有效措施，防止由于水量突然减少或加大而造成事故。

**第二十三条** 因兴建水工程或与通航有关的设施，对航道的水量有不利影响的，造成航道通航条件恶化的，危及或损坏航道设施安全的，建设单位应采取补救措施，或者予以补偿，或者修复。造成航道需要临时或永久改道的，所需费用由建设单位承担。

**第二十四条** 在通航河道的管理范围内，水域和土地的利用应当符合航运的要求，岸线的利用和建设，应当服从河道整治规划和航道整治规划。

为确保航道畅通，航道管理机构有权制止在航道滩地、岸坡进行引起航道恶化，不利于航道维护及有碍安全航行的堆填、挖掘、种植、构筑建筑物等行为，并可责成清除构筑的设施和种植的植物。

**第二十五条** 在防洪、排涝、抗旱时，综合利用水利枢纽过船建筑物的运用，应当服从防汛抗旱指挥机构的统一安排，并应符合《船闸管理办法》的有关规定和原设计的技术要求。

**第二十六条** 内河航道上无主的人行桥和农用桥的维修、改建或拆除，应由所在地方人民政府负责，如因航运发展需要而改建的，由交通主管部门负责。

**第二十七条** 沿海和通航河流上设置的助航标志,必须分别符合下列国家标准:

(一)沿海助航标志应符合:

1. GB 4696—84《中国海区水上助航标志》;

2. GB 4697—84《中国海区水上助航标志的主要外形尺寸》。

(二)内河助航标志应符合:

1. GB 5863—86《内河助航标志》;

2. GB 5864—86《内河助航标志的主要外形尺寸》。

非航标管理部门在沿海和通航河流上设置专用航标,必须经航标管理部门的同意,标志设置单位应经常维护,使之保持良好技术状态。

**第二十八条** 助航、导航设施和测量标志是关系水运交通安全的公共设施,所在地人民政府对其设置占地,应给予支持。

航标设施、附属设备及辅助设施的保护和管理,按国家有关规定执行。

**第二十九条** 在通航河流上新建和已建桥梁,必须根据航道主管部门的意见,建设桥涵标志或桥梁河段航标,同时按港监部门的意见,增设航行安全设施,其建设和维护管理工作,由桥梁建设或管理单位负责。

建设其他与通航有关的设施,涉及到航行安全和设施自身安全的,亦须设置航标予以标示,其设标和维护管理工作,亦由建设和管理单位负责。

对设置和管理上述航标,建设或管理单位确有困难的,可以委托航道主管部门代设代管,有关设备和管理费用由委托单位负责。

**第三十条** 除疏浚、整治航道所必需的排泥、抛石外,禁止向河道倾倒泥沙、石块和废弃物。

在通航河道内挖取砂石泥土、开采砂金、堆放材料,必须报河道主管部门会同航道主管部门批准,涉及水上交通安全的,事先征得港监部门同意,并按照批准的水域范围和作业方式开采,不得恶化通航条件。

**第三十一条** 沉没在通航水域的船舶、设施或者有碍航行安全的物体，其所有人或经营人应当立即报告港航监督部门和航道主管部门，按规定设置标志，或委托航道管理部门代设代管，并应在港航监督部门限定的时间内打捞清除。

在狭窄的内河航道，沉船、沉物造成断航或严重危害航行安全的，应当立即进行清除，其费用由沉船、沉物所有人或经营人承担。

船舶、排筏在内河浅险段航行，因违章、超载或走偏航道，发生搁浅，造成航道堵塞，航道条件恶化，航道主管部门采取疏浚，改道等应急措施，其经费由船舶、排筏所有人或经营人承担。

**第三十二条** 任何单位在通航水域进行工程建设，施工完毕必须按通航要求及时清除遗留物，如围埝、残桩、沉箱、废墩、锚具、沉船残体、海上平台等，并经航道主管部门验收认可。没有清除的，航道主管部门有权责成其限期清除，或由航道主管部门强制清除，其清除费用由工程施工单位承担。

## 第五章　航道养护经费

**第三十三条** 船舶、排筏应按国家规定缴纳航道养护费；除水利、能源部门在原通航河流建有水电站的船闸、升船机等按有关部或地方人民政府规定免收费以外，船舶、排筏通过船闸、升船机等过船设施，应按国家规定缴纳过闸费。

航道养护费、过闸费的征收和使用办法，由交通部、财政部、国家物价局共同制定，报国务院批准后实施。在重新制定的征收和使用办法未颁布实施前，仍按原有规定执行。

**第三十四条** 海港和内河港口港内航标的修理、增添必要的附属设备、航标管理、测绘的业务费等，按交通部、财政部发布的《港务费收支管理规定》从安全监督局港务费中开支。港务费用于航标的比率应有明确规定。外国籍船舶使用海区航标，应缴纳船舶吨税。

**第三十五条** 海港和内河港口进港航道的维护性挖泥和改善

航道条件的费用;航道、泊位、港池、锚地的测量、破冰以及本港挖泥船进行维护性挖泥的费用;船闸管理费用;护岸、导流堤、船闸的修理、加固以及结合修理进行改造和增添的附属设备设施所发生的费用,按交通部、财政部发布的《港务费收支管理规定》从港务局港务费中开支。

**第三十六条** 水利部、能源部在原通航河流上设有水电站的直属综合利用水利枢纽的过船、过木建筑物,不收船舶、排筏过船闸(升船机等)费,所需维修管理费用在水电成本中开支。各省、自治区、直辖市所属水电站的过船、过木建筑物的收费问题,按各省、自治区、直辖市人民政府的规定办理。

## 第六章 罚 则

**第三十七条** 各级航道管理机构及管理人员要加强对航道行政的管理监督、检查。检查时应持有检查证,佩戴标志(式样见附件一、二)。有关部门应接受航道主管部门的监督、检查。

**第三十八条** 对有违反《条例》和本《细则》规定行为的单位或个人,县以上交通主管部门或其受委托的航道管理机构除责令其纠正违法行为,限期采取补救措施,排除障碍,赔偿损失外,按下列规定予以处罚:

(一)违反《条例》第十三条,本《细则》第十六条,侵占、破坏航道或航道设施的,处以不超过损失赔偿费40%的罚款。

(二)违反《条例》第二十一条,本《细则》第二十七条,未经交通主管部门同意,擅自设置专用航标,应在主管部门规定的期限内补办手续,或拆除标志,并处以1000元以上,2000元以下罚款。

(三)违反《条例》第二十一条,本《细则》第二十九条规定,未按主管部门意见设置必要的航标,除责令其限期补设外,并处以500元以上,2000元以下罚款。如因未设航标造成航行事故的,需承担法律责任。

(四)违反《条例》第二十二条,本《细则》第三十条第一款的,责令停止违法行为，限期清除碍航物体，所需费用由违法者承担，并处以相当于清除费用二倍的罚款。违反同条第二款的，责令立即停止作业，补办手续，限期清除碍航物体，并处以1000元以上，2000元以下罚款。

**第三十九条** 违反本《细则》第三十三条，未按章缴纳航道养护费、船舶过闸费或其他规定费用的，按国家和省级人民政府对航道养护、船舶过闸费等征收和使用办法中有关规定予以处罚。

**第四十条** 违反本《细则》第三十一条，对沉船、沉物未及时报告或未设标标示的，由港航监督机构按章处罚，并责令将标志的设置和维护费用交航标管理部门；因此导致沉船事故的，还应追究责任。对沉船、沉物未按期捞除的，除所有人丧失所有权，航道主管部门有权予以打捞清除外，其全部费用强制由沉船、沉物所有人或经营人承担。

**第四十一条** 交通主管部门或其受委托的航道管理机构，发现违反《条例》和本《细则》行为，按下列程序处罚：

（一）发现违反《条例》和本《细则》行为，需要给予行政处罚的，应当填写《航道行政管理违章处罚申报书》（式样见附件三），报本单位负责人审批。

（二）交通主管部门或其受委托的航道管理机构，依照《条例》和本《细则》决定对违章单位或违章人员实施处罚的，应当向被罚单位或个人发出《航道行政管理违章处罚决定书》（式样见附件四），并加盖处罚主管部门公章。

（三）《航道行政管理违章处罚决定书》应及时送达被处罚单位或被处罚人。

（四）交通主管部门或其受委托的航道管理机构，收到罚款后，应当给被罚款单位或被罚款人开具财政部门制发的罚款收据。罚款收入一律上缴国库。

**第四十二条** 当事人对处罚机关处罚不服的，可以在接到处罚通知之日起十五日内向作出处罚决定机关的上一级机关申请复议，对复议决定不服，可以在接到复议决定之日起15日内，向人民法院提起诉讼,当事人也可以在接到处罚通知之日起十五日内,直接向人民法院起诉。当事人逾期不申请复议或者不向人民法院起诉,又不履行处罚决定的,由作出处罚决定的机关申请人民法院强制执行。

**第四十三条** 交通主管部门或有关管理部门工作人员,玩忽职守,滥用职权,徇私舞弊的,由其所在单位或上级主管部门给予行政处分或经济处罚;使国家造成重大损失的,依法追究刑事责任。

**第四十四条** 违反《条例》和本《细则》的规定,应当受治安管理处罚的,由公安机关处理;构成犯罪的,由司法机关追究刑事责任。

## 第七章 附 则

**第四十五条** 国境河流航道的管理,按照两国有关协定执行。没有协定的,按《条例》和本《细则》执行。

**第四十六条** 本《细则》由交通部负责解释。

**第四十七条** 各省、自治区、直辖市交通主管部门可根据《条例》和本《细则》,结合本地区的实际情况,制订具体实施办法,报经省、自治区、直辖市人民政府批准后实施,并报交通部备案。

对于航道的管理范围,由各省、自治区、直辖市交通主管部门,根据各地实际情况,在制定具体实施办法时一并研究确定,报省、自治区、直辖市人民政府批准。

**第四十八条** 本《细则》自 1991 年 10 月 1 日起施行。

## 附件一:航道行政管理检查证式样

封　皮　正　面

中华人民共和国

航　道　行　政

管　理　检　查　证

注:1. 封皮为天蓝色人造革烫金;

2. 规格:7 厘米 ×9.5 厘米。

# 内 面

| 姓名 | | 二寸照片 |
|---|---|---|
| 性别 | | |
| 年龄 | | |
| 工作单位 | | |
| 管辖区域 | | |
| 发证机关 | | |
| 编号 | | |
| 发证时间 | | |

注:1. 封里为人造革加纸;

2. 规格:同封面。

## 附件二:胸章式样

### 正　面

航道行政管理

### 反　面

NO　0000001

注:1. 正面红底金字,号黑体字;

2. 铝质;

3. 规格:6.5 厘米×1.6 厘米。

## 附件三：航道行政管理违章处罚申报书

编号：____________（某某联）

____________：

兹有__________于__________年______月______日经__________检查发现违反了__________规定，根据__________规定__________条__________款，拟给予__________的处罚，当否？请批示。

（附物证__________件，其他材料__________份（件），请与批件同时退回。）

申请部门（公章）　　经办人（章）

年　　月　　日

| 审批意见 | 审批机关（公章）　经办人　　（签章）<br>年　　月　　日 |
|---|---|

说明：

《航道行政管理违章处罚申报书》一式三联：第一联：存根联；第二联：申报联，由审批机关签署审批意见后存查；第三联：审批联，由审批机关签署意见后返还申报机关，与《航道行政管理违章处罚决定书》第一联一起归档存查。

## 附件四:航道行政管理违章处罚决定书

编号________(某某联)

____________:

________年______月______日经________检查,发现违反了________的规定,根据中华人民共和国航道管理条例实施细则______条______款规定,决定给予________的处罚。

本决定书送达之日,处罚生效,如对处罚决定不服,应在本决定书送达之日起十五天内向上一级航道管理机关申请复议,对复议决定不服,可以在接到复议决定之日起十五日内,向人民法院提起诉讼。当事人逾期不申请复议或者不向人民法院起诉,又不履行处罚决定的,由作出处罚决定的机关申请人民法院强制执行。

签发机关

机　关______(公章)

主　管______(章)

填发人______(章)

本决定书已于　　年　　月　　日送达。

当事人签章

说明:

《航道行政管理违章处罚决定书》一式三联:第一联:存根;第二联:送达,交付当事人;第三联:回执,由当事人签署送达日期后,返还申报机关,与《航道行政管理违章处罚申报书》第一联归档存查。

# 港口建设工程项目职业安全卫生评价暂行办法

（交通部、劳动部　交人劳发[1994]423 号　1994.05.03）

**第一条**　为贯彻“安全第一，预防为主”的方针，确保港口建设工程项目投产后符合职业安全卫生的要求，保障劳动者在港口生产过程中的安全与健康，制定本办法。

**第二条**　本办法适用于我国境内各类港口（包括交通系统港口、地方港口、货主码头、外商投资码头等）的生产性基本建设、技术改造项目（以下简称“建设项目”）的职业安全卫生评价工作。

**第三条**　港口建设项目必须符合国家和交通行业职业安全与卫生方面的有关法规、标准的规定，建设项目中职业安全与卫生技术措施和设施，必须与主体工程同时设计、同时施工、同时投产使用（以下简称“三同时”）。

**第四条**　港口建设项目职业安全卫生评价，是根据建设项目可行性研究报告批准的建设内容，运用科学的评价方法，预测和分析该项目存在的职业危险、危害因素的种类和危险危害程度，提出先进、科学、经济、合理和安全可靠的职业安全卫生对策与措施，作为该项目职业安全卫生设计、管理和劳动行政部门监察的依据。

**第五条**　建设单位对建设项目中实施职业安全卫生方面的“三同时”负全面责任。国家规定的港口大中型基本建设项目和限额以上的技术改造项目，必须进行职业安全卫生评价；对投资较少，但职业危害较大的建设项目，也应进行职业安全卫生评价。

**第六条**　建设项目的职业安全卫生评价，应在工程可行性研究阶段，由建设单位委托本项目设计单位以外的、具有评价资格的单位承担，评价应在建设项目初步设计会审前完成。

**第七条** 承担职业安全卫生评价工作的单位,必须在规定的资格范围内,承接职业安全卫生评价项目,履行评价任务合同;严格执行国家和行业有关职业安全卫生法规、标准和技术规范;与建设单位、设计单位密切配合,深入调查研究,确保评价工作质量,并对评价结论负责。

**第八条** 设计单位要对建设项目中职业安全卫生设施设计负责,在初步设计时要充分汲取职业安全卫生评价报告中的有关内容,依据国家和行业有关职业安全卫生方面的法规和标准,编制《职业安全卫生专篇》。

**第九条** 职业安全卫生评价工作主要包括编制评价大纲和编写职业安全卫生评价报告书。一般情况下,评价大纲采用函审,评价报告书采用会审。评价单位依据审查后的评价大纲编写职业安全卫生评价报告书。根据建设项目的管理>道,由交通部管理的建设项目,评价报告书由交通部劳动主管部门组织审查、批复;其他建设项目,评价报告书,由交通部劳动主管部门或地方政府劳动行政主管部门组织审查、批复。交通部劳动主管部门应将审查、批复后的评价报告书抄送当地省级劳动行政主管部门。

**第十条** 建设项目职业安全卫生评价大纲主要内容有:

一、建设项目概况;

二、评价依据;

三、主要职业危险、危害因素;

四、评价范围及评价单元;

五、评价方法;

六、职业安全卫生对策措施的主要思路;

七、评价工作的进度安排。

**第十一条** 建设项目职业安全卫生评价报告书主要内容有:

一、建设项目概况;

二、评价依据;

三、主要职业危险、危害因素分析;

四、评价方法的论述;

五、对主要职业危险危害进行评价；

六、提出职业安全卫生的对策措施；

七、评价结论和建议。

**第十二条** 在劳动部实行建设项目职业安全卫生评价证书资格审查制度之前，为保证港口建设项目职业安全卫生评价正常进行，评价单位由劳动部、交通部主管部门共同发文确认。

**第十三条** 各级劳动行政部门应按其管理权限对评价工作进行监督和检查。

**第十四条** 职业安全卫生评价费用应根据建设项目的评价工作量，由评价单位与建设单位协商确定。

职业安全卫生评价费用由建设单位在建设项目前期工作费中列支。

**第十五条** 各部门、各单位都应在各自职责范围内认真贯彻执行本办法，对违反本办法的按有关规定予以处罚。

**第十六条** 本办法由劳动部和交通部共同解释。

**第十七条** 本办法自颁发之日起实行。

# 水运工程施工监理规定(试行)

(交通部　交基发[1994]840 号　1994.08.30)

## 第一章　总　　则

**第一条**　为适应社会主义市场经济发展的新形势,加速水运工程管理体制改革的步伐,促进水运工程监理事业的健康发展,建立水运工程监理市场的新秩序,特制订本规定。

**第二条**　工程监理是一种将工程技术、工程经济和相关法律融为一体的全方位、全过程的动态工程管理模式,是建设单位通过招标或议标委托专业的工程监理单位对所建工程的质量、进度和投资进行综合管理的模式。

**第三条**　工程监理包括设计阶段监理和施工阶段监理(以下简称设计监理和施工监理)。

我国水运工程实行施工监理。凡大中型水运建设项目和重要的小型水运建设项目,均须按本规定实行施工监理。其他水运建设项目可参照本规定实行施工监理。

**第四条**　承担水运工程施工监理业务的单位,须具有交通主管部门批准的相应的工程监理资格和工商行政部门颁发的营业执照、具有法人资格的专业水运工程监理单位。

外国监理公司须经我国交通主管部门认可,在工程所在地工商行政管理部门登记注册后,方可在我国承揽水运工程施工监理。

承担水运工程项目监理的主要成员,须持有中华人民共和国交通部颁发的水运工程监理工程师证书。

**第五条**　建设单位在选择监理单位时,应通过招标或议标,择优选定资质高、信誉好的队伍。

在工程监理体制中,建设单位与监理单位是委托与被委托的合同关系,监理单位与施工单位是监理与被监理关系。监理单位应在合同确定的职责范围内,独立、公正、科学地开展工作。建设单位应充分信任、全面支持监理;施工单位应认真接受、积极配合监理。

建设、监理和施工单位均应接受水运(或港口、交通)工程质量监督站代表国家交通主管部门对其队伍资质和工程质量进行的监督管理。

**第六条** 水运工程施工监理的主要依据:

1. 国家有关的政策、法律和法规。

2. 国家、交通部及有关行业部门颁发的工程技术规范、规程和标准。

3. 依法签订的工程监理合同及施工承包合同。

4. 经上级主管部门批准的工程设计文件。

5. 建设单位的招标文件(含《技术规格书》)。

**第七条** 施工单位是工程的直接实施者。监理单位的出现,不能替代施工单位的任何责任。为保证承建工程的质量、工期和造价,施工单位必须保持与注册资质等级相符的管理人员、技术骨干队伍和机械设备,建立、健全质量保证体系和适应工程监理体制的各项规章制度。

**第八条** 监理单位和监理人员应恪守"严格监理、热情服务、秉公办事、廉洁自律"的准则,积极工作,勤奋学习,与建设、设计、施工单位及质量监督部门密切合作,全面履行施工监理的职责和义务。

**第九条** 对积极工作,为提高工程质量、进度和投资效益做出较大贡献的监理单位及个人,交通工程主管部门和建设单位应给予表扬和奖励。

对擅离职守、营私舞弊,造成较大工程事故和经济损失的监理单位及个人,建设单位可视情节扣减工程监理费、终止监理合同、责令其退场;交通工程主管部门可分别给予通报批评、警告、责令停业整顿、降低资质等级、吊销监理资格证书等处罚,对情节严重者依法追究其经济和刑事责任。

对无证经营或越级承担水运工程施工监理的单位和个人，交通工程主管部门除责令其终止监理合同外，可视情节对建设单位和监理单位给予通报批评或警告等处分。

**第十条** 水运工程监理工作由交通部实行行业管理。根据国家有关规定，相应的法规、制度由交通部统一制订，监理单位及监理工程师的注册资格由交通部审批。交通部基本建设质量监督总站是管理全国水运工程监理的专职机构，各省级水运（交通）工程质量监督站和各港口工程质量监督站负责监督本地区、本部门的水运工程监理工作。

## 第二章 监理单位、监理工程师及工程项目监理机构

**第十一条** 水运工程监理单位是技术密集型的独立的经济实体，须具有相应的组织机构、一定资质和数量的骨干成员、一定类别和数量的检测仪器设备、一定额度的注册资金、正式的开户银行和账号、固定的办公场所及明确的法人代表。

按上述各项内容，水运工程监理单位的资质分为甲、乙、丙三级，具体标准和申报办法详见《公路、水运工程监理单位监理资格审批暂行规定》。水运工程主管部门将按有关要求进行复查、考核。

**第十二条** 水运工程监理工程师分为监理工程师和专项监理工程师两类，专项监理工程师只在批准的工程项目中有任职资格。

其具体标准和申报办法详见《公路、水运工程监理工程师注册办法》。

**第十三条** 监理单位承接建设单位委托的水运工程施工监理任务后，应按监理委托合同确定的受监工程的种类、规模、项目、工期及现场条件，组建相应工程项目的施工监理机构，配备相应的人员和设备。

监理机构名称可称为工程项目施工监理部或监理组。

**第十四条** 大型水运工程项目的施工监理部,可由项目总监理工程师(简称总监)、总监代表、驻地监理工程师、现场监理员(又称旁站)、测试人员和必要的行政、后勤管理人员组成。视工程的类别和规模,驻地监理工程师和监理员应分专业配备,并应有足够数量。

对于一般工程项目,应视具体情况,尽量减少层次,保持监理机构的精干和高效。

总监和总监代表须由高级工程师或高级经济师担任,驻地监理工程师须由相应专业的工程师或经济师担任,上述人员均须是交通部批准注册的水运工程监理工程师或专项监理工程师。现场监理员须有初级技术职称并经过岗前监理业务培训。

**第十五条** 现场监理机构须对主要结构、构件和材料进行测试。大中型工程项目的施工监理部,应在现场设立检测试验室,配备一定数量的仪器设备和相应的测试人员。试验室负责人须有中级以上技术职称,测试人员须有操作证书。仪器须定期请法定计量检定单位给予校验,保证其性能准确、可靠。

小型水运工程项目的施工监理机构可与当地有检测资格证书的试验室签订协议,委托其完成必要的试验检测任务。

**第十六条** 水运工程项目施工监理机构在现场的办公、生活设施和交通、通讯问题应由建设单位负责解决,并列入工程量清单。

## 第三章 建设单位和施工监理机构的职责、权力及义务

**第十七条** 建设单位和水运工程项目施工监理机构的职责、权力、义务及奖罚事项,双方应在洽谈监理合同时具体商订,并写进合同文本。

**第十八条** 施工阶段建设单位的主要职责:

1. 进行工程项目施工监理招标,并与中标单位签订监理合同。

2. 组织施工图设计文件的会审。

3. 主持工程项目施工和机械设备采购的招标，与中标单位签订承包合同和机械设备供货合同。

4. 办理建设占地和临时用地的征用手续，落实拆迁工作，为工程开工提供“三通一平”等必备条件。

5. 办理开工申请报告。

6. 审查工程进度计划和资金使用计划，按期落实资金筹措计划。

7. 听取监理机构关于工程进展情况的汇报，审核有关报表，并向上级主管部门报告。

8. 审核监理机构签发的工程计量清单和付款通知书，并据其拨付工程款。

9. 处理施工承包合同实施过程中出现的问题及合同增补事项。

10. 核定索赔和反索赔事宜。

11. 主持交工验收，负责工程结算。

12. 申报竣工验收并筹办有关事项。

**第十九条** 施工招标期工程项目施工监理机构的职责：

1. 协助建设单位审查施工图设计文件。

2. 协助建设单位编写施工招标文件。

3. 协助建设单位审查投标单位的资质和业绩。

4. 参与评标工作。

5. 协助建设单位起草施工承包合同。

**第二十条** 施工准备期工程项目施工监理机构的职责：

1. 协助建设单位编写开工申请报告。

2. 协助审查中标单位编制的施工组织设计、施工总进度计划、现金流动计划以及据其编制的年度计划。

3. 核验工程控制点的高程和坐标并向施工单位移交。

4. 审核施工单位提交的大型临时设施的设计。

5. 参加设计交底会。

6. 核查进场施工队伍(含分包单位)的资质及施工机械设备性能与数量。

7. 核查进场建筑材料及构件的品种、数量和质量,对不符合要求的禁止进场或责令清除出场。

8. 签发单位工程的开工指令。

9. 签发预付款通知书。

**第二十一条** 施工期工程项目施工监理机构施工期的职责:

1. 参加或主持工地现场会议。

2. 检查施工操作情况,质量检测的取样、测试情况,施工船机设备的运转情况。

3. 核查施工队伍资质变化情况。

4. 查看和抽验建筑材料与构件的质量情况。

5. 定期核查工程进度与计划执行情况。

6. 对隐蔽工程和分项、分部工程及时进行验收。

7. 核实已完工程的合同工程量清单并签发相应的付款通知书。

8. 审查工程变更及其引起的工程量变化。

9. 参与工程质量事故调查,协助审查质量事故的处理方案及其补救措施,并检查落实情况。

10. 对施工承包单位因国家政策性调价或不可预见因素变化而提出的合同期内工程费用变化清单,及时进行核算,报请建设单位同意后,签发付款通知书。

11. 对施工单位提出的工期延长或费用索赔报告进行核查,报请建设单位同意后,签署意见和付款通知书。

12. 对于由施工单位责任造成的工程损失进行测算后,报请建设单位提出反索赔。

13. 调解建设单位与施工单位在执行施工承包合同过程中发生的争端。

**第二十二条** 交工验收及保修期工程项目施工监理机构的职责:

1. 审核施工单位提出的交工申请报告,并及时向建设单位转报。

2. 核查工程档案资料的准确性和完整性。

3. 提交相应的工程监理报告。

4. 参加建设单位或其上级主管部门主持的交、竣工验收工作。

5. 协助建设单位编写竣工决算。

6. 审核施工单位在保修期内对工程维护及缺陷处理的方案，核查其实施情况。

**第二十三条** 水运工程项目施工监理机构的权力

监理机构在监理合同确定的范围内，对受监工程有独立进行监理的权力。主要有：

1. 有权查阅受监工程的全部设计文件及批文。

2. 有权参加建设单位和施工单位召开的有关受监工程的各种业务会议。

3. 有权制止各种质量与性能不合格的建筑材料、构件和设备进场。

4. 有权决定上道工序质量不合格的工程，不准其下道工序施工；有权禁止对质量不合格的或未经检验的隐蔽工程进行覆盖，对已覆盖的不予验收。

5. 对质量不合格的工程和未进行验收的隐蔽工程有权拒绝计量和签署付款通知书。没有监理机构签发的付款通知书，不予拨付工程款。

6. 当工程进度滞后于计划时，有权要求施工单位或提请建设单位及时采取有效措施，尽快排除影响施工进度的各种因素，以确保合同工期的兑现。

7. 对履约能力差的施工单位，有权限期整改；对问题严重的队伍，有权建议建设单位中止合同，更换队伍。

8. 有权审核由于设计变更引起的工程量变化。

**第二十四条** 水运工程项目施工监理机构的义务

全面履行监理合同是工程项目施工监理机构的服务宗旨，秉公办事、尊重建设单位和施工单位的正当权益是各级监理工程师的行为准则。在施工过程中，监理机构的主要义务是：

1. 施工期间，必须遵照监理合同派出足够的监理人员常驻现场，及时发现和解决问题。

2. 定期召开工程现场例会，及时通报现场情况。

3. 定期向建设单位书面报告工程的质量、进度和费用支付等情况。对突发的重大问题应随时报告。

4. 及时发布建设单位在施工合同允许范围内的变更意见或修改设计。

5. 及时转达施工单位对建设单位的要求。

6. 接受水运（港口或交通）工程质量监督站和交通主管部门的监督检查。

**第二十五条** 监理工程师提出的设计修改意见及合理化建议，先交原设计单位研究，提出修改意见，经建设单位或主管部门审批后，由设计单位出具设计修改通知单，交付施工单位执行。

## 第四章 水运工程施工监理合同与监理服务费

**第二十六条** 施工监理合同是建设单位与受委托的监理单位签订的基本文件，经公证机关公证后，对签约双方具有法定的约束力，任何一方违约均需负经济和法律责任。

**第二十七条** 签订监理合同的主要依据：

1. 上级对该工程的批复文件。

2. 受监工程的设计文件。

3. 监理单位的工程监理资格证书、营业执照和项目监理机构主要成员的水运工程监理工程师证书。

4. 监理单位的检测能力证明或与其合作的检测单位的资格证书和协议书。

5. 中标通知书。

**第二十八条** 水运工程施工监理合同的主要条款：

1. 双方单位的全称及法定代表人的姓名。

2. 受监工程的名称和所在地。

3. 受监工程的规模,委托监理的具体项目、范围和监理期。

4. 监理机构的职责、权力和义务。

5. 建设单位的职责、权力和义务。

6. 建设单位为监理机构提供的工作、生活条件和交通、通信工具。

7. 奖罚条款。

8. 监理服务费及付款方式。

9. 争端的解决方式。

**第二十九条** 施工监理服务费,由建设和监理双方根据受监工程的种类、规模、工期、结构形式、监理范围、检测项目、现场条件及建设单位为现场监理机构提供的工作和生活设施等情况按下列标准具体商订,并写入监理合同。

监理服务费按照国家物价局、建设部《关于发布工程建设监理费有关规定的通知》([1992]价费字 479 号)有关规定计取,具体收费标准如下表:

**工程建设监理收费的标准**

| 序号 | 工程概(预)算 $M$(万元) | 设计阶段(含设计招标)监理取费 $a$(%) | 施工(含施工招标)及保修阶段监理费率 $b$(%) |
|---|---|---|---|
| 1 | $M<500$ | $0.20<a$ | $2.50<b$ |
| 2 | $500\leqslant M<1000$ | $0.15<a\leqslant 0.20$ | $2.00\leqslant b<2.50$ |
| 3 | $1000\leqslant M<5000$ | $0.10<a\leqslant 0.15$ | $1.40\leqslant b<2.00$ |
| 4 | $5000\leqslant M<10000$ | $0.08<a\leqslant 0.10$ | $1.20\leqslant b<1.40$ |
| 5 | $10000\leqslant M<50000$ | $0.05<a\leqslant 0.08$ | $0.80\leqslant b<1.20$ |
| 6 | $50000\leqslant M<100000$ | $0.03<a\leqslant 0.05$ | $0.60\leqslant b<0.80$ |
| 7 | $100000\leqslant M$ | $a\leqslant 0.03$ | $b\leqslant 0.60$ |

注:1. 结构复杂、工期长者取上限。

2. 取费基数按最后批准的概算计取。

3. 表中费率只含一般的试验、检测费,大型检测项目(如试桩、扫海等)的费用另行计算。

4. 经济特区可参照当地的标准执行。

5. "三资"工程项目可参照国际标准商定,也可取表中值乘以 1.5 系数。

## 第五章 附 则

**第三十条** 本规定由交通部负责解释，自1995年1月1日起施行。

各省、自治区、直辖市交通（或水运）工程主管部门可结合本地区的具体情况制定相应的实施细则。

# 部属单位小型及限额以下固定资产投资建设项目初步设计文件编制和审批办法

（交通部　交基发[1994]854号　1994.09.01）

## 第一章　总　　则

**第一条**　为了加强部属单位小型和限额以下基建项目的初步设计文件编制和审批的管理，保证初步设计质量，特制定本办法。

**第二条**　本办法适用于部属教育、科研、安监、救捞、卫生系统和运输、建设总公司等使用非经营基金、专用资金、自筹资金的建设项目。运输和建设总公司使用经营基金的建设项目参照本办法执行。

**第三条**　初步设计工作是基本建设程序中的重要阶段之一。在编制设计文件中必须贯彻执行国家有关工程建设的政策和法令，应符合国家现行的工程建设标准和设计规范，并遵守设计工作程序。

**第四条**　初步设计工作必须由经过资格认证，获得相应工程勘察设计证书的勘察设计单位承担。

**第五条**　初步设计必须以批准的工可报告（或年度计划）为依据。不得任意修改、变更建设内容、扩大建设规模和提高建设标准。初步设计工程总概算原则上不得突破已批准的工可报告书（或年度计划）的投资控制额。

**第六条**　初步设计应积极采用可靠的先进技术。对有特殊要求的工程，应有切实有效的技术措施。

**第七条**　初步设计应满足消防、环保、劳保抗震等要求。

**第八条** 初步设计文件应完整、齐全,应包含以下内容:

一、设计说明书(工程总说明和各专业说明)。

二、设计图纸。

三、主要设备、材料表。

四、总用水量、总耗电量表。

五、工程总概算表(包括征地拆迁、政策性收费、设备及外部水、电、暖、道路及构筑物等工程投资费用)。

六、主要工程量及三材用量。

**第九条** 初步设计文件应达到以下要求:

一、初步设计应进行两个以上的方案比选、技术论证和技术经济分析比较,并提出推荐方案。

二、车间、试验室、机房等需要有工艺设计的建设项目,应包括完整的工艺设计篇章和图纸。

三、单项建设项目水、电、暖、道路、绿化等外部配套设施的设计与投资应齐全,保证项目竣工后能交付使用。

四、确定占地面积。

五、确定工程总造价。

六、主要设备规格性能和材料品种及数量明确。

七、可据此进行施工图设计和施工准备工作。

## 第二章 初步设计文件的内容和深度要求

**第十条** 土建工程

一、设计总说明书

(一)设计说明书由设计总说明和各专业的说明书组成。

(二)初步设计总说明应对整个土建工程设计作总体方面的文字叙述。一般包括以下内容:

1. 工程设计的主要依据(批准的工可报告文号有关的内容摘录)。

2. 建设单位委托书。

3. 工程所在地区的位置、气象、地理环境、水文地质、地震烈度等自然条件、水、电、气、燃料等能源情况,交通运输条件,有关用地、环保、消防、抗震、劳动安全的要求和根据;有关的使用要求和生产工程资料。

4. 工程设计的指导思想和设计特点,设计采用的定额、指标和标准。

5. 工程设计的规模和范围。

6. 各项指标(包括总用地面积、总建筑面积、总建筑占地面积,工程总概算)。

7. 存在问题。

(三)总平面布置说明。

(四)主要技术经济指标和工程量。

二、设计图纸

(一)区域位置图(本图视工程规模情况可与总平面布置图合并)。

(二)总平面布置图。

(三)管道综合平面图。

(四)建筑平、立、剖面图。

(五)给、排水管道总平面图。

(六)供电总平面图。

(七)暖、通管道总平面图。

(八)其他有关的图纸。

(九)设计图纸的内容和范围均应满足有关规定。

三、建筑

(一)设计说明书应包含以下内容:

1. 根据城市要求并按使用性质和生产类别等阐述建筑物对噪声控制、采光、通风、日照、温湿度、净化等或其他特殊要求。

2. 简要说明经方案比选后确定的设计方案特点。

3. 根据使用功能和生产工艺要求所确定的建筑平面布置、层数和层高,对室内和其他环境条件所采取技术措施。所采用的装修标准。

4. 建筑物的立面造型及其与周围环境空间的关系。

5. 在节能、人防、三废治理等方面采取的技术措施。

6. 建筑的组成、建筑面积、使用面积、平面系数和其他建筑技术指标的说明以及必要的建筑特征表。

7. 对分期建设或有扩建计划的工程，说明分期建设内容，和对以后续建或扩建的处理原则和意见。

8. 需提请在设计审批时解决或确定的问题。

（二）大型民用建筑工程或其他重要工程，在方案过程中，根据需要应绘制透视图、鸟瞰图或制造模型。

四、结构

（一）设计说明书应包含以下内容：

1. 重点阐述结构设计主要内容的方案比较和确定：

①结构选型；②地基处理及基础型式；③伸缩缝、沉降缝和抗震缝的设置；④为满足特殊使用要求的结构处理；⑤新技术、新结构、新材料的采用；⑥主要结构材料的选用；⑦特殊构造、标准图集的采用等。

2. 需提请在设计审批时解决或确定的主要问题。

（二）在初步设计阶段，结构专业一般是以说明书作为对外交付的文件（特殊情况除外），少数需要概略图表示的，可提供有关资料，由建筑专业在建筑图上表示。

五、给水排水

（一）设计说明书应包含以下内容：

1. 设计依据和设计范围。

2. 室外给水：

①水源；②用水量（如自建水源，应说明水质、水量、取水方式，取水点位置，输水管线、管材、接口、敷设方式和安全保证措施，净化水处理工艺流程，采用的各种构筑物的设计数据、型式和占地面积）；③给水系统应说明供水方式中的生活、生产、消防系统的组合情况；分质分压供水的必要性和可能性；主干管管径、管材、敷

设方式及接口材料；正常供水、消防供水时压力要求以及当水量、水压不足时，所采取的措施；主要设备选择的依据；并说明调节设施容量、高度；④如系扩建工程，应对现有给水系统写出简介和必要说明；⑤节能措施。如采用循环供水和重复使用给水时应加以说明。

3. 室外排水：

①现有排水系统简介，排水能力及扩建发展的可能性。排入城市或其他外部管沟及明渠时，应加以阐述；②说明生活、生产污水来源及各系统的排放量，说明各类生产污水成分；③说明雨水排水采用的计算公式和各种数据；④排水系统中应说明生产、生活污水、雨水排放系统、排入条件部门的要求。

4. 室内给、排水：

①建筑物对水量、水质、水压和消防的要求，列出总用水量表；②说明采用给水系统方式和水池、水箱的设备选型等；③说明采用消防措施、供水方式以及控制方法；④热水及开水的供应方式和供应系统及有关说明；⑤说明生活和生产污水量排放条件、排放方式是否符合环保要求及其处理措施，并提供有关数据；⑥屋面雨水排放方式和采用的数据及计算公式。

5. 需提请在设计审批时解决或确定的主要问题。

(二)主要设备、材料表。

六、电气

(一)设计说明书应包含以下内容：

1. 设计依据和设计范围。

2. 供电设计：

①供电电源及电压、供电来源与设计工程的关系(方位、距离)、供电可靠性程度等及其他需要说明的问题；②说明和电负荷性质、负荷等级、工作班制、总电力供应主要指标等；③叙述供电系统型式、正常电源与备用电源的切换、变压器低压侧之间的联络方式及容量，对供电安全所采取的措施等；④叙述变、配电所的总电力负荷分配情况及计算结果，给出总设备容量等；⑤继电保护与计

量;⑥控制与信号;⑦功率因数补偿方法;⑧全区供电线路和户外照明;⑨过电压及接地保护的基本原则。

3. 电力设计:

①电源、电压和配电系统;②环境特征和配电设备的选择;③说明导线选择和线路敷设方式;④接地和接零、说明防止触电危险所采取的安全措施。

4. 电气照明设计:

①说明照明电源、电压、容量、照度选择及配电系统型式;②说明光源和照明灯具的选择;③导线的选择及线路敷设方式;④工作、事故、检修证明控制原则及事故照明电源切换方式等;⑤需要避雷设计的工程应有避雷的有关说明。

(二)主要设备、材料表。

七、采暖通风

(一)设计说明书应包含以下内容:

1. 设计依据、设计范围。

2. 采暖:

①简述采暖系统的形式及组成,管道敷设方式;②采暖媒质及采暖入口的确定;③采暖耗热量的计算;④采暖设备和管道保温材料的选择;⑤说明采暖节能措施。

3. 通风与除尘:

①叙述除尘、局部通风、防排烟全面送排风、自然通风等方案、系统划分及组成,选择的补充方法,补风量及气流组织形式,各系统风量、耗热量、耗水量的确定;②通风及除尘系统的设备选择。

4. 空气调节及制冷:

①系统风量、冷量、热量的确定,气流组织的选择;②空调及冷冻设备的选择;③空调、制冷及自动控制方案比选;系统划分及组成确定;④保温及防腐材料的确定、防潮、防水的措施。

5. 列出本专业主要的设计指标汇总表。

6. 需提请在设计审批时解决或确定的主要问题。

(二)主要设备、材料表。

第十一条　修船厂工程

一、设计说明书

（一）设计依据与设计原则：

1. 已批准的工程可报告的批准文号及有关的文字摘录；

2. 工程可行性研究报告及审查意见；

3. 建设单位委托书。

（二）生产纲领：

1. 修理船型；

2. 船舶性质及吨位；

3. 年产量；

4. 年生产总值。

（三）工厂规模（建设规模、车间组成、人员编制等。如果是老厂改、扩建，则应对现有状况加以说明）。

（四）厂址概况：

1. 地理位置、交通概况；

2. 厂区地形、地貌；

3. 厂区所处河段的河床、河势或海岸演变和分析；

4. 工程地质情况；

5. 水文、气象、设计地震烈度；

6. 厂址现状及选址概况说明。

（五）厂区平面布置说明。

（六）厂内、外运输量、运输方式及运输组织。

（七）工厂管理、生活及辅助设施的组成和数量，住宅区人数，建筑面积及占地面积。

（八）根据生产纲领，分析全厂工时消耗量及物料消耗量。

（九）水工工艺：

1. 设计代表船型；

2. 修船船台、船坞、码头等修理周期；

3. 设计水位及高程资料等。

（十）车间工艺：

1. 各车间任务、面积；

2. 设备选型；

3. 工艺原则及工艺流程说明、车间工艺布置等。

(十一)土建工程。

(十二)公用工程(包括供氧站、乙炔站、空压站、锅炉房、运输动力管理系统等项目的原则、工艺、类别和协作范围)。

(十三)供电及照明。

(十四)给、排水。

(十五)消防。

(十六)通信:

1. 有线通信；

2. 无线通信；

3. 调度电话；

4. 厂内广播系统；

5. 工业电视监视系统。

(十七)采暖、通风。

(十八)环境保护:

1. 环境现状；

2. 工程对环境的影响。

(十九)节能:

1. 能源消耗预测；

2. 节能分析和措施；

3. 环保措施。

(二十)劳动保护。

(二十一)工厂主要技术经济指标,国民经济效益评价,财务效益评价。

(二十二)存在问题。

二、设计图纸

(一)总平面布置图。

(二)厂区总平面图。

（三）生活区规划平面图。

（四）船台、滑道、船坞、码头及其他升船设施工艺布置图。

（五）各车间、站、房、窑工艺布置图。

（六）水工建筑平、立、剖面及基础图。

（七）土建工程的平、立、剖面图及基础设计方案。

（八）全厂动力、照明布置图。

（九）动力供应包括各站、房平面布置图。

（十）动力管线布置图。

（十一）给、排水管道平面布置图及系统图，消防设施布置图、给、排水工程建筑物平面布置图、工艺图。

（十二）通信系统布置图。

三、主要设备、材料表

**第十二条　码头工程**

一、设计说明书

（一）设计依据与设计原则：

1. 已批准的工程可报告批准文号及有关的文字摘录；

2. 工程可行性研究报告及审查意见；

3. 建设单位委托书。

（二）设计条件：

1. 自然条件：

①码头地理位置；②码头所在地区河床、河势或海岸演变和分析；③工程地质分析；④水文；⑤气象；⑥地震基本烈度。

2. 泊位等级，按有关规定选择合理的船型、列出其尺度。

（三）总平面布置说明：

1. 码头布置与相邻单位的关系；

2. 在工程可行性报告的基础上进一步确认或明确码头应与有关用地、交通、环保、消防、防汛等要求相适应；

3. 水域布置（码头及护岸等建筑物等级、设计水位，施工水位，泊稳条件、高程资料、掉头区尺度及锚地位置和面积等）；

4. 陆域布置。

（四）水工建筑物：

1. 设计水位、设计波浪要素、抗震设计烈度及采用的土壤物理力学指标；

2. 船舶撞击力，系缆力、波浪力等外力；

3. 结构型式（结构选型，施工方法和顺序）；

4. 结构计算：

①荷载计算和组合；②主要结构计算原则、方法和结果；③沉降计算；④稳定计算方法和结果；⑤基础处理；⑥特殊结构处理；⑦抗震计算及抗震措施；⑧试验结果和建议。

（五）陆域形成和道路：

1. 陆域形成的原则、填挖方平衡情况，填料来源和对填料的要求，填筑的方法，地基和填筑场地加固处理方案说明；

2. 道路基础处理方案说明及面层结构的确定。

（六）码头附属土建工程。

（七）供电及照明。

（八）给、排水。

（九）通信：

1. 有线通信；

2. 无线通信。

（十）消防。

（十一）环境保护：

1. 环境现状；

2. 工程对环境的影响；

3. 环保措施。

（十二）存在问题。

二、设计图纸

（一）码头位置图。

（二）码头平面布置图、港池、掉头水域、航道平面布置图。

（三）岩面等高线图或地质剖面图。

（四）风、浪玫瑰图及流场图，水域等深线图。

（五）码头剖面图和立面图。

（六）码头基础处理图。

（七）陆域形成平面位置图、高程图。

（八）道路基础平面布置图、基础结构及基础处理图。

（九）码头附属土建工程平、立、剖面图。

（十）高、低压动力、照明布置图。

（十一）给、排水管道平面图，消防设施布置图。

（十二）给、排水工程建筑物平面布置图、工艺图。

（十三）通信系统布置图。

三、主要设备、材料表

**第十三条　通信、导航工程**

一、设计说明书

（一）设计依据与设计原则。

1. 已批准的工可报告的批准文号及有关的文字摘录。

2. 研究报告和审查意见。

3. 建设单位委托书。

4. 建设目的建设内容和建设规模。

（二）设计条件：

1. 工程所在地区地形、地貌、气象、水文等自然条件。

2. 业务量统计资料。

（三）通信系统方案设计说明：

1. 通信制式：①通信方式；②频率配置；③设备制式。

2. 进网方式。

3. 中继方式。

4. 信令要求（附信令表）。

5. 网络组织。

6. 电路分配。

7. 路由。

8. 天线型式。

9. 监控系统。

10. 电路计算。

11. 传输设计。

12. 质量指标论证。

(四)导航雷达系统方案说明:

1. 船舶密度。

2. 航行安全及交通管理要求。

3. 雷达天线、最大覆盖监视范围及最小盲区半径。

4. 检测能力。

5. 工作频率。

6. 其他需要说明的问题。

(五)工艺设计原则:

1. 通信机房、导航雷达机房的工艺流程布置和要求。

2. 工艺对土建的要求。

3. 工艺对环境、电源的要求。

(六)设备选型:

1. 容量计算。

2. 对设备的要求。

3. 设备选择及有关说明。

(七)供电系统:

1. 用电类别、耗电负荷。

2. 输电线路设计,交、直流供电方式、电源设备和主要材料选用及计算要求。

3. 地阻要求、地线型式和地线材料等。

(八)通信、导航站台的站址选择和建筑结构形式:

1. 总平面布置说明。

2. 土建工程各专业有关说明。

3. 抗震设防要求。

(九)施工条件及方法,对施工进度和质量的要求,以及需要特殊关注问题。

(十)存在问题。

二、设计图纸

（一）工程区域位置；

（二）网络组织图；

（三）站区平面位置图；

（四）天线与设备配合图；

（五）导航雷达工艺设计图；

（六）监控系统图；

（七）通信范围及方位图；

（八）通信系统结构图；

（九）中继方式图；

（十）电路分配图；

（十一）路电图；

（十二）主要建筑平、立、剖面图及基础设计方案；

（十三）机房设备布置图；

（十四）供电及照明设计图；

（十五）地线系统图；

（十六）给、排水平面及系统图；

（十七）暖、通平面及系统图。

三、主要设备及材料

**第十四条**　航标工程

一、设计说明书

（一）设计依据与设计原则：

1. 已批准的工程可报告的批准文号及有关的文字摘录。

2. 工程可行性研究报告及审查意见。

3. 建设单位委托书。

4. 建设目的和特殊要求。

（二）设计条件：

1. 河道、海岸基本情况（①河道、海岸概况②航道及航运现状和发展趋势）。

2. 河道沿岸、海岸地形、地貌、地质情况。

3. 水下电缆(管道)及其他碍航物情况。

4. 气象、水文资料说明。

5. 周围环境。

(三)航标的布置与设计说明:

1. 航标布设依据。

2. 航道等级、设标范围。

3. 航标配布原则和配布类别(①配布原则;②浅滩航道、淤砂航道、急湾(急流)段、跨河建筑物的航标配布;③信号台的配布)。

4. 航标设计(①航标选型;②平面布置(水上、陆上))。

5. 灯器及能源选择(①灯器及能源选择依据;②灯器设计;③电路设计及计算成果等)。

(四)灯塔总平面布置说明。

(五)灯塔土建设计说明(①塔身高度、塔身直径(周长);②结构型式、地基处理及基础型式;③特殊要求和处理)。

(六)灯塔附属生产、生活区土建工程各专业设计说明。

(七)工程区域道路、给排水、暖通、电气、照明、及构筑物设计说明。

(八)施工条件、方法、进度、质量、安全等。

(九)存在问题。

二、设计图纸

(一)航标配布图。

(二)航标型式及外形尺寸图表。

(三)标志船的设计图。

(四)灯器电路图。

(五)区域总平面布置图。

(六)灯塔平、立、剖面图及地基设计方案。

(七)各类设备专业管道平面综合布置图。

(八)构筑物图。

三、主要设备及材料

**第十五条　技术经济与概算**

一、工程设计概算是控制和确定工程造价的依据。设计概算经批准后，就成为编制固定资产投资计划，签订建设项目承包合同和贷款合同的依据，也是控制基本建设投资和施工图预算以及考核设计经济合理性的依据。

二、设计概算是初步设计文件的重要组成部分，设计概算必须完整地反映工程初步设计的内容，严格执行国家有关的方针、政策和规定，实事求是地根据工程所在地的建设条件（包括自然条件，施工条件等可能影响造价的各种因素），正确地按有关的依据性资料进行编制。不得“高估冒算”和故意压低工程造价。

三、设计概算包括以下内容：

（一）概算编制说明：

1. 说明工程概况及其建设规模和建设范围，明确总概算所包括的工程项目和费用。

2. 说明编制依据和方法，编制时所采用的定额、价格和取费标准等。

3. 投资分析和费用构成分析等。

4. 其他有关问题的说明。

（二）总概算：

总概算是确定一个工程（新建、改建、扩建）项目的全部建设费用的总文件，包括从筹建到竣工验收交付使用的全部建设费用。总概算的项目分为两个部分：

1. 工程项目费用。

2. 其他项目费用。

（三）单项工程综合概算。

（四）单位工程概算。

（五）主要材料表。

（注：本章中第二、三、四、五条内涉及建筑、结构、给排水、电气、暖通等内容按第一条相应规定执行）。

## 第三章 初步设计文件的质量要求和审批

**第十六条** 设计文件的质量要求

(一)设计单位应对初步设计的质量全面负责。

(二)设计文件应正确贯彻党和国家的方针、政策,符合国家和部颁现行技术规范、标准和规定。

(三)设计文件应达到本办法第二章所要求的内容和深度。

(四)文字说明全面完整、清楚端正、简明扼要、语法通顺。

(五)设计图纸齐全、比例合适、图面清晰、字体标准、无"错、漏、缺、碰"。设计、制图、校审和其他签名齐全、有效。

(六)设计文件要加盖设计单位的公章和行政、技术总负责人的印章,并附参加设计工作人员名册及设计证书等级编号。

(七)设计要不断创新并使用经过鉴定和推广的新技术、新材料。

**第十七条** 初步设计文件的审批

(一)设计文件的审批权限和范围应按交通部关于〔(90)交工字76号〕《部属单位小型和限额以下固定资产投资建设项目管理办法》中第一章第四条、第二章第八条的有关规定执行。

(二)设计文件出版齐全后,由设计单位将全套文件和工程地质勘察报告报送项目建设单位。

(三)设计文件应先由建设单位进行认真的初审,并在上报设计文件时附有初审意见或修改建议。

(四)设计审查,应首先对设计单位的资质进行审查。

(五)可根据需要和具体情况邀请工程建设所在地的城建、规划、国土、建设单位、建设银行、环保消防、卫生检疫、电力、自来水、劳动安全、通信、海监等部门以及有关专家参加初步设计审查。

(六)审查初步设计,应以已批准的工可报告(或年度计划)为依据,总概算超过批准的工可报告(或年度计划)投资控制数的10%或必须修改工可报告时,应向原审批单位重报工可报告(或年度计划)。

(七)审批初步设计时,设计单位应负责解释工程情况和设计中的问题。

(八)初步设计审批文件,必须对建设规模、建设标准、主体结构及基础型式、占地面积、总投资、三材用量等有明确批复,并附有概算表及主要设备规格性能表等附件。

(九)对于已批准的初步设计的总平面布置,建设规模和建设标准,主要建筑物结构等不得任意修改。必须修改时,应由设计单位修改并经建设单位初审后报设计原批准单位审批。

(十)对于不符合要求的初步设计文件,审批单位不予审查。

## 第四章 附 则

**第十八条** 本办法由交通部基建管理司负责解释。

**第十九条** 本办法自 1995 年 1 月 1 日起执行。

# 跨越国家航道的桥梁通航净空尺度和技术要求的审批办法

（交通部　交基发[1994]906号　1994.09.10）

**第一条**　为使桥梁通航净空尺度和技术要求的审查工作程序化、规范化，使桥梁建设符合国家规定的通航标准，以适应水运发展需要，确保船舶、排筏的航行安全畅通，根据《中华人民共和国航道管理条例》及其《实施细则》和国家有关法律、技术标准，制定本办法。

**第二条**　本办法适用于跨越国家航道的桥梁等跨河、临河建筑物。

国家航道是指《中华人民共和国航道管理条例》及其《实施细则》规定的国家航道。

**第三条**　确定和审批桥梁通航净空尺度和技术要求，必须符合国家有关通航标准的规定和要求。

**第四条**　交通部负责跨越国家航道的桥梁通航净空尺度和技术要求的审批工作，并实行一桥一审、分级管理的原则。

凡在长江、黑龙江干流和通航3000吨级以上（含3000吨级）海轮的沿海、内河航道上修建桥梁的通航净空尺度和技术要求，由交通部审批。

凡在上述规定以外的其他国家航道上修建桥梁的通航净空尺度和技术要求，交通部授权拟建桥位所在省、自治区、直辖市交通厅（局）、交通部黑龙江航运管理局审批，报交通部核备。

**第五条**　桥梁建设单位必须在桥梁工程项目建议书批准之后向上述第四条规定的主管通航净空尺度和技术要求审批部门报送有关文件、资料及《桥梁预可行性研究报告》。

桥梁通航净空尺度和技术要求未经审批，建设单位和有关主管单位不得上报和审批工程可行性研究报告。

**第六条** 桥梁建设单位应根据拟建桥梁所在航道的自然及技术状况和满足《内河通航标准》的有关技术标准的各项要求的程度，分别报送有关文件、资料。

拟建桥梁所在航道为河床稳定、水深充裕、水流条件良好的平顺河段，桥梁通航净空尺度和技术要求均能满足《内河通航标准》规定的各项要求时，报送：

1. 桥梁通航净空尺度和通航孔数及其布置的原则意见；

2. 设计最高、最低通航水位的计算方法和成果；

3. 桥位方案平面图（公路桥 1/500～1/2000，铁路桥 1/500～1/5000）；

4. 桥型方案比较图（公路桥 1/200～1/2000，铁路桥 1/200～1/1000）；

5. 桥位所在河段近期河床地形图，其比尺和范围应满足河床演变和通航水流条件分析要求；

6. 桥位所在河段枯、中、洪三级水位流向、流速及航迹线图，其测图范围和测次应满足通航水流条件分析要求；

拟建桥梁及其所在航道具有下列情况之一的，必须报送《桥梁通航净空尺度和技术要求论证研究报告》：

1. 拟建桥梁在通航 3000 吨级以上（含 3000 吨级）海轮的沿海、内河航道上；

2. 拟建桥梁在分汊或不稳定的航道上的；

3. 拟建桥梁在流速 3m/s 以上、滩礁多、水势汹乱的山区性河流上的；

4. 拟建桥梁不能完全满足《内河通航标准》规定的各项要求的；

5. 审批部门要求报送的。

**第七条** 《桥梁通航净空尺度和技术要求论证研究报告》的主要内容应包括：任务依据；桥梁工程的桥位方案及桥型比较方

案；桥区航道、港口、航运现状及其发展规划；桥区水道建桥前后河床、海床的演变分析；桥位方案的通航要求论证；确定设计最高通航水位的依据；通航净空标准和通航孔布置的论证；桥区通航条件、航线规划和安全保障措施；存在问题和有关建议等。

《桥梁通航净空尺度和技术要求论证研究报告》应按统一的文本格式和内容要求编制。

论证研究报告的内容可根据第六条规定的不同条件作适当增减，但必须满足主管桥梁通航净空尺度审批部门的要求。

**第八条** 《桥梁通航净空尺度和技术要求论证研究报告》由桥梁建设单位委托具有甲、乙级设计证书的规划设计单位编制。建设单位委托《桥梁通航净空尺度和技术要求论证研究报告》编制任务时，应向被委托单位提供《桥梁预可行性研究报告》。

**第九条** 在桥梁建设的前期工作阶段，建设单位应邀请主管通航净空尺度和技术要求审批部门和有关航道、航运、港航监督部门的专家参与桥梁预可行性及工程可行性研究、设计审查等会议。

**第十条** 跨越长江、黑龙江干流、通航3000吨级以上（含）海轮的沿海、内河航道的桥梁通航净空尺度和技术要求应遵循下列审批程序：

（一）拟在长江干流上建设桥梁的通航净空尺度和技术要求，建设单位必须事先征求交通部长江航务管理局的书面意见；

（二）拟在交通部部属海港或交通部与地方人民政府双重领导海港管辖范围内建设桥梁的通航净空尺度和技术要求，建设单位必须先征求该海港航道主管部门会同港务监督（含港航监督，下同）、港务局等有关部门的书面意见；

（三）拟在省、自治区、直辖市交通部门管辖范围内的海港、内河航道上建设桥梁的通航净空尺度和技术要求，建设单位必须先取得该省、自治区、直辖市交通厅（局）会同桥梁所在航道的港务监督部门的书面意见；

（四）涉及黑龙江干流的桥梁通航净空尺度和技术要求，建设单位必须先取得交通部黑龙江航运管理局和俄方航运主管部门的书面意见。

桥梁建设单位在取得有关单位的意见后，将有关文件、资料或《桥梁通航净空尺度和技术要求论证研究报告》以及《桥梁工程预可行性研究报告》连同有关单位意见报交通部。

**第十一条** 国家航道上的隧道、管道(线)、架空电缆等其他跨河、临河建筑物的通航净空尺度和技术要求，交通部授权由拟建建筑物所在部属航道主管部门、省、自治区、直辖市交通厅(局)参照上述条款的有关内容和要求审批，并报交通部核备。

对技术复杂和对航道影响大的跨河、临河建筑物，有关审批单位在审批前应事先报请交通部同意。

**第十二条** 各省、自治区、直辖市交通主管部门可参照本办法，结合本地区实际情况，制订颁布地方航道跨河、临河建筑物通航净空尺度和技术要求的审批办法，并报交通部备案。

**第十三条** 本办法由交通部负责解释。

**第十四条** 本办法自 1994 年 10 月 1 日起施行。

**附件:**

# 《桥梁通航净空尺度和技术要求论证研究报告》文本格式和内容要求

## I. 封面格式

×××桥梁通航净空尺度

和技术要求论证研究报告

（编制单位）

年　月

## II. 扉页格式

×××桥梁通航净空尺度

和技术要求论证研究报告

主 办 单 位：××××　　（盖章）

设 计 证 书：　　（等级、编号、发证机关、日期）

单位负责人：×××　　（签章）

总 工 程 师：×××　　（签章）

项目负责人：×××　　（职务或职称）

参 加 人 员：×××　　（职务或职称）

×××　　（职务或职称）

×××　　（职务或职称）

参 加 单 位：×××　　（盖章）

主　办　人：×××　　（职务或职称）

参 加 人 员：×××　　（职务或职称）

×××　　（职务或职称）

## III. 目录

第一章　概述

第二章　桥区水道河床、海床演变分析

第三章　桥位方案选择的通航要求论证

第四章　桥梁通航净空标准论证

第五章　桥区通航条件、航线规划和安全保障措施

第六章　问题和建议

附图

附件

# 文本格式和内容要求

## 第一章　概　　述

（一）任务依据。

（二）综合报告的主要研究结论。

（三）桥梁建设地点和桥址方案。

（四）桥梁建设规模、结构形式、技术标准和初步建设方案。

（五）航道、港口和航运现状。

（六）航道、港口和航运发展规划。

## 第二章　桥区水道河床、海床演变分析

（一）桥区自然条件，包括气象、水文、泥沙、地形等。

（二）桥区水道建桥前后河床、海床演变分析报告或河工模型试验成果。

## 第三章　桥位方案选择的通航要求论证

按照国家颁发的有关通航标准和交通部颁发的《内河航道维护技术规范》等标准、规范对桥位有关规定的论证。

## 第四章　桥梁通航净空标准论证

（一）通航船型、船队论证。

（二）海军、石油、水产、船舶工业等有关部门的通航要求。

（三）通航净空高度方案，包括设计最高、最低通航水位的计算方法和成果。

（四）通航孔数、布置和通航净宽方案。

## 第五章　桥区通航条件、航线规划及安全保障措施

（一）桥区通航条件。

（二）桥区航线规划。

（三）安全保障措施，包括施工期通航、航标、通航指挥和监督系统及桥墩防撞设施等。

（四）桥涵标、桥区河段航标、航行安全设施建设和维护管理的安排。

## 第六章　问题和建议

### 附　　图

1. 桥位方案平面图（公路桥 1/500～1/2000，铁路桥 1/500～1/5000）。

2. 桥型方案比较图（公路桥 1/200～1/2000，铁路桥 1/200～1/1000）。

3. 桥区水道近期河床、海床地形图、航道图或海图，其测图比例和范围应满足对河床、海床演变和通航水流条件分析要求。

4. 多年代表性年份桥区河床、海床演变图。

5. 多年代表性年份桥区河床、海床深泓变化图。

6. 桥区水道枯、中、洪三级水位的流速、流向图及航迹线图，其测图范围和测次应满足通航水流条件分析要求。

7. 其他必要图纸。

### 附　　件

1. 桥区水道建桥前后河床、海床演变分析报告。

2. 对变化复杂的河床、海床建桥后的河工模型试验报告。

3. 对变化复杂的桥区水道，建桥后的船模试验报告。

4. 其他必要的专题研究报告。

# 交通部水运工程质量奖评选办法(试行)

(交通部 交基发[1994]1270号 1994.12.27)

## 第一章 总 则

**第一条** 为贯彻执行"百年大计、质量第一"的方针,鼓励施工企业加强科学管理,促进技术进步,提高工程质量,争创国内先进水平,以适应我国交通运输事业发展的需要,特制定本办法。

**第二条** 交通部水运工程质量奖是交通行业水运建设工程质量方面的部级质量奖,工程质量应达到国内水运工程建设的一流水平,并具有较好的经济效益和社会效益,代表行业形象。

**第三条** 交通部水运工程质量奖评选工作由交通部负责,并组成交通部水运工程质量奖审定组具体实施。

交通部水运工程质量奖原则上每年评选一次,奖励数额不超过10个,必要时延长为每两年评选一次。

## 第二章 评 选 范 围

**第四条** 评选交通部水运工程质量奖的项目,必须是列入国家和地方基本建设或技术改造计划的工程,原则上应属于大中型项目,并具有相对独立的生产和使用功能,不得从一个独立的、使用功能相同的合同项目中抽取部分工程进行申报。

**第五条** 交通部水运工程质量奖评选的主要项目为:港口工程、航道工程(包括疏浚、吹填、炸礁、航道治理、通航建筑物等)、修造船工程(船坞、船台、滑道)以及与港口、航道工程相关的其他水工、疏浚工程。其申报项目的建设规模或投资应符合下列要求:

(一)港口工程：

沿海新建工程项目投资2000万元以上；沿海改建、扩建或技术改造工程项目投资1000万元以上。

内河新建工程项目投资800万元以上；内河改建、扩建或技术改造工程项目投资500万元以上。

(二)疏浚、吹填(含炸礁)工程：

土方工程量$80 \times 10^4 m^3$以上，或投资1000万元以上。

(三)修造船水工工程和通航建筑物：

新建10000吨级以上的船坞；新建5000吨级以上船台，滑道；新建500吨级以上船闸、100吨级以上升船机等通航建筑物。

(四)综合性水运枢纽工程总投资3000万元以上。

(五)四级(含四级)以上河流的航道整治，长度不少于100km。

(六)与港口、航道工程相关的其他水工、疏浚工程，项目投资1000万元以上。

(七)其他采用新结构、新技术、新工艺的工程，以及对发展交通运输具有重大意义的水运工程建设项目，虽规模和投资水平小于上述项目标准，也可参加评选，但必须从严掌握。

**第六条** 下列工程不列入评选范围：

(一)境外工程；

(二)外国独资工程；

(三)由外国总承包的工程。

## 第三章 评选条件

**第七条** 申报交通部水运工程质量奖的项目要制定创优计划，实行创优目标管理，建立质量体系，推行全面质量管理，积极开展QC小组活动，并取得显著成效。

**第八条** 参加评选交通部水运工程质量奖的项目，应是获得省、自治区、直辖市交通厅(局)或部属局级施工企业优质工程奖中名列前茅者(或为推荐的最佳工程)。

**第九条** 参加评选交通部水运工程质量奖的项目,必须按照国家和部颁发的相应质量验收标准及有关规定验评和核定工程质量;必须按规定通过国家或主管部门组织的竣工验收(含分期竣工验收),且经过一年使用期的考验。

**第十条** 评选交通部水运工程质量奖的项目,必须达到以下质量标准:

一、港口工程(包括修造船水工工程,通航建筑物及其他水工工程)

(一)参加项目如系一个单位工程,单位工程质量必须优良,分项工程优良率达90%以上,其中主要分部工程中的分项工程优良率达85%以上。

(二)参评项目如系多个单位工程组成,工程项目总评必须优良,同时符合以下条件:

1. 水工工程:单位工程优良率达85%以上,分项工程优良率达80%以上。其中:主体工程必须优良,生产性码头及连接栈桥必须优良,港池、泊位疏浚必须优良。

2. 设备安装工程:主要生产性机械设备安装必须优良。

3. 生产及辅助房建工程:单位工程优良率达30%以上,且建筑面积优良率达70%以上,其中综合业务楼,仓库必须优良。

二、疏浚工程

工程质量必须全部达到部颁验评标准优良等级,且平均超深超宽应符合施工技术规范有关计算超深值和超宽值的规定。

三、其他工程项目(如航道整治、吹填、炸礁等)必须达到有关优良等级验评标准。

**第十一条** 有下列情况之一,均不得申报交通部水运工程质量奖:

(一)造成原设计使用不可弥补性的永久缺陷;

(二)降低原设计使用等级或影响正常使用;

(三)大中型综合工程发生过三级(含三级)以上重大事故;一

般综合工程、单项工程发生过四级(含四级)以上重大事故。

**第十二条** 参加评选交通部水运工程质量奖的项目,自竣工验收至申报评选时限,大中型建设项目不超过3年,其他建设项目不超过2年;申报年度以前参加过评选的项目,除部审定组同意保留缓评的项目外,不得重新参加评选。

## 第四章 申报办法

**第十三条** 参加评选的项目,一般由主办施工单位(或工程总承包单位)申报,必要时可由建设单位申报。其他与申报项目有关的单位要积极配合协助申报单位提供必要的评选资料。

**第十四条** 申报单位在申报前应认真组织回访调查,征求建设单位(使用单位)的意见,地方项目还应征求工程项目所在地建设主管部门的意见;并由交通系统的质量监督机构对申报项目的工程质量提供鉴定意见。

**第十五条** 各省、自治区、直辖市交通厅(局),部直属局级施工企业,或部属(含双重领导)港务局负责组织本地区、本部门交通部水运工程质量奖的申报工作,对申报项目审核后列出推荐名次于申报年度3月底以前统一报送部基建管理司,如逾期,则参加下一年度评选。

## 第五章 评选机构和程序

**第十六条** 交通部水运工程质量奖审定组的组成由部基建管理司提名,报主管部领导审定。

部基建管理司负责(或委托中国港湾建设总公司、有关省、市交通厅局)组织初评组,对申报项目进行初评;承办评选日常事项。

**第十七条** 交通部水运工程质量奖评审工作,按下列程序进行:

(一)部基建管理司负责审查《交通部水运工程质量奖申报

表》及有关材料,对符合申报条件的工程项目交初评组进行初评。

(二)初评组对所负责的工程项目,逐个进行核验和评定;初评检查工作本着简化程序的原则,对申报工程项目视需要进行现场检查;最后写出初评报告,提出初评意见。

(三)交通部水运工程质量奖审定组,根据申报材料及初评组的报告,进行综合评议,评出交通部水运工程质量奖项目,并以部文件公布。

## 第六章 评审纪律

**第十八条** 申报单位要实事求是,不得弄虚作假,不得行贿送礼。对违反者,视其情节轻重给予批评警告,直至撤销申报和获奖资格。

**第十九条** 评审人员要秉公办事,严守纪律,自觉抵制不正之风。对违反者,视其情节轻重给予批评警告或撤销其评审员的资格,直至建议所在单位给予行政处分。

## 第七章 奖 励

**第二十条** 获交通部水运工程质量奖的主办施工单位(或工程总承包单位)由交通部授予证书和奖状;建设单位、主要参建单位(完成工作量不少于建筑安装工程量总和的20%),由交通部授予奖状。

**第二十一条** 获交通部水运工程质量奖的施工单位(或工程总承包单位),对在获奖工程项目建设中作出贡献的职工,可根据有关规定,给予一次性物质奖励。

## 第八章 附 则

**第二十二条** 本办法由交通部基建管理司负责解释。

**第二十三条** 本办法自1995年1月1日起施行。

# 交通部水运工程定额管理办法(试行)

(交通部 交基发[1995]97号 1995.02.13)

## 第一章 总 则

**第一条** 为加强水运工程造价的行业管理,合理确定并有效控制工程造价,制定本办法。

**第二条** 下列内容应制定水运工程定额(包括指标、规定或办法,下同)。

(一)建设前期工作需要的定额,包括《投资估算指标》、《投资估算编制规定》和《建设工期定额》。

(二)工程实施阶段需要的定额,包括各种《概预算定额》和相关的《概预算编制规定》。

(三)施工单位内部需要的定额,包括劳动定额、材料消耗定额、船机艘(台)班产量定额以及投标工程成本定额。

(四)工程量计算办法。

**第三条** 水运工程各类定额在工程建设中的作用

(一)在编制可行性研究阶段的投资估算、初步设计阶段的概算和施工图设计阶段的预算时,应执行部颁定额和有关规定。

(二)在编制招标工程的标底和投标报价时,应根据《水运工程招标投标管理办法》的有关规定确定标底和报价。

**第四条** 交通部基建管理司(以下简称部基建司)是制订和修订水运工程各类定额的职能管理部门;部水运工程定额站和疏浚工程定额站按照分工,负责各自有关定额制、修订的实施及日常归口管理工作,业务上受部基建司指导;地方交通(水运)工程定额站应积极配合部水运、疏浚工程定额站的工作,并在部颁定额规定的范围内,结合地方的实际情况,制定本地区定额实施细则或补充部颁定额的缺项。

**第五条** 定额站或定额编制人员在工资、奖金、福利等待遇,应与挂靠单位职工相同。

## 第二章 长远规划和年度计划

**第六条** 水运工程定额的长远规划和年度计划应以国家实行社会主义市场经济的要求为主要原则,逐步使定额管理工作适应社会主义市场经济的需要,使之有利于国家进行宏观调控,有利于开展竞争,有利于动态管理。

**第七条** 长远规划的编制工作由部基建司按照国家有关部门的规划和我部关于建立水运工程定额体系的原则编制,在广泛征求各有关单位意见的基础上,进行修改补充,由交通部批准下达。

**第八条** 年度计划在批准的长远规划基础上进行编制,由部水运、疏浚工程定额站于每年 3 月底前向部基建司提出立项申请报告,并填报计划任务书。

部基建司按照长远规划和工程建设管理的需要,根据经费来源情况和计划任务,经综合平衡后制定定额编制年度计划并作为指令性任务下达。

**第九条** 主编单位应按计划要求组织实施,在计划执行中遇有特殊情况,需做较大调整时,应向部基建司提交调整计划的报告,经批准后,方可按调整的计划组织实施。

**第十条** 部基建司对定额编制项目执行情况进行监督和检查,并协调解决计划执行中的重大问题。

## 第三章 定额的制订

**第十一条** 制订或修订水运工程定额必须贯彻执行国家的有关法律、法规和方针、政策,密切结合主要施工单位的技术装备情况和工、料、机的消耗情况,做到定额水平经济合理,简明适用,项目齐全,便于动态管理。

**第十二条** 各类定额要实行动态管理。

(一)在《投资估算编制规定》和《概算预算编制规定》中,应按照资金来源、工程性质、工期长短以及物价变化等因素,预列一笔动态投资。动态投资主要包括基本预备费、物价上涨费、建设期贷款利息、汇率变动部分、固定资产投资方向调节税、铺底流动资金等。

(二)各类定额的编制,应尽量做到"量"、"价"分离,以便于进行工程造价的动态管理。

(三)部水运及疏浚工程定额站应定期调查、测算和发布价格信息,作为编制和调整工程造价时的参考;地方交通(水运)工程定额站要为部两个定额站发布价格信息提供资料,并结合地方的情况补充价格信息。

**第十三条** 对于在施工中出现的新技术、新工艺、新设备、新材料,部水运、疏浚工程定额站应及时组织测定,报部基建司审定后纳入到定额中。

**第十四条** 制订和修订水运工程定额,要做到条文规定严谨明确,文句简练,不得模棱两可;定额表示应简明适用,便于进行计算机管理;定额中的术语、符号、计量单位等应符合国家有关标准,内容应前后一致,不得矛盾;同一个定额项目中,应避免出现多工艺,实在必须采用多工艺时,应给出使用条件。

**第十五条** 制订和修订水运工程定额的准备阶段的工作应符合下列要求:

(一)主编单位根据部下达的年度计划,草拟定额编制工作大纲,落实编制组成员。工作大纲应包括定额的编制原则,编制范围,主要章节内容,需要调查研究的工程对象,施工工艺和工料机消耗情况,工作进度计划及编制成员分工等。

(二)由主编单位召集有关单位对"工作大纲"进行讨论,修改后报部基建司批准实施。

**第十六条** 定额的编制应按照批准的工作大纲进行。

具体的编制工作一般由部定额站组织有关单位进行,也可委托能胜任该项工作的省定额站或设计、施工单位负责编制,但部定额站要加强对编制工作的领导,要协助编制单位把好定额编制的进度和质量关,要对定额的总体质量负责。

定额的编制阶段,应符合以下要求:

(一)定额编制过程中,如必须修改工作大纲的主要内容时,应由部定额站报部基建司批准后实施。

(二)定额初稿编制完成后应形成征求意见稿,由主编单位印发有关单位和专家征求意见,并抄送部基建司。征求意见的时间一般为一个月,必须时可召开小型专家会议对存在的问题进行讨论。征求意见稿应包括定额正本,定额编制说明,定额主要的修改情况,定额水平测算资料,存在的问题和处理的意见等。

(三)征求意见工作完成后,由定额主编单位将征求意见稿修改成送审稿,连同有关资料1式3份报部基建司组织审查。

## 第四章 审批和发布

**第十七条** 水运工程定额制、修订送审稿由部基建司组织有关单位和专家进行审查,并形成审查意见,下达定额主编单位,由主编单位对定额送审稿进行修改,形成报批稿,连同有关资料1式3份报交通部审批。

**第十八条** 水运工程各种定额由交通部审查批准并发布,定额的出版工作由部基建司负责组织。

**第十九条** 定额发布后,由部基建司负责组织主编单位对水运工程建设、设计、施工等单位的工程造价管理人员进行技术培训。

## 第五章 定额的修订

**第二十条** 水运工程各类定额颁发使用后,根据新技术、新结构、新材料、新工艺的使用情况，以及技术标准的变化情况，及时地对定额进行补充修改；各类定额的全面修改一般应每隔3～5年进行一次。

修订定额的其他原则同第三章和第四章的有关规定。

## 第六章 定额的日常管理

**第二十一条** 定额的日常管理由部水运、疏浚工程定额站负责，其主要任务是：

（一）受部基建司委托组织水运工程定额的编制和修订工作。

（二）负责收集各单位在使用定额时提出的问题和意见。

（三）负责解释定额使用中的一般性技术问题；对重大技术和政策性问题的解释，应经部基建司审定后发出。解释文件应抄送部基建司备案。

（四）负责收集和发布材料、设备等的市场价格信息。

（五）受部基建司委托负责水运工程造价管理人员资质考核和人员培训。

（六）参与水运工程可行性研究和初步设计工程造价方面的审查，施工招投标工程标底的审查和评标，概算调整等。

（七）定额站的工作应逐步由以编制定额为主转变到重点抓工程造价的动态管理。

**第二十二条** 地方交通（水运）工程定额站定额日常管理方面的任务可参照第二十一条的有关内容由地方交通主管部门确定。

## 第七章 定额站的经费管理

**第二十三条** 水运工程定额工作经费

（一）定额编制管理费应按国家物价局、中国人民建设银行和建设部、交通部的有关规定计算。属中央投资的水运工程，其定额编制管理费由部水运工程定额站向建设单位收取,作为定额编制管理的工作经费;部水运工程定额站应按规定的比例及时拨付给部疏浚工程定额站工作经费。

属地方交通部门投资的水运工程,其定额编制管理费由各省交通(水运)工程定额站收取。部水运工程定额站亦可委托地方交通(水运)工程定额站向其他建设单位收取水运工程的定额编制管理费,并按一定比例留成作为其工作经费。

(二)交通部每年按部下达的定额编制计划拨付给部定额站的项目经费,主要用于部水运、疏浚工程定额站在组织编制各类水运工程定额时发生的调研费、资料费、会议费、定稿前的出版费等支出。此项费用由部两个定额站包干使用。

(三)各省拨付给省交通(水运)工程定额站的工作经费,由各省交通主管部门制定相应的标准和管理办法。

**第二十四条** 部水运、疏浚工程定额站应于每年11月底前将本年度的计划完成情况,部拨付的定额编制经费使用情况等报部基建司。

地方定额站的经费申报和使用情况按各省交通主管部门的有关规定办理。

**第二十五条** 定额工作项目的财务核销办法,按交通部有关规定执行。

## 第八章 附 则

**第二十六条** 本办法由交通部基建管理司负责解释。

**第二十七条** 本办法自发布之日起试行。

**第二十八条** 各省(市、自治区)交通厅(局)可根据本办法制订实施细则,并报部核备。

# 沿海港口工程初步设计文件编制规定

（交通部　交基发[1995]483号　1995.05.25）

## 总　　则

1　初步设计应在主管部门批准的工程可行性研究报告的基础上，遵循国家有关政策、法令，按照有关规程、规范进行编制。本规定规定了交通部沿海港口工程初步设计文件编制的内容、深度和出版格式。

2　编制初步设计文件的单位必须由经过资格认证，并获得水运工程设计证书的设计单位承担。设计单位必须按照其证书等级及其所规定的工程规模、任务范围承担设计任务，不得超出。

总体设计单位可以委托其他有资格的专业设计单位承担单项设计项目。

大、中型及国家重点工程项目的初步设计必须由持甲级证书的单位承担。

3　编制初步设计文件时，应认真进行调查、研究、勘察、试验；设计基础资料应齐全、准确；要坚持先进、合理、经济、安全的原则，尽可能地采用国内、外成熟的新技术、新工艺、新设备、新材料，采用先进的产业技术；当有充分论证并经上级主管部门批准时允许突破现行“规范”，其内容深度应符合本规定要求。

4　初步设计必须以批准的工程可行性研究报告为依据。不得任意修改、变更建设内容、扩大建设规模和提高建设标准。初步设计工程总概算原则上不得突破已批准的工程可行性研究报告的投资控制额。

5　初步设计文件文字简明扼要，图纸清晰完整，要推进工程设计计算机化,要求计算机绘图比例占全部图纸的50%以上。文件中必须采用国际统一的计量单位,文件装订出版格式(附录1、附录2)应符合本规定的要求。

6 初步设计文件应按本规定的篇章组成,共分4篇。各篇章的内容应符合本规定的要求,若没有内容的部分可删略。

7 本规定适用于沿海港口工程项目。扩建及改建工程等可参照使用。

# 第一篇 设计说明书

## 第1章 总 论

### 1.1 设计依据

设计依据包括已批准的可行性研究报告及其审批意见、其他由上级主管部门或有关部门下达的文件、建设单位的委托书、有关会议纪要、重要来往函件和与相关单位签订的重要协议、合同等。一般情况下只列有关文件的编号及文件全名。如特殊需要时可在初步设计文件中对所述重要文件附以全文。

### 1.2 设计分工及范围

本节应明确提出与相临工程或设计单位在设计上的分界,如铁路接轨点、道路的衔接点和各种管线的接线点等,以及在本设计范围内设计、科研单位的工作分工。

### 1.3 设计概要

重点简述本报告的主要结论,如建设地点、内容、推荐的总平面布置、装卸工艺、水工结构型式(码头、防波堤、护岸等)以及各个专业方案的简述。

### 1.4 主要技术经济指标

说明工程项目的规模、运量、设计能力、泊位数、码头长度、防波堤长度、航道长度,建、构筑物面积,铁路和道路总长、总占地面积、主要工程量、用电量、用水量、电话装机容量、供热及采暖的热负荷和总定员等指标。

经济指标包括：工程总投资；资金来源（包括内外币比价）；建设期（施工期）；财务内部收益率（税后）；国民经济内部收益率（税后）；投资回收期；贷款偿还期以及敏感性分析等。

1.5 工程建设外部条件

论述工程项目建设的外部条件，主要包括集疏运方式、港外铁路、公路的布置原则和依据以及水、电、征地（海）拆迁等（附有关协议）。

## 第2章 自然条件

2.1 港口地理位置

2.2 气象

气象台站位置、高程、观测方法、资料年限及代表性。

2.2.1 气温

列出历年极端最高、最低气温，年平均气温，年平均最高、最低气温。

2.2.2 风

(1)风向、风速分级统计表。

(2)对常、次常风向及频率，强、次强风向及频率，当地风向季节分布和台风等的描述。

(3)对港口作业的影响。

统计年风力超过作业标准的影响天数。

2.2.3 降水

(1)特征值分析

含平均年降水量，日及年最大、最小降水量及降水量的季节分析。

(2)对港口作业的影响。

统计年降水量超过作业标准的影响天数。

2.2.4 雾

(1)雾的日、季分布特征，必要时提供能见度分级统计表。

(2)对港口作业的影响。

统计年能见度低于作业标准的影响天数。

2.3 水文

水文站及验潮站的位置、高程、观测方法,测波浮鼓位置和使用资料年限。

2.3.1 潮位

(1)基准面及换算关系。

确定当地理论最低潮面与当地平均海平面高程的关系,需要时尚应给出与黄海零点的高程关系。

(2)潮型。

(3)潮位特征值。

包括平均海平面,历年最高、最低潮位,年平均高、低潮位和年平均潮差。

(4)设计水位。

包括设计高、低水位和校核高、低水位。

(5)港池、航道乘潮水位。

不同延时各累积频率的乘潮水位,必要时分析潮位较低的冬三月的不利影响。

(6)在风暴潮多发区,提出增水最高潮位。

2.3.2 波浪

(1)波型。

(2)波高、波向分级统计表。

(3)确定常、次常浪向及频率,强、次强浪向及频率。

按设计高、低水位(必要时需增加校核高、低水位)计算各重现期水工建筑物前波要素,对地形复杂的海区,尚应通过物理模型试验或数学模型计算分析比较确定。

(4)分析港内泊稳状态,并统计年超过作业标准的影响天数。

2.3.3 海流

(1)类型

(2)观测资料分析和概述

分析海流性质及流场概况,并绘出海流特征值。对大型开敞式码头,应作流场数值计算。

2.3.4 冰凌

(1)冰况分析

分析包括冰期、冰况、冰型、月分布特征和流冰密集度等。

对冰情严重的海区且缺少海岸台站观测资料时,应通过卫片(或航空遥感)分析。

(2)冰况对航行及水工建筑物的影响

统计年影响作业的天数。

2.4 地形、地貌及工程泥沙

2.4.1 地貌发育及底质分析

该段河口或海岸的性质、成因类型、地貌发育及典型地形、地貌形态。

底质分析主要包括:底质类型、分布规律及底质粒度参数特征等。

2.4.2 河床或海岸演变

河床或海岸的长周期及短周期冲淤变化规律,并预测未来冲淤演变趋势。

2.4.3 工程地貌与泥沙

重点分析地貌与港口构筑物的相互影响、相互作用。分析研究港口泥沙回淤问题,并对减淤、防淤措施提出建议。附必要的河床演变或海岸动力地貌调查分析报告。

2.5 地质条件

2.5.1 地质构造

主要是针对对建筑物有影响的构造现象,如断裂、不利的层理构造和岩层倾向等。说明其危害程度,提出防治措施。

2.5.2 岩、土层分布特征

依次阐明岩土的分布、产状、颜色、性质、地质时代及成因等,达到从宏观、直观上对岩土层的认识的目的。

2.5.3 不良地质现象

工程范围内是否有冲沟、滑坡、泥石流、溶洞或今后能否发生此类现象及其对工程建设的影响。

2.5.4 地下水

对建筑物有影响的地下水的层数、类型、水位特征和地下水是否受环境污染等。

2.5.5 岩、土物理力学性质

给出各岩、土层物理力学指标标准值(以统计成果表的型式表达)。

2.5.6 工程地质问题

主要指除地质构造、不良地质现象、地下水等因素外还可能存在的某种岩、土软化、崩解以及环境工程等地质问题。

2.6 地震

根据当地地震局提出的地震烈度确定。

## 第3章 货运量及船型

3.1 货种、流量、流向及集疏运方式

经济腹地现状和发展预测;分析货种、流向和集疏运方式。

3.2 船型确定

根据货种、流量、流向、运距等确定合理的靠泊船型。根据现有船型统计资料和未来船型发展动态,确定设计船型,并列出主要尺度。

## 第4章 总平面布置

4.1 总平面布置原则

根据港口总平面布置中所涉及的各种因素,阐述总体布置所遵循的原则。诸如:应遵守国家、当地政府的有关法律、规定等;在各种自然条件下所遵循的原则;港口经营管理的原则;环境保护和劳动、安全卫生方面所遵循的原则等。

4.2 论述总平面布置与港口总体布局规划、后续工程建设及远景发展规划之间的关系;论述总平面布置与相邻单位之间的关系。

4.3　泊位作业标准

阐述港内水域的作业标准，确定船舶在航道中航行和靠泊作业时允许的风、雨、雾、浪、流和冰的等级，并通过统计计算确定码头年作业天数。

4.4　船型尺度

各种设计船型和兼顾船型的主尺度。对于《规范》没有规定的特殊船型，要经统计论述后确定。

4.5　总平面布置方案

4.5.1　水域

(1)防波堤和口门的布置

经论证确定防波堤的轴线、口门的朝向和尺度。

(2)港池和港内航道布置

经论证确定港池和港内航道的布置和主尺度。

(3)码头布置

论述码头轴线的布置、泊位长度、泊位水深、码头面高程、与临近的其他码头和设施相对位置及今后规划发展泊位轴线布置等，从而确定其方位和尺度。

4.5.2　陆域

(1)港内道路和铁路布置

根据集、疏运车辆和港内作业车辆的特性以及港内外条件，确定港内道路和铁路的布置和尺度。

(2)码头作业区主要建、构筑物布置

论述码头作业区建、构筑物的布置，确定各建筑物间的合理尺度。

(3)高程控制设计

对港区内各部分高程进行控制性设计。设计应依据当地水文条件、陆地的天然高程、开挖条件、回填料来源等进行综合比较，确定主要区域的控制性标高。

(4)主干管线系统设计

简述各专业管线系统布置原则和概况。

4.5.3　港作车船

说明港口作业所需车辆、船舶数量和规格要求等。

4.6　总平面方案比较

应在多方案比较的基础上列出两个以上方案的优缺点，并详细说明推荐方案的意见和理由。

## 第5章　航道、锚地及导助航设施

本章主要阐述外航道和待泊锚地的设计内容。

5.1　航道选线和尺度

5.1.1　航道选线原则

根据港口海域的自然条件以及船舶安全航行条件等，阐述航道走向及尺度选定的原则。

5.1.2　主要设计参数

根据设计船型尺度和航行作业要求以及自然条件等，确定各有关设计参数，诸如，船舶航速、航行历时、乘潮水位、船行密度以及不同船型的作业标准等。

5.1.3　航道选线方案

根据地质、地貌、泥沙运动、波浪、流场、潮汐和风况等自然条件，阐述选择航道轴线的理由和依据，论证不同航道走向对船舶航行、波浪的折射作用、航道淤积等方面的影响，经论证比选提出最佳航道轴线方案。

5.1.4　航道设计主尺度

按照《规范》要求，计算航道的主尺度。

5.2　航槽可挖性及稳定性分析

根据航道所在海域的水下地貌、波浪和水流动力、泥沙运动等自然条件，对近海浅滩的成因、历史演变和近期的冲淤特征进行调查研究分析，论证航槽的可挖性和稳定性，并推算航道的回淤强度和回淤量，必要时要计算灾害性天气的骤淤情况。

5.3　航道疏浚工程

5.3.1　计算航道疏浚工程量

根据航道轴线地形、地质情况和主尺度，计算航槽基建疏浚工程量和施工期回淤量。

5.3.2　抛泥区选择

根据港口建设需要，从当地海域生态环境、回淤情况和距抛泥区的距离出发，论证分析抛泥区的位置、面积、抛填容量的合理性。

5.3.3　疏浚工艺方案选择

说明疏浚土分类并详述疏浚工艺方案确定的原则及依据，说明施工船机选型及配备。

5.4　常规导助航标志的配布

按照中国海区水上助航标志，结合工程实际，沿航道、港池配布所需的各种助航标志。提出所选助航标志的类型、规格、型号、数量及助航导标的前后标布置原则和标体高度及标牌工艺要求等。

5.5　待泊锚地的布置和尺度

根据船舶引港概率分布，说明锚地容纳船舶艘数及所需面积。

5.6　港口导航

应根据港口航道和锚地布局特点，确定导航台站的位置并进行导航设备的选择。

## 第6章　装卸工艺

6.1　主要设计参数

本条主要目的是明确设计前提条件，以此作为初步设计的依据。其主要设计参数应包括：年运量、货种及特性、设计船型、年营运天、工作班制、日工作小时、不平衡系数、货物平均堆存天、直取比重和集疏运方式等。

6.2　工艺方案

根据货种及运量确定泊位性质。在确定专业化泊位时，应对货运量的稳定性及经济运量进行分析。在确定泊位分工的基础上，阐述工艺布置和作业流程，确定操作环节少、机械化、自动化程度高和经济合理的工艺方案。

6.3 装卸机械设备的选型

应对主要装卸设备的选型进行必要的计算与说明(包括作业线的设置,船时效率、台时效率及作业线各环节配机的设计说明等),并列出设备的主要性质、参数、型号及规格等。

对采用新产品和非标设备应有充分的论证。

6.4 泊位通过能力

列出计算公式、采用的设计参数及计算结果。

6.5 仓库、堆场面积

列出计算公式、采用的设计参数及计算结果。

6.6 装卸车能力

确定铁路装卸线长度、装卸汽车的车位数并计算装卸车能力,列出计算公式和采用的设计参数。

6.7 装卸作业人员

包括装卸工与司机、一线的装卸及业务管理人员、辅助生产人员和机械维修人员等,并对人员配备的原则及有关情况作必要的说明。

6.8 装卸工艺方案比较

应进行多方案的技术经济比较,列出两个或两个以上方案的优缺点并提出推荐方案及理由。

6.9 装卸机械设备配置表

装卸机械配置用表格形式列出。其内容包括:设备名称、主要性能参数及台数。

6.10 装卸工艺主要技术经济指标

用表格形式列出装卸工艺主要技术经济指标。包括:货种、运量、泊位数、船型、库、场容量及面积、主要设备数量及总投资、装机总容量、配工数和直接装卸成本等。

## 第7章 水工建筑物

7.1 建筑物的种类和等级

水工建筑物的种类如码头、防波堤(含导流堤、防沙堤等)、护岸、修造船建筑物(船坞、船台和滑道等)和围埝等,并确定各类建筑物的等级。

7.2　建筑物的主要尺度

各建筑物的主要尺度,如:长度、顶面标高、底面标高、顶宽、底宽和基床厚度等,并列出计算原则和公式。

7.3　工艺荷载

列出工艺荷载要求,如堆货均布荷载和各种机械轮压或支腿的集中荷载等。

7.4　水文地质条件

7.4.1　设计水位及波浪要素

列出进行结构计算采用的设计水位及不同建筑物前的波要素(波向,波高和周期)。

7.4.2　地基的物理力学指标

列出设计采用的建筑物所在位置上设计采用的地基土壤的物理力学指标。

7.5　主要外力计算结果

计算作用在建筑物上的波浪力及船舶作用力(系船力、挤靠力和撞击力),冰压力和流压力等。要列出计算公式和结果。

7.6　荷载组合

确定作用在建筑物上的荷载组合情况,以满足结构计算的需要。

7.7　主要建筑物的结构计算内容、方法和结果

说明推荐结构方案的主要计算内容、方法及成果,包括整体稳定安全系数、抗滑、抗倾安全系数、基床应力、地基承载力、桩基承载力和地基沉降等;主要构件的强度和变形计算成果等。

7.8　地基处理

对需要进行地基加固处理的建筑物,应简述地基处理的方案比选过程,对选定方案要说明设计参数的选取,处理的技术要求和处理效果等。

7.9　结构方案比较

简述结构方案的选型过程,应进行多方案技术经济比较,列出两个以上方案的优缺点,并提出推荐意见和理由。在方案优选过程中除考虑当地自然条件、施工条件和工期等多种因素外,尚应尽可能推荐和采用新结构新技术,以推进港工技术水平的提高。

7.10　试验结果和建议

在结构选型、结构计算或地基处理过程中若有试验成果和建议时,应附试验报告并叙述主要结论。

7.11　主要工程量

各水工建筑物的主要工程量列表表示。

## 第 8 章　陆域形成和道路、堆场

8.1　陆域形成

结合地基处理方案提出陆域形成的方法(包括挖填平衡,填料要求及填料来源)和相应的技术要求;确定陆域形成所需的构筑物(如围埝、临时护岸等)并给出工程量(填方工程量应包括填方以下原状土的沉降量)。

8.2　地基处理

给出地基处理设计参数、计算稳定性、沉降量及各层土的地基承载力、基础处理方案并给出工程量。

8.3　堆场、道路结构方案

确定设计参数(包括工艺荷载及地基模量)、面层结构并给出工程量。

8.4　陆域形成、地基处理、面层结构组合方案比选

比选中,要列出两个或两个以上的方案,进行工程费、工期、使用效果等优缺点的比较,并提出推荐意见和理由。

## 第 9 章　港区铁路

9.1　概述

港区铁路概况及与港外铁路的衔接。

9.2　经济资料与行车组织

设计运量、车型、车列流及行车组织方式（应含港区铁路管理方式）。

9.3　线路及站场

港区铁路的平面、纵断面和路基型式设计；确定线路上部建筑标准、配件型式、轨道加强设备及线路标志等。

9.4　铁路通信

论述港区铁路通信网络和进行通信设备选型等。当港区铁路规模较小时本节内容可与港区通信合并。

9.5　铁路信号

根据港口铁路行车组织方式确定信号的设计标准，包括与港外铁路的衔接方式、闭塞方式、信号设备选型及布局等。

9.6　铁路供电

论述港区铁路供电系统及照明方式等。港区铁路规模较小时本节可与港区供电合并。

9.7　房建

包括生产及辅助建筑的布局，各单位的建筑面积，生活房屋建设标准等。

9.8　站场其他设施

对与港区铁路有关的围墙、排水沟、轨道衡和机务设施等进行选型与设计。如港区内需设机务段或其他大型机务整备设施时，可将机务独立一节。

9.9　铁路定员

包括按车务、机务、工务、电务分类的生产定员及非生产定员。

## 第10章　生产、生产辅助、生活辅助及生活福利建筑物

10.1　建筑

10.1.1　定员编制

计算全员人数并列出定员编制一览表。各专业确定工程定员时，应当尽量减少人员配置，这方面要有必要的论证。

10.1.2　建、构筑物

(1)列出生产建筑、生产辅助建筑项目及建筑面积。

(2)列出本工程必要的生活辅助建筑物项目,并根据有关规定计算出建筑面积。

(3)计算生活福利建筑总面积,并计算住宅、单身宿舍等主要生活福利建筑单项面积。

(4)列出构筑物项目以及主要几何尺寸。

(5)列出建构筑物一览表。

10.1.3　典型或主要建、构筑物设计方案

选取本工程中重要的或典型的建、构筑物,做出设计方案,绘制平、立、剖面图及主要建筑构造节点大样图,必要时应做比较方案,提出推荐方案并说明理由。

## 10.2　主要建、构筑物结构

10.2.1　场地水文地质条件

说明所在场地的地基土类型、特征、主要物理力学性质指标和地下水的水位变化及其对建筑物影响等。

10.2.2　建筑物安全等级

按照有关规范规定确定建、构筑物的安全等级。

10.2.3　荷载

确定作用在结构上的活荷载、安装荷载、风载、雪载及地震荷载等。

10.2.4　结构及基础设计

建、构筑物结构类型、结构布置及选用的主要建筑材料。根据结构分析,进行主要构件计算并给出结果。

比较确定基础型式及基础主要结构尺寸等。

10.2.5　地基处理

确定地基处理方案,对不良地质条件下的特殊土地基,应做多方案比较。

10.2.6　主要工程量

列出建、构筑物的主要工程量。

# 第 11 章　供电、照明

## 11.1　设计范围的划分

供电电源落实的情况和供电部门(电业局)是否定好供电协议,并说明设计分界点或范围。

## 11.2　供电电源及总降压站、变(配)电所的布置

电源情况,回路数,电压等级,路径,线路敷设方式及总降站、变(配)电所在平面图上的布置情况及各单体的电气设备选择、供电线路及敷设方式。

对需设置 35kV 级及以上的总降压站的工程,尚需说明主接线,二次接线及站内的配置情况,变(配)电所一次接线、二次接线及所内的设备配置。变电所至各用电负荷的供电线路及敷设方式。

## 11.3　负荷情况及电气设备选择

本节是供电的主要内容,包括负荷计算,功率因数补偿,短路计算,变压器容量的选择,高、低压设备的选型,电缆截面选择,运行方式及敷设方式等。

## 11.4　室外照明设施及港口照度的选择

随着照明技术的发展,港口对室外照明提出了更高的要求,设计主要体现照度均匀,照明设施维修方便等。对大面积照明应提供照明灯杆设置数量、高度及其布置。

## 11.5　维修设施

根据工程的大小规模确定是否需要维修设施,一般情况下与 110kV 变电站或 35kV 变电站统筹建设。

## 11.6　主要工程量

主要工程量包括电源线路,高低压电气设备(包括变压器),微机管理系统,变电所土建工程,电缆沟和电缆桥架等设施,避雷针、接地装置等,室外照明设施,室外电线、电缆及其他工程量。

# 第 12 章　控制及计算机管理

## 12.1　控制系统的组成

根据装卸作业流程、确定控制系统的组成。包括控制设备的选择、设备的主要功能和各设备之间的连接方式(数据通信方式)。

12.2 控制功能

控制流程、控制方式、皮带机或其他设备的安全保护功能。

12.3 管理功能

计算机管理的功能、管理方式和管理报表。

12.4 控制系统线路敷设

控制电缆的选择和线路的敷设方式。

12.5 控制设备一览表

## 第13章 通 信

13.1 港口自动电话

论述自动电话站站址、总机的容量、设备选型、中继方式、网络结构、中继线束的配备以及接口、机线的配套设施的配备及接地要求。

13.2 生产调度电话

13.2.1 确定有线调度电话调度网络结构(二级或三级)和电源配置。

13.2.2 无线调度电话

说明组网方式、频段、规模及设备选型。

13.3 通信传输线路

说明中继线是否采用数字型线路及对用户线的配备原则、配接线方式。

13.4 海岸电台

13.4.1 高频通信

包括电路规模与类型、控制方式、站址选择、设备选型与天线配置和地网设置等。

不允许新建短波岸台的港口,应说明采用何种通信方式及利用哪个短波岸台来解决船岸短波通信。

13.4.2　甚高频通信

说明电路规模、中继方式、设备选型、机线配置和天线挂高等。

13.5　数字微波通信

对端站、中继站的站址进行论证。要有详细的可靠性计算过程，同时还应对系统的监控方式、设备选型、分集技术和天线挂高等加以说明。

13.6　移动通信

对系统服务范围、服务质量、站址选择、天线挂高及终期规模等作较详细的说明，同时应对系统的网络组成、中继方式、信令接口方式、天线共用技术及设备选型进行论证。

13.7　闭路电视监视系统

说明系统的组网要求、设备的配置原则、设备选型、线路敷设方式及主要技术参数等。

## 第14章　给　排　水

14.1　设计范围

根据上级批准文件和有关设计资料，说明本专业设计的内容和分工（当有其他单位共同设计时）。

14.2　给水

14.2.1　港区用水量

包括港区的船舶、生产、生活、环境保护、消防和未预见水量。并给出港区最高日用水量。港口各项用水量需列表表示。

14.2.2　给水水源及输水管道

（1）城市供水时，说明接管点位置、接管管径、供水量和水压。

（2）自建水源时，应说明水文及水文地质情况和水源方案的选择；水源的水质分析及水质处理的意见；主要给水构筑物及设备的选择和规模。

（3）输水管道设施

说明输水管道的路线选择、主要设施、管材、连接方式、基础措施、防腐措施、障碍穿越等。

14.2.3　港区给水系统

说明码头、库场区和辅建区的给水系统类型；主要的供水设施（供水调节站和水塔等）；管网布置形式，管材选择及连接方式；管道敷设及主要附属构筑物。

14.3　排水

14.3.1　排水量及排水体制

排水体制的选择

14.3.2　雨水管道（渠）

（1）布置及系统划分

（2）主要设计参数和暴雨强度计算公式的选择；排水管出口处管顶（水面线）高程的选择。

14.3.3　污水管道

污水管道布置及系统划分，并对污水出路进行说明。

14.3.4　管道敷设及附属构筑物

管道的管材、接口、管道基础以及附属构筑物的选用。

14.3.5　排水泵站

排水泵站的集团、能力、建构筑物型式、泵房布置和设备选择。

## 第15章　采暖、通风与供热

15.1　设计依据：执行的标准和规范

15.2　设计范围

根据上级批准文件和有关设计资料，说明本专业设计的内容和分工。

15.3　采暖

包括室外空气计算参数、各采暖房间室内空气计算参数；采暖面积及热负荷；采暖的热媒及其参数的确定和采暖设备的选型。

15.4　通风

包括室外空气计算参数、室内空气计算参数；生产、使用过程中放散的热、湿和有害物的性质、成分、数量以及车间名称、建筑面积或体积和通风系统的组成及设备选型。

15.5　空气调节

包括计算参数;空调房间的名称、建筑面积和体积;系统的型式、风量、冷量、热量的确定和主要设备选型。

15.6　锅炉房

包括燃烧种类及其技术指标、原水水质指标、热负荷、供热介质及参数、锅炉型号、规格、台数及其有关的工艺要求。

15.7　热力管网

包括管网布置原则及其最大供热半径;热水采暖系统的定压方式及措施;蒸汽凝结水回收方式及措施和管道敷设方式的确定。

## 第16章　机　　修

16.1　机修的范围

在港内已有港机修理厂或机修车间的情况下,新建作业区一般仅设置必要的维修点进行设备的日常维修保养。

在有城市依托的地方,可不设单独的港机修理厂,只设维修车间。

16.2　车间的组成

根据机械设备数量及修理范围,确定机修车间的组成。

16.3　人员的配置

根据维修车间数量及任务量确定所需人员的数量。

## 第17章　供　　油

本章系指对港内装卸机械、运输车辆等所需燃料的供给,港口船舶供油一般由燃供公司负责,不包括在港口工程内。

17.1　供油方式

17.2　油品的种类和储量

17.3　加油站的规模和布置

17.4　加油车的选型及数量

## 第18章　消　　防

18.1　设计依据

(1)国家和地方颁布的有关消防技术规范、规定。

(2)在上级主管部门主持下,由设计单位、建设单位和公安机关协商确定的书面意见或交通部消防主管部门的审批意见。

18.2　工程火灾危险性定类及爆炸危险性分区

介绍本工程所承担的任务、范围、港口装卸和贮存主要货物的火灾危险性定类及爆炸性危险性分区。

18.3　消防设计

18.3.1　主要根据《建筑防火设计规范》等消防技术规范和交通部颁布的港口防火设计规范、规定,并参照各地"建筑防火设计专篇"的内容和要求,分别从总平面、建筑结构、给排水、电气、采暖通风和工艺等方面进行论述并扼要说明重点消防的消防总体设计方案。

18.3.2　消防站

根据交通部标准进行陆域和水上消防站设计。陆域消防站尚应符合公安部标准《消防站建筑设计标准》。

18.3.3　灭火器配置

按照《建筑灭火器配置设计规范》进行建筑物的灭火器配置设计。

18.3.4　消防系统投资额

## 第19章　环 境 保 护

19.1　设计依据

(1)环境影响报告书及其批文

(2)建设项目可行性研究报告中有关环境保护内容的要求及规定

19.2　设计采用的环保标准

环保标准包括环境质量标准和排放标准。

19.3　主要污染源和主要污染物

简述港口装卸工艺流程,重点突出对环境可能造成污染环节;说明主要污染物的种类、名称、数量、浓度或强度及排放方式。

19.4　环境保护工程设施及预期效果

19.4.1　防止大气污染的措施

分别说明各种污水(含煤、含矿石、含油和生活污水)的处理设施及其效果。当设置污水处理厂时,可按下列要求进行阐述;包括建设规模及进出口污水水质标准;工艺流程;主要构筑物及处理设备的选择和厂内主要辅助建筑的建筑面积及其使用功能。

19.4.2　防止固体废弃物及噪声污染措施

19.5　对建设项目引起的生态变化所采取的防范措施

19.6　绿化设计

简要说明港区绿化规划、绿化面积等设计内容。

19.7　环境监测设施

说明监测内容、测站等级、仪器设备及车、船配置等。

19.8　环境保护投资额

## 第20章　职业安全卫生

20.1　设计依据

简述国家及当地政府等对职业安全卫生所颁布的法规、标准和技术规范和本工程“职业安全卫生评价”报告的主要结论。

20.2　主要职业危险、危害因素的分析

对建设项目中产生对职工主要危险、危害的建筑、场地布置、设施及设备进行简单叙述。分析港口生产过程中的危险、危害等不安全因素。

20.3　职业安全卫生对策

根据对危险、危害因素的分析,提出消除和控制产生危险、危害等不安全因素的具体措施和要求。

## 第21章　节　　能

21.1　能源消耗的主要环节

分析能源消耗的主要设备及环节,如装卸设备、锅炉、照明等。

21.2　合理利用能源的措施

根据国家有关能源政策，从选用节能型产品及加强管理等方面，论述合理利用能源的措施。

## 第22章　施工条件、方法和进度

22.1　工程概况及施工依托条件

概述主要工程内容和主要工程项目的结构形式，列出主要工程数量表。并说明当地各类主要建筑材料的供应条件、水陆交通条件、场地条件、水电供应条件等以及当地水文、气象条件和原有港区生产对工程施工的影响等。

22.2　施工方法、施工顺序的建议及施工总体布置

22.2.1　主要施工特点及可能采用的施工方法。

22.2.2　建设或利用的各类大型施工设施，以及相应的规模、能力和布置方式。

22.2.3　施工期间使用的主要大型施工机具、船舶的型式、规格和数量等。

22.2.4　各主要工程项目的施工顺序、衔接条件等。

22.3　施工进度安排

22.3.1　工程总工期及主要控制进度的工程项目，并说明对大型建设项目分期投产安排的建议。

22.3.2　施工进度表

## 第23章　经济效益分析

23.1　编制依据

主要包括：国家和有关部门的规定

23.2　编制说明

包括：建设规模、吞吐量、概算投资、收费依据、建设工期、分年投资、项目营运期、资金筹措方式、流动资金、定员和基准收益率等。

23.3　港口营运收入、税金、总成本费用和利润测算

23.4　财务效益指标计算和分析

23.4.1 财务盈利能力分析

包括财务内部收益率(FIRR)、财务净现值(FNPV)、投资回收期和投资利税率。

23.4.2 项目清偿能力分析

包括资产负债率、流动比率、速动比率和借款偿还期。

23.5 不确定性分析

23.5.1 敏感性分析

23.5.2 盈亏平衡分析

23.6 财务效益评估意见

提出该项目在经济方面的合理性和建议。

23.7 各种附表

23.7.1 损益表

23.7.2 总成本费用估算表

23.7.3 借款还本付息计算表

23.7.4 财务现金流量表

23.7.5 资金运用和来源表

23.7.6 资产负债表

## 第24章 存在问题

设计中存在的主要问题以及需要设计审查时确定的问题。

# 第二篇 主要设备及材料

列出主要设备技术规格和数量,按单项工程列出三大材数量。

# 第三篇 工程概算

1 编制说明

1.1 简要说明工程概况及工程规模(如吞吐量、货种、泊位数量等)

1.2　列出工程的总投资并将基础设施总投资和地面设施总投资分列。若总投资中使用外币则将内币和外币分列。

1.3　说明概算编制的原则和依据:

1.3.1　国家的有关法令和法规

1.3.2　初步设计文件(包括施工条件设计)

1.3.3　现行初步设计概算的编制规定、有关定额、费用标准和有关规定。

1.3.4　设备的出厂价格

1.3.5　地方颁发的材料、半成品及各种设备器材的价格或工程所在地基建主管部门颁发的材料预算价格及有关规定。

1.3.6　注明上述规定、定额、标准及价格的颁发时间。

1.4　注明上述规定、定额、标准及价格的颁发时间。

1.5　说明以上未包括的其他必要的说明(如开工、竣工年限和外汇汇率等)及存在的主要问题。

2　沿海港口建设工程总概算表

2.1　总概算表应包括建设项目从可行性研究到竣工验收所需的全部建设费用。

2.2　一个建设项目,如由几个设计单位共同设计时由主体设计单位负责统一概算编制原则和依据并汇编总概算。

2.3　根据建设工程投资的不同资金来源及贷款利率的差别,应将建设工程中的基础设施和地面设施及相应的费用分开计算,以作为银行贷款的依据。

2.4　使用国外贷款的建设项目应分别编制内币概算和外币概算。

3　沿海港口建设工程单项(单位)工程概算表

3.1　建筑工程概算表

3.2　安装工程概算表

3.3　设备购置及安装工程概算表

3.4　主要材料汇总表:按各专业分别列出主要材料的用量

3.5　主要材料和设备的价格表

3.6 总概算表、单位工程概算表、主要材料汇总表的表格形式应符合交通部有关规定。

3.7 对送审的初步设计文件必须提供“单位估价表”及“材料单价表”各一份。

4 沿海港口建设工程主要材料汇总表

# 第四篇 设计图纸

初步设计中应包括下列图纸，设计单位可根据工程实际情况删减或补充。

1 港区形势图

2 港区总平面布置图（包括风、波玫瑰图、港区绿化、陆域形成和控制点的高程）。必要时绘制港区鸟瞰图。

3 管线系统图

4 港池、航道疏浚图

5 钻孔布置图

6 具有代表性的地质剖面图，岩面等高线图（附地质报告）

7 工艺流程图

8 装卸工艺平面布置图（图中应给出装卸工艺设计的主要技术经济指标表）

9 装卸工艺断面布置图

10 港内交通运输流向系统图（指集装箱码头）

11 维修车间的工艺布置图

12 水工建筑物平面布置图

13 水工建筑物立面图和剖面图

14 水工建筑物基础处理图

15 陆域形成平面和高程控制图

16 道路、堆场、轨道基础平面布置图

17 道路、堆场、轨道基础结构及基础处理图

18 港口铁路总布置图

19　港区铁路站场平面图

20　港区铁路纵、横断面图

21　港口铁路信号平面布置图

22　港口铁路通信系统图

23　港区主要或典型建、构筑物的平、立、剖面图。必要时绘制渲染图。

24　港区主要建、构筑物结构图

25　主要建筑物及需特殊处理的建筑物基础图

26　35千伏级及以上总降压站工艺平面布置和110千伏(35千伏)/10千伏(6千伏)侧单线系统图、二次线路配置图

27　10千伏(6千伏)变配电所工艺平面布置和10千伏(6千伏)/0.4千伏单线系统图

28　港口供电照明平面布置图

29　电修车间工艺布置图

30　给排水管网平面布置图

31　供水调节站平面布置图

32　港区通信系统网

33　自动电话交换机中继方式图

34　数字微波通信系统图

35　海岸电台工艺布置图

36　通信管线布置图

37　港口导航形势图

38　导航台工艺布置图

39　导航系统图

40　热力管网平面布置图

41　锅炉房工艺平面布置图

42　控制室(楼)布置图

43　控制系统配置图

44　加油站工艺布置图

45　消防管线平面布置图

46　除尘系统布置图

47　污水处理厂平面布置图

48　污水处理厂工艺流程图

49　施工设施及施工场地平面布置图

50　地方材料供应分布图

# 交通部水运工程设计计算机软件管理办法(试行)

(交通部　交基发[1995]520 号　1995.06.12)

## 第一章　总　　则

**第一条**　为加强水运工程设计计算机软件的管理,提高软件质量,加快工程设计软件的系列化、标准化和商品化的进程,根据建设部《工程设计计算机软件管理暂行办法》的有关规定,制定本办法。

**第二条**　本办法所称软件系指计算机程序及其有关文档。

**第三条**　本办法适用于交通部水运工程建设系统直属院(局)级单位开发的工程设计计算机软件的管理。地方交通厅所属水运系统设计院开发的水运工程设计计算机软件可参照本办法执行。

**第四条**　交通部基建管理司是水运工程设计计算机软件管理的主管部门,负责国家或部下达的软件(国家和部科技攻关项目除外)开发项目的立项审批、审定、登录和推广工作;各直属院(局)自行开发的项目,一般由立项单位管理,对应用价值高、通用性强的优秀软件,经批准后也可纳入部级管理。

**第五条**　水运工程建设项目中应用的设计软件,必须经过审定,审定合格后,方可在审定范围内应用。

**第六条**　计算机软件实行有偿转让。经部审定合格并登录的项目可在水运工程全行业内使用和转让;经院(局)审定合格的项目仅限于在本单位内部使用,不得转让。

## 第二章 软件开发立项

**第七条** 软件开发一般是指软件的研制、编制、改编和移植。研制是指自行建立数学模型,方法有所创新,具有研究或探索性;编制是指利用已有的数学模型和方法,针对具体问题开发程序;改编是在已有软件的基础上,扩大或改进其功能,或对若干软件进行综合;移植是把程序从一种机型或语言翻译到另一种机型或语言,程序功能无实质性改变。

**第八条** 软件开发要有计划地进行,尽量避免重复开发。部一般两年组织一次设计计算机软件的立项,各院(局)级单位组织开发的设计计算机软件可自行安排立项。

**第九条** 对于水运工程设计中普遍存在的技术难题,且其开发成果具有应用价值高、通用性强的设计计算机软件开发项目,可申请部立项。并于可立项年的3月底前提交申请报告和项目可行性研究报告一式四份,报部(基建司)。

**第十条** 部根据行业需要,适时组织专家评审立项或采用招标方式确定项目承担单位。

**第十一条** 承担部下达的计算机软件项目的单位,应按部统一制定的合同文本签订合同,并遵照合同规定的要求完成开发任务。

**第十二条** 软件开发单位应加强对软件开发、实施过程与成果的后期管理,确保软件成果的质量。

## 第三章 软件审定

**第十三条** 部立项下达的计算机软件开发项目,经过院(局)级审定后,必须报部审定。各单位自行开发的应用价值高、通用性强的计算机软件,经过院(局)级审定后可申请部级审定。

**第十四条** 部级审定由部组织跨部门或单位的同行业专家

(一般不少于7名)组成审定委员会通过会议形式进行,并形成审定意见;院(局)级审定应组织同行业专家(一般不少于5名)通过会议形式进行,并形成审定意见。

**第十五条** 申请部级审定的设计计算机软件应提交下列主要文档:

1. 技术报告(含功能、编制依据、计算方法、数学模型、框图等);

2. 用户手册、使用说明;

3. 测试报告;

4. 用户报告;

5. 院(局)级审定意见及推荐意见。

**第十六条** 软件审定委员会应在审定会前组织专家对送审软件的功能进行必要的测试,并写出测试报告。审定期间还应对重要技术数据进行现场演示并听取开发单位必要的补充说明。

**第十七条** 软件评审考核的主要指标是:

1. 软件成果正确、可靠、实用、先进、符合有关工程设计的标准规范,无产权争议;

2. 软件结构清晰,操作方便,可维护性好;

3. 软件通用性好、经济效益高,有推广应用价值;

4. 技术文档齐全。

**第十八条** 部根据审定委员会的审定意见,对审定合格的软件颁发软件审定合格证书,在水运工程建设行业内予以公布,并组织推广应用。

## 第四章 软件的登录

**第十九条** 经部审定合格的水运工程设计计算机软件,实行软件登录制度,具体登录要求另行通知。

**第二十条** 登录在案的软件扩充功能、更新版本后,也应经过相应的审定,并及时通报原软件登录部门。

**第二十一条** 软件登录部门有义务及时向本行业内各单位通告新登录的软件以及软件版本更新等情况。对于已无实用价值并登录在案的软件,登录部门有权宣布自然淘汰终止使用。除特殊情况外,登录的软件一般保留5年。

## 第五章 奖 励

**第二十二条** 软件管理主管机构对审定合格并登录在案的软件每两年进行一次评选活动,对评选出的优秀软件给予适当奖励。具体奖励办法可参照国家有关规定办理。

**第二十三条** 对水运工程建设行业应用价值高、通用性强和经济效益较好的优秀软件,可申报参加全国工程设计计算机优秀软件的评选。经部科技成果鉴定通过的水运工程设计计算机软件,可按有关规定申报部科技进步奖。

## 第六章 附 则

**第二十四条** 本办法由交通部基建管理司负责解释。

**第二十五条** 本办法自发布之日起试行。

# 交通部水运工程造价人员资格认证工作管理规定

（交通部　交基发[1995]1068号　1995.11.13）

**第一条**　为加强水运工程造价的管理，提高水运工程造价人员的素质和业务水平，确保造价文件的编制质量，合理确定和有效控制工程造价，制定本规定。

**第二条**　凡从事水运工程造价工作的专业技术人员，必须通过资格认证，持证上岗。否则，不得独立编制和审核水运工程造价文件。

**第三条**　水运工程造价人员的岗位证书在全国水运工程行业范围内有效。证书内设港口及航道水工、港口陆域、装卸工艺设备安装等专业类别。该证书是编制水运工程投资估算、概算、预算以及管理和审查水运工程造价的资格证明。从事的业务范围要与证书的专业相符。

**第四条**　持证上岗人员的范围

一、水运工程勘察设计单位现职在岗的水运工程造价编制人员以及该专业的技术主管人员。

二、建设单位现职在岗的水运工程造价管理人员。

三、水运工程施工企业现职在岗位的水运工程造价编制人员以及技术主管人员。

四、水运工程造价管理部门的有关人员。

**第五条**　岗位证书的使用及管理

一、水运工程造价文件的封面须有两名持证人签名，并注明岗位证书编号才能生效。否则，审查部门不予受理。

二、持证人员要对所编制或所审查的水运工程造价文件负责，如经审查发现有重大失误，视其程度，予以扣留证书直至吊销证书的处理。

三、岗位证书不得转让或涂改，不得冒名顶替。否则，经发现，将吊销其岗位证书，不再补发。

四、岗位证书每3年复查一次，不合格者吊销证书。

**第六条** 组织领导

一、部基建司负责水运工程造价人员资格认证的组织管理工作，并组织成立水运工程造价人员资格认证工作评审委员会，负责资格认证的评审及证书的复查工作。

二、资格认证评审委员会下设资格认证工作办公室（办公室设在部水运工程定额站内），负责资格认证的日常管理工作。

三、各省、自治区、直辖市交通主管部门或授权本地区交通（水运）工程定额站负责本地区的认证日常管理工作。

四、部属设计、施工及建设单位负责本单位的认证日常管理工作。

**第七条** 报名及考试方式

一、认证工作一般每年进行一次，凡申请水运工程造价岗位证书的人员，均需填写申请表（见附件）一式三份，并交2寸照片3张及报名费。

二、申请造价岗位证书的人员，均要进行专业考试。考试内容分为基础部分和专业部分。考试工作按"统一命题、分地区进行"的原则。

**第八条** 凡具有助理工程师（助理经济师）及以上职称、从事水运工程造价工作连续5年以上（含5年）的现职在岗人员均可提出申请参加一个或几个专业的考试。

**第九条** 在考试合格后，经评审委员会评审通过者，由交通部颁发证书。

**第十条** 根据目前全国水运工程造价人员的状况，在进行考试认证之前将先进行一次免试认证工作。凡具备下列条件之一，可免于考试。

一、具有高级技术职称，从事水运工程造价工作连续 8 年以上（含 8 年），有显著业绩。

二、具有中级技术职称，从事水运工程造价工作连续 10 年以上（含 10 年），有显著业绩。

符合免试条件者，由本人提出申请，并填写申请表（见附件），经所在单位及其上级行政主管部门推荐和初审后，报部评审委员会，经评审通过者由交通部颁发证书。

**第十一条** 水运工程造价人员岗位证书是从事水运工程造价工作的资格证明，不能视同于技术职称或职务证明。

**第十二条** 本规定由交通部基建管理司负责解释。

**第十三条** 本规定中的考试考核认证工作自 1996 年 1 月 1 日起实施。免试及考试的具体事项由部基建司另行安排。“持证上岗”制度从 1997 年 7 月 1 日起施行。

## 附件

<table>
<tr><td>姓　　名</td><td></td><td>性　　别</td><td></td><td rowspan="3">照<br>片</td></tr>
<tr><td>出生年月</td><td></td><td>学　　历</td><td></td></tr>
<tr><td>职　　称</td><td></td><td>评定年月</td><td></td></tr>
<tr><td colspan="2">毕业院校、专业、年月</td><td colspan="3"></td></tr>
<tr><td>参加工作年月</td><td colspan="4"></td></tr>
<tr><td>从事工程造价工作年月</td><td colspan="4"></td></tr>
<tr><td>申请专业</td><td colspan="4"></td></tr>
<tr><td>工作单位</td><td colspan="4"></td></tr>
<tr><td>从事工程造价工作简历</td><td colspan="4"></td></tr>
<tr><td colspan="5">工 作 成 就 及 论 文</td></tr>
<tr><td colspan="5">本人所在单位推荐意见：<br>盖　章<br>年　月　日</td></tr>
<tr><td colspan="5">本人所在单位上级行政主管部门初审意见：<br>盖　章<br>年　月　日</td></tr>
<tr><td colspan="5">部评审委员会评审意见：<br>盖　章<br>年　月　日</td></tr>
<tr><td colspan="5">岗位证书编号：交水（工程造价）证字　　　　号　　　　核准专业类别：</td></tr>
</table>

# 公路、水运工程监理工程师资质管理办法

（交通部　交基发[1996]29号　1996.01.04）

## 第一章　总　　则

**第一条**　为加强公路、水运工程监理工程师资质管理，做好监理工程师的资格审批工作，制定本办法。

**第二条**　本办法所称监理工程师是指经交通行政主管部门批准资格，取得相应的资格证书，按核定的监理业务范围从事监理工作的人员。

**第三条**　监理工程师按批准资格分为监理工程师资格和专业监理工程师资格。其中，专业监理工程师按分级管理原则分为：交通部批准的专业监理工程师资格和各地区、部门交通行政主管部门批准的专业监理工程师资格。

**第四条**　监理工程师资格和专业监理工程师资格均系执业资格。

具有监理工程师资格者，经聘任可在交通基本建设项目中担任总监理工程师、总监理工程师代表、高级驻地监理工程师、驻地监理工程师、专业监理工程师等岗位职务。

具有交通部批准的专业监理工程师资格者，经聘任可在交通基本建设项目中担任专业监理工程师岗位职务。

具有各地区交通行政主管部门批准的专业监理工程师资格者，经聘任可在本地区二级公路以下（含二级公路）或小型水运基本建设项目中担任专业监理工程师岗位职务。

**第五条**　监理业务范围是指监理工程师经批准可从事的监

理行业和监理专业。

监理行业划分为公路工程和水运工程两类。

公路工程监理行业包括:道路与桥梁工程、隧道工程、交通工程、试验检测等工程系列监理专业和工程经济与合同管理等经济系列监理专业。

水运工程监理行业包括:港口与航道工程、道路与堆场工程、房建工程、机电工程、铁路工程、试验检测等工程系列监理专业和工程经济与合同管理等经济系列监理专业。

**第六条** 交通行政主管部门对批准具有监理工程师资格者颁发《监理工程师资格证书》,对批准具有专业监理工程师资格者颁发《专业监理工程师资格证书》。

**第七条** 监理工程师资质实行分级管理。

交通部是全国公路、水运工程监理工程师资质管理的交通行政主管部门,具体负责监理工程师的资格和各等级(类型)交通基本建设项目专业监理工程师资格的审批、颁证和复查工作。

各省、自治区、直辖市交通厅(局)和部属、双重领导港务局、航务(运)管理局是本地区、本部门监理工程师资格和专业监理工程师资格的审查、申报部门,并负责本地区二级公路以下(含二级公路)或小型水运基本建设项目专业监理工程师资格的审批、颁证和复查工作。

部其他直属单位为本单位监理工程师资格和专业监理工程师资格的审查、申报部门。

**第八条** 交通部成立监理工程师评审委员会,负责监理工程师的资格审定工作。

交通部基本建设质量监督总站为交通部公路、水运工程监理工程师资质管理工作的办事机构。

各省、自治区、直辖市交通厅(局)和部属、双重领导港务局、航务(运)管理局工程质量监督站为本地区、本部门公路、水运工程监理工程师资质管理工作的办事机构。

## 第二章 申报条件

**第九条** 申请监理工程师资格者,需同时具备:

(一)应为长期从事公路或水运工程设计、施工、建设管理工作的专业技术人员;

(二)热爱中华人民共和国,拥护社会主义制度,遵纪守法,遵守监理工作职业道德;

(三)男性年龄在65岁以下(含65岁),女性在60岁以下(含60岁),且身体健康,能胜任现场监理工作;

(四)具有高级专业任职资格;或取得中级专业任职资格后,有5年以上工程设计、施工、建设管理实践经历;

(五)已取得交通部颁发的《交通部工程监理业务培训结业证书》或《交通部工程监理资格考试合格证书》;

(六)同时具有一种工程系列监理专业和工程经济与合同管理监理专业至少各1年的监理工作经历。

**第十条** 申请专业监理工程师资格者,应同时具备:

(一)应为长期从事公路或水运工程设计、施工、建设管理工作的专业技术人员;

(二)热爱中华人民共和国,拥护社会主义制度,遵纪守法,遵守监理工作职业道德;

(三)男性年龄在65岁以下(含65岁),女性在60岁以下(含60岁),且身体健康,能胜任现场监理工作;

(四)具有高级专业任职资格;或取得中级专业任职资格后,有两年以上工程设计、施工、建设管理实践经历;

(五)已取得交通部颁发的《交通部工程监理业务培训结业证书》或《交通部工程监理资格考试合格证书》;

(六)具有一种监理专业至少1年的监理工作经历。

## 第三章　监理业务范围的变更

**第十一条**　变更监理业务范围是指由交通行政主管部门批准对已获公路、水运工程监理工程师资格或专业监理工程师资格者，所具有的监理专业进行增补或对其监理资格进行变更。

**第十二条**　拟申请增补监理专业者,需同时具备:

(一)获监理工程师资格或专业监理工程师资格已满 2 年或前次变更监理业务范围满 1 年;

(二)历次监理资质复查均合格;

(三)每申请增补一个监理专业,须有 1 年以上相应专业的监理工作经历。

**第十三条**　已获交通部批准的专业监理工程师资格、拟申请监理工程师资格者,需同时具备:

(一)获专业监理工程师资格已满 2 年或前次变更监理业务范围满 1 年;

(二)历次监理资质复查均合格;

(三)符合本办法第九条有关要求。

## 第四章　申报与审批

**第十四条**　交通部对公路、水运工程监理工程师、专业监理工程师资格审批工作,原则上每年第二季度进行 1 次。

**第十五条**　申请者填妥《公路、水运工程监理工程师资格申请报告》,由所在单位报相应的公路、水运工程监理工程师审查、申报部门审查后,报交通部审批。

**第十六条**　交通部基本建设质量监督总站负责对申报材料进行初审,提出推荐意见,报交通部监理工程师评审委员会审定,再报交通部审批。

**第十七条**　已获公路、水运工程监理工程师资格或专业监理工程师资格，需变更监理业务范围者，应填妥《公路、水运工程监理工程师资格申请补充报告》，并按照监理工程师申报程序，逐级上报。

## 第五章 复 查

**第十八条** 交通部将每三年对监理工程师资格和部批专业监理工程师资格者进行复查。

**第十九条** 待复查人员应根据本办法的要求，填写《监理工程师复查申请报告》，并按照监理工程师申报程序报交通部。

**第二十条** 复查的主要内容包括：

（一）是否符合所具有的监理资质要求；

（二）能否胜任现场监理工作；

（三）能否遵守监理工程师职业道德，有无违法乱纪行为；

（四）监理工作实效。

**第二十一条** 交通部对复查合格者，将在其《监理工程师资格证书》或《专业监理工程师资格证书》上，进行确认登记、加盖印章。

## 第六章 证书管理

**第二十二条** 《监理工程师资格证书》或《专业监理工程师资格证书》由交通部统一印制。

**第二十三条** 申请变更监理业务范围者，在填报《公路、水运工程监理工程师资格申请补充报告》的同时，须交回《监理工程师资格证书》和《专业监理工程师资格证书》。

**第二十四条** 凡申请复查人员，在填报《公路、水运工程监理工程师复查申请报告》的同时，须交回《监理工程师资格证书》或《专业监理工程师资格证书》。

（一）对复查合格者，将在其证书上进行确认登记后，退回证书。

（二）对复查不合格者，将取消监理资格并收回证书。

**第二十五条** 凡遗失《监理工程师资格证书》或《专业监理工程师资格证书》者，需由相应的公路、水运工程监理工程师资质管理工作的办事机构（或部其他直属单位）向所批准资格的交通行政主管部门申请补发。

**第二十六条** 获《监理工程师资格证书》、《专业监理工程师资格证书》者，不得将证书撕毁、污损、转借、出让给他人或在证书上涂改。

## 第七章 罚 则

**第二十七条** 对出现下列情况之一者，将根据情节，分别给予通报批评、停止执业、取消监理资格并收缴证书及限期五年内不得再申报监理工程师的处罚：

（一）不能自觉遵守监理工程师职业道德，缺乏监理工作责任心，造成不良影响者；

（二）监理工作失误，造成工程质量事故或经济损失者；

（三）未经注册，以驻地监理工程师以上名义从事监理工作者；

（四）以监理工程师个人名义承接工程监理业务的；

（五）以虚假或不正当手段获得《监理工程师资格证书》或《专业监理工程师资格证书》者。

**第二十八条** 监理工程师丧失职业道德，贪污、索受贿赂；玩忽职守或因监理工作失误，造成重大工程质量事故和严重经济损失并构成犯罪的，除取消监理资格并收缴证书外，还将由司法机关追究其刑事责任。

## 第八章 附 则

**第二十九条** 各省、自治区、直辖市交通厅（局）和部属、双重领导的港务局、航务（运）管理局可根据本办法制定实施细则，并报交通部备案。

各地区二级公路以下(含二级公路)或小型水运基本建设项目专业监理工程师资格的审批、复查结果,报交通部核备。

**第三十条** 本办法由交通部负责解释。

**第三十一条** 本办法自1996年7月1日起施行,交通部以交工发[1992]66号文发布的《公路、水运工程监理工程师注册办法》同时废止。

# 长江干流桥区航标设置及维护管理规定

（交通部　交基发[1996]489号　1996.03.14）

**第一条**　为加强长江桥区航标设置和维护的管理，保障跨越长江干流桥梁和船舶航行的安全，特制定本规定。

**第二条**　本规定适用于长江干流已建、在建桥梁的桥区航标的设置、维护管理。本规定所称桥区航标，是指在建设跨越长江干流桥梁及其建成以后，为保障桥梁自身和船舶安全，而设置的航行标志。

**第三条**　长江航道局负责长江干流桥区航标的设置和维护管理。

**第四条**　桥区航标应按国家标准GB 5863—93《内河助航标志》、GB 5864—93《内河助航标志的主要外形尺寸》和《内河航道维护技术规范》的有关规定进行设置，其有关经费纳入桥梁工程总概算。

**第五条**　在桥梁开工前，桥梁建设单位应与长江航道局商定施工期的桥区航标设置方案，并负责建设，承担相应的维护管理经费。

**第六条**　设在桥上的桥涵标、桥柱灯等设施由桥梁建设或管理单位负责维护管理。

**第七条**　对于正在建设的桥梁所设置在水上的桥区航标，在桥梁竣工后，由桥梁建设单位移交长江航道局统一维护管理，其维护费由桥梁管理单位和航道管理部门各负担维护费用的一半。

**第八条**　桥区航标的管理部门应建立夜间值班制度，以加强对航标的监测，发现或获悉航标流失、灯光失常，应立即赴现场恢复；当遇不可抗拒的灾害或异常情况不能及时恢复时，应采取临时安全措施,并向航道管理部门报告,以便及时通报有关部门。

**第九条** 已建成桥梁的桥区水上航标的维护费用,按照国家经贸委《关于跨越长江桥梁桥区航标维护管理费用问题的复函》(国经贸运[1995]204 号)执行。

**第十条** 因在特殊河段建设桥梁,经论证需要增设的航标及其他设施,可由航道管理部门与桥梁建设单位协商确定,并由桥梁建设单位承担建设费用。

**第十一条** 长江干流其他跨河建筑物需设置助航标志时,参照本规定执行。

**第十二条** 各省、自治区、直辖市交通主管部门可参照本规定,制定本地区桥区航标管理办法。

**第十三条** 本规定由交通部负责解释。

**第十四条** 本规定自 1996 年 9 月 1 日起施行。

# 内河航运建设项目(工程)竣工验收办法

(交通部　交基发[1996]911号　1996.11.04)

## 第一章　总　　则

**第一条**　建设项目(工程)的竣工验收,是对项目设计、施工、建设管理和工程监理的全面检验。为加强内河航运建设项目(工程)竣工验收工作的管理,根据国家计委1990年颁发的《建设项目(工程)竣工验收办法》等有关规定,并结合内河航运工程的特点,特制定本办法。

**第二条**　凡新建、改建、扩建的内河航运基本建设项目和技术改造项目的竣工验收,均适用于本办法。内河航运建设项目包括:

一、航运枢纽及过船设施工程;

二、航道整治工程;

三、港口工程;

四、修、造船厂工程;

五、通信工程;

六、航标工程;

七、船舶交通管理系统及其他工程。

**第三条**　中外合资、合作以及引进资金、技术、设备的内河航运建设项目(以下简称境内涉外项目)的竣工验收,除适用本办法外,还应按照签订的涉外合同办理有关验收手续。

## 第二章　验收依据

**第四条**　内河航运建设项目竣工验收以下列文件为依据:

一、批准的工程可行性研究报告；

二、批准的初步设计文件；

三、批准的设计修改和概算调整等文件；

四、主管部门批准的开工报告；

五、施工图设计及有关变更文件；

六、主要设备技术说明书；

七、境内涉外项目合同和有关文件；

八、技术规范及质量检验评定标准。

## 第三章 验 收 条 件

**第五条** 内河航运建设项目竣工验收必须符合下列条件：

一、生产性项目及辅助工程已按批准的设计内容建成，满足生产使用要求，形成生产能力；

二、主要工艺设备的制作、安装、调试已完成，各项技术参数达到设计标准，联动重载试车合格；

三、生活设施按设计内容基本建成，满足生产使用要求；

四、各单位工程经质量检验评定合格；

五、环境保护、职业安全卫生、消防等设施与主体工程同步建成，并取得有关部门的签认；

六、竣工决算（或预决算）报告编制完成，并经审计合格；

七、竣工验收资料符合归档要求；

八、项目投产前的生产准备工作能适应投产需要。

**第六条** 内河航运建设各类项目的竣工验收条件按附录一执行。

**第七条** 境内涉外项目按合同规定完成工程内容，经试运行合格后，进行验收。

**第八条** 内河航运建设项目因特殊原因无法按原设计规模建成，对已形成部分生产能力的单位工程，应报原审批部门批准后进行竣工验收。

## 第四章 验收程序

**第九条** 内河航运建设项目的验收分为交工验收、竣工验收两个阶段。

对单位工程较多、建设内容复杂的建设项目,可在竣工验收前组织预验,为竣工验收作好准备。

**第十条** 单位工程完工,符合交工验收条件,由施工单位提出交工验收申请,经建设单位审核后,及时组织交工验收(交工验收的要求见附录二)。

**第十一条** 建设项目完工,竣工验收资料基本齐备,建设单位提出竣工预验申请,由项目主管部门组织竣工预验。

**第十二条** 建设项目达到竣工验收条件后,建设单位提出竣工验收申请,由初步设计审批部门或其授权委托的单位(部门)组织竣工验收。

## 第五章 验收组织

**第十三条** 竣工验收参加单位一般有项目审批及主管部门,地方政府及有关部门,银行以及项目建设、使用(管理)、设计、施工、监理、质量监督等单位。

竣工预验比照本条前述规定执行,并可邀请办理项目投产有关手续的管理单位及提供外协条件的有关单位参加。

**第十四条** 主持竣工验收单位(部门)视工程规模、工程复杂程度组成验收委员会或验收小组。验收委员会(小组)由主任委员(组长)、副主任委员(副组长)、委员(组员)组成。其成员由主持竣工验收单位(部门)确定。

**第十五条** 验收委员会(小组)职责如下:

一、负责组织听取各有关单位的工作报告,实地查验工程质量及工程试运行情况,审阅工程竣工验收资料,检查建设项目是否符

合有关行业标准、规定,确认单位工程交工验收结果,对项目的建设和管理作出全面评价,并核定工程总体质量等级;

二、检查工艺设备联动试运转记录和试生产报告,必要时进行抽查检测;

三、检查项目投产准备情况;

四、审核竣工决算报告;

五、对项目遗留问题提出处理意见;

六、签署竣工验收证书。

## 第六章 验收资料

**第十六条** 竣工验收资料由建设单位组织编制,包括建设管理文件资料、工程技术资料、竣工验收会议资料等(竣工验收资料的要求见附录三)。

**第十七条** 竣工验收资料必须完整、准确、系统,满足生产(使用)、管理、维护、改扩建的需要。

**第十八条** 竣工验收档案资料应符合《交通文件材料立卷归档办法》(交办发[1992]100号)的要求。

**第十九条** 交通部主持竣工验收的项目,竣工验收资料一式六份。省(市、自治区)交通主管部门主持竣工验收的项目,竣工验收资料份数由各地自行确定。

使用(管理)单位必须保存全套竣工资料原件。

## 第七章 竣工决算

**第二十条** 建设单位必须对项目建设的资金、物资和形成的资产进行清理,按交通部有关规定编制竣工决算报告或预编制竣工决算报告。

**第二十一条** 建设项目竣工验收时对未完的收尾工程,应根据初步设计和施工图设计提出收尾工程名称及相应的工程量、投资，经上级主管部门批准后，其投资纳入工程决算。

**第二十二条** 未经批准，擅自增加建设内容、扩大规模、提高标准所增加的工程投资，不得纳入工程决算。

**第二十三条** 对预编制竣工决算的竣工验收项目，建设单位应在竣工验收后3个月内完成竣工决算，报主管部门核准后办理固定资产移交手续。

## 第八章 附 则

**第二十四条** 本办法自发布之日起试行。

**第二十五条** 本办法由交通部基建管理司负责解释。

# 水运工程质量监督规定

（交通部令2000年第3号　2000.06.07）

## 第一章　总　　则

**第一条**　为加强水运工程质量监督，提高水运工程质量，保证水运工程监督工作客观、公正、高效，根据《建设工程质量管理条例》，制定本规定。

**第二条**　在中华人民共和国境内实施水运工程质量监督，适用本规定。

本规定所称水运工程，是指港口、航道、航标、通航建筑物、海岸防护、修造船水工建筑物及支持系统、辅助和附属设施的新建、改建、扩建和大修工程。

本规定所称水运工程质量，是指有关法律、行政法规、规章、技术标准、设计文件以及合同对水运工程的安全、适用、经济、美观等特性的综合要求。

本规定所称水运工程质量监督，是指县级以上人民政府交通主管部门（以下简称交通主管部门）及其委托的水运（交通）工程质量监督机构（以下简称质监机构）对水运工程质量实施的强制性行政监督。

**第三条**　水运工程的建设单位、勘察设计单位、施工单位、工程监理单位应当按国家有关规定建立完善质量保证体系，依法对水运工程质量负责。

**第四条**　各级交通主管部门应当采取有效措施，加强水运工程质量监督的行业管理。

**第五条**　各级交通主管部门、质监机构实施水运工程质量监督应当依据有关法律、行政法规、规章和强制性技术标准进行，并遵循客观公正、注重效率的原则。

**第六条** 各级交通主管部门、质监机构依照本规定规定的职权和程序，实施水运工程质量监督。

任何单位和个人应当支持交通主管部门、质监机构依法实施水运工程质量监督，不得拒绝或者阻挠。

**第七条** 对水运工程的质量缺陷、质量事故任何单位和个人都有权向交通主管部门、质监机构和其他有关部门控告、检举。

## 第二章 质监机构和质监人员

**第八条** 交通部主管全国水运工程质量监督工作。

交通部设立基本建设质量监督总站（以下简称质监总站），具体负责全国水运工程质量监督的行业管理工作。

交通部派出机构设立水运工程质量监督站（以下简称质监站），具体负责该派出机构管辖范围内的水运工程质量监督工作，行使水运工程质量监督行政执法权。

**第九条** 县级以上地方人民政府交通主管部门主管本行政区域内的水运工程质量监督工作。

省级人民政府交通主管部门设立水运（交通）工程质量监督站（以下简称质监站），根据省级人民政府交通主管部门委托的权限，具体负责本行政区域内水运工程质量监督工作，行使水运工程质量监督行政执法权。

地（市）级地方人民政府交通主管部门设立水运（交通）工程质量监督分站（以下简称质监分站），根据地（市）级地方人民政府交通主管部门委托的权限，具体负责本行政区域内的水运工程质量监督工作，行使水运工程质量监督行政执法权。

水运工程质量监督工作实行属地管理，一地一站。

**第十条** 质监机构的水运工程质量监督，受同级交通主管部门的领导，受上级质监机构的业务指导。

**第十一条** 质监机构必须按照国家有关规定经考核取得水运工程质量监督合格证书后，方可实施水运工程质量监督。

质监总站、质监站由交通部考核；质监分站由省级交通主管部门考核。

**第十二条** 质监机构应当按照精简、效能、专业结构合理的原则配备质监人员，直接从事工程质量监督的人员不得少于总人数的70%。

**第十三条** 质监总站、质监站正职、副职领导人员一般应当具有高级工程技术职称；质监分站正职、副职领导人员一般应当具有中级以上工程技术职称。

**第十四条** 质监机构应当认真履行水运工程质量监督职责，建立和完善内部管理制度，不断提高工作水平和效率。

**第十五条** 质监机构应建立水运工程质量监督工作报告、通报制度，定期或不定期向交通主管部门、上级质监机构及被监督单位报告或者通报水运工程质量监督工作情况。

**第十六条** 质监机构按国家有关规定收取工程质量监督费。因监督工作需要，质监机构对水运工程进行的非常规试验检测和交、竣工验收检测所发生的检测费用，由建设单位承担。

**第十七条** 质监机构应当设立专门的水运工程质量监督档案，妥善保管有关水运工程质量监督的文件和资料。

**第十八条** 质监机构应建立健全质监人员监督制度，加强对质监人员的监督管理。

**第十九条** 质监人员必须熟悉水运工程质量监督业务，具备相应的专业知识和业务能力，并按规定参加行政执法岗位培训，取得《交通行政执法证》，方可从事水运工程质量监督行政执法工作。

《交通行政执法证》的颁发和管理按交通部发布的《交通行政执法证件管理规定》执行。

**第二十条** 质监人员应当忠于职守，秉公执法，清正廉洁。

**第二十一条** 质监人员实施水运工程质量监督，与被监督事项有利害关系的，应当回避。

**第二十二条** 质监人员对其执行职务中知悉的国家秘密和被监督单位的商业秘密有义务保密。

**第二十三条** 水运工程质量监督实行公开办事制度。

任何单位和个人都有权对质监机构和质监人员进行监督，有权对其违法失职行为向交通主管部门提出控告、检举。

## 第三章 质监机构的职责

**第二十四条** 受交通部委托，交通部基本建设质量监督总站水运工程质量监督的主要职责如下：

（一）执行国家有关工程质量管理的法律、行政法规、规章和强制性技术标准；

（二）承担质监站及质监人员资质的考核、发证及业务指导；

（三）负责对水运工程监理工作进行监督管理，承担水运工程监理单位、监理工程师的资质管理；

（四）承担水运工程试验检测机构、仪器设备计量检定机构及人员的资质管理及工程试验检测机构计量认证的管理；

（五）负责水运工程质监人员、监理人员和试验检测人员的业务培训管理；

（六）承担水运工程质量管理工作，对参建单位的质量保证体系进行监督；

（七）承担国家和部属重点水运工程建设项目的工程质量监督检查工作，组织重点水运工程（竣工）质量鉴定；

（八）组织或参与部级和国家级优质工程审核工作；

（九）参与水运工程竣工验收；

（十）受理水运工程质量监督控告、检举，参与重大水运工程质量事故的调查处理；

（十一）发布水运工程质量动态信息；

（十二）承办交通部委托的其他事项。

**第二十五条** 受交通部委托，交通部派出机构设立的质监站的主要职责如下：

（一）执行国家有关工程质量管理的法律、行政法规、规章和强制性技术标准；

（二）负责水运工程质量管理，对参建单位的质量保证体系进行监督；

（三）负责管辖范围的水运工程监理单位和监理工程师的资质管理；

（四）负责管辖范围的水运工程试验检测机构及人员的资质管理；

（五）检查水运工程参建单位的资质，组织水运工程质量监督检查；对水运工程使用的原材料、中间产品和设备的质量进行监督检查；

（六）负责已完工的水运工程的质量鉴定；

（七）负责已竣工验收的水运工程的质量评定；

（八）组织或参与水运工程质量事故的调查处理；督促有关整改意见的落实；

（九）受理水运工程质量缺陷、质量事故的控告、检举；

（十）参与优质工程的评审工作。

**第二十六条** 地方质监机构水运工程质量监督的主要职责由省级交通主管部门参照质监总站的主要职责规定。

**第二十七条** 质监机构履行水运工程质量监督职责时，可以采取下列措施：

（一）要求被监督单位提供有关文件和资料；

（二）进入被监督单位的施工现场和其他有关场所进行检测、检查、拍照、录像；

（三）发现有影响工程质量缺陷可以责令改正；

（四）向有关单位和个人调查有关情况，并取得证明材料。

## 第四章 质量监督内容

**第二十八条** 实行招标的水运工程自招标投标公告发布之日

或投标邀请书发出之日起至工程保修期届满为止，为水运工程质量监督期。

不实行招标的水运工程自申请办理水运工程监督手续之日起至工程保修期届满为止，为水运工程质量监督期。

**第二十九条** 参与水运工程建设的建设单位、勘察单位、设计单位、施工单位、监理单位（以下简称参建单位）和有关人员，必须按国家有关规定履行工程质量义务，接受交通主管部门或其委托的质监机构的监督。

**第三十条** 交通主管部门或其委托的质监机构对水运工程参建单位和人员的资质进行监督。

**第三十一条** 交通主管部门或其委托的质监机构对有关水运工程参建单位执行国家和行业强制性标准的情况进行监督。

**第三十二条** 交通主管部门或其委托的质监机构对水运工程参建单位的工程质量保证体系进行监督。

**第三十三条** 交通主管部门或其委托的质监机构对水运工程项目试验检测工作的规范性、准确性、客观性进行监督。

**第三十四条** 交通主管部门或其委托的质监机构对水运工程使用的材料、中间产品、设备及施工工艺进行监督。

**第三十五条** 交通主管部门或其委托的质监机构对水运工程实体质量进行监督，作出工程质量鉴定和评定。

**第三十六条** 交通主管部门或其委托的质监机构对水运工程质量缺陷、质量事故依照有关规定进行调查处理。

**第三十七条** 交通主管部门或其委托的质监机构对有关单位的水运工程质量档案资料的完整性、规范性、客观性进行监督。

## 第五章 质量监督程序

**第三十八条** 建设单位在领取施工许可证或者办理开工报告前，应当向交通主管部门或其委托的质监机构提交《水运工程质量监督申请书》，办理水运工程质量监督手续，并按规定的时间分阶段向质监机构提供下列文件和资料：

（一）初步设计的批复文件，地质水文勘察资料，设计文件；

（二）招标文件，设计、施工、监理的合同副本；

（三）勘察、设计、施工、监理、检测单位的资质、资信证明材料；

（四）施工组织设计，施工单位质量自检程序和施工工地试验室装备清单；监理规划、监理程序和监理工地试验室装备清单；

（五）被监督工程的主要设计人员、施工技术负责人、施工质量自检人员、工程监理人员、施工和监理工地试验人员、施工单位项目经理的名单及资格证书；

（六）工程质量自评资料及有关工程竣工验收质量资料；

（七）国家规定必须提供的其他文件和资料。

未办理工程质量监督手续的，交通主管部门不得批准开工。

**第三十九条** 交通主管部门或其委托的质监机构自收到《水运工程质量监督申请书》和有关文件、资料之日起十五日内，对所收到的文件和资料及施工现场进行核实，确定该水运工程监督计划和质监人员，并向建设单位和其他有关单位发送《水运工程质量监督通知书》。

**第四十条** 水运工程建设项目开工后，交通主管部门或其委托的质监机构应当按照《水运工程质量监督通知书》和以下规定的内容实施质量监督：

（一）检查水运工程现场监理机构的监理程序和监理质量；

（二）抽查基础工程、主体工程以及其他影响使用功能、安全性能的重要部位、重要部件、主要施工工序；

（三）检查工地试验室及试验检测方法；

（四）检查国家规定必须检查的内容。

交通主管部门或其委托的质监机构在工程质量监督检查或抽查中，如发现质量缺陷，应当及时向建设单位发送《水运工程质量监督意见书》。

建设单位应当按《水运工程质量监督意见书》提出的要求，采取有效措施，改进质量缺陷，消除质量隐患。

**第四十一条** 水运工程单位工程完工后，交通主管部门或其委托的质监机构应当对该单位工程进行质量鉴定，并签发《水运工程质量鉴定书》。

未经交通主管部门或其委托的质监机构进行单位工程质量鉴定或鉴定不合格的，不能组织竣工验收。

**第四十二条** 对工期较长、结构复杂的水运工程单位工程，可分阶段进行工程质量鉴定。

**第四十三条** 水运工程竣工验收前，交通主管部门或其委托的质监机构应当对该工程的质量进行全面核查，提出《水运工程质量监督报告》，送建设单位和有关部门。对需要整改的，监督报告应当包含整改意见。

建设单位必须按《水运工程质量监督报告》中的整改意见进行整改，并在规定的时间内将整改情况向交通主管部门或其委托的质监机构报告。

**第四十四条** 水运工程竣工验收后，由交通主管部门或其委托的质监机构签发《水运工程质量证书》。

**第四十五条** 交通主管部门或其委托的质监机构作出水运工程质量鉴定和评定，应当审查参建单位所提供的质量保证资料、质量检查资料、质量自评资料，并对水运工程实体进行抽查、检测。

交通主管部门或其委托的质监机构必须对其出具的鉴定、评定和监督报告的客观性、公正性负责。

**第四十六条** 水运工程发生质量事故，有关单位应当在24小时内向当地交通主管部门或其委托的质监机构报告。

交通主管部门或其委托的质监机构收到质量事故报告后，应当督促有关单位保护现场，采取有效措施防止损失进一步扩大，并初步判定事故性质，及时向上级交通主管部门报告有关情况。

水运工程质量事故的调查程序按照国家有关规定执行。

**第四十七条** 质监人员进入施工现场及其他有关场所检查或者向有关单位和人员进行调查时，应当出示《交通行政执法证》。

**第四十八条** 有关单位和个人对交通主管部门或其委托的质监机构作出的水运工程质量鉴定、评定和监督报告有异议，可以在收到水运工程质量鉴定、评定和监督报告之日起30日内向作出水运工程质量鉴定、评定和监督报告的交通主管部门或其委托的质监机构申请复核，交通主管部门或其委托的质监机构应当自收到复核申请之日起30日内作出复核决定，并通知有关单位。

交通主管部门或其委托的质监机构对有关复核申请，经复查，认为原水运工程质量鉴定、评定和监督报告不适当的，应当变更或者撤销。

**第四十九条** 交通主管部门或其委托的质监机构实施水运工程质量监督使用的文书、证书应当符合交通部规定的统一式样。

## 第六章 罚 则

**第五十条** 违反本规定，建设单位未按照国家规定办理工程质量监督手续的，由交通主管部门或其委托的质监机构按《建设工程质量管理条例》第五十六条的规定，责令改正，处20万元以上50万元以下的罚款。

**第五十一条** 水运工程质量监督行政处罚程序，按交通部发布的《交通行政处罚程序规定》执行。

**第五十二条** 质监机构不按规定履行质量监督职责，发生重大质量事故的，视情节轻重，给予通报批准评，责令整改。

**第五十三条** 质监人员玩忽职守、滥用职权、徇私舞弊，构成犯罪的，依法追究刑事责任；尚不构成犯罪的，依法给予行政处分。

## 第七章 附 则

**第五十四条** 本规定自2000年7月1日起施行。1993年10月22日交通部发布的《水运工程质量监督暂行规定》同时废止。

# 水运工程施工招标投标管理办法

（交通部令2000年第4号　2000.09.12）

## 第一章　总　　则

**第一条**　为加强水运工程施工市场的管理，规范水运工程施工招标投标活动，依据《中华人民共和国招标投标法》和国务院有关规定，制定本办法。

**第二条**　本办法适用于中华人民共和国境内水运工程基本建设项目和技术改造项目。

本办法所称水运工程，是指港口工程、航道工程、航标工程、通航建筑物工程、修造船水工建筑物工程、安装工程和支持系统及其辅助和附属工程等。

水运工程施工达到下列标准之一的，必须进行招标：

（一）单项合同估算价在200万元人民币以上的；

（二）单项合同估算价低于200万元人民币，但项目总投资额在3000万元人民币以上的。

水运工程施工招标投标工作程序包括招标、对潜在投标人的资格审查、投标、开标、评标及合同签订等。

**第三条**　任何单位和个人不得将依法必须进行招标的水运工程建设项目化整为零或以其他任何方式规避招标。

**第四条**　水运工程施工招标投标活动，应遵循公开、公平、公正和诚实信用的原则。

**第五条**　凡持有工商行政管理部门核发的具有相应经营范围的营业执照，并具有与水运工程规模相应资质等级证书和资信证明的潜在投标人，均可参加投标。

**第六条** 水运工程建设项目招标投标活动的行业监督执法，由交通行政主管部门负责。

大中型、限额以上的水运工程项目和国家投资以及其他重要水运工程建设项目招标投标活动的监督执法，由交通部负责。

小型、限额以下的水运工程项目招标投标活动的监督执法由各省、自治区、直辖市交通行政主管部门负责。长江航务管理局受交通部委托负责其管辖范围内的小型、限额以下的水运工程项目招标投标活动的监督执法。

**第七条** 水运工程施工招标投标是法人或者其他组织之间的经济活动，受国家法律保护和约束，交通行政主管部门应依法对水运工程施工招标投标活动进行监督管理。任何单位和个人不得以任何方式非法干涉招标投标活动的正常进行。

**第八条** 水运工程施工招标投标实行报审、报备制度。建设项目招标方案、招标文件、资格审查结果需报交通行政主管部门审批，评标报告需报交通行政主管部门核备。

## 第二章 招　　标

**第九条** 招标人是按照规定提出施工招标项目、进行施工招标的法人(建设单位，以下同)或者其他组织。具备下列条件的招标人，可以自行办理招标事宜。

(一)具有与招标项目相应的工程、经济管理和编制招标文件的能力；

(二)具有对投标人进行资格审查和组织评标的能力。

必须进行招标的项目，招标人自行办理招标事宜的，应报交通行政主管部门核备。交通行政主管部门对招标人是否具备自行招标条件进行审查，符合条件的，准许其自行办理招标事宜，任何单位和个人不得强制其委托招标代理机构办理招标事宜；不符合条件的，应要求其委托招标代理机构办理招标事宜。

**第十条** 招标人有权自行选择招标代理机构，委托其办理招标事宜。任何单位和个人不得以任何方式为招标人指定招标代理机构。招标代理机构应当在招标人委托的范围内办理招标事宜，并遵守本办法关于招标人的规定。

**第十一条** 水运工程实行施工招标的项目，应具备下列条件：

（一）具有审定的施工图设计，或者具有经过批准的初步设计和工程概算；

（二）征地拆迁工作已基本完成或落实，能保证分年度连续施工的需要；

（三）有交通行政主管部门核验的报建手续；

（四）资金或者资金来源已经落实。

**第十二条** 水运工程施工招标方式：

（一）公开招标。招标人通过国务院有关部门指定的报刊、信息网络或者其他媒介发布招标公告进行招标。

依法必须进行招标的项目，全部使用国有资金投资或者国有资金投资占控股或者主导地位的，应当公开招标。

（二）邀请招标。招标人可选择三个以上具有与招标项目相应资质和资信的特定的法人或者其他组织，向其发出投标邀请书。

实行邀请招标的，应报交通行政主管部门审批，所邀请的潜在投标人名单应报交通行政主管部门核备。

**第十三条** 水运工程施工招标可实行全部工程招标、单项工程或专业工程招标，但主体工程不得肢解。招标内容应在招标公告或投标邀请书中说明。

**第十四条** 水运工程施工招标工作由招标人组织，按下列程序进行：

（一）确定招标方式；

（二）编制招标文件；

（三）将招标文件报送交通行政主管部门审批；

（四）发布招标公告或发出投标邀请书；

（五）接收投标人的投标申请书和资格审查申请文件；

（六）对提出申请或应邀参加投标的投标人进行资格审查；

（七）将资格审查结果报交通行政主管部门审批；

（八）通知申请投标人资格审查结果，向合格的投标人出售或发放招标文件；

（九）组织投标人勘察现场，召开标前会进行答疑；

（十）接收投标人的投标文件；

（十一）开标，审查投标文件的符合性；

（十二）评标，提出评标报告，确定中标人；

（十三）将评标报告、评标结果报交通行政主管部门核备；

（十四）发出中标通知书；

（十五）签订合同。

**第十五条** 招标公告（投标邀请书）应包括的主要内容：

（一）招标人的名称和地址、获取招标文件的办法；

（二）招标依据；

（三）工程概况：工程名称、地点、工程类别、规模、招标范围、施工工期和资金来源等；

（四）招标方式、时间、地点及报送投标申请书和资格审查申请文件的起止时间；

（五）对投标人资质和资信的要求；

（六）对投标申请书和资格审查申请文件内容的要求；

（七）其他事项。

**第十六条** 招标文件应包括的主要内容：

（一）投标须知：项目名称、地点、工期和工程规模，递交投标文件的时间、地点、方式和正、副本的份数，开标的时间、地点，通知评标结果的时间，投标保函或投标保证金额度、提交方式、返还的时间和方式等；

招标人应当合理确定投标人编制投标文件所需的时间，自招标文件发出之日起至投标人提交投标文件截止之日止，最短不得少于20日；

（二）合同主要条款：工程范围、承包方式、承包金额约定、付款和结算办法，工期要求，设计修改，质量要求，安全要求，工程监

理,试车和验收,奖励和赔偿等;

(三)技术规格书:分部分项工程量,设备的名称、规格和数量,所用的标准、规范和技术要求,必要的图纸和设计说明书等;

(四)评标原则、标准和方法。

**第十七条** 如需对招标文件进行必要的澄清或者修改的,招标人最迟应在投标截止日期前15日,以书面形式通知所有潜在投标人。该澄清或者修改的内容为招标文件的组成部分。

**第十八条** 若需要编制标底,标底由招标人负责组织编制。标底在开标前应严格保密。

**第十九条** 标底应参照国家现行定额和市场参考价格计算,并控制在批准的概算或调整概算之内。

## 第三章 对潜在投标人的资格审查

**第二十条** 水运工程施工招标实行资格审查制度。对潜在投标人的资格审查由招标人组织进行。招标人只向资格审查合格者发出招标文件。

**第二十一条** 投标人可以单独投标,也可由两个以上法人或者其他组织组成一个联合体,以一个投标人的身份共同投标。

联合体各方均应当具备承担招标项目施工的相应能力;国家有关规定或者招标文件对投标人资格条件有规定的,联合体各方均应具备规定的相应资格条件。由同一专业的单位组成的联合体,按照资质等级较低的单位确定资质等级。联合体各方均须提交资格审查申请文件。联合体成员间须签订协议,明确各方的责任、权利和义务,并将协议连同投标文件一并提交招标人。联合体中标的,联合体各方应当共同与招标人签订合同,就中标项目向招标人承担连带责任。

招标人不得强制投标人组成联合体共同投标,不得限制投标人之间的竞争:

**第二十二条** 资格审查申请文件包括以下内容:

(一)资格审查申请书;

(一)投标人的营业执照、所有制性质;

(三)投标人的资质等级证书和资信证明、固定资产净值、专业技术人员构成,施工设备等;

(四)投标人的经营管理状况,近3年完成主要施工项目的情况,施工质量情况,同类工程实绩,近3年资产负债表、损益表,施工项目获奖情况及有关证明,社会信誉等;

(五)正在承担的施工项目,拟承担本项目的人员、技术负责人和设备情况;

(六)如有分包,必须提供分包单位的有关证明资料,但项目主体工程不得分包;

(七)其他。

**第二十三条** 属于下列情况之一者,资格审查申请文件为无效:

(一)未按期送达资格审查申请文件;

(二)资格审查申请文件未盖公章;

(三)法定代表人(或其授权的代理人)无签字(或印鉴);

(四)未按规定要求填写;

(五)填报的内容失实。

## 第四章 投 标

**第二十四条** 资格审查合格并接到招标文件的投标人,如果招标文件有要求的,应按要求参加标前会和察看现场,并按要求将投标文件递交招标人。

**第二十五条** 投标文件应按照招标文件规定的内容和要求编制。

投标文件的主要内容:

(一)综合说明书;

(二)对招标文件实质性要求和条件的响应;

(三)工程总报价及分部分项工程报价,主要材料数量;

(四)施工工期;

(五)施工方案:施工进度安排,施工平面布置,主要工程的施工方法,使用的主要船机设备,技术组织措施,安全、质量保证措施,项目负责人的基本情况;

(六)质量等级。

**第二十六条** 投标文件及任何说明函件须经投标人盖章及其法定代表人(或其授权的代理人)签字(或印鉴),并按招标文件的规定密封。

**第二十七条** 投标文件送达后,在投标截止时间前,投标人可以补充、修改或者撤回已提交的投标文件,并书面通知招标人。补充、修改的文件应使用与投标文件相同的签署和密封方式送达,补充、修改的内容为投标文件的组成部分。

**第二十八条** 任何函件,包括投标文件,如未按招标文件规定密封或在投标截止时间后送达招标人,招标人将不予接受。

投标人少于3个的,招标人应当依照本办法重新进行招标。

**第二十九条** 投标人可以根据招标文件的要求,在报送投标文件的同时,提交建议方案,供招标人选用。

**第三十条** 如果招标文件要求提交投标保函或投标保证金的,投标人应在递交投标文件的同时,按要求提交投标保函或投标保证金,其额度一般为1万元至10万元人民币。

## 第五章 开标、评标

**第三十一条** 开标的时间,由招标人根据招标项目的规模和内容在招标文件中明确。开标至发出中标通知书为评标阶段,一切评标活动均应保密。

**第三十二条** 开标应当在招标文件确定的提交投标文件截止时间的同一时间公开进行;开标地点应当为招标文件中预先确定的地点。

**第三十三条**　开标由招标人组织并主持。投标人的法定代表人或其授权的代理人应到会。

**第三十四条**　开标时，由投标人或者其推选的代表检查投标文件的密封情况，也可以由招标人委托的公证机构检查并公证；经确认无误后，由工作人员当众拆封，宣读投标人名称、投标价格和投标文件的其他主要内容。

招标人在招标文件要求提交投标文件的截止时间前收到的所有投标文件，开标时都应当当众予以拆封、宣读。

开标过程应当记录，并存档备查。

**第三十五条**　属于下列情况之一者，作为废标：

（一）投标人的法定代表人（或其授权的代理人）未参加开标会；

（二）投标文件未按要求密封；

（三）投标文件未盖本单位公章；

（四）投标文件无法定代表人（或其授权的代理人）签字（或印鉴）；

（五）投标文件不符合招标文件实质性要求；

（六）投标人未按要求提交投标保函（或投标保证金）；

（七）投标人递交两份或多份内容不同的投标文件，又未书面声明哪一份有效；

（八）投标人在一份投标文件中，对同一个施工项目有两个或多个报价；

（九）投标人以不止当手段从事投标活动。

**第三十六条**　开标后，招标人和投标人不得通过补充说明和有关资料改变招标文件和投标文件的实质内容。

**第三十七条**　评标工作由招标人依法组建的评标委员会负责，评标委员会成员由招标人的代表和有关技术、经济等方面的专家组成，总人数为 7 人以上单数，其中专家人数不得少于成员总数的三分之二。

前款专家应当从事相关领域工作满 8 年并具有高级职称或者

具有同等专业水平，由招标人从交通部或省级交通行政主管部门提供的专家库内的相关专业的专家名单中确定；一般招标项目可以采取随机抽取方式，特殊招标项目可以由招标人直接确定。

与投标人有利害关系的人不得进入相关项目的评标委员会；已经进入的应当更换。评标委员会成员的名单报交通行政主管部门核备，并在中标结果确定前保密。

**第三十八条** 评标原则：报价合理、方案可行、技术先进、工期合理、工程质量和安全措施可行以及社会信誉良好等。

**第三十九条** 评标过程中，评标委员会可要求投标人对投标文件中含义不明确的内容作必要的澄清或者说明，投标人应作出书面澄清或者说明。澄清或者说明不得超出投标文件的范围或者改变投标文件的实质性内容。

**第四十条** 评标时，评标委员会应当按照招标文件确定的评标原则、标准和方法，就投标文件的主要内容和投标人的信誉等对投标文件逐一进行综合评审和比较；设有标底的，应当参考标底，若投标报价超过标底5%以上或低于标底15%以下，评标时可不予评审。评标可采用综合评标法或合理最低投标价法，推荐合格的中标候选人。

招标人应根据评标委员会提出的书而评标报告和推荐的中标候选人确定中标人。招标人也可以授权评标委员会直接确定中标人。

国务院对特定招标项目的评标有特别规定的，从其规定。

**第四十一条** 中标人的投标应当符合下列条件之一：

（一）能够最大限度地满足招标文件规定的各项综合评价标准；

（二）能够满足招标文件的实质性要求，并且经评审的投标价格最低；但是投标价格低于成本的除外。

**第四十二条** 评标委员会经评审，认为所有投标都不符合招标文件要求的，可以否决所有投标。

招标项目的所有投标被否决的，招标人应当按规定重新招标。

**第四十三条** 在确定中标人之前，招标人不得与投标人就投标价格、投标方案等实质性内容进行谈判。

**第四十四条** 评标委员会成员应当客观、公正地履行职责，遵守职业道德，对所提出的评审意见承担个人责任。

评标委员会成员不得私下接触投标人，不得收受投标人的财物或者其他好处。

评标委员会成员和参与评标的有关工作人员不得透露对投标文件的评审和比较、中标候选人的推荐情况以及与评标有关的其他情况。

**第四十五条** 水运工程的施工评标工作，一般应在开标后30日内完成。

**第四十六条** 招标人应在确定中标人后10日内，将评标结果和评标报告报交通行政主管部门核备；在交通行政主管部门接到评标结果和评标报告10日后，招标人应当向中标人发出中标通知书，并将中标结果通知所有未中标的投标人。中标通知书对招标人和投标人具有法律效力。

**第四十七条** 招标人应在发出中标通知书30日内，一次性返还所有未中标人的投标保函或投标保证金。

## 第六章 合 同 签 订

**第四十八条** 招标人与中标人应当自中标通知书发出之日起30日内签订书面合同。签订合同的依据是《中华人民共和国合同法》和招标文件、中标人的投标文件及中标通知书等。

**第四十九条** 招标文件要求中标人提交履约保证金的，中标人应向招标人提交履约保证金，其额度一般为合同总价的1%～3%。履约保证金可以银行保函方式支付。

合同签订后15日内，招标人应返还中标人的投标保函或投标保证金。

**第五十条** 招标人应当自确定中标人之日起15日内，向交通行政主管部门提交招标投标情况的书面报告。

## 第七章　罚　　则

**第五十一条**　违反本办法，按《中华人民共和国招标投标法》第五章"法律责任"的规定办理。

## 第八章　附　　则

**第五十二条**　投标人和其他利害关系人认为招标投标活动不符合有关规定的，有权向招标人提出异议或者依法向有关行政监督部门投诉。

**第五十三条**　涉及国家安全、国家机密、抢险救灾或者属于利用扶贫资金实行以工代赈、需要使用农民工等特殊情况，不适宜进行招标的项目，按照国家有关规定可以不进行招标。

**第五十四条**　使用国际金融组织或者外国政府贷款、援助资金的项目进行招标，贷款方、资金提供方对招标投标的具体条件和程序有不同规定的，可以适用其规定，但违背中华人民共和国的社会公共利益的除外。

**第五十五条**　本办法由交通部负责解释。

**第五十六条**　本办法自公布之日起施行，交通部 1990 年 3 月 7 日发布的《水运工程施工招标投标管理办法》同时废止。

# 水运工程施工监理招标投标管理办法

（交通部令2002年第3号　2002.06.19）

## 第一章　总　　则

**第一条**　为加强水运工程施工监理招标投标管理，规范水运工程施工监理招标投标活动，根据《中华人民共和国招标投标法》和国家有关规定，制定本办法。

**第二条**　在中华人民共和国境内进行水运工程施工监理招标投标活动，适用本办法。

本办法所称水运工程，是指港口、航道、航标、通航建筑物、修造船水工建筑物及其他附属建筑物的新建、改建、大修和安装工程。

**第三条**　下列水运工程施工监理，应当进行招标：

（一）水运工程的工程总投资在3000万元以上；

（二）水运工程施工监理的单项合同价在50万元以上。

**第四条**　水运工程施工监理招标投标，应当遵循公开、公平、公正、诚实信用的原则。

**第五条**　水运工程施工监理招标投标，不受地区或者部门的限制，任何组织和个人不得以任何方式非法进行干预。

**第六条**　水运工程监理招标投标监督管理，实行统一领导、分级管理。

交通部负责全国水运工程施工监理招标投标活动的监督管理，并直接负责大中型及限额以上、国家投资以及其他重要水运工程施工监理招标投标活动的监督管理。

省、自治区、直辖市人民政府交通主管部门负责本行政区域内水运工程施工监理招标投标活动的监督管理，并直接负责小型及限额以下的水运工程施工监理招标投标活动的监督管理。

长江航务管理局根据交通部的委托，负责小型、限额以下的长江干线水运工程施工监理招标投标活动的监督管理。

## 第二章 招　标

**第七条**　水运工程施工监理招标应当在水运工程施工招标之前进行。拟进行施工监理招标的水运工程项目，应当具备下列条件：

（一）初步设计文件已被批准；

（二）建设资金已经落实；

（三）施工监理招标文件已编制完毕，并按本办法的有关规定经交通主管部门批准。

**第八条**　水运工程施工监理招标投标活动的招标人，应当是依照本办法规定提出招标项目，并进行水运工程施工监理招标的该招标项目的项目法人或者建设单位（以下简称招标人）。

**第九条**　具备下列条件的招标人，可以自行办理招标事宜：

（一）具有与招标工作相适应的工程管理、概预算管理、财务管理能力；

（二）有组织编制招标文件和标底的能力；

（三）有对投标者进行资格审查和组织评标的能力。

招标人不具备本条前款规定条件的，应当委托招标代理机构办理水运工程施工监理招标事宜。

**第十条**　依照本办法规定，应当进行施工监理招标的水运工程项目，招标人自行办理招标事宜的，应当在发布招标公告或者发出投标邀请书之日 15 日前，按项目管理权限报交通主管部门备案。

**第十一条**　水运工程施工监理招标，分为公开招标和邀请招标。

采用公开招标的，招标人应当通过国家指定的报刊、信息网络或者其他媒介发布招标公告，邀请具备相应资格的不特定的监理单位投标。

采用邀请招标的，招标人应当以发送投标邀请书的方式，邀请3个以上具备相应资格的特定的监理单位投标。

**第十二条** 水运工程施工监理招标，应当实行公开招标，法律、行政法规和本办法另有规定的，从其规定。

水运工程施工监理招标实行邀请招标的，招标人应当按项目管理权限报交通主管部门审批，所邀请的潜在投标人名单应当报交通主管部门备案。

**第十三条** 水运工程施工监理招标，可以对整个项目一次招标，也可以根据不同使用功能、不同专业、不同实施阶段，分标段、分阶段进行招标，但不得将主体工程施工监理肢解或者只对部分工程施工监理进行招标。

**第十四条** 水运工程施工监理招标，应当按下列程序进行：

（一）招标人确定招标方式；

（二）编制招标文件，并按本办法有关规定报交通主管部门审批；

（三）发布招标公告或者发出投标邀请书，公布资格审查要求；

（四）对潜在投标人进行资格预审，并按本办法有关规定将资格预审报告及预审结果报交通主管部门备案；

（五）向资格预审合格的潜在投标人发售招标文件；

（六）组织潜在投标人考察工程现场，并进行答疑；

（七）接受投标人的投标文件；

（八）开标并审查投标文件；

（九）组建评标委员会评标，推荐中标候选人；

（十）招标人将评标报告和评标结果报交通主管部门备案；

（十一）确定中标人，发出中标通知书；

（十二）与中标人签订水运工程施工监理合同。

**第十五条** 水运工程施工监理招标文件，应包括下列内容：

（一）投标须知；

（二）水运工程施工监理合同主要条款；

（三）水运工程施工监理技术标准规范要求；

（四）投标文件格式；

（五）评标标准和方法。

**第十六条** 水运工程施工监理投标须知，应包括下列内容：

（一）招标项目名称、地点、工程投资、现场条件、工期、主要工程种类、规模、数量；

（二）委托监理的工程范围及业务内容；

（三）递交投标文件的地点、方式和起止时间；

（四）开标的时间和地点；

（五）公布评标结果的时间；

（六）投标保证金的数量及交付、返还的时间和方式；

（七）投标文件的格式和内容要求。

**第十七条** 水运工程施工监理合同，应当包括下列内容：

（一）招标人与施工监理单位的主要权利、义务；

（二）施工监理的时间及范围；

（三）施工监理的检测项目及监理手段；

（四）对施工监理单位资质和现场监理人员的要求；

（五）招标人为施工监理单位可提供的检测仪器和设备；

（六）必要的水运工程施工图纸及地质情况等技术资料；

（七）招标人为监理单位提供的交通、办公和食宿等条件；

（八）对施工监理费报价的要求。

**第十八条** 水运工程施工监理技术标准规范要求，应当包括下列内容：

（一）水运工程施工监理依据的技术规范和有关标准；

（二）已被批准的水运工程设计文件提供时间和方式；

（三）水运工程施工监理的特殊技术要求；

（四）水运工程施工监理其他有关资料。

**第十九条** 水运工程施工监理的招标公告或者投标邀请书，应当包括下列内容：

（一）招标人的名称、地址和通信联系方式；

（二）招标工程的概况。包括工程名称、地点、工期、投资情况及工程的种类、结构、规模、数量等；

（三）报送投标文件的起止时间和地点；

（四）投标人的资质要求；

（五）投标文件的内容要求；

（六）招标人认为必要的其他事项。

**第二十条** 招标人应将招标文件按照本办法的规定报交通主管部门审批。

招标人对已发出的招标文件进行必要的澄清或者修改的，应当在招标文件要求提交投标文件截止时间至少15日前，以书面形式通知所有招标文件收受人。该澄清或者修改的内容为招标文件的组成部分。

招标人未按本条前款的规定通知投标人，给投标人造成经济损失的，招标人应当予以赔偿。

**第二十一条** 招标人确定投标人编制投标文件所需要的时间，自招标文件发出之日起至投标人提交投标文件截止之日止，不得少于20日。

**第二十二条** 水运工程施工监理招标投标实行资格审查制度。

公开招标的，招标公告发布后，招标人应当根据潜在投标人提交的资格预审申请文件，对潜在投标人的资格进行审查。招标人只向资格预审合格的潜在投标人发售招标文件。

邀请招标的，投标邀请书发出后，招标人应当根据投标人提交的投标文件，对投标人的资格进行审查。

**第二十三条** 投标人应当按照招标公告或投标邀请书的资格审查要求，向招标人提交资格审查申请书及下列有关文件：

（一）投标人的营业执照；

（二）交通主管部门颁发或者认可的水运工程施工监理资质证书；

（三）投标人的组织机构及专业技术人员构成；

（四）投标人近年施工监理主要业绩；

（五）其他与水运工程施工监理资质有关的文件或材料。

**第二十四条** 属于以下情况之一者，资格审查申请文件无效：

（一）未按期送达的资格审查申请文件；

（二）未经法定代表人或其授权的代理人签字，并加盖潜在投标人印章的资格审查申请文件；

（三）不符合本办法规定内容要求的资格审查申请文件；

（四）内容虚假的资格审查申请文件。

**第二十五条** 两个以上的监理单位以联合体形式参加水运工程施工监理投标的，应当以一个投标人身份共同投标，并在资格审查申请文件中注明。

联合体各成员单位均应提交资格审查申请文件。

由同一专业的单位组成的联合体，按照资质等级较低的单位确定资质等级。

**第二十六条** 招标人应将资格预审报告及预审结果报有审批权的交通主管部门备案。

**第二十七条** 资格预审合格并接到招标文件的投标人，应当按时参加招标人主持召开的投标预备会、勘察现场。

## 第三章 投标和开标

**第二十八条** 投标人按照本办法规定经过资格预审取得投标资格后，即可参加水运工程施工监理投标。

招标人及招标代理机构不得参加招标项目的投标。

**第二十九条** 投标人应当按照招标文件的要求编制投标文件，并对招标文件提出的实质性要求和条件作出响应。

**第三十条** 投标人参加投标，不得弄虚作假，不得与其他投标人互相串通作弊,不得采取贿赂以及其他不正当手段谋取中标,不得妨碍其他投标人投标。

**第三十一条** 投标文件应当包括下列主要内容:

(一)投标说明;

(二)水运工程施工监理大纲;

(三)拟配置的现场检测仪器和技术装备情况;

(四)拟派出到本项目的施工监理负责人和主要监理人员的基本情况及其有关资质;

(五)有关水运工程施工监理的资质说明;

(六)投标人近3年水运工程施工监理的主要业绩;

(七)水运工程施工监理费及其依据;

(八)招标文件中要求的其他内容。

**第三十二条** 水运工程施工监理投标文件,应当由投标人的法定代表人或其授权的代理人签字,并加盖投标人印章。

水运工程施工监理投标文件,应当由投标人密封,并在招标文件规定的期限内送达招标人。

**第三十三条** 投标人在递交投标文件时,应当按招标文件规定数额向招标人交纳投标保证金。保证金根据工程规模确定,但最高不得超过3万元。

**第三十四条** 投标书按要求送达后,在招标文件规定的投标截止时间前,投标人如需撤回或者修改投标书,应当以正式函件提出并作出说明。

修改投标文件的函件是投标文件的组成部分,其形式要求、密封方式、送达时间,适用本办法第三十二条的规定。

**第三十五条** 招标人对投标人按时送达的投标文件,应当签收保存,不得开启。

在招标文件要求提交投标文件的截止时间后送达的投标文件,招标人应当拒收。

**第三十六条** 投标人少于3个的,招标人应当重新招标。

**第三十七条** 开标应当在招标文件确定的提交投标文件截止

时间的同一时间公开进行。

开标地点应当为招标文件中预先确定的地点，不得随意变更。

**第三十八条** 开标由招标人主持，邀请所有投标人的法定代表人或其授权的代理人参加。

**第三十九条** 开标时，由投标人或者其推选的代表检查投标文件的密封情况，也可以由招标人委托的公证机构检查并公证。

投标文件的密封情况经确认无误后，应当当众拆封，并宣读投标人名称、投标价格和投标文件的其他主要内容。

招标人应当公布评标、中标的时间和办法以及评标结果的公布方式。

招标人对开标过程应当记录，并存档备查。

**第四十条** 属于下列情况之一的，应当作为废标处理：

（一）投标文件未按要求密封；

（二）投标文件未经法定代表人或者其授权代理人签字（或印鉴），或者未加盖投标人公章；

（三）投标文件字迹潦草、模糊，无法辨认；

（四）投标文件不符合招标文件实质性要求；

（五）投标人对同一招标项目递交两份以上内容不同的投标文件，未书面声明其中有效的投标文件；

（六）投标文件未按招标文件规定的时间送达；

（七）投标人未按招标文件要求交纳投标保证金；

（八）投标人以不正当手段进行投标。

## 第四章 评标和中标

**第四十一条** 评标由招标人依法组建的评标委员会负责。

评标委员会成员由招标人的代表及有关技术、经济等方面的专家组成，人数为 5 人以上单数，其中专家人数不得少于成员总数的三分之二。

**第四十二条** 被邀请的专家由招标人从交通主管部门提供的

专家库中采取随机抽取方式确定。技术特别复杂、专业性要求特别高的特殊招标项目，经交通主管部门同意后，可以由招标人直接指定评标专家。

与投标人有利害关系的人，不得参加相关项目的评标委员会。

**第四十三条** 评标委员会成员名单应报交通主管部门备案。

评标委员会成员名单在中标结果确定前应当保密。

在评标阶段，评标委员会或评标小组成员不得出席投标人主办或资助的任何活动。

**第四十四条** 评标委员会成员不代表其所在单位，也不受任何单位和个人的制约，应独立、公正地开展评标工作。

任何单位和个人不得非法干预、影响评标过程和结果。

**第四十五条** 评标委员会可以要求投标人对投标文件中含义不明确的内容作出必要的澄清或者说明，但是澄清或者说明不得超出投标文件的范围或者改变投标文件的实质性内容。

在评标过程中，招标人或者招标代理机构、投标人不得通过任何形式改变投标文件的内容和报价。

**第四十六条** 评标办法分为计分法和综合评议法。

采用计分法评标，应当按照招标人事先制订的计分方法，对投标文件的各项内容分别评分，按分数高低排出投标人顺序。

采用综合评议法评标，应当对投标文件的内容、投标人的资信、业绩、人员的素质、监理方案及报价等方面进行综合评议，提出各项评议意见，最后由评标委员会成员以无记名投票方法排出投标人顺序。

**第四十七条** 评标委员会应当按照招标文件确定的评标标准和办法，对投标文件进行评审和比较。招标文件中没有规定的标准和办法，不得作为评标的依据。

**第四十八条** 评标委员会完成评标后，应当向招标人提出书面评标报告。

评标报告应包括以下内容：

（一）评标委员会的成员名单；

（二）开标记录情况；

（三）符合要求的投标人情况；

（四）评标采用的标准、评标办法；

（五）投标人顺序；

（六）推荐的中标候选人；

（七）需要说明的其他事项。

**第四十九条**　招标人根据评标委员会提出的书面评标报告和推荐的中标候选人确定中标人。招标人也可以授权评标委员会直接确定中标人。

**第五十条**　评标委员会经评审，认为所有投标都不符合招标文件要求的，可以否决所有投标。

遇有本条前款规定的情况，招标人应当重新招标。

**第五十一条**　招标人应当自确定中标人之日起15日内按项目管理权限将评标报告和评标结果报交通主管部门备案。

交通主管部门自收到评标报告和评标结果之日起5日内未提出异议的，招标人应当向中标人发出中标通知书，并同时将中标结果通知所有未中标的投标人。

**第五十二条**　水运工程施工监理评标、中标的时间，自开标之日起至发出中标通知书之日止最长不得超过30日，大型水运工程施工监理或者实行国际招标的水运工程施工监理的评标、中标的时间，最长不得超过40日。

**第五十三条**　招标人应当在发出中标通知书后15日内向未中标的投标人一次性返还投标保证金。

**第五十四条**　招标人和中标人应当自中标通知书发出之日起30日内订立书面水运工程施工监理合同。

水运工程施工监理合同应当按照招标文件、中标人的投标文件、中标通知书，参照《水运工程施工监理合同范本》订立。

招标人和中标人不得再行订立背离合同实质性内容的其他协议。

**第五十五条**　招标人应当自水运工程施工监理合同订立之日

起15日内退还中标人投标保证金。

**第五十六条** 招标文件要求中标人提交履约保函或保证金的，中标人应当提交。

招标人应当在水运工程施工监理合同全部履行10日内退还履约保函或保证金。

## 第五章 附 则

**第五十七条** 违反本办法及《中华人民共和国招标投标法》的行为，依法承担相应的法律责任。

**第五十八条** 使用国际组织或者外国政府贷款、援助资金的水运工程项目的施工监理进行招标，贷款方或者资金提供方对施工监理招标投标的具体条件和程序有不同规定的，可以适用其规定，但不得违背中华人民共和国的社会公共利益。

**第五十九条** 本办法由交通部解释。

**第六十条** 本办法自2002年8月1日起施行。交通部1999年3月1日发布的《水运工程施工监理招标投标管理办法》（试行）同时废止。

# 水运工程勘察设计招标投标管理办法

（交通部令2003年第4号　2003.05.13）

## 第一章　总　　则

**第一条**　为加强水运工程勘察、设计招标投标活动的管理，保证水运工程勘察、设计质量，保护人民生命和财产安全，根据《中华人民共和国招标投标法》、《建设工程勘察设计管理条例》和国家有关规定，制定本办法。

**第二条**　本办法适用于中华人民共和国境内进行的水运工程建设项目勘察、设计招标投标活动。

**第三条**　水运工程建设项目的勘察、设计单项合同估算价在50万元人民币以上，或者建设项目总投资额在3000万元人民币以上的，必须进行勘察、设计招标。

**第四条**　水运工程建设项目符合下列条件之一的，按项目管理权限报交通部或者省级人民政府交通主管部门批准，可以不进行勘察、设计招标：

（一）涉及国家安全、国家秘密、抢险救灾的；

（二）勘察、设计采用特定专利、专有技术的。

**第五条**　水运工程勘察、设计招标投标活动应当遵循公开、公平、公正、诚实信用的原则。

**第六条**　水运工程勘察、设计招标投标活动不受地区或者部门的限制，任何单位和个人不得以任何方式非法干预正当的招标投标活动，不得将必须进行招标的项目化整为零或者以其他任何方式规避招标。

**第七条**　水运工程建设项目勘察、设计招标投标活动的监督管理实行统一领导、分级管理。

交通部负责全国水运工程建设项目勘察、设计招标投标活动的监督管理工作，并直接负责有国家投资的大中型及限额以上水运工程建设项目和交通部支持系统水运工程建设项目勘察、设计招标投标活动的监督管理工作；长江航务管理局根据交通部的委托，负责长江干线支持系统建设项目勘察、设计招标投标活动的监督管理工作。

省级人民政府交通主管部门负责本行政区域内水运工程建设项目勘察、设计招标投标活动的监督管理工作。

县级以上人民政府交通主管部门按照项目管理权限，依法查处水运工程建设项目勘察、设计招标投标活动中的违法行为。

## 第二章　招　　标

**第八条**　水运工程勘察、设计招标是指招标人按照国家基本建设程序，依据批准的可行性研究报告，对水运工程勘察、初步设计、施工图设计通过招标活动选定勘察、设计单位。

**第九条**　水运工程设计招标分为设计方案招标和设计组织招标两种形式。设计方案招标要求投标的设计单位须完成工程设计方案、提出工程造价测算，是以技术方案为主进行的招标；设计组织招标要求投标的设计单位针对建设项目提出拟进行设计的组织形式，是以商务为主进行的招标。

水运工程勘察、设计招标一般实行项目整体一次性招标，也可实行分阶段招标，有特殊要求的专业单项工程可单独招标。

**第十条**　招标人是依照本办法规定提出水运工程勘察、设计招标项目、进行招标的项目法人或者其他组织。

**第十一条**　招标人具有与招标项目规模相适应的工程技术、管理人员，具有编制招标文件和组织评标能力的，可以自行办理招标事宜。

招标人不具备前款规定条件的，应当委托具有相应资格的招标代理机构办理招标事宜。招标代理机构应当在招标人委托的代理范围内办理招标事宜。

任何单位和个人不得以任何方式为招标人指定招标代理机构。

**第十二条** 必须进行招标的项目,招标人自行办理招标事宜的,应当在发布招标公告或者发出投标邀请书十五日前,按项目管理权限报交通部或者省级人民政府交通主管部门核备。其中,报交通部核备的项目应当同时抄报省级人民政府交通主管部门。

**第十三条** 水运工程勘察、设计招标分为公开招标和邀请招标。

公开招标是招标人通过国家指定的报刊、信息网络或者其他媒体发布招标公告,邀请不特定的法人或者其他组织投标。

邀请招标是招标人以投标邀请书的方式,邀请三个以上具有相应资质、具备承担招标项目勘察设计能力的、信誉良好的特定法人或者其他组织投标。

**第十四条** 全部使用国有资金投资或者国有资金投资占控股或者主导地位的水运工程项目的勘察、设计招标,应当公开招标。

国务院经济调控综合主管部门确定的国家重点项目和省级人民政府确定的地方重点项目不适宜公开招标的,经国务院经济调控综合主管部门或者省级人民政府批准,可以进行邀请招标。

除上述重点项目外,涉及专利权保护或者受特殊条件限制不适宜公开招标的,按项目管理权限经交通部或者省级人民政府交通主管部门批准,可进行邀请招标。

**第十五条** 水运工程勘察、设计招标实行资格审查制度。公开招标的,实行资格预审;邀请招标的,实行资格后审。

资格预审是招标人在发布招标公告后,发出投标邀请书前对潜在投标人的资质、信誉、业绩和能力进行审查。招标人只向资格预审合格的潜在投标人发出投标邀请书、招标文件。

资格后审是招标人在收到被邀请投标人的投标文件后,对投标人的资质、信誉、业绩和能力的审查。

**第十六条** 水运工程勘察、设计招标按下列程序进行：

（一）确定招标方式；

（二）编制资格预审文件和招标文件；

（三）发布招标公告或者发出投标邀请书；

（四）接收潜在投标人的投标申请书和资格审查申请文件；

（五）对提出投标申请的潜在投标人进行资格审查；

（六）通知申请投标人资格审查结果，向合格的潜在投标人发放招标文件；

（七）组织潜在投标人踏勘工程现场，召开标前会；

（八）接受投标人的投标文件；

（九）开标，审查投标文件的符合性，并作开标记录；

（十）评标，组成评标委员会，提出评标报告；

（十一）确定中标人，发出中标通知书；

（十二）与中标人签订合同。

水运工程勘察、设计招标实行邀请招标的，在编制招标文件后，按上述程序的（六）至（十二）项要求进行。

**第十七条** 招标公告（投标邀请书）应当包括以下内容：

（一）招标人的名称和地址、获取招标文件的办法；

（二）招标依据：项目批准文号；

（三）勘察、设计项目概况：工程名称、地点、工程类别、规模、招标范围、工程工期、勘察周期、设计周期和资金来源等；

（四）获取资格审查申请文件的起止时间、地点；

（五）对投标人资质的要求；

（六）对未中标投标人是否补偿。

**第十八条** 资格审查申请文件应当包括以下内容：

（一）资格审查申请书；

（二）潜在投标人的营业执照、资质等级证书；

（三）潜在投标人的专业技术人员构成和仪器设备水平情况；

（四）投标人的经营管理状况，包括近 3 年完成主要勘察、设计项目的情况，同类工程实绩，勘察、设计项目获奖和企业社会信誉情况；

（五）上两个会计年度的财务决算审计情况；

（六）正在承担的勘察、设计项目情况；

（七）以联合体形式投标的，联合体成员各方签订的共同投标协议和联合体各方的资质证明材料；

（八）如有分包计划的，提交拟分包单位的有关资质证明材料。

**第十九条** 招标文件应当包括以下内容：

（一）招标公告或者投标邀请书；

（二）投标须知：包括项目名称、地点、工期、工程建设规模、招标范围，勘察、设计周期，招标方式，招标文件答疑、踏勘现场及召开标前会的时间、地点，递交投标文件的时间、地点、方式和正、副本的份数及密封要求，开标的时间、地点，通知评标结果的时间等内容；

（三）勘察、设计合同通用条款和专用条款；

（四）勘察、设计标准规范；

（五）勘察、设计基础资料、经批准的项目建议书、工程可行性研究报告或者初步设计文件及工程外部配套条件；

（六）投标文件编制要求；

（七）评标标准和方法。

在招标公告中规定对未中标人作出补偿的，还应当规定对达到招标文件规定要求的未中标投标人的补偿方法。

**第二十条** 招标人对已发出的招标文件进行必要的补遗或者修正时，应当在提交投标文件截止日期15日前，书面通知所有招标文件收受人。该补遗或者修正的内容为招标文件的组成部分。

**第二十一条** 招标人在发出招标文件的同时，应当将招标文件按水运工程建设项目管理权限向交通部或者省级人民政府交通主管部门备案。

**第二十二条** 招标人应当合理确定资格审查申请文件和投标文件的编制时间。发布招标公告至招标文件发放截止时间，不得少于 10 日;设计组织招标自招标文件发售之日起至潜在投标人递交投标文件截止时间,不得少于 15 日;设计方案招标自招标文件发售之日起至潜在投标人递交投标文件截止时间,不得少于 30 日。

## 第三章 投　标

**第二十三条**　投标人是具备相应投标资格,响应招标文件要求、参加投标竞争的法人或者其他组织。

**第二十四条**　投标人可以单独投标,也可由两个以上法人或者组织组成联合体,以一个投标人身份共同投标。由同一专业的法人或者组织组成的联合体资质,按联合体成员内资质等级低的确定。

联合体成员各方应当签订共同投标协议,明确联合体主办人和成员各方拟承担的工作和责任,并将共同投标协议连同投标文件一并提交招标人。

招标人不得强制投标人组成联合体共同投标,不得限制投标人之间的竞争。

**第二十五条**　投标人拟将部分非主体、非关键工作进行分包的,必须向招标人提交分包计划,并在投标文件中载明。分包单位的资质应当与其承担的工程规模标准相适应。

**第二十六条**　投标人应当按照招标文件要求编制投标文件,投标文件应当对招标文件提出的实质性要求和条件作出响应。

**第二十七条**　投标文件由商务文件、技术文件及报价清单组成。

商务文件包括下列基本内容:

(一)投标书;

(二)授权书;

(三)资格审查文件规定的主要内容;

(四)项目负责人及主要技术人员基本情况;

技术文件包括下列基本内容：

（一）对招标项目的理解；

（二）勘察、设计工作大纲，包括勘察、设计周期，进度计划，质量保证措施和后续服务措施等内容；

（三）对招标项目特点、难点、重点等的技术分析和处理措施；

（四）拟进行的科研课题和试验；

（五）工程设计方案；

（六）工程造价测算。

报价清单包括下列基本内容：

（一）勘察、设计费报价；

（二）勘察、设计费计算清单。

**第二十八条** 招标文件的报价清单中，对勘察、设计取费应当按照国家现行水运工程勘察、设计收费的有关规定进行计算并可做适当调整。

**第二十九条** 投标文件应当采用双信封密封，第一个信封内为商务文件和技术文件，第二个信封内为报价清单。上述两个信封应当密封于同一信封中为一份投标文件。

投标文件及补充说明函件，均须经投标人盖章及其法定代表人或者其授权代理人签字或者署印。投标人应当在招标文件要求截止时间前，将投标文件送达指定地点。

**第三十条** 投标人在招标文件要求的截止时间前，可以补充、修改或者撤回已递交的投标文件，并书面通知招标人。补充、修改的内容应当使用与投标书相同的密封方式送达，并作为投标文件的组成部分。

**第三十一条** 招标人在收到投标文件后，应当签收封存。对在投标截止日期后送达的任何函件，招标人均不得接受。投标人少于三个的，招标人应当依法重新招标。

**第三十二条** 投标人在投标过程中不得串通作弊，不得妨碍其他投标人的公平竞争，不得以行贿、弄虚作假等手段骗取中标。

## 第四章　开标、评标、中标

**第三十三条**　开标应当在招标文件规定的提交投标截止日期的同一时间公开进行。开标地点应当为招标文件预先确定的地点。

**第三十四条**　开标由招标人主持，邀请所有投标人和监督人员参加。

**第三十五条**　开标时，由投标人或者其推选的代表检查投标文件的密封情况，也可以由招标人委托的公证机构检查并公证；经确认无误后，当众拆封投标文件的第一个信封，宣读投标人名称、投标文件签署情况及商务文件标前页的主要内容。投标文件中的第二个信封不予拆封。

开标过程应当场记录，并存档备查。

**第三十六条**　属于下列情况之一的，应当作为废标处理：

（一）投标文件未按要求密封；

（二）投标文件未按要求加盖投标人印章及其法定代表人或者其授权代理人签字或者署印；

（三）投标人对同一招标项目递交两份或者多份内容不同的投标文件，未书面声明哪一个有效；

（四）投标文件不符合招标文件实质性要求。

**第三十七条**　评标工作由招标人依法组建的评标委员会负责。评标工作按照交通部制定的水运工程勘察、设计招标评标有关规定和招标文件的有关要求进行。

评标委员会成员由招标人的代表及有关技术、经济等方面的专家组成，人数为5人以上单数，其中专家人数不得少于成员总数的三分之二。与投标人有利害关系的人员不得进入评标委员会。

交通部和省级人民政府交通主管部门分别设立评标专家库。大中型及限额以上有国家投资的水运工程建设项目的评标委员会专家，从交通部设立的评标专家库名单中确定，其他水运工程建设项目的评标委员会专家从省级人民政府交通主管部门设立的评标专家库名单中确定。

按前款规定确定评标专家，可以采取随机抽取或者直接确定的方式。一般项目，可以采用随机抽取的方式；技术特别复杂、专业性要求特别高或者国家有特殊要求的招标项目，采用随机抽取方式确定的专家难以胜任的，可以由招标人在专家库名单中直接确定。

评标委员会成员名单在中标结果确定前应当保密。

**第三十八条** 评标委员会可以要求投标人对投标文件中含义不明确的内容作必要的澄清或者说明，但是澄清或者说明不得超出投标文件的实质性内容。

**第三十九条** 评标中一般采用综合评价方法。评标委员会应当按照招标文件确定的评标标准，对投标人的信誉和经验，项目负责人的资格和能力，对项目的技术方案、技术建议，勘察、设计周期及进度计划、质量保证措施，后续服务和报价进行分别打分评议。

评标委员会对投标人的第一个信封评审打分后，在监督机构到场的情况下，拆封投标人的第二个信封，对第二个信封进行评审打分。经综合评审，依据对投标人综合得分结果的排序高低推荐两名中标候选人，并向招标人提出书面评标报告。

招标人应根据评标委员会提出的书面评标报告和推荐的中标候选人名单依序确定中标人。招标人也可以授权评标委员会直接确定中标人。

**第四十条** 评标报告由评标委员会全体成员签字。对评标结论持有异议的评标委员会成员可以书面阐述其不同意见和理由。评标委员会成员拒绝在评标报告上签字且不陈述其不同意见和理由的，视为同意评标结论。评标委员会应当对此作出书面说明并记录在案。

**第四十一条** 评标委员会经评审，认为所有投标都不符合招标文件要求的，可以否决所有投标，招标人应当依法重新招标。

**第四十二条** 评标委员会成员应当客观、公正地履行职责，遵守职业道德，对所提出的评审意见承担个人责任。

评标委员会成员不得私下接触投标人，不得收受投标人的财物或者其他好处，不得透露对投标文件的评审和比较、中标候选人的推荐情况以及与评标有关的其他情况。

**第四十三条** 在确定中标人之前，招标人不得与投标人就投标价格、投标方案等实质性内容进行谈判。

**第四十四条** 中标人确定后，招标人应当在7日内向中标人发出中标通知书，并同时将中标结果通知所有未中标的投标人；在15日内，按项目管理权限将评标报告向交通部或者省级人民政府交通主管部门备案。

**第四十五条** 招标人与中标人应当自中标通知书发出之日起30日内，按照招标文件和中标人的投标文件订立书面合同。招标人和中标人不得再行订立背离合同实质性内容的其他协议。

**第四十六条** 招标文件要求中标人提交履约保证金的，中标人应当提供。提供履约保证金可以采用提供银行保函的方式。

## 第五章 法律责任

**第四十七条** 违反本办法规定，招标人不具备自行办理招标事宜的条件而自行办理招标事宜的，给予警告，招标无效，并责令其委托招标代理机构办理招标事宜。

**第四十八条** 违反本办法规定，招标人未经批准而进行邀请招标的，给予警告，并责令其重新办理招标事宜。

**第四十九条** 违反本办法规定，招标文件未按照项目管理权限报交通主管部门备案而进行招标的，给予警告，并责令其停止招标活动。

**第五十条** 违反本办法规定的其他行为，按《中华人民共和国招标投标法》、《建设工程勘察设计管理条例》的有关规定办理。

**第五十一条** 交通主管部门的工作人员在水运工程建设项目勘察、设计活动的监督管理工作中徇私舞弊、滥用职权或者玩忽职守的，视情况由交通主管部门会同有关部门依法给予行政处分；构成犯罪的，依法追究刑事责任。

## 第六章　附　　则

**第五十二条**　投标人和其他利害关系人认为招标投标活动不符合有关规定的，有权向招标人提出异议或者依法向有关行政监督部门投诉。

**第五十三条**　使用国际金融组织或者外国政府贷款、援助资金的项目进行招标，贷款方、资金提供方对招标投标的具体条件和程序有特殊规定的，可以适用其规定，但违背中华人民共和国的社会公共利益的除外。

**第五十四条**　本办法由交通部负责解释。

**第五十五条**　本办法2003年6月1日起施行。

# 水运工程机电设备招标投标管理办法

（交通部令2004年第9号　2004.10.29）

## 第一章　总　　则

**第一条**　为规范水运工程机电设备招标投标活动，保证水运工程机电设备质量，保护各方当事人的合法权益，依据《中华人民共和国招标投标法》、《中华人民共和国政府采购法》和国家有关规定，制定本办法。

**第二条**　本办法适用于中华人民共和国境内水运工程基本建设项目和技术改造项目的机电设备采购。

水运工程机电设备是指港口工程、航道工程、航运枢纽工程、通航建筑物工程、修造船水工建筑物工程项目中的机械、电气、车船等设备。

**第三条**　机电设备的采购应当进行招标。属于下列情形之一的，可以不进行招标：

（一）只能从唯一制造商获得的；

（二）采购活动涉及国家安全和秘密的；

（三）单项合同在100万元以下，且项目总投资在3000万元以下的；

（四）法律、法规另有规定的。

**第四条**　水运工程机电设备招标投标活动，应遵循公开、公平、公正和诚实信用的原则。

**第五条**　水运工程机电设备招标投标活动的监督管理实行统一领导、分级管理。

交通部负责全国水运工程机电设备招标投标活动的监督

管理。

省级人民政府交通主管部门负责本行政区域内水运工程机电设备招标投标活动的监督管理。

县级以上人民政府交通主管部门按照项目管理权限,依法查处水运工程机电设备招标投标活动中的违法行为。

## 第二章 招　标

**第六条**　水运工程机电设备的招标人,是依照本办法规定提出机电设备招标项目、进行机电设备招标的法人或者其他组织。

**第七条**　具备下列条件的招标人,可以自行办理招标事宜:

(一)具有法人资格;

(二)具有与招标项目相适应的技术、经济管理和编制招标文件的能力;

(三)有同类项目招标的经验;

(四)拥有相应的招标业务人员,具有组织招标、评标的能力;

(五)熟悉和掌握招标投标法及有关法律、法规、规章。

招标人不具备前款规定条件的,应当委托具有相应资格的招标代理机构办理招标事宜。

任何单位和个人不得以任何方式为招标人指定招标代理机构。

**第八条**　必须进行招标的项目,招标人自行办理招标事宜的,应当在发布招标公告或者发出投标邀请书 15 日前,按项目管理权限报交通主管部门备案,其中,国家投资的大中型基本建设项目及限额以上技术改造建设项目报交通部备案,并同时抄送省级交通行政主管部门。

**第九条**　水运工程机电设备招标分为公开招标和邀请招标。

公开招标是招标人通过国务院有关部门指定的报刊、信息网络或者其他媒介发布招标公告,邀请不特定的法人或者其他组织投标。

邀请招标是指招标人以投标邀请书的方式，邀请3个以上具备承担招标项目能力的、资信良好的特定法人或者其他组织投标。

**第十条** 全部使用国有资金投资或者国有资金投资占控股或者主导地位的水运工程项目的机电设备招标，应当公开招标。

国务院发展和改革部门确定的国家重点项目和省、自治区、直辖市人民政府确定的地方重点项目不适宜公开招标的，经国务院发展和改革部门或者省、自治区、直辖市人民政府批准，可以进行邀请招标。

**第十一条** 水运工程机电设备招标由招标人组织，按下列程序进行：

（一）确定招标方式；

（二）编制招标文件；

（三）招标文件报送交通主管部门备案；

（四）发布招标公告或发出投标邀请书；

（五）出售或发放招标文件；

（六）必要时召开标前会，并进行答疑；

（七）接收投标人的投标文件；

（八）开标，审查投标文件；

（九）组建评标委员会，依据评标办法评标，提出评标报告，推荐中标候选人；

（十）将评标报告、评标结果报交通主管部门备案；

（十一）确定中标人，发出中标通知书；

（十二）与中标人签订水运工程机电设备采购合同。

**第十二条** 招标公告（投标邀请书）应当包括以下主要内容：

（一）招标人的名称和地址；

（二）招标依据；

（三）招标项目的概况，包括采购设备的名称、招标范围、供货时间和资金来源等；

（四）招标方式、时间、地点、获取招标文件的办法；

（五）对投标人的要求；

（六）其他事项。

**第十三条** 招标文件应当包括以下主要内容：

（一）投标须知：包括设备名称、交付地点，递交投标文件的时间、地点、方式和正、副本的份数，开标的时间、地点，通知评标结果的时间，投标有效期，投标保函或投标保证金额度、提交方式、返还的时间和方式等。

（二）合同格式及合同主要条款，包括供货范围、价格与支付，交货期，交货方式，交货地点，质量与检验，试车和验收，赔偿等。

（三）技术规格书：包括招标设备的名称、数量，所用的标准、规范和技术要求，设备的主要技术性能、参数指标，详细的设计、制造、安装、调试、验收等方面的技术条件和要求，备品备件方面的要求，设计审查、监造、厂验、培训、技术图纸及资料和售后服务等方面的要求。

重要的技术条款和主要参数及偏差范围应加注“*”号。

（四）评标原则、标准和方法，废标条件和评估价的计算方法等。

（五）要求投标人提供的有关文件：包括投标人及主要制造厂商的营业执照及资信证明文件。

（六）附件：包括开标一览表；投标报价表；货物说明一览表；规格偏离表。

**第十四条** 招标人对已发出的招标文件进行必要的澄清或者修改、补充的，招标人最迟应在投标截止日期前15日，以书面形式通知所有潜在投标人。该澄清或者修改、补充的内容为招标文件的组成部分。

**第十五条** 招标人应在发售招标文件10日前，按规定的管理权限将招标文件报交通主管部门备案，其中，国家投资的大中型基本建设项目及限额以上技术改造建设项目报交通部备案。

**第十六条** 招标人应当合理确定投标文件的编制时间。发布招标公告至招标文件发售截止时间，不得少于10日。自招标文件发售之日起至潜在投标人递交投标文件截止时间，一般不得少于

20 日，大型成套设备不得少于 60 日。

## 第三章 投 标

**第十七条** 水运工程机电设备的投标人，是具备相应投标资格，响应招标文件要求、参加投标竞争的机电设备的制造商或者制造商授权的销售商。

**第十八条** 投标人可以单独投标，也可由两个以上法人或者其他组织组成一个联合体，以一个投标人的身份共同投标。

联合体中各制造商均应当具备承担招标项目的相应能力，联合体成员间须签订协议，明确牵头人以及各方的责任、权利和义务，并将协议连同投标文件一并提交招标人。联合体中标的，联合体各方应当共同与招标人签订合同，就中标项目向招标人承担连带责任。

招标人不得强制投标人组成联合体共同投标，不得限制投标人之间的竞争。

**第十九条** 如果招标文件有要求的，投标人应按要求参加标前会。

**第二十条** 投标文件应按照招标文件规定的内容和要求编制，主要包括以下内容：

（一）投标函；

（二）总报价和分项报价；

（三）设备名称和数量，设备的主要性能、参数指标；

（四）供货方案：包括进度安排，安全、质量保证措施等内容；

（五）货物说明一览表，规格偏离表；

（六）招标文件要求的其他内容。

**第二十一条** 投标文件须经投标人盖章及其法定代表人（或者代理人）签字（或者署印），并按招标文件的规定密封。投标人应当在招标文件要求截止时间前，将投标文件送达指定地点。

**第二十二条** 投标人在招标文件要求的截止时间前，可以补充、修改或者撤回已递交的投标文件,并书面通知招标人。补充、修改的内容应当使用与投标书相同的方式签署、密封和送达,并作为投标文件的组成部分。

**第二十三条** 招标人在收到投标文件后,应当签收保存。在投标截止时间后送达的任何函件,招标人不得接受。

**第二十四条** 招标文件要求提交投标保函或者投标保证金的,投标人应在递交投标文件的同时,按要求提交投标保函或者投标保证金。

## 第四章 开标、评标和中标

**第二十五条** 开标应当在招标文件确定的提交投标文件截止时间的同一时间公开进行;开标地点应当为招标文件中预先确定的地点。

**第二十六条** 开标由招标人组织并主持。开标时,由投标人或者其推选的代表检查投标文件的密封情况,也可以由招标人委托的公证机构检查并公证;经确认无误后,当众拆封,宣读投标人名称、投标函、投标价格和投标文件的其他主要内容。

开标过程应当场记录,并存档备查。

**第二十七条** 投标人少于3个的,招标人应当按照本办法规定重新招标。

**第二十八条** 属于下列情况之一的,应当作为废标处理:

(一)投标文件未按要求密封;

(二)投标文件未按要求盖章及无其法定代表人(或者其代理人)签字(或者署印);

(三)投标有效期不足的;

(四)投标人未按要求提交投标保函(或者投标保证金);

(五)投标人递交两份或者多份内容不同的投标文件,又未书面声明哪一份为投标方案,哪一份为备选方案;

(六)投标人在一份投标文件中,对同一个机电设备有两个或者多个报价；

（七）投标文件不符合招标文件实质性要求；

（八）投标人以不正当手段从事投标活动。

**第二十九条** 开标后，招标人和投标人不得通过补充说明和有关资料改变招标文件和投标文件的实质内容。

**第三十条** 开标至发出中标通知书为评标阶段，评标活动均应保密。

**第三十一条** 评标工作由招标人依法组建的评标委员会负责。评标委员会成员由招标人的代表和有关技术、经济等方面的专家组成，总人数为5人以上单数，其中专家人数不得少于成员总数的三分之二。

前款专家应当从事相关领域工作满八年并具有高级职称或者具有同等专业水平，由招标人从交通部或者省级交通主管部门提供的专家库内的相关专业的专家名单中确定，一般招标项目可以采取随机抽取方式，特殊招标项目可以由招标人直接确定。

与投标人有利害关系的人不得进入相关项目的评标委员会；已经进入的应当更换。

评标委员会成员的名单在中标结果确定前应保密。

**第三十二条** 评标过程中，评标委员会可要求投标人对投标文件中含义不明确的内容作必要的澄清或者说明，投标人应作出书面澄清或者说明。澄清或者说明不得超出投标文件的范围或者改变投标文件的实质性内容。

**第三十三条** 评标时，评标委员会应当按照招标文件确定的评标原则、标准和方法，对投标文件进行综合评审和比较，推荐合格的中标候选人。

招标人应根据评标委员会提出的书面评标报告和推荐的中标候选人确定中标人。招标人也可以授权评标委员会直接确定中标人。

**第三十四条** 中标人的投标应当符合下列条件之一：

（一）能够最大限度地满足招标文件规定的各项综合评

价标准；

（二）能够满足招标文件的实质性要求，且评估价格最低。

**第三十五条** 评标委员会经评审，认为所有投标都不符合招标文件要求的，可以否决所有投标。

招标项目的所有投标被否决的，招标人应当按规定重新招标。

**第三十六条** 在确定中标人之前，招标人不得与投标人就投标价格、投标方案等实质性内容进行谈判。

**第三十七条** 评标委员会成员应当客观、公正地履行职责，遵守职业道德，对所提出的评审意见承担个人责任。

评标委员会成员不得私下接触投标人，不得收受投标人的财物或者其他好处。

评标委员会成员和参与评标的有关工作人员不得透露对投标文件的评审和比较、中标候选人的推荐情况以及与评标有关的其他情况。

**第三十八条** 评标工作一般应在开标后 30 日内完成，大型成套设备的评标时间可适当延长。

**第三十九条** 中标人确定后，招标人应当按项目管理权限将评标报告报交通部或者省级交通主管部门备案，其中，国家投资的大中型基本建设项目及限额以上技术改造建设项目报交通部备案。招标人应当向中标人发出中标通知书，并同时将中标结果通知所有未中标的投标人。

**第四十条** 招标人应在发出中标通知书 30 日内与中标人签订合同，并返还所有投标人的投标保函或者投标保证金。

**第四十一条** 招标文件要求中标人提交履约保证金的，中标人应向招标人提交履约保证金，其额度一般为合同总价的 1% ~ 3%。履约保证金可以银行保函方式支付。

**第四十二条** 投标人和其他利害关系人认为招标投标活动不符合有关规定的，有权向招标人提出异议或者依法向有关部门投诉。

## 第五章　附　则

**第四十三条**　使用国际金融组织或者外国政府贷款、援助资金的项目进行招标，贷款方、资金提供方对招标投标的具体条件和程序有特殊要求的，可以适用其要求，但有损我国社会公共利益的除外。

**第四十四条**　水运工程进口机电设备的招标投标活动，依照国家的相关规定办理。

**第四十五条**　本办法自2004年12月1日起施行。

# 港口工程竣工验收办法

（交通部令2005年第2号　2005.04.12）

**第一条**　为规范港口工程竣工验收工作，保证港口工程质量，保护人民生命和财产安全，根据《中华人民共和国港口法》，制定本办法。

**第二条**　本办法适用于新建和改建的港口工程竣工验收活动。

本办法所称港口工程竣工验收，是指港口工程完工后、投入使用前，对港口工程质量、执行国家和行业强制性标准情况、投资使用情况等事项的全面检查验收，以及对港口工程建设、设计、施工、监理等工作的综合评价。

**第三条**　港口工程竣工后，经验收合格方可投入使用。

**第四条**　港口工程竣工验收，应当遵循公开、公正、真实、科学的原则。

**第五条**　港口工程项目法人、设计、施工、监理等单位应当接受、配合竣工验收工作，提供的有关资料应当真实、有效。

**第六条**　港口工程竣工验收，实行统一管理、分级负责制度。

交通部统一管理全国港口竣工验收工作。

经国务院投资主管部门审批、核准和经交通部审批的港口工程竣工验收，由交通部负责。

省级人民政府投资主管部门审批、核准和省级交通主管部门审批的港口工程竣工验收，由省级交通主管部门负责。

本条第三款、第四款规定以外的港口工程由港口所在地港口行政管理部门负责竣工验收。

以上负责港口工程竣工验收的部门统称为竣工验收部门。

**第七条** 港口工程进行竣工验收应当具备以下条件：

（一）港口工程有关合同约定的各项内容已基本完成，申请竣工验收的建设项目有尾留工程的，尾留工程不得影响建设项目的投产使用，尾留工程投资额可根据实际测算投资额或按照工程概算所列的投资额列入竣工决算报告，但不得超过工程总投资的5%。施工单位对工程质量自检合格，监理工程师对工程质量评定合格，项目法人组织设计、施工、监理、工程质量监督等单位进行的交工验收合格；

（二）主要工艺设备或设施通过调试具备生产条件；

（三）一般港口工程经过3个月试运行；设有系统装卸设备的矿石、煤炭、散粮、油气、集装箱码头等港口工程，经过6个月试运行，符合设计要求；

（四）环境保护设施、安全设施、消防设施已按照设计要求与主体工程同时建成，并通过有关部门的专项验收；航标设施以及其他辅助性设施已按照《港口法》的规定，与港口同时建设，并保证按期投入使用；

（五）竣工档案资料齐全，并通过专项验收；

（六）竣工决算报告编制完成，并通过审计；

（七）廉政建设合同已履行。

**第八条** 港口工程试运行前，项目法人应当向港口所在地港口行政管理部门办理港口工程试运行备案手续。试运行期满后应当及时办理港口工程竣工验收手续。

港口工程试运行期自港口工程试运行备案之日起开始计算。

**第九条** 港口工程符合竣工验收条件的，项目法人应当向港口所在地港口行政管理部门提出竣工验收申请。

对于一次设计、分期建成的港口工程，项目法人可以对已建成并符合竣工验收条件的部分港口工程提出分期竣工验收申请。

**第十条** 交通部和省级交通主管部门负责竣工验收的港口工程，由该港口所在地港口行政管理部门组织初步验收。初步验收合格后，由港口行政管理部门向省级交通主管部门提出竣工验收申请，其中交通部负责竣工验收的，由省级交通主管部门向交通部转报竣工验收的申请材料。

**第十一条** 港口工程竣工验收部门应当自收到竣工验收申请之日起5个工作日内对申请材料进行审查，对于不符合竣工验收条件的，应当及时退回并告知理由；对于符合竣工验收条件的，应当受理竣工验收申请。

港口工程竣工验收或者初步验收应当自受理之日起20个工作日内完成。20个工作日内不能完成的，经竣工验收部门负责人批准，可以延长10个工作日。

**第十二条** 港口工程竣工验收由竣工验收部门组织质量监督机构、当地海事管理机构、有关行政主管部门、有关专家组成竣工验收委员会实施。

港口工程项目法人、设计单位、监理单位、施工单位等应当参加竣工验收工作。

**第十三条** 港口工程竣工验收的主要依据是：

（一）按照国家有关规定应当具备的港口工程建设项目的审批、核准、备案文件；

（二）初步设计、施工图设计、变更设计及概算调整等文件；

（三）招标文件及合同文本；

（四）主要设备技术规格或说明书等；

（五）国家和交通部颁布的技术规范和标准及法律、法规、规章的相关规定。

**第十四条** 港口工程竣工验收的内容是：

（一）审查港口工程是否具备国家规定的审批文件及相关手续；

（二）检查港口工程实体质量；

（三）检查港口工程合同履约情况，审查有关竣工档案资料；

（四）检查国家和行业强制性标准执行情况；

（五）核定码头靠泊等级、吞吐能力以及进出港口的航道等级；

（六）检查环境保护、劳动安全卫生、消防、档案等专项验收情况；

（七）检查对港口工程竣工决算报告的审计情况；

（八）检查廉政建设合同执行情况；

（九）确定工程质量等级；

（十）对存在问题和尾留工程提出处理意见；

（十一）形成、通过并签署《港口工程竣工验收鉴定书》。

**第十五条**　对竣工验收合格的，港口工程竣工验收部门应当自《港口工程竣工验收鉴定书》签署之日起10个工作日内，签发《港口工程竣工验收证书》。

**第十六条**　竣工验收不合格的，项目法人应当按照竣工验收委员会提出的处理意见进行限期整改。

整改期满后，项目法人应当重新提出港口工程竣工验收申请。

**第十七条**　港口工程竣工验收完成后，应当在国家规定的时间内办理固定资产移交等相关手续。

**第十八条**　由省级交通主管部门和港口所在地港口行政管理部门负责竣工验收的，在竣工验收完成后，省级交通主管部门和港口所在地港口行政管理部门应当将竣工验收的有关情况向交通部备案。

**第十九条**　港口工程未经竣工验收或者竣工验收不合格的，不得投入使用，港口行政管理部门不予办理港口经营许可证。

**第二十条**　项目法人违反本办法规定，未经备案进行试运行的，由港口所在地港口行政管理部门责令停止试运行。

**第二十一条**　港口工程未经验收合格，擅自投入使用的，由港口所在地港口行政管理部门责令停止使用，限期改正，可以处5万元以下罚款。

**第二十二条**　竣工验收部门工作人员在竣工验收中滥用职权、徇私舞弊、索贿受贿的，依法给予行政处分；构成犯罪的，依法追究刑事责任。

**第二十三条**　竣工验收委员会成员在竣工验收中玩忽职守、

徇私舞弊造成重大损失构成犯罪的,依法追究刑事责任。

**第二十四条** 利用世界银行、亚洲开发银行等国际金融组织或外国政府贷款、援助资金的港口工程,贷款方、资金提供方对工程竣工验收另有规定的,可以适用其规定,但不得违背中华人民共和国的法律、法规规定和社会公共利益。

**第二十五条** 《港口工程竣工验收鉴定书》和《港口工程竣工验收证书》应当按照交通部规定的统一格式印制。

**第二十六条** 本办法自 2005 年 6 月 1 日起施行,《交通部港口建设项目(工程)竣工验收办法》(交基发[1995]155 号)同时废止。本办法施行前公布的有关规定与本办法有抵触的,自本办法施行之日起停止执行。

# 公路水运工程试验检测管理办法

(交通部令2005年第12号 2005.10.19)

## 第一章 总 则

**第一条** 为规范公路水运工程试验检测活动,保证公路水运工程质量及人民生命和财产安全,根据《建设工程质量管理条例》,制定本办法。

**第二条** 从事公路水运工程试验检测活动,应当遵守本办法。

**第三条** 本办法所称公路水运工程试验检测,是指根据国家有关法律、法规的规定,依据工程建设技术标准、规范、规程,对公路水运工程所用材料、构件、工程制品、工程实体的质量和技术指标等进行的试验检测活动。

本办法所称公路水运工程试验检测机构(以下简称检测机构),是指承担公路水运工程试验检测业务并对试验检测结果承担责任的机构。

本办法所称公路水运工程试验检测人员(以下简称检测人员),是指经考试合格,具备相应公路水运工程试验检测知识、能力,并承担相应公路水运工程试验检测业务的专业技术人员。

**第四条** 公路水运工程试验检测活动应当遵循科学、客观、严谨、公正的原则。

**第五条** 国务院交通主管部门负责公路水运工程试验检测活动的统一监督管理。交通部基本建设质量监督总站(以下简称质监总站)具体实施公路水运工程试验检测活动的监督管理。

省级人民政府交通主管部门负责本行政区域内公路水运工程试验检测活动的监督管理。省级交通质量监督机构(以下简称省站）具体实施本行政区域内公路水运工程试验检测活动的监督管理。

质监总站和省站以下称质监机构。

## 第二章　检测机构等级评定

**第六条**　检测机构等级，是依据检测机构的公路水运工程试验检测水平、主要试验检测仪器设备及检测人员的配备情况、试验检测环境等基本条件对检测机构进行的能力划分。

检测机构等级，分为公路工程和水运工程专业。

公路工程专业分为综合类和专项类。公路工程综合类设甲、乙、丙3个等级。公路工程专项类分为交通工程和桥梁隧道工程。

水运工程专业分为材料类和结构类。水运工程材料类设甲、乙、丙3个等级。水运工程结构类设甲、乙2个等级。

检测机构等级标准由质监总站另行制定。

**第七条**　质监总站负责公路工程综合类甲级、公路工程专项类和水运工程材料类及结构类甲级的等级评定工作。

省站负责公路工程综合类乙、丙级和水运工程材料类乙、丙级、水运工程结构类乙级的等级评定工作。

**第八条**　检测机构可以同时申请不同专业、不同类别的等级。

检测机构被评为丙级、乙级后须满1年且具有相应的试验检测业绩方可申报上一等级的评定。

**第九条**　申请公路水运工程试验检测机构等级评定，应向所在地省站提交以下材料：

（一）《公路水运工程试验检测机构等级评定申请书》；

（二）申请人法人证书原件及复印件；

（三）通过计量认证的，应当提交计量认证证书副本的原件及复印件；

（四）检测人员考试合格证书和聘（任）用关系证明文件原件及复印件；

（五）所申报试验检测项目的典型报告（包括模拟报告）及业绩证明；

（六）质量保证体系文件。

**第十条** 公路水运工程试验检测机构等级评定工作分为受理、初审、现场评审3个阶段。

**第十一条** 省站认为所提交的申请材料齐备、规范、符合规定要求的，应当予以受理；材料不符合规定要求的，应当及时退还申请人，并说明理由。

所申请的等级属于质监总站评定范围的，省站核查后出具核查意见并转送质监总站。

所申请的等级属于省站评定范围，但申报的试验检测项目有属于质监总站评定范围的，对该项目的评审省站应当报请质监总站同意，评审专家从质监总站专家库中抽取，质监总站对该项目的评审进行监督抽查。

**第十二条** 初审主要包括以下内容：

（一）试验检测水平、人员及检测环境等条件是否与所申请的等级标准相符；

（二）申报的试验检测项目范围及设备配备与所申请的等级是否相符；

（三）采用的试验检测标准、规范和规程是否合法有效；

（四）检定和校准是否按规定进行；

（五）质量保证体系是否具有可操作性；

（六）是否具有良好的试验检测业绩。

**第十三条** 初审合格的进入现场评审阶段；初审认为有需要补正的，质监机构应当通知申请人予以补正直至合格；初审不合格的，质监机构应当及时退还申请材料，并说明理由。

**第十四条** 现场评审是通过对申请人完成试验检测项目的实际能力、检测机构申报材料与实际状况的符合性、质量保证体系和运转等情况的全面核查。

现场评审所抽查的试验检测项目，原则上应当覆盖申请人所申请的试验检测各大项目。抽取的具体参数应当通过抽签方式确定。

**第十五条** 现场评审由专家评审组进行。

专家评审组由质监机构组建,3 人以上单数组成(含 3 人)。评审专家从质监机构建立的试验检测专家库中选取,与申请人有利害关系的不得进入专家评审组。

专家评审组应当独立、公正地开展评审工作。专家评审组成员应当客观、公正地履行职责,遵守职业道德,并对所提出的评审意见承担个人责任。

**第十六条** 专家评审组应当向质监机构出具《现场评审报告》,主要内容包括:

(一)现场考核评审意见;

(二)公路水运工程试验检测机构等级评分表;

(三)现场操作考核项目一览表;

(四)两份典型试验检测报告。

**第十七条** 质监机构依据《现场评审报告》及检测机构等级标准对申请人进行等级评定。

质监机构的评定结果,应当通过交通主管部门指定的报刊、信息网络等媒体向社会公示,公示期不得少于 7 天。

公示期内,任何单位和个人有权就评定结果向质监机构提出异议,质监机构应当及时受理、核实和处理。

公示期满无异议或者经核实异议不成立的,由质监机构根据评定结果向申请人颁发《公路水运工程试验检测机构等级证书》(以下简称《等级证书》);经核实异议成立的,应当书面通知申请人,并说明理由,同时应当为异议人保密。

省站颁发证书的同时应当报质监总站备案。

**第十八条** 《公路水运工程试验检测机构等级评定申请书》和《等级证书》由质监总站统一规定格式。

《等级证书》应当注明检测机构从事公路水运工程试验检测的专业、类别、等级和项目范围。

**第十九条** 《等级证书》有效期为5年。

《等级证书》期满后拟继续开展公路水运工程试验检测业务的,检测机构应提前3个月向原发证机构提出换证申请。

**第二十条** 换证的申请、复核程序按照本办法规定的等级评定程序进行,并可以适当简化。在申请等级评定时已经提交过且未发生变化的材料可以不再重复提交。

**第二十一条** 换证复核以书面审查为主。必要时,可以组织专家进行现场评审。

换证复核的重点是核查检测机构人员、仪器设备、试验检测项目、场所的变动情况,试验检测工作的开展情况,质量保证体系文件的执行情况,违规与投诉情况等。

**第二十二条** 换证复核合格的,予以换发新的《等级证书》。不合格的,质监机构应当责令其在6个月内进行整改,整改期内不得承担质量评定和工程验收的试验检测业务。整改期满仍不能达到规定条件的,质监机构根据实际达到的试验检测能力条件重新作出评定,或者注销《等级证书》。

换证复核结果应当向社会公布。

**第二十三条** 检测机构取得《等级证书》后,可以向原发证质监机构申请增加试验检测项目。

经评审具备拟新增加项目的试验检测水平、人员、设备配备和检测环境等条件的,质监机构应当予以增加试验检测项目,并在《等级证书》上予以注明。

**第二十四条** 检测机构名称、地址、法定代表人或者机构负责人、技术负责人等发生变更的,应当自变更之日起30日内到原发证质监机构办理变更登记手续。

**第二十五条** 检测机构停业时,应当自停业之日起15日内向原发证质监机构办理《等级证书》注销手续。

**第二十六条** 质监机构依照本办法发放《等级证书》可以收取工本费。工本费的具体收费标准依据省、自治区、直辖市人民政府财政部门、价格主管部门会同同级交通主管部门核定的标准执行。

**第二十七条** 《等级证书》遗失或者污损的，可以向原发证质监机构申请补发。

**第二十八条** 任何单位和个人不得伪造、涂改、转让、租借《等级证书》。

## 第三章 试验检测活动

**第二十九条** 取得《等级证书》，同时按照《计量法》的要求经过计量行政部门考核合格，通过计量认证的检测机构，可向社会提供试验检测服务。

取得《等级证书》的检测机构在《等级证书》注明的项目范围内出具的试验检测报告，可以作为公路水运工程质量评定和工程验收的依据。

**第三十条** 公路水运工程质量事故鉴定、大型水运工程项目和高速公路项目验收的质量鉴定检测，质监机构应当委托通过计量认证并具有甲级或者相应专项能力等级的检测机构承担。

**第三十一条** 取得《等级证书》的检测机构，可设立工地临时试验室，承担相应公路水运工程的试验检测业务，并对其试验检测结果承担责任。

工程所在地省站应当对工地临时试验室进行监督。

**第三十二条** 检测机构应当严格按照现行有效的国家和行业标准、规范和规程独立开展检测工作，不受任何干扰和影响，保证试验检测数据客观、公正、准确。

**第三十三条** 检测机构应当建立严密、完善、运行有效的质量保证体系。应当按照有关规定对仪器设备进行正常维护，定期检定与校准。

**第三十四条** 检测机构应当建立样品管理制度，提倡盲样管理。

**第三十五条** 检测机构应当重视科技进步，及时更新试验检测仪器设备，不断提高业务水平。

**第三十六条** 检测机构应当建立健全档案制度，保证档案齐备，原始记录和试验检测报告内容必须清晰、完整、规范。

**第三十七条** 检测机构在同一公路水运工程项目标段中不得同时接受业主、监理、施工等多方的试验检测委托。

**第三十八条** 检测机构依据合同承担公路水运工程试验检测业务，不得转包、违规分包。

**第三十九条** 检测人员应当通过公路水运工程试验检测业务考试。

检测人员考试的组织、实施由质监总站统一管理。

**第四十条** 检测人员分为试验检测工程师和试验检测员。

检测机构的技术负责人应当由试验检测工程师担任。

试验检测报告应当由试验检测工程师审核、签发。

**第四十一条** 检测人员应当重视知识更新，不断提高试验检测业务水平。

**第四十二条** 检测人员应当严守职业道德和工作程序，独立开展检测工作，保证试验检测数据科学、客观、公正，并对试验检测结果承担法律责任。

**第四十三条** 检测人员不得同时受聘于两家以上检测机构，不得借工作之便推销建设材料、构配件和设备。

## 第四章 监督检查

**第四十四条** 质监机构应当建立健全公路水运工程试验检测活动监督检查制度，对检测机构进行定期或不定期的监督检查，及时纠正、查处违反本规定的行为。

**第四十五条** 公路水运工程试验检测监督检查，主要包括下列内容：

（一）《等级证书》使用的规范性，有无转包、违规分包、超范围承揽业务和涂改、租借《等级证书》的行为；

（二）检测机构能力变化与评定的能力等级的符合性；

（三）原始记录、试验检测报告的真实性、规范性和完整性；

（四）采用的技术标准、规范和规程是否合法有效，样品的管理是否符合要求；

（五）仪器设备的运行、检定和校准情况；

（六）质量保证体系运行的有效性；

（七）检测机构和检测人员试验检测活动的规范性、合法性和真实性；

（八）依据职责应当监督检查的其他内容。

**第四十六条** 质监机构实施监督检查时，有权采取以下措施：

（一）查阅、记录、录音、录像、照相和复制与检查相关的事项和资料；

（二）进入检测机构的工作场地（包括施工现场）进行抽查；

（三）发现有不符合国家有关标准、规范、规程和本办法规定的试验检测行为时，责令即时改正或限期整改。

**第四十七条** 质监机构应当组织比对试验，验证检测机构的能力。

质监总站不定期开展全国检测机构的比对试验。各省站每年年初应当制定本行政区域检测机构年度比对试验计划，报质监总站备案，并于年末将比对试验的实施情况报质监总站。

检测机构应当予以配合，如实说明情况和提供相关资料。

**第四十八条** 任何单位和个人都有权向质监机构投诉或举报违法违规的试验检测行为。

质监机构的监督检查活动，应当接受交通主管部门和社会公众的监督。

**第四十九条** 质监机构在监督检查中发现检测机构有违反本规定行为的，应当予以警告、限期整改，情节严重的列入违规记录并予以公示，质监机构不再委托其承担检测业务。

实际能力已达不到《等级证书》能力等级的检测机构，质监机构应当给予整改期限。整改期满仍达不到规定条件的，质监机构应当视情况注销《等级证书》或者重新评定检测机构等级。重新评定的等级低于原来评定等级的,检测机构1年内不得申报升级。被注销等级的检测机构,2年内不得再次申报。

质监机构应当及时向社会公布监督检查的结果。

**第五十条** 质监机构在监督检查中发现检测人员违反本办法的规定,出具虚假试验检测数据或报告的,应当给予警告,情节严重的列入违规记录并予以公示,直至注销考试合格证书。因违反本办法规定被注销考试合格证书的检测人员2年内不得再次参加考试。

**第五十一条** 质监机构工作人员在试验检测管理活动中,玩忽职守、徇私舞弊、滥用职权的,应当依法给予行政处分。

## 第五章 附 则

**第五十二条** 本办法施行前检测机构和人员通过的资质评审,期满复核时应当按照本办法的规定进行《等级证书》的评定和人员考试。

**第五十三条** 本办法自2005年12月1日起施行。交通部1997年12月10日公布的《水运工程试验检测暂行规定》(交基发[1997]803号)和2002年6月26日公布的《交通部水运工程试验检测机构资质管理办法》(交通部令2002年第4号)同时废止。

# 公路水运工程监理企业资质管理规定

（交通部令2004年第5号　2004.06.30）

## 第一章　总　　则

**第一条**　为加强公路、水运工程监理企业的资质管理，规范公路、水运建设市场秩序，保证公路、水运工程建设质量，根据《中华人民共和国公路法》和《建设工程质量管理条例》的有关规定，制定本规定。

**第二条**　本规定适用于公路、水运工程监理企业资质的行政许可及其监督管理活动。

**第三条**　监理企业资质，是指监理企业的人员组成、专业配置、测试仪器的配备、财务状况、管理水平等方面的综合能力。

**第四条**　监理企业从事公路、水运工程监理活动，应当按照本规定取得资质后方可开展相应的监理业务。

**第五条**　交通部负责全国公路、水运工程监理企业资质管理工作，其所属的质量监督机构受交通部委托具体负责全国公路、水运工程监理企业资质的监督管理工作。

省、自治区、直辖市人民政府交通主管部门负责本行政区域内公路、水运工程监理企业资质管理工作，其所属的质量监督机构受省、自治区、直辖市人民政府交通主管部门委托具体负责本行政区域内公路、水运工程监理企业资质的监督管理工作。

## 第二章　资质等级和从业范围

**第六条**　公路、水运工程监理企业资质按专业划分为公路工程和水运工程两个专业。

公路工程专业监理资质分为甲级、乙级、丙级三个等级和特殊独立大桥专项、特殊独立隧道专项、公路机电工程专项；水运工程专业监理资质分为甲级、乙级、丙级三个等级和水运机电工程专项。

**第七条** 公路、水运工程监理企业应当按照其获得的资质等级和业务范围开展监理业务：

（一）获得公路工程专业甲级监理资质，可在全国范围内从事一、二、三类公路工程、桥梁工程、隧道工程项目的监理业务；

（二）获得公路工程专业乙级监理资质，可在全国范围内从事二、三类公路工程、桥梁工程、隧道工程项目的监理业务；

（三）获得公路工程专业丙级监理资质，可在企业所在地的省级行政区域内从事三类公路工程、桥梁工程、隧道工程项目的监理业务；

（四）获得公路工程专业特殊独立大桥专项监理资质，可在全国范围内从事特殊独立大桥项目的监理业务；

（五）获得公路工程专业特殊独立隧道专项监理资质，可在全国范围内从事特殊独立隧道项目的监理业务；

（六）获得公路工程专业公路机电工程专项监理资质，可在全国范围内从事各等级公路、桥梁、隧道工程通讯、监控、收费等机电工程项目的监理业务；

（七）获得水运工程专业甲级监理资质，可在全国范围内从事大、中、小型水运工程项目的监理业务；

（八）获得水运工程专业乙级监理资质，可在全国范围内从事中、小型水运工程项目的监理业务；

（九）获得水运工程专业丙级监理资质，可在企业所在地的省级行政区域内从事小型水运工程项目的监理业务；

（十）获得水运工程专业水运机电工程专项监理资质，可在全国范围内从事水运机电工程项目的监理业务。

公路、水运工程监理业务的分级标准见本规定附件三。

## 第三章 申请与许可

**第八条** 申请公路、水运工程监理资质,应当具备本规定附件一、二规定的相应资质条件。

**第九条** 交通部负责公路、水运工程专业甲级、乙级监理资质和公路工程专业特殊独立大桥专项、特殊独立隧道专项、公路机电工程专项、水运机电工程专项监理资质的行政许可工作。

省、自治区、直辖市人民政府交通主管部门负责公路、水运工程专业丙级监理资质的行政许可工作。

**第十条** 申请人申请公路、水运工程监理资质应当向许可机关提交下列申请材料:

(一)《公路水运工程监理企业资质申请表》;

(二)《企业法人营业执照》(复印件)或者工商行政管理部门核发的企业名称预登记证明;

(三)验资报告;

(四)企业章程和制度;

(五)监理人员的监理工程师资格证书和中级职称以上人员职称证书(复印件);

(六)主要成员从事公路水运工程监理或者其他工作经历的业绩证明;

(七)主要试验检测仪器设备和装备证明。

申请人应当如实向许可机关提交有关材料和反映真实情况,并对其提交材料实质内容的真实性负责。

**第十一条** 属于交通部受理的申请,申请人在向交通部递交申请材料的同时,应当向企业注册地的省、自治区、直辖市人民政府交通主管部门递交申请材料副本。

有关省、自治区、直辖市人民政府交通主管部门自收到申请人的申请材料副本之日起10日内提出审查意见报交通部。

交通部自收到申请人完整齐备的申请材料之日起20日内作

出行政许可决定。准予许可的,颁发相应的《监理资质证书》;不予许可的,应当书面通知申请人并说明理由。

**第十二条** 交通部长江航务管理局所属企业申请水运工程专业甲级、乙级监理资质,其申请材料副本的递交不适用本规定第十一条第一、二款的规定,申请人应当向交通部长江航务管理局递交申请材料副本。交通部长江航务管理局自收到申请材料副本之日起十日内提出审查意见报交通部。

**第十三条** 属于省、自治区、直辖市人民政府交通主管部门受理的申请,申请人应当向企业注册地的省、自治区、直辖市人民政府交通主管部门递交本规定第十条规定的申请材料。省、自治区、直辖市人民政府交通主管部门自收到完整齐备的申请材料之日起20日内作出行政许可决定。准予许可的,颁发相应的《监理资质证书》;不予许可的,应当书面通知申请人并说明理由。

**第十四条** 许可机关在作出行政许可决定的过程中可以聘请专家对申请材料进行评审,并且将评审结果向社会公示。

专家评审的时间不计算在行政许可期限内,但应当将专家评审需要的时间告知申请人。专家评审的时间最长不得超过六十日。

**第十五条** 许可机关聘请的评审专家应当从交通部建立的公路、水运工程监理专家库中选定。

选择专家应当符合回避的要求;参与评审的专家应当履行公正评审、保守企业商业秘密的义务。

**第十六条** 许可机关在许可过程中需要核查申请人有关条件的,可以对申请人的有关情况进行实地核查,申请人应当配合。

**第十七条** 许可机关作出的准予许可决定,应当向社会公开,公众有权查阅。

**第十八条** 《监理资质证书》有效期限为四年。

**第十九条** 监理企业在领取新的资质证书时,应将原资质证书交回原发证机关。破产或者倒闭的监理企业,应将资质证书交回原发证机关予以注销。

## 第四章 监督检查

**第二十条** 监理企业应当依法、依合同对公路、水运工程建设项目实施监理。

**第二十一条** 监理企业和各有关机构必须如实填写《项目监理评定书》。《项目监理评定书》的格式由交通部规定。

**第二十二条** 监理企业资质实行定期检验制度,每两年检验一次。

定期检验的内容是检查监理企业现状与资质等级条件的符合程度以及监理企业在检验期内的业绩情况。

**第二十三条** 申请定期检验的企业应当在其资质证书使用期满两年前三十日内向检验机构提出定期检验申请,并提交以下材料:

(一)《公路水运工程监理企业资质检验表》;

(二)本检验期内的《项目监理评定书》。

**第二十四条** 监理企业的定期检验工作由作出许可决定的许可机关委托其所属的质量监督机构负责。

负责检验的质量监督机构应当自收到完整齐备的申请材料之日起二十日内作出定期检验结论。

**第二十五条** 对定期检验合格的监理企业,由质量监督机构在其《监理资质证书》上签署意见并盖章。

对定期检验不合格的监理企业,质量监督机构应当责令其在六个月内进行整改。整改期满仍不能达到规定条件的,由质量监督机构提请原许可机关对其予以降低资质等级或者撤销对其的资质许可。

**第二十六条** 监理企业未按规定的期限申请资质定期检验的,其资质证书失效。

**第二十七条** 监理企业遗失《监理资质证书》,应当在公开媒体和质量监督机构指定的网站上声明作废,并到原许可机关办理补证手续。

**第二十八条** 监理企业的名称、地址、法定代表人、企业负责人和技术负责人等发生变更,应当在变更后2个月内到原许可机关办理证书变更手续。有关行政机关应当依据资质等级条件予以审查办理。

**第二十九条** 各级交通主管部门及其质量监督机构应当加强对监理企业以及监理现场工作的监督检查,有关单位应当配合。

**第三十条** 交通部和省、自治区、直辖市人民政府交通主管部门依据职权有权对利害关系人的举报进行调查核实,有关单位应当配合。

## 第五章 罚 则

**第三十一条** 监理企业违反本规定,由交通部或者省、自治区、直辖市人民政府交通主管部门依据《建设工程质量管理条例》的有关规定给予相应处罚。

**第三十二条** 监理企业违反国家规定,降低工程质量标准,造成重大质量安全事故,构成犯罪的,对直接责任人员依法追究刑事责任。

**第三十三条** 交通主管部门工作人员在资质许可和监督管理工作中玩忽职守、滥用职权、徇私舞弊等严重失职的,由所在单位或其上级机关依照国家有关规定给予行政处分;构成犯罪的,依法追究刑事责任。

## 第六章 附 则

**第三十四条** 监理企业的《监理资质证书》由交通部统一印制,正本一份,副本二份,副本与正本具有同等法律效力。

**第三十五条** 本规定自2004年10月1日起施行。交通部1995年7月1日发布的《公路水运工程监理单位资质管理暂行规定》(交基发[1995]448号)同时废止。

**第三十六条** 本规定由交通部负责解释。

## 附件一：

# 公路水运工程监理企业资质等级条件

一、公路工程

(一)甲级监理资质条件

1. 人员、业绩和人员结构条件

企业负责人和技术负责人中至少有2人具有公路或者相关专业高级技术职称,10年以上从事公路、桥梁、隧道工程工作经历,5年以上监理或者建设管理工作经历,已取得监理工程师资格。

企业拥有中级职称以上各类专业技术人员不少于50人。其中,持监理工程师资格证书的人数不少于30人,工程系列高级专业技术人员数不少于10人,高、中级经济师或者高、中级会计师不少于3人。上述各类人员中,与企业签订3年以上劳动合同的人数不低于70%。

持监理工程师证书人员中,不少于15人具有2项一类工程监理业绩,不少于5人具有高级驻地监理工程师经历;上述人员与企业签订的劳动合同不少于3年。不具备本条前述条件,但具备以下条件者视为符合本条条件:监理企业具备不少于5项二类以上工程业绩(以《项目监理评定书》为准,下同)。

企业各类专业技术人员结构合理。主要包括路基路面、桥隧结构、试验检测、工程地质、工程经济、合同管理等专业人员。

2. 企业拥有材料、路基路面等工程试验检测设备和测量放样等仪器,具备建立工地试验室条件(见附件二)。

3. 企业注册资金不少于400万元。

4. 企业具有完善的规章制度和组织体系。

5. 企业作为工程质量事件当事人,已经有关主管部门认定无责任,或者虽受到有关主管部门的行政处罚但处罚期实施已满1年。

(二)乙级监理资质条件

1. 人员、业绩和人员结构条件

企业负责人和技术负责人中至少有 2 人具有公路或者相关专业中级技术职称,8 年以上从事公路、桥梁、隧道工程工作经历,3 年以上监理或者建设管理工作经历,已取得监理工程师资格。

企业拥有中级职称以上各类专业技术人员不少于 30 人。其中,持监理工程师资格证书的人数不少于 18 人,工程系列高级专业技术人员数不少于 5 人,经济师、会计师不少于 2 人。上述各类人员中,与企业签订 3 年以上劳动合同的人数不低于 70%。

持监理工程师证书的人员中,不少于 9 人具有 2 项二类及以上工程监理业绩,不少于 3 人具有高级驻地监理工程师经历;上述人员与企业签订的劳动合同不少于 3 年。不具备本条前述条件,但具备以下条件者视为符合本条条件:监理企业具备不少于 5 项三类以上工程业绩。

各类专业技术人员结构合理。主要包括路基路面、桥隧结构、试验检测、工程地质、工程经济、合同管理等专业人员。

2. 企业拥有材料、路基路面等工程试验检测设备和测量放样等仪器,具有建立工地试验室的条件(见附件二)。

3. 企业注册资金不少于 200 万元。

4. 企业具有完善的规章制度和组织体系。

5. 企业作为工程质量事件当事人,已经有关主管部门认定无责任,或者虽受到有关主管部门的行政处罚但处罚期实施已满 1 年。

(三)丙级监理资质条件

1. 人员、业绩和人员结构条件

企业负责人和技术负责人中至少有 2 人具有公路或者相关专业中级技术职称,5 年以上从事公路、桥梁、隧道工程工作经历,2 年以上监理或者建设管理工作经历,已取得监理工程师资格。

企业拥有中级职称以上各类专业技术人员不少于 20 人。其中,持监理工程师资格证书的人数不少于 8 人,工程系列高级技术职称人数不少于 3 人,经济师、会计师不少于 1 人。上述各类人员中,与企业签订 3 年以上劳动合同的人数不低于 70%。

持监理工程师证书的人员中,不少于3人具有2项三类及以上工程监理业绩,上述人员与企业签订的劳动合同不少于3年。

各类专业技术人员结构合理。主要包括路基路面、桥隧结构、试验检测、工程地质、工程经济、合同管理等专业人员。

2. 企业拥有必要的试验检测设备和测量放样仪器(见附件二)。

3. 企业注册资金不少于50万元。

4. 企业拥有完善的规章制度和组织体系。

5. 企业作为工程质量事件当事人,已经有关主管部门认定无责任,或者虽受到有关主管部门的行政处罚但处罚期实施已满1年。

(四)特殊独立大桥专项监理资质条件

1. 已取得公路工程甲级监理资质。

2. 持监理工程师证书人员中,有不少于20人具有特大桥监理业绩,上述人员与企业签订的劳动合同不少于3年。不具备本条前述条件,但具备以下条件者视为符合本条条件:监理企业具有4项以上特大桥监理业绩。

(五)特殊独立隧道专项监理资质条件

1. 已取得公路工程甲级监理资质。

2. 持监理工程师证书人员中,有不少于20人具有特长隧道监理经历,有不少于10人是隧道专业监理工程师,上述人员与企业签订的劳动合同不少于3年。不具备本条前述条件,但具备以下条件者视为符合本条条件:监理企业具有2项以上特长隧道监理业绩。

(六)公路机电工程专项监理资质条件

1. 人员、业绩和人员结构条件

企业负责人和技术负责人中至少2人以上具有机电专业高级技术职称,8年以上从事相关专业工作经历,5年以上监理或者建设管理工作经历,已取得公路机电专业监理工程师资格。

企业拥有中级职称以上各类专业技术人员不少于30人。其中,持公路机电专业监理工程师资格证书人数不少于15人,高级专业技术人员数不少于10人,经济师、会计师不少于2人。上述各类人员中,与企业签订3年以上劳动合同的人数不低于70%。

持监理工程师证书人员中,不少于8人具有公路机电工程监理业绩,以上人员与企业签订的劳动合同不少于3年。

2. 企业拥有公路机电工程所需的常用试验检测设备(见附件二)。

3. 企业注册资金不少于200万元。

4. 企业具有完善的规章制度和组织体系。

5. 企业作为工程质量事件当事人,已经有关主管部门认定无责任,或者虽受到有关主管部门的行政处罚但处罚期实施已满1年。

二、水运工程

(一)甲级监理资质条件

1. 人员、业绩和人员结构条件

企业负责人中至少有1人具备10年以上水运工程建设的经历,具有监理工程师资格;技术负责人应具有15年以上水运工程建设的经历,承担过大型水运工程项目的总监工作,具有水运工程系列高级专业技术职称和监理工程师资格。

企业拥有中级技术职称以上各类专业技术人员不少于40人。其中,持监理工程师资格证书的人员不少于25人,取得港口、航道监理工程师资格证书的人员不少于18人,工程系列高级技术专业职称人数不少于10人,经济师、会计师不少于2人。上述各类人员中,与企业签订3年以上劳动合同的人数不低于70%。

持监理工程师资格证书人员中,不少于10人具有大型工程监理业绩,不少于3人具有大型工程监理项目负责人经历。上述人员与企业签订的劳动合同不少于3年。不具备本条前述条件,但具备以下条件者视为符合本条条件:监理企业具备5项以上中型水运工程业绩。

各类专业技术人员结构合理。主要包括港口、航道、工民建、测量、试验检测、合同管理等专业人员。

2. 企业拥有材料、土工等工程试验仪器和检测设备，具有建立工地试验室的条件（见附件二）。

3. 企业注册资金不少于300万元。

4. 企业具有完善的规章制度和组织体系。

5. 企业作为工程质量事件当事人，已经有关主管部门认定无责任，或者虽受到有关主管部门的行政处罚但处罚期实施已满1年。

（二）乙级监理资质条件

1. 人员、业绩和人员结构条件

企业负责人中至少有1人具有8年以上水运工程建设的经历，具有监理工程师资格；技术负责人应具有10年以上水运工程建设的经历，承担过中型水运工程项目的总监工作，具有水运工程系列高级专业技术职称和监理工程师资格。

企业拥有中级技术职称以上各类专业技术人员不少于30人。其中，持监理工程师资格证书的人员不少于15人，取得港口、航道监理工程师资格证书的人员不少于10人，工程系列高级技术专业职称人数不少于5人，经济师、会计师不少于1人。上述各类人员中，与企业签订3年以上劳动合同人数不低于70%。

持监理工程师资格证书的人员中，不少于5人具有中型水运工程监理业绩，不少于2人具有中型水运工程监理项目负责人经历，上述人员与企业签订的劳动合同不少于3年；不具备本条前述条件，但具备以下条件者视为符合本条条件：具备5项以上小型水运工程业绩。

各类专业技术人员结构合理。主要包括港口、航道、工民建、测量、试验检测、合同管理等专业人员。

2. 企业拥有材料、土工等工程试验仪器和检测设备，具有建立工地试验室的条件（见附件二）。

3. 企业注册资金不少于100万元。

4. 企业具有完善的规章制度和组织体系。

5. 企业作为工程质量事件当事人，已经有关主管部门认定无责任，或者虽受到有关主管部门的行政处罚但处罚期实施已满1年。

（三）丙级监理资质条件

1. 人员、业绩和人员结构条件

企业负责人中至少有1人具有5年以上水运工程建设的经历，具有监理工程师资格；技术负责人应具有8年以上水运工程建设的经历，承担过小型水运工程项目的总监工作，具有监理工程师资格。

企业拥有中级技术职称以上各类专业技术人员不少于15人。其中，持监理工程师资格证书的人员不少于8人，工程系列高级技术专业职称人数不少于3人。上述各类人员中，与企业签订3年以上劳动合同人数不低于70%。

持监理工程师资格证书的人员中，不少于3人具有小型水运工程监理业绩，不少于2人具有小型水运工程监理项目负责人经历，上述人员与企业签订的劳动合同不少于3年。

2. 企业注册资金不少于50万元。

3. 企业作为工程质量事件当事人，已经有关主管部门认定无责任，或者虽受到有关主管部门的行政处罚但处罚期实施已满1年。

（四）水运机电工程专项监理资质条件

1. 人员、业绩和人员结构条件

企业负责人中至少有1人具备10年以上水运机电工程建设的经历，具有监理工程师资格；技术负责人应具有15年以上水运机电工程建设的经历，承担过水运机电工程项目的总监工作，具有水运工程系列高级专业技术职称和水运机电监理工程师资格。

企业拥有中级技术职称以上各类专业技术人员不少于25人。其中，持监理工程师资格证书的人员不少于15人，取得机电监理工程师资格证书的人员不少于10人，工程系列高级技术专业职称人数不少于10人，经济师、会计师不少于2人。上述各类人员中，与企业签订3年以上劳动合同人数不低于70%。

持监理工程师资格证书人员中，不少于8人具有水运机电工程监理业绩，不少于3人具有水运机电工程监理项目负责人经历，上述人员与企业签订的劳动合同不少于3年。

各类专业技术人员结构合理。主要包括机电、测量、试验检测、合同管理等专业人员。

2. 企业拥有机电工程试验仪器和检测设备，具有建立工地试验室的条件（见附件二）。

3. 企业注册资金不少于200万元。

4. 企业具有完善的规章制度和组织体系。

5. 企业作为工程质量事件当事人，已经有关主管部门认定无责任，或者虽受到有关主管部门的行政处罚但处罚期实施已满1年。

说明：本条件所称监理工程师除丙级资质条件外，均指交通部监理工程师。

## 附件二：

# 公路水运工程监理企业基本试验检测能力或仪器设备配备标准

一、公路工程

（一）甲级监理资质

1. 土工试验（筛分、密度、含水量、塑液限、击实）

2. 石灰试验（有效钙镁含量）

3. 水泥混凝土（塌落度、抗压强度、抗折强度）、砂浆强度试验、配合比设计

4. 沥青指标试验（针入度、延度、软化点）

5. 沥青混凝土配合比设计

6. 路面基层材料试验（击实、无侧限抗压强度、灰剂量、配合比设计）

7. 路基、路面、构造物几何尺寸检测

8. 路基路面检测（压实度、厚度、平整度、弯沉、路面构造深度、摩擦系数）

9. 砌石工程常规试验检测

10. 钢材、焊接试验

11. 测量设备（经纬仪、水准仪、测距仪、全站仪）

（二）乙级监理资质

1. 土工试验（筛分、密度、含水量、塑液限、击实）

2. 石灰试验（有效钙镁含量）

3. 水泥混凝土（塌落度、抗压强度、抗折强度）、砂浆强度试验、配合比设计

4. 沥青指标试验（针入度、延度、软化点）

5. 路面基层材料试验（击实、无侧限抗压强度、灰剂量、配合比设计）

6. 路基、路面、构造物几何尺寸检测

7. 路基路面检测（压实度、厚度、平整度、弯沉、路面构造深度、摩擦系数）

8. 砌石工程常规试验检测

9. 钢材、焊接试验

10. 测量设备(经纬仪、水准仪、测距仪)

(三)丙级监理资质

1. 土工试验(筛分、密度、含水量、塑液限、击实)

2. 石灰试验(有效钙镁含量)

3. 水泥混凝土(塌落度)、砂浆强度试验、配合比设计

4. 路基、路面、构造物几何尺寸检测

5. 路基路面(压实度、厚度、平整度、摩擦系数)

6. 砌石工程常规试验检测

7. 测量设备(经纬仪、水准仪)

(四)公路机电工程专项监理资质

1. 光功率计/光源

2. 光时域反射仪

3. 误码仪

4. 音频信号发生器

5. SDH 综合测试仪

6. 音频性能分析仪

7. 声压计

8. 数据通信测试分析仪

9. PCM 综合测试仪

10. 综合布线认证分析仪

11. 计算机网络分析仪

12. 秒表

13. 低速数据测试仪

14. 脉冲数字线路故障测试器

15. 视频分析仪/信号源

16. 色彩色差计

17. 雷达测速器

18. 数字式功率计

19. 风速仪
20. 闭路电视测试仪
21. 远红外线湿度测试仪
22. 轻便气象综合测试仪
23. 交流电源分析仪
24. 绝缘电阻测试仪
25. 耐压强度测试仪
26. 数字式地阻仪
27. 直流高压发生器
28. 钳流表
29. 照度测试仪
30. 经纬仪
31. 亮度计
32. 电缆故障测试仪
33. 焊口探伤仪
34. 数字万用表
35. 数显卡尺
36. 材料阻燃性能分析仪
37. RCL 测试仪
38. 逆反射系数测定仪
39. 双臂电桥
40. 电子涂层测厚仪
41. 超声波测厚仪
42. 数字存储示波器

二、水运工程

(一)甲级监理资质

1. 测量(经纬仪、水准仪、测距仪、全站仪)
2. 砂试验(筛分、含泥量、泥块含量、密度)
3. 石试验(筛分、含泥量、泥块含量、密度、压碎指标)
4. 混凝土、砂浆试验(配合比设计、稠度、强度)

5. 钢筋试验(钢筋力学和工艺性能、焊接接头机械性能)

6. 土工试验(筛分、密度、含水率、强度)

7. 非破损检测

(二)乙级监理资质

1. 测量(经纬仪、水准仪、测距仪)

2. 砂试验(筛分、含泥量、泥块含量、密度)

3. 石试验(筛分、含泥量、泥块含量、密度、压碎指标)

4. 混凝土、砂浆试验(配合比设计、稠度、强度)

5. 土工试验(筛分、密度、含水量、击实)

6. 非破损检测

(三)水运机电工程专项监理资质

1. 经纬仪、水准仪、测距仪

2. 拉压力传感器

3. 荷重传感器

4. 手持数字转速表

5. 数字多用表

6. 数字钳形表

7. 绝缘电阻表

8. 照度计

9. 超声波测厚仪

10. 超声波探测仪

11. 超声波涂层测厚仪

12. 尺寸检测量具

13. 红外式温度计

14. 接地电阻测试仪

15. 噪声计

16. 水平仪

17. 风速仪

## 附件三：

# 公路水运工程监理业务分级标准

## 一、公路工程分级标准

表一

| | 一类 | 二类 | 三类 |
|---|---|---|---|
| 1. 公路工程 | 高速公路 | 高速公路路基工程及一级公路 | 一级公路路基工程及二级以下各级公路 |
| 2. 桥梁工程 | 特大桥 | 大桥、中桥 | 小桥、涵洞 |
| 3. 隧道工程 | 特长隧道、长隧道 | 中隧道 | 短隧道 |

表二

| | |
|---|---|
| 1. 特殊独立大桥 | 主跨250米以上钢筋混凝土拱桥、单跨250米以上预应力混凝土连续结构、400米以上斜拉桥、800米以上悬索桥等结构复杂的独立特大桥项目 |
| 2. 特殊独立隧道 | 大于3000米的独立特长隧道项目 |
| 3. 公路机电工程 | 通讯、监控、收费等机电工程 |

注：1. 本标准使用术语含义与交通部《公路工程技术标准》(JTGB01—2003)规定一致。

2. 一、二、三类分级标准中含配套的交通安全设施、环保工程和沿线附属设施；不含各专项内容。

## 二、水运工程分级标准

| 序号 | 建设项目 | | 计量单位 | 大型 | 中型 | 小型 |
|---|---|---|---|---|---|---|
| 1 | 沿海港口工程 | 集装箱、件杂多用途等 | 吨级 | ≥20000 | 10000～20000 | <10000 |
| | | 散货、原油 | 吨级 | ≥30000 | 10000～30000 | <10000 |
| 2 | 内河港口工程 | | 吨级 | ≥1000 | 300～1000 | <300 |
| 3 | 通航建筑与整治工程 | | 吨级 | ≥1000 | 300～1000 | <300 |
| 4 | 航道工程 | 沿海 | 吨级 | ≥30000 | 10000～30000 | <10000 |
| | | 内河 | 吨级 | ≥1000 | 300～1000 | <300 |
| 5 | 修造船水工工程 | 船坞 | 船舶吨位 | ≥10000 | 3000～10000 | <3000 |
| | | 船台、滑道 | 船体重量 | ≥5000 | 1000～5000 | <1000 |

续上表

| 序号 | 建设项目 | | 计量单位 | 大型 | 中型 | 小型 |
|---|---|---|---|---|---|---|
| 6 | 防波堤、导流堤等水工工程 | | 最大水深（米） | ≥6 | <6 | |
| 7 | 其他水运工程项目 | 沿海 | 受监的建安工程费（万元） | ≥6000 | 2000～6000 | <2000 |
| | | 内河 | 受监的建安工程费（万元） | ≥4000 | 1000～4000 | <1000 |

# 公路水运工程安全生产监督管理办法

（交通部令2007年第1号　2007.02.14）

## 第一章　总　　则

**第一条**　为加强公路水运工程安全生产监督管理工作，保障人身及财产安全，根据《中华人民共和国安全生产法》、《建设工程安全生产管理条例》、《安全生产许可证条例》，制定本办法。

**第二条**　公路水运工程建设活动的安全生产行为及对其实施监督管理，应当遵守本办法。

**第三条**　本办法所称公路水运工程，是指列入国家和地方基本建设计划的公路、水运基础设施新建、改建、扩建以及拆除、加固等建设项目。

本办法所称从业单位，是指从事公路水运工程建设、勘察、设计、监理、施工、检验检测、安全评价等工作的单位。

**第四条**　公路水运工程安全生产监督管理应当坚持安全第一、预防为主、综合治理的方针。

**第五条**　公路水运工程安全生产监督管理实行统一监管、分级负责。

交通部负责全国公路水运工程安全生产的监督管理工作。

县级以上地方人民政府交通主管部门负责本行政区域内的公路水运工程安全生产监督管理工作，但长江干流航道工程安全生产监督管理工作由交通部设在长江干流的航务管理机构负责。

交通部和县级以上地方人民政府交通主管部门，可以委托其设置的安全监督机构负责具体工作，法律、行政法规规定不能委托的事项除外。

依照本条规定承担公路水运工程安全生产监督管理职能的部门或者机构，统称为公路水运工程安全生产监督管理部门。

**第六条** 公路水运工程安全生产监督管理部门的主要职责：

（一）宣传、贯彻、执行有关安全生产的法律、法规，按照法定权限制定公路水运工程安全生产管理规章和技术标准；

（二）依法对公路水运工程从业单位安全生产条件实施监督管理，组织施工单位的主要负责人、项目负责人、专职安全生产管理人员的考核管理工作；

（三）建立公路水运工程安全生产应急管理机制，制定重大生产安全事故应急预案；

（四）建立公路水运工程从业单位安全生产信用体系，作为交通行业信用体系建设的一部分，对从业单位和人员实施安全生产动态管理；

（五）受理公路水运工程安全生产方面的举报和投诉，依法对公路水运工程安全生产实施监督检查和相应的行政处罚；

（六）依法组织或者参与调查处理生产安全事故，按照职责权限对公路水运工程生产安全事故进行统计分析，发布公路水运工程安全生产动态信息。省级交通主管部门负责向交通部和国务院其他有关部门报送事故信息；

（七）指导下级交通主管部门开展公路水运工程安全生产监督管理工作；

（八）组织公路水运工程安全生产技术研究和先进技术推广应用；

（九）开展公路水运工程安全生产经验交流，普及安全生产知识；

（十）法律、法规规定的其他职责。

## 第二章 安全生产条件

**第七条** 从业单位从事公路水运工程建设活动，应当具备法律、行政法规规定的安全生产条件。任何单位和个人不得降低安全生产条件。

**第八条** 施工单位应当取得安全生产许可证，施工单位的主要负责人、项目负责人、专项安全生产管理人员（以下简称安全生产三类人员）必须取得考核合格证书，方可参加公路水运工程投标及施工。

施工单位主要负责人，是指对本企业日常生产经营活动和安全生产工作全面负责、有生产经营决策权的人员，包括企业法定代表人、企业安全生产工作的负责人等。

项目负责人，是指由企业法定代表人授权，负责公路水运工程项目施工管理的负责人。包括项目经理、项目副经理和项目总工。

专职安全生产管理人员，是指在企业专职从事安全生产管理工作的人员，包括企业安全生产管理机构的负责人及其工作人员和施工现场专职安全员。

**第九条** 交通部负责组织公路水运工程一级及以上资质施工单位安全生产三类人员的考核发证工作。

省级交通主管部门负责组织公路水运工程二级及以下资质施工单位安全生产三类人员的考核发证工作。

**第十条** 施工单位安全生产三类人员考核分为安全生产知识考试和安全管理能力考核两部分。考核合格的，由交通部或省级交通主管部门颁发《安全生产考核合格证书》。

**第十一条** 施工单位的垂直运输机械作业人员、施工船舶作业人员、爆破作业人员、安装拆卸工、起重信号工、电工、焊工等国家规定的特种作业人员，必须按照国家规定经过专门的安全作业培训，并取得特种作业操作资格证书后，方可上岗作业。

**第十二条** 施工单位在工程中使用施工起重机械和整体提升式脚手架、滑模爬模、架桥机等自行式架设设施前，应当组织有关单位进行验收，或者委托具有相应资质的检验检测机构进行验收，使用承租的机械设备和施工机具及配件的，由承租单位、出租单位和安装单位共同进行验收，验收合格的方可使用。验收合格后30

日内,应向当地交通主管部门登记。

**第十三条** 从业单位应当对从业人员进行安全生产教育和培训,保证从业人员具备必要的安全生产知识,熟悉有关的安全生产规章制度和安全操作规程,掌握本岗位的安全操作技能。未经安全生产教育和培训合格的从业人员,不得上岗作业。

## 第三章 安全责任

**第十四条** 建设单位在编制工程招标文件时,应当确定公路水运工程项目安全作业环境及安全施工措施所需的安全生产费用。

安全生产费用由建设单位根据监理工程师对工程安全生产情况的签字确认进行支付。

**第十五条** 建设单位在公路水运工程施工招标文件中应当按照法律、法规的规定对施工单位的安全生产条件、安全生产信用情况、安全生产的保障措施等提出明确要求。

建设单位不得对咨询、勘察、设计、监理、施工、设备租赁、材料供应、检测等单位提出不符合工程安全生产法律、法规和工程建设强制性标准规定的要求。不得随意压缩合同规定的工期。

**第十六条** 勘察单位应当按照法律、法规和工程建设强制性标准进行勘察,重视地质环境对安全的影响,提交的勘察文件应当真实、准确,满足公路水运工程安全生产的需要。

勘察单位应当对有可能引发公路水运工程安全隐患的地质灾害提出防治建议。

勘察单位及勘察人员对勘察结论负责。

**第十七条** 设计单位应当按照法律、法规和工程建设强制性标准进行设计,防止因设计不合理导致安全生产隐患或者生产安全事故的发生。

采用新结构、新材料、新工艺的工程和特殊结构的工程,设计单位应当在设计文件中提出保障施工作业人员安全和预防生产安全事故的措施建议。

设计单位和设计人员应当对其设计负责。

**第十八条** 监理单位应当按照法律、法规和工程建设强制性标准进行监理,对工程安全生产承担监理责任。应当编制安全生产监理计划,明确监理人员的岗位职责、监理内容和方法等。对危险性较大的工程作业应当加强巡视检查。

监理单位应当审查施工组织设计中的安全技术措施或者专项施工方案是否符合工程建设强制性标准。监理单位在实施监理过程中,发现存在安全事故隐患的,应当要求施工单位整改,必要时,可下达施工暂停指令并向建设单位和有关部门报告。

监理单位应当填报安全监理日志和监理月报。

**第十九条** 为公路水运工程提供施工机械设备、设施和产品的单位,应确保配备齐全有效的保险、限位等安全装置,提供有关安全操作的说明,保证其提供的机械设备和设施等产品的质量和安全性能达到国家有关标准。所提供的机械设备、设施和产品应当具有生产(制造)许可证、产品合格证或者法定检验检测合格证明。对于尚无相关国家标准或者行业标准的设备和设施,应当保障其质量和安全性能。

**第二十条** 施工单位应当对施工安全生产承担责任。

施工单位主要负责人依法对本单位的安全生产工作全面负责。施工单位应当建立健全安全生产责任制度和安全生产教育培训制度及安全生产技术交底制度,制定安全生产规章制度和操作规程,保证本单位安全生产条件所需资金的投入,对所承担的公路水运工程进行定期和专项安全检查,并做好安全检查记录。

施工单位的项目负责人依法对项目的安全施工负责,落实安全生产各项制度,确保安全生产费用的有效使用,并根据工程特点组织制定安全施工措施,消除安全事故隐患,及时、如实报告生产安全事故。

本条所称安全生产技术交底制度,是指公路水运工程每项工程实施前,施工单位负责项目管理的技术人员对有关安全施工的技术要求向施工作业班组、作业人员详细说明，并由双方签字确认的制度。

**第二十一条** 施工单位应当设立安全生产管理机构，配备专职安全生产管理人员。施工现场应当按照每5000万元施工合同额配备一名的比例配备专职安全生产管理人员，不足5000万元的至少配备一名。

专职安全生产管理人员负责对安全生产进行现场监督检查，并做好检查记录，发现生产安全事故隐患，应当及时向项目负责人和安全生产管理机构报告；对违章指挥、违章操作和违反劳动纪律的，应当立即制止。

**第二十二条** 施工单位在工程报价中应当包含安全生产费用，一般不得低于投标价的1%，且不得作为竞争性报价。

安全生产费用，应当用于施工安全防护用具及设施的采购和更新、安全施工措施的落实、安全生产条件的改善，不得挪作他用。

**第二十三条** 施工单位应当在施工组织设计中编制安全技术措施和施工现场临时用电方案，对下列危险性较大的工程应当编制专项施工方案，并附安全验算结果，经施工单位技术负责人、监理工程师审查同意签字后实施，由专职安全生产管理人员进行现场监督：

（一）不良地质条件下有潜在危险性的土方、石方开挖；

（二）滑坡和高边坡处理；

（三）桩基础、挡墙基础、深水基础及围堰工程；

（四）桥梁工程中的梁、拱、柱等构件施工等；

（五）隧道工程中的不良地质隧道、高瓦斯隧道、水底海底隧道等；

（六）水上工程中的打桩船作业、施工船作业、外海孤岛作业、边通航边施工作业等；

（七）水下工程中的水下焊接、混凝土浇注、爆破工程等；

（八）爆破工程；

（九）大型临时工程中的大型支架、模板、便桥的架设与拆除；

桥梁、码头的加固与拆除；

（十）其他危险性较大的工程。

必要时，施工单位对前款所列工程的专项施工方案，还应当组织专家进行论证、审查。

**第二十四条** 施工单位应当在施工现场出入口或者沿线各交叉口、施工起重机械、拌和场、临时用电设施、爆破物及有害危险气体和液体存放处以及孔洞口、隧道口、基坑边沿、脚手架、码头边沿、桥梁边沿等危险部位，设置明显的安全警示标志或者必要的安全防护设施。

施工单位应当根据不同施工阶段和周围环境及季节、气候的变化，在施工现场采取相应的安全施工措施。施工现场暂时停止施工的，施工单位应当做好现场防护。因施工单位安全生产隐患原因造成工程停工的，所需费用由施工单位承担，其他原因按照合同约定执行。

**第二十五条** 施工单位应当将施工现场的办公、生活区与作业区分开设置，并保持安全距离；办公、生活区的选址应当符合安全性要求。职工的膳食、饮水、休息场所、医疗救助设施等应当符合卫生标准。

施工现场临时搭建的建筑物应当符合安全使用要求。施工现场使用的装配式活动房屋应当具有生产（制造）许可证、产品合格证。

**第二十六条** 施工单位应当在施工现场建立消防安全责任制度，确定消防安全责任人，制定用火、用电、使用易燃易爆材料等各项消防管理制度和操作规程，设置消防通道，配备相应的消防设施和灭火器材。

**第二十七条** 施工单位应当向作业人员提供必需的安全防护用具和安全防护服装，书面告知危险岗位的操作规程并确保其熟悉和掌握有关内容和违章操作的危害。

作业人员有权对施工现场的作业条件、作业程序和作业方式中存在的安全问题提出批评、检举和控告，有权拒绝违章指挥和强令冒险作业。

在施工中发生可能危及人身安全的紧急情况时，作业人员有权立即停止作业或者在采取必要的应急措施后撤离危险区域。

**第二十八条** 作业人员应当遵守安全施工的工程建设强制性标准、规章制度，正确使用安全防护用具、机械设备等。

**第二十九条** 施工单位采购、租赁的安全防护用具、机械设备、施工机具及配件，应当具有生产（制造）许可证、产品合格证，并在进入施工现场前由专职安全管理人员进行查验。

施工现场的安全防护用具、机械设备、施工机具及配件必须由专人管理，定期进行检查、维修和保养，建立相应的资料档案，并按照国家有关规定及时报废。

**第三十条** 施工单位应当对管理人员和作业人员进行每年不少于两次的安全生产教育培训，其教育培训情况记入个人工作档案。

施工单位在采用新技术、新工艺、新设备、新材料时，应当对作业人员进行相应的安全生产教育培训。

新进人员和作业人员进入新的施工现场或者转入新的岗位前，施工单位应当对其进行安全生产培训考核。

未经安全生产教育培训考核或者培训考核不合格的人员，不得上岗作业。

**第三十一条** 施工单位应当为施工现场的人员办理意外伤害保险，意外伤害保险费应由施工单位支付。实行施工总承包的，由总承包单位支付意外伤害保险费。

**第三十二条** 建设工程实行施工总承包的，由总承包单位对施工现场的安全生产负总责。总承包单位依法将建设工程分包给其他单位的，分包合同中应当明确各自的安全生产方面的权利、义务。总承包单位对分包工程的安全生产承担连带责任。

分包单位应当服从总承包单位的安全生产管理，分包单位不服从管理导致生产安全事故的，由分包单位承担主要责任。

**第三十三条** 建设单位、施工单位应当针对本工程项目特点制定生产安全事故应急预案,定期组织演练。发生生产安全事故,施工单位应当立即向建设单位、监理单位和事故发生地的公路水运工程安全生产监督管理部门以及地方安全监督部门报告。建设单位、施工单位应当立即启动事故应急预案,组织力量抢救,保护好事故现场。

## 第四章 监督检查

**第三十四条** 公路水运工程安全生产监督管理部门在职责范围内履行安全生产监督检查职责时,有权采取下列措施:

(一)要求被检查单位提供有关安全生产的文件和资料;

(二)进入被检查单位施工现场进行检查;

(三)纠正施工中违反安全生产要求的行为,依法实施行政处罚。

**第三十五条** 公路水运工程安全生产监督管理部门对从业单位安全生产监督检查的内容主要有:

(一)从业单位安全生产条件的符合情况;

(二)施工单位安全生产三类人员和特种作业人员具备上岗资格情况;

(三)从业单位执行安全生产法律、法规、规章和工程建设强制性标准的情况;

(四)从业单位对安全生产管理制度、安全责任制度和各项应急预案的建立和落实情况;

(五)安全生产管理机构或者专职安全生产管理人员的设置和履行职责情况;

(六)员工的安全教育培训情况;

(七)其他应当监督检查的情况。

**第三十六条** 公路水运工程安全生产监督管理部门应当对公路水运工程下列施工现场的安全生产情况进行监督检查:

(一)现场驻地;

（二）施工作业点（面）；

（三）危险品存放地；

（四）预制厂、半成品加工厂；

（五）非标施工设备组装厂。

公路水运工程安全生产监督管理部门对易发生生产安全事故的危险工程及施工作业环节应当进行重点监督检查。

**第三十七条** 公路水运工程安全生产监督管理部门对监督检查中发现的安全问题，应当作出如下处理：

（一）从业单位存在安全管理问题需要整改的，以书面方式通知存在问题单位限期整改；

（二）从业单位存在严重安全事故隐患的，责令立即排除；

（三）重大安全事故隐患在排除前或者在排除过程中无法保证安全的，责令其从危险区域内撤出作业人员或者暂时停止施工；

（四）建设单位违反安全管理规定造成重大生产安全事故的，对全部或者部分使用国有资金的建设项目，暂停资金拨付；

（五）建设单位未列建设工程安全生产费用的，责令其限期改正并不得办理监督手续；逾期未改正的，责令该建设工程停止施工并通报批评。

被检查单位应当立即落实处理决定，并将整改结果书面报检查单位。责令停工的，应当经复查合格后，方可复工。

**第三十八条** 公路水运工程安全生产监督管理部门应当建立从业单位信用档案，并将监督检查情况和处理结果及时登录在安全生产信用管理系统中。

**第三十九条** 从业单位整改不力，多次整改仍然存在安全问题的，公路水运工程安全生产监督管理部门将其列入安全监督检查重点名单，登录在安全生产信用管理系统中，并向有关部门通报。

对存在重大安全事故隐患但拒绝整改或者整改效果不明显或者发生重特大安全事故等不再具备安全生产条件的，公路水运工程安全生产监督管理部门应当向安全生产许可证颁发部门通报，建议暂扣或者吊销安全生产许可证，同时向有关资质证书颁发部门建议降低资质等级。

**第四十条** 公路水运工程安全生产监督管理部门可委托具备国家规定资质条件的机构对容易发生重特大生产安全事故的工程项目和危险性较大的工程施工进行安全评价和监测。

**第四十一条** 公路水运工程安全生产监督管理部门应当健全内部管理制度，加强对监督管理人员的教育培训，提高执法水平。监督管理人员应当忠于职守，秉公办事，坚持原则，清正廉洁。与监督检查对象有利害关系的监督人员，应当回避。

**第四十二条** 公路水运工程安全生产监督管理部门应当建立举报制度，及时受理对公路水运工程生产安全事故或者事故隐患以及监督检查人员违法行为的检举、控告和投诉。

## 第五章 附 则

**第四十三条** 违反本办法规定，按照《中华人民共和国安全生产法》、《建设工程安全生产管理条例》、《安全生产许可证条例》的相关规定，给予行政处罚。

**第四十四条** 本办法自2007年3月1日起施行。

# 航道建设管理规定

（交通部令2007年第3号　2007.04.11）

## 第一章　总　　则

**第一条**　为促进航道事业持续、健康发展，加强航道建设监督管理，维护航道建设市场秩序，根据《中华人民共和国航道管理条例》、《建设工程质量管理条例》和《建设工程勘察设计管理条例》，制定本规定。

**第二条**　在中华人民共和国境内从事航道建设活动适用本规定。

本规定所称航道建设活动包括航道整治、航道疏浚和航运枢纽、过船建筑物等航道设施及其他航道附属设施的新建、扩建和改建活动。

**第三条**　航道建设实行统一领导，分级管理制度。

交通部负责全国航道建设的行业管理。具体负责由国家发展改革委批准或核准航道建设项目的项目建议书和可行性研究报告的审核工作，按权限批准项目建议书、可行性研究报告；具体负责国家发展改革委批准或核准以及交通部批准可行性研究报告的航道建设项目的设计文件审批、开工备案、竣工验收以及招标投标等项目实施过程中的监督管理工作。

省级交通主管部门负责本行政区域内航道建设的监督管理。具体负责经省级人民政府有关部门批准的航道建设项目的前期工作和设计文件审批、招标投标、开工备案、竣工验收等项目实施过程中的监督管理工作；负责经省级人民政府核准的航道建设项目的设计文件审批、开工备案和竣工验收工作。

设区的市和县级交通主管部门按照省级人民政府的有关规定负责本行政区域内航道建设项目的监督管理。

**第四条** 航道建设监督管理的职责包括：

（一）监督国家有关航道建设工作方针、政策和法律、法规、规章、技术标准的执行；

（二）监督航道建设项目建设程序的实施；

（三）监督航道建设市场秩序；

（四）监督航道工程质量和工程安全；

（五）监督航道建设资金的使用；

（六）监督廉政建设情况；

（七）指导、检查下级管理部门的监督管理工作；

（八）依法查处航道建设违法行为；

（九）法律、行政法规规定的其他职责。

**第五条** 县级以上交通主管部门应当依照有关法律、法规以及本规定对航道建设实施监督管理。

有关单位和个人应当接受县级以上交通主管部门依法进行的航道建设监督检查，并给予支持及配合，不得拒绝或者阻碍。

**第六条** 航道建设项目应当按照国家有关规定实行招标投标制度、工程监理制度、合同管理制度和廉政监察制度。

**第七条** 航道建设应当符合航道规划，并考虑行洪安全、水上交通安全和环境保护的要求。

航道建设项目单位应当依法选择勘察、设计、施工、咨询、监理单位，依法采购与工程建设有关的重要设备和材料，办理开工备案，组织项目实施，组织项目交工验收，准备项目竣工验收工作。

## 第二章 建设程序管理

**第八条** 航道建设应当按照国家有关建设程序的规定进行。政府投资航道建设项目实行审批制，企业投资航道建设项目实行核准制和备案制。

**第九条** 政府投资的航道建设项目,按照以下建设程序执行:

(一)根据规划,开展预可行性研究,编制项目建议书;

(二)根据批准的项目建议书,进行工程可行性研究,编制可行性研究报告;

(三)根据批准的可行性研究报告,编制初步设计文件;

(四)根据批准的初步设计文件,编制施工图设计文件;

(五)根据批准的设计文件,组织项目监理、施工招标;

(六)根据国家有关规定,进行施工前准备工作,并向交通主管部门办理开工备案;

(七)开工备案后组织工程实施;

(八)工程完工后,编制竣工资料,办理工程竣工前的各项工作;

(九)交通主管部门组织竣工验收,办理固定资产移交手续。

**第十条** 企业投资的航道建设项目,按照以下建设程序执行:

(一)依法确定建设项目投资人;

(二)根据规划与需要,编制工程可行性研究报告;

(三)投资人组织编制项目申请报告,按照规定履行核准或者备案手续;

(四)根据核准、备案的项目申请报告,编制初步设计文件;

(五)根据批准的初步设计文件,编制施工图设计文件;

(六)根据批准的设计文件,组织项目监理、施工招标;

(七)根据国家有关规定,进行施工前准备工作,并向交通主管部门办理开工备案;

(八)开工备案后组织工程实施;

(九)工程完工后,编制竣工资料,办理工程竣工前的各项工作;

(十)交通主管部门组织竣工验收,办理固定资产移交手续。

**第十一条** 县级以上交通主管部门应当按照职责权限负责组织和监督航道建设项目的实施,除国家另有规定外,不得擅自简化建设程序。

县级以上交通主管部门发现开工备案文件存在不符合法律、行政法规以及规章规定内容的,应当在收到备案文件7日内提出处理意见,及时行使监督管理职责。

**第十二条** 编制航道建设项目建议书,应当符合以下基本要求:

(一)开展航道建设项目工程预可行性研究;

(二)建设方案应符合航道规划;

(三)符合有关编制水运工程预可行性研究和项目建议书的深度要求;

(四)符合国家和行业的有关规定。

**第十三条** 申请航道建设项目建议书审批,应当提供以下材料:

(一)行政许可申请书;

(二)项目建议书一式5份及其电子文件;

(三)工程预可行性研究报告一式5份及其电子文件;

(四)审批部门根据项目需要要求提供的其他材料。

**第十四条** 编制航道建设项目可行性研究报告,应当符合以下基本要求:

(一)符合航道规划;

(二)符合经批准的项目建议书;

(三)符合有关编制水运工程可行性研究报告的深度要求;

(四)符合国家和行业的有关规定和技术标准、规范。

**第十五条** 申请航道建设项目可行性研究报告审批,应当提供以下材料:

(一)行政许可申请书;

(二)工程可行性研究报告一式5份及其电子文件;

(三)有关规定所要求的相关单位的许可、承诺、证明或者评估意见;

(四)根据项目需要要求提供的其他材料。

**第十六条** 编制项目申请报告,应当包括以下内容:

(一)项目申报单位情况；

(二)拟建设项目情况；

(三)建设用地与相关规划；

(四)资源利用和能源耗用分析；

(五)生态环境影响分析；

(六)经济和社会效果分析。

**第十七条** 申请航道建设项目核准,应当提供以下材料：

(一)项目申请报告一式5份及其电子文件；

(二)城市规划行政主管部门出具的城市规划意见；

(三)国土资源行政主管部门出具的项目用地预审意见；

(四)环境保护行政主管部门出具的环境影响评价文件的审批意见；

(五)法律法规要求提交的其他材料。

申请航道建设项目备案,应当按照省级人民政府制定的建设项目备案管理实施办法履行备案手续。

**第十八条** 编制航道建设项目初步设计文件,应当符合以下基本要求：

(一)建设方案符合航道规划要求；

(二)建设规模、标准及内容等符合经批准的可行性研究报告或者经核准的项目申请报告；

(三)符合国家和行业的有关技术标准；

(四)符合有关编制水运工程初步设计文件的要求。

**第十九条** 申请航道建设项目初步设计文件审批,应当提供以下材料：

(一)行政许可申请书；

(二)初步设计文件一式5份及其电子文件；

(三)经批准的可行性研究报告或者经核准的项目申请报告复印件；

(四)审批部门根据项目需要要求提供的其他材料。

**第二十条** 由交通部负责审批的初步设计文件,应当向航道建设项目所在地省级交通主管部门提出申请，但是位于长江干线的航道建设项目应当向长江航务管理局或者长江口航道管理局提出申请，并报送相关材料。

省级交通主管部门、长江航务管理局、长江口航道管理局应当在收到上述申请材料后进行符合性审查，提出初步意见，并在收到申请材料之日起7日内将有关材料和处理意见报送交通部。

由省级交通主管部门负责审批的初步设计文件，应当向省级交通主管部门提出申请，并报送相关材料。

列入国家高等级航道且总投资在1亿元(含1亿元)以上的航道建设项目，省级交通主管部门在审批前应当征求交通部意见。

省级交通主管部门批准的初步设计文件，应当在批准后30日内报交通部备案。

**第二十一条** 审批部门对符合要求的初步设计文件，应当作出予以批准的决定；对不符合要求的初步设计文件，应当作出不予批准的决定，并说明理由，提出对设计方案的优化建议。

审批部门在审批前，应当委托不低于原初步设计单位资质等级的另一设计单位，对初步设计文件进行技术审查咨询。

**第二十二条** 编制航道建设项目施工图设计文件，应当符合以下基本要求：

(一)符合经批准的初步设计文件；

(二)符合国家和行业有关技术标准；

(三)符合编制有关水运工程施工图设计文件的深度要求；

(四)施工图预算不得突破已批准的初步设计概算。

**第二十三条** 申请航道建设项目施工图设计文件审批，应当提交以下材料：

(一)行政许可申请书；

(二)施工图设计文件一式5份及其电子文件；

(三)经批准的初步设计文件复印件；

(四)审批部门根据项目需要要求提供的其他材料。

航道建设项目的施工图设计文件应当集中报审。对于工期长、涉及专业多、需分期实施的航道工程项目,可以分期报审。但一个单位工程的施工图设计必须一次报审。

**第二十四条** 省级交通主管部门负责其管辖区域内航道建设项目的施工图审批工作;但是位于长江干线的航道建设项目施工图审批工作由交通部负责。

审批部门对符合要求的施工图设计文件,应当作出予以批准的决定;对不符合要求的施工图设计文件,应当作出不予批准的决定并说明理由。

审批部门在审批前应当委托不低于原施工图编制单位资质等级的另一设计单位,对施工图设计文件中关于结构安全、稳定、耐久性的内容进行审查。

**第二十五条** 航道建设项目初步设计文件和施工图设计文件一经批准,应当严格遵照执行,不得擅自修改、变更,不得以肢解设计变更内容的方式规避设计变更审批。

如确有必要对已批准的设计文件作如下重大变更的,应当经原审批部门批准后方可修改:

(一)改变主体工程建设位置;

(二)改变工程总平面布置;

(三)改变主要建筑物结构型式;

(四)改变主要工艺及设备配置;

(五)工程造价超过已批准的概算。

**第二十六条** 航道建设项目设计变更文件应当由原设计单位编制。经原设计单位书面同意,也可以由其他具有相应资质的设计单位编制。由编制单位对设计变更文件承担相应责任。

**第二十七条** 申请航道建设项目设计变更审批,应当向审批部门提交以下材料:

(一)行政许可申请书;

(二)设计变更说明书,内容包括该航道建设工程的基本情况、拟变更的主要内容以及设计变更的合理性论证等;

(三)设计变更前后相应的勘察、设计图纸;

（四）工程量、造价变化对照清单和分项概（预）算；

（五）审批部门根据项目需要要求提供的其他材料。

**第二十八条** 对因紧急抢险造成的航道建设项目设计变更，项目单位可以先行处理，事后按照本规定办理设计变更审批手续，并附相关证明材料。

**第二十九条** 航道建设项目完工后，应当按照交通部颁布的有关航运建设项目竣工验收的规定进行竣工验收。

航道建设项目经竣工验收合格后，方可交付使用。

## 第三章 建设市场管理

**第三十条** 县级以上交通主管部门依据职责，负责对航道建设市场的监督管理，查处航道建设市场中的违法行为，对航道建设投资人、从业单位和从业人员逐步建立信用管理体系，记录航道建设市场信用情况，并向社会公布。

**第三十一条** 航道建设市场依法实行准入管理。航道建设工程咨询、评估、勘察、设计、施工、监理等从业单位和从业人员应当依法取得有关部门许可的相应资质后，方可进入航道建设市场。航道建设项目单位以及其委托的项目建设管理单位、项目建设管理机构、主要负责人员，应当具备满足拟建项目管理需要的技术和管理能力，符合交通部有关规定的要求。

航道建设市场应当开放，任何单位和个人不得对航道建设市场实行地方保护，不得限制符合市场准入条件的从业单位和从业人员依法进入航道建设市场。

**第三十二条** 航道建设项目单位必须按照《中华人民共和国招标投标法》和交通部颁布的有关勘察、设计、施工、施工监理招标投标管理工作的规定，依法对建设项目勘察、设计、施工、监理以及重要设备、材料的采购等进行招标。

**第三十三条** 航道建设项目评标专家应当从交通部和省级交通主管部门两级专家库的相关专业名单中确定。

**第三十四条** 航道建设项目评标结果应当在与发布招标公告相同的媒介上至少公示7天。公示的主要内容包括评标结果、举报受理方式等。

**第三十五条** 航道建设从业单位应当在其核定业务范围内承揽工程,禁止无证或者越级承揽工程。

航道建设从业单位必须按照合同规定履行其义务,不得随意压缩建设工期,禁止转包和违法分包。

航道建设从业单位从事航道建设活动,必须遵守有关法律、法规、规章和技术标准,不得损害社会公共利益和他人合法权益。

## 第四章 工程质量和安全管理

**第三十六条** 县级以上交通主管部门应当加强对航道建设工程质量和安全的监督管理,对航道建设从业单位的质量与安全生产管理机构的建立、规章制度的落实情况进行监督检查。

**第三十七条** 航道建设工程实行政府监督、法人负责、社会监理、企业自检的质量管理制度。

航道建设从业单位应当建立健全质量管理的各项规章制度,严格执行有关航道建设质量管理的法律、法规、规章和标准。

**第三十八条** 航道建设从业单位应当严格执行有关安全生产的法律、法规、规章和标准,建立健全安全生产的制度,明确安全责任,落实安全措施,履行安全管理的职责。

**第三十九条** 航道建设项目在实施过程中,监理单位应当依照法律、法规、规章、技术标准、设计文件、合同文件和监理规范的要求,采用旁站、巡视和平行检验形式对工程实施监理,对不符合工程质量与安全要求的工程应当责令施工单位返工。

**第四十条** 工程质量和安全监督管理机构应当认真履行职责,加强对工程质量和安全的监督检查。任何单位和个人不得非法干预或者阻挠监督管理机构的监督检查工作。

**第四十一条** 航道建设从业单位应当对工程质量和安全负

责。工程实施中应当加强对职工的教育与培训，落实质量和安全责任制，保证工程质量和工程安全。

**第四十二条** 县级以上交通主管部门应当建立工程质量和安全事故举报制度。任何单位和个人发现工程质量事故、质量缺陷和影响工程质量的行为以及安全事故和安全隐患，应当向有关主管部门或者工程质量、安全监督管理机构举报。

**第四十三条** 航道建设项目发生工程质量事故，项目单位和从业单位应当在24小时内按照项目隶属关系向交通主管部门和有关质量监督管理机构报告，不得拖延和隐瞒。

**第四十四条** 工程质量事故的调查处理以及生产安全事故的报告、应急救援和调查处理按照国家有关规定执行。

## 第五章 政府投资项目的建设资金管理

**第四十五条** 对于使用政府投资的航道建设项目，县级以上交通主管部门应当加强对航道建设资金筹集、使用和管理工作的监督检查。

航道建设项目单位必须按照有关法律、法规、规章的规定，合理安排和使用航道建设资金。

**第四十六条** 县级以上交通主管部门根据权限履行下列航道建设资金管理的有关职责：

（一）制定航道建设资金管理制度；

（二）按规定审核、汇总、编报、批复年度航道建设资金使用计划；

（三）监督建设项目资金筹集和到位情况，以及工程概（预）算、年度投资计划执行情况，及时纠正违法问题，对重大问题提出意见并报上级交通主管部门；

（四）收集、汇总、报送航道建设资金管理信息，加强航道建设项目投资效益的分析工作；

（五）督促项目单位及时编报工程竣工决算，并及时按规定办理固定资产交付使用手续,规范资产管理。

**第四十七条** 对政府投资的航道建设项目,需要动用工程预留费的,按照水运建设工程概(预)算编制的有关规定执行。

## 第六章 工程信息及档案管理

**第四十八条** 航道建设实行建设项目信息报告制度。

航道建设项目单位应当每月向省级交通主管部门报送工程建设信息。

省级交通主管部门应当按照其管辖范围,每季度汇总工程建设信息,并于每季度结束后10日内报送交通部。

**第四十九条** 工程信息应当包括以下内容:

(一)项目概况,包括项目审批情况、建设规模、主要建设内容、资金构成、总体实施计划及其他情况;

(二)招投标工作情况;

(三)建设动态状况,包括工程进度、资金到位及投资完成情况、工程质量情况、安全生产情况及其他情况;

(四)其他需要报送的情况。

**第五十条** 项目单位应及时做好航道建设项目档案资料的搜集、整理、归档工作,并按照有关规定办理工程竣工档案专项预验收。

## 第七章 法律责任

**第五十一条** 违反本规定,越权审批、核准或者擅自简化建设程序的,责令其限期改正,并予以警告;造成严重后果的,对全部或者部分使用政府投资的航道建设项目,可暂停项目执行或者暂缓资金拨付,对直接责任人依法给予行政处分。

**第五十二条** 违反本规定,对全部或者部分使用政府投资的航道建设项目,项目单位侵占、挪用航道建设资金或者非法扩大建设成本的，责令其限期整改，可给予警告处罚；情节严重的，可暂停项目执行或者暂缓资金拨付，对直接责任人依法给予行政处分。

**第五十三条** 违反本规定，项目单位对工程质量事故、生产安全事故隐瞒不报、谎报或者拖延报告期限的，给予警告处罚，对直接责任人依法给予行政处分。

**第五十四条** 违反本规定，航道建设从业单位不遵守航道建设基本程序要求的，应当按照《中华人民共和国航道管理条例》、《建设工程勘察设计管理条例》、《建设工程质量管理条例》的有关规定予以处罚。

**第五十五条** 违反本规定，航道建设从业单位忽视工程质量和安全管理，造成质量或者安全事故的，应当按照《安全生产法》、《建设工程安全管理条例》的有关规定予以处罚。

**第五十六条** 违反本规定，拒绝或者阻碍航道建设监督检查工作的，责令其改正；构成犯罪的，依法追究刑事责任。

**第五十七条** 航道建设从业单位有关人员，具有行贿、索贿、受贿行为，损害国家、单位合法权益，构成犯罪的，依法追究刑事责任。

**第五十八条** 交通主管部门工作人员玩忽职守、滥用职权、徇私舞弊的，依法给予行政处分；构成犯罪的，依法追究刑事责任。

## 第八章　附　　则

**第五十九条** 本规定所称“航运枢纽”是指以航运开发为主，兼有防洪、发电、灌溉等其他功能的拦河通航建筑物。

**第六十条** 在国际、国界河流上从事航道建设活动适用本规定，但本规定与我国缔结的政府间协议不一致的，按照有关协议执行。

**第六十一条** 本规定自2007年5月1日起施行。

# 港口建设管理规定

（交通部令2007年第5号　2007.04.24）

## 第一章　总　则

**第一条**　为加强港口建设管理，规范港口建设市场秩序，保证港口工程质量，根据《中华人民共和国港口法》、《建设工程质量管理条例》、《建设工程勘察设计管理条例》等法律、行政法规，制定本规定。

**第二条**　本规定适用于在中华人民共和国境内新建、扩建、改建港口建设项目（包括与其他建设项目配套建设的港口建设项目）及其配套设施的建设活动。

军事和渔业港口的建设活动不适用本规定。

**第三条**　交通部负责全国港口建设的行业管理工作，并具体负责经国家发展和改革委员会审批、核准和经交通部审批的港口建设项目的建设管理工作。

省级交通主管部门负责本行政区域内港口建设的行业管理工作，并具体负责经省级人民政府有关部门审批、核准的港口建设项目的建设管理工作。

其余港口建设项目的建设管理工作由港口所在地港口行政管理部门负责。

以上负责港口建设管理的各级交通主管部门和港口所在地港口行政管理部门统称为港口行政管理部门。

**第四条**　港口建设应当符合港口布局规划和港口总体规划，执行有关建设法律、法规、规章和技术标准。

**第五条**　港口建设项目应当按照国家有关规定实行项目法人

责任制度、招标投标制度、工程监理制度和合同管理制度。

## 第二章　港口建设程序管理

**第六条**　港口建设应当按照国家规定的建设程序和有关规定进行。除国家另有规定外,不得擅自简化建设程序。

**第七条**　政府投资的港口建设项目的项目建议书和可行性研究报告实行审批制,企业投资的港口建设项目的项目申请报告、备案文件分别实行核准制、备案制。

**第八条**　政府投资的港口建设项目,按照以下建设程序执行:

(一)开展工程预可行性研究,编制项目建议书;

(二)根据批准的项目建议书,进行工程可行性研究,编制可行性研究报告;

(三)根据批准的可行性研究报告,编制初步设计文件;

(四)根据批准的初步设计,编制施工图设计文件;

(五)根据批准的施工图设计,组织项目监理、施工招标;

(六)根据国家有关规定,进行施工前准备工作,并向港口行政管理部门办理开工备案手续;

(七)备案后组织工程实施;

(八)工程完工后,编制竣工材料,进行工程竣工验收的各项准备工作;

(九)港口行政管理部门按权限组织竣工验收。

**第九条**　企业投资的港口建设项目,按照以下建设程序执行:

(一)开展工程可行性研究,编制工程可行性研究报告;

(二)根据工程可行性研究报告,编制项目申请报告或者备案文件,履行核准或者备案手续;

(三)根据核准或者备案的项目申请报告或者备案文件,编制初步设计文件;

(四)根据批准的初步设计,编制施工图设计文件;

(五)根据批准的施工图设计,组织项目监理、施工招标;

（六）根据国家有关规定，进行施工前准备工作，并向港口行政管理部门办理开工备案手续；

（七）备案后组织工程实施；

（八）工程完工后，编制竣工验收材料，进行工程竣工验收的各项准备工作；

（九）港口行政管理部门按权限组织竣工验收。

**第十条** 实行审批制的港口建设项目的项目建议书应当符合以下基本要求：

（一）开展了港口建设项目工程预可行性研究；

（二）建设方案符合港口规划；

（三）符合有关编制水运工程预可行性研究、项目建议书的深度要求；

（四）符合国家和行业的有关规定。

**第十一条** 申请港口建设项目的项目建议书审批，应当提供以下材料：

（一）申请文件一式2份；

（二）项目建议书一式5份和相应的电子版本1份；

（三）工程预可行性研究报告一式5份和相应的电子版本1份；

（四）审批部门根据项目需要要求提供的其他材料。

**第十二条** 实行审批制的港口建设项目可行性研究报告应当符合以下基本要求：

（一）符合港口规划；

（二）符合经批准的项目建议书；

（三）符合有关编制水运工程可行性研究报告的深度要求；

（四）符合国家和行业的有关规定和技术标准、规范。

**第十三条** 申请港口建设项目可行性研究报告审批，应当提供以下材料：

（一）申请文件一式2份（含可行性研究报告）；

（二）工程可行性研究报告一式5份和相应的电子版本1份；

（三）有关规定所要求的相关单位的许可、承诺、证明或者评估意见；

（四）根据项目需要要求提供的其他材料。

**第十四条** 实行核准制的港口建设项目的项目申请报告应包括以下内容：

（一）项目申报单位情况；

（二）拟建项目情况；

（三）相关规划与建设用地；

（四）资源利用和能源耗用分析；

（五）生态环境影响分析；

（六）经济和社会效果分析。

**第十五条** 申请港口建设项目的项目申请报告核准，应当提供以下材料：

（一）项目申请报告一式5份和相应的电子版本1份；

（二）建设项目工程可行性研究报告一式5份和相应的电子版本1份；

（三）城市规划行政主管部门出具的城市规划意见；

（四）国土资源行政主管部门出具的项目用地预审意见；

（五）环境保护行政主管部门出具的环境影响评价文件的审批意见；

（六）根据有关法律法规应提交的其他文件。

**第十六条** 实行备案制的港口建设项目，项目单位应按省级人民政府制定的建设项目备案管理办法的要求，履行备案手续。

**第十七条** 港口岸线实行行政许可制度。港口深水岸线由交通部会同国家发展和改革委员会批准；港口非深水岸线由港口行政管理部门批准。国家发展和改革委员会批准建设的港口建设项目使用港口岸线，不再另行办理使用港口岸线的审批手续。

港口岸线审批的具体程序和要求另行制定。

**第十八条** 港口工程设计实行行政许可制度。港口工程设计分为初步设计和施工图设计两个阶段。港口工程初步设计按照第三条规定的权限由相应的港口行政管理部门审批，施工图设计由港口所在地港口行政管理部门审批。

**第十九条** 港口工程初步设计应当符合以下基本要求：

（一）建设方案符合经审批机关批准的港口总体规划；

（二）项目建设主要内容、规模及标准等符合经审批机关批准的可行性研究报告或者经核准、备案的项目申请报告或者备案文件；

（三）符合国家和行业现行的有关技术标准；

（四）符合港口工程初步设计文件编制规定的要求。

**第二十条** 项目法人报批初步设计时应当提供以下材料：

（一）申请文件一式2份；

（二）初步设计文件一式2份和相应的电子版本1份；

（三）港口建设项目批准或者核准、备案文件（包括工程可行性研究报告）的复印件1份。

**第二十一条** 由港口所在地港口行政管理部门负责审批的初步设计文件，项目法人直接向港口所在地港口行政管理部门提出申请，报送相关材料。

由省级交通主管部门负责审批的初步设计文件，项目法人向港口所在地港口行政管理部门报送相关材料，由港口所在地港口行政管理部门向省级交通主管部门转报相关材料。

由交通部负责审批的初步设计文件，项目法人向港口所在地港口行政管理部门报送相关材料，港口所在地港口行政管理部门向省级交通主管部门报送，省级交通主管部门再向交通部转报相关材料。

转报机关收到初步设计的申请材料后，应当在5个工作日内完成转报工作。

**第二十二条** 港口行政管理部门在审批初步设计时，应当按照规定委托不低于原初步设计文件编制单位资质等级的另一设计单位对初步设计文件进行技术审查咨询。审查咨询单位在完成审查咨询工作后，出具审查咨询报告报港口行政管理部门。

港口行政管理部门应当根据审查咨询报告、其他相关文件和有关部门的意见在法定期限内批复初步设计文件。

**第二十三条** 初步设计审查咨询工作的主要内容:

(一)对于政府投资的建设项目,应当进行全面的技术(包括概算)审查,并提出设计方案的优化措施;

(二)对于企业投资的建设项目,主要对涉及公共利益、公众安全、工程强制性标准、主体结构安全稳定性等内容及工程概算的编制依据和方法进行复核审查,并提出合理化建议。

**第二十四条** 港口工程施工图设计应当符合以下基本要求:

(一)符合经审批机关批准的初步设计;

(二)符合国家和行业现行的有关技术标准及规范;

(三)工程主体结构和地基基础稳定性计算正确;

(四)指导性施工方案合理;

(五)图纸、施工说明表述清晰、完整。

**第二十五条** 项目法人报批施工图设计文件时应当提供以下材料:

(一)申请文件一式2份;

(二)施工图设计文件一式2份;

(三)经批准的初步设计文件1份。

**第二十六条** 审批部门对符合要求的施工图设计文件,应当作出予以批准的决定;对不符合要求的施工图设计文件,应当作出不予批准的决定并说明理由。

在审批前,审批部门应当委托不低于原施工图编制单位资质等级的另一设计单位,对施工图设计文件中关于结构安全、稳定、耐久性的内容进行审查。

**第二十七条** 港口工程设计经批准后,应当严格遵照执行,不得擅自修改、变更。如确有必要对已批准的建设规模、标准、内容、工程概算及设计方案、主体结构、主要工艺流程或者主要设备等进行重大调整的,应当报原审批机关批准后方可实施。

**第二十八条** 港口行政管理部门依法对港口建设项目的招标

投标工作进行监督管理。港口项目的项目法人应当按项目管理权限将招标文件、资格预审结果、评标结果报港口行政管理部门备案。

**第二十九条** 港口建设项目开工应当具备以下条件：

（一）施工图设计文件已经完成并经审查批准；

（二）建设资金已经落实；

（三）征地手续已办理，拆迁基本完成；

（四）施工、监理单位已确定；

（五）已办理质量监督手续。

**第三十条** 项目法人在开工前应当按照项目管理权限向港口行政管理部门提交以下材料予以备案：

（一）施工图设计批复文件复印件 1 份；

（二）控制性用地的批复复印件 1 份；

（三）与施工单位和监理单位签订的合同复印件 1 份；

（四）质量监督手续材料复印件 1 份。

**第三十一条** 开工备案文件存在不符合法律、行政法规以及规章规定内容的，港口行政管理部门应当在收到备案文件之日起 7 日内提出处理意见，及时行使监督管理职权。

**第三十二条** 港口建设项目完工后，应当按照交通部《港口工程竣工验收办法》的有关规定进行竣工验收。

港口建设项目经竣工验收合格后，方可交付使用。

## 第三章 港口建设市场管理

**第三十三条** 港口工程实行政府监督、法人管理、社会监理、企业自检的质量保证体系。

**第三十四条** 参加港口建设的勘察、设计、施工、监理等从业单位应当诚实守信，依法取得相应资质后，方可进入港口建设市场。

**第三十五条** 港口工程实行项目法人责任制度。项目法人对建设项目的策划、资金筹措、建设实施、生产经营、债务偿还和资产保值增值负责，依照国家有关规定对工程建设项目实行全过程管理。

**第三十六条** 港口工程实行招标投标制度。项目法人应当按照公开、公平、公正、诚实信用的原则，按照《中华人民共和国招标投标法》和交通部颁布的有关勘察设计、施工、施工监理招标投标管理工作的规定，依法对建设项目勘察、设计、施工、监理以及重要设备、材料的采购等进行招标。

任何单位和个人不得将依法必须进行招标的建设项目化整为零或者以其他任何方式规避招标、虚假招标。

**第三十七条** 港口工程实行合同管理制度。项目法人应当按照招标文件和中标人的投标文件与中标人订立书面合同。项目法人和中标人不得再行订立背离合同实质性内容的其他协议。

按规定应当签订廉政合同的，项目法人应当与施工、监理单位签订廉政合同，并将廉政合同执行情况纳入建设考核范围。

**第三十八条** 港口工程实行工程监理制度。监理单位应当依照法律、法规及有关技术标准、规范和文件，代表建设单位对工程质量、安全、进度和工程投资进行监控，对合同、信息与资料进行管理，协调有关单位间的关系。

**第三十九条** 港口工程勘察必须由具备相应资质的单位承担。执行国家和交通部的有关规定，符合国家和行业有关强制性标准、规范，满足不同阶段工程设计和施工需要。勘察单位对勘察成果的质量负责，所提供的地质、测量、水文等勘察成果必须真实、准确、完整。

**第四十条** 港口工程设计必须由具备相应资质的单位承担，设计单位对设计成果的质量负责。设计文件应当符合国家规定的设计深度要求，注明工程合理使用年限。

**第四十一条** 设计单位应当做好设计交底工作，并按要求在施工现场派驻设计代表，及时提供设计后续服务。

**第四十二条** 施工单位对工程的施工质量负责。施工单位应当建立质量责任制，确定项目经理、技术负责人和施工管理负责人。施工单位的有关人员应根据国家有关规定持证上岗。

**第四十三条** 施工单位必须按照设计要求、技术标准和合同约定，精心组织施工，不得擅自修改工程设计，不得偷工减料。

**第四十四条** 施工单位应当建立健全各项质量检验制度，检验应当有书面记录和专人签字。

**第四十五条** 监理单位和监理人员应当依据科学、公正、独立的原则，全面履行监理的权利和义务。监理单位对施工质量承担监理责任。未经施工监理人员签认，不得进行下一道工序施工。

**第四十六条** 监理工作实行总监理工程师负责制。监理单位应当选派具备相应执业资格的总监理工程师，并根据工作需要，配备总监理工程师代表、专业监理工程师、监理员、测量和试验专业人员等。监理人员应当按照监理规范要求，采取旁站、巡视和平行检验等形式对工程实施监理。

**第四十七条** 港口工程项目法人、勘察单位、设计单位、施工单位、监理单位及与建设工程安全生产有关的单位，必须坚持安全第一、预防为主的方针，严格执行国家安全生产法律、法规，建立健全安全生产规章制度，项目法人、施工单位、监理单位应当制定安全应急预案，加强职工安全生产教育，落实安全生产责任人，并依法承担建设工程安全生产责任。

**第四十八条** 港口工程实行质量、安全监督管理制度。港口行政管理部门及其委托的质量监督机构应当依据有关法律、法规、规章、技术标准和规范，遵循科学、客观、公开、公平、公正的原则，实行质量、安全生产监督管理。

**第四十九条** 项目法人应当在施工前向交通质量监督机构办理质量监督手续。

港口建设从业单位和人员应当接受、配合港口行政管理部门及质量监督机构依法开展的质量、安全生产监督活动，提供的有关资料应当真实、完整。

**第五十条** 港口行政管理部门应当加强对港口工程从业单位

和从业人员市场行为的动态监督管理，逐步建立港口工程建设市场的信用管理体系，将从业单位和主要从业人员在港口建设活动中的信用情况进行记录并公布。

**第五十一条** 港口行政管理部门应当建立质量投诉举报制度，接受社会监督，并认真落实各类投诉和举报。

## 第四章 信息报送

**第五十二条** 港口工程实行建设项目信息报送制度。

**第五十三条** 项目法人应当指定信息员将工程进展情况及时进行收集、统计和整理，形成书面材料及电子文本，报港口所在地港口行政管理部门。

**第五十四条** 项目法人应当自工程开工建设之日起将工程建设信息报送港口所在地港口行政管理部门，报送日期为每月的20日之前。

**第五十五条** 港口所在地港口行政管理部门负责汇总所辖区域内港口工程建设项目信息，并于每月23日前报省级交通主管部门。省级交通主管部门负责汇总本省区域内港口工程建设信息，每季度向交通部报告，报送日期为本季度最后一个月的25日之前。

**第五十六条** 当发生工程质量事故和安全事故时，事故发生单位应当按照国家的有关规定及时上报有关部门。

## 第五章 法律责任

**第五十七条** 项目法人违反港口规划建设港口工程和未经依法批准使用港口岸线的，由港口行政管理部门责令限期改正；逾期不改正的，由港口行政管理部门申请人民法院强制拆除违法建设的设施，并可处5万元以下罚款。

**第五十八条** 项目法人应当办理设计审批、施工备案手续而未办理的，港口行政管理部门可处1万元以上3万元以下罚款，并责令其限期补办手续。

**第五十九条** 勘察单位、设计单位、施工单位、监理单位及与建设工程安全生产有关的单位违反本规定的，按照《建设工程质量管理条例》、《建设工程勘察设计管理条例》和交通部有关规定予以处罚。

**第六十条** 在招标投标活动中违反本规定的，按《中华人民共和国招标投标法》和交通部有关规定予以处罚。

**第六十一条** 港口工程未经验收合格，擅自投入使用的，由港口所在地港口行政管理部门责令其停止使用，限期改正，可处5万元以下罚款。

**第六十二条** 质量监督机构不按规定履行质量监督职责，发生重大质量事故的，责令整改，给予通报批评。

**第六十三条** 未按规定按时报送项目建设信息的，由港口行政管理部门责令项目法人或者上一级港口行政管理部门责令下级港口行政管理部门限期改正。发生质量事故或安全事故后，隐瞒不报、谎报或故意拖延报告的，由其所在单位或者上级主管部门按有关规定给予行政处分；构成犯罪的，由司法机关依法追究刑事责任。

**第六十四条** 港口行政管理部门或者质量监督机构工作人员滥用职权、玩忽职守、徇私舞弊的，由有关行政主管部门给予行政处分；构成犯罪的，由司法机关依法追究刑事责任。

## 第六章 附　　则

**第六十五条** 本规定自2007年6月1日起施行。《水运工程建设市场管理办法》（交通部令1997年第1号）同时废止。

# 水 路 运 输

# 关于海运生铁、金属块锭、煤炭、散盐、矿石、砂、粉等散装货物装舱标准和船舶、港口责任划分的暂行规定

（交通部 （84）交海字711号 1984.04.18）

**第一条** 整舱生铁装舱，必须做到舱内装平，两舷和前后应均衡受载，不得出现斜坡或小山头。舱口围垂直线以内（即舱口部位下同）基本铺平，货物面的最低点与最高点的高度差，不得超过1米。

零星小票生铁，按船舶提出的积载技术要求装舱，四周应有足够的货物塞满，使中间装载的生铁无移滑可能。

装舱过程中，船舶横倾一般不得超过3°。港口装卸交接班时，船舶横倾一般不得超过1.5°。底舱装货完毕，必须保证船舶无横倾。

设有二层舱的船舶，二层舱内原则上不配装生铁，必须配装时，船舶要备有防滑的必要设备，船舶和港口要共同采取措施，以避免船舶遇风浪发生货物移动，没有防滑设备航行安全没有保证，港口可以拒装。

**第二条** 金属块锭装舱，必须注意积载安全。货物之间要靠紧铺满、装平、左右、前后，不留空档，不得孤独码垛或留有空隙，以防止松动、滑移、倒塌。

**第三条** 煤炭装舱，舱口围垂直线以内要基本装平，货物面的最低点与最高点的高度差不得超过1米。设有二层舱的船舶，必须装满。二层舱的舱口围垂直线以内要基本装平。凡装半载或不能装满载的船舱，装货完毕，港口应予平舱。

**第四条** 散盐半舱，舱口围垂直线以内要基本装平，货物面的

最低点与最高点的高度差，不得超过1米。设有二层舱的船舶，底舱两舷及前后，盐堆高度不得低于底舱高度的70%。既要考虑到船舶的航行稳性安全，又要便于港口进行平舱作业。二层舱的舱口围垂直线以内基本装平。

**第五条** 矿石、砂、粉装舱，舱口围垂直线以内要基本装平，设有二层舱的船舶，底舱两舷及前后，货堆高度不得低底舱高度的50%～60%。二层舱在舱口围垂直线以内要基本装平。

**第六条** 设有二层舱的船舶装载煤炭、散盐、矿石、砂、矿粉等货时，船舶应在底舱两舷及前后隔舱板上划出明显的满载或半载时的高度标志线，便以港口按规定标准装舱。

**第七条** 煤炭、散盐、砂石、矿粉等货装舱时，港口应做到按船舱划定的高度标志线均衡受载，货面平正。

**第八条** 煤炭、散盐、砂石、矿粉等，港口在装舱过程中，船舶横倾一般不得超过3°。交接班时，船舶应基本上处于无横倾状态。全船装货结束。船舶必须处于无横倾状态。

**第九条** 煤炭、散盐、砂石、矿粉等装设有二层舱的船舶时，配载要注意上下舱的重量分配，达到船舶的稳性要求。防止发生二层舱的货流向下层舱，造成船舶可能发生的大角度倾斜的危险。

**第十条** 船舶靠泊装卸货物中途，因故需要移泊时，应使船舶处于无横倾状态。

**第十一条** 船舶到港卸货时，应注意均衡卸载。卸货作业中，船舶横倾一般不应超过3°。

**第十二条** 船舶和港口的相互权限与责任划分。

(1)首先船舶和港口要在确保安全生产的前提下，加强联系，密切配合，搞好社会主义协作。

(2)有关货物装舱，有装舱标准的，按装舱标准作业。没有装舱标准的，参照本规定按船舶意见装舱。

(3)有关货源组织集中，以港口安排为主；有关货物配载及装舱技术要求，以船舶意见为主。

(4)装舱作业中，船舶应按规定派专人监舱并进行技术指导，港口如不按船舶要求积载，船舶应随时提出纠正。如船港双方发生争执或意见不一致时，双方要及时向各自上级部门汇报解决。确难一致时，由当地港监部门或报部海洋运输局解决，并做好记录。

(5)船舶按规定在装船前或装船作业中向港口提出装舱技术要求，港口不按船舶要求积载，而造成船体货物受损或影响船舶安全时，发生问题，由港口承担责任。

船舶没有及时向港口提出装舱技术要求或不坚持正确要求，发生问题，由船舶承担责任。

造成经济损失时，由责任方承担经济责任，情节和损失严重的，还要追究其行政责任，直至依法追究责任方的法律责任。

(6)货物装舱，实行班班验收制度。全船装货结束，船港双方办理装舱交接验收，并在交接验收单上签字。

**第十三条** 本《暂行规定》的解释权和修改权属交通部。

# 水路运输管理条例实施细则

（交通部 (87)交河字680号文公布，
交水发[1998]107号修改 1987.09.22）

## 第一章　总　　则

**第一条**　根据《中华人民共和国水路运输管理条例》（以下简称《条例》）的规定，制定本细则。

**第二条**　本细则适用于：

一、一切从事水路营业性旅客、货物运输（含旅游、渡船运输，下同）的企业、其他单位和个人；

二、一切从事水路运输服务业务的企业；

三、石油、煤炭、冶金、商业（含粮食）、供销、外贸、林业、电力、化工、水产以及其他对水路运输行业管理影响较大的部门从事的非营业性运输。

**第三条**　中华人民共和国沿海、江河、湖泊以及其他通航水域中的旅客、货物运输，必须由中国企业、其他单位或个人使用悬挂中华人民共和国国旗的船舶经营。未经中华人民共和国交通部批准，在中国注册登记的外资企业、中外合资经营企业、中外合作经营企业（以下简称"三资企业"）或船舶，不得经营上述水域的旅客运输和货物运输。

中国企业、其他单位和个人将运输船舶租赁给"三资企业"或租用"三资企业"的船舶经营上述水域的旅客运输和货物运输的，亦应按本条前款规定，经交通部批准。

**第四条**　水路运输在国家计划指导下，实行地区、行业、部门多家经营的方针。保护正当竞争，制止非法经营。

**第五条** 水路运输分为营业性运输和非营业性运输。

营业性运输是指为社会服务,发生各种方式运费结算的旅客运输和货物运输,包括使用常规运输票据结算以及将运输费用计入货价内的运销结合、产运销结合、取送货制度以及承包工程单位的原材料自运等各种结算方式的运输业务在内。

非营业性运输是指为本单位或本身服务,不发生各种方式运费结算的运输。

**第六条** 水路运输企业是指从事水路营业性运输,具有法人资格的专业水运企业。

水路运输服务企业是指从事代办运输手续,代办旅客、货物中转,代办组织货源,具有法人资格的企业,但为多种运输方式服务的联运服务企业除外。

经营下列业务的视同水路运输服务企业:

一、各水路运输企业的各种营业机构(公司、部、站、所等),除为本企业服务外,兼为其他水运业服务的;

二、水路运输企业以外的其他企业和单位兼营代办运输手续,代办旅客、货物中转、代办组织货源的。

港埠企业兼营代办运输手续,代办旅客货物中转、代办组织货源的,另按国家有关港口管理的规定办理。

**第七条** 从事水路运输业务的单位(含厂矿、企业、事业、军队等)和个人以及从事水路运输服务业务的单位,必须遵守国家有关的法律、法规及交通部发布的水路运输规章。

## 第二章 开业、增减运力和停业管理

### 第一节 开业的审批权限和条件

**第八条** 开业的审批权限:

一、各部门、各单位要求设立水路运输企业或以运输船舶经营沿海、内河省(自治区、直辖市,下同)际运输的,应申报交通部批准。其中经营长江、珠江、黑龙江水系干线运输的(专营国际旅客旅游运输的除外),申报交通部派驻水系的航务(运)管理局批准。

二、各部门、各单位要求设立水路运输企业或以运输船舶经营省内地(市)间运输的,应申报省交通厅(局)或其授权的航运管理部门批准;经营地(市)内运输的,应申报所在地的地(市)交通局或其授权的航运管理部门批准。

三、个体(联户)船舶经营省际、省内地(市)间运输的,应申报所在地的省交通厅(局)或其授权的航运管理部门批准;经营地(市)内运输的,应申报所在地的地(市)交通局或其授权的航运管理部门批准。

四、"三资企业"要求经营我国沿海、江河、湖泊及其他通航水域内的旅客和货物运输的,应申报交通部批准。

五、各部门、各单位要求设立水路运输服务企业,应申报当地县以上交通主管部门或其授权的航运管理部门批准。

**第九条** 开业的条件

设立水路运输企业,必须具备下列条件:

一、具有与经营范围相适应的运输船舶,并持有船检部门签发的有效船舶证书,其驾驶、轮机人员应持有航政部门签发的有效职务证书;

二、在要求经营的范围内有较稳定的客源和货源;

三、经营客运航线的,应申报沿线停靠港(站、点),安排落实船舶靠泊、旅客上下所必需的安全服务设施,并取得县以上航运管理部门的书面证明;

四、有经营管理的组织机构、场所和负责人,并订有业务章程;

五、拥有与运输业务相适应的自有流动资金。

水路运输企业以外的单位和个人从事营业性运输,必须具备上述一、二、三、五项条件,并有确定的负责人。个体(联户)船舶还必须具备船舶保险证明。

设立水路运输服务企业,必须具备上述第四项规定的条件,并拥有与其业务相适应的自有流动资金。

## 第二节　开业的申报和审批程序

**第十条**　申请筹建水路运输企业或订造船舶从事营业性运输,应向规定的审批机关提交“水路运输企业(船舶)筹建申请书”(附表一或附表三),并抄报单位所在地和航线到达地的交通主管部门(从事省际运输的,抄报省交通主管部门;从事地(市)间运输的,抄报地(市)交通主管部门;从事县际运输的,抄报县交通主管部门,下同)。各抄报单位应于接到申请书的次日起,10天内向审批机关提出书面意见。审批机关应根据社会运力运量综合平衡情况,于接到申请书的次日起40天内给予批复。

经批准同意筹建水路运输企业订造运输船舶后,方可在批准的范围内进行筹建、订造船舶。筹建完毕,具备第九条规定的开业条件后,应再向原审批机关提交“水路运输企业(船舶)开业申请书”(附表二)。审批机关应于接到申请书的次日起15天内,对经审核符合条件,决定批准的发给长期或临时的“水路运输许可证”(附表四);对不予批准的,给予答复。

**第十一条**　水路运输企业以外的单位要求以现有船舶从事营业性运输,应向规定的审批机关提交“水路运输企业(船舶)开业申请书”,并抄报船舶所在地和航线到达地的交通主管部门。各抄报单位应于接到申请书的次日起10天内向审批机关提出书面意见。审批机关应于接到申请书的次日起40天内对经审核符合条件,决定批准的发给长期或临时的“水路运输许可证”;对不予批准的,给予答复。

**第十二条**　个体(联户)船舶从事营业性运输,应持乡(镇)以上人民政府的证明,向规定的审批机关提交“水路运输企业(船舶)开业申请书”。审批机关应于接到申请书的次日起40天内,对经审核符合条件,决定批准的,发给长期或临时“水路运输许可证”;对不予批准的,给予答复。

**第十三条** 各级交通主管部在审批时，应根据被审批的水路运输企业和其他从事营业性运输的单位和个人的管理水平、运输能力、客货源条件以及社会运力和运量总的平衡情况，审批其经营范围。

对一省的船舶长期（半年以上）要求固定在外省境内营运的，应征得外省交通厅（局）的同意后，方可批准。但由于历史原因形成的除外。

**第十四条** 申请设立水路运输服务企业，应向规定的审批机关提交"水路运输服务企业开业申请书"（附表五）。审批机关应于接到申请书的次日起30天内对经审核符合条件，决定批准的，发给"水路运输服务许可证"（附表六）；对不予批准的，给予答复。

**第十五条** 取得运输许可证或运输服务许可证的单位和个人，应在开业前按照《工商企业登记管理条例》的规定，持许可证向工商行政管理机关申请登记，经核准领取营业执照后，方可营业。

领取营业执照的水路运输企业和其他从事营业性运输的单位和个人，应持营业执照向原签发运输许可证的机关，按照拥有船舶的艘数领取单船长期或临时的"船舶营业运输证"（附表七）。

**第十六条** 各省交通主管部门或其授权的航运管理部门和长江、珠江、黑龙江航务（运）管理局，应对批准开业的水路运输企业、营业性运输船舶和水路运输服务企业，每半年汇总一次（附表八）报交通部，其中长江、珠江、黑龙江水系各省批准的，同时抄送所在水系的航务（运）管理局。

**第十七条** 签发水路运输许可证、船舶营业运输证和水路运输服务许可证，可收取工本费。

### 第三节　增减运力的管理

**第十八条** 水路运输企业和其他从事营业性运输的单位和个

人,需要增减运力或变更经营范围,应申报下列机关审批:

一、交通部直属企业、业经交通部准许从事国内水路运输的"三资企业"增加运力或变更其经营范围以及其他企业和单位增加省际运输运力或变更其省际经营范围的,由交通部审批。其中属于长江、黑龙江交通部直属企业的,由交通部委托其派驻水系的航务(运)管理局审批,但国际旅客旅游运输除外;属于其他内河省际运输的,由交通部委托各省交通厅(局)在交通部或交通部委托其派驻水系的航务(运)管理局确定的年度新增运力额度内审批,但"三资企业"和国际旅客旅游运输除外。

二、省内运输增加运力或变更经营范围,按经营范围分别申报所在省、地(市)的交通厅(局)或其授权的航运管理部门批准。

水路运输企业、其他单位和个人减少运力,报原审批机关备案。

**第十九条** 水路运输企业和其他从事营业性运输的单位和个人,要求增加运力或变更其经营范围,应向规定的审批机关提交"增加运力、变更经营范围申请书"(附表九),并抄报单位所在地和航线到达地的交通主管部门。各抄报单位应于接到申请书的次日起十天内向审批机关提出书面意见。审批机关应于接到申请书的次日起四十天内对经审核批准的,核发或更换"船舶营业运输证";对不予批准的,给予答复。

**第二十条** 各省交通主管部门或航运管理部门和长江、珠江、黑龙江航务(运)管理局,应对批准增加和变更的运力,每半年汇总一次报交通部,其中长江、珠江、黑龙江水系各省批准的,同时抄送所在水系的航务(运)管理局。

## 第四节 停业管理

**第二十一条** 水路运输企业、从事营业性运输的其他单位和个人以及水路运输服务企业要求停业,应向原审批机关和工商行政管理机关办理注销手续。要求转户时,原户主应按停业办理,新户主应重新办理审批和注册登记手续。

## 第三章 营运管理

### 第一节 旅客运输管理

**第二十二条** 经营水路营业性旅客运输的单位和个人，必须使用符合客船规范的船舶从事旅客运输。

"客船"是指载客超过 12 人的船舶，不论其是否装货均视同"客船"。

**第二十三条** 经营水路营业性旅客运输的单位和个人，应按核定的航线、停靠站点从事运输。开业后，未经批准，不得自行取消航线或随意减少班次和停靠港（站、点）。如需取消或变更时，必须向原审批机关申请批准，从批准之日起一个月后，方可取消或变更，并由沿线各客运站、点发布公告周知。水路运输企业根据需要开设临时性的客运航线，按隶属关系报上级交通主管部门备案。

**第二十四条** 对省际间有争议的客运航线，应本着共同经营，互惠互利，尊重历史，兼顾实际需要的精神，由相应的交通主管部门或其授权的航运管理部门共同协商解决；有分歧时，报请上级交通主管部门协调解决。

### 第二节 货物运输管理

**第二十五条** 水路运输计划，实行分级综合平衡和市场调节相结合的原则。

需要进行综合平衡的重点物资、联运物资、外贸进出口物资的运输计划，属于全国性的，由交通部负责按国家计划组织综合平衡；属于长江、珠江、黑龙江干线省际间的，由交通部派驻水系的航务（运）管理局组织综合平衡；属于上述水系干线以外省际间的，按有关省商定的办法组织平衡；属于省内的，由省交通厅（局）或其授权的航运管理部门组织平衡。

对综合平衡下达的运输计划，负责承运的水路运输企业、运输船舶和负责装卸的港埠企业，必须按照先重点、后一般，先计划内后计划外，先到先运的原则安排作业，并与托运人或其代理人根据《水路货物运输合同实施细则》及有关规定，签订货物运输合同，共同保证完成。

**第二十六条** 水路运输企业及其他从事营业性运输的单位和个人，在保证完成综合平衡下达的运输计划前提下，可以在批准的经营范围内，自行组织货物运输，任何单位和个人均不得实行地区或部门封锁，垄断货源。

## 第三节 运价、费收管理

**第二十七条** 水路运输企业和其他从事营业性运输的单位和个人，必须按照交通部和省交通厅(局)制定的运价规章和费率计收运杂费用。

各级交通主管部门可以根据本地区的实际需要和价格管理权限，在国家价格管理所允许的范围内，制订最高限价和最低保护价。

**第二十八条** 水路运输服务企业的服务费标准，由地(市)以上交通主管部门按照价格管理的有关规定制定。

**第二十九条** 水路运输企业、水路运输服务企业和其他从事营业性运输的单位和个人，应按照国家规定缴纳税金、规费(船舶港务费、停泊费、航道养护费)和运输管理费。

从事非营业性运输的单位和个人，应按照国家规定缴纳规费。

规费和运输管理费的计征办法，在交通部会同国务院有关主管部门统一制定前，暂按现行规定执行。

**第三十条** 不论全民、集体或个体所有制水运业，依法经营的水路运输业务，其合法权益受国家法律保护，任何单位和个人不得向其非法滥收、重收、摊派各项费用。

## 第四节　运输票据管理

**第三十一条**　水路运输企业和其他从事营业性运输的单位和个人计收客、货运输费用，必须使用交通部和省交通厅(局)规定的运输票据(货物运单、货票和客票)。任何单位和个人不得使用其他运输票据。

**第三十二条**　水路运输票据的格式:水陆联运货物，按照全国统一规定的水陆联运货物运单、货票格式:水水联运及江海干线和跨省运输的，按照交通部统一规定的旅客、货物运输票据格式;省内运输的，按照省交通厅(局)统一规定的旅客、货物运输票据格式。

渡运的票据格式，由省交通厅(局)或授权所属的航运管理部门统一规定。

**第三十三条**　运输票据是具有运输合同、计费依据、货物交接等多功能的票据。除经交通部和省交通厅(局)批准的，财务管理制度较健全的全民所有制企业，可以按照统一规定的格式印制自用外，其余一律由省交通厅(局)或授权所属的航运管理部门按照有关规定统一印制、统一发放、统一管理。

水路运输服务企业的服务费收据格式，印制、发放、管理、使用办法由省交通厅(局)或授权所属的航运管理部门统一规定。

印制运输票据的单位，必须建立票据领用管理制度。所印制的运输票据应分类编号，列明数量，报上级交通主管部门和当地税务部门备案。

## 第五节　运输统计管理

**第三十四条**　水路运输企业必须按隶属系统向规定的交通主管部门或其授权的航运管理部门和当地统计部门报送客、货运输统计表(附表同现行表式，从略)。

石油、煤炭、冶金、商业(含粮食)、供销、外贸、林业、电力、化工、水产部门，必须按规定向当地的交通主管部门或其授权的航运管理部门和统计部门报送季度、年度营业性和非营业性客、货运输统计表;从事营业性运输的其他单位,必须按规定向当地的交通主管部门或其授权的航运管理部门和统计部门报送季度、年度营业性客、货运输统计表(附表十)。

从事营业性运输的个人,必须按规定向当地的交通主管部门或其授权的航运管理部门报送季度、年度营业性客、货运输统计表(附表十一)。

**第三十五条** 各级交通主管部门或其授权的航运管理部门,应负责组织督促主管范围内上述营业性和非营业性运输统计报表的及时填报,并负责逐级审核、汇总上报。长江、珠江、黑龙江水系沿线各省交通厅(局)或其授权的航运管理部门,应将汇总报送交通部的客货运输统计报表同时抄送交通部派驻水系的航务(运)管理局。

### 第六节 其他管理

**第三十六条** 从事营业性运输的个体(联户)船舶必须按照国家规定办理船舶保险;从事旅客运输的,应办理旅客意外伤害强制险,从事货物运输的,应积极投保承运货物运输险。

**第三十七条** 海、河民用港口应当按照国家港口管理规定和计划安排,向运输船舶开放,提供港埠设施和业务服务。船舶进出港区必须遵守港章,服从港口管理部门的管理。各水路运输企业、运输船舶同港埠企业之间,可以根据自愿原则,按照有关规定签订业务代理合同,船方应向港方支付业务代理费,取得港方定期的或航次的业务服务。

## 第四章 航运管理机构的设置及其运输行政管理职责

**第三十八条** 交通部主管全国的水路运输事业,地方各级交通主管部门主管本地区的水路运输事业。

交通部在长江、珠江、黑龙江水系分别派驻航务(运)管理局,统一负责干线的航运行政管理工作,在业务上指导水系沿线各省的航运管理工作。

各级交通主管部门根据水路运输管理业务繁简的实际情况,设置各级航运管理机构或航运管理人员,负责水路运输行政的管理工作。

沿海以及“三江、两河”(长江、珠江、黑龙江、淮河、京杭运河)沿线水网地区各省及其所属的地区(市)、县、乡镇,根据业务需要相应设置各级航运(务)管理机构。其他各省及地区(市)、县可以在当地各级交通管理机构内设置主管航运管理工作的职能部门或设置专人,承办航运行政管理工作。

各级航运(务)管理机构的人员编制,由各级政府确定。所需经费,从行政费、事业费或计收的运输管理费中开支。

**第三十九条** 各级航运(务)管理机构及航管人员应当认真履行下列各项水路运输行政管理的职责:

一、贯彻执行国家关于水路运输的方针、政策、法规,负责《条例》及本细则的具体实施;

二、负责对水路运输企业、各种运输船舶和水路运输服务企业开业审批、经营活动的检查和奖惩;

三、检查水路运输企业、各种运输船舶对国家和省级人民政府下达的运输计划的执行情况,协调运输合同执行中发生的问题;

四、对主管范围内水路运输情况进行调查研究,定期发布水运情况分析报告,负责督促汇总上报规定的运输统计报表;

五、及时汇集和发布水运技术、经济信息,为水路运输企业和各种运输船舶提供咨询服务,组织培训水路运输管理专业人员;

六、维护运输秩序,协调各种水运业之间、运输船舶和港埠企业之间的平衡衔接,处置纠纷;督促提高运输、服务质量,查处重大客、货运输事故;组织交流先进运输经验,提高水运管理水平。

七、负责对运输管理费的计收和使用管理。

## 第五章　检查与罚则

**第四十条**　各级航运管理机构及航管人员要加强对水路运输的监督、检查。检查时，应持有检查证，佩戴标志（式样附后）。各水路运输企业、运输船舶以及水路运输服务企业必须接受检查，出示有关证件，如实答复查问情况。

**第四十一条**　违反《条例》有下列行为之一的，应由各级航运管理机构根据交通主管部门的授权，分别给予处分：

一、未经批准，无运输许可证、运输服务许可证和营业执照，擅自设立水路运输企业、水路运输服务企业或擅自从事营业性运输的，应责令其停止营业，并由工商行政管理机关按照《工商企业登记管理条例》规定处理；

二、有营业执照，但未在限期内补办运输许可证、单船营业运输证或运输服务许可证的，应责令其停止营业，并限期补办审批手续；

三、有营业执照和运输许可证，但无有效船舶或船员职务证书的，交由航政部门按规定处理；

四、哄抬运价，超出规定费率收取服务费用或违反其他价格管理规定的，按国家有关违反价格的处罚规定处理；

五、违反运输票据管理规定或无票运输的，视情节轻重，按当航次营业收入的百分之十到百分之五十给予罚款；

六、不按规定缴纳规费和运输管理费的，按规定补交费用，并按费收规章的规定处以罚款；

七、垄断货源、强行代办服务的，视情节轻重，给予警告、限期整顿或停业；

八、超越经营范围，视情节轻重，给予警告或处以当航次营业收入百分之十至百分之三十的罚款；

九、不服从管理，不填报运输统计报表，视情节轻重，给予批评警告，或责令其停业整顿；

十、扰乱水路运输秩序,伪造、涂改、转借船舶营业运输证的,收缴其船舶营业运输证及其非法收入,责令其停业整顿。

按本条规定罚没的款项,应按财政主管部门的规定处理。

**第四十二条** 当事人对处分不服的,可以在收到处分决定次日起15天内向上级交通主管部门提出申诉;对上级交通主管部门复核确定的罚款、停业处分不服的,可以在接到复核处理决定书之日起15日内向人民法院起诉。当事人期满不起诉又不履行处理决定的,交通主管部门可以申请人民法院强制执行。

**第四十三条** 各级航运(务)管理机构的工作人员在工作中应模范遵守法纪,礼貌待人,秉公办事,如有违反《条例》及本细则规定,侵犯水路运输企业、水路运输服务企业或其他从事水路运输的单位和个人的合法权益,应由交通主管部门视情节轻重给予行政处分或经济处罚。

**第四十四条** 违反《条例》及本细则的规定,应当受治安管理处罚的,由公安机关处理;构成犯罪的,由司法机关依法追究刑事责任。

## 第六章 附 则

**第四十五条** 本细则不适用于国际航线的水路运输和以排筏作为工具的水路运输。但各省交通厅(局)可另行制订省内排筏运输管理办法。

**第四十六条** 《条例》施行前已开业的水路运输企业、水路运输服务企业和其他从事营业性运输的单位和个人应当于《条例》开始施行之日起180天内申请补办审批手续。对不具备开业条件的,交通主管部门应当责令其停业或限期整顿;整顿无效的,由工商行政管理机关吊销营业执照。

补办审批手续的办法由交通部另行规定。

**第四十七条** 对水路运输行业管理影响较大的非营业性运输船舶的审批办法,由交通部会同有关部门另行规定。

**第四十八条**　本细则的修改、补充及解释权属于交通部。

**第四十九条**　各省交通厅(局)可根据《条例》及本细则的规定制订具体实施办法，报交通部备案。

**第五十条**　本细则自 1987 年 10 月 1 日起施行。

# 沿海开放港口外贸货运计量管理暂行规定

（国家经委、经贸部、交通部、国家商检局、国家计量局
(88)交海字210号　1988.03.21）

**第一条**　为加强沿海开放港口货运计量管理工作，适应对外贸易的需要，维护对外贸易有关各方的合法权益和我国信誉，促进我国对外贸易的发展，特制定本规定。

**第二条**　本规定适用于我国沿海开放港口的外贸货物。

**第三条**　港口货运计量工作由交通部统一管理，各港口必须有机构或专人负责。

**第四条**　《沿海开放港口外贸货运计量器具配备表》（以下简称《配备表》）由交通部会同国家计量局、国家商检局共同协商制订，并根据国际贸易惯例和外贸货种的变化进行修改和补充。

**第五条**　港口货运计量器具，由各港口负责建设、使用和管理。新建、改造码头时，必须同时考虑计量器具和检测手段的配套建设。

港口应根据本港装卸的货种及其装卸工艺，按照《配备表》的规定，制定计量器具（包括备用器具）和检测手段的配备规划，逐步实施。

货主可在港口投资建设计量器具，建成后移交港口统一管理和使用。

每年年终，各港口必须向交通部报告本港的货运计量能力，由交通部汇总后于第二年年初向全国有关部门通报。

**第六条**　对用于外贸货物的计量器具，港口必须向当地计量部门申请周期检定，经检定合格并在有效期内方准使用。

港口根据需要建立计量标准，其最高计量标准须经当地计量

行政部门主持考核合格方准使用。

有条件的港口可设置港口计量技术机构。凡经计量行政部门授权,对港口的计量器具实施强制检定和维修服务的,其检定人员应经计量行政部门考核合格。

**第七条** 港口必须配备计量器具的专职操作和维修人员。计量器具操作人员须经港口配训、考核合格方准上岗。

必须建立健全计量器具操作人员的岗位责任制、操作规程和维修保养等制度。

**第八条** 港口根据使用计量设施的成本和“保本微利”的原则制订费收标准,并按港口费收管理体制的规定,报有关主管部门批准实行。

**第九条** 凡港口配有计量器具、具有计量能力的货物,外贸经营部门对外签订贸易合同时,应按港口配备的计量器具订明计量条款。

**第十条** 计量行政部门根据《中华人民共和国计量法》对港口计量工作实施监督管理。

计量检定机构必须按法定的检定周期,对计量器具执行周期检定。

**第十一条** 商检部门根据《中华人民共和国进出口商品检验条例》对港口外贸货物实施监测,并据此审核、对外出证。

**第十二条** 凡违反本规定造成损失的,由责任方赔偿经济损失。

**第十三条** 凡经港口进出的内贸货物可参照本规定执行。

**第十四条** 本规定由交通部解释。

本规定自公布之日起实行。

# 海运精选矿粉及含水矿产品安全管理暂行规定

（交通部 （88）交海字275号 1988.04.22）

为了保证船舶运输精选矿粉及含水矿产品的安全，特制定本暂行规定：

**第一条** 托运人托运精选矿粉及含水矿产品，应向起运港、港务监督（含港航监督）、承运船舶提供由装船口岸地方产品质量监督检验部门签发的下列证明文件：

（1）含水率：平均含水率、成流含水率；

（2）静止角；

（3）货物的物化性能（吸湿、氧化、自燃或挥发毒性气体）；

（4）积载因数。

**第二条** 起运港在受理承运或装船前，应认真审核第一条规定的地方产品质量监督检验部门签发的证明文件，同时检查其是否符合第九条规定，如不符合，应不予装船或承运。

**第三条** 港口应选择地势较高，不易存水的场地堆存水选精矿粉，在露天堆存的精选矿粉，雨天须加盖苫布。雨天不得进行装货作业。

**第四条** 起运港在装货前，应仔细研究船方签认提供的计划积载图及装货注意事项，严格按照计划积载图，密切配合船方进行装载。在装货过程中保持船体正浮。装载完毕后按船方的要求作好平舱工作。

**第五条** 船方应认真计算船舶稳性，保证船舶在恶劣海况中航行时有良好的稳性。

**第六条** 装船前，船方应适当取样，用简易方法检验含水率是否符合运输要求，如发现问题，应及时通知货方申请地方产品质量监督检验部门重新检验。

**第七条** 装货前船方对货舱内污水井、管系等，应做好清洁保护工作，以防堵塞或受损，装货后立即进行污水测量及抽水试验，以保证其畅通。

**第八条** 一般货船装运水选精矿粉须做到：

(1)凡装载积载因数在0.56立方米/吨以下高密度散装货物时，各舱及同一舱内的重量要分布均匀，避免过分集中，致使船舶结构变形，强度受损。

(2)控制载货量，保留有足够的干舷，以保证航行安全。各货舱最大港载量为：$0.9LBD$(公吨)。

其中：$L$——货舱长度(米)；

$B$——货舱平均宽度(米)；

$D$——夏季吃水(米)。

(3)货舱装载货物其高度自舱底到货物面，不超过：$1.1\times D\times$积载因数(米)。

**第九条** 凡使用一般货船装运水选精矿粉和被水湿浸过的矿产品，精选矿粉和矿产品的含水率不得超过可运含水率。一般可按含水率不超过8%的标准执行，超过此标准的，可不予承运。

**第十条** 为防止或减少货物在运输中的横向移动，可将部分精选矿粉装袋，用以设置中纵向隔堵。

**第十一条** 船舶在航行途中发生倾斜现象，船长应立即电报船公司。同时要尽快查明原因，并根据现场情况和船公司的指示采取措施防止倾斜加剧，并至附近港口或锚地进行处理，恢复正浮。

**第十二条** 干燥精选矿粉具有颗粒细、流动性大的特点，在运输过程中，也易发生货移现象，特别是静止角小于35°的更具危险，因此应严格按照积载要求装舱积载。

**第十三条** 吸湿、氧化发热或挥发有毒气体也是精选矿粉的一个自然现象。选矿后15天内温度最高。故要注意其氧化发热的特性,装船前在场地上累计堆放时间要满 15 至 30 天。装载时舱内货堆面积要大,以利散热,所堆高度应在 1.2 ~ 1.5 米为宜。袋装运输时,每堆在 500 袋以下,堆高不超过 8 袋;各堆之间留有半米间距的散热通道,在航行中每天至少测温 2 次,必要时可开舱散热或甲板上洒水降温。外观精选铜矿粉颜色为浓艳绿色,此时则尚未氧化发热,装船后必定发热,须特别警惕。如其颜色发黑则说明是在氧化发热中或已到氧化后期;如发现有温度上升,也可翻动发热部分使之降温。

**第十四条** 为保证作业人员安全,工作时应戴气体防护口罩等劳保用品。

**第十五条** 装载干燥精选矿粉还应注意粉尘污染,应尽量降低其对人身、船舶机械等的危害。

**第十六条** 如港方、船舶发生争议,按部 1987 年 4 月交海字 261 号《关于海运生铁、金属块锭、盘元、煤炭、散盐、矿石、矿砂、矿粉等散装货物装舱标准和船舶、港口责任划分的规定》的有关条款办理。

# 省际水路运输企业审批管理办法

（交通部 (90)交运字275号 1990.05.22）

## 第一章 总 则

**第一条** 为加强省际水路运输企业筹建、开业、新增运力的审批管理，完善审批程序和手续，根据《中华人民共和国水路运输管理条例》（以下简称《条例》）的规定，特制定本办法。

**第二条** 本办法适用于在中华人民共和国沿海、江河、湖泊及其他通航水域内从事省（自治区、直辖市）际（以下简称“省际”）水路营业性旅客、货物运输（含旅游、渡船运输）的中资水路运输企业（以下简称“水运企业”）。

**第三条** 水运企业必须自有适航的船舶，不得只靠或主要靠租船经营。

**第四条** 在经济特区设立的水运企业，应主要承担进出本特区的省际旅客、货物运输。连续两年达不到此要求的，不应享受特区的优惠待遇或撤销其《水路运输许可证》。

**第五条** 申请设立水运企业必须经申请人的上级主管单位审核同意，申报的经营范围必须符合《条例》和《水路运输管理条例实施细则》（以下简称《细则》）的有关规定。未经行业归口主管机关批准的经营项目不得列入其兼营范围。

## 第二章 申请条件

**第六条** 申请筹建水运企业必须提交下列文件：

一、水路运输企业筹建申请书。

二、企业筹建可行性研究报告，报告主要内容应包括：

（一）货（客）源分析与预测；

（二）经营范围与规模（船舶数量、载重吨或 TEU 箱位、客位数）；

（三）组织机构，包括筹建负责人和经营、财务、安全、机务等管理人员及船员的来源和技术能力的分析；

（四）资金来源；

（五）经济效益分析。

三、公司章程，其中应包括：总则、经营范围、经济性质、经营规模、注册资本、组织机构、财务制度等。

四、资金来源证明。

五、对于合资经营或联营水运企业的，须有合资或联营各方签署的合同或意向书复印件。

经营旅客运输的，应落实沿线停靠港（站、点）船舶靠泊、旅客上下所必需的安全服务设施，并具有县以上航运管理机构（以下简称“航管部门”）的书面证明。

**第七条**　申请水运企业开业必须提交下列文件：

一、水路运输企业开业申请书；

二、有效的船舶适航证书的复印件；

三、主要船员名单及其有效职务证书的复印件，并附船员来源证明，租用船员期限不得少于半年，并附有船员租用合同复印件（每套船员中的离、退休船员不得超过三分之一）；

四、负责人及组织机构表；

五、拥有与运输业务相适应的自有流动资金和合法的验资证明；

六、安全、技术管理的规章制度；

七、对安全负有主要责任的上级单位。

**第八条**　办理《船舶营业运输证》必须提交下列文件：

一、水路运输企业新增运力申请书；

二、有效的船舶适航证书的复印件；

三、主要船员名单及有效的职务证书的复印件，并附船员来源证明或租用船员合同；

四、经营旅客运输的，应落实沿线停靠港（站、点）船舶靠泊、旅客上下所必需的安全服务设施，并具有县以上航管部门的书面证明。

## 第三章 批准权限和程序

**第九条** 申请筹建

一、筹建水运企业或要求从事省际水路营业性运输的单位，应按本办法第六条规定提出申请，经当地县以上航管部门审核提出意见后，报所在省（自治区、直辖市）交通厅（局）或其授权的航管部门（以下简称"省厅或航管部门"）审核。

二、由所在省厅或航管部门，按《细则》规定的期限提出审核意见，转报交通部，其中经营长江、珠江和黑龙江水系干线运输的，报交通部派驻该水系的航务（运）管理局，根据《条例》有关规定和社会运力运量综合平衡情况，决定批准或不批准。

三、经批准筹建的水运企业，由交通部或部派驻该水系的航务（运）管理局发给为期一年的《水路运输企业临时许可证》，交由省厅或航管部门转发给申请人。由申请人持证到当地工商行政管理机关办理《筹建许可证》，并将复印件报部备案后，方可进行筹建机构，办理银行开户、购造船舶、配备船员等工作。

四、《水路运输企业临时许可证》有效期为1年，在有效期内达不到开业条件的，或不予延长；或有正当理由，经原审批机关核准，可延长半年至一年，逾期仍不具备开业条件，由原审批机关撤销《水路运输企业临时许可证》，并通知当地工商行政管理机关。

**第十条** 申请开业

一、水运企业筹建完毕，申请人按本办法第七条的规定提出申请，经当地县以上航管部门审核提出意见，报所在省厅或航管部门审核。

二、经所在省厅或航管部门审核,并在《细则》规定期限内签署意见后,转报交通部审批。其中经营长江、珠江和黑龙江水系干线运输的,报交通部派驻该水系的航务(运)管理局审批。

三、经批准开业的水运企业,由交通部或其派驻该水系的航务(运)管理局核发《水路运输许可证》,交由省厅或航管部门转发给申请人。

四、申请人持《水路运输许可证》到当地工商行政管理机关申请登记注册,领取营业执照,并到所在省厅或航管部门办理《船舶营业运输证》后方可从事经营活动。

**第十一条** 申请新增运力

一、水运企业新增省际运力(以下简称"新增运力"),应向当地航管部门提出增加运力的申请报告,报告内容包括:

(一)上年度运量和新增运力额度完成情况;

(二)本年度运量与运力预计完成情况;

(三)新增货源货种、流向、流量预测;

(四)年度申请新增运力额度计划表。

申请报告经当地航管部门审核后,报省厅或航管部门审核。省厅或航管部门于12月20日前汇总上报交通部,其中经营长江、珠江和黑龙江水系干线运输的,同时抄报交通部派驻该水系的航务(运)管理局。经交通部综合平衡后,下达次年度新增运力额度。

二、省厅或航管部门在批准的新增运力总额度内向各企业分配运力额度,企业据此购(造)船舶,其中购造500载重吨以上(含500载重吨)的沿海船舶,应经省厅或航管部门审核,报交通部批准;500载重吨以下船舶由省厅或航管部门审批。待船舶购造完毕后,申请人需持审批单位批准新增运力的文件到船检部门申请船舶检验,没有主管省厅或航管部门的批文,船检部门不得予以检验发证。

三、船舶经检验合格后,由申请人按本办法第八条规定向省厅或航管部门申请办理《船舶营业运输证》。

四、各省厅或航管部门核发省际运输《船舶营业运输证》要按(89)运水字280号文规定,统一编号,按企业逐船登记,每年6月和12月底汇总上报交通部。其中经营长江、珠江和黑龙江水系干线运输的,同时抄报交通部派驻该水系的航务(运)管理局。

**第十二条** 交通部直属水运企业的筹建、开业、新增运力额度和《船舶营业运输证》的核发,由交通部或其授权的水系航务(运)管理局直接办理。

**第十三条** 水运企业如需改变其水路运输经营范围,其审批权限和申报程序仍按《细则》规定办理。

## 第四章 监督、检查和年检、换证

**第十四条** 各地航管部门负责对本辖区内的水运企业和营业性运输船舶,包括外省进出本辖区船舶水路运输行政的管理、监督和检查;交通部或其派驻水系的航务(运)管理局负责对交通部直属水运企业和进出部直属或双重领导港口的营业性运输船舶水路运输行政的管理、监督和检查。各级航管部门应对违章的营业性运输船舶做出违章记录,由船长(或船舶负责人)签字,按规定进行处理,并向船舶所有人发出"违章处罚通知书"。

**第十五条** 对进出交通部直属和双重领导港口的营业性运输船舶,委托港务监督部门在办理船舶进出港口签证时,检查《船舶营业运输证》。对无《船舶营业运输证》或所持《船舶营业运输证》失效的船舶,负责做出违章记录,并经违章船舶船长(或船舶负责人)签字确认;对违章的地方船舶,通知当地航管部门;对违章的交通部直属水运企业船舶,通知交通部运输管理司或其派驻该水系的航务(运)管理局,按有关规定予以处理。

**第十六条** 各省厅或航管部门统一办理主管地方水运企业船舶的《船舶营业运输证》的年检、换证工作。交通部直属水运企业的船舶由交通部或其授权的水系航务（运）管理局办理《船舶营业运输证》的年检、换证工作。

## 第五章　附　　则

**第十七条**　从事国际海运的水运企业，要求兼营国内水路运输业务的，按本办法水路运输企业开业申请程序办理审批手续。

**第十八条**　由于历史原因，一省（自治区、直辖市）已在另一省（自治区、直辖市）设立的水运企业，应参照《细则》第十三条第二款规定的原则办理。

**第十九条**　水运企业以外的单位，申请参加省际水路营业性运输的，可参照本办法执行。

**第二十条**　本办法未尽事宜按《条例》和《细则》规定办理。

**第二十一条**　本办法的修改、补充及解释权属于交通部。

# 水路运输违章处罚规定(试行)

(交通部令1990年第22号　1990.09.28)

## 第一章　总　　则

**第一条**　为加强水路运输管理,维护运输秩序,保护水路运输经营人的合法权益,根据《中华人民共和国水路运输管理条例》(以下简称《条例》),制定本规定。

**第二条**　本规定适用于在中华人民共和国沿海、江河、湖泊及其他通航水域内从事水路运输和水路运输服务业务,有违反水路运输管理行为(以下简称“违章行为”)的企业、其他单位和个人(含联户)(以下简称“单位和个人”)。

**第三条**　各级交通主管部门或其设置的水路运政管理部门(以下简称“航管部门”)是本规定的执行机关,在管辖范围内,依照本规定实施处罚。

**第四条**　各级交通主管部门或航管部门的检查人员可以行使以下职权:

(一)对被检查单位或运输船舶的负责人、当事人、见证人进行询问、调查;

(二)查阅被检查单位和个人、运输船舶的有关水路运输的证明、账册、单据及其他有关资料,必要时可抄录或复制;

(三)向被检查单位和个人、运输船舶以及违章行为所涉及的单位、个人调取证据。

**第五条**　从事水路运输和水路运输服务业务的单位、个人、运输船舶,应服从各级交通主管部门和航管部门的管理,接受监督检查,出示有关证件、账册、单据及其他有关资料,如实答复查询情况,接受对违章行为给予的处罚。

## 第二章　处罚种类和运用

**第六条**　水路运输违章行为的处罚分以下三种:

(一)警告;

(二)罚款;

(三)停业:分限期停业整顿和取消经营资格。

由违章行为取得非法所得的,在给予上述处罚的同时,没收非法所得。

**第七条**　根据本规定给予警告处罚的,对违章船舶,应在《船舶营业运输证》违章记录栏内予以记录;对违章单位应记录在案。一年内(指自然年,下同)《船舶营业运输证》记载3次以上警告处罚的,扣留《船舶营业运输证》,责令其停止营运,进行整顿;一年内《船舶营业运输证》记载5次以上警告处罚的,取消营运资格。一年内经营单位受到3次以上警告处罚的,责令其停业整顿;一年内经营单位受到5次以上警告处罚的,取消其经营资格。

**第八条**　根据本规定给予停业整顿处罚的,最长不得超过60日。在停业整顿期限内,同时扣留《水路运输许可证》、《水路运输服务许可证》、《船舶营业运输证》。超过限期拒不整顿的,取消其经营资格。

**第九条**　根据本规定给予取消经营资格处罚的,吊销其《水路运输许可证》、《水路运输服务许可证》、《船舶营业运输证》。对水路运输企业、水路运输服务企业以及个体运输户(联户)同时转请工商行政管理机关吊销其工商营业执照。

**第十条**　同一当事人有两种以上违章行为的,应分别处罚,合并执行。

**第十一条**　两个以上当事人共同发生违章行为的,应根据情节轻重,分别处罚。

**第十二条**　对违章行为的处罚应处罚责任人。

**第十三条** 在一次运输过程中，同一违章行为已由一个交通主管部门或航管部门作了处罚的，其他交通主管部门或航管部门不得重复处罚。

**第十四条** 因违章事实不清或其他原因需要待后处理的，或处罚决定需要报上级机关核准的，或违章行为要由船舶单位所在地交通主管部门或航管部门处理的，应收存《船舶营业运输证》，签发《船舶营运待理证》（样式附后），允许船舶继续运行，在限定期限内到指定交通主管部门或航管部门接受处理。

《船舶营运待理证》由乡（镇）以上交通主管部门或航管部门签发。

**第十五条** 违章当事人妨碍航管人员执行公务，构成违反治安管理行为的，移送公安机关处理；触犯刑律的，由司法机关依法追究刑事责任。

## 第三章 违章行为与处罚

**第十六条** 对违反经营管理行为的处罚：

（一）未经交通主管部门或航管部门批准设立水路运输企业、水路运输服务企业，擅自从事营业性运输或服务的，属于非法经营，责令其停止营业，没收其非法收入，并处以非法收入额一至三倍的罚款。

（二）未经交通主管部门或航管部门批准，无《水路运输许可证》、《水路运输服务许可证》，擅自办理工商营业执照，从事营业性运输或服务的，应责令其停止营业，限期补办审批手续。过期拒不补办审批手续的，转请工商行政管理机关依法办理变更登记或注销登记。

（三）从事营业性运输的船舶、未按规定办理《船舶营业运输证》的，属于非法营运，责令其停止营运，没收其非法收入，并视情节轻重，按船舶大小处以罚款：200 载重吨以下的船舶，100 元至 500 元；200 至 1000 载重吨以下的船舶，300 元至 2000 元；1000 至

5000 载重吨以下的船舶,1000 元至 5000 元;5000 载重吨以上船舶,3000 元至 20000 元。有《船舶营业运输证》而未随船携带的,并能提供确切证据的除外。

(四)非营业性运输船舶临时从事营业性运输,未按规定办理审批手续领取临时《船舶营业运输证》的,属非法经营,按本条(三)项规定处理。

(五)持涂改、伪造或他人的《水路运输许可证》、《水路运输服务许可证》、《船舶营业运输证》的,属于非法经营,收缴有关证件,没收其非法收入,责令其停止营业,并处以非法收入额一至三倍的罚款。对收缴的涂改或伪造的证件,由检查机关予以吊销;对收缴的他人的证件,由检查机关交原发证机关处理。

(六)持逾期《水路运输许可证》、《水路运输服务许可证》、《船舶营业运输证》,从事营业性运输或服务的,给予警告,并限期补办证件。过期拒不补办的,责令其停业整顿。因不可抗拒力或非当事人责任造成证件逾期的除外。

(七)水路运输企业、水路运输服务企业未经批准擅自超越核定范围从事经营的,应作违章记录,并视情节轻重,给予警告或处以当月营业收入百分之十至百分之三十的罚款。

(八)营运船舶超越核定范围从事营运的,应作违章记录,并视情节轻重,给以警告或处以当航次营运收入百分之十至百分之三十的罚款。

(九)营业性运输船舶转户时,原户主未按规定办理停业手续的,给予警告。新户主未按规定重新办理审批和注册登记手续无证经营的,按本条(三)项规定处理;使用原户主《船舶营业运输证》经营的,按本条(五)项规定处理。

**第十七条** 对违反客货运输管理行为的处罚:

(一)在核定经营范围内从事旅客运输,未经批准自行取消或增开航线的,应作违章记录,限期改正,并视情节轻重,给予警告或处以当航次营运收入百分之十至百分之三十的罚款。过期拒不改正的,责令其停业整顿。

（二）在核定经营范围内从事旅客运输，未经批准擅自减少班次、停靠港（站、点）或变更停靠站点的，应作违章记录，限期改正，并视情节轻重，给予警告或处以100元至1000元的罚款。在限期内拒不改正的，责令其停业整顿。

（三）拒绝接受抢险救灾物资运输任务、不完成指令性物资运输计划或不服从交通主管部门统一调度的，给予批评教育，情节严重的，给予警告。

（四）以不正当手段揽客、揽货，或以运输工具谋取个人私利的，视情节轻重，给予警告或停业整顿。

（五）违反国家禁运物资规定运输违禁品的，视情节轻重，给予警告或停业整顿，并没收其非法收入。

（六）不服从管理，扰乱水路运输秩序的，视情节轻重，给予警告或停业整顿。过期拒不改正的，取消经营资格。

**第十八条** 对违反运输服务管理行为的处罚：

（一）对垄断货源，强行代办服务的，视情节轻重，给予警告或处以500元至5000元的罚款。

（二）采取以高价承接低价转托等非法手段，倒卖或变相倒卖货源，居间盘剥牟取暴利的，没收其非法收入，并处以非法收入额一至五倍的罚款；情节严重的，责令其停业整顿或取消经营资格。

**第十九条** 对违反运输价格、运输票据管理行为的处罚：

（一）哄抬运价、超出规定费目、费率收取服务费用或其他违反价格管理规定，扰乱运输市场秩序的，按国家有关违反价格的处罚规定处理。

（二）违反运输票据管理规定，不使用交通部、省、自治区、直辖市交通主管部门或航管部门统一规定的运输票据的，应作违章记录，并视情节轻重，给予警告或责令其停业整顿。

（三）使用废票、回笼票或无票据运输的，处以100元至300元的罚款。

（四）伪造、私印、倒卖运输票据的，收缴其全部票据，没收其非法收入，并处以1000元至10000元的罚款。

(五)使用私印或伪造票据的,收缴其票据,没收其非法收入,处以实际填写金额的百分之五十至一倍的罚款;情节严重或屡犯的,责令其停业整顿或取消经营资格。

**第二十条** 对违反运输管理费征收管理行为的处罚:漏缴、滞缴、逃缴、拒缴规费和运输管理费的,应责令其按交通部或省、自治区、直辖市交通主管部门的规定,补缴应征的费款和滞纳金。情节严重的,给予警告。

**第二十一条** 对违反水运统计管理行为的处罚:不按规定向有关交通主管部门或航管部门填报运输统计报表的,视情节轻重,给予警告,并限期补报运输统计报表。拒不补报或屡犯的,责令其停业整顿。

## 第四章 处罚决定和执行

**第二十二条** 违章处罚权限:

(一)处以2000元以上罚款、责令停业整顿或取消经营资格的处罚,由地(市)以上交通主管部门或航管部门决定或批准。

(二)处以300元以上至2000元以下罚款或取消船舶营运资格的处罚,由县级以上交通主管部门或航管部门决定或批准。

(三)处以100元以上至300元以下罚款的处罚,由乡(镇)航管部门决定或批准。

(四)处以100元以下罚款或给予警告的处罚,可由检查人员现场决定。

**第二十三条** 违章处罚程序:

(一)现场取证。检查人员发现违章行为,应及时取得证据,其中包括当事人签认的现场笔录、见证人笔录、视听资料(照片、录像和录音资料)以及其他可提取的物证。

(二)事后调查。现场无法确定违章事实或证据不足的,应进行调查,据实取证。

(三)定性处理。检查人员根据违章事实和本规定确定的违章行为性质按第二十二条规定的权限进行处理。

(四)处罚执行。由检查人员当场处罚的,应当现场取证,填写盖有乡(镇)以上交通主管部门或航管部门公章和航管人员签章的《水路运输违章处罚通知书》,交给当事人。应经上级批准的处罚,填写《水路运输违章处罚申报书》(样式附后),报经批准后,由执行处罚的机关向违章当事人送达《水路运输违章处罚通知书》(样式附后)。《水路运输违章处罚通知书》一经送达,处罚立即生效,当事人必须遵照执行。

**第二十四条** 对给予警告处罚的,由检查人员在现场对违章当事人进行批评教育,提出警告;其中对营运船舶,在《船舶营业运输证》违章记录栏内做好记录。

**第二十五条** 对没收非法收入和给予罚款处罚的,由检查单位根据下列不同情况采取不同方式实施:

(一)违章当事人为水路运输企业或其他单位、水路运输服务企业的,由检查机关在当地按本规定实施罚款处罚。

(二)违章当事人为营业性运输船舶的:

1.属于县或县以上全民和集体水运企业或其他单位的船舶,由检查机关向当事船舶送达《水路运输违章处罚通知书》,放行船舶;检查机关负责将《水路运输违章处罚通知书》寄送船舶所属的企业或单位,该企业或单位在接到通知书的十五日内,应将被没收的非法收入、罚款如数交给施行处罚的检查机关。检查机关在收款后三日内,应开具收款凭据并负责寄返被处罚的企业或单位。

2.本条(二)项1目规定企业或单位以外的船舶,由检查机关向当事船舶送达《水路运输违章处罚通知书》,直接向当事船舶没收非法收入或收取罚款,并给当事船舶出具收款凭据。

**第二十六条** 对给予停业整顿、取消经营资格处罚的,由检查机关根据不同情况采取不同方式实施:

(一)违章当事人为水路运输企业或其他单位、水路运输服务企业的,由检查机关在当地按本规定实施停业整顿、取消经营资格的处罚。

（二）违章当事人为营业性运输船舶的：

1. 属于县或县以上全民和集体水运企业或其他单位的船舶，由检查机关向当事船舶送达《水路运输违章处罚通知书》，放行船舶；检查机关再负责通知原发证的交通主管部门或航管部门对该船舶实施停业整顿、取消经营资格的处罚。

2. 本条（二）项 1 目规定企业或单位以外的船舶，由检查机关向当事船舶送达《水路运输违章处罚通知书》并直接实施停业整顿、取消经营资格的处罚。对给予取消经营资格处罚的，检查机关应在 3 日内负责将扣缴的《船舶营业运输证》寄回原发证的交通主管部门或航管部门办理吊销手续。

**第二十七条** 对应补缴规费、运输管理费的，由检查机关根据下列不同情况采取不同方式补征：

（一）当事人为水路运输企业或其他单位、水路运输服务企业的，由检查机关在当地按本规定实施，征收应补缴的费款和滞纳金，并出具缴讫证。

（二）当事人为营业性运输船舶的：

1. 属于县或县以上全民和集体水运企业或其他单位的船舶，由检查机关向当事船舶送达《水路运输违章处罚通知书》，放行船舶；检查机关再负责通知应征收规费、运输管理费的交通主管部门或航管部门，由其按有关规定向当事船舶所属的企业或单位补征费款和滞纳金，出具缴讫证，并将缴讫证复印件及百分之五的手续费寄给检查单位。

2. 本条（二）项 1 目规定企业或单位以外的船舶，由检查机关向当事船舶送达《水路运输违章处罚通知书》，直接对当事船舶按规定代征应缴的规费、运输管理费和滞纳金，出具代征收据，放行船舶。检查单位应在 7 日内将代征的款项在扣除百分之五的手续费后，负责通知并寄返应征收费单位。当事船舶凭检查机关出具的代征收据返回应征费单位换取补缴规费、运输管理费的缴讫证明。

**第二十八条** 实施罚款处罚或没收非法收入的，必须开具财政部门统一印制或核准印制的罚没款收据，写明违章事项和违章处罚通知书编号，并加盖执行单位和执行人的印章，否则，被处罚人有权拒绝交付罚没款。

**第二十九条** 当事人对处罚不服的，在收到《水路运输违章处罚通知书》之日起十五日内向上一级主管机关申请复议，上一级主管机关在收到申请书之日起两个月内作出决定，当事人对复议决定不服的，可在接到复议决定书之日起十五日内向人民法院起诉；期满既不起诉又不执行的，检查机关有权申请人民法院强制执行。

**第三十条** 罚没款扣除手续费外一律按规定上缴财政，不得任意截留挪用。查获的违禁品，应交由有关管理部门处理。

**第三十一条** 检查人员执行公务时，应遵章守纪、礼貌待人、秉公办事。如有违反本规定，侵犯水路运输企业、水路运输服务企业或其他从事水路运输的单位和个人的合法权益的，由交通主管部门进行教育，并视情节轻重给予通报批评、行政处分直至开除公职。

## 第五章 附 则

**第三十二条** 国际航线运输船舶临时从事国内营业性运输时，有水路运输违章行为的，按本规定办理。

**第三十三条** 本规定中所称的"以上"包括本数，"以下"不包括本数。

**第三十四条** 本规定未尽事宜按《条例》及《水路运输管理条例实施细则》的规定办理。《水路运输管理条例实施细则》的规定有与本规定不一致的，或本规定颁布前交通部和各地交通主管部门制定的有关规定与本规定相抵触的，以本规定为准。

**第三十五条** 本规定由交通部负责解释。

**第三十六条** 本规定自 1990 年 10 月 1 日起施行。

## 附件一

说明：

1.《船舶营运待理证》分左右联，左联为存根，由发证机关留存备查；右联为签发联，交被扣《船舶营业运输证》的违章当事人作临时营运证，在有效期限内使用。大小按样式所示（长度为毫米）。

2. 待理证上按样式位置套印红色“监制章”和编号。

3. 待理证由省（自治区、直辖市）交通厅（局）或其设置的水路运政部门（航管部门）按规定格式统一印制；“监制章”直径为 φ22 毫米，“某某省交通厅”或“某某省航运管理局”等呈半圆形排列，“监制章”三字水平排列在下方。

## 附件二

说明：

《水路运输违章记录》一式两联，第一联：存根联，由签发单位留档备查；第二联：通知联，交违章当事人。

《水路运输违章记录》须由违章当事人签字确认。

### 水路运输违章记录

编号：________ （某某联）

<table>
<tr><td>企业（或船舶）名称</td><td colspan="2"></td><td>船籍港</td><td></td></tr>
<tr><td>船　舶<br>所 有 人</td><td colspan="2"></td><td>经济性质</td><td></td></tr>
<tr><td>运输（服务）<br>许可证号</td><td colspan="2"></td><td>船舶营业<br>运输证号</td><td></td></tr>
<tr><td>载 重 吨</td><td colspan="2"></td><td rowspan="2">违章地点</td><td rowspan="2"></td></tr>
<tr><td>客 位 数</td><td colspan="2"></td></tr>
<tr><td>违章日期</td><td colspan="2"></td><td>负责人<br>（或船长）</td><td>（签字）</td></tr>
<tr><td>违<br>章<br>事<br>由</td><td colspan="4"></td></tr>
<tr><td>备<br><br>注</td><td colspan="2"></td><td colspan="2">签录机关（公章）<br><br>记录人：</td></tr>
</table>

尺寸标注：25mm；25mm；45mm；45mm；9；9；14mm；14mm；14mm；18mm；16mm；50mm；15mm；75mm；50mm；140mm

## 附件三

说明：

《水路运输违章处罚申报书》一式三联：第一联：存根联：第二联：申报联，由审批机关签署审批意见后存查；第三联：审批联，由审批机关签署意见后返还申报机关，与《水路运输处罚通知书》第一联一起归档存查。

### 水路运输违章处罚申报书

编号：________（某某联）

____________：

兹有____________________于____年____月____日经____________________检查发现违反了____________________的规定，根据《水路运输违章处理规定》第____条____款的规定，拟给予____的处罚，当否？请批示。

（附书证____份，物证____件，其他材料____份（件），请与批件同时退回。）

申报部门（公章） 经办人（章）

年 月 日

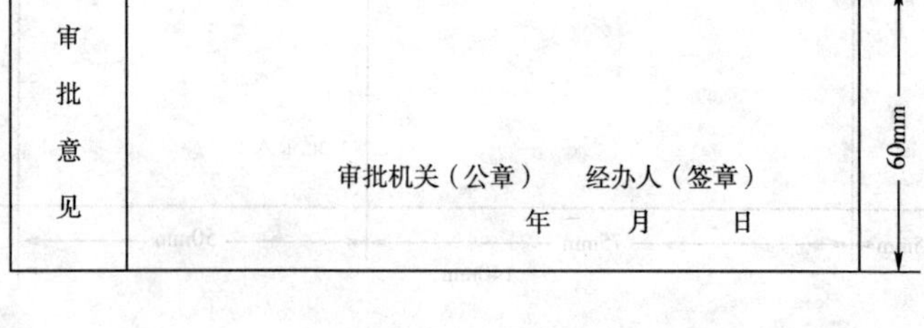

## 附件四

说明：

《水路运输违章处罚通知书》一式三联，第一联：存根联；第二联：通知联，将处罚决定书面通知违章当事人并实施处罚；第三联：回执，由违章当事人签署送达日期后，返还签发机关，由原签发机关将其与书证、物证、照片等证据及上报机关批准文件一并交实施处罚的机关。

# 水路运输违章处罚通知书

编号：____________（某某联）

主送单位：

经检查，你单位____________________（船舶或企业）在营运中违反《中华人民共和国水路运输管理条例》和有关规定，应予下列处罚。如对处罚不服，请于收到本通知书次日起15天内按规定提出申诉。特此通知。

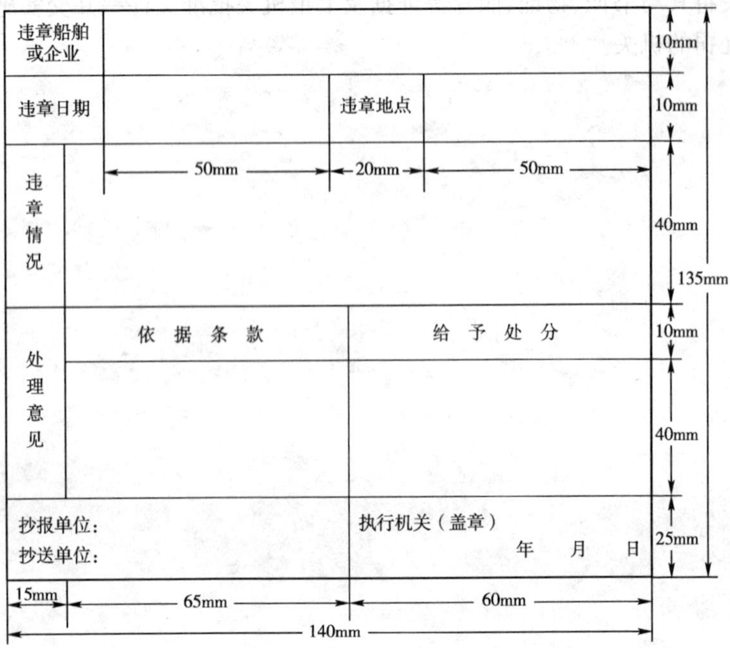

# 水路货物运输质量管理办法

（交通部　交运发[1992]62号　1992.01.25）

## 第一章　总　　则

**第一条**　为加强和完善水路货物运输质量管理，根据国务院《工业产品质量责任条例》及有关交通运输法规，制定本办法。

**第二条**　本办法适用于中华人民共和国沿海、江河、湖泊以及其他通航水域中一切从事营业性货物运输的水运企业、单位和个人（含联户）及各级水路运输行政管理部门。

**第三条**　企业必须坚持"质量第一、预防为主"的方针，积极开展以全面质量管理为中心的现代化科学管理。

## 第二章　行政机关货运质量管理

**第四条**　交通部主管全国水路货运质量管理工作，其主要职责：

（一）制定水路货运质量管理规章及质量标准，并监督实施。

（二）总结、交流全国水路货运质量管理工作经验，制定年度货运质量管理工作计划并组织实施。

（三）协调、查处重大水路货运质量事故。

（四）汇总水路货运质量报表，并提出分析意见。

（五）组织水路货运质量检查评比。

长江、珠江、黑龙江航务（运）管理局受部委托负责本航区水路货运质量管理工作。

**第五条**　地方各级交通主管部门及其设置的水路运输行政管

理机构，主管所属的水路货运质量管理工作。其主要职责是：

（一）贯彻执行国家和上级有关水路货运质量管理工作的方针、政策和规定，制定本地区水路货运质量管理规章制度、质量标准及工作计划，并组织实施。

（二）总结、交流和监督检查本地区水路货运质量管理工作，协调、查处水路货运质量事故。

（三）汇总本地区水路货运质量报表，并将分析意见报上级主管部门；负责本地区水路货运质量考核、培训等工作。

（四）组织本地区水路货运质量检查评比。

## 第三章　企业货运质量管理

**第六条**　企业货运质量管理工作实行领导负责制，企业领导的主要职责是：

（一）全面负责企业货运质量管理工作，组织贯彻上级有关水路货运质量管理工作方针、政策、法规。

（二）组织制定企业货运质量管理及监督检查的各项规章制度。

（三）主持编制企业货运质量工作规划和年度货运质量方针、目标和管理计划。

（四）积极推行货运质量科学管理方法，贯彻实施“质量否决权”制度，正确处理生产与质量的关系。

**第七条**　企业货运质量管理与监督机构

（一）企业设立货运质量管理和监督检查机构（可分设也可合设），隶属生产业务管理部门。

企业二级单位，可根据实际情况，设立货运质量管理和监督检查机构，配备相应的专职人员，负责货运质量工作。

（二）企业基层班组，设立兼职的货运质量监督检查人员；运输船舶视不同情况设立专职或兼职货运质量管理和监督检查人员，负责货运质量工作。

**第八条** 企业货运质量管理部门职责

(一)贯彻执行国家有关货运质量管理工作的方针、政策、法规和上级主管部门有关货运质量管理的规定。制定本企业货运质量规章制度、质量标准,并负责实施。

(二)制定企业货运质量方针、目标及长远规划,负责货运质量统计并进行分析,提出月、季度货运质量管理工作计划。

(三)制定货运质量管理人员岗位责任制。

(四)贯彻执行货运计量业务规章,参与货运计量工作,配合有关部门提出货运计量设备的配备计划。

(五)负责货运质量事故及无法交付货物的处理,参与口岸联合验残事故处理等工作。

(六)制定货运质量工作标准和考核办法,并进行业务考核。

(七)负责运输生产各环节预控货运质量的动态管理及自检自查;正确编制各项货运质量原始记录和统计报表。

(八)开展以提高货运质量为内容的质量管理小组活动;组织以优质运输为主要内容的各种货运质量评比竞赛,并负责货运质量奖惩工作。

(九)总结交流、学习推广货运质量管理先进经验;负责开展货运质量信息工作。

**第九条** 企业货运质量监督检查部门职责

(一)制定监督检查人员岗位责任制。会同货运质量管理部门制定货运质量监督检查及考核制度。

(二)会同货运质量管理等有关部门定期对货运质量工作进行专检、联检;随时对作业现场的货运质量进行抽查。

(三)监督检查人员可以越级反映货运质量情况,并可提出修订货运质量管理措施的建议。

(四)督促货运质量有关人员上岗定位履行职责;制止现场生产管理人员违章指挥、组织生产的行为,并做好记录,向有关部门提出处理意见。

(五)专职监督检查人员有责任对不具备承运条件的货物,提出不予承运的意见。

(六)对货运质量事故及时向有关部门反映,坚持“三不放过”:事故原因分析不清不放过、事故责任者和群众没有受到教育不放过、没有防范措施不放过的工作原则。

(七)对性质严重的货运质量责任事故,提出处理意见;造成严重后果的,按程序追究法律责任。

(八)对在货运质量工作中做出成绩的集体和个人,提出奖励及表彰的建议。

## 第四章　质量工作标准

**第十条**　库场管理

(一)货物进出库,按单交接、点清件数、分清残损,验明包装、标志、规格、品名。发现问题,及时做好记录,并通知托运人、收货人签证处理。

(二)按票堆码、成行成线,标志朝外、箭头朝上,剔出残损并妥善保管。

(三)对互有抵触、易受感染、易腐变质的货物,采取相应措施,防止变质、污损。

(四)库、场货位合理,并留出通道,保有垛距、墙距、灯距、消防距。货垛牌填写清楚,拴挂有序。

(五)场地货物要垛上起脊,码垛整齐。同品名、同规格、同包装的货物要定量、定型,按标准垛堆码。

(六)库、场整洁,货垛布局合理、坚实牢固。需垫盖的货物,上盖下垫、不露不漏不落地。垫、盖设备良好并做到苫盖严实、捆绑牢固。风季加防风网,货位无积水。

(七)货物堆存做到“十防”:防混质、防霉变、防污染、防风、防台(风)、防汛、防火、防湿、防鼠虫害、防盗。及时处理无法交付的货物、地脚货物、破损货物。无法交付货物按规定上报处理,地脚货物随原货票同行,破损货物破来好转(包装、材料、劳务费用可另计)。

(八)库场理货员依船边、库场等交接方式,上岗定位;交接清楚、账货相符,票据周转及时,正确编制各类记录并做到字迹清楚。

(九)集装箱装箱前或拆箱后,做好箱底清洁工作;集装箱拼箱货物的交付,有条件的应先拆箱入库,后核对交付;在箱区现场逐票分提的,做好分次开箱交付、拆加封记录,划清溢短、原残、工残责任。

**第十一条　装卸船作业**

(一)装船作业要标准,根据船舶适航适载情况及计划积载图(表)要求,正确积载,保障船舶平稳;按票装货,堆码紧密,隔票清楚,绑扎牢固,防止货物滚动、位移。

(二)卸船作业,按顺序、分段逐层、均衡卸货。

(三)船舶装卸作业前,船舷拴挂安全网、片,并做到拴挂合理、可靠、随水位及时调整,及时清理积物。

(四)对同品种、同规格、同包装的货物,做关坚持"三定":定量、定型、定关。

(五)装卸作业坚持"十不":不装破损包、不使用手钩、不倒关、不拖关、不落水、不堆垛、不挖井留山、不夹包带件、不吊超负荷关、不吊堆码不正关。

(六)作业中轻拿轻放,箭头朝上,重不压轻,木箱不压纸箱;地脚货及时扫清、灌包、归垛。

(七)装卸散货避免洒漏、落水、混质,按规定平舱;装卸散装液体货(包括通过管道运输装卸的液体货)不跑、不冒、不滴、不漏、不混。

(八)雨雪天,怕湿货物无防范措施不作业。

(九)危险品,特殊物件,笨重长大件及冷藏、危险品集装箱等,应制定防范措施后再作业。

(十)对残损件货,分清原残、工残,并如实做好现场记录。

(十一)作业中随洒随扫、随破随修,作业完毕做到"六清":船舱清、甲板清、码头清、道路清、库场清、机具清。

**第十二条** 装卸车作业

（一）装前检查车体技术状况是否符合装载技术要求；对不良车体，不得装车并做好记录。

（二）合理使用装卸机械、工属具，不超负荷运输。

（三）堆码整齐、重不压轻、木箱不压纸箱、箭头朝上；袋装货超出车体，袋口朝里。

（四）装车不倒关、不超限、不超载、不亏载、不偏重、不集重。

（五）货物与车门之间，留出适当距离，起好脊，苫盖严实，捆扎牢固，封好车门、车窗。

（六）散装货物划线装车，避免洒漏、混质，作业完毕须平车；散装液体货物，不跑、不冒、不滴、不漏、不混。

（七）卸车须卸清，作业完毕扫净车体、关好车门。

（八）作业中做到随洒随扫、随破随修，作业完毕做到车边清、道路清、机具清。

**第十三条** 船舶货运

（一）船舶货运员（含船舶理货组长、驳船驾长及驻港理货员，下同）、船舶理货员、看舱人员，严格上岗定位，佩戴标志，遵守岗位责任制。

分节驳、无人驳所属单位应有相应管理措施。

（二）装船前，船方对港方提供的计划积载图（表），必须认真进行审核，严格把关签认，并可提出修改意见。

（三）船舶货运员须深入货物堆存现场，摸清货物品名、特性、包装、标志、规格、数量；对不符合运输要求的货物，应做好记录。

（四）装货前，船舶应做到适航、适工、适载，备妥分隔、衬垫物料；装货时，指导港方做好货物分隔、衬垫、绑扎工作。

（五）船舶理货员须正确收发、计量、计数，不错卸、错装，分清标志、隔票清楚。坚持做到分清工残、原残，如实填写现场记录，交接清楚，明确责任。

（六）认真监督、指导、配合港方坚持装舱积载标准：由下而上、先远后近、先大后小，上轻下重、箭头朝上；特殊货物先定装舱部位,异装货物慎配装;大硬货物先装,小软货物后装,轻重、大小货物搭配合理,严格装卸顺序;注意装卸事项,码舱整齐、分隔清楚。

(七)装货结束后,船舶货运员应认真核对运单、交接单、分舱单、计划积载图(表)及运输有无特殊要求,并采取相应措施。

(八)坚持做到“三定”、“四清”:看舱定人、定时、定舱,货物卸清、分票隔票清、残损责任清、货物现场交接清;把好“六关”:备舱关、摸底关、积载关、装货关、航行关、卸货关。

(九)航行途中,船舶应加强对受载货物的检查与管理:注意通风,勤测污水沟,防止货物水湿、汗湿、浪湿;定时到货舱进行检查,防止货物滑动移位和倒桩;遇有恶劣气候,要做好对货物加固绑扎工作。

(十)整船装运散装干货,装货前船舶应对所装货物进行摸底检查,防止虫损、湿损、变质货物上船。运煤船舶应严防煤炭自燃变质;对港存煤炭已经自燃或超过规定温度的,应及时同港方协商,不采取有效措施,不准装船。

(十一)大宗散货装载完毕应指导港方平舱;认真做好水尺鉴定工作,提出准确的计量数据,做到看准、测准、算准、装足。

(十二)运油船舶,应认真做好防火、防爆、防污染工作;装油前应保证油舱及管系的清洁,坚持严格的清洗舱、验舱制度,防止油品的掺混和变质;装卸时应遵守安全装卸操作程序,防止油品的跑、冒、滴、漏、混事故;装油后,应检查各种盖及阀门是否封闭,防止油舱渗水混油。

(十三)适时做好油舱的合理加温、保温,卸油时应尽量收尽各舱油脚;卸油结束前,应全面检查油舱,防止漏卸。

**第十四条　外轮理货**

(一)按作业船舶及作业线路,派足理货人员,并严格上岗定位,执行交接制度。

(二)认真做到按关计数,不漏关、不重关、不错计关内小数;工班作业完毕,检查作业线路;全船作业完毕,检查舱内、甲板、船边及作业线路,防止货物漏装、漏卸;船舶作业结束后在两小时内办完交接签证手续。

(三)按单分清标志,理清件数,及时填写理货计数单。

(四)检查"定量、定型、定关"装卸作业情况,指导装舱积载,分隔衬垫,分清工残、原残,当班编制现场记录,按规定正确填写有关单证。

涉及对外索赔的签证,应正确、及时提供;需要对外更正的,应及时办理。

(五)单证填写完整,内容正确,字迹清楚;理货资料保管齐全。

(六)收集船方及其他委托方对理货的意见,质量信息反馈快、情况明,并及时提出整改措施。

**第十五条** 危险品、军运物资、特种物资等,除执行本办法外,还应执行有关管理办法。

**第十六条** 货运质量信息

(一)港航企业应定期召开货主座谈会,听取意见,对反复出现的质量问题,进行质量跟踪,及时掌握情况。

(二)建立货运质量管理例会制度,按月总结货运质量工作情况,分析存在问题,提出整改措施。

(三)坚持开展航次货运质量报告书和征求意见书活动(参考附表一、二、三、四,具体格式内容港航企业可自行制定)。

## 第五章 检查与考核

**第十七条** 货运质量的检查,采取以企业自检为主,自检、互检、抽检相结合的方式进行,强化各环节的质量预控,确保运输全过程的质量管理。

**第十八条** 货运质量检查可采取明察暗访或召开质量管理人员、实际操作者和货主用户座谈会等多种形式进行。受检单位应如实反映情况,认真听取意见。对查出来的问题,应制定措施,限期整改,并列入下次检查考核的内容。

**第十九条** 货运质量检查考评,按部颁《水路货物运输质量考核标准》和本办法规定的货运质量合格率进行(《货运质量检查考评表》见附表五、附表六)。

**第二十条** 货运质量合格率按下列公式确定:

货运质量合格率 =(∑检查考评项目赋分值/∑ 检查考评项目的满分值)×100%

货运质量按四级考核:货运质量合格率达90%以上(含90%、下同)为优;90%以下至80%以上为良;80%以下至60%为中;不满60%为差。货运质量达标档次是评价考核货运质量水平的主要依据,应作为企业承包经营责任制、企业升级、创优评奖的条件,企业发生重大货运质量事故或货运质量合格率未达到优、良等级的,应作为评审企业升级、质量管理奖等的否决条件。

**第二十一条** 检查考评

考评企业货运质量,应坚持实事求是,高标准严要求,防止走过场。严禁弄虚作假。具体要求如下:

(一)自检。由企业自行组织,按规定的检查考评项目进行全面检查。受检面不少于80%,并做好检查记录,以备查考。

(二)互检。由上级主管部门确定受检和检查单位,按行业实行对口检查,检查考评范围、项目、次数要基本相同,具有可比性。

(三)抽检。由上级主管部门根据货运质量情况,不定期、有针对性地选择受检单位,按确定的检查考评范围、项目进行抽检。

自检、互检、抽检的组织工作,由港航单位或其主管部门自定。检查后,检查单位须写出检查报告,报送企业主管部门和部(运输管理司),并发给受检单位《水路货运质量检查考评反馈通知单》(附表七)。

## 第六章 奖励与惩罚

**第二十二条** 对在货运质量管理工作中做出优异成绩的企

业,由交通主管部门授予“质量信得过单位”、“优质运输先进集体”、“质量管理奖”等荣誉称号。

**第二十三条** 企业对货运质量工作成绩突出的单位和个人,可酌情给予奖励。质量奖励资金可从企业工资基金和速遣奖中列支。

**第二十四条** 对货运质量管理混乱,违章操作,玩忽职守,导致发生重大货运质量事故的,根据情节轻重分别给予警告、限期整顿、撤销荣誉称号、给予经济与行政制裁,并追究企业领导及有关人员的责任。触及刑律、构成犯罪的,按程序追究法律责任。

## 第七章 附 则

**第二十五条** 各省、自治区、直辖市交通厅(局)和部属及双重领导港航企业,可根据本办法,制定实施细则,并报部备案。

**第二十六条** 本办法是交通行业内部考评货运质量的管理办法,不调整承、托运人之间的权利义务关系。

**第二十七条** 本办法自 1992 年 4 月 1 日起施行。由交通部负责解释。

## 附表一

# 航次货运质量报告书

| 船　名 | 航次 | 航线 | 船长 |
|---|---|---|---|
| | | | |
| 主要货种、品名 | 票数 | 吨数 | 总吨数 |
| | | | |
| 内容<br>项目 | 装卸执行时间 | 执行人 | 执行情况 |
| 货物包装标志规格 | | | |
| 货舱适货情况 | | | |
| 分隔衬垫 | | | |
| 绑扎遮盖 | | | |
| 散货平舱 | | | |
| 散货水尺 | | | |
| 溢件 | | | |
| 短件 | | | |
| 原残 | | | |
| 工残 | | | |
| 理货情况 | | | |
| 建　议 | | | |
| 填表日期：　填表人： | | | |

注：本报告表由船舶货运员在到达港（地）装卸完毕后负责及时填写、上报其船舶主管部门，不得事后补填。

## 附表二

# 港口装船质量征求意见书

到港船名:航次　航线　主要货种:　　吨数　总件数

装(卸)港:　　港　　公司　　　年　月　日

为检验港口货运质量,请贵轮按下列项目提出意见,并请及时返回港口货运质量考核部门。

<table>
<tr><th colspan="2">舱别<br>质量情况项目</th><th>一</th><th>二</th><th>三</th><th>四</th><th>五</th><th>六</th></tr>
<tr><td rowspan="8">件杂货装船</td><td>按图表作业</td><td></td><td></td><td></td><td></td><td></td><td></td></tr>
<tr><td>装足舱角</td><td>–</td><td>–</td><td>–</td><td>–</td><td>–</td><td>–</td></tr>
<tr><td>整齐紧密、箭头朝上</td><td></td><td></td><td></td><td></td><td></td><td></td></tr>
<tr><td>理货数字</td><td></td><td></td><td></td><td></td><td></td><td></td></tr>
<tr><td>不拖关倒关</td><td></td><td></td><td></td><td></td><td></td><td></td></tr>
<tr><td>按票装货、隔票清楚</td><td></td><td></td><td></td><td></td><td></td><td></td></tr>
<tr><td>三定关</td><td></td><td></td><td></td><td></td><td></td><td></td></tr>
<tr><td>破包情况</td><td></td><td></td><td></td><td></td><td></td><td></td></tr>
<tr><td rowspan="4">散货装船</td><td>船舶横倾不超过规定</td><td></td><td></td><td></td><td></td><td></td><td></td></tr>
<tr><td>平舱情况</td><td></td><td></td><td></td><td></td><td></td><td></td></tr>
<tr><td>发生落水</td><td></td><td></td><td></td><td></td><td></td><td></td></tr>
<tr><td>水尺已核对</td><td></td><td></td><td></td><td></td><td></td><td></td></tr>
<tr><td>装舱质量评价意见</td><td colspan="7"></td></tr>
</table>

装(卸)货港签章:　　年　月　日　　　船方签章:　　年　月　日

注:1. 本意见书由港口货运业务人员填写有关项目盖章后,上岗时交船方。

2. 如评价意见栏填写不下,请附纸填写。

3. 航行国际航线的外贸出口物装船质量,应配译英文。外轮可视情况择要填写。

4. "舱别质量情况"以符号表明,符合要求,打"√";基本符合要求打"Δ";不符合要求打"×"。必要时注明数字。

## 附表三

# 港口装(卸)车质量征求意见书

装(卸)货港： 港 公司 年 月 日

卸货站(地) 站 年 月 日

| 运货(提单)号 | 货 名 | | 吨 数 | | 总件数 |
|---|---|---|---|---|---|
| | | | | | |
| 装(卸)车数 | 库场 | 队/组 | | 机械/司机 | 库场管理员 |
| | | | | | |

库场员或现场理货员签章

为检验港口货运质量，请有关单位对装卸车质量提出意见(如发生异常现象亦请写明)。并请及时将本书返回港口货运质量考核部门。

港口签章： 年 月 日

收货人(货主)

卸货站 签章 年 月 日

| 装卸车地点 | 车次 | 车号 | 货名 | 序号数 | 序号数 | 装(卸)车情况 |
|---|---|---|---|---|---|---|
| | | | | | | |
| 装卸车质量评价意见 | | | | | | |

注：1. 本意见书适用火车、汽车，港口库场在装车完毕填写有关项目后，随即交货主填写并请提出意见，其后返回；如属水陆联运货物、随车交、寄卸货站或收货人(货主)提出意见，并请及时返回港口货运质量考核部门。

2. 装(卸)车情况，只填序号：(1)合理装车，(2)卸后清洁，(3)码装整齐，(4)重不压轻，(5)箭头向上，(6)残损分清，(7)破包、污染、混质，(8)起脊、上垫、下 垫，(9)不倒关(钩)，(10)划线标准。装、卸车选择不同情况填写。

## 附表四

# 理货工作征求意见书

船　名　　　装港　开工日期　　年　月　日

航　次　　　卸港　完工日期　　年　月　日

请对我司理货人员的服务态度,上岗定位情况及理货工作,提出宝贵意见,以帮助我们不断提高理货质量,为你轮提供优质服务。

<table>
<tr><td>船方(或其他委托方)意见:<br><br>船长/大副(签字)　　日期</td></tr>
<tr><td>中国外轮理货总公司　分公司(章)　外轮理货员(签字)<br>年　月　日</td></tr>
</table>

注:外轮理货组长上船时交船方;船方提出意见后返回理货分公司质量考核部门。

# 附表五

## 货运质量检查考评表（港口企业）

合格率：

| 序号 | 考评项目 | 内容要求 | 标准分 | 扣分标准 | 备注 |
|---|---|---|---|---|---|
| 1 | 部颁货运质量考核标准（100） | 1. 重大事故<br>2. 赔偿率：<br>件货　万分之<br>散货　万分之 | | 1. 发生重大事故实行质量否决权<br>2. 赔偿率：<br>（1）达到部颁考核标准得60分<br>（2）达到部二级企业标准得80分<br>（3）达到部一级企业标准得90分<br>（4）达到0‰得100分<br>（5）各万分点间的分，按比例分摊 | 1. 如某项的某条款不发生考核则按该条款的标准分的90%计算<br>2. 对某项不发生考核，则不计算。<br>3. (1—3)，即本《办法》此考证项目的第一至第三款；(1)即第一款；下同 |
| 2 | 货运质量管理工作（100） | 1. 机构健全，职责明确，制度完善<br>2. 认真落实《办法》并制定了《实施办法》，严格执行务规章<br>3. 坚持开展质量信息反馈工作<br>4. 推行科学管理、正确处理水运生产与质量的关系 | 30<br>30<br>20<br>20 | 根据检查实际达到的水平低于标准的，酌情扣每分项目的分 | |

续上表

| 序号 | 考评项目 | 内容要求 | 标准分 | 扣分标准 | 备注 |
|---|---|---|---|---|---|
| 3 | 库场管理(100) | 1. 正确验收交接、妥善堆码、保管(1－3) | 20 | 同上 | |
| | | 2. 按标准堆码、防损措施得当(4－6) | 25 | | |
| | | 3. 货物堆码达到“十防”标准(7) | 20 | | |
| | | 4. 上岗定位、交接清楚,记录完整、账货相符(8) | 20 | | |
| | | 5. 集装箱管理(9) | 25 | | |
| 4 | 装卸车作业(100) | 1. 按标准作业、正确积载、保证顺序、达到“三定”(1－3) | 20 | 同上 | |
| | | 2. 坚持“十不”、安全操作(4－6) | 25 | | |
| | | 3. 按特殊要求作业,采取防范措施得当(7－8) | 20 | | |
| | | 4. 分清原残、工残,正确编制记录(9－11) | 35 | | |
| 5 | 装卸船作业(100) | 1. 按标准装车、合理堆码(1－3) | 25 | 同上 | |
| | | 2. 装车坚持“六不”,不起脊苫盖良好(4－5) | 30 | | |
| | | 3. 确保散货作业标准(包括液体货物)(6) | 25 | | |
| | | 4. 保证卸车作业标准,达到“三清”(7－8) | 20 | | |

续上表

| 序号 | 考评项目 | 内容要求 | 标准分 | 扣分标准 | 备注 |
|---|---|---|---|---|---|
| 6 | 外轮理货(100) | 1.严格上岗定位、按规定交接、接关计数(1-2)<br>2.按单分类、计数准确、分清工残原残(3-4)<br>3.单证完整、资料齐全(5)<br>4.沟通信息、认真整改(6) | 30<br>25<br>30<br>15 | 同上 | |
| 7 | 监督与奖惩(100) | 1.各级质量监督网健全、专兼职人员配齐<br>2.定期召开质量分析会,按“三不放过”处理事故<br>3.对货运质量有奖有惩,责任制明确<br>4.实行了“质量否决权”,奖惩制度与经济效益和经营承包责任制挂钩 | 20<br>30<br>20<br>30 | 同上 | |

## 附表六

# 货运质量检查考评表(航运企业)

合格率:____________

<table>
<tr><th>序号</th><th>考评项目</th><th>内容要求</th><th>标准分</th><th>扣分标准</th><th>备注</th></tr>
<tr><td>1</td><td>部颁货运质量考核标准(100)</td><td>1. 重大事故<br>2. 赔偿率:<br>千分之</td><td></td><td>1. 发生重大事故实行质量否决权<br>2. 赔偿率:<br>(1)达到部颁考核标准得60分<br>(2)达到部二级企业标准得80分<br>(3)达到部一级企业标准得90分<br>(4)达到0千分之得100分<br>(5)各万分点间的分,按比例分摊</td><td rowspan="5">1. 如某项的某条款没有作业则按该条款的标准分的90%计处<br>2. 对某项不考核,则不计算<br>3. (5-6)即《办法》第十三条"船舶货运"第五款至第六款;(1)即这一条第一款;下同</td></tr>
<tr><td rowspan="4">2</td><td rowspan="4">货运质量管理工作(100)</td><td>1. 机构健全、职责明确,制度完善</td><td>30</td><td rowspan="4">根据检查实际达到水平低于标准的,酌情扣每分项目的分。</td></tr>
<tr><td>2. 认真落实《办法》并制定了《实施办法》,严格执行业务规章</td><td>30</td></tr>
<tr><td>3. 坚持开展质量信息反馈工作</td><td>20</td></tr>
<tr><td>4. 推行科学管理、正确处理水运生产与质量的关系</td><td>20</td></tr>
</table>

附表七

# 水路货运质量检查考评反馈通知单

被检查企业：

<table>
<tr><td>责 任 部 门</td><td>发 出 时 间</td><td>货运质量合格率</td></tr>
<tr><td></td><td></td><td></td></tr>
<tr><td colspan="3">检查考评结论、问题及要求：<br>检查人：<br>年　月　日</td></tr>
<tr><td colspan="3">责任部门处理情况：<br>负责人：<br>年　月　日</td></tr>
<tr><td colspan="3">主管部门处理情况：<br>签章：<br>年　月　日</td></tr>
<tr><td colspan="3">企业领导人处理意见：<br>签章：<br>年　月　日</td></tr>
</table>

# 水路旅客运输规则

（交通部　交水发[1995]1178号　1995.12.12）

## 第一章　总　　则

**第一条**　为了明确水路旅客运输中承运人、港口经营人、旅客之间的权利和责任的界限，维护水路旅客运输合同、行李运输合同和港口作业、服务合同当事人的合法权益，依据国家有关法律、法规，制订本规则。

**第二条**　本规则适用于中华人民共和国沿海、江河、湖泊以及其他通航水域中一切从事水路旅客运输（含旅游运输，下同）、行李运输及其有关的装卸作业。

军事运输、集装箱运输、滚装运输，除另有规定者外，均适用本规则。

**第三条**　水路旅客运输合同、行李运输合同应本着自愿的原则签订；港口作业、服务合同应本着平等互利、协商一致的原则签订。

**第四条**　水路旅客运输工作，应贯彻"安全第一，正点运行，以客为主，便利旅客"的客运方针，遵循"全面服务，重点照顾"的服务原则。

**第五条**　本规则下列用语的含义是：

（一）"水路旅客运输合同"，是指承运人以适合运送旅客的船舶经水路将旅客及其自带行李从一港运送至另一港，由旅客支付票款的合同。

（二）"水路行李运输合同"，是指承运人收取运费，负责将旅客托运的行李经水路由一港运送至另一港的合同。

（三）“港口作业、服务合同”（以下简称“作业合同”），是指港口经营人收取港口作业费，负责为承运人承运的旅客和行李提供候船、集散服务和装卸、仓储、驳运等作业的合同。

（四）“旅客”，是指根据水路旅客运输合同运送的人；经承运人同意，根据水路货物运输合同，随船护送货物的人，视为旅客。

（五）“行李”，是指根据水路旅客运输合同或水路行李运输合同由承运人载运的任何物品和车辆。

（六）“自带行李”，是指旅客自行携带、保管的行李。

（七）“托运行李”，是指根据水路行李运输合同由承运人运送的行李。

（八）“承运人”，是指本人或者委托他人以本人名义与旅客签订水路旅客运输合同和水路行李运输合同的人。

（九）“港口经营人”，是指与承运人订立作业合同的人。

（十）“客运记录”，是指在旅客运输中发生意外或特殊情况所作记录的文字材料。它是客船与客运站有关客运业务移交的凭证。

## 第二章　运输合同及作业合同的订立

**第六条**　旅客运输合同成立的凭证为船票，合同双方当事人——旅客和承运人买、卖船票后合同即成立。

**第七条**　船票应具备下列基本内容：

（一）承运人名称；

（二）船名、航次；

（三）起运港（站、点）（以下简称“起运港”）和到达港（站、点）（以下简称“到达港”）；

（四）舱室等级、票价；

（五）乘船日期、开船时间；

（六）上船地点（码头）。

**第八条**　旅客运输的运送期间，自旅客登船时起至旅客离船时止。船票票价含接送费用的,运送期间并包括承运人经水路将旅客从岸上接到船上和从船上送到岸上的期间,但是不包括旅客在港站内、码头上或者在港口其他设施内的时间。

旅客的自带行李,运送期间同前款规定。

**第九条** 行李运输合同成立的凭证为行李运单,合同双方当事人——旅客和承运人即时清结费用,填制行李运单后合同即成立。

**第十条** 行李运单应具备下列基本内容:

(一)承运人名称;

(二)船名、航次、船票号码;

(三)旅客姓名、地址、电话号码、邮政编码;

(四)行李名称;

(五)件数、重量、体积(长、宽、高);

(六)包装;

(七)标签号码;

(八)起运港、到达港、换装港;

(九)运费、装卸费;

(十)特约事项。

**第十一条** 旅客的托运行李的运送期间,自旅客将行李交付承运人或港口经营人时起至承运人或港口经营人交还旅客时止。

**第十二条** 承运人为履行运输合同,需要港口经营人提供泊位、候船、驳运、仓储设施,托运行李作业、旅客上下船、候船服务及其他工作等,应由承运人与港口经营人签订作业合同。

**第十三条** 作业合同的基本形式为中、长期(季、年)和航次合同。

**第十四条** 作业合同应具备下列基本内容:

(一)承运人和港口经营人名称;

(二)码头、仓库、候船室、驳运船舶名称;

(三)托运行李作业,包括行李保管、装卸、搬运;

(四)候船服务,包括:问询,寄存,船期、运行时刻公告,票价

表,茶水,卫生间;

(五)旅客上下船服务;

(六)特约事项。

**第十五条** 水路旅客运输合同、行李运输合同和作业合同的基本格式由交通部统一规定。交通部直属航运企业可自行印制水路运输合同、行李运输合同和作业合同,其他航运企业使用的合同由企业所在省(自治区、直辖市)交通主管部门印制、管理。

## 第三章 旅客运输合同的履行

### 第一节 船 票

**第十六条** 船票是水路旅客运输合同成立的证明,是旅客乘船的凭证。

**第十七条** 船票分全价票和半价票。

**第十八条** 儿童身高超过1.1米但不超过1.4米者,应购买半价票,超过1.4米者,应购买全价票。

**第十九条** 革命伤残军人凭中华人民共和国民政部制发的革命伤残军人证,应给予优待购买半价票。

**第二十条** 没有工资收入的大、中专学生和研究生,家庭居住地和院校不在同一城市,自费回家或返校时,凭附有加盖院校公章的减价优待证的学生证每年可购买往返2次院校与家庭所在地港口间的学生减价票(以下简称“学生票”)。学生票只限该航线的最低等级。

学生回家或返校,途中有一段乘坐其他交通工具的,经确认后,也可购买学生票。

应届毕业生从院校回家,凭院校的书面证明可购买一次学生票。新生入学凭院校的录取通知书,可购买一次从接到录取通知书的地点至院校所在地港口的学生票。

**第二十一条** 船票在承运人或其代理人所设的售票处发售,

在未设站的停靠点，由客船直接发售。

**第二十二条** 要求乘船的人凭介绍信，可以一次购买或预订同一船名、航次、起讫港的团体票，团体票应在 10 张以上。

售票处发售团体票时，应在船票上加盖团体票戳记。

**第二十三条** 包房、包舱、包船按下列规定办理：

(一)包房，由售票处办理；

(二)包舱，经承运人同意后，由售票处办理；

(三)包船，由承运人办理。

包用人在办理包房、包舱、包船时，应预付全部票价款。

## 第二节 旅客的权利和责任

**第二十四条** 旅客应按所持船票指定的船名、航次、日期和席位乘船。

重病人或精神病患者，应有人护送。

**第二十五条** 每一成人旅客可免费携带身高不超过 1.1 米的儿童一人。超过一人时，应按超过的人数购买半价票。

**第二十六条** 旅客漏船，如能赶到另一中途港乘上原船，而原船等级席位又未售出时，可乘坐原等级席位，否则，逐级降等乘坐，票价差额款不退。

**第二十七条** 每一旅客可免费携带总重量 20 千克(免费儿童减半)，总体积 0.3 立方米的行李。

每一件自带行李，重量不得超过 20 千克；体积不得超过 0.2 立方米；长度不得超过 1.5 米(杆形物品 2 米)。

残疾旅客乘船，另可免费携带随身自用的非机动残疾人专用车一辆。

**第二十八条** 旅客可携带下列物品乘船：

(一)气体打火机 5 个，安全火柴 20 小盒。

(二)不超过 20 毫升的指甲油、去污剂、染发剂，不超过 100 毫升的酒精、香水、冷烫精，不超过 300 毫升的家用卫生杀虫剂、空气清新剂。

（三）军人、公安人员和猎人佩带的枪支和子弹（应有持枪证明）。

**第二十九条** 除本规则另有规定者外，下列物品不准旅客携带上船：

（一）违禁品或易燃、易爆、有毒、有腐蚀性、有放射性以及有可能危及船上人身和财产安全的其他危险品；

（二）各种有臭味、恶腥味的物品；

（三）灵柩、尸体、尸骨。

**第三十条** 旅客违反本规则第二十九条规定，造成损害的，应当负赔偿责任。

**第三十一条** 旅客自带行李超过免费规定的，应办理托运。经承运人同意的，也可自带上船，但应支付行李运费。

对超过免费规定的整件行李，计费时不扣除免费重量、体积和长度。

**第三十二条** 旅客可携带下列活动物乘船：

（一）警犬、猎犬（应有证明）；

（二）供科研或公共观赏的小动物（蛇除外）；

（三）鸡、鸭、鹅、兔、仔猪（10千克以下）、羊羔、小狗、小猫、小猴等家禽家畜。

**第三十三条** 旅客携带的活动物，应符合下列条件，否则不得携带上船：

（一）警犬、猎犬应有笼嘴牵绳；

（二）供科研或公共观赏的小动物，应装入笼内，笼底应有垫板；

（三）家禽家畜应装入容器。

**第三十四条** 旅客携带的活动物，由旅客自行看管，不得带入客房（舱），不得放出喂养。

**第三十五条** 旅客携带的活动物，应按行李运价支付运费。

**第三十六条** 旅客携带活动物的限量，由承运人自行制订。

## 第三节　承运人的权利和责任

**第三十七条**　承运人应按旅客运输合同所指定的船名、航次、日期和席位运送旅客。

**第三十八条**　承运人在旅客上船前、下船后和在客船航行途中应对旅客所持的船票进行查验，并作出查验记号。

**第三十九条**　查验船票的内容如下：

(一)乘船人是否持有效船票；

(二)持用优待票的旅客是否有优待证明；

(三)超限自带行李是否已按规定付运费。

**第四十条**　乘船人无票在船上主动要求补票，承运人应向其补收自乘船港(不能证实时，自客船始发港)至到达港的全部票价款，并核收补票手续费。

在途中，承运人查出无票或持用失效船票或伪造、涂改船票者，除向乘船人补收自乘船港(不能证实时，自客船始发港)至到达港的全部票价款外，应另加收相同区段最低等级票价的100%的票款，并核收补票手续费。

**第四十一条**　在到达港，承运人查出无票或持用失效船票或伪造、涂改船票者，应向乘船人补收自客船始发港至到达港最低等级票价的400%的票款，并核收补票手续费。

**第四十二条**　在乘船港，承运人查出应购买全价票而购买半价票的儿童，应另售给全价票，原半价票给予退票，免收退票费。

**第四十三条**　在途中或到达港，承运人查出儿童未按规定购买船票的，应按下列规定处理：

(一)应购半价票而未购票的，补收半价票款，并核收补票手续费；

(二)应购全价票而购半价票的，补收全价票与半价票的票价差额款，并核收补票手续费；

(三)应购全价票而未购票的，应按本规则第四十条、第四十一条规定办理。

**第四十四条** 在途中或到达港，承运人查出持用优待票乘船的旅客不符合优待条件时，应向旅客补收自乘船港至到达港的全部票价款，并核收补票手续费。原船票作废。

**第四十五条** 旅客在检票后遗失船票，应按本规则第四十条规定在船上补票。

旅客补票后如在离船前找到原船票，可办理其所补船票的退票手续，并支付退票费。

旅客在离船后找到原船票，不能退票。

旅客在到达港出站前遗失船票，应按本规则第四十一条规定办理。

**第四十六条** 在乘船港，由于承运人或其代理人的责任使旅客降等级乘船时，承运人应将旅客的原船票收回，另换新票，退还票价差额款，免收退票费。

在途中，由于承运人或其代理人的责任使旅客降等级乘船时，承运人应填写客运记录，交旅客至到达港办理退还票价差额款的手续。

**第四十七条** 由于承运人或其代理人的责任使旅客升等级乘船时，承运人不应向旅客收取票价差额款。

**第四十八条** 旅客误乘客船时，除按本规则第四十条第一款的规定处理外，旅客可凭客船填写的客运记录，到下船港办理原船票的退票手续，并支付退票费。

**第四十九条** 旅客因病或临产必须在中途下船的，由承运人填写客运记录，交旅客至下船港办理退票手续，将旅客所持船票票价与旅客已乘区段票价的差额退还旅客，并向旅客核收退票费。

患病或临产旅客的护送人，也可按前款规定办理退票。

**第五十条** 承运人可以在任何时间、任何地点将旅客违反本规则第二十九条规定随身携带的违禁品、危险品卸下、销毁或者使之不能为害，或者送交有关部门，而不负赔偿责任。

## 第四节　合同的变更和解除

**第五十一条**　在乘船港不办理船票的签证改乘手续。旅客要求变更乘船的班次、舱位等级或行程时，应先行退票并支付退票费，再另行购票。

**第五十二条**　旅客在旅行途中要求延程时，承运人应向旅客补收从原到达港至新到达港的票价款，并核收补票手续费。客船满员时，不予延程。

**第五十三条**　对超程乘船的旅客（误乘者除外），承运人应向旅客补收超程区段最低等级票价的200%的票款，并核收补票手续费。

**第五十四条**　旅客在船上要求升换舱位等级时，承运人应向旅客补收升换区段所升等级同原等级票价的差额款，并核收补票手续费。

持用学生票的学生在船上要求升换舱位等级时，承运人应向其补收升换等级区段所升等级全票票价与学生票票价的差额款，并核收补票手续费。

**第五十五条**　持低等级半价票的儿童可与持高等级船票的成人共用一个铺位。如持低等级船票的成人与持高等级半价票的儿童共用一个铺位，由承运人对成人补收高等级与低等级票价的差额款，并核收补票手续费，儿童的半价票差额款不退，且不另供铺位。

**第五十六条**　在乘船港，旅客可在规定时限内退票，但应支付退票费。

超过本规则第五十七条规定的退票时限，不能退票。

**第五十七条**　在乘船港退票的时限规定为：

（一）内河航线在客船开航以前；沿海航线在客船规定开航时间2小时以前；

（二）团体票在客船规定开航时间24小时以前。

**第五十八条**　除本规则另有规定的外，旅客在中途港、到达港和船上不能退票。

**第五十九条** 包房、包舱、包船的包用人,可在规定的时限内要求退包,但应支付退包费。

超过本规则第六十条规定的退包时限,不能退包。

**第六十条** 退包的时限规定为:

(一)包房、包舱退包,在客船规定开航时间24小时以前;

(二)包船退包,在客船计划开航时间24小时以前。

**第六十一条** 下列原因造成的退票或退包,承运人不得向旅客收取退票费或退包费:

(一)不可抗力;

(二)承运人或其代理人的责任。

**第六十二条** 在春运等客运繁忙季节,承运人可以暂停办理退票。

# 第四章 行李运输合同的履行

## 第一节 旅客的权利和责任

**第六十三条** 行李运单是水路行李运输合同成立的证明,行李运单的提单联是旅客提取行李的凭证。

**第六十四条** 除法律、行政法规限制运输的物品,以及本规则有特别规定不能办理托运的物品外,其他物品均可办理行李托运。

**第六十五条** 在客船和港口条件允许或行李包装适合运输的情况下,家用电器、精密仪器、玻璃器皿及陶瓷制品等可办理托运。

**第六十六条** 下列物品不能办理托运:

(一)违禁品或易燃、易爆、有毒、有腐蚀性、有放射性以及有可能危及船上人身和财产安全的其他危险品;

(二)污秽品、易于损坏和污染其他行李和船舶设备的物品;

(三)货币、金银、珠宝、有价证券或其他贵重物品;

(四)活动物、植物;

（五）灵柩、尸体、尸骨。

**第六十七条** 托运的行李，每件重量不得超过50千克，体积不得超过0.5立方米，长度不得超过2.5米。

**第六十八条** 托运行李的包装应符合下列条件：

（一）行李的包装应完整、牢固、捆绑结实，适合运输；

（二）旅行包、手提袋和能加锁的箱类，应加锁；

（三）包装外部不拴挂其他物品；

（四）纸箱应有适当的内包装；

（五）易碎品、精密仪器及家用电器，应使用硬质材料包装，内部衬垫密实稳妥，并在明显处标明"不准倒置"等警示标志；

（六）胶片应使用金属容器包装。

**第六十九条** 旅客应在托运行李的外包装上写明姓名和起讫港名。

**第七十条** 旅客违反本规则第六十六条规定，致使行李损坏，承运人不负赔偿责任；造成客船及他人的损失时，应由旅客负责赔偿。

**第七十一条** 旅客遗失行李运单时，如能说明行李的特征和内容，并提出对行李拥有权的有力依据，经承运人确认后，可凭居民身份证并开具收据领取行李，原行李运单即行作废。

旅客遗失行李运单，在提出声明前，如行李已被他人冒领，承运人不负赔偿责任。

### 第二节 承运人的权利和责任

**第七十二条** 承运人应提供足够的适合运输的行李舱，将旅客托运的行李及时、安全地运到目的港。

**第七十三条** 托运的行李，应与旅客同船运送。如来不及办理当班客船的托运手续时，经旅客同意，承运人也可给予办理下一班次客船的托运手续。

**第七十四条** 承运人对托运的行李，必要时可要求旅客开包查验，符合运输规定时，再办理托运手续，如旅客拒绝查验，则不予承运。

**第七十五条** 行李承运后至交付前,包装破损或松散时,承运人应负责修补,所需费用由责任方负担。

**第七十六条** 承运人查出在已经托运的行李中夹有违禁品或易燃、易爆、有毒、有腐蚀性、有放射性以及有可能危及船上人身和财产安全的其他危险品时,除按本规则第五十条规定处理外,对行李的运杂费还应按下列规定处理:

(一)在起运港,运杂费不退;

(二)在船上或卸船港,应加收一次运杂费。

**第七十七条** 承运人查出托运的行李中夹带易于损坏和污染物品时,应按下列规定办理:

(一)在起运港,立即停止运输,并通知旅客进行处理,运杂费不退;

(二)在船上或卸船港,由承运人采取处理措施,除所需费用由旅客负担外,另加收一次运杂费。

**第七十八条** 承运的行李未能按规定的时间运到,旅客前来提取时,承运人应在行李运单上加盖"行李未到"戳记,并记录到达后的通知方法,行李到达后,应立即通知旅客。

**第七十九条** 托运的行李自运到后的第3日起计收保管费。

**第八十条** 行李在交付时,承运人应会同旅客对行李进行查验,经查验无误后再办理提取手续。

**第八十一条** 行李自运到之日起10天后旅客还未提取时,承运人应尽力查找物主;如超过60天仍无人提取时,即确定为无法交付物品。

**第八十二条** 对无法交付物品,承运人应按下列规定处理:

(一)一般物品,依法申请拍卖或交信托商店作价收购;

(二)没有变卖价值的物品,适当处理;

(三)军用品、危险品、法律和行政法规限制运输的物品、历史文物、机要文件及有价证券等,无偿移交当地主管部门处理。

**第八十三条** 无法交付物品处理后所得款额,应扣除保管费和处理费用,剩余款额由承运人代为保管3个月。在保管期内,旅客要求归还余款时,应出具证明,经确认后方可归还;逾期无人提取时,应上缴国库。

### 第三节　合同的变更和解除

**第八十四条**　行李在装船前,旅客要求变更托运,应先解除托运,另行办理托运手续。

**第八十五条**　行李在装船前,旅客要求解除托运,承运人应将行李运单收回,加盖"变更托运"戳记,退还运杂费,核收行李变更手续费,并自托运之日起计收保管费。

**第八十六条**　行李装船后,不能办理变更、解除托运手续。如旅客要求由到达港运回原托运港或运至另一港,可委托承运人在到达港代办行李运回或运至另一港的手续,预付第二程运杂费(多退少补),其第一程交付的运杂费不退,并核收代办托运手续费。

## 第五章　作业合同的履行

### 第一节　承运人的责任

**第八十七条**　制订旅客运输计划、客船班期时刻表。

承运人应于每月的25日前向港口经营人提供次月客船班期时刻表。

客船班期时刻表一经发布,不得随意改动,确需变更时,应事先与港口经营人联系,并对外发出变更通知。

**第八十八条**　客船班期时刻表的编制,应考虑到与其他交通工具的衔接,对重点停靠港口,客船的到发时间应便利旅客中转和食宿安排。

**第八十九条**　客船应按班期时刻表正点运行。

客船因故晚点,应将准确的到港时间及时通知客运站,并按客运站重新对外公布的时间开船。

**第九十条** 承运人应负责旅客自登上客船(或舷梯)至离船(或舷梯)期间的安全。

承运人对旅客自带行李的安全责任期间同前款规定。

**第九十一条** 承运人应负责对托运行李自装入客船行李舱至卸出行李舱期间的安全质量。

**第九十二条** 客船应配合客运站做好客梯、安全网的搭拴工作。由于客梯、安全网搭拴不牢(在客船一边)造成旅客伤亡的,由客船负责。

旅客翻越栏杆(或船舷)下船,造成伤亡的,由客船负责。

## 第二节 港口经营人的责任

**第九十三条** 港口经营人应按承运人提供的客船班期时刻表安排客船泊位。

客船靠泊的码头应相对固定。

**第九十四条** 港口经营人对客船的行李和货物装卸应予优先安排。如遇客船晚点,应尽力压缩客船的停港时间。

客船晚点时,客运站应及时公告。

**第九十五条** 港口经营人应负责旅客自进入候船室至登上客船(或舷梯)前或自离开客船(或舷梯)至出站期间的安全。

港口经营人对旅客自带行李的安全责任同前款规定。

**第九十六条** 港口经营人应负责行李自办理托运手续至装入客船行李舱或自客船行李舱卸出至交付旅客期间的安全质量。

**第九十七条** 客运站应配备旅客上下船客梯和安全网,并负责搭拴工作。

由于客梯和安全网搭拴不牢(在码头、囤船一边)造成旅客伤亡的,由客运站负责。

旅客翻越栏杆(或船舷)上船造成伤亡的,由客运站负责。

**第九十八条** 旅客上下船应与行李、货物(车辆)装卸作业隔开,不得交叉作业。

### 第三节 合同的变更和解除

**第九十九条** 作业合同凡发生下列情况之一者，允许变更或解除，但不能因此损害国家利益和社会公共利益：

（一）当事人双方经协商同意；

（二）由于不可抗力致使合同的全部义务不能履行；

（三）由于另一方在合同约定的期限内没有履行合同。

属于前款第二项或第三项规定的情况的，当事人一方有权通知另一方变更或解除合同。因变更、解除合同使一方遭受损失的，除依法可以免除责任的以外，应由责任方负责赔偿。

当事人一方发生合并或分立时，由合并或分立后的当事人承担或分别承担履行合同的义务，享受应有的权利。

变更或解除作业合同，应采用书面形式。

**第一百条** 中、长期作业合同的解除，应提前一个月由合同当事人双方协商确定后，合同方可解除。

航次作业合同的解除，应提前一天由合同当事人双方协商确定后，合同方可解除。

## 第六章 代理业务

**第一百零一条** 承运人可以将售票及客运业务委托港口经营人或其他代理人办理。

**第一百零二条** 售票代理的范围：售票及其流量流向统计。

**第一百零三条** 客运业务代理范围：

（一）办理行李托运和交付手续；

（二）办理退票及包房、包舱退包手续；

（三）其他业务：制作客船航次上客报告单、客位通报；检票、验票、补票、补收运费；危险品查堵及处理；遗失物品、无法交付物品管理；旅客和行李发生意外情况的处理等。

**第一百零四条** 售票代理人和客运业务代理人，在委托代理权限内,以承运人的名义办理售票和客运有关业务,并按规定收取代理费,不得违反本规则有关规定向旅客收取其他费用。

**第一百零五条** 承运人和代理人确定代理事项后,应在平等互利、协商一致的原则下签订委托代理合同。

# 第七章 客运费用

## 第一节 票价、行李运价

**第一百零六条** 船票票价根据航区特点、船舶类型、舱室设备等情况,由航运企业制定,报省级以上交通和物价主管部门审批。

**第一百零七条** 半价票分别按各等级舱室票价的50%计算。

**第一百零八条** 学生票票价按该航线最低等级票价的50%计算。

**第一百零九条** 船票票价以元为单位,元以下的尾数进整到元。

**第一百一十条** 行李运价,由省级以上交通主管部门确定。

**第一百一十一条** 交通部直属航运企业的行李运价为:

每100千克行李运价,按同航线散席船票基准票价的100%计算。

其他航运企业的行李运价,可参照前款办法制定。

## 第二节 行李运费的计算

**第一百一十二条** 行李运费,按行李的计费重量和行李运价计算。

**第一百一十三条** 行李运费以元为单位,不足1元的尾数按1元进整。

**第一百一十四条** 行李计费重量按《行李计费重量表》确定。

**第一百一十五条** 空容器(包括木箱)内放有物品时,如整件实重大于空容器的计费重量,则以整件实重为其计费重量;如空容器的计费重量大于整件实重时，则以空容器的计费重量为其计费重量。

**第一百一十六条** 行李的计费重量以千克为单位。不足1千克的尾数按1千克进整。

**第一百一十七条** 行李自带、托运、装卸、搬运等发生的费用，均按计费重量计费。

**第一百一十八条** 行李运费发生多收或少收时，可在30天内由承运人予以多退少补，逾期不再退补。

### 第三节 包房、包舱、包船运费的计算

**第一百一十九条** 包房、包舱运费，按所包客房、客舱的载客定额和其等级舱室票价计算。

**第一百二十条** 包船运费由以下两部分组成：

(一)客舱部分按所包客船乘客定额和各等级舱室票价计算；

(二)货舱部分按货舱、行李舱、邮件舱的载货定额(行李舱、邮件舱以其容积，按1.133立方米为1定额载重吨换算)和规定的客货轮货运运价计算。

包船期间的调船费和空驶费，分别按调船、空驶里程包船运费的50%计算。

包船因旅客上下船或行李、货物装卸发生的滞留费，由航运企业自行规定。

### 第四节 客运杂费

**第一百二十一条** 退票、退包费规定为：

(一)退票费，散席按每人每张每10元票价核收1元，不足10元按10元计算；卧席按每人每张10元票价核收2元，不足10元按10元计算。

(二)包房、包舱的退包费，按包房、包舱运价的10%计算，尾数不足1元的按1元计收。

(三)包船的退包费，在客船计划开航72小时以前退包，为包

船运价的10%；在72小时以内,48小时以前退包,为包船运价的20%；在48小时以内、24小时以前退包,为包船运价的30%。

**第一百二十二条** 其他杂费规定为：

（一）补票、补收运费手续费,每人每票1元；

（二）行李变更手续费,每人每票2元；

（三）送票费、码头票费、寄存费、保管费、自带行李搬运费、行李标签费,由各港航企业制订,报当地物价部门批准。

港航企业不得向旅客收取本条规定费目以外的杂费。

**第一百二十三条** 补票、补收运费的手续费及行李变更手续费的收入归办理方所得。

退票费全部归承运人所得。

## 第五节 港口作业费

**第一百二十四条** 港口作业费按下列规定计算：

（一）港口作业费分两部分：

1. 旅客运输作业费,按船票票款（扣除旅客港务费、客运附加费等）的4%计算；

2. 行李运输作业费,按行李运费的4%计算,由起运港统一结算,然后按起运港3%、到达港1%解缴。

（二）旅客港务费,每张船票1元；

（三）船舶的港口费用,按交通部或各地港口费收规则的规定计算。

**第一百二十五条** 托运行李,每装或卸一次（含驳运）,每件（每件50千克计,不足50千克按50千克计算）收费2元。

## 第六节 代理费

**第一百二十六条** 售票代理费,按代售船票收入的1%计算。

**第一百二十七条** 行李托运或交付手续的代理费,分别按托运运费收入的1%计算。

**第一百二十八条** 超限自带行李收费代理费，按自带行李运费收入的2%计算。

**第一百二十九条** 其他客运业务代理费，按船票票款（扣除旅客港务费、客运附加费等）的2%计算。

**第一百三十条** 退票代理费，按退票费的50%计算。

# 第八章 运输发生意外情况的处理

## 第一节 客船停止航行的处理

**第一百三十一条** 由于不可抗力或承运人的责任造成客船停止航行时，承运人对旅客和行李的安排应按下列规定办理：

（一）在乘船（起运）港，退还全部船票票款和行李的运费；

（二）在中途停止航行，旅客要求中止旅行或提取行李时，退还未乘（运）区段的票款或运费；

（三）旅客要求从中途停止航行地点返回原乘船港或将行李运回原起运港，应免费运回，退还全部船票票款或行李运费。如在返回途中旅客要求下船或提取行李时，应将旅客所持船票票价或行李运单运价与自原乘船（起运）港至下船（卸船）港的船票票价或行李运价的差额款退还旅客。

**第一百三十二条** 由于不可抗力或承运人的责任造成客船停止航行，承运人安排旅客改乘其他客船时所发生的票价差额款，按多退少不补的原则办理。

## 第二节 旅客发生疾病、伤害或死亡的处理

**第一百三十三条** 旅客在船上发生疾病或遭受伤害时，客船应尽力照顾和救护，必要时填写客运记录，将旅客移交前方港处理。

**第一百三十四条** 旅客在船上死亡，客船应填写客运记录，将

死亡旅客移交前方港会同公安部门处理。

**第一百三十五条** 旅客在船上发生病危、伤害、死亡或失踪的,客船填写的客运记录应详细写明当事人的姓名、性别、年龄或特征,通讯地址及有关情况;准确记录事发的时间、地点及经过情况;如实报告客船所采取的措施及结果。

客运记录应取得两人以上的旁证;经过医生治疗的,应附有医生的“诊治记录”,并由旅客本人或同行人签字。

## 第三节 行李事故处理

**第一百三十六条** 在行李运送期间,发生行李灭失、短少、损坏等情况,承运人或港口经营人应编制行李运输事故记录。

行李运输事故记录必须在交接的当时编制,事后任何一方不得再行要求补编。

**第一百三十七条** 行李运输事故按其发生情况分为下列四类:

(一)灭失:托运的行李未按规定时间运到,承运人查找时间超过30天仍未找到的,即确定为行李灭失;

(二)短少:件数短少;

(三)损坏:湿损、破损、污损、折损等;

(四)其他。

**第一百三十八条** 旅客对其托运行李发生事故要求赔偿时,应填写行李赔偿要求书。提出赔偿的时效为旅客在离船或者行李交还或者应当交还之日起15天内,过期不能再要求赔偿。

旅客未按照前款规定及时提交行李赔偿要求书的,除非提出反证,视为已经完整无损地收到行李。

行李交还时,旅客已经会同承运人对行李进行联合检查或者检验的,无需提交行李赔偿要求书。

**第一百三十九条** 承运人从接到行李的赔偿要求书之日起,应在30天内答复赔偿要求人:

(一)确定承运人或港口经营人不负赔偿责任时,应当填发拒绝赔偿通知书,赔偿要求人提出的单证文件不予退还。

(二)确定承运人或港口经营人应负赔偿责任时,应当填发承认赔偿通知书,赔偿要求人提出的单证文件不予退还。

### 第四节 赔偿责任

**第一百四十条** 在本规则第八条、第十一条规定的旅客及其行李的运送期间，因承运人或港口经营人的过失，造成旅客人身伤亡或行李灭失、损坏的，承运人或港口经营人应当负赔偿责任。

旅客的人身伤亡或自带行李的灭失、损坏,是由于客船的沉没、碰撞、搁浅、爆炸、火灾所引起或者是由于客船的缺陷所引起的,承运人除非提出反证,应当视为其有过失。

旅客托运的行李的灭失或损坏、不论由于何种事故引起的,承运人或港口经营人除非提出反证,应当视为其有过失。

对本规则第三十二条规定旅客携带的活动物发生灭失的,按照本条第1、2、3款规定处理。

**第一百四十一条** 经承运人或港口经营人证明,旅客的人身伤亡,是由于旅客本人的过失或者旅客和承运人或港口经营人的共同过失造成的,可以免除或者相应减轻承运人或港口经营人的赔偿责任。

**第一百四十二条** 因疾病、自杀、斗殴或犯罪行为而死亡或受伤者,以及非承运人或港口经营人过失造成的失踪者,承运人或港口经营人不承担赔偿责任。

由前款原因所发生的打捞、救助、医疗、通讯及船舶临时停靠港口的费用和一切善后费用,由旅客本人或所在单位或其亲属负担。

**第一百四十三条** 旅客的行李有下列情况的,承运人或港口经营人不负赔偿责任:

(一)不可抗力造成的损失;

(二)物品本身的自然性质引起的损耗、变质;

(三)本规则第二十九条,第六十六条所规定不准携带或托运的物品发生灭失、损耗、变质。

**第一百四十四条** 在行李运送期间,因承运人或港口经营人过失造成行李损坏的,承运人或港口经营人应负责整修,如损坏程度已失去原来使用价值,应按规定进行赔偿。

**第一百四十五条** 承运人或港口经营人对灭失的托运行李赔偿后,还应向旅客退还全部运杂费,并收回行李运单。

灭失的行李,赔偿后又找到的,承运人或港口经营人应通知索赔人前来领取。如索赔人同意领取时,则应撤消赔偿手续,收回赔偿款额和已退还的全部运杂费。

灭失的行李赔偿后部分找到的,可参照本条第 2 款精神办理。

**第一百四十六条** 如发现索赔人有以少报多、以次充好等行为时,应追回多赔款额。

## 第九章 运输、作业合同争议的处理

**第一百四十七条** 承运人、港口经营人以及旅客在履行水路旅客运输合同、水路行李运输合同以及作业合同中发生纠纷时,应协商解决。协商不成时,可向仲裁机构申请仲裁,也可以直接向人民法院起诉。

## 第十章 附 则

**第一百四十八条** 各省、自治区、直辖市交通主管部门和各水系航务管理部门可根据本规则,结合本地区的实际情况制定补充规定或实施细则,报交通部备案。

**第一百四十九条** 本规则由交通部负责解释。

**第一百五十条** 本规则自 1996 年 6 月 1 日起施行。1980 年 11 月 1 日起施行的《水路旅客运输规则》、《水路旅客运输管理规程》及其有关补充规定同时废止。

# 中华人民共和国水路运输服务业管理规定

（交通部令1996年第3号公布交通部令1998年
第6号修改 1996.06.18）

## 第一章 总 则

**第一条** 为了规范水路运输服务行为，维护水路运输市场秩序，保障旅客、托运人、收货人、承运人及其代理人的合法权益，促进水运事业发展，依据《中华人民共和国水路运输管理条例》，制定本规定。

**第二条** 本规定适用于在中华人民共和国境内为国内水路运输提供水路运输服务及相关业务的活动。

**第三条** 本规定所称水路运输服务业，是指接受旅客、托运人、收货人以及承运人的委托，以委托人的名义，为委托人办理旅客或货物运输、港口作业以及其他相关业务手续并收取费用的行业，分为船舶代理业和客货运输代理业。

**第四条** 水路运输服务企业必须依法取得中华人民共和国企业法人资格。

**第五条** 国务院交通主管部门负责对全国水路运输服务业实施行业管理。

各级地方人民政府交通主管部门或其设置的航运管理部门（以下简称交通主管部门）依照本规定，负责对本行政区域内的水路运输服务业实施行业管理。

**第六条** 对水路运输服务业实施管理，应当遵循布局合理、服务方便、竞争有序、适应运输市场发展需要的原则。

**第七条** 水路运输服务企业应当遵循方便、迅速、准确、节省的经营方针，为旅客和托运人、收货人、承运人提供服务。

水路运输服务企业应当遵守中华人民共和国的法律、法规和规章，接受主管机关的监督和管理。

**第八条** 任何企业从事水路运输服务业务，必须经过交通主管部门的批准，领取《水路运输服务许可证》后，方可经营。

外资企业、中外合资企业、中外合作企业（以下简称“三资企业”）经营水路运输服务业务，应当经国务院交通主管部门批准。

## 第二章 审批条件和程序

**第九条** 设立水路运输服务企业，应当具备下列条件：

（一）有稳定的水路运输客源、货源和船舶业务来源；

（二）有与经营范围相适应的组织机构和专业人员；

（三）有固定经营场所和必要的营业设施；

（四）有符合下列规定的最低限额的注册资本：

1. 经营船舶代理业务的，为20万元人民币；

2. 经营客货运输代理业务的，为30万元人民币；

3. 同时经营船舶代理和客货运输代理业务的，为50万元人民币。

**第十条** 申请设立水路运输服务企业，申请人应当向拟设立水路运输服务企业所在地的县级交通主管部门提出申请，由该部门审核后转市（设区的市，下同）交通主管部门审查批准，并报省级交通主管部门备案。

申请设立经营水路运输服务业务的“三资企业”，申请人应当向拟设立“三资企业”所在地的县级交通主管部门提出申请，经各级交通主管部门逐级审核后由省级交通主管部门转报国务院交通主管部门审查批准。

申请人所在地没有县级人民政府交通主管部门的，申请人应当直接向市（包括直辖市）交通主管部门提出申请。

**第十一条** 申请设立水路运输服务企业，应当报送下列文件：

（一）水路运输服务企业开业申请书；

（二）可行性研究报告；

（三）企业章程草案；

（四）拟注册地方工商行政管理机关签发的“企业名称预先核准通知书”；

（五）资信证明；

（六）办公经营场所产权证明（或租赁证明、协议等）；

（七）主要出资单位同意设立企业的文件（董事会决议、联营协议或经济担保人证明）；

（八）企业负责人和主要业务人员姓名、职务和身份证明；

（九）国务院交通主管部门规定的其他文件。

**第十二条**　县级交通主管部门应当自收到水路运输服务企业开业申请书和其他文件之日起10日内提出审核意见并转报市交通主管部门，或逐级转报国务院交通主管部门。

国务院交通主管部门和市（包括直辖市）交通主管部门（以下简称审批机关），应当自收到水路运输服务企业开业申请书和其他文件之日起30日内决定批准或者不批准。对批准设立的，颁发水路运输服务许可证书（以下简称许可证书）。

**第十三条**　水路运输服务企业应当凭审批机关颁发的许可证书，依照有关法律和法规的规定，办理企业登记、税务登记手续。

**第十四条**　申请人取得许可证书后无正当理由连续180日未营业的，审批机关应当撤消其许可证书。

**第十五条**　许可证书有效期限为3年。

水路运输服务企业在许可证书有效期限届满时需要继续从事水路运输服务业务的，应当在许可证书届满之日前30日内，向审批机关申请换领许可证书；未按本规定申请换领许可证书的，其水路运输服务经营资格自许可证书届满之日起自动丧失，审批机关应当在办理注销手续后通知工商行政管理机关依法注销该企业营业执照或营业执照中相关项目。

**第十六条**　水路运输服务企业要求变更经营范围、企业名称、住所、法定代表人和经济类型等事项，应当申请办理变更审批手续。

申请变更经营范围的，应当报送下列文件：

（一）水路运输服务企业变更申请书；

（二）可行性研究报告；

（三）修改后的企业章程；

（四）原许可证书；

（五）国务院交通主管部门规定的其他文件。

申请变更企业名称、经济类型等事项的，应当报送本条规定的第（一）、（三）、（四）项文件。

申请变更企业法定代表人、住所等事项的，应当报送本条规定的第（四）项文件和拟变更项目的证明文件。

**第十七条** 水路运输服务企业申请变更经营范围、企业名称、住所、法定代表人或经济类型事项，应当依照本规定第十条规定的审批程序，报经原审批机关批准后，换领许可证书。企业凭换领的许可证书办理企业变更登记手续。

**第十八条** 水路运输服务企业终止营业，应当依照本规定第十条规定的审批程序办理停业注销手续。原审批机关应当收回许可证书，并转请工商行政管理机关依法注销企业营业执照或营业执照中的相关项目。

## 第三章 经营管理

**第十九条** 水路运输服务企业的业务范围包括：

（一）船舶代理业务，是指接受承运人委托，为其代办下列部分或者全部业务：

1. 承揽货源或客源（含旅游客源）；

2. 安排和联系货物配积载、船舶装卸或旅客乘降以及船舶作业所需拖轮、浮吊等；

3. 办理旅客中转、货物中转或储存；

4. 代售客票或签订运输合同，缮制运输单证、票据；

5. 结算、交付票款或运杂费；

6. 通报船期和货物到港情况，办理承运验收、货物交付手续；

7. 联系船舶修理和船舶燃物料及其他用品供应；

8. 协助处理属于承运人责任事宜和客货运事故；

9. 办理承运人委托的其他事项。

（二）客货运输代理业务，是指接受旅客或托运人、收货人委托，为其代办下列部分或者全部业务：

1. 联系船舶，确定舱位，签订运输合同，代订客票；

2. 联系货物装卸、储存或驳运，签订装卸合同；

3. 办理货物提取、交付手续；

4. 结算、交纳运费票款和港口费；

5. 办理货物运输、作业所需证明；

6. 协助处理旅客或托运人、收货人责任事宜和客货运事故；

7. 办理旅客或托运人、收货人委托的其他事项。

**第二十条** 水路运输服务企业应当在批准的经营范围内从事业务活动。

**第二十一条** 经营港口业务的企业不得经营水路运输服务业务，但客运站除外。

**第二十二条** 水路运输服务企业的分支机构不得从事经营活动。

**第二十三条** 水路运输服务企业不得以本人名义为他人托运、承运货物，收取运费的差价。

**第二十四条** 水路运输服务企业不得就同一委托事项同时接受当事人双方的委托。

**第二十五条** 水路运输服务企业与委托方应当本着协商自愿的原则订立合同，并认真履行。由于一方责任造成另一方损失，应当由责任方负责赔偿。

**第二十六条** 水路运输服务企业不得未受委托强行代办业务；不得出租、出借、转让或涂改许可证书和有关货运业务单证；不得以不正当竞争手段从事经营活动。

**第二十七条** 水路运输服务企业不得为无水路运输经营资格或超越经营范围的经营人和船舶提供水路运输服务业务。

**第二十八条** 水路运输服务企业代办业务应当使用统一规定的单证和票据。

**第二十九条** 水路运输服务企业应当根据国家有关规定缴纳运输管理费,并接受年检年审。

**第三十条** 水路运输服务企业应当分别于每年1月底和7月底以前向企业注册所在地的交通主管部门报送上一年度和上半年度统计报表与有关经营情况资料。

## 第四章 罚 则

**第三十一条** 违反本规定第二十八条规定的,由县级以上交通主管部门视情节轻重给予警告或者处1万元以下的罚款。

**第三十二条** 违反本规定第二十九条规定的,由县级以上交通主管部门责令限期缴纳;逾期不缴纳的,除补缴应交费款外,处以欠缴费款1倍以上3倍以下的罚款;情节严重的,并可暂扣许可证。

**第三十三条** 违反本规定第二十六条一款规定的,由县级以上交通主管部门处1万元以上10万元以下的罚款;情节严重的,并可以暂扣或者吊销许可证。

**第三十四条** 违反本规定第二十条、第二十一条、第二十三条规定的,由县级以上交通主管部门没收违法所得,并处违法所得1倍以上3倍以下的罚款;没有违法所得的,处2万元以上20万元以下的罚款。

**第三十五条** 违反本规定第八条、条二十二条规定的,由县级以上交通主管部门没收违法所得,并处违法所得1倍以上3倍以下的罚款;没有违法所得的,处3万元以上25万元以下的罚款。

**第三十六条** 违反本规定第二十四条规定,给被代理人造成损失的,依法承担民事责任。

**第三十七条** 当事人对交通主管部门的处罚决定不服的,可以向上一级交通主管部门申请复议;对上一级交通主管部门的复议决定不服的,可以自接到复议决定书之日起15日内向人民法院起诉。当事人逾期既不起诉又不履行处罚决定的,交通主管部门可以申请人民法院强制执行。

## 第五章 附 则

**第三十八条** 本规定由国务院交通主管部门负责解释。

**第三十九条** 本规定自1996年10月1日起施行,国务院交通主管部门在本规定施行以前发布的规章,规范性文件与本规定不一致的,以本规定为准。

# 关于加强承运进口废物管理的规定

（交通部令1996年第5号　1996.08.09）

**第一条**　为加强对进口废物的运输管理，配合国家有关部门防止有害废物非法进入我国污染环境，根据我国加入的《1989年控制有害废物过境转移巴塞尔公约》及《中华人民共和国海商法》、《中华人民共和国海关法》、《中华人民共和国固体废物污染环境防治法》等有关法律和国际航运惯例，制订本规定。

**第二条**　凡从事我国外贸货物运输的承运人必须严格遵守有关法律、法规和规章，不得承运我国禁止进口的废物。

**第三条**　承运我国允许进口的废物的承运人必须在托运人、发货人或其代理人满足下列四个条件后方可接受订舱。

（一）提供我国国家环境保护局签发的进口废物批准证书；

（二）提供我国商检机构或我国国家商检局指定或认可的检验机构签发的进口废物装运前检验合格证明；

（三）提供贸易合同的正本复印件或其编号或收货人的书面确认；

（四）提供收货人的详细名称、地址。

**第四条**　承运人应签发记名提单，不得签发指示提单。

**第五条**　进口废物运抵国内目的港后，收货人超过规定期限不提货的，作为无主货物依据有关法律、法规进行处理，并由收货人承担一切责任和由此而发生的费用。

**第六条**　按照上述规定进口到我国港口的废物，凡不符合我国废物进口标准的，收货人应当依法负责退货，并承担由此而发生的一切责任和费用。

**第七条**　承运人违反上述有关规定运输的，应承担一切责任并负责退运。

**第八条** 各港口应积极配合有关部门,采取有效措施,防止有害物资入境。

**第九条** 本规定由中华人民共和国交通部负责解释。

**第十条** 以上规定自1996年8月20日起实施。

# 台湾海峡两岸间航运管理办法

（交通部令1996年第6号　1996.08.19）

**第一条**　为了促进海峡两岸间航运事业的发展，维护正常航运秩序，发展两岸经贸关系，根据一个中国、双向直航、互惠互利的原则，制定本办法。

**第二条**　本办法适用于中国大陆港口与台湾地区港口之间的海上直达客货运输（以下简称两岸航运）。

**第三条**　两岸航运属于特殊管理的国内运输。

**第四条**　中华人民共和国交通部（以下简称交通部）是两岸航运业务的主管机关。

**第五条**　在中国大陆和台湾地区登记注册的符合下列条件的航运公司，经交通部批准，方可以其所有的或者经营的船舶，从事两岸航运业务：（一）中国大陆或者台湾地区的独资航运公司；（二）中国大陆和台湾地区的合资航运公司。

**第六条**　申请经营两岸航运业务的，在中国大陆注册的地方航运公司应当经所在的省、自治区、直辖市交通主管部门审核后转报交通部批准；国务院各部门所属的航运公司由有关主管部门核转交通部批准。

在中国台湾地区注册的航运公司应当委托其在大陆的船舶代理公司代为提出申请，经该船舶代理公司所在省、自治区、直辖市交通主管部门审核后转报交通部批准。

**第七条**　申请经营两岸航运业务的航运公司，应当提交下列文件：（一）申请书；（二）船舶资料；（三）海运提单样本；（四）交通部要求的其他文件。

从事班轮运输的，除提供上述文件外，还应当提供港航间班轮运输协议和运价本。

**第八条** 交通部应当自收到申请文件之日起45天内,决定批准或者不批准,并书面通知申请人。

**第九条** 经批准经营两岸航运业务的航运公司及其船舶,由交通部核发《台湾海峡两岸间水路运输许可证》和《台湾海峡两岸间船舶营运证》。

前款证书有效期1年。

**第十条** 非经交通部批准,外国航运公司不得经营台湾海峡两岸间双向直达的或者中转的货物运输和旅客运输。

**第十一条** 为两岸航运业务提供服务的大陆港口船舶代理公司,由交通部批准并予公布。

任何大陆港口和船舶代理公司,未经批准,不得从事与两岸航运相关的服务。

**第十二条** 未经交通部批准从事两岸航运业务的航运公司的船舶,港务监督机构不得为其办理进出港口签证,港口不得为其装卸货物,船舶代理公司不得为其办理代理业务。

**第十三条** 不符合本办法第五条、第十一条的规定,未经批准擅自经营两岸航运及其相关业务的,由交通部给予警告、没收违法所得。

**第十四条** 港口经营人、船舶代理公司违反本办法第十二条的规定,为没有两岸航运经营资格的航运公司的船舶提供相关服务的,由交通部给予警告、没收违法所得;情节严重的,可以并处取消其从事与两岸航运相关服务的资格。

**第十五条** 本办法自1996年8月20日起施行。

# 国际集装箱班轮运输运价报备制度实施办法

（交通部　交水发[1996]880号　1996.10.17）

**第一条**　为了规范航运市场运输价格，促进公平竞争，保护当事人的合法权益，根据《上海航运交易所管理规定》制定本实施办法。

**第二条**　在江苏省、浙江省、上海市对外开放口岸经营国际集装箱班轮运输的航运公司应将其通过上述口岸出口的国际集装箱运价（目的港为美国港口的除外）向上海航运交易所（以下简称航交所）报备。

航运公司可以自行或委托其船舶代理报备。

**第三条**　报备运价生效时航交所予以公开。

**第四条**　报备的运价分为公布运价、多重运价和协议运价。

公布运价是指航运公司运价本上载明的运价。

多重运价是指单航次一定箱量时的运价。

协议运价是指航运公司与货主商定的运价。

**第五条**　报备运价应同时报备附加费及佣金。

**第六条**　运价应按 CY/CY 条款报备，因非航运公司原因不能按 CY/CY 条款报备的，应加以说明。

**第七条**　报备运价应使用统一的运价报备表（见附表）。

**第八条**　报备运价应提供运价协议副本、提单格式及货物分类说明等有关资料。

**第九条**　调整运价、附加费及佣金应重新报备。

**第十条**　报备的运价生效前，航运公司不得提出新的运价调整要求。

**第十一条** 运价协议应列明航线、目的港、期间、箱量、运价等内容。

**第十二条** 协议运价生效后30天内,其他货主可以在同等条件下提出跟进要求。

**第十三条** 航运公司报备的运价不得超出航交所公布的最低、最高限价。

**第十四条** 航运公司撤销航线,应提前10天通知航交所。航交所在撤销航线的当天注销该报备运价。

**第十五条** 运价报备的程序为:

(一)航运公司将填写的运价报备表及有关资料报送航交所。

(二)航交所在收到运价报备表及有关资料的次日起2个工作日内出具报备回执。

(三)航交所出具报备回执后对报备的运价及有关资料在4个工作日内未提出异议,运价报备即被接受。

(四)航交所对报备的运价及有关资料提出异议,航运公司应在航交所提出异议的次日起5个工作日内回复,否则,运价报备无效。

**第十六条** 被接受的报备运价于航交所出具报备回执次日起下列时间生效:

(一)公布运价和多重运价30天。

(二)协议运价7天。

(三)新开辟航线和恢复航线2天。

(四)附加费的调整15天。

(五)非航运公司原因造成附加费的调整7天。

**第十七条** 航运公司或船舶代理公司应在运费舱单上列明运费及各项附加费。

使用协议运价应在运费舱单上注明运价协议号。

**第十八条** 航运公司应当执行其生效的报备运价。

**第十九条** 航交所可以对航运公司执行报备运价的情况进行抽查。

**第二十条** 航交所不得公布航运公司运价协议的货方名称。

**第二十一条** 不向航交所报备运价或不执行报备运价，根据情节给予警告、处以5万元以下罚款，责令停开航线的处罚。

**第二十二条** 阻碍航交所运价调查工作，给予警告、处2万元以下罚款的处罚。

**第二十三条** 违反本实施办法，由交通部，上海市、浙江省、江苏省交通主管部门予以处罚。

**第二十四条** 本实施办法由交通部负责解释。

**第二十五条** 本实施办法自发布之日起施行。

# 水路危险货物运输规则

## （第一部分　水路包装危险货物运输规则）

（交通部令1996年第10号　1996.11.04）

## 第一章　总　　则

**第一条**　为加强水路危险货物运输管理，保障运输安全，防止事故发生，适应国民经济的发展，根据国家有关法律、法规，制订本规则。

**第二条**　在中华人民共和国境内从事危险货物的船舶运输、港口装卸、储存等业务，除国际航线运输（包括港口装卸）、军运、散装危险货物另有规定外，均适用本规则。

**第三条**　凡具有爆炸、易燃、毒害、腐蚀、放射性等特性，在运输、装卸和储存过程中，容易造成人身伤亡和财产毁损而需要特别防护的货物，均属危险货物。

根据中华人民共和国GB 6944《危险货物分类和品名编号》和中华人民共和国GB 12268《危险货物品名表》等有关国家标准，将危险货物划分为以下九类：

第1类　爆炸品

第2类　压缩气体和液化气体

第3类　易燃液体

第4类　易燃固体、自燃物品和遇湿易燃物品

第5类　氧化剂和有机过氧化物

第6类　毒害品和感染性物品

第7类　放射性物品

第8类　腐蚀品

第9类　杂类

各类危险货物根据其危险程度划分为一级和二级危险货物，详见本规则附件一“各类危险货物引言和明细表”。

**第四条**　水路运输危险货物有关托运人、承运人、作业委托人、港口经营人以及其他各有关单位和人员，应严格执行本规则的各项规定。

各级交通主管部门，港口管理机构，港务(航)监督机构应按照职责范围负责本规则的贯彻实施和监督检查。

## 第二章　包装和标志

**第五条**　除爆炸品、压缩气体、液化气体、感染性物品和放射性物品的包装外，危险货物的包装按其防护性能分为：

I类包装　适用于盛装高度危险性的货物；

II类包装　适用于盛装中度危险性的货物；

III类包装　适用于盛装低度危险性的货物。

各类包装应达到的防护性能要求见本规则附件三“包装型号、方法、规格和性能试验”。各种危险货物所要求的包装类别见该货物明细表。

**第六条**　危险货物的包装(压力容器和放射性物品的包装另有规定)应按本规则附件三的规定进行性能试验。申报和托运危险货物应持有交通部认可的包装检验机构出具的“危险货物包装检验证明书”(格式三)，符合要求后，方可使用。

**第七条**　盛装危险货物的压力容器和放射性物品的包装应符合国家主管部门的规定，压力容器应持有商检机构或锅炉压力容器检测机构出具的检验合格证书；放射性物品应持有卫生防疫部门出具的“放射性物品包装件辐射水平检查证明书”(格式四)。

**第八条**　根据危险货物的性质和水路运输的特点，包装应满足以下基本要求：

(一)包装的规格、型式和单件质量(重量)应便于装卸或运输;

(二)包装的材质、型式和包装方法(包括包装的封口)应与拟装货物的性质相适应。包装内的衬垫材料和吸收材料应与拟装货物性质相容,并能防止货物移动和外漏;

(三)包装应具有一定强度,能经受住运输中的一般风险。盛装低沸点货物的容器,其强度须具有足够的安全系数,以承受住容器内可能产生的较高的蒸气压力;

(四)包装应干燥、清洁、无污染,并能经受住运输过程中温、湿度的变化;

(五)容器盛装液体货物时,必须留有足够的膨胀余位(预留容积),防止在运输中因温度变化而造成容器变形或货物渗漏;

(六)盛装下列危险货物的包装应达到气密封口的要求:

1. 产生易燃气体或蒸气的货物;

2. 干燥后成为爆炸品的货物;

3. 产生毒性气体或蒸气的货物;

4. 产生腐蚀性气体或蒸气的货物;

5. 与空气发生危险反应的货物。

**第九条** 采用与本规则不同的其他包装方法(包括新型包装),应符合本规则第五条、第六条和第八条的规定,由起运港的港务(航)监督机构和港口管理机构共同依据技术部门的鉴定审核同意并报交通部批准后,方可作为等效包装使用。

**第十条** 危险货物包装重复使用时,应完整无损,无锈蚀,并应符合本规则第六条和第八条的规定。

**第十一条** 危险货物的成组件应具有足够的强度,并便于用机械装卸作业。

**第十二条** 使用可移动罐柜盛装危险货物,可移动罐柜应符合本规则附件六“可移动罐柜”的要求。对适用于集装箱条款定义的罐柜还应满足船检部门《集装箱检验规范》的有关要求。

**第十三条** 每一盛装危险货物的包装上均应标明所装货物的正确运输名称，名称的使用应符合附件一“各类引言和危险货物明细表”中的规定。包装明显外、集装箱四侧、可移动罐柜四周及顶部应粘贴或刷印符合附件二“危险货物标志”的规定。

具有两种或两种以上危险性的货物，除按其主要危险性标贴主标志外，还应标贴本规则危险货物明细表中规定的副标志（副标志无类别号）。

标志应粘贴、刷印牢固，在运输过程中清晰、不脱落。

**第十四条** 除因包装过小只能粘贴或刷印较小的标志外，危险货物标志不应小于100mm×100mm；集装箱、可移动罐柜使用的标志不应小于250mm×250mm。

**第十五条** 集装箱内使用固体二氧化碳（干冰）制冷时，装箱人应在集装箱门上显著标明“危险！内有二氧化碳（干冰），进入前需彻底通风”字样。

**第十六条** 集装箱、可移动罐柜和重复使用的包装，其标志应符合本章的规定，并除去不适合的标志。

**第十七条** 按本规则规定属于危险货物，但国际运输时不属于危险货物，外贸出口时，在国内运输区段包装件上可不标贴危险货物标志，由托运人和作业委托人分别在水路货物运单和作业委托单特约事项栏内注明“外贸出口，免贴标志”；外贸进口时，在国内运输区段，按危险货物办理。

国际运输属于危险货物，但按本规则规定不属于危险货物，外贸出口时，国内运输区段，托运人和作业委托人应按外贸要求标贴危险货物标志，并应在水路货物运单和作业委托单特约事项栏内注明“外贸出口属于危险货物”；外贸进口时，在国内运输区段，托运人和作业委托人应按进口原包装办理国内运输，并应在水路货物运单和作业委托单特约事项栏内注明“外贸进口属于危险货物”。

如本规则对货物的分类与国际运输分类不一致，外贸出口时，在国内运输区段,其包装件上可粘贴外贸要求的危险货物标志;外贸进口时,国内运输区段按本规则的规定粘贴相应的危险货物标志。

## 第三章 托 运

**第十八条** 危险货物的托运人或作业委托人应了解、掌握国家有关危险货物运输的规定,并按有关法规和港口管理机构的规定,向港务(航)监督机构办理申报并分别同承运人和起运、到达港港口经营人签订运输、作业合同。

**第十九条** 办理危险货物运输、装卸时,托运人、作业委托人应向承运人、港口经营人提交以下有关单证和资料:

(一)"危险货物运输声明"(格式一)或"放射性物品运输声明"(格式二);

(二)"危险货物包装检验证明书"(格式三)或"压力容器检验合格证书"或"放射性物品包装件辐射水平检查证明书"(格式四);

(三)集装箱装运危险货物,应提交有效的"集装箱装箱证明书"(格式五);

(四)托运民用爆炸品应提交所在地县、市公安机关根据《中华人民共和国民用爆炸物品管理条例》核发的"爆炸物品运输证";

(五)除提交上述(一)~(四)款的有关单证外,对可能危及运输和装卸安全或需要特殊说明的货物还要提交有关资料。

**第二十条** 运输危险货物应使用红色运单;港口作业应使用红色作业委托单。

**第二十一条** 托运本规则未列名的危险货物,托运前托运人应向起运港港口管理机构和港务(航)监督机构提交经交通部认可的部门出具的"危险货物鉴定表"(格式六),由港口管理机构会同港务(航)监督机构确定装卸、运输条件,经交通部批准后,按本规则相应类别中“未另列名”项办理。

**第二十二条** 托运装过有毒气体、易燃气体的空钢瓶，按原装危险货物条件办理。

托运装过液体危险货物、毒害品（包括有毒害品副标志的货物）、有机过氧化物、放射性物品的空容器，如符合下列条件，并在运单和作业委托单中注明原装危险货物的品名、编号和“空容器清洁无害”字样，可按普通货物办理：

（一）经倒净、洗清、消毒（毒害品），并持有技术检验部门出具的检验证明书，证明：空容器清洁无害。

（二）盛装过放射性物品的空容器，其表面清洁无污染，或按可接近非固定污染程度 $\beta$ 或 $\gamma$ 发射体低于 $4Bq/cm^2$、$\alpha$ 发射体低于 $0.4Bq/cm^2$，并持有卫生防疫部门出具的“放射性物品空容器检查证明书”。

托运装过其他危险货物的空容器，经倒净、洗清，并在运单中和作业委托单中注明原装危险货物的品名和编号和“空容器，清洁无害”字样，可按普通货物办理。

**第二十三条** 符合下列条件之一的危险货物，可按普通货物条件运输：

（一）成套设备中的部分配件或部分材料属于危险货物（只限不能单独包装），托运人确认在运输中不致发生危险，经起运港港口管理机构和港务（航）监督机构认可后，并在运单和作业委托单中注明“不作危险货物”字样。

（二）危险货物品名索引中注有 * 符号的货物，其包装、标志符合规定，且每个包装件不超过 10kg，其中每一小包件内货物净重不超过 0.5kg，并由托运人在运单和作业委托单中注明“小包装化学品”字样；但每批托运货物总净重不得超过 100kg，并按本章的有关规定办理申报或提交有关单证。

**第二十四条** 性质相抵触或消防方法不同的危险货物应分票托运。

**第二十五条** 个人托运危险货物，还须持本人身份证件办理托运手续。

## 第四章 承　　运

**第二十六条** 装运危险货物时，承运人应选派技术条件良好的适载船舶。船舶的舱室应为钢质结构。电气设备、通风设备、避雷防护、消防设备等技术条件应符合要求。

500 总吨以下的船舶以及乡镇运输船舶、水泥船、木质船装运危险货物，按国家有关规定办理。

**第二十七条** 客船和客渡船禁止装运危险货物。

客货船和客滚船载客时，原则上不得装运危险货物。确需装运时，船舶所有人（经营人）应根据船舶条件和危险货物的性能制定限额要求，部属航运企业报交通部备案，地方航运企业报省、自治区、直辖市交通主管部门和港务（航）监督机构备案。并严格按限额要求装载。

**第二十八条** 船舶装运危险货物前，承运人或其代理应向托运人收取本规则第三章中所规定的有关单证。

**第二十九条** 载运危险货物的船舶，在航行中要严格遵守避碰规则。停泊、装卸时应悬挂或显示规定的信号。除指定地点外，严禁吸烟。

**第三十条** 装运爆炸品、一级易燃液体和有机过氧化物的船、驳，原则上不得与其他驳船混合编队、拖带。如必须混合编队、拖带时，船舶所有人（经营人）要制定切实可行的安全措施，经港务（航）监督机构批准后，报交通部备案。

**第三十一条** 装载易燃、易爆危险货物的船舶，不得进行明火、烧焊或易产生火花的修理作业。如有特殊情况，应采取相应的安全措施。在港时，应经港务（航）监督机构批准并向港口公安消防监督机关备案；在航时应经船长批准。

**第三十二条** 除客货船外，装运危险货物的船舶不准搭乘旅客和无关人员。若需搭乘押运人员时，需经港务（航）监督机构批准。

**第三十三条** 船舶装载危险货物应严格按照本规则附件四“积载和隔离”的规定和本规则附件一“各类危险货物引言和明细表”中的特殊积载要求合理积载、配装和隔离。积载处所应清洁、阴凉、通风良好。

遇有下列情况,应采用舱面积载:

(一)需要经常检查的货物;

(二)需要近前检查的货物;

(三)能生成爆炸性气体混合物,产生剧毒蒸气或对船舶有强烈腐蚀性的货物;

(四)有机过氧化物;

(五)发生意外事故时必须投弃的货物。

**第三十四条** 船舶危险货物的积载,要确保其安全和应急消防设备的正常使用及过道的畅通。

**第三十五条** 发生危险货物落入水中或包装破损溢漏等事故时,船舶应立即采取有效措施并向就近的港务(航)监督机构报告详情并做好记录。

**第三十六条** 滚装船装运“只限舱面”积载的危险货物,不应装在封闭和开敞式车辆甲板上。

**第三十七条** 纸质容器(如瓦楞纸箱和硬纸板桶等)应装在舱内,如装在舱面,应妥加保护,使其在任何时候都不会因受潮湿而影响其包装性能。

**第三十八条** 危险货物装船后,应编制危险货物清单,并在货物积载图上标明所装危险货物的品名、编号、分类、数量和积载位置。

**第三十九条** 承运人及其代理人应按规定做好船舶的预、确报工作,并向港口经营人提供卸货所需的有关资料。

**第四十条** 对不符合承运要求的船舶,港务(航)监督机构有权停止船舶进、出港和作业,并责令有关单位采取必要的安全措施。

## 第五章 装 卸

**第四十一条** 船舶载运危险货物，承运人应按规定向港务（航）监督机构办理申报手续，港口作业部门根据装卸危险货物通知单安排作业。

**第四十二条** 装卸危险货物的泊位以及危险货物的品种和数量，应经港口管理机构和港务（航）监督机构批准。

**第四十三条** 装卸危险货物应选派具有一定专业知识的装卸人员（班组）担任。装卸前应详细了解所装卸危险货物的性质、危险程度、安全和医疗急救等措施，并严格按照有关操作规程作业。

**第四十四条** 装卸危险货物，应根据货物性质选用合适的装卸机具。装卸易燃、易爆货物，装卸机械应安置火星熄灭装置，禁止使用非防爆型电器设备。装卸前应对装卸机械进行检查，装卸爆炸品、有机过氧化物、一级毒害品、放射性物品，装卸机具应按额定负荷降低25%使用。

**第四十五条** 装卸危险货物，应根据货物的性质和状态，在船—岸，船—船之间设置安全网，装卸人员应穿戴相应的防护用品。

**第四十六条** 夜间装卸危险货物，应有良好的照明，装卸易燃、易爆货物应使用防爆型的安全照明设备。

**第四十七条** 船方应向港口经营人提供安全的在船作业环境。如货舱受到污染，船方应说明情况。对已被毒害品、放射性物品污染的货舱，船方应申请卫生防疫部门检测，采取有效措施后方可作业。

起卸包装破损的危险货物和能放出易燃、有毒气体的危险货物前，应对作业处所进行通风，必要时应进行检测。

如船舶确实不具备作业环境，港口经营人有权停止作业，并书面通知港务（航）监督机构。

**第四十八条** 船舶装卸易燃、易爆危险货物期间,不得进行加油、加水(岸上管道加水除外)、拷铲等作业;装卸爆炸品(第1.4S除外)时,不得使用和检修雷达、无线电电报发射机。所使用的通讯设备应符合有关规定。

**第四十九条** 装卸易燃、易爆危险货物,距装卸地点50米范围内为禁火区。内河码头、泊位装卸上述货物应划定合适的禁火区,在确保安全的前提下,方可作业。作业人员不得携带火种或穿铁掌鞋进入作业现场,无关人员不得进入。

**第五十条** 没有危险货物库场的港口,一级危险货物原则上以直接换装方式作业。特殊情况,需经港口管理机构批准,采取妥善的安全防护措施并在批准的时间内装上船或提离港口。

**第五十一条** 装卸危险货物时,遇有雷鸣、电闪和附近发生火灾,应立即停止作业,并将危险货物妥善处理。雨雪天气禁止装卸遇湿易燃物品。

**第五十二条** 装卸危险货物,现场应备有相应的消防、应急器材。

**第五十三条** 装卸危险货物,装卸人员应严格按照计划积载图装卸,不得随意变更。装卸时应稳拿轻放,严禁撞击、滑跌、摔落等不安全作业。堆码要整齐、稳固,桶盖、瓶口朝上,禁止倒放。

包装破损、渗漏或受到污染的危险货物不得装船,理货部门应做好检查工作。

**第五十四条** 爆炸品、有机过氧化物、一级易燃液体、一级毒害品、放射性物品,原则上应最后装最先卸。

装有爆炸品的舱室内,在中途港不应加载其他货物,确需加载时,应经港务(航)监督机构批准并按爆炸品的有关规定作业。

**第五十五条** 对温度较为敏感的危险货物,在高温季节,港口应根据所在地区气候条件确定作业时间,并不得在阳光直射处存放。

**第五十六条** 装卸可移动罐柜,应防止罐柜在搬运过程中因内装液体晃动而产生静电等不安全因素。

**第五十七条**　危险货物集装箱在港区内拆、装箱，应在港口管理机构批准的地点进行，并按有关规定采取相应的安全措施后方可作业。

**第五十八条**　对下列各种情况，港口管理机构有权停止船舶作业，并责令有关方面采取必要的安全处置措施：

一、船舶设备和装卸机具不符合要求；

二、货物装载不符合规定；

三、货物包装破损、渗漏、受到污染或不符合有关规定。

## 第六章　储存和交付

**第五十九条**　经常装卸危险货物的港口，应建有存放危险货物的专用库（场）；建立健全管理制度，配备经过专业培训的管理人员及安全保卫和消防人员，配有相应的消防器材。库（场）区域内，严禁无关人员进入。

**第六十条**　非危险货物专用库（场）存放危险货物，应经港口管理机构批准，并根据货物性质安装安全电气照明设备，配备消防器材和必要的通风、报警设备。库内应保持干燥、阴凉。

**第六十一条**　危险货物入库（场）前，应严格验收。包装破损、撒漏、外包装有异状、受潮或沾污其他货物的危险货物应单独存放，及时妥善处理。

**第六十二条**　危险货物堆码要整齐，稳固，垛顶距灯不少于1.5米；垛距墙不少于0.5米、距垛不少于1米；性质不相容的危险货物、消防方法不同的危险货物不得同库存放，确需存放时应符合附件四中的隔离要求。消防器材、配电箱周围1.5米内禁止存放任何物品。堆场内消防通道不少于6米。

**第六十三条**　存放危险货物的库（场）应经常进行检查，并做好检查记录，发现异常情况迅速处理。

**第六十四条**　危险货物出运后，库（场）应清扫干净，对存放危险货物而受到污染的库（场）应进行洗刷，必要时应联系有关部门处理。

**第六十五条** 抵港危险货物，承运人或其代理人应提前通知收货人做好接运准备，并及时发出提货通知。交付时按货物运单（提单）所列品名、数量、标记核对后交付。对残损和撒漏的地脚货应由收货人提货时一并提离港口。

收货人未在港口规定时间内提货时，港口公安部门应协助做好货物催提工作。

**第六十六条** 对无票、无货主或经催提后收货人仍未提取的货物，港口可依据国家"关于港口、车站无法交付货物的处理办法"的规定处理。对危及港口安全的危险货物，港口管理机构有权及时处理。

## 第七章 消防和泄漏处理

**第六十七条** 港口经营人、承运船舶应建立健全危险货物运输安全规章制度，制订事故应急措施，组织建立相应的消防应急队伍，配备消防、应急器材。

**第六十八条** 承运船舶、港口经营人在作业前应根据货物性质配备《船舶装运危险货物应急措施》有关应急表中要求的应急用具和防护设备，并应符合本规则附件一"各类危险货物引言和明细表"中的特殊要求。作业过程中（包括堆存、保管）发现异常情况，应立即采取措施，消除隐患。一旦发生事故，有关人员应按《危险货物事故医疗急救指南》的要求在现场指挥员的统一指挥下迅速开展施救，并立即报告公安消防部门、港口管理机构和港务（航）监督机构等有关部门。

**第六十九条** 船舶在港区、河流、湖泊和沿海水域发生危险货物泄漏事故，应立即向港务（航）监督机构报告，并尽可能将泄漏物收集起来，清除到岸上的接收设备中去，不得任意倾倒。

船舶在航行中，为保护船舶和人命安全，不得不将泄漏物倾倒或将冲洗水排放到水中时，应尽快向就近的港务（航）监督机构报告。

**第七十条** 泄漏货物处理后,对受污染处所应进行清洗,消除危害。

船舶发生强腐蚀性货物泄漏,应仔细检查是否对船舶造成结构上的损坏,必要时应申请船舶检验部门检验。

**第七十一条** 危险货物运输中有关防污染要求,应符合我国有关环境保护法规的规定。

## 第八章 附 则

**第七十二条** 本规则由交通部负责解释。

各省、自治区、直辖市交通主管部门可根据本规则的有关规定制订实施细则,并报交通部备案。

**第七十三条** 本规则自 1996 年 12 月 1 日起实施。

# 海上国际集装箱运输电子数据交换电子报文替代纸面单证管理规则

（交通部　交水发[1997]233号　1997.05.04）

**第一条**　为规范海上国际集装箱运输电子数据交换电子报文替代纸面单证的运作，制订本规则。

**第二条**　本规则适用于在中华人民共和国境内的海上国际集装箱运输电子数据交换（以下简称EDI）运作系统。

**第三条**　在海上国际集装箱运输EDI运作过程中，电子报文逐步替代传统纸面单证。

电子报文是EDI当事人按照协议和规定，对具有一定结构特征的标准信息，经数据通信网络，在各自的计算机系统之间进行交换和处理的一种电子文件。

**第四条**　电子报文必须符合语法标准，其报文格式及代码数据须符合《海上国际集装箱运输电子数据交换管理办法》的规定。

电子报文还须保证其所载信息的完整性和确定性。

**第五条**　电子报文替代纸面单证时当事人可按协议使用电子签名技术。

**第六条**　电子报文替代纸面单证时，电子报文与纸面单证具有同等效力；电子报文的保存期与纸面单证相同。

**第七条**　以下23种电子报文替代相应的纸面单证：

（一）船期表报文（IFTSAI）替代进出口船期预报、船期公告。该报文应包含5日、半月或一个月内的进口船信息、挂港信息、联系人信息。

（二）挂靠信息报文（CALINF）替代24小时确报。该报文应包含进口船信息、挂靠港信息、装卸量信息。

（三）船舶离港报文（VESDEP）替代离港动态。该报文应包含船信息、离挂港时间、卸货时间、装货时间、装卸量。

（四）舱单报文（IFCSUM）替代进口舱单、出口舱单。该报文包含一个航次的船舶信息、提单信息（包括第二个记录），货主信息、收货人信息、通知人信息以及货物信息，其中货物信息包括货物描述和含有运费信息在内的箱信息等。

（五）船图报文（BAPLIE）替代进口船图、出口船图。该报文包含一个船名、航次的信息以及含有地点信息、危险品信息和必要注释在内的箱信息。

（六）集装箱装/卸报文（COARRI）替代装船清单、装/卸箱清单、理货清单、集装箱清单。该报文应包含船舶信息和含有装/卸交货地信息和残损信息在内的箱信息。

（七）集装箱残损报文（COARRID）替代集装箱溢卸、短卸、残损单。该报文描述与船舶有关的基本数据、描述与理货有关的单位及个人、描述残损箱信息，还应包含拼箱货提单号、残损信息以及必要的注释。

（八）集装箱溢卸报文（COARRIO）替代集装箱溢卸、短卸、残损单。该报文描述与船舶有关的基本数据、描述与理货有关的单位及个人、描述溢卸箱信息以及必要的注释。

（九）集装箱短卸报文（COARRIS）替代集装箱溢卸、短卸、残损单。该报文描述与船舶有关的基本数据、描述与理货有关的单位及个人、描述短卸箱信息，拼箱货提单号以及必要的注释。

（十）危险品通知报文（IFTDGN）替代危险品性能说明书、危险品货物申报单、危险品货物准运单、危险品船运申报单。该报文应包含船舶信息、装卸港信息、货信息和箱信息。

（十一）危险品清单报文（IFTIAG）替代危险品清单、危险品性能说明书。该报文应包含船舶信息、装卸港信息、危险品货物清单和箱信息。

（十二）装箱单报文（COSTCO）替代装箱单。该报文应包含船舶信息、装卸港信息、货物信息、货物描述、唛头、危险品信息和集装箱信息。

（十三）集装箱进/出门报文（CODECO）具有设备交接单部分功能。该报文应包含船舶信息、箱信息、残损信息和多式联运信息。

（十四）集装箱堆存报文（COEDOR）替代集装箱盘存报表。该报文应包含船舶及集装箱的有关信息、拼箱的提单号信息，以及有关的残损信息。

（十五）正式订舱报文（IFTMBF）替代集装箱货物托运单、订舱申请单。该报文应包含订舱号和港口、收货地和装货港、可选卸货港、发货人、收货人、通知人、订舱预配箱、订舱货物、集装箱细目、货物信息、运费条款以及其他信息。

（十六）订舱确认报文（IFTMBC）替代订舱配舱回单。该报文应包含订舱单号和提单号，或者是拒绝订舱理由。

（十七）装箱指示报文（COSTOR）替代装箱单、预配清单。该报文应包含船舶有关的信息、卸货港和交货地点、提单号和集装箱细目、货物信息、货物描述、危险品信息。

（十八）装船指示报文（MOVINS）替代集装箱预配清单。该报文应包含船舶和装船信息、与提单号有关的信息、卸货港和交货地点、集装箱信息以及有关特种箱信息。

（十九）一关三检申报单报文（CUSDEC）替代海关申报单、商品检验申报单、卫生检疫申报单、动植物检疫申报单。该报文应包含船信息、货信息、箱信息、提单信息以及一关三检当局在进口、出口、中转过程中为符合规范操作所要求的货信息。

（二十）一关三检答复报文（CUSRES）替代海关放行单、商品检验放行单、卫生检疫放行单和动植物检疫放行单。该报文应包含船信息、货信息、箱信息、提单信息，以及一关三检当局对在进口、出口、中转过程中所申报的信息作出货物放行、查验、拒绝放行的信息。

（二十一）货物报告报文（CUSCAR）替代海关货物报检单、商品检验报检单、卫生检疫报检单和动植物检疫报检单。该报文应包含船信息、货信息、箱信息、提单信息，以及一关三检当局对在进口、出口、中转过程中查验所需要的货物描述信息。

（二十二）申请作业计划报文（COSDEC）替代作业计划申请单。该报文应包含船信息、货信息、提单信息、箱信息以及通知人信息。

（二十三）作业计划答复报文（COPRES）替代作业计划任务书。该报文应包含船信息、货信息、提单信息、箱信息以及同意安排或拒绝安排的装卸信息。

**第八条** 电子报文的流转顺序按《海上国际集装箱运输电子数据交换报文传递和进出口业务流程规定》执行。

**第九条** 电子报文替代纸面单证的安全保密问题，由安全技术提供保证，一旦发现擅自破译、篡改报文或冒充用户、抵赖责任等行为，将根据有关法律和法规，给以相应的处罚。

**第十条** 以下情况应由当事人在协议中予以明确并报 EDI 中心备案：

（一）电子报文的保存地点和时间；

（二）电子签名的有效期和有效范围；

（三）对有正本、副本之区分的纸面单证，其相应电子报文的替代；

（四）对特殊需要的电子报文的流转顺序。

**第十一条** 本规则第七条中一关三检申报单报文、一关三检答复报文和一关三检货物报告报文涉及到国际集装箱运输各相关部门和单位，在替代过程中还应遵守这些部门和单位的有关规定。

**第十二条** EDI 运作初期，允许电子报文与纸面单证并行并存，暂未入网的单位仍可使用现行的纸面单证并以纸面单证为准。EDI 稳定运作后，交通部将根据实际情况陆续直至全部取消纸面单证。

**第十三条** 本规则的解释权属交通部。

**第十四条** 本规则自公布之日起施行。

# 海上国际集装箱运输电子数据交换管理办法

（交通部　交水发[1997]233号　1997.05.04）

## 第一章　总　则

**第一条**　为了加强海上国际集装箱运输电子数据交换管理，保障海上国际集装箱运输电子数据交换的运行秩序和当事人的合法权益，根据《中华人民共和国海上集装箱运输管理规定》等国家有关法律、法规和国际惯例，结合我国海上国际集装箱运输实际情况，制订本办法。

**第二条**　本办法所称的海上国际集装箱运输电子数据交换（以下简称EDI），是指从事海上国际集装箱运输的有关当事人按照协议或规定，对具有一定结构特征的标准信息，经数据通信网络，在各自的电子计算机系统之间进行交换和处理。

**第三条**　本办法适用于在中华人民共和国境内设立的海上国际集装箱运输企业以及与海上国际集装箱运输相关的部门和单位，包括：从事海上国际集装箱运输的航运企业、港口装卸企业、外轮理货企业、船舶代理企业、货运代理企业、内陆中转站、货运站、陆上运输企业、场站企业和多式联运企业，以及EDI中心等。

在中国境内从事海上国际集装箱运输经营活动的外资企业也应遵守本办法。

**第四条**　中华人民共和国交通部主管全国海上国际集装箱运输EDI的管理工作，其主要职责：

（一）制订EDI管理的方针、政策和发展规划；

（二）制订EDI管理的规章、技术规范和标准；

（三）制订 EDI 运行的费目、费率和费收规则；

（四）审批 EDI 中心的组建。

口岸所在地省、自治区、直辖市交通主管部门在本行政区域 EDI 管理中的主要职责：

（一）积极推动 EDI 工作的开展；

（二）负责 EDI 的协调工作；

（三）负责受理 EDI 用户的投诉工作；

**第五条** EDI 中心的基本职责是：

（一）负责将用户发送的电子报文传输至接收方；

（二）负责存储用户发送至 EDI 中心的报文信息；

（三）负责对转发的报文信息的安全保密工作，不得泄露、修改和提取任何未经书面授权的经营机密信息；

（四）负责 EDI 的增值服务；

（五）除不可抗拒力之外，负责 EDI 中心的设备处于良好的不间断的工作状态；

（六）负责受理和审批用户的入网书面申请，并报口岸所在地省、自治区、直辖市交通主管部门备案；

（七）负责新的电子报文的研究和开发，掌握电子报文的变更情况，并对变更的信息及时进行处理；

（八）负责对 EDI 用户进行培训；

（九）负责承担为司法部门提供法律举证；

（十）EDI 中心必须与用户签订协议，协议应符合《海上国际集装箱运输电子数据交换协议规则》并严格履行，用户之间签订有关 EDI 业务的协议必须向 EDI 中心备案；

（十一）EDI 中心有权拒绝接收、处理、存储、交换和传输不按本办法规定的电子信息。

**第六条** 入网用户应遵守以下规定：

（一）履行所签协议的各项规定并按规定缴纳有关费用；

（二）确保发送和接收电子报文信息的设施保持良好稳定有效的运行状态；

（三）按规定的报文格式和通信标准进行电子数据交换；

（四）确保进入EDI网络系统的电子数据报文的及时、准确和完整。

**第七条** 凡从事海上国际集装箱运输的企业以及与海上国际集装箱运输相关的部门和单位都应纳入所在口岸或经营地的港航EDI网络。

## 第二章　资质管理

**第八条** EDI中心是负责口岸海上国际集装箱运输EDI网络电子数据传输、处理和运作，实行有偿服务的企业法人。

**第九条** EDI中心设置应符合交通部编制的EDI发展规划。一个口岸地区原则上应由港航企业组建一个EDI中心。

**第十条** EDI中心的设立实行经营许可证制度。

**第十一条** 设立EDI中心必须具备以下基本条件：

（一）经行业主管部门批准的有关文件和证明材料；

（二）有与其服务范围相适应的注册资金；

（三）有固定的办公场所；

（四）有与其服务范围相适应的软硬件平台和良好的通信环境；

（五）有经培训考核合格的从业人员；

（六）国家法律、法规规定的其他条件。

**第十二条** EDI中心应具备以下基本技术条件：

（一）电子数据交换；

（二）存证；

（三）报文标准格式转换；

（四）安全保密；

（五）提供信息查询和信息增值服务；

（六）提供技术咨询服务；

（七）提供昼夜连续服务；

(八)能对 EDI 网络进行维护和扩展；

(九)提供报关、报验转换功能。

**第十三条** 组建 EDI 中心申报的材料：

(一)申请报告；

(二)可行性分析报告；

(三)合同；

(四)章程；

(五)上级主管部门的批文；

(六)资信证明；

(七)行业主管部门要求提供的其他材料。

**第十四条** 部直属和双重领导单位申请设置 EDI 中心应将书面申请报告连同符合要求的其他申报材料报交通部审批。

其他单位申请设置 EDI 中心应将书面申请报告报当地省、自治区、直辖市交通主管部门，当地省、自治区、直辖市交通主管部门审核后，报交通部审批。

交通部在收到申报材料的次日起 30 天内，对符合条件批准设置 EDI 中心的发给批准文件和经营许可证；对不予批准的发出书面批复告知。

**第十五条** EDI 网络内的工作人员须经 EDI 中心专门培训、考核，合格者须持有 EDI 中心颁发的上岗证书，方可上岗操作。

EDI 中心应对上岗人员进行定期或不定期的轮训和考核。

EDI 中心有权对严重失职者收缴其上岗证书。

**第十六条** 纳入 EDI 网络的用户应具备以下基本条件：

(一)是本办法所列企业、部门和单位及承认本办法的其他单位；

(二)有可稳定运行的电子计算机设备和良好的通信环境；

(三)有持有 EDI 中心颁发的上岗证书的专业管理人员；

(四)有完善的管理制度。

**第十七条** 用户入网，按以下规定办理入网手续：

(一)用户向所在地的 EDI 中心提出书面入网申请，并提供有关证明文件和资料；

（二）EDI 中心对入网用户的申请进行审查，对符合条件的在15 天内发出书面批准通知书，并抄送所在地省、自治区、直辖市交通主管部门备案；对不符合条件的，发出重新整改、申报的书面通知；

（三）入网用户一经批准，由 EDI 中心发给 EDI 入网证书，并登录入网户口，给用户发放密码。

**第十八条** 经批准入网的用户，应当按照交通部《海上国际集装箱运输电子数据交换协议规则》的规定，与 EDI 中心以及其他有关用户签订 EDI 协议。

**第十九条** 入网用户从事 EDI 运行管理的岗位人员需经 EDI 中心培训，培训的主要内容是：

（一）安全、保密知识；

（二）有关法规和职业道德；

（三）电子报文的格式；

（四）EDI 业务流程和操作方法；

（五）特殊情况的处理程序。

培训结束后，EDI 中心应对培训人员进行结业考试，对考试合格的，发给合格证书。

## 第三章 运行管理

**第二十条** EDI 的电子报文替代纸面单证必须符合《海上国际集装箱运输电子数据交换电子报文替代纸面单证规则》的规定。

**第二十一条** EDI 的业务流转必须符合《海上国际集装箱运输电子数据交换报文传递和进出口业务流程规定》。

**第二十二条** EDI 接收、处理、存储、交换和传输的电子报文应符合交通部有关规范要求。

**第二十三条** 符合规范要求的电子报文具有与书面单证同等

的效力。

**第二十四条** EDI报文格式应采用UN/EDIFACT国际标准或国家技术监督局颁布的国家标准。无国际标准和国家标准时，可采用行业标准或协议标准，但在通信中应符合数据交换和自动处理的要求。

**第二十五条** EDI报文的代码数据应采用《EDI－FACT代码表》所提供的国际代码标准或国家标准。无国际标准和国家标准时，可采用行业标准或协议约定的标准。

**第二十六条** 入网用户需对报文格式与数据结构进行变更，必须按规定程序，经EDI中心等有关方认可后方可变更。

**第二十七条** EDI中心及其用户的电子数据交换和传输系统必须安全、可靠，通信线路必须畅通无阻，数据和文档不得丢失。电子数据交换和传输系统除人力不可抗拒因素外，在任何时候、任何覆盖点均不得失效。

**第二十八条** 电子数据交换和传输系统的运行必须制订严格的保密制度，对电子报文特别是对EDI中心数据库的访问应设定密级，为用户保密。

**第二十九条** 电子数据交换和传输系统在运行中发生除人力不可抗拒因素外的通信停顿，数据或文档丢失，泄露或失密等事故，EDI中心及相关单位应承担相应的责任。

**第三十条** 入网用户的EDI设备必须实行专人操作，杜绝不洁盘片及文件运作，防止计算机病毒侵入EDI网络。发现计算机网络病毒，应及时报告公安部门和EDI中心，并采取相应的措施。造成计算机病毒侵入的直接责任者应承担相应的责任。

**第三十一条** EDI中心可根据信息传输、处理和存储的时间、信息量要求和密级进行收费。收费内容分别有开户、初装、通信、信息处理、查询、检测和超时超员培训费用。

**第三十二条** EDI中心的费收应按交通部制订的费目和费率执行，并应使用交通、税务部门制订的统一发票。

**第三十三条** EDI通信方面的收费按国家电信部门的收费标

准执行。对提供为社会服务的公共信息不得向服务对象收费。

## 第四章　附　　则

**第三十四条**　本办法的解释权属交通部。

**第三十五条**　本办法自公布之日起施行。

# 海上国际集装箱运输电子数据交换协议规则

（交通部　交水发[1997]233号　1997.05.04）

**第一条**　为了规范海上国际集装箱运输电子数据交换(以下简称EDI)有关当事人之间所签定的协议,保障当事人的合法权益,维护海上国际集装箱运输EDI的运行秩序,制定本规则。

**第二条**　本规则适用于海上国际集装箱运输EDI中心和入网用户签订的协议以及入网用户之间签订的协议。

**第三条**　签订海上国际集装箱运输EDI协议(以下简称EDI协议)的EDI中心,必须是经中华人民共和国交通部批准、具有合法资格的EDI中心;签订EDI协议的入网用户必须是具有合法经营资格的海上国际集装箱运输企业和与海上国际集装箱运输相关的部门和单位。

**第四条**　EDI协议是按照平等互利、协商一致的原则,依法签订书面协议,协议文本可参照《海上国际集装箱运输电子数据交换协议(合同)提要》(附件)制订。

**第五条**　EDI协议应包括以下基本内容:

(一)所传递的电子报文的种类和范围;

(二)电子报文所采用的报文标准、代码标准、安全保密标准和管理标准;

(三)对电子报文的安全保密要求和准确性、可靠性要求;

(四)电子报文的传递程序;

(五)电子报文的交接确认手续;

(六)费用的计算标准和结算方式;

(七)变更或解除协议的办法;

（八）违约责任；

（九）各方商定的其他条款。

**第六条** 当事人在协议内所采用的电子报文必须符合《海上国际集装箱运输电子数据交换电子单证替代纸面单证管理规则》的要求。

**第七条** 电子报文的传输，需符合国家技术监督局颁布的《海上国际集装箱运输电子数据交换标准体系表》中的报文标准、代码标准、安全保密标准、管理标准。

交换的电子报文，应采用UN/EDIFACT电子报文国际标准或国家标准和行业标准。

报文中的数据元，必须遵照《EDIFACT数据元之目录》。报文所有代码数据元应参照《EDIFACT代码表》中提供的代码标准。

**第八条** 对非结构化的信息传输，或用户目前尚不能接受国际标准的电子报文，可采用电子邮箱（E-mail）作为补充传输手段。

**第九条** 电子报文的安全性

（一）为了保证EDI系统的安全，确保电子报文传输安全可靠，必须采取充分的安全措施，共同维护好系统。

（二）当事人应负责防止非法侵入或非法传输，保护业务记录和报文数据不受非法侵入、灭失、篡改或毁损。

（三）一方若发现有违背安全、非法使用或非法传输行为，应立即通知对方及其他有关方，并进行调查，将调查的结果报告对方及其他有关方。在此期间，电子数据交换应暂停直至安全情况恢复到双方满意为止。

**第十条** 为确保电子报文在交换和传输过程中可靠、完整，当事人可根据需要设置如下安全保密机制：

（一）身份鉴别机制，应采用EDI中心软件提供的口令字方法进行简单鉴别；

（二）确保数据完整性机制，必须采用EDI应用软件对报文格式进行检查；对有特殊要求的报文必须作特殊处理；

（三）数据加密机制，对保密有特殊要求的EDI报文，可采用数据加密方法对整个或部分报文内容进行加密后传输；

（四）防止责任抵赖机制，除了保存EDI报文传输日志外，当事人可协议采用数字签名的方法。

**第十一条** 对需要数字签名的EDI报文当事人应在发送EDI报文时必须采用秘密密钥，对EDI报文进行数字签名，并将报文、秘密密钥、公开密钥及数字签名的结果留存，直到无争议为止。

**第十二条** 需由EDI中心接收、存储、转发的电子报文，由EDI中心通过各自的专用管理域（PRMD）进行交换。EDI中心与国外用户的电子报文，必须经由国家行政部门指定的公共管理域（ADMD）进行交换。

**第十三条** 当传送电子报文的当事人要求协议对方给予收到的确认时，对方必须接受该项要求。

（一）当事人未能在约定的合理的时间内收到确认时，应采取相应的措施，否则当事人有权假定最初的传送未被收到。

（二）发现接收到的电文在形式上不正确或不完整或传送不够有序，应尽快通知发送方。

（三）若当事人接收报文经确认该项传送的报文的真正接收人有误时，应立即通知对方并同时应将这项信息从其系统中删除。

**第十四条** 对电子报文内容准确性的认可

（一）接收方发现所接收的报文不符合标准，应及时通知发送方并要求重新发送。

（二）当事人如需要对其发出的电子报文履行数字签名，则应在EDI协议中加以明确。

（三）接收报方的当事人，有义务留存对方发送来的电子报文，并应在发来的电子报文上注明发送人、接收人、传送日期、时间和地点。

（四）电子报文进入指定接收人信息系统的时间为收到时间。发送人和接收人的作业地点分别为发、收电子报文的地点。

**第十五条** 协议的履行：

（一）协议当事人应在各自的操作部位指定专人负责，记录、保管反映系统运行情况以及所交换的全部电子报文清单输入 EDI 日志。EDI 日志应由各方的专职人员作书面证明人。用户可根据需要到 EDI 中心查询。

（二）任何当事人均不得将本协议书下的利益转让给予本协议无关的其他方。

（三）任何当事人在履行本协议书规定的义务时，因不可抗拒力的作用，无法履行或按时履行与协议有关的事项，应立即通知对方，并尽力采用其他方式通信。在这期间，电子文件发生延迟、脱漏或错误或偶发的不良后果不负责任。

（四）当事人的一方对另一方的违约表示弃权，应以签署书面声明方为有效。

**第十六条** 费用按《海上国际集装箱运输电子数据交换管理办法》有关费用结算的原则进行计算，通信费用和各方与协议外的其他方发生的费用均自行承担，涉及增值服务的费用各方各自在 EDI 中心结算。

**第十七条** 协议的变更和终止：

协议签订后，任何一方不得擅自变更或解除。如确有特殊原因不能继续履行或需变更时，需经各当事人同意，并在协议规定的时间内办理变更或终止手续。如在协议规定的期限外提出，必须负担对方已造成的实际损失。

变更或终止生效日期前发生的义务和权利不因此而受影响。变更或解除协议，应当以书面形式提出。

**第十八条** 违约责任

当事人违反协议应向对方支付违约金，违约金的数额由当事人商定。当事人违反协议造成对方经济损失的，应依法承担赔偿责任。

违反协议的行为应承担协议规定的违约责任。

**第十九条** 当事人在履行 EDI 协议中发生纠纷时，应及时协商解决，或者申请仲裁机关仲裁，也可以直接向人民法院起诉。

**第二十条** 本规则的解释权属交通部。

**第二十一条** 本规则自公布之日起施行。

# 海上国际集装箱运输电子数据交换报文传递和进出口业务流程规定

（交通部　交水发[1997]233号　1997.05.04）

**第一条**　为了规范海上国际集装箱运输电子数据交换（以下简称EDI）报文传递和进出口业务流程，保障海上集装箱运输EDI的正常运作，制定本规定。

**第二条**　本规定所称的海上国际集装箱运输EDI报文传递和进出口业务流程是指海上国际集装箱运输电子报文的传递程序，包括进口电子报文和出口电子报文的流转程序。

**第三条**　海上国际集装箱运输EDI报文传递和进出口业务流程应遵循以下原则：

（一）电子报文的传递和进出口业务流程应当减少环节、简化顺序、高速有效。

（二）进口和出口电子报文传递程序在业务流程中不得互为交错，互为通用。

（三）电子报文传递的信息必须准确、及时、可靠、完整。

（四）电子报文的处理必须安全、保密。

（五）电子报文必须按双方协议规定的方式传递。

（六）除根据协议规定必须有电子签名外，电子报文在传递时，收端人必须将接收回执传给发端人方为有效。

**第四条**　海上国际集装箱运输EDI报文传递规则如下：

（一）船期表报文由船公司（承运人）或其船舶代理传递给港口调度、集装箱码头、外轮理货、货运代理或其货主。

（二）挂靠信息报文由船公司（承运人）或其船舶代理传递给港口调度、引航站、集装箱码头、外轮理货；同时传递给海关、商检、卫检、动植物检、港监、边防。

（三）船舶离港报文由集装箱码头传递给港口调度、外轮理货、船公司（承运人）或其他船舶代理；同时传递给海关、港监、卫检、边防。

（四）舱单（进口）报文由船公司（承运人）或其船舶代理传递给集装箱码头、港口调度、外轮理货、港监；同时传递给海关、商检、卫检、动植物检。舱单（出口）报文由船公司（承运人）或其船舶代理传递给海关、外轮理货、集装箱码头。

（五）船图（进口）报文由船公司（承运人）或其船舶代理传递给港口调度、集装箱码头、外轮理货、商检；船图（进口）报文由外轮理货传递给船公司（承运人）或其船舶代理。

（六）集装箱装/卸报文由外轮理货传递给船公司（承运人）或其船舶代理、港口调度、集装箱码头。

（七）集装箱残损报文由外轮理货传递给船公司（承运人）或其船舶代理、集装箱码头、海关、商检、保险。

（八）集装箱溢卸报文由外轮理货传递给船公司（承运人）或其船舶代理、集装箱码头、海关、商检、保险。

（九）集装箱短卸报文由外轮理货传递给船公司（承运人）或其船舶代理、集装箱码头、海关、商检、保险。

（十）危险品通知报文由船公司（承运人）或其船舶代理传递给港口调度、港监、集装箱码头、外轮理货、货主或其货运代理。

（十一）危险品（进口）清单报文由船公司（承运人）或其船舶代理传递给港口调度、集装箱码头、外理、港监；危险品（出口）清单报文由外轮理货传递归船公司（承运人）或其船舶代理、港口调度、集装箱码头、港监。

（十二）装箱单报文由外轮理货、场站传递给海关、商检、集装箱码头、货主或其货运代理、船公司（承运人）或其船舶代理。

（十三）集装箱进/出门报文由集装箱码头、场站传递给船公司（承运人）或其船舶代理、箱管中心。

（十四）集装箱堆存报文由集装箱码头、场站传递给船公司

（承运人）或其船舶代理、港口调度、海关、商检、卫检、动植物检。

（十五）正式订舱报文由货主或其货运代理传递给船公司（承运人）或其船舶代理。

（十六）订舱确认报文由船公司（承运人）或其船舶代理传递给货主或其货运代理、海关、商检、卫检、动植物检。

（十七）装箱指示报文由货主或其货运代理传递给海关、商检、卫检、动植物检、船公司（承运人）或其船舶代理、集装箱码头、外轮理货、场站、运输代理公司。

（十八）装船指示报文由船公司（承运人）或其船舶代理传递给港口调度、集装箱码头、外轮理货、海关、商检、卫检、动植物检。

（十九）海关、商检、卫检、动植物检申报单报文由货主或其货运代理、报关行传递给海关、商检、卫检、动植物检。

（二十）海关、商检、卫检、动植物检答复报文由海关、商检、卫检、动植物检传递给货主或其货运代理、报关行、集装箱码头。

（二十一）货物报告报文由船公司（承运人）或其船舶代理传递给海关、商检、卫检、动植物检。

（二十二）申请作业报文由货主或其货运代理、场站、运输公司传递给集装箱码头。

（二十三）作业计划答复报文由集装箱码头传递给货主或其货运代理、场站、运输公司。

**第五条** 进口类电子报文的业务流转按以下程序进行：

（一）船公司（承运人）或其船舶代理通过 EDI 中心，向港口调度、集装箱码头、外轮理货、货主或其货运代理传递船期表报文。

（二）船公司（承运人）或其船舶代理通过 EDI 中心，向港口调度、集装箱码头、外轮理货、引航站、海关、港监、卫生检疫、边防传递挂靠信息报文。

（三）船公司（承运人）或其船舶代理通过 EDI 中心，向港口调度、集装箱码头、外轮理货、港监、海关、商检、卫检、动植物检传递进口舱单报文、货物报检报告报文。

（四）船公司（承运人）或其船舶代理通过 EDI 中心，向港口调度、集装箱码头、外轮理货、商检传递进口船图报文。

（五）船公司（承运人）或其船舶代理通过 EDI 中心，向港口调度、集装箱码头、外轮理货、港监、货主或其货运代理传递危险品通知报文和进口危险品清单报文。

（六）外轮理货通过 EDI 中心，向港口调度、集装箱码头、船公司（承运人）或其船舶代理传递集装箱装/卸报文。

（七）外轮理货通过 EDI 中心，向船公司（承运人）或其船舶代理、海关、集装箱码头、商品检验、保险传递集装箱残损报文、溢卸报文、短卸报文。

（八）集装箱码头通过 EDI 中心，向港口调度、船公司（承运人）或其船舶代理、外轮理货、海关、港监、边防传递船舶离港报文。

（九）集装箱码头、场站通过 EDI 中心，向船公司（承运人）或其船舶代理、港口调度、海关、商检、卫检、动植物检传递集装箱堆存报文。

（十）货主或其货运代理、报关行通过 EDI 中心向一关三检传递集装箱海关、商检、卫检、动植物检申报单报文。

（十一）海关、商检、卫检、动植物检通过 EDI 中心，向货主或其货运代理、报关行、集装箱码头传递集装箱海关、商检、卫检、动植物检答复报文。

（十二）货主或其货运代理、场站、运输公司通过 EDI 中心向集装箱码头传递申请作业计划报文。

（十三）集装箱码头通过 EDI 中心，向货主或其货运代理、场站、运输公司传递作业计划答复报文。

（十四）集装箱码头通过 EDI 中心，向船公司（承运人）或其船舶代理、箱管中心传递集装箱进/出门报文。

**第六条** 进出类电子报文的业务流转按以下程序进行：

（一）船公司（承运人）或其船舶代理通过 EDI 中心，向港口调度、集装箱码头、外轮理货、货主或其货运代理传递船期表报文。

（二）船公司（承运人）或其船舶代理通过 EDI 中心，向港口调度、集装箱码头、外轮理货、引航站、海关、港监、边防传递挂靠信息报文。

（三）货主或其货运代理通过 EDI 中心，向船公司（承运人）或其船舶代理传递正式订舱报文。

（四）船公司（承运人）或其船舶代理通过 EDI 中心，向货主或其货运代理传递订舱确认报文。

（五）货主或其货运代理、报关行通过 EDI 中心，向海关、卫生检疫、动植物检疫传递海关、商检、卫检、动植物检申报单报文。

（六）海关、商检、卫检、动植物检通过 EDI 中心，向货主或其货运代理、报关行、集装箱码头传递海关、商检、卫检、动植物检答复报文。

（七）船公司（承运人）或其船舶代理通过 EDI 中心，向港口调度、集装箱码头、外轮理货、港监传递危险品清单报文。

（八）货主或其货运代理通过 EDI 中心，向海关、商检、船公司（承运人）或其船舶代理、卫生检疫、动植物检疫、集装箱码头、场站、运输公司传递集装箱装箱指示报文。

（九）外轮理货、场站通过 EDI 中心向海关、商检、卫检、动植物检、集装箱码头场货主或其货运代理船公司（承运人）或其船舶代理传递集装箱单报文。

（十）船公司（承运人）或其船舶代理通过 EDI 中心，向港口调度、集装箱码头、外轮理货、海关、商检、卫检、边防传递集装箱装船指示报文。

（十一）货主或其货运代理、场站通过 EDI 中心向集装箱码头传递申请作业计划报文。

（十二）集装箱码头通过 EDI 中心，向货主或其货运代理、场站传递作业计划答复报文。

（十三）外轮理货通过 EDI 中心，向船公司（承运人）或其船舶代理、海关、商品检验、保险传递集装箱残损报文、集装箱短装报文。

（十四）集装箱码头通过 EDI 中心，向船公司（承运人）或其船舶代理、港、港口调度、海关、卫检、港监、边防传递船舶离港报文。

(十五)集装箱码头、场站通过 EDI 中心,向船公司(承运人)或其船舶代理、箱管中心传递集装箱进/出门报文。

(十六)外轮理货通过 EDI 中心,向船公司(承运人)或其船舶代理传递出口船图报文。

(十七)外轮理货通过 EDI 中心,向船公司(承运人)或其船舶代理传递出口舱单报文。

(十八)船公司(承运人)或其船舶代理通过 EDI 中心,向海关、商检、下一港传递出口清洁舱单报文。

**第七条** 海上国际集装箱运输 EDI 的有关当事方在业务交往过程中传递电子报文时,必须互相配合,共同遵守本规定第五条、第六条所规定的进出口电子报文传递程序。

**第八条** 本规定的解释权属国务院交通部。

**第九条** 本规定自公布之日起施行。

# 外商独资船务公司审批管理暂行办法

（交通部、对外贸易经济合作部令2000年第1号　2000.01.28）

**第一条**　为了规范对外国航运公司在中华人民共和国的投资经营行为，保护投资者合法权益，根据中华人民共和国外商投资企业法和有关航运法规的规定，制定本办法。

**第二条**　外国航运公司在华设立独资公司，适用本办法。

前款所称外国航运公司，是指依照外国法律，在外国设立的航运企业（以下简称外国航商）。

**第三条**　中华人民共和国对外贸易经济合作部（以下简称外经贸部）和交通部负责外国航商在华设立独资船务公司的审批。

**第四条**　外国航商在华设立独资船务公司，必须依据我国政府同外国航商所在国政府签定的海运协定及相关法律文件进行审批。

**第五条**　设立独资船务公司，申请者须具备下列条件：

（一）具有15年以上从事航运的资历；

（二）在拟设独资船务公司的港口城市设立经交通部批准的常驻代表机构满3年；

（三）其班轮船舶至少每月挂靠拟设独资船务公司所在城市港口一次（以共同派船、舱位互换、联合经营等合作形式经营航线，经批准取得航线经营权的，视同满足本条件）；

经营不定期船运输的外国航商，须在中国有稳定的货源；

（四）在中国的经营活动连续2年没有违反中国法律和行政法规、规章规定的行为。

**第六条**　申请设立独资船务公司，申请者应提交下列文件：

（一）申请书；

（二）可行性研究报告；

（三）公司章程；

（四）申请者的法律证明文件和资信证明文件；

（五）独资船务公司法人代表的委任书和董事会成员的名单及简历；

（六）申请者的提单样本；

（七）经营航线的批准文件和常驻代表机构批准文件的影印件；

（八）外经贸部和交通部要求的其他文件。

**第七条**　申请设立独资船务公司，按以下程序办理：

（一）申请者向拟设立独资船务公司的所在省、自治区、直辖市外经贸主管部门报送第六条所列全部文件。

省、自治区、直辖市外经贸主管部门对申请者报送的文件进行初审，初审合格后转报外经贸部审批，并抄报交通部。

（二）外经贸部对申请文件进行审核，并征求交通部意见；在外经贸部和交通部取得一致意见后，由外经贸部下发批复文件；申请者凭批复文件在外经贸部办理《外商投资企业批准证书》（或《台港澳投资企业批准证书》）。

（三）申请获得批准后，申请者应在规定的期限内，依照公司登记的有关规定，向工商行政管理机关办理申请登记，领取营业执照，并在交通部办理《外商独资船务公司经营许可证》后，方可从事经营性业务。

**第八条**　经批准的独资船务公司或其分公司可为其母公司拥有和经营的船舶从事下列全部或部分业务：揽货、签发提单、结算运费和签定服务合同。

**第九条**　独资船务公司的注册资本不得低于100万美元。

**第十条**　独资船务公司根据业务需要，可申请在其他港口城市设立分公司。独资船务公司设立分公司需满足以下条件：

（一）独资船务公司的注册资本已全部缴付，开业满1年；

（二）独资船务公司的母公司已有班轮船舶（含共同派船、舱

位互换、联合经营等合作形式)挂靠拟设分公司所在地港口;

(三)独资船务公司的母公司在拟设分公司的城市有经交通部批准设立的常驻代表机构满1年以上;

(四)独资船务公司及其母公司在中国的经营活动连续1年没有违反中国法律和行政法规、规章规定的行为。

独资船务公司设立分公司的申请程序按照本办法第七条的规定办理。

**第十一条** 独资船务公司每增设一家分公司,应增加注册资本12万美元以上。

**第十二条** 独资船务公司员工中,中国雇员应当占85%以上。

**第十三条** 独资船务公司应于每年4月底前向外经贸部和交通部报告上年度经营情况。经营情况报告应包括以下主要内容:

(一)挂靠中国港口的班轮航线;

(二)从业人员总数,中国雇员数;

(三)承运进出中国港口货运量(万吨)、集装箱量(TEU)以及运费收入;

(四)当年的总营业额、利润总额和纳税额。

**第十四条** 中国香港特别行政区、澳门特别行政区和台湾地区的航运企业在中国其他省、自治区、直辖市设立独资船务公司,比照本办法办理。

**第十五条** 本办法自发布之日起施行。

# 国内船舶运输经营资质管理规定

（交通部令2001年第1号　2001.02.14）

## 第一章　总　则

**第一条**　为了规范船舶运输市场，加强监督管理，维护船舶运输经营者、旅客、货主的合法权益，保障人民生命财产的安全，优化运力结构，促进水路运输事业健康发展，根据国家有关法律、法规，制定本规定。

**第二条**　本规定适用于中华人民共和国沿海、江河、湖泊及其他国内通航水域的船舶运输经营资质管理。

**第三条**　船舶运输经营范围按船舶航行区域分为沿海船舶运输和内河船舶运输。

按经营船舶种类分为货船运输和客船运输。货船运输分为普通货船、散装液体危险品船运输（液化气船、散装化学品船、油船运输）（以下简称"液货危险品船运输"）。客船运输分为普通客船（客渡船）、客滚船（车客渡船）、高速客船运输。

**第四条**　经营国内船舶运输的企业和个人，应依照本规定和国家有关规定，取得相应的经营资质，并在核定的经营资质范围内从事国内船舶运输经营活动。

**第五条**　各级人民政府交通主管部门依法对国内船舶运输经营资质实施管理，并可委托其设置的航运管理机构负责国内船舶运输经营资质管理的具体工作。

## 第二章　经营资质条件

**第六条**　除内河普通货船运输外，经营船舶运输应取得企业法人资格。

**第七条** 设立客运、液货危险品船运输企业，至少一名持股25%以上的股东具有3年以上相应船舶种类的海船、河船运输经历。

申请经营沿海、内河客船运输的，应具有3年以上相应海上、内河货船运输经历；申请经营沿海、内河客滚运输的，应具有3年以上相应沿海、内河客船运输经历；申请经营液货危险品船运输的，应具有3年以上相应海上、内河普通货船、客船运输经历。

**第八条** 企业经营船舶运输应有满足经营需要和安全管理要求的组织机构、固定办公场所，按国家有关规定建立、实施并保持安全管理体系。

**第九条** 从事船舶运输的有关从业人员应符合下列条件：

（一）企业船舶运输管理人员中半数以上的人员应取得交通部认可机构颁发的从业资格证书或取得航运、航海、船舶、船机等专业中等专业（内河运输的，职高）以上学历；

（二）个体经营者应取得省级交通主管部门认可机构颁发的培训证书；

（三）企业海务、机务管理人员持有与所经营船舶种类的海船、河船相对应的不低于大副、大管轮的适任证书；

（四）企业应有4名以上专职管理人员，且管理人员与企业签订劳动合同在2年以上；

（五）经营客运、液货危险品船运输的，最高管理层中至少有一人取得相应客船、危险品船船长或轮机长适任证书；海务、机务主管还应持有与所经营船舶种类的海船、河船相对应的船长、轮机长适任证书。

**第十条** 经营运输的船舶应按规定取得《船舶检验证书》、《船舶国籍证书》、《船舶最低安全配员证书》和《船舶营运证》。

**第十一条** 经营船舶运输的企业和个人应拥有与经营区域范围、船舶种类相适应的船舶。除在省、自治区、直辖市行政区域

内的封闭通航水域经营客船运输的企业外,船舶运输企业拥有的相应总运力应当分别满足下列最低要求:

(一)经营沿海普通货船运输的:普通货船2000载重吨;

(二)经营沿海液货危险品船运输的:危险品船2000载重吨,其中经营液化气船运输的:舱容2000立方米;

(三)经营沿海客运的:海上普通客船400客位,高速客船200客位,客滚船3000载重吨/400客位;

(四)经营内河液货危险品船的:危险品船300载重吨,其中经营内河液化气船运输的:舱容300立方米;

(五)经营内河客运的:内河普通客船、高速客船50客位;经营内河客滚运输(车客渡船)的,客滚船(车客渡船)1500载重吨/50客位。

**第十二条** 经营船舶运输,应有符合国家规定的注册资本。

**第十三条** 经营客运航线的,应落实船舶靠泊、旅客上下船所必需的服务设施。

## 第三章 经营资质审批

**第十四条** 申请经营船舶运输,应当提交下列相应的申报材料:

(一)申请书;

(二)可行性研究报告(包括组织机构设置、管理人员配备、企业基本管理制度);

(三)企业名称预先核准通知书及其复印件;

(四)《企业法人营业执照副本》、《营业执照副本》及其复印件;

(五)《船舶检验证书》,《船舶所有权登记证书》,《船舶国籍证书》或《光船租赁登记证明书》、《临时船舶国籍证书》及其复印件;

(六)主要管理人员身份证、资历、学历、培训证书、从业资格

证书、劳动合同(筹建的,提供意向协议)、《船舶最低安全配员证书》(申请开业提供)及其复印件;

(七)申请企业、主要股东资历,银行或资产评估机构出具的资信证明文件或其他能说明股东投资情况的文件;

(八)国家规定需要建立安全管理体系的,应提供"符合证明"或"临时符合证明"证书及其复印件;

(九)经营客运的,船舶靠泊、旅客上下船所必需的服务设施的证明文件。

**第十五条** 企业、个体筹建应提交本规定第十四条第(一)项至第(三)项、第(六)项、第(七)项、第(九)项规定的申报材料。

**第十六条** 企业、个体开业应提交本规定第十四条第(一)项、第(五)项至第(九)项规定的申报材料及筹建批准文件。

**第十七条** 申请经营船舶运输应按照《中华人民共和国水路运输管理条例实施细则》、《省际水路运输企业审批管理办法》规定的审批权限,向交通主管部门提交本规定规定的申报材料。

受理申请的交通主管部门应当核实申报材料中的原件和复印件,按本规定规定的经营资质条件和国家有关规定进行全面审查,并逐级转报有审批权的交通主管部门审批。

**第十八条** 属于申请经营客运、客滚、高速客运、液货危险品船运输的,市(设区市)交通主管部门应在收到申报材料30日内,根据申报材料和实地调查情况,对申请人是否符合船舶运输经营资质条件进行全面评估。对认为符合条件的,写出评估报告,并转报省级交通主管部门审核;对认为不符合条件的,应书面通知申请人,并说明理由。属于申请筹建的,应当根据船舶运输经营资质条件对申请事项的可行性进行评估。

省级交通主管部门应当根据实际情况,对申请经营高速客船、客滚船、液货危险品船运输的进行复评。交通部水系派出机构对有异议的申请事项,应会同有关省级交通主管部门进行复评。

**第十九条** 船舶运输经营资格的审批程序,本规定未作规定的,按《中华人民共和国水路运输管理条例实施细则》、《省际水路运输企业审批管理办法》的有关规定执行。

**第二十条** 船舶运输经营人变更经营范围或停业、歇业,应根据《中华人民共和国水路运输管理条例实施细则》、《省际水路运输企业审批管理办法》规定向原审批机关办理相应手续。

企业、个体变更经营范围应提供本规定第十四条第(一)项、第(二)项、第(四)项至第(九)项申报材料和水路运输许可证(副本)。

## 第四章 经营资质监督检查

**第二十一条** 交通主管部门依法对船舶运输经营资质进行监督检查,并依照国家有关规定实施行政处罚。

**第二十二条** 船舶运输经营人接受船舶运输经营资质监督检查,应当如实提供必需的凭证、文件以及其他有关资料。

**第二十三条** 船舶运输经营人开业后达不到规定经营资质条件的,交通主管部门应责令其限期整改;经整改仍达不到规定的经营资质条件的,责令停止船舶运输经营活动。

## 第五章 附 则

**第二十四条** 本规定由交通部负责解释。

**第二十五条** 本规定自 2001 年 4 月 1 日起施行。本规定施行前,交通部发布的有关船舶运输经营资质的规定与本规定不一致的,以本规定为准。

# 国内船舶管理业规定

（交通部令2001年第3号　2001.07.04）

## 第一章　总　　则

**第一条**　为规范船舶管理业经营活动，维护船舶管理市场秩序，保障水路运输安全，促进水路运输业健康发展，根据国家有关法律、规定，制定本规定。

**第二条**　本规定适用于在中华人民共和国境内从事的国内船舶管理业务经营活动和监督管理活动。

本规定所称船舶管理业，是指船舶管理经营人根据约定，为船舶所有人或者船舶承租人、船舶经营人提供的下列船舶管理服务：

（一）船舶机务管理；

（二）船舶海务管理；

（三）船舶检修、保养；

（四）船员配给、管理；

（五）船舶买卖、租赁、营运及资产管理；

（六）其他船舶管理服务。

**第三条**　从事船舶管理业经营活动，应当遵守合法经营、公平竞争的原则。

**第四条**　县级以上人民政府交通主管部门根据本规定和国家其他规定对船舶管理业实施管理，并可委托其设置的航运管理机构负责船舶管理业的具体管理工作。

## 第二章 经营资质

**第五条** 经营船舶管理业,应当具备下列条件:

(一)有符合国家规定的注册资本;

(二)有符合本规定的管理人员;

(三)有与经营业务相适应的设备、设施;

(四)有符合国家规定的船舶安全管理和防止污染管理体系;

(五)法律、行政法规和交通部规章规定的其他条件。

**第六条** 经营国内沿海船舶管理业,经营管理人员应取得航运或航海、船舶、船机及其他相关专业大学专科以上学历,或中级以上相关专业技术职称、交通部认可的从业资格证书。

经营内河船舶管理业,经营管理人员应取得航运或航海、船舶、船机及其他相关专业中等专业以上学历,或初级以上相关专业技术职称、交通部认可的从业资格证书。

**第七条** 经营国内沿海船舶管理业,海务、机务管理人员中应至少有一人持有与所管理船舶种类和航区相适应的丙类船长、轮机长以上职务的适任证书;其他海务、机务管理人员应持有与所管理船舶种类和航区相适应的丙类二副、二管轮以上职务的适任证书。

经营内河船舶管理业,海务、机务管理人员中应至少有一人持有与所管理船舶种类和航区相适应的二等船船长、轮机长以上职务的适任证书;其他海务、机务管理人员应持有与所管理船舶种类和航区相适应的二等船二副、二管轮以上职务的适任证书。

**第八条** 申请经营船舶管理业,应当向县级以上人民政府交通主管部门提交下列文件和证件:

(一)筹建或开业申请书;

(二)可行性研究报告;

(三)组织章程;

(四)名称登记证书;

（五）验资证明；

（六）管理人员的身份证件、学历证明或专业技术证书、从业资格证书；

（七）符合国家船舶安全管理和防止污染管理规定的证书；

（八）经营场所使用证明。

**第九条**　申请经营船舶管理业，应当提交申请书一式三份，提交有关证件原件和复印件各一份。

**第十条**　申请经营船舶管理业，可以直接向所在县级人民政府交通主管部门的上一级人民政府交通主管部门提交本规定要求的申请书和有关证件，也可以向所在地的县级人民政府交通主管部门提交本规定规定的申请书和有关证件，由其转送上一级人民政府交通主管部门。

县级人民政府交通主管部门的上一级人民政府交通主管部门应当在收到申请书和有关证件之日起 15 日内，核实有关证件，确认有关证件的复印件的有效性后，将有关证件的原件退给申请人，将申请书和有关证件的复印件报省级人民政府交通主管部门审批。

**第十一条**　省级人民政府交通主管部门应当自收到船舶管理业经营筹建申请书和有关证件之日起 30 日内完成审核，并作出批准或者不批准的决定。对批准筹建的，发给水路运输服务筹建批准文件；对不批准的，书面通知申请人并说明理由。经批准同意筹建船舶管理企业的，申请人应当在一年内完成筹建，但在筹备期间，不得从事船舶管理业经营活动。

**第十二条**　省级人民政府交通主管部门应当自收到船舶管理业经营开业申请书和有关证件之日起 20 日内完成审核，并作出批准或者不批准的决定。对批准开业的，发给《水路运输服务许可证》，并报交通部备案；对不批准的，书面通知申请人并说明理由。

申请人应当持《水路运输服务许可证书》，依法办理企业法人登记或变更登记及其他法定手续后，方可从事船舶管理业经营活动。

**第十三条** 船舶管理经营人领取《水路运输服务许可证书》后，应当在开业前15日内将《水路运输服务许可证书》复印件送所在地和船籍港海事管理机构备案。

**第十四条** 船舶管理经营人扩大经营范围，应当按照本规定的有关规定提前30日报原批准机关批准，并报所在地和船籍港海事管理机构备案。

船舶管理经营人的名称、经营场所、法定代表人等事项发生变更，应当提前15日向原批准机关、所在地和船籍港海事管理机构备案。

**第十五条** 船舶管理经营人歇业或者停业，应当向原批准机关、所在地和船籍港海事管理机构备案。

## 第三章 经营行为

**第十六条** 经营船舶管理经营人应当在依法核准的经营范围内从事船舶管理业经营活动。

**第十七条** 船舶管理经营人与船舶所有人或者船舶经营人、船舶承租人签定船舶管理合同后，应将船舶的名称、国籍、船舶类型、总载重吨、船籍港，及船舶所有人或者船舶经营人、船舶承租人的名称、住所等情况报所在地和船籍港的海事管理机构备案。

**第十八条** 船舶管理经营人应当根据船舶管理合同和国家有关规定，履行有关船舶安全和防止污染的义务。

船舶所有人、船舶经营人、船舶承租人有关船舶安全和防止污染的义务，不因将船舶已委托给船舶管理经营人管理而改变。

**第十九条** 船舶管理经营人所管理的船舶发生交通事故和污染事故，必须接受海事管理机构依法进行的调查处理。

**第二十条** 经营船舶管理业，不得有下列行为：

（一）以低于正常、合理水平的价格提供船舶管理服务，妨碍公平竞争；

（二）在会计账簿之外暗中给予船舶所有人、船舶经营人、船

舶承租人回扣,承揽船舶管理业务;

(三)滥用优势地位,限制他人选择其他船舶管理经营人提供船舶管理服务;

(四)允许不具备船舶管理经营资格的单位或者个人以本企业的名义从事船舶管理业务;

(五)法律、行政法规禁止的其他不正当竞争行为。

**第二十一条** 船舶管理经营人应当按规定向县级以上人民政府交通主管部门报送有关业务统计资料。

## 第四章 监督检查

**第二十二条** 县级以上人民政府交通主管部门依法对船舶管理经营活动进行监督检查,并对违反本规定的行为实施行政处罚,但本规定另有规定的,从其规定。

海事管理机构依法对船舶安全、船舶污染水域进行监督检查,并对违反本规定,不履行有关船舶安全管理和防止污染管理的法定义务的行为实施行政处罚。

**第二十三条** 船舶管理经营人接受船舶管理监督检查,应当如实提供必需的凭证、文件以及其他有关资料。

**第二十四条** 船舶管理经营人开业后达不到规定经营资质条件的,县级以上人民政府交通主管部门应责令其限期整改。

## 第五章 罚则

**第二十五条** 违反本规定,有下列行为之一,有违法所得的,处违法所得的3倍以下的罚款,但最高不得超过3万元;没有违法所得的,处1万元以下的罚款:

(一)未经批准,擅自经营船舶管理业;

(二)超越经营范围经营船舶管理业;

(三)强行限制他人选择其他船舶管理经营人提供船舶管理

服务。

**第二十六条** 违反本规定,有下列行为之一的,给予警告,处5000元以下的罚款:

(一)不履行备案手续;

(二)不报送有关业务资料。

**第二十七条** 县级以上人民政府交通主管部门的工作人员在执行本规定中,滥用职权、玩忽职守、徇私舞弊的,依法给予行政处分。

## 第六章 附 则

**第二十八条** 本规定由交通部负责解释。

**第二十九条** 本规定自2001年10月1日起施行。

# 内河运输船舶标准化管理规定

（交通部令2001年第8号　2001.10.11）

**第一条**　为加强内河运输船舶标准化管理，提高内河运输船舶技术水平，防止船舶污染水域，优化内河运输船舶结构，促进水路运输事业的发展，制定本规定。

**第二条**　本规定适用于中华人民共和国境内江河、湖泊、水库及其他内河通航水域从事运输的船舶，但在与外界通航水域不相通的封闭性通航水域内从事运输的船舶除外。

**第三条**　交通部对全国内河运输船舶标准化实施管理。

县级以上人民政府交通主管部门对本行政区域内的内河运输船舶标准化实施管理，并可委托其设置的航运管理机构负责有关具体工作。

海事管理机构根据有关法律、行政法规和本规定对内河运输船舶检验、交通安全及防止污染水域实行监督管理。

**第四条**　任何组织和个人不得新建、改建水泥质船舶、总长5米以上的木质船舶从事内河运输。

任何组织和个人不得新建、改建总长20米以上的挂桨机船舶从事内河运输，不得新建、改建挂桨机船舶在长江干线、珠江干线、黑龙江干线、京杭运河及太湖水域从事内河运输。

**第五条**　新建、改建内河运输船舶，其总长、总宽和吃水应当符合交通部制定的内河货运船舶船型主尺度系列标准。

**第六条**　新建、改建内河运输船舶前，应当向县级以上地方人民政府交通主管部门提出增加运力申请，并报有审批权的交通主管部门批准。

**第七条**　新建、改建内河运输船舶，应当按国家有关规定向海事管理机构认可的船舶检验机构申请建造检验，取得船舶检验证书。

船舶检验机构应当按照交通部制定的内河货运船舶船型主尺度系列标准和国家其他有关规定进行建造检验，对符合有关规定的，签发船舶检验证书。

**第八条** 新建、改建内河运输船舶取得船舶检验证书后，应当按国家有关规定向海事管理机构申请船舶登记，取得法定的船舶登记证书。

**第九条** 使用新建、改建的船舶从事内河运输经营，应当按照《中华人民共和国水路运输管理条例》和有关规定报经县级以上人民政府交通主管部门批准，取得船舶营运证，并注明船舶营运区域。

县级以上人民政府交通主管部门应当按照有关规定审核内河运输经营申请，经审核合格的，发给船舶营运证，注明船舶符合交通部制定的内河货运船舶船型主尺度系列标准及经营范围。经审核不合格的，不得发给船舶营运证。

**第十条** 内河运输船舶所有人、船舶经营人、船舶管理人应当在规定的航行区域和经营范围从事内河运输。

**第十一条** 内河运输船舶所有人、船舶经营人、船舶管理人应当按照国家有关规定，向海事管理机构认可的船舶检验机构对营运中的水泥质船舶、木质船舶和挂桨机船舶申请定期检验。经检验不合格的，不得从事内河运输。

**第十二条** 对已经投入营运的水泥质船舶、木质船舶和挂桨机船舶实行限期淘汰制度，具体时间、航区另行公布。

任何组织和个人不得使用交通部明文规定已经淘汰的水泥质船舶、木质船舶和挂桨机船舶从事内河运输。

**第十三条** 对不适航或者其他妨碍、可能妨碍交通安全，污染、可能污染水域的内河运输船舶，海事管理机构依照有关法规禁止其离港，或者令其停航、驶向指定地点。

**第十四条** 县级以上人民政府交通主管部门应当依照有关

法规、规章的规定，对内河运输船舶标准化进行监督检查。

**第十五条** 内河运输船舶所有人、船舶经营人、船舶管理人应当接受县级以上人民政府交通主管部门依法进行的监督检查，如实提交有关证书、资料或者情况，不得拒绝、隐匿或者弄虚作假。

**第十六条** 违反本规定，未经批准擅自从事内河运输经营的，由县级以上人民政府交通主管部门按《中华人民共和国水路运输管理条例》第二十六条第(一)项的规定给予行政处罚。

违反有关内河船舶检验管理和安全监督管理的规定，由海事管理机构按有关法规、规章给予行政处罚。

**第十七条** 交通主管部门、海事管理机构的工作人员玩忽职守、徇私舞弊、滥用职权的，依法给予行政处分。

**第十八条** 本规定由交通部负责解释。

**第十九条** 本规定自 2001 年 12 月 1 日起施行。本规定生效前交通部公布的有关规定与本规定不一致的，以本规定为准。

# 船舶引航管理规定

（交通部令2001年第10号　2001.11.30）

## 第一章　总　　则

**第一条**　为规范船舶引航活动，维护国家主权，保障水上人命财产安全，适应水上运输和港口生产的需要，制定本规定。

**第二条**　在中华人民共和国沿海、内河和港口从事船舶引航活动适用本规定。

**第三条**　本规定下列用语的含义是：

（一）船舶引航是指引领船舶航行、靠泊、离泊、移泊的活动（以下简称引航）；

（二）引航区是指在中华人民共和国沿海、内河和港口为引航划定的区域；

（三）引航机构是指专业提供引航服务的法人；

（四）引航员是指持有有效引航员适任证书，在某一引航机构从事引航工作的人员；

（五）船舶是指任何用于水面、近水面和水下航行或者移动的船、艇、筏、移动式海上平台，包括国内外商船、军用船舶、公务船舶、工程船舶和渔船等。

**第四条**　交通部主管全国引航工作。

市（设区的市，下同）级以上地方人民政府港口主管部门负责本行政辖区引航行政管理工作。交通部设置的长江航务管理部门负责长江干线引航行政管理工作。

海事管理机构负责引航安全监督管理工作。

**第五条**　交通部的引航管理职责是：

（一）负责制定国家引航政策和规章，并监督实施；

（二）负责划定、调整并对外公布引航区；

（三）负责批准引航机构的设置；

（四）会同有关部门制定引航收费标准和管理规定，并监督实施；

（五）负责引航业务管理和指导；

（六）负责引航员培训、考试和发证的管理工作。

**第六条** 市级以上地方人民政府港口主管部门的引航管理职责是：

（一）贯彻执行有关引航的法律、法规、规章和政策；

（二）负责筹建引航机构；

（三）负责监督管理引航收费；

（四）负责引航业务监督和协调。

**第七条** 海事管理机构的引航管理职责是：

（一）贯彻执行有关引航的法律、法规、规章和政策；

（二）负责对引航实施安全监督管理；

（三）组织实施引航员培训、考试和发证工作。

**第八条** 国家鼓励采取先进技术和科学方法提高引航工作科技水平，鼓励引航新技术研究、开发和推广，提高引航安全水平和工作效率。

**第九条** 下列船舶在中华人民共和国引航区内航行或者靠泊、离泊、移泊（顺岸相邻两个泊位之间的平行移动除外）以及靠离引航区外系泊点、装卸站应当申请引航：

（一）外国籍船舶；

（二）为保障船舶航行和港口设施的安全，由海事管理机构会同市级地方人民政府港口主管部门提出报交通部批准发布的应当申请引航的中国籍船舶；

（三）法律、行政法规规定应当申请引航的其他中国籍船舶。

本条前款规定以外的其他船舶在引航区内外航行或者靠泊、离泊、移泊，可根据需要申请引航。

## 第二章 引航机构

**第十条** 依据下列原则设置引航机构：

（一）有为外国籍船舶和必须申请引航的中国籍船舶提供引航服务，且年引领船舶在600艘次以上的需要，或者在引航区内未设立引航机构的；

（二）引航区内有3名以上持有有效引航员适任证书的引航员。

**第十一条** 引航机构的设置方案和引航具体范围，由市级地方人民政府港口主管部门根据引航业务发展需要商海事管理机构提出申请，经省级地方人民政府港口主管部门（直辖市除外）审核后，报交通部批准。

**第十二条** 引航机构的主要职责是：

（一）负责制订引航工作章程和管理制度；

（二）制订引航方案和引航调度计划；

（三）接受引航申请，提供引航服务；

（四）负责引航费的计收和财务管理工作；

（五）负责引航员的聘用、培训、晋升、奖惩等各项日常管理工作；

（六）参与涉及引航的港口、航道等工程项目研究工作；

（七）按国家规定负责引航信息统计工作。

**第十三条** 引航机构的负责人应当从具有丰富引航经验和良好管理能力的引航员中选拔。

**第十四条** 引航机构应当不断提高引航工作服务质量和水平，对引航安全隐患应当及时采取有效的防范措施。

## 第三章 引 航 员

**第十五条** 从事引航的人员必须持有有效的引航员适任

证书。

引航员应按照有关规定提供引航服务，服从引航机构的安排和管理。

**第十六条** 符合下列条件的人员，可申领引航员适任证书：

（一）具有中华人民共和国国籍；

（二）年满20周岁、未满60周岁；

（三）身体健康；

（四）具备大专以上航海或者船舶驾驶专业学历并完成规定的专业培训。

（五）无重大船舶交通责任事故记录和严重违反船舶及船员管理的违章记录。

**第十七条** 引航员分助理引航员、三级引航员、二级引航员、一级引航员和高级引航员。

处于各等级见习期的，为见习引航员。

助理引航员不能独立引领船舶，见习引航员不能独立引领见习等级或者该见习等级以上等级的船舶。

**第十八条** 引航员应当经过规定的培训、考试，取得培训合格证和引航员适任证书。

引航员考试发证的有关规定，由交通部另行制定。

**第十九条** 任何人不得伪造、变造、涂改、买卖、租借、转让、冒用引航员适任证书。

**第二十条** 各等级引航员引领船舶的范围，由海事管理机构根据引航区的航道、通航环境、船舶的尺度和操纵特性、特定类型船舶的安全要求，商市级地方人民政府港口主管部门制定，报交通部备案。

**第二十一条** 引航机构应当为引航员提供下列条件：

（一）接受专业培训、特殊培训和提高等级培训等各种培训；

（二）合理的休息时间；

（三）高于港航系统船舶驾驶人员平均水平的劳动报酬。

**第二十二条** 引航员应当尊重被引船舶的船长和船员，按规定着装和佩戴标志。

高级引航员应当主持或者积极参与制定引航方案。三级以上引航员应当指导助理引航员或者见习引航员引领船舶。

**第二十三条** 船舶接受引航服务，不解除被引船舶的船长驾驶和管理船舶的责任。

## 第四章 引航申请与实施

**第二十四条** 申请引航的船舶或者其代理人应当向相应的引航机构提出引航申请。船舶不得直接聘请引航员或者非引航员登船引航。

船舶进、出港或移泊的引航申请和变更，应当按市级地方人民政府港口主管部门规定的时间向引航机构提出。

**第二十五条** 申请引航的船舶或者其代理人应当向引航机构提供被引船舶的下列资料：

（一）船公司、船名（包括中、英文名）、国籍、船舶呼号；

（二）船舶的种类、总长度、宽度、吃水、水面以上最大高度、载重吨、总吨、净吨、主机及侧推器的种类、功率和航速；

（三）装载货物种类、数量；

（四）预计抵、离港或者移泊的时间和地点；

（五）在内河干线航行的船队，还应当提供拖带的方式和队形；

（六）其他需说明的事项。

**第二十六条** 引航机构在接到船舶引航申请后，应当及时安排持有有效证书的引航员，并将引航方案通知申请人。

**第二十七条** 引航机构应当满足船舶提出的正当引航要求，及时为船舶提供引航服务，不得无故拒绝或者拖延。

对特殊引航作业船舶的引航，引航机构应当制订引航方案，报市级地方人民政府港口主管部门和海事管理机构批准后实施。

**第二十八条** 引航机构应当根据船舶状况和通航条件，制定合理的拖轮使用方法。被引航船舶应当根据引航机构提供的拖轮使用方法的要求安排拖轮或者委托引航机构安排拖轮,并承担相应的费用。

**第二十九条** 引航员登船后,应当向被引船舶的船长介绍引航方案;被引船舶的船长应当向引航员介绍本船的操纵性能以及其他与引航业务有关的情况。

**第三十条** 在一次连续的引航中,同时有两名或两名以上的引航员在船时,引航机构必须指定其中一人为本次引航的责任引航员。

**第三十一条** 引航员上船引领时,被引船舶应当在其主桅悬挂引航旗。任何船舶不得在非引领时悬挂引航旗。

**第三十二条** 引航员应当谨慎引航,按规定向海事管理机构及时报告被引船舶动态。

引航员发现海损事故、污染事故或违章行为时,应当及时向海事管理机构报告。

**第三十三条** 引航员在遇到下列情况之一时,有权拒绝、暂停或者终止引航,并及时向海事管理机构报告:

(一)恶劣的气象、海况;

(二)被引船舶不适航;

(三)没有足够的水深;

(四)被引船舶的引航梯和照明不符合安全规定;

(五)引航员身体不适,不能继续引领船舶;

(六)其他不适于引航的原因。

引航员在作出上述决定之前,应当明确地告知被引船舶的船长,并对被引船舶当时的安全作出妥善安排,包括将船舶引领至安全和不妨碍其他船舶正常航行、停泊或者作业的地点。

**第三十四条** 在引航过程中被引船舶发生水上安全交通事故,引航员应当采取下列措施:

(一)采取有效措施减少事故损失;

(二)尽快向引航机构和海事管理机构报告;

（三）接受、配合或者协助调查水上交通事故。

引航机构应当在水上交通事故发生后24小时内向海事管理机构递交水上交通事故报告书。

**第三十五条** 使用拖轮引航，拖轮应当服从引航员的指挥，并保持与引航员通讯联系良好。引航员应当注意拖轮的安全。

**第三十六条** 船舶接受引航服务，被引船舶的船长应当遵守下列规定：

（一）按照《1974年国际海上人命安全公约》的规定，为引航员提供方便、安全的登离船设备，并采取必要的措施确保引航员安全登离船舶；

（二）为引航员提供工作便利，并配合引航员实施引航；

（三）回答引航员有关引航的疑问，除有危及船舶安全的情况外，应当采纳引航员的引航指令；

（四）在离开驾驶台时，指定代职驾驶员并告知引航员，并尽快返回；

（五）船长发现引航员的引航指令可能对船舶安全构成威胁时，可以要求引航员更改引航指令，必要时还可要求引航机构更换引航员，并及时向海事管理机构报告。

**第三十七条** 引航员应当将被引船舶从规定的引航起始地点引抵规定的引航目的地。

引航员离船时应当向船长或者接替的引航员交接清楚，在双方确认安全的情况下方可离船。

**第三十八条** 因恶劣的天气或者海况，引航员不能离开船舶时，船长应当作出合理的等待，或者将船舶驶抵能使引航员安全离开船舶的地点，并负责支付因此造成的相关费用，但事先应当征得海事管理机构的同意。

**第三十九条** 引航机构、船舶、拖轮，均应当配备必要的通信设备或者器材，以便及时与引航员保持联系。

**第四十条** 港口企业对被引船舶靠、离泊，应当做好下列工作：

（一）泊位的靠泊等级必须符合被靠船舶相应等级，泊位防护设施完好；

（二）确保泊位有足够的水深，水下无障碍物；

（三）泊位有效长度应当至少为被引船舶总长的120%；被引船舶总长度小于100米的，泊位长度应大于被引船舶总长的20米；

（四）被引船舶靠离泊半小时前，应当按照引航员的要求将有碍船舶靠离泊的装卸机械、货物和其他设施移至安全处所并清理就绪；

（五）指泊员在被引船舶靠离泊半小时前应当到达现场，与引航员保持密切联系，并按规定正确显示泊位信号，备妥碰垫物；

（六）被引船舶夜间靠离泊，码头应当具备足够的照明；

（七）泊位靠泊条件临时发生变化，必须立即告知引航员。

**第四十一条** 新建码头使用前，码头所属单位应当及时向引航机构提供泊位吨级、系泊能力、泊位水深、主航道水深图等与船舶安全靠、离有关的资料。

对已投入使用的码头应当按引航机构的要求提供泊位水深、主航道及专用航道水深图等有关资料。

**第四十二条** 引航结束时船长和引航员应当准确填写引航签证单。被引船舶或者其代理人应当按规定支付引航费。

## 第五章 罚 则

**第四十三条** 违反本规定第十一条规定，未经批准擅自设置引航机构的，由市级地方人民政府港口主管部门或者长江航务管理部门责令其纠正违法行为，并对擅自设置的引航机构处以3万元以下的罚款。

**第四十四条** 违反本规定第二十六条、第二十七条、第三十条规定，引航机构不选派适任的引航员或者拒绝或者拖延引航、不指定责任引航员的，由市级地方人民政府港口主管部门、长江航务管理部门责令引航机构纠正其违法行为，并对引航机构处以 1 万元以下的罚款。

**第四十五条**　违反本规定第四十条、第四丨一条规定，港口企业不按规定配合和保障被引船舶靠离泊的、不按规定向引航机构提供相关资料的，由市级地方人民政府港口主管部门或者长江航务管理部门责令港口企业纠正其违法行为，并处以警告或者 1 万元以下的罚款。

**第四十六条**　违反本规定有关水上交通安全监督管理规定的行为，由海事管理机构按照国家的有关规定实施行政处罚。

**第四十七条**　执法人员徇私舞弊、玩忽职守、滥用职权的，依法给予行政处分；构成犯罪的，依法追究刑事责任。

## 第六章　附　则

**第四十八条**　本规定由交通部负责解释。

**第四十九条**　本规定自 2002 年 1 月 1 日起实施。

# 中华人民共和国国际海运条例实施细则

(交通部令2003年第1号　2003.01.20)

## 第一章　总　　则

**第一条**　根据《中华人民共和国国际海运条例》(以下简称《海运条例》)的规定,制定本实施细则。

**第二条**　交通部和有关地方人民政府交通主管部门应当依照《海运条例》和本实施细则的规定,按照公平、高效、便利的原则,管理国际海上运输经营活动和与国际海上运输相关的辅助性经营活动,鼓励公平竞争,禁止不正当竞争。

**第三条**　《海运条例》和本实施细则中下列用语的含义是:

(一)国际船舶运输业务,是指国际船舶运输经营者使用自有或者经营的船舶、舱位,提供国际海上货物运输和旅客运输服务以及为完成这些服务而围绕其船舶、所载旅客或者货物开展的相关活动,包括签订有关协议、接受定舱、商定和收取运费、签发提单及其他相关运输单证、安排货物装卸、安排保管、进行货物交接、安排中转运输和船舶进出港等活动。

(二)国际船舶运输经营者,包括中国国际船舶运输经营者和外国国际船舶运输经营者。其中,中国国际船舶运输经营者是指依据《海运条例》和本实施细则规定取得《国际船舶运输经营许可证》经营国际船舶运输业务的中国企业法人;外国国际船舶运输经营者是指依据外国法律设立经营进出中国港口国际船舶运输业务的外国企业。

(三)国际班轮运输业务,是指以自有或者经营的船舶,或者以《海运条例》第十六条第三款规定的方式，在固定的港口之间提供的定期国际海上货物或旅客运输。

（四）无船承运业务，是指《海运条例》第七条第二款规定的业务，包括为完成该项业务围绕其所承运的货物开展的下列活动：

（1）以承运人身份与托运人订立国际货物运输合同；

（2）以承运人身份接收货物、交付货物；

（3）签发提单或者其他运输单证；

（4）收取运费及其他服务报酬；

（5）向国际船舶运输经营者或者其他运输方式经营者为所承运的货物订舱和办理托运；

（6）支付港到港运费或者其他运输费用；

（7）集装箱拆箱、集拼箱业务；

（8）其他相关的业务。

（五）无船承运业务经营者，包括中国无船承运业务经营者和外国无船承运业务经营者。其中中国无船承运业务经营者是指依照《海运条例》和本实施细则规定取得无船承运业务经营资格的中国企业法人；外国无船承运业务经营者是指依照外国法律设立并依照《海运条例》和本实施细则的相关规定取得经营进出中国港口货物无船承运业务资格的外国企业。

（六）国际船舶代理经营者，是指依照中国法律设立从事《海运条例》第二十九条规定业务的中国企业法人。

（七）国际船舶管理经营者，是指依照中国法律设立从事《海运条例》第三十条规定业务的中国企业法人。

（八）国际海运货物仓储业务经营者，是指依照中国法律设立，提供海运货物仓库保管、存货管理以及货物整理、分装、包装、分拨等服务的中国企业法人。

（九）国际海运集装箱站与堆场业务经营者，是指依照中国法律设立，提供海运货物集装箱的堆存、保管、清洗、修理以及集装箱货物的存储、集拼、分拨等服务的中国企业法人。

（十）外商投资企业，是指依照中国法律投资设立的中外合资经营企业、中外合作经营企业和外商独资企业。

（十一）外商常驻代表机构，是指外国企业或者其他经济组织在中国境内依法设立的，为其派出机构开展宣传、推介、咨询和联络活动的非营业性机构。

（十二）企业商业登记文件，是指企业登记机关或者企业所在国有关当局签发的企业营业执照或者企业设立的证明文件。企业商业登记文件为复印件的，须有企业登记机关在复印件上的确认或者证明复印件与原件一致的公证文书。

（十三）专用发票，是指由国家税务总局批准统一印制的票据，它是证明付款人向国际船舶运输经营者或者其代理人、无船承运业务经营者或者其代理人支付运费或者其他相关费用的凭证，包括《国际海运业运输专用发票》和《国际海运业船舶代理专用发票》。

（十四）班轮公会协议，是指符合联合国《1974 年班轮公会行动守则公约》定义的，由班轮公会成员之间以及班轮公会之间订立的各类协议。

（十五）运营协议，是指两个或者两个以上国际班轮运输经营者为稳定或者控制运价订立的关于在一条或者数条航线上增加或者减少船舶运力协议，以及其他协调国际班轮运输经营者共同行动的协议，包括具有上述性质内容的会议纪要；两个或者两个以上国际班轮运输经营者为提高运营效率订立的关于共同使用船舶、共同使用港口设施及其他合作经营协议和各类联盟协议、联营体协议。

（十六）运价协议，是指两个或者两个以上国际班轮运输经营者之间订立的关于收费项目及其费率、运价或者附加费等内容的协议，包括具有上述内容的会议纪要。

（十七）公布运价，是指国际班轮运输经营者和无船承运业务经营者运价本上载明的运价。运价本由运价、运价规则、承运人和托运人应当遵守的规定等内容组成。

（十八）协议运价，指国际班轮运输经营者与货主、无船承运业务经营者约定的运价，包括运价及其相关要素。协议运价以合同或者协议形式书面订立。

（十九）从业资历证明文件，是指被证明人具有3年以上从事国际海上运输或者国际海上运输辅助性经营活动经历的个人履历表。个人履历表须经公证机关公证。

## 第二章　国际海上运输及其辅助性业务的经营者

**第四条**　在中国境内设立企业经营国际船舶运输业务，或者中国企业法人申请经营国际船舶运输业务，应当符合《海运条例》第五条规定的条件，考虑交通部公布的国际海运市场竞争状况和国家关于国际海上运输业发展的政策。

交通部应当在其政府网站和其他适当媒体上及时公布国际海运市场竞争状况和国家关于国际海上运输业发展的政策。上述状况和政策未经公布，不得作为拒绝申请的理由。

**第五条**　在中国境内设立企业经营国际船舶运输业务，或者中国企业法人申请经营国际船舶运输业务，申请人应当向交通部提出申请，报送相关材料，并应同时将申请材料抄报企业所在地的省、自治区、直辖市人民政府交通主管部门。申请材料应当包括：

（一）申请书；

（二）可行性分析报告、投资协议；

（三）申请人的企业商业登记文件（拟设立企业的，主要投资人的商业登记文件或者身份证明）；

（四）船舶所有权证书、国籍证书和法定检验证书的副本或者复印件；

（五）提单、客票或者多式联运单证样本；

（六）符合交通部规定的高级业务管理人员的从业资格证明。

有关省、自治区、直辖市人民政府交通主管部门自收到上述抄报材料后，应当就有关材料进行审核，提出意见，并应当自收到有关材料之日起10个工作日内将有关意见报送交通部。

交通部收到申请人的申请材料后,应当在申请材料完整齐备之日起30个工作日内按照《海运条例》第五条和第六条的规定进行审核,作出许可或者不许可的决定。决定许可的,向申请人颁发《国际船舶运输经营许可证》;决定不许可的,应当书面通知申请人并告知理由。

**第六条** 中国国际船舶运输经营者在中国境内设立分支机构的,适用本实施细则第五条规定的程序。申请材料应当包括:

(一)申请书;

(二)可行性分析报告;

(三)母公司的商业登记文件;

(四)母公司的《国际船舶运输经营许可证》副本;

(五)母公司对该分支机构经营范围的确认文件;

(六)符合交通部要求的高级业务管理人员的从业资格证明。

中国国际船舶运输经营者的分支机构可为其母公司所有或者经营的船舶提供办理船舶进出港口手续、安排港口作业、接受订舱、签发提单、收取运费等服务。

**第七条** 在中国境内设立企业法人经营国际船舶代理业务或者中国企业申请经营国际船舶代理业务,应当向交通部提出申请,报送相关材料,并应当同时将申请材料抄报企业所在地的省、自治区、直辖市人民政府交通主管部门。申请材料应当包括:

(一)申请书;

(二)可行性分析报告、投资协议;

(三)申请人的商业登记文件(拟设立企业的,主要投资人的商业登记文件或者身份证明);

(四)固定营业场所的证明文件;

(五)《海运条例》第九条第(一)项规定的高级业务管理人员的从业资历证明文件;

(六)关于同港口和海关等口岸部门进行电子数据交换的协议。不具备电子数据交换条件的,应当提供有关港口或者海关的相应证明文件。

有关省、自治区、直辖市人民政府交通主管部门收到上述抄报材料后，应当就有关材料进行审核，提出意见，并应当自收到有关材料之日起 7 个工作日内将有关意见报送交通部。

交通部收到申请人的申请材料后，应当在申请材料完整齐备之日起 15 个工作日内按照《海运条例》第九条规定进行审核。审核合格的，予以登记，并发给《国际船舶代理经营资格登记证》；不合格的，应当书面通知当事人并告知理由。申请人持交通部发给的《国际船舶代理经营资格登记证》向企业登记机关办理企业登记或者变更登记，向海关、税务、外汇等部门办理相关手续。

**第八条** 中国企业法人申请经营国际船舶管理业务或者在中国境内设立企业经营国际船舶管理业务，应当向拟经营业务所在地的省、自治区、直辖市人民政府交通主管部门提出申请，申请材料应当包括：

（一）申请书；

（二）可行性分析报告、投资协议；

（三）申请人的商业登记文件（拟设立企业的，主要投资人的商业登记文件或者身份证明）；

（四）固定营业场所的证明文件；

（五）《海运条例》第十一条第（一）项规定的高级业务管理人员的从业资历证明文件；

（六）《海运条例》第十一条第（二）项规定的人员的船长、轮机长适任证书复印件；

有关省、自治区、直辖市人民政府交通主管部门收到申请人的申请材料后，应当在申请材料完整齐备之日起 15 个工作日内进行审核。材料真实且符合《海运条例》第十一条规定条件的，予以资格登记，并颁发《国际海运辅助业经营资格登记证》；材料不真实或者不符合《海运条例》第十一条规定条件的，不予登记，书面通知申请人并告知理由。申请人持《国际海运辅助业经营资格登记证》向企业登记机关办理企业登记，向税务部门和外汇管理部门指定的银行办理相关手续。

**第九条** 国际船舶代理经营者和国际船舶管理经营者在中国境内的分支机构经营相关业务的,应当符合《海运条例》第九条、第十一条的规定,并按照《海运条例》第十条、第十二条和本实施细则第七条、第八条的规定进行登记。登记申请材料应当包括:

(一)申请书;

(二)可行性分析报告;

(三)母公司的商业登记文件;

(四)母公司的《国际船舶代理经营资格登记证》或者《国际海运辅助业经营资格登记证》副本;

(五)母公司确定该分支机构经营范围确认文件;

(六)营业场所的证明文件;

(七)《海运条例》第九条、第十一条规定的人员的从业资历或者资格的证明文件;

(八)国际船舶代理经营者设立分支机构的,有关该分支机构同港口和海关等口岸部门进行电子数据交换的协议。不具备电子数据交换条件的,应当提供有关港口或者海关的相应证明文件。

**第十条** 国际船舶运输经营者申请经营进出中国港口国际班轮运输业务,应当向交通部提出申请,并报送《海运条例》第十七条规定的材料。交通部应当按照《海运条例》第十七条的规定进行审核。予以登记的,颁发《国际班轮运输经营资格登记证》。申请材料不真实、不齐备的,不予登记,应当书面通知申请人并告知理由。

国际船舶运输经营者依法取得经营进出中国港口国际班轮运输业务资格后,交通部在其政府网站公布国际班轮运输经营者名称及其提单格式样本。

**第十一条** 申请办理无船承运业务经营者提单登记的,应当向交通部提出提单登记申请,报送相关材料,并应当同时将申请材料抄报企业所在地或者外国无船承运业务经营者指定的联络机构所在地的省、自治区、直辖市人民政府交通主管部门。申请材料应当包括：

（一）申请书；

（二）可行性分析报告；

（三）企业商业登记文件；

（四）提单格式样本；

（五）保证金已交存的银行凭证复印件。

申请人为外国无船承运业务经营者的，还应当提交本实施细则第二十五条规定的其指定的联络机构的有关材料。

有关省、自治区、直辖市人民政府交通主管部门自收到上述抄报材料后，应当就有关材料进行审核，提出意见，并应当自收到抄报的申请材料之日起7个工作日内将有关意见报送交通部。

交通部收到申请人的材料后，应当在申请材料完整齐备之日起15个工作日内按照《海运条例》第七条和第八条的规定进行审核。审核合格的，予以提单登记，并颁发《无船承运业务经营资格登记证》；不合格的，应当书面通知当事人并告知理由。

中国的申请人取得《无船承运业务经营资格登记证》，并向原企业登记机关办理企业相应登记手续后，方可从事无船承运业务经营活动。

**第十二条** 外国无船承运业务经营者按照外国法律已取得经营资格且有合法财务责任保证的，在按照《海运条例》和本实施细则申请从事进出中国港口无船承运业务时，可以不向中国境内的银行交存保证金。但为了保证外国无船承运业务经营者清偿因其不履行承运人义务或者履行义务不当所产生的债务以及支付罚款，满足《海运条例》第八条第三款的规定，该外国无船承运业务经营者的政府主管部门与中国政府交通主管部门应就财务责任保证实现方式签订协议。

**第十三条** 没有在中国港口开展国际班轮运输业务，但在中国境内承揽货物、签发提单或者其他运输单证、收取运费，通过租赁国际班轮运输经营者船舶舱位提供进出中国港口国际货物运输服务；或者利用国际班轮运输经营者提供的支线服务，在中国港口承揽货物后运抵外国港口中转的，应当按照本实施细则的有关规定，取得无船承运业务经营资格。但有《海运条例》第十六条第三款规定情形的除外。

**第十四条** 中国的无船承运业务经营者在中国境内的分支机构，应当按照《海运条例》第八条第二款的规定交纳保证金，并按照本实施细则第十一条的规定进行登记，取得《无船承运业务经营资格登记证》。申请登记应当提交下列材料：

（一）申请书；

（二）母公司的企业商业登记文件；

（三）母公司的《无船承运业务经营资格登记证》副本；

（四）母公司确认该分支机构经营范围的确认文件；

（五）保证金已交存的银行凭证复印件。

**第十五条** 无船承运业务经营者申请提单登记时，提单台头名称应当与申请人名称相一致。

提单台头名称与申请人名称不一致的，申请人应当提供说明该提单确实为申请人制作、使用的相关材料，并附送申请人对申请登记提单承担承运人责任的书面申明。

**第十六条** 无船承运业务经营者使用两种或者两种以上提单的，各种提单均应登记。

国际班轮运输经营者和无船承运业务经营者的登记提单发生变更的，应当于新的提单使用之日起15日前将新的提单样本格式向交通部备案。

**第十七条** 无船承运业务经营申请者交纳保证金并办理提单登记，依法取得无船承运业务经营资格后，交通部在其政府网站公布无船承运业务经营者名称及其提单格式样本。

**第十八条** 无船承运业务经营者应当依法在交通部指定的商业银行开设的无船承运业务经营者专门账户上交存保证金，保证金利息按照中国人民银行公布的活期存款利率计息。

**第十九条** 无船承运业务经营者交存的保证金，受国家法律

保护。除下列情形外,保证金不得动用:

(一)因无船承运业务经营者不履行承运人义务或者履行义务不当,根据司法机关已生效的判决或者司法机关裁定执行的仲裁机构裁决应当承担赔偿责任的;

(二)被交通主管部门依法处以罚款的。

有前款(一)、(二)项情形需要从保证金中划拨的,应当依法进行。

无船承运业务经营者的保证金不符合《海运条例》规定数额的,交通部应当书面通知其补足。无船承运业务经营者自收到交通部书面通知之日起30日内未补足的,交通部应当按照《海运条例》第十五条的规定取消其经营资格。

**第二十条** 无船承运业务经营者被交通部依法取消经营资格、申请终止经营或者因其他原因终止经营的,可向交通部申请退还保证金。交通部应将该申请事项在其政府网站上公示30日。

在公示期内,有关当事人认为无船承运业务经营者有本实施细则第十九条第一款(一)项情形需要对其保证金采取保全措施的,应当在上述期限内取得司法机关的财产保全裁定。自保证金被保全之日起,交通部依照《海运条例》对保证金账户的监督程序结束。有关纠纷由当事双方通过司法程序解决。

公示期届满未有前款规定情形的,交通部应当通知保证金开户银行退还无船承运业务经营者保证金及其利息,并收缴该无船承运业务经营者的《无船承运业务经营资格登记证》。

**第二十一条** 中国国际船舶运输经营者、中国无船承运业务经营者、国际船舶代理经营者、国际船舶管理经营者有下列变更情形之一的,应当向原资格许可、登记机关备案:

(一)变更企业名称;

(二)企业迁移;

(三)变更出资人;

(四)歇业、终止经营。

变更企业名称的,由原资格许可、登记机关换发相关经营许可证或者经营资格登记证;企业终止经营的,应当将有关许可、登记证书交回原许可、登记机关。

**第二十二条** 除《海运条例》和本实施细则第四章规定的外商投资企业外,经营国际海运货物仓储、国际海运集装箱站与堆场业务的经营者应当自开始从事上述经营活动之日起30日内将有关情况向企业所在地的省、自治区、直辖市人民政府交通主管部门报备。

## 第三章 国际海上运输及其辅助性业务经营活动

**第二十三条** 国际班轮运输经营者新开或者停开国际班轮运输航线,或者变更国际班轮运输船舶、班期的,应当按照《海运条例》第十九条的规定在交通部指定媒体上公告,并按规定报备。

**第二十四条** 中国国际船舶运输经营者增加运营船舶,包括以光船租赁方式租用船舶增加运营船舶的,应当于投入运营前15日向交通部备案,取得备案证明文件。备案材料应当载明公司名称、注册地、船名、船舶国籍、船舶类型、船舶吨位、拟运营航线。

交通部收到备案材料后,应当在3个工作日内出具备案证明文件。

**第二十五条** 在中国港口开展国际班轮运输业务的外国国际船舶运输经营者,以及在中国委托代理人提供进出中国港口国际货物运输服务的外国无船承运业务经营者,应当在中国境内委托一个联络机构,负责代表该外国企业与中国政府有关部门就《海运条例》和本实施细则规定的有关管理及法律事宜进行联络。联络机构可以是该外国企业在中国境内设立的外商投资企业或者常驻代表机构,也可以是其他中国企业法人或者在中国境内有固定住所的其他经济组织。委托的联络机构应当向交通部备案,并提交下列文件:

（一）联络机构说明书，载明联络机构名称、住所、联系方式及联系人；

（二）委托书副本或者复印件；

（三）委托人与联络机构的协议副本；

（四）联络机构的工商登记文件复印件。

联络机构为该外国企业在中国境内的外商投资企业或者常驻代表机构的，不需提供本条第一款第（二）项、第（三）项文件。

联络机构或者联络机构说明书所载明的事项发生改变的，应当自发生改变之日起 15 日内向交通部备案。

**第二十六条** 任何单位和个人不得擅自使用国际班轮运输经营者和无船承运业务经营者已经登记的提单。

**第二十七条** 无船承运业务经营者需要委托代理人签发提单或者相关单证的，应当委托依法取得经营资格的国际船舶运输经营者、无船承运业务经营者和国际海运辅助业务经营者代理上述事项。

前款规定的经营者不得接受未办理提单登记并交存保证金的无船承运业务经营者的委托，为其代理签发提单。

**第二十八条** 国际班轮运输经营者与货主和无船承运业务经营者协议运价的，应当采用书面形式。协议运价号应当在提单或者相关单证上显示。

**第二十九条** 国际船舶运输经营者不得接受未办理提单登记并交纳保证金的无船承运业务经营者提供的货物或者集装箱。

**第三十条** 国际班轮运输经营者委托代理人接受订舱、代签提单、代收运费等项业务的，委托的代理人应当是依法取得经营资格的国际船舶代理经营者。

**第三十一条** 国际班轮运输经营者和无船承运业务经营者应当将其在中国境内的船舶代理人、签发提单代理人在交通部指定的媒体上公布。公布事项包括代理人名称、注册地、住所、联系方式。代理人发生变动的，应当于有关代理协议生效前 7 日内公布上述事项。

国际班轮运输经营者、无船承运业务经营者应当及时将公布代理事项的媒体名称向交通部备案。

**第三十二条** 国际船舶运输经营者之间订立的涉及中国港口的班轮公会协议、运营协议、运价协议等，应当自协议订立之日起15日内，按下列规定向交通部备案：

（一）班轮公会协议，由班轮公会代表其所有经营进出中国港口海上运输的成员备案。班轮公会备案时，应当同时提供该公会的成员名单。

（二）国际船舶运输经营者之间订立的运营协议、运价协议，由参加订立协议的国际船舶运输经营者分别备案。

**第三十三条** 中国国际船舶运输经营者之间或者中国国际船舶运输经营者与外国国际船舶运输经营者之间的兼并、收购，由兼并、收购的一方将兼并、收购协议按照《海运条例》第二十四条的规定报交通部审核同意。

**第三十四条** 下列经营者在中国境内收取运费、代为收取运费以及其他相关费用，应当向付款人出具专用发票：

（一）中国国际船舶运输经营者及其分支机构；

（二）中国无船承运业务经营者及其分支机构；

（三）国际船舶代理经营者及其分支机构；

（四）《海运条例》第三十三条规定的企业。

前款所列经营者应当向公司所在地的省、自治区、直辖市人民政府交通主管部门办理专用发票使用证明后，向公司所在地的税务机关申请领取专用发票。国家税务总局另有规定的，从其规定。

**第三十五条** 国际船舶管理经营者应当根据合同的约定和国家有关规定，履行有关船舶安全和防止污染的义务。

**第三十六条** 经营进出中国港口国际班轮运输业务的国际班轮运输经营者，应当填报《中华人民共和国海上国际运输业信息表（航运公司基本情况）》、《中华人民共和国海上国际运输业信息表（航运公司集装箱出口重箱运量）》和《中华人民共和国海上国际运输业信息表(航运公司集装箱进口重箱运量)》,于当年 3 月 31 日前报送交通部。

外国国际船舶运输经营者的上述材料由其委托的联络机构报送。

**第三十七条** 中国国际船舶运输经营者、国际船舶代理经营者以及国际集装箱运输港口经营人,应当分别填报《中华人民共和国海上国际运输业信息表(航运公司基本情况)》、《中华人民共和国海上国际运输业信息表(国际船舶代理)》和《中华人民共和国海上国际运输业信息表(港口集装箱吞吐量)》,于当年 3 月 15 日前报送公司所在地省、自治区、直辖市人民政府交通主管部门。

各有关省、自治区、直辖市人民政府交通主管部门应当将上述信息表及其汇总信息于当年 3 月 31 日前报送交通部。

**第三十八条** 国际船舶代理经营者、国际船舶管理经营者、国际海运货物仓储业务经营者以及国际集装箱站与堆场业务经营者,不得有下列行为:

(一)以非正常、合理的收费水平提供服务,妨碍公平竞争;

(二)在会计账簿之外暗中给予客户回扣,以承揽业务;

(三)滥用优势地位,限制交易当事人自主选择国际海运辅助业务经营者,或者以其相关产业的垄断地位诱导交易当事人,排斥同业竞争;

(四)其他不正当竞争行为。

**第三十九条** 外国国际船舶运输经营者以及外国国际海运辅助企业的常驻代表机构不得从事经营活动,包括不得:

(一)代表其境外母公司接受订舱,签发母公司提单或者相关单证;

(二)为母公司办理结算或者收取运费及其他费用;

(三)开具境外母公司或者其母公司在中国境内设立的《海运条例》第三十三条规定的企业的票据;

(四)以托运人身份向国际班轮运输经营者托运货物;

(五)以外商常驻代表机构名义与客户签订业务合同。

## 第四章 外商投资经营国际海上运输及其辅助性业务

**第四十条** 设立中外合资、合作经营企业经营国际船舶运输业务，应当通过拟设立企业所在地的省、自治区、直辖市人民政府交通主管部门向交通部提出申请。申请材料应当包括：

（一）申请书；

（二）可行性分析报告；

（三）合资或者合作协议；

（四）投资者的企业商业登记文件或者身份证件；

（五）符合交通部规定的高级业务管理人员的从业资格证明。

有关省、自治区、直辖市人民政府交通主管部门应当自收到完整齐备的材料之日起 10 个工作日内将申请材料及意见转报交通部。

交通部应当自收到转报的上述材料和意见之日起 30 个工作日内，按照《海运条例》第三十二条第二款、第三款和第四款的规定以及交通部公布的国际海运市场竞争状况和国家关于国际海上运输业发展的政策进行审核，作出批准或者不予批准的决定。决定批准的，发给批准文件；不予批准的，应当书面通知申请人并告知理由。

获得批准的申请人应当持交通部批准文件，按照国家有关外商投资企业的法律、法规的要求，到有关部门办理相应的设立外商投资企业的审批手续。取得相应的审批手续后，应当持有关部门许可设立企业的文件和本实施细则第五条第一款（四）至（六）项的相关材料，按照本实施细则第五条规定的程序向交通部领取相应的《国际船舶运输经营许可证》。

**第四十一条** 设立《海运条例》第三十三条规定的外商投资企业，应当按照交通部和对外贸易经济合作部的有关规定办理。

**第四十二条** 设立外商投资企业经营国际船舶代理业务，应当通过拟设立企业所在地的省、自治区、直辖市人民政府交通主管部门向交通部提交本实施细则第七条规定的申请材料。有关省、自治区、直辖市人民政府交通主管部门收到完整齐备的上述材料后,应当于10个工作日内将有关材料及意见转报交通部。

交通部应当自收到转报的上述材料和意见之日起30个工作日内,按照《海运条例》第九条的规定进行审核,作出批准或者不予批准的决定。决定批准的,发给批准文件;不予批准的,应当书面通知申请人并告知理由。

获得批准的申请人应当持交通部批准文件,按照国家有关外商投资企业的法律、法规的要求到有关部门办理相应的设立外商投资企业的审批手续。取得相应的批准文件后,应当持有关部门批准设立企业的文件按本实施细则第七条的规定到交通部办理登记,并领取《国际船舶代理经营资格登记证书》。

**第四十三条** 设立外商投资企业经营国际船舶管理业务,应当通过拟设立企业所在地的省、自治区、直辖市人民政府交通主管部门向交通部提交本实施细则第八条规定的申请材料。有关省、自治区、直辖市人民政府交通主管部门收到完整齐备的上述材料后,应当于10个工作日内将有关材料及意见转报交通部。

交通部应当自收到转报的上述材料和意见之日起30个工作日内,按照《海运条例》第十一条的规定进行审核,作出批准或者不予批准的决定。决定批准的,发给批准文件;不予批准的,应当书面通知申请人并告知理由。

获得批准的申请人应当持交通部批准文件,按照国家有关外商投资企业的法律、法规的要求到有关部门办理相应的设立外商投资企业的审批手续。取得相应的审批手续后,应当持有关部门的批准文件按照本实施细则第八条规定的程序向企业所在地的省、自治区、直辖市人民政府交通主管部门办理登记,领取《国际海运辅助业经营资格登记证》。

**第四十四条** 经营国际海运货物仓储业务,应当具备下列条件:

(一)有固定的营业场所;

(二)有与经营范围相适应的仓库设施;

(三)高级业务管理人员中至少2人具有3年以上从事相关业务的经历;

(四)法律、法规规定的其他条件。

**第四十五条** 经营国际海运集装箱站及堆场业务,应当具备下列条件:

(一)有固定的营业场所;

(二)有与经营范围相适应的车辆、装卸机械、堆场、集装箱检查设备、设施;

(三)高级业务管理人员中至少2人具有3年以上从事相关业务的经历;

(四)法律、法规规定的其他条件。

**第四十六条** 设立外商投资企业,经营国际海运货物仓储业务或者设立中外合资、合作企业经营国际集装箱站与堆场业务,应当通过拟设立企业所在地的省、自治区、直辖市人民政府交通主管部门向交通部提出申请。申请材料应当包括:

(一)申请书;

(二)可行性分析报告;

(三)合资或者合营协议;

(四)投资者的企业商业登记文件或者身份证件。

有关省、自治区、直辖市人民政府交通主管部门收到完整齐备的上述材料后,应当于10个工作日内将有关材料及意见转报交通部。

交通部应当在收到转报的上述材料和意见之日起30个工作日内,按照本实施细则第四十四条或者第四十五条的规定进行审核,作出批准或者不批准的决定。决定批准的,予以登记,并发给相应的批准文件;不予批准的,应当书面通知申请人并告知理由。

获得批准的申请人应当持交通部批准文件,按照国家有关外商投资企业的法律、法规的要求到有关部门办理设立外商投资企业的审批手续。取得相应的批准文件后，向交通部办理登记，换领《国际海运辅助业经营资格登记证》。

**第四十七条**　国际海运货物仓储业务经营者、国际集装箱站与堆场业务经营者，须持交通部颁发的资格登记证明文件，向监管地海关办理登记手续后，方可存放海关监管货物或者集装箱。

**第四十八条**　外国国际船舶运输经营者以及外国国际海运辅助企业在中国境内设立常驻代表机构，应当通过拟设立常驻代表机构所在地的省、自治区、直辖市人民政府交通主管部门向交通部提交下列材料：

（一）申请书，申请书应当载明拟设机构名称、设立地区、驻在期限、主要业务范围等；

（二）企业商业登记文件；

（三）企业介绍，包括企业设立时间、主营业务范围、最近年份经营业绩、雇员数、海外机构等；

（四）首席代表授权书，由企业董事长或者总经理签署；

（五）首席代表姓名、国籍、履历及身份证件。

有关省、自治区、直辖市人民政府交通主管部门收到完整齐备的上述材料后，应当于7个工作日内将有关材料及意见转报交通部。

交通部应当在收到转报的上述材料和意见之日起15个工作日内，作出批准或者不予批准的决定。决定批准的，由交通部颁发《外国（境外）水路运输企业在中国设立常驻代表机构批准书》（简称批准书）；申请材料不真实的，不予批准，书面通知申请人并告知理由。

获得批准的申请人应当自批准之日起30日内，持批准书向企业登记机关办理注册登记。逾期未办理相关手续的，批准书即自行失效。

常驻代表机构的批准驻在期限为3年。

**第四十九条**　常驻代表机构变更名称、首席代表的，应当在变更后15日内向交通部备案。

变更首席代表的，备案时应当同时报送新任首席代表的履历及身份证件复印件，以及由企业董事长或者总经理签署的首席代表授权书。

变更常驻代表机构名称的，备案时应当同时报送原名称与现名称关系的说明；属于外国企业名称变更或者因为企业合并、分立等原因变更常驻代表机构名称的，还应当报送相关法律证明文件。

交通部收到报备材料后应当及时办理有关变更登记手续。

**第五十条** 常驻代表机构需要延长驻在期的，应当自期满之日 60 日前向交通部提出申请。申请材料包括：

（一）申请书；

（二）交通部颁发的批准书复印件；

（三）常驻代表机构工商登记文件复印件。

常驻代表机构的每次延长驻在期限为 3 年。

交通部应当自收到申请人齐备有效材料之日起 15 个工作日内办理变更登记手续，并出具相关登记证明文件。

**第五十一条** 常驻代表机构终止，应当在终止之日起 10 日前报告交通部，由交通部注销该常驻代表机构。

常驻代表机构驻在期满未办理延期登记手续的，该常驻代表机构驻在资格自动丧失。

常驻代表机构终止、自动丧失资格或者被注销，由交通部签发《外国（境外）水路运输企业在中国设立常驻代表机构注销通知书》，同时通知有关省、自治区、直辖市人民政府交通主管部门和企业登记机关。

## 第五章 调查与处理

**第五十二条** 利害关系人认为国际海上运输业务经营者、国际海运辅助业务经营者有《海运条例》第三十五条和本实施细则第三十八条规定情形的，可依照《海运条例》第三十五条的规定请求交通部实施调查。请求调查时，应当提出书面调查申请，并阐述理由，提供必要的证据。

交通部对调查申请应当进行评估，在自收到调查申请之日起60个工作日内作出实施调查或者不予调查的决定：

（一）交通部认为调查申请理由不充分或者证据不足的，决定不予调查并通知调查申请人。申请人可补充理由或者证据后再次提出调查申请。

（二）交通部根据评估结论认为应当实施调查或者按照《海运条例》第三十五条规定自行决定调查的，应当将有关材料和评估结论通报国务院工商行政管理部门和价格部门。

**第五十三条** 调查的实施由交通部会同国务院工商行政管理部门和价格部门（以下简称调查机关）共同成立的调查组进行。

调查机关应当将调查组组成人员、调查事由、调查期限等情况通知被调查人。被调查人应当在调查通知送达后30日内就调查事项作出答辩。

被调查人认为调查组成员同调查申请人、被调查人或者调查事项有利害关系的，有权提出回避请求。调查机关认为回避请求成立的，应当对调查组成员进行调整。

**第五十四条** 被调查人接受调查时，应当根据调查组的要求提供相关数据、资料及文件等。属于商业秘密的，应当向调查组提出。调查组应当以书面形式记录备查。

调查机关和调查人员对被调查人的商业秘密应当予以保密。

被调查人发现调查人员泄露其商业秘密并有充分证据的，有权向调查机关投诉。

**第五十五条** 调查机关对被调查人“低于正常、合理水平运价”的认定，应当考虑下列因素：

（一）同一行业内多数经营者的运价水平以及与被调查人具有同等规模经营者的运价水平；

（二）被调查人实施该运价水平的理由，包括成本构成、管理水平和盈亏状况等；

（三）是否针对特定的竞争对手并以排挤竞争对手为目的。

**第五十六条**　调查机关对“损害公平竞争”或者“损害交易对方”的认定，应当考虑下列因素：

(一)对托运人自由选择承运人造成妨碍；

(二)影响货物的正常出运；

(三)以账外暗中回扣承揽货物，扭曲市场竞争规则。

**第五十七条**　调查机关作出调查结论前，可举行专家咨询会议，对“损害公平竞争”或者“损害交易对方”的程度进行评估。

聘请的咨询专家不得与调查申请人、被调查人具有利害关系。

**第五十八条**　调查结束时，调查机关应当作出调查结论，并书面通知调查申请人和被调查人：

(一)基本事实不成立的，调查机关应当决定终止调查；

(二)基本事实存在但对市场公平竞争不造成实质损害的，调查机关可决定不对被调查人采取禁止性、限制性措施；

(三)基本事实清楚且对市场公平竞争造成实质损害的，调查机关应当根据《海运条例》的规定，对被调查人采取限制性、禁止性措施。

**第五十九条**　调查机关在作出采取禁止性、限制性措施的决定前，应当告知当事人有举行听证的权利；当事人要求举行听证的，应当在自调查机关通知送达之日起10日内，向调查机关书面提出；逾期未提出听证请求的，视为自动放弃请求听证的权利。

**第六十条**　就本实施细则第三十八条所列情形实施调查的，调查组成员中应当包括对被调查人的资格实施登记的有关省、自治区、直辖市交通主管部门的人员。

对有本实施细则第三十八条第(三)项所列违法行为并给交易当事人或者同业竞争者造成实质损害的，调查机关可采取限制其在一定时期内扩大业务量的限制性措施。

## 第六章　法律责任

**第六十一条**　违反《海运条例》和本实施细则的规定应当予

以处罚的，交通部或授权的省、自治区、直辖市人民政府交通主管部门应当按照《海运条例》第六章和本章的规定予以处罚。

**第六十二条** 外商常驻代表机构有本实施细则第三十九条规定情形的，交通部或者有关省、自治区、直辖市人民政府交通主管部门可将有关情况通报有关工商行政管理部门，由工商行政管理部门按照《海运条例》第五十二条第二款的规定处罚。

**第六十三条** 班轮公会协议、运营协议和运价协议未按规定向交通部备案的，由交通部依照《海运条例》第四十八条的规定，对本实施细则第三十二条规定的备案人实施处罚。班轮公会不按规定报备的，可对其公会成员予以处罚。

**第六十四条** 调查人员违反规定，泄露被调查人保密信息的，依法给予行政处分；造成严重后果，触犯刑律的，依法追究刑事责任。

## 第七章 附 则

**第六十五条** 《海运条例》和本实施细则规定的许可、登记事项，申请人可委托代理人办理。代理人办理委托事项的，应当提供授权委托书。外国申请人或者投资者提交的公证文书，应当由申请人或者投资者所在国公证机关或者执业律师开出。

本实施细则所要求的各类文字资料应当用中文书写，如使用其他文字的，应随附中文译文。

**第六十六条** 对《海运条例》和本实施细则规定的备案事项的具体要求、报备方式和方法应当按照交通部的规定办理。

**第六十七条** 香港特别行政区、澳门特别行政区和台湾地区的投资者在内地投资从事国际海上运输和与国际海上运输相关的辅助性业务，比照适用《海运条例》第四章和本实施细则第四章的有关规定。

**第六十八条** 《海运条例》第二十条规定的公布运价和协议运价备案的具体办法，由交通部另行规定。

**第六十九条** 经营港口国际海运货物装卸、港口内国际海运货物仓储业务和国际海运集装箱码头和堆场业务的,按国家有关港口管理的法律、行政法规的规定办理。

**第七十条** 本实施细则自2003年3月1日起施行。交通部1985年4月11日发布的《交通部对从事国际海运船舶公司的暂行管理办法》、1990年3月2日发布的《国际船舶代理管理规定》、1990年6月20日发布的《国际班轮运输管理规定》、1992年6月9日发布的《中华人民共和国海上国际集装箱运输管理规定实施细则》和1997年10月17日发布的《外国水路运输企业常驻代表机构管理办法》同时废止。

# 外商投资国际海运业管理规定

（交通部、商务部　交通部令 2004 年第 1 号　2004. 02. 25）

**第一条**　为规范对外商在中国境内设立外商投资企业从事国际海上运输业务以及与国际海上运输相关的辅助性经营业务的管理，保护中外投资者的合法权益，根据《中华人民共和国国际海运条例》（以下简称《海运条例》）和中华人民共和国外商投资的有关法律、行政法规，制定本规定。

**第二条**　外商在中国境内投资经营国际海上运输业务以及与国际海上运输相关的辅助性经营业务（以下简称国际海运业），适用本规定。

**第三条**　中华人民共和国交通部和商务部及其授权的部门负责外商在中华人民共和国境内投资设立经营国际海运业的外商投资企业的审批和管理工作。

**第四条**　经交通部和商务部批准，允许外商采用以下形式投资经营国际海运业：

（一）设立中外合资、中外合作企业经营国际船舶运输、国际船舶代理、国际船舶管理、国际海运货物装卸、国际海运集装箱站和堆场业务；

（二）设立中外合资、中外合作、外商独资企业经营国际海运货物仓储业务；

（三）设立中外合资、中外合作、外商独资企业为投资者拥有或者经营的船舶提供日常业务服务。

**第五条**　设立外商投资国际船舶运输企业，需符合如下条件：

（一）有与经营国际海上运输业务相适应的船舶，其中必须有中国籍船舶；

（二）投入运营的船舶符合国家规定的海上交通安全技术标准；

（三）有提单、客票或者多式联运单证；

（四）有具备交通部规定的从业资格的高级业务管理人员；

（五）以中外合资或中外合作企业形式设立，外商的出资比例不得超过49%；

（六）企业的董事长和总经理，由投资各方协商后由中方指定；

（七）法律、行政法规规定的其他条件。

**第六条** 设立外商投资企业经营国际船舶运输业务，应当首先根据《海运条例》及《中华人民共和国海运条例实施细则》（以下简称《海运条例实施细则》）的规定向交通部提出申请，经交通部许可后，申请人应根据国家外商投资法律、行政法规的规定，凭交通部的许可文件向商务部提交本规定第十五条规定的文件，到商务部办理外商投资企业的设立审批手续，取得《外商投资企业批准证书》。

申请人应当持交通部的许可文件和商务部颁发的《外商投资企业批准证书》等有关文件，依法向工商行政管理机关办理工商登记，领取营业执照。

外商投资国际船舶运输企业依法设立后，申请人应当持工商行政管理机关颁发的营业执照向交通部申领《国际船舶运输经营许可证》，取得许可证书后方可从事国际船舶运输经营活动。

**第七条** 设立外商投资国际船舶代理企业，需符合如下条件：

（一）高级业务管理人员中至少2人具有3年以上从事国际海上运输经营活动的经历。高级业务管理人员是指具有中级或中级以上职称、在国际海运企业或者国际海运辅助企业任部门经理以上职务的中国公民；

（二）有固定的营业场所和必要的营业设施，包括具有同港口和海关等部门进行电子数据交换的能力；

（三）以中外合资或中外合作企业形式设立，外商出资比例不得超过49%；

（四）法律、行政法规规定的其他条件。

**第八条** 设立外商投资企业经营国际船舶代理业务，应当首先根据《海运条例》及《海运条例实施细则》的规定向交通部提出申请，经交通部许可后，申请人应根据国家外商投资法律、行政法规的规定，凭交通部的许可文件向商务部提交本规定第十五条规定的文件，到商务部办理外商投资企业的设立审批手续，取得《外商投资企业批准证书》。

申请人应当持交通部的许可文件和商务部颁发的《外商投资企业批准证书》等有关文件，依法向工商行政管理机关办理工商登记，领取营业执照。

外商投资国际船舶代理企业依法设立后，申请人应当持工商行政管理机关颁发的营业执照向交通部申领《国际船舶代理经营资格登记证》，取得资格登记证后方可从事国际船舶代理经营活动。

**第九条** 设立外商投资国际船舶管理企业，需具备下列条件：

（一）高级业务管理人员中至少2人具有3年以上从事国际海上运输经营活动的经历；

（二）有持有与所管理船舶种类和航区相适应的船长、轮机长适任证书的人员；

（三）有与国际船舶管理业务相适应的设备、设施。

**第十条** 设立外商投资企业经营国际船舶管理业务，应当根据《海运条例》及《海运条例实施细则》的规定向交通部提出申请，经交通部许可后，申请人凭交通部的许可文件并提交本规定第十五条规定的材料，根据国家有关外商投资的法律、行政法规的规定向企业所在地省级人民政府商务主管部门办理《外商投资企业批准证书》。

外商投资国际船舶管理企业依法设立后，申请人应当持工商行政管理机关颁发的营业执照向企业所在地的省级人民政府交通主管部门申领《国际海运辅助业经营资格登记证》，取得登记证书后方可从事国际船舶管理经营活动。

**第十一条** 设立外商投资企业经营国际海运集装箱站和堆场业务、国际海运货物仓储，应当根据《海运条例》及《海运条例实施细则》的规定向交通部提出申请，经交通部许可后，申请人凭交通部的许可文件并提交本规定第十五条规定的材料，根据国家有关外商投资的法律、行政法规的规定向企业所在地省级人民政府商务主管部门办理《外商投资企业批准证书》。

外商投资国际海运集装箱站和堆场企业、国际海运货物仓储企业依法设立后，申请人应当持工商行政管理机关颁发的营业执照向企业所在地的省级人民政府交通主管部门申领《国际海运辅助业经营资格登记证》，取得登记证书后方可从事相关业务。

外商投资设立国际海运货物装卸企业，依照国家有关规定办理。

**第十二条** 对已经设立的外商投资企业申请增加经营国际海运或国际海运辅助性业务，应当按照本规定中设立相关外商投资国际海运企业的程序办理相应手续。

已经设立的外商投资国际海运企业设立分支机构，应当按照有关外商投资法律、行政法规的规定和《海运条例》及《海运条例实施细则》的规定分别到交通部和商务部或其授权的部门办理相应手续。

已经设立的外商投资国际海运企业的合营合同、公司章程中有关出资、股权结构、经营范围等重要内容进行变更的，应当按照有关外商投资法律、行政法规的规定到商务部或其授权部门办理相关手续。变更《海运条例实施细则》第二十一条规定事项的，应当向交通部备案。

**第十三条** 外国航运公司可以设立中外合资、中外合作、外商独资企业，为投资者拥有或者经营的船舶提供承揽货物、代签提单、代结运费、代签服务合同等日常业务服务，其申请设立程序依照交通部与商务部联合发布的外商独资船务公司审批管理的有关规定办理。

**第十四条**　在中国境内的外商投资企业经营无船承运业务，应依照《海运条例》及《海运条例实施细则》的规定，向交通部申请登记取得《无船承运业务经营资格登记证》，并依照外商投资的有关法律、行政法规的规定，到商务部办理审批手续。

**第十五条**　申请人向交通部提出申请，应当提交《海运条例》及《海运条例实施细则》规定的材料；向商务部或其授权部门提出申请的，应向审批机关提交如下材料：

（一）申请书；

（二）可行性研究报告；

（三）合营合同和合营公司章程（独资企业只需报送章程）；

（四）投资者注册登记证明文件及资信证明文件；

（五）拟设立企业董事长和总经理的身份证明；

（六）法律、行政法规要求的其他文件。

**第十六条**　中国香港特别行政区、澳门特别行政区和台湾地区的投资者在中国其他省、自治区和直辖市投资设立国际海运及其国际海运辅助企业，参照本规定办理。

**第十七条**　根据国务院批准的《内地与香港关于建立更紧密经贸关系的安排》、《内地与澳门关于建立更紧密经贸关系的安排》及其附件的有关规定，自 2004 年 1 月 1 日起，允许香港和澳门的服务提供者在内地设立独资企业经营国际船舶管理、国际海运货物仓储、国际海运集装箱站和堆场、无船承运业务；允许香港和澳门的服务提供者在内地设立独资船务公司，为其拥有或者经营的船舶提供揽货、签发提单、结算运费、签订服务合同等日常业务服务。

**第十八条**　本规定由交通部和商务部负责解释。

**第十九条**　本规定自 2004 年 6 月 1 日起施行。

# 老旧运输船舶管理规定

（交通部令2006年第8号　2006.07.05）

## 第一章　总　　则

**第一条**　为加强老旧运输船舶管理，优化水路运力结构，提高船舶技术水平，保障水路运输安全，促进水路运输事业健康发展，制定本规定。

**第二条**　本规定适用于拥有中华人民共和国国籍，从事水路运输的海船和河船。

**第三条**　本规定中下列用语的含义是：

（一）船龄，是指船舶自建造完工之日起至现今的年限；

（二）购置、光租外国籍船船龄，是指船舶自建造完工之日起至国务院商务主管部门或其授权的部门和机构签发的《机电产品进口许可证》或《自动进口许可证》签发之日的年限；

（三）老旧运输船舶，是指船龄在本规定第四条、第五条规定的最低船龄以上的运输船舶；

（四）报废船舶，是指永久不能从事水路运输的船舶；

（五）废钢船，是指永久不能从事水路运输的钢质船舶。

**第四条**　老旧海船分为以下类型：

（一）船龄在10年以上的高速客船，为一类老旧海船；

（二）船龄在10年以上的客滚船、客货船、客渡船、客货渡船（包括旅客列车轮渡）、旅游船、客船，为二类老旧海船；

（三）船龄在12年以上的油船（包括沥青船）、散装化学品船、液化气船，为三类老旧海船；

（四）船龄在18年以上的散货船、矿砂船，为四类老旧海船；

（五）船龄在20年以上的货滚船、散装水泥船、冷藏船、杂货船、多用途船、集装箱船、木材船、拖轮、推轮、驳船等，为五类老旧海船。

**第五条** 老旧河船分为以下类型：

（一）船龄在10年以上的高速客船，为一类老旧河船；

（二）船龄在10年以上的客滚船、客货船、客渡船、客货渡船（包括旅客列车轮渡）、旅游船、客船，为二类老旧河船；

（三）船龄在16年以上的油船（包括沥青船）、散装化学品船、液化气船，为三类老旧河船；

（四）船龄在18年以上的散货船、矿砂船，为四类老旧河船；

（五）船龄在20年以上的货滚船、散装水泥船、冷藏船、杂货船、多用途船、集装箱船、木材船、拖轮、推轮、驳船（包括油驳）等，为五类老旧河船。

**第六条** 国家对老旧运输船舶实行分类技术监督管理制度，对已达到强制报废船龄的运输船舶实施强制报废制度。

**第七条** 县级以上人民政府交通主管部门根据本规定和其他有关规定对老旧运输船舶的市场准入和营运进行管理，并可委托其设置的航运管理机构负责老旧运输船舶管理的具体工作。

海事管理机构根据有关法律、行政法规和本规定对老旧运输船舶实施安全监督管理。

## 第二章 船舶购置、光租、改建管理

**第八条** 购置外国籍船舶或者以光船租赁条件租赁外国籍船舶从事水路运输，船舶必须符合本规定附录规定的购置、光租外国籍船舶的船龄要求，其船体、主要机电设备和安全、防污染设备等应当符合船舶法定检验技术规则。

购置、光租外国籍油船，其船体应当符合《经1978年议定书修订的1973年国际防止船舶造成污染公约》附则I《防止油类污染规则》规定的要求。

**第九条** 本规定所称购置外国籍船舶、以光船租赁条件租赁外国籍船舶,包括已经从国外购置或者以光船租赁条件租赁,但尚未在中国取得合法船舶检验证书、船舶国籍证书的外国籍船舶,以及通过拍卖方式购置的外国籍船舶。

**第十条** 任何组织和个人不得购置外国籍废钢船从事水路运输,也不得以光船租赁条件租赁外国籍废钢船从事水路运输。

**第十一条** 超过本规定报废船龄的外国籍船舶不得从事国内水路运输。

**第十二条** 购置外国籍船舶或者以光船租赁条件租赁外国籍船舶改为中国籍船舶经营水路运输,购置人、承租人应当了解船舶的船龄和技术状况,并按下列程序办理有关手续:

(一)购置或光租外国籍一、二、三类船舶前,应当按照国家有关规定向县级以上地方人民政府交通主管部门提出增加运力的申请,并报经交通部批准;

(二)购置外国籍船舶或者以光船租赁条件租赁外国籍船舶后,应依法向海事管理机构认可的船舶检验机构申请初次检验,取得其签发的船舶检验证书;

(三)购置外国籍船舶或者以光船租赁条件租赁外国籍船舶取得船舶检验证书后,应依法向海事管理机构申请船舶登记、光船租赁登记,取得其签发的船舶所有权登记证书、船舶国籍证书或光船租赁登记证明书及临时船舶国籍证书;

(四)购置外国籍船舶或者以光船租赁条件租赁外国籍船舶取得船舶国籍证书或光船租赁登记证明书及临时船舶国籍证书后,经营国内水路运输的,应当按有关规定向县级以上人民政府交通主管部门提出申请,取得船舶营运证;经营国际运输的,于投入运营前15日向交通部备案,取得备案证明文件。

**第十三条** 船舶检验机构应当严格按照有关船舶法定检验技术规则和本规定对购置的外国籍船舶或者以光船租赁条件租赁的外国籍船舶进行检验。

**第十四条** 船舶登记机关应当严格按照有关船舶登记规定和

本规定对购置的外国籍船舶或者以光船租赁条件租赁的外国籍船舶进行登记。

**第十五条** 县级以上人民政府交通主管部门应当按国家有关水路运输经营资质管理规定和本规定对经营水路运输的申请进行审核。审核不合格的,不得发给船舶营运证或国际船舶备案证明文件。

**第十六条** 四类、五类船舶不得改为一类、二类、三类船舶从事水路运输,三类船舶之间不得相互改建从事水路运输。

**第十七条** 改建一、二、三类老旧运输船舶,应当按运力变更的规定报规定的交通主管部门批准。

改建老旧运输船舶,必须向海事管理机构认可的船舶检验机构申请建造检验。

船舶检验机构对改建的老旧运输船舶签发船舶检验证书,应当注明改建日期,但不得改变船舶建造日期。

**第十八条** 老旧运输船舶经过改建,与改建前不属本规定的同一船舶类型的,其特别定期检验船龄、强制报废船龄适用于改建后老旧运输船舶类型的规定。

## 第三章 船舶营运管理

**第十九条** 船舶所有人或者经营人应采取有效措施,加强老旧运输船舶的跟踪管理,适当缩短船舶设备检修、养护检查周期和各种电气装置的绝缘电阻测量周期,严禁失修失养。

**第二十条** 船舶所有人或者经营人改变老旧运输船舶的用途或航区,必须向海事管理机构认可的船舶检验机构申请临时检验,核定载重线和乘客定额、船舶构造及设备的安全性能,必要时重新丈量总吨位和净吨位。

**第二十一条** 从事国内运输的老旧运输船舶办理进出港口签证,除应当向海事管理机构交验有关安全证书外,还应当交验船舶营运证。

对未按国家规定交验有效船舶证件的老旧运输船舶，海事管理机构不得为其办理进出港口签证；对未交验船舶营运证的，还应将有关情况通知所在地交通主管部门。

**第二十二条** 海事管理机构应当对从事国际运输的中国籍老旧运输船舶和进出我国港口的达到本规定老旧船舶年限的外国籍运输船舶加强监督检查。

**第二十三条** 对处于不适航状态或者有其他妨碍、可能妨碍水上交通安全的老旧运输船舶，海事管理机构依照有关法律、行政法规的规定禁止其进港、离港，或责令其停航、改航、驶向指定地点。

**第二十四条** 船舶所有人或者经营人应当按照国家有关规定，向海事管理机构认可的船舶检验机构申请对营运中的老旧运输船舶定期检验。经检验不合格的，不得经营水路运输。

**第二十五条** 老旧运输船舶达到本规定附录规定的特别定期检验的船龄，继续经营水路运输的，船舶所有人或经营人应当在达到特别定期检验船龄的前后半年内向海事管理机构认可的船舶检验机构申请特别定期检验，取得相应的船舶检验证书，并报批准其经营水路运输的交通主管部门备案。

**第二十六条** 经特别定期检验合格、继续经营水路运输的老旧运输船舶，船舶所有人或者经营人应当自首次特别定期检验届满一年后每年申请一次特别定期检验，取得相应的船舶检验证书，并报批准其经营水路运输的交通主管部门备案。

县级以上人民政府交通主管部门发现老旧运输船舶的技术状况可能影响航行安全的，应当通知海事管理机构。

老旧运输船舶的技术状况可能影响航行安全的，海事管理机构应当责成船舶所有人或经营人向船舶检验机构申请临时检验。

**第二十七条** 未按本规定第二十五条、第二十六条的规定申请特别定期检验或者经特别定期检验不合格的老旧运输船舶，应予以报废。

**第二十八条** 达到本规定附录规定的强制报废船龄的船舶，

应予以报废。

船舶检验证书、船舶营运证的有效期最长不得超过本规定附录规定的船舶强制报废船龄的日期。

**第二十九条** 船舶报废后，其船舶营运证或国际船舶备案证明文件自报废之日起失效，船舶所有人或者经营人应在船舶报废之日起15日内将船舶营运证交回原发证机关予以注销。其船舶检验证书由原发证机关加注"不得从事水路运输"字样。

**第三十条** 禁止使用已经报废的船舶从事水路运输。

禁止使用报废船舶的设备及其他零部件拼装运输船舶从事水路运输。

**第三十一条** 报废船舶改作趸船、水上娱乐设施以及其他非运输设施，应符合国家有关规定。

## 第四章 监督和处罚

**第三十二条** 县级以上人民政府交通主管部门、海事管理机构应当按照有关法律、行政法规、规章的规定，对老旧运输船舶进行监督检查。

老旧运输船舶所有人或者经营人应当接受县级以上人民政府交通主管部门、海事管理机构依法进行的监督检查，如实提交有关证书、资料或者情况，不得拒绝、隐匿或者弄虚作假。

**第三十三条** 老旧运输船舶所有人或者经营人违反本规定第十二条第(四)项的规定，未经批准擅自从事营业性水路运输的，按《中华人民共和国水路运输管理条例》第二十六条第(一)项的规定给予行政处罚。

**第三十四条** 违反本规定第二十九条的规定，未将报废船舶的船舶营运证交回原发证的交通主管部门的，以未经批准擅自从事营业性水路运输论，按《中华人民共和国水路运输管理条例》第二十六条第(一)项的规定给予行政处罚。

**第三十五条** 船舶所有人或者经营人违反本规定有关船舶登

记、检验规定的，由海事管理机构按有关法律、行政法规、规章规定给予行政处罚。

**第三十六条** 交通主管部门、海事管理机构的工作人员玩忽职守、徇私舞弊、滥用职权的，依法给予行政处分。

## 第五章 附 则

**第三十七条** 为满足保护国家利益和加强安全管理的需要，交通部可以对本规定的有关船龄进行临时调整。

**第三十八条** 仅从事水上工程作业的船舶，以及仅从事港区内作业的拖船、工作船等船舶，不适用本规定。

以上船舶和其他非营运船舶从事水路运输时，适用本规定。

**第三十九条** 对从事中国港口至外国港口间运输的一、二类船舶，需要对船龄作出限制规定的，由双边商定。

**第四十条** 本规定由交通部负责解释。

**第四十一条** 本规定自2006年8月1日起施行。2001年4月9日交通部公布的《老旧运输船舶管理规定》（交通部令2001年第2号）同时废止。

## 附录一

# 海船船龄标准

| 船舶类别 | 购置、光租<br>外国籍船船龄 | 特别定期<br>检验船龄 | 强制报废船龄 |
|---|---|---|---|
| 一类船舶 | 10 年以下 | 18 年以上 | 25 年以上 |
| 二类船舶 | 10 年以下 | 24 年以上 | 30 年以上 |
| 三类船舶 | 12 年以下 | 26 年以上 | 31 年以上 |
| 四类船舶 | 18 年以下 | 28 年以上 | 33 年以上 |
| 五类船舶 | 20 年以下 | 29 年以上 | 34 年以上 |

## 附录二

# 河船船龄标准

| 船舶类别 | 购置、光租<br>外国籍船船龄 | 特别定期<br>检验船龄 | 强制报废船龄 |
|---|---|---|---|
| 一类船舶 | 10 年以下 | 18 年以上 | 25 年以上 |
| 二类船舶 | 10 年以下 | 24 年以上 | 30 年以上 |
| 三类船舶 | 16 年以下 | 26 年以上 | 31 年以上 |
| 四类船舶<br>其中黑龙江水系船舶 | 18 年以下<br>18 年以下 | 28 年以上<br>33 年以上 | 33 年以上<br>39 年以上 |
| 五类船舶<br>其中黑龙江水系船舶 | 20 年以下<br>20 年以下 | 29 年以上<br>35 年以上 | 35 年以上<br>41 年以上 |

# 水路规费征收

# 水路运输管理费征收和使用办法

（交通部、财政部　(90)交运字136号　1990.03.05）

**第一条**　为促进水运事业的协调发展，维护水运市场秩序，保证水路运输行政管理工作的正常进行，根据《中华人民共和国水路运输管理条例》的规定，制定本办法。

**第二条**　水路运输管理费（以下简称"运管费"）由各级航运行政管理部门（以下简称"运管部门"）负责征收，其他任何单位和个人均不得征收。

**第三条**　从事国内水路营业性运输的企业、单位和个人，以及从事国内水路运输服务业务的企业，应按本办法的规定缴纳运管费。

**第四条**　运输费按水路运输（服务）企业、单位和个人的营运（营业）收入计征，最高不超过营运（营业）收入的2%。对难以准确反映营运收入的运输企业、单位和个人，其运管费按船舶定额载重吨（客位或千瓦）计征。具体征收标准和减免审批权限按下列规定办理：

（一）交通部直属的水路运输（服务）企业，由交通部、财政部确定；

（二）其他水路运输（服务）企业、单位和个人，由各省（自治区、直辖市下同）交通、财政厅（局）确定；个别省由于水运资源较差，确需超过营运（营业）收入2%的，须经交通、财政两部批准。

**第五条**　专业水路运输（服务）企业的运管费，由其主管的运管部门按月（或季、年）征收；设在外省境内的水路运输（服务）企业，其运管费由所在地的运管部门征收，但其主管的运管部门设在当地的除外。

其他从事水路运输(服务)的企业、单位和个人的运管费由其所在地的运管部门按月(或季、年)征收。

半年以上长期固定在外省从事运输船舶的运管费,由其主管(或船籍所在地)的运管部门征收,然后与其从事运输地区的运管部门分成。具体分成比例由双方协商确定。

**第六条** 运管部门在征收运管费的同时,应向缴费单位或个人核发水路运输管理费缴费凭证(见附件式样一)和同期有效的单船水路运输管理费缴讫证(见附件式样二)。对持有效运管费缴费凭证和缴讫证的,任何单位不得重征。运输管理费缴费凭证的印制,要套印财政专章。

**第七条** 运管费的使用范围是:

(一)航运管理人员的工资及按规定提取的福利基金;

(二)航运管理业务开支和管理费用;

(三)从事航运行政管理工作的离、退休人员的费用;

(四)航运行政管理机构固定资产购置(包括工作用车、船、通信、宣传、记录、计算、检测等设备)和基本建设投资(包括办公用房、职工宿舍及其服务设施);

(五)运管部门的奖励基金及工会经费;

(六)智力开发和人才培训的经费开支。

以上费用中属经费开支的部分,按事业单位的开动标准编制预算;属基本建设的部分,按基建规定程序,经批准后支用。经费开支前编报计划审批,本着精打细算、勤俭节约的原则使用。

**第八条** 运管费作为水路运输行政管理的事业经费收入,按财政有关规定管理。

各地征收的运管费由省负责航运行政管理的局(处)实行统收统支、专款专用。要严格遵守财经纪律和财务制度,任何单位不得坐支、挪用。

运管费要在银行单独立户,账目日清月结。年终结余,除按规定列入计划支出的以外,其余上缴同级财政。

运管部门经费开支计划要报经主管部门和同级财政部门批

准,并按期报送财务决算报表,接受监督。

**第九条** 对违反本办法规定,逾期不缴纳运管费的,检查单位应责其向征费部门补缴费款和滞纳金,并直接通知征费部门补征。滞纳金按逾缴日期,每日以应缴费款的千分之五计算。征费部门收取费款和滞纳金后,应向检查单位支付实收款额百分之五的手续费。滞纳金收入和手续费收入一并纳入运管费统一管理。

对拒不缴纳运管费的企业、单位和个人,情节严重的,由运管部门收缴运输(或服务)许可证和船舶营业运输证。

**第十条** 缴费企业、单位和个人,对征费部门的决定有异议时,应先缴费,然后向上级交通主管部门申请复议,或直接向人民法院起诉。

**第十一条** 运管人员违反本办法规定的,由上级主管部门视情节轻重,酌情处以行政处分。触及刑律的,由司法机关依法追究刑事责任。

**第十二条** 各省交通、财政厅(局)可根据本办法制订实施办法,报交通、财政部备案。

**第十三条** 本办法由交通部、财政部负责解释。

**第十四条** 本办法自1990年4月1日起施行。

附件一

## ××省(自治区、直辖市)航运(务)管理局(处)水路运输管理费月(季)度缴费凭证(一)

缴费单位:　　　　　　　　　　　　　　　　　　　　年　月　日

| 运费总收入(元) | 水路运输管理费费率 | 应缴水路运输管理费金额 | 备注 |
| --- | --- | --- | --- |
| | | | |

收费单位:　　　　　　　　收款人:　　　　　　　　制表人:

## ××省(自治区、直辖市)航运(务)管理局(处)水路运输管理费月(季)度缴费凭证(二)

缴费单位:　　　　　　　　年　　月　日　　　　　　　　编号:

| 船名 | 船号 | 船舶类型 | 吨位或功率 | 水路运输管理费费率 | 金额 | | | | | | 缴费月份 |
| --- | --- | --- | --- | --- | --- | --- | --- | --- | --- | --- | --- |
| | | | | | 千 | 百 | 十 | 元 | 角 | 分 | |
| | | | | | | | | | | | |
| | | | | | | | | | | | |
| | | | | | | | | | | | |
| | | | | | | | | | | | |
| | | | | | | | | | | | |

合计人民币(大写):

| 备　注 | |
| --- | --- |

收费单位:　　　　　　　　收款人:　　　　　　　　制表人:

## 附件二

# ××省（自治区、直辖市）运输管理费缴讫证

<table>
<tr><td colspan="7">船舶所有单位：</td></tr>
<tr><td colspan="2">船名船号</td><td colspan="3"></td><td>船籍港</td><td></td></tr>
<tr><td colspan="2">吨位</td><td colspan="2"></td><td>客位</td><td>功率</td><td></td></tr>
<tr><td>有效期</td><td colspan="2">自　　年　　月　　日起<br>自　　年　　月　　日止</td><td>填发机关</td><td colspan="3">年　月　日</td></tr>
</table>

# 港务费收支管理规定

（交通部、财政部　(90)交财字566号　1990.10.15）

**第一条**　为适应港口管理体制改革的需要，更好地管理和使用好港务管理资金，保证港务设施的正常使用，制订本规定。

**第二条**　本规定适用于部直属及双重领导的海港、各海上安全监督局及船舶检验局的港务费收支管理。

内河港口及地方海港的港务费收支管理可参照本规定执行。

**第三条**　港务费收入范围是：

（一）港务局港务收入：

1. 货物港务费收入；

2. 引航收入；

3. 铁路使用费收入；

4. 系解缆收入；

5. 其他港务收入（包括停泊费、移泊费、过闸费等）。

（二）海上安全监督局港务费收入：

1. 船舶港务费收入；

2. 海事监督收入（包括海事处理、船员考试、船舶登记等）；

3. 危险品监督收入（包括危险品监装及交通费）；

4. 海岸电台收入（包括电报、无线电话收费等）；

5. 其他港务收入（包括打捞物资、清除物资收费等）。

（三）船舶检验局港务费收入：

1. 船舶检验收入（包括建造检验、营运中检验、修理检验等）；

2. 海洋工程检验收入（包括建造检验、营运中检验、修理检验等）；

3. 集装箱检验收入；

4. 产品检验收入；

5. 公证检验收入（包括鉴定检验、机海损检验、起退租检验等）；

6. 其他收入（包括测试、科研、培训等）；

海上防污收入（包括清除垃圾、污油处理等），按现行业务归属划分其收入。

**第四条** 港务费支出范围是：

（一）港务局港务费支出：

1. 航道、泊位、港地、锚地的测量、破冰以及本港挖泥船进行维护性的挖泥等所发生的费用；

2. 进港航道的维护性挖泥和改善航道条件等所发生的费用；

3. 码头、浮码头、系船浮筒、栈桥、驳岸、护岸、防波堤、防火堤、导流堤、船闸等的修理、加固以及结合修理进行改造和增添的附属设备设施等费用，船闸管理费用；

4. 港区围墙、道路、桥涵的维护、修理、改变材质结构等所发生的费用；

5. 港内上、下水道的修理、更换管径和增设附属设备以及增添分支管线等费用；

6. 港区输电线路及设施的维护、更换杆线、架空线改地缆等费用。港内照明和动力用电费用（除港务专用设备的用电由港务费支出外，其余均由有关业务负担）；

7. 港务局管理的港区铁路编组站、线路、信号设施的维护、修理、更换轨枕和附属设备以及枕木改换材质等费用；

8. 港口防台、防汛设施的修理和增设，以及港口防台、防汛所采取措施的费用；

9. 系解缆业务、设施耗用的材、物料等费用（系解缆工作如由企业有关业务人员兼办的，其费用应仍由港务业务的费用合理负担）；

10. 从事引航、系解缆、环境监测业务及其港务设施的维护管理人员的工资、津贴、奖金等费用；

11. 从事港务业务的离退休人员的离退休工资、劳动保险等费用；

12. 按港口装卸、堆存、港务支出所占比重应分摊的企业和作业区管理费用；

13. 港区道路旁所发生的绿化费；

14. 港区范围内发生的垃圾清除费、场地清扫费、消防船(含拖消两用船)费用等，应分别列入企业管理费和营业外支出及其他支出。

(二)海上安全监督局港务费支出：

1. 码头、栈桥、驳岸、港内灯塔、岸标、浮标、无线电航标、信号台等修理、增添必要的附属设备以及防台、防汛措施等费用；

2. 从事海上安全监督、港内航标管理、测绘、信号人员的工资、折旧、修理、耗用的燃材料和其他业务费用，联检和海上巡逻等所发生的船舶费用；

3. 从事海上安全监督、污油清除等人员工资、折旧、修理、耗用的燃材料和其他业务费用，进行污油清除使用的船舶费用；

4. 从事危险品监装人员的工资及其他业务费用；

5. 海岸电台人员的工资、折旧、修理、耗用的燃材料、动力以及其他业务费用；

6. 综合管理部门人员的工资、办公费及其他管理费用。离退休人员工资、劳动保险等费用。

(三)船舶检验局港务费支出：

1. 检验部门人员的工资、折旧、修理耗用的燃材料、试验以及其他业务费用；

2. 规范科研所、培训中心人员的工资、科研、试验、教学费用及仪器设备添置及维修，耗用的燃材料费及其他业务费用；

3. 综合管理部门人员的工资、办公费及其他管理费用。离退休人员工资劳动保险等费用。

**第五条** 港务费收支的财务规定：

(一)港务费收支实行预算管理，单独核算。交通部根据各港务局、海上安全监督局、船舶检验局的港务费收支情况，分别核定各局定额（比例）上交主管部门，定额补贴或全部留用办法，一定几年不变。

（二）各单位港务费收支结余部分，港务局可继续跨年使用，以丰补欠，海上安全监督局和船舶检验局应按部核定的“三金”比例分别提取生产发展基金、职工福利基金和职工奖励基金。

（三）属于港务管理范围的固定资产、流动资产、人员工资、职工福利和职工奖金的待遇、提取标准等，港务局按企业的规定进行管理；海上安全监督局、船舶检查局按行政事业单位实行企业化管理的规定进行管理。

（四）各单位必须严格划分生产与港务、基建与港务的界限。凡属生产和基建负担的费用，不得列入港务费支出；属港务费负担的费用，也不得列入生产成本和基建费用。企业管理费用按规定比例分摊计入港务费支出。

（五）港务费的各项收入，按有关费收规定，原则上分别由各单位计收。港务费收入不纳营业税。

（六）属于港务管理的固定资产，除码头、浮码头、栈桥、驳岸、灯塔、港内岸标、浮标、无线电航标、信号台、铁路设施、道路、围墙、桥涵等不计提折旧和大修理基金，所需维修、大修及更新改造费用，列入港务费支出外，其余的固定资产如船舶、车辆、通信设备等应按规定的提存率计提折旧基金和大修理基金。个别单位确因港务费收支入不敷出而提取折旧有困难的，报经交通部、财政部批准后可暂缓计提或减半计提。

各单位港务管理专用船舶、车辆、通信设备等固定资产的基本折旧和大修理基金，按核定的提存率计提，其所需要新改造及大修费用，在企业更新改造基金和大修理基金中支付，不得列入港务费支出。

（七）各单位收取的港务费收入，应当首先保证港务管理设施进行正常维护开动的需要和按时解交核定的上交款。在此前提下，可以按照国家的规定用于贷款的归还。

各单位属基建性质的项目，仍按基建程序办理，不得由港务费收入列支。

**第六条** 港务费支出的项目和会计核算：

（一）港务费支出的项目：

1. 工资：港务局从事港务管理业务人员，海上安全监督局、船舶检验局从事监督、船检业务人员的工资及各种津贴等；

2. 奖金：港务局从事港务管理业务人员按规定提取的奖金；

3. 职工福利基金：港务局、海上安全监督局、船舶检验局按规定提取的职工福利基金；

4. 燃料：港务设施及船舶、车辆等耗用的燃料；

5. 材料：港务设施及船舶、车辆等耗用的材料、物料及低值易耗品；

6. 动力及照明费：港务设施耗用的照明费、动力费；

7. 燃材料节约奖：按国家规定提取的燃料和材料节约奖；

8. 折旧费：按规定提取的固定资产的折旧费；

9. 大修理基金：按照规定的提存率提取的固定资产大修理基金；

10. 修理费：固定资产修理费或其他零星修理费；

11. 防台、防汛措施费：防台、防汛等措施耗用的工具设备及其他费用；

12. 租费：接送引航号、联检人员租用的船舶费用或其他租费；

13. 保险费：船舶、车辆等的财产保险费；

14. 离退休人员费用：按规定应支付给离退休人员的费用；

15. 管理费用：港务局按规定比例分摊的企业和作业区管理费、海监局、船检局管理部门人员的工资、办公费、差旅费及其他管理费用；

16. 其他：不属于以上项目的其他费用。

（二）港务费会计核算及其他：

1. 各单位应根据《国营交通运输企业会计制度》和本规定做好港务费会计核算工作，按时编制月报、季报和年报；

2. 各单位应当根据量入为出的原则，每年编制港务费收支预算，并严格按预算执行；

3. 港务费收支报表格式和内容，将由交通部根据本规定另行制定。

**第七条** 各单位可根据本办法制定实施细则报交通报、财政部备案。

**第八条** 本办法由交通部、财政部负责解释。

**第九条** 本办法自1990年1月1日起施行。1973年交通部发布的《海港港务管理收支办法》同时废止。

# 航行国际航线船舶及外贸进出口货物理货费收规则

（交通部　交财发[1993]272号　1993.03.16）

**第一条**　中国外轮理货总公司及其分支机构（以下简称理货公司）向航行国际航线船舶（含外贸出口一程、进口二程船舶）和国外进出口货物计收的理货费用，均按本规则办理。

航行于各港与香港、澳门航线的船舶，比照本规则办理。

**第二条**　理货公司依据本规则，按《航行国际航线船舶理货费率表》（以下简称《费率表》）计收各项费用。

**第三条**　《费率表》中所列费率以人民币元标价。国外付费人按外汇人民币或中国银行认收的外币及其规定的兑换率进行清算，国内付费人按人民币进行清算。船方代理人应于船舶抵港前将船舶性质和付费人等有关资料以书面形式提供给理货公司，否则按外币进行清算。

**第四条**　本规则所订计费吨为货物的重量吨与尺码吨中择大的吨数。

重量吨为货物的毛重，订有换算重量的货物为换算重量，以1000千克为1重量吨计。

货物重量换算表见附表一。

尺码吨为货物（含包装）的长、宽、高的最大尺码为边组成的立方体的体积数，以1立方米或35.314立方英尺为1尺码吨计。

**第五条**　计费吨以进口舱单、出口装货单（场站收据）上所列重量或体积为准。进口舱单上未列明的，则以船方的装货单或提单副本上所列的为准。但经抽查证实，货物的重量或体积大于进口舱单、出口装货单（场站收据）上所列数字时，在向船公司提供货物丈量单后，整票货物均以抽查结果作为计费的依据。

**第六条** 一票货物中含有两种或两种以上计费类别的货物，且计费类别高的货物的计费吨占整票货物的计费吨满 30% 或一票货物同属两种计费类别时，则整票货物的理货费用均按计费类别高的费率计收。

**第七条** 同一计费类别的货物、计费吨累计后计费。累计计费吨的尾数不足 1 计费吨的，按 1 计费吨计。

以小时为计费单位的，按小时累计后计费。累计小时的尾数不足 1 小时的，按 1 小时计。

以日为计费单位的，按日历日累计后计费。累计日的尾数不足 1 日的，以 1 日计。

**第八条** 对理货业务章程规定的委托性理货业务的收费标准，除节假日、夜班外，可在《费率表》规定费率的 20% 的幅度内上下浮动。其中委托办理集装箱装、拆箱理货业务的，可由理货公司参照《费率表》规定的费用与费率，协商定价。

**第九条** 对其他委托业务，如随船理货，监装监卸等的收费标准，可由理货公司与委托人协商议定。

**第十条** 对溢收、短收、错收、漏收的各项费用，应在费用结算后 180 天内向对方提出退补要求，逾期互不退补。

**第十一条** 本规则解释权属中华人民共和国交通部。

**第十二条** 本规则自 1993 年 4 月 1 日起实施。

## 附件

# 航行国际航线船舶理货费率表

一、基本理货费

1. 件货理货费(见附表二)

2. 集装箱理箱费

每标准箱8元。带有底盘车的,每标准箱10元。

非标准尺寸的集装箱,按以下比例计费:(见附表三)

3. 集装箱装/拆箱理货费

(1)装/拆箱理货费(见附表四)

(2)在市区装/拆箱,交通费每往返一次包干计收60元;在市区外装/拆箱,交通费每往返一次包干计收60元,或按实计收交通、住宿费。

(3)在市区外、每次装/拆箱不足3个标准箱时,按3个标准箱计收装/拆箱理货费。

(4)铅封费

施封环每枚2.60元;施封锁每枚6.40元。

4. 散装货物交接单证手续费

每重量吨0.30元。

5. 行李、包裹理货费

每件1.30元。

6. 分标志费

每吨1.10元。

7. 理货人员待时费

每人每小时16.60元。

8. 翻舱理货费

(1)舱内翻舱,按理货人员待时费率计收。

(2)出舱翻舱,按相应货物或集装箱基本理货费率加倍计收。

9. 特殊委托业务费

(1)货物甩样、挑小号、分规格,每吨 1.10 元。

(2)按小时计费的,每人每小时 20.50 元。

(3)按日计费的,每人每日(8 小时)164.00 元。

10. 理货单证费

按船舶当航次所理货物、集装箱重量吨计收:

1,000 吨以下(含 1,000 吨) 128.20 元

5,000 吨以下(含 5,000 吨) 384.60 元

10,000 吨以下(含 10,000 吨) 512.70 元

10,000 吨以上 640.90 元

二、计量费

1. 货物丈量费

每立方米 0.60 元,每批货物起码收费 40.00 元,另按实计收货物捣载费用。

2. 货物计重费

(1)看船舶水尺计算货物重量,每重量吨 0.30 元。

(2)使用衡器确定货物重量,每重量吨 0.60 元。使用衡器确定回空汽车重量,每单车 2.00 元。

三、交通费

1. 陆上交通费,按每艘船舶每航次包干计收 210.00 元。

2. 水上交通费,按实计收或按每艘船舶每航次包干计收800.00 元。

四、附加费(见附表五)

五、起码理货费

在每艘船舶当航次计收的基本理货费中的 1、2、4、5、7、8、10 项和附加费之和低于在全船工作的理货人员总人(次)数乘以 7 小时理货人员待时费标准时,则按在全船工作的理货人员总人(次)数乘以 7 小时理货人员待时费标准,向船舶计收起码理货费。

六、其他

其他费收项目与费率由理货公司酌定,报交通部备案。

## 附表一　货物重量换算表

货物重量换算表

| 货物类别 | 货 物 名 称 | 计算单位 | 换算重量(吨) |
|---|---|---|---|
| 1 | 骆驼、牛、马等大型家畜、动物 | 头 | 0.8 |
| 2 | 牛犊、马驹、猪、羊等小型家畜、动物 | 头 | 0.2 |

## 附表二　件货理货费

件货理货费

| 计费类别 | 货 物 名 称 | 费率(元) | 计费单位 |
|---|---|---|---|
| 1 | 危险货物,冷冻、冷藏货物,有色金属 | 2.85 | W.M |
| 2 | 每1重吨不足2立方米的列名外件货 | 2.30 | W |
| 3 | 橡胶、电解铜 | 2.00 | W.M |
| 4 | 金属制材,圆木,纯碱,水泥,鱼粉 | 1.40 | W.M |
| 5 | 每1重吨满2立方米、不足4立方米的列名外件货 | 1.10 | M |
| 6 | 盐,化肥,糖,粮,枣 | 1.00 | W.M |
| 7 | 棉花,麻,烤烟 | 0.70 | W.M |
| 8 | 每1重量吨满4立方米的各类货物 | 0.55 | M |

## 附表三　非标准尺寸的集装箱理货费率

非标准尺寸的集装箱理货费率

| 非标准箱种类 | 换算标准箱数 |
|---|---|
| 45英尺 | 2.5 |
| 58英尺 | 3 |

## 附表四　装/拆箱理货费

**装/拆箱理货费**

| 集装箱种类 | 理货费率(元/标准箱) |
|---|---|
| 普通箱 | 25.00 |
| 危险品、冷藏、冷冻箱 | 30.00 |

## 附表五　附加费

**附　加　费**

| 项　目 | 内　容 | 费　率 |
|---|---|---|
| 节、假日附加费 | 在我国法定节日、星期日进行基本理货费1、2、4、5、6、8、9项理货作业及7项理货人员待时和计量作业 | 加相应费率100% |
| 夜班附加费 | 在夜班进行基本理货费1、2、4、5、6、8、9项理货作业及7项理货人员待时和计量作业 | 加相应费率50% |
| 非一般货舱附加费 | 在非一般货舱进行基本理货费1、6、8项理货作业 | 加相应费率50% |
| 浮筒、锚地附加费 | 在浮筒、锚地进行基本理货费1、2、4、5、6、8项理货作业 | 加相应费率50% |
| 融化、冻结、凝固、粘连货物附加费 | 对融化、冻结、凝固、粘连货物进行基本理货费1、4、6、8项理货作业 | 加相应费率50% |
| 海事货物附加费 | 对发生海事、火灾货物进行基本理货费1、2、6、8项理货作业 | 加相应费率100% |
| 外出理货、计量附加费 | 在港区外及邻近口岸未设理货机构的作业点进行理货、计量作业 | 加当航次费收总额的10% |
| 超长、超重货物附加费 | 对超长、超重货物进行基本理货费1、6、8项理货作业及7项理货人员待时 | 加相应费率50% |

# 港口建设费征收办法实施细则

（交通部、财政部　交财发[1993]541号　1993.05.25）

**第一条**　根据国务院发布的《港口建设费征收办法》和交通部、国家计委、财政部、国家物价局交财发〔1993〕456号《关于扩大港口建设费征收范围、提高征收标准及开征水运客货运附加费的通知》的规定，制定本实施细则。

**第二条**　对进出对外开放口岸港口辖区范围的所有码头、浮筒、锚地（含外资、中外合资、合作经营、企业专用和地方公用的码头、浮筒、锚地）及从事水域过驳等装卸作业的货物征收港口建设费。

**第三条**　港口建设费的义务缴费人（以下简称缴费人）为托运人（或其代理人）或收货人（或其代理人）。

**第四条**　港口建设费的征收管理工作由交通部负责。经交通部批准的开放口岸港口所在地的港务局（或相应管理机构）为港口建设费的代征单位。受交通部委托，负责归口管理代征港口征收工作的单位为代管单位。

对进出代征港口辖区范围内不属于代征港口的地方公用的企业专用的码头、浮筒、锚地的货物，由代征港口负责征收，也可由代征港口委托不属代征港口的码头、浮筒、锚地的经营单位或其他单位代收；代征单位应及时将所定的代收单位名单报交通部和代管单位核备，并经常检查代收单位的收、缴情况。

**第五条**　下列货物免征港口建设费：

（一）军用物品，使馆物品，联合国机构的物品；

（二）国际航线运输的展品、样品、赠送礼品和国际过境货物；

（三）邮件（不包括邮政包裹）和按客运手续办理的行李、

包裹；

(四)船舶自用的燃、物料，装货垫缚材料，随货同行的包装备品；

(五)渔船捕获的鱼鲜以及同行的防腐用冰和盐，随活畜、活禽同行的必要饲料；

(六)因意外事故临时卸在港内仍须运往原到达港的货物；

**第六条** 港口建设费征收标准

根据“征收标准按平均每吞吐吨5元计征。国内货物由装港一头收，外贸进出口货物分别在货物装卸港征收”的规定和合理付费、区别对待的原则，确定以下征收标准：

(一)国外进出口货物每重量吨(或换算吨)按7元计征；

(二)国内出口货物每重量吨(或换算吨)海港及南京以下(含南京)长江港口按5元计征，其他内河港口按2.5元计征；

(三)集装箱货物：国际20英尺箱每箱按80元计征，国际40英尺箱每箱按120元计征；国内标准箱海港及南京以下(含南京)长江港口按其标记载重吨每吨5元计征，其他内河港口按2.5元计征。空箱不计征港口建设费；

(四)每张运单港口建设费的起码收费额为1元，尾数不足0.10元的按四舍五入进整；

(五)货物的重量吨和换算吨，按交通部或各省交通主管部门制定的港口费收的有关规定确定。

**第七条** 国外进出口货物，按以下规定计征港口建设费：

(一)出口国外的货物，由装船港按每张装货单向托运人(或其代理人)计征一次港口建设费。

(二)从国外进口的货物，由卸船港按每张提单向收货人(或其代理人)计征一次港口建设费。

(三)国外进口到港未卸，换单后原船又运往国内其他港口的货物，由换单的征收港按国外进出口费率向国内收货人(或其代理人)计征一次港口建设费。

(四)国外进口未提离港口库场，又装船转国内出口的货物

(包括船过船作业的货物),不计征国内出口货物港口建设费,只计征一次国外进口货物的港口建设费。

凡已提离港口库场的货物,在重新办理托运手续时,代征或代收港口应向托运人(或其代理人)按规定计征港口建设费。

**第八条** 国内水路直达或联运货物,按以下规定计征港口建设费:

(一)国内直达运输、水水、水铁、水水铁和水铁水联运货物,装船港是代征或代收港口的,由装船港向托运人(或其代理人)计征;

国内水路集运转出口国外的货物,由国内出口的第一装船港向发货人(或其代理人)计征一次国内出口货物港口建设费。出口国外时,再由出口国外的转运港按国外进出口和国内出口货物费率的差额补征港口建设费。如果第一装船港不是代征或代收港口,由出口国外的转运港按国外进

出口费率直接计征出口国外货物的港口建设费。

(二)铁水、铁水水联运货物,到达港是代征或代收港口的,由到达港征收。到达港不是代征或代收港口的,由第一换装港征收。

**第九条** 代征或代收港口建设费不另制单据。在现行的货运费收单据上增列港口建设费费目,在向缴费人核收运杂费时,一并核收港口建设费。

**第十条** 代征或代收单位可按代征或代收的港口建设费征收额计提千分之五的手续费。

**第十一条** 港口建设费的收入实行专户管理。采取"专户存储,存款计息,汇款收费"的办法。代征和代管单位都应在所在地中国工商银行开立"交通部港口建设费专户"。此专户只能存入和划转,不能动支。

代收单位收到的费款(扣除千分之五手续费后的净额)应在3日内向代征单位结算交付。代征单位收到的费款(扣除千分之五手续费后的净额)应在3日内存入专户,并于月后3日内将费款连同专户存款利息收入一并汇缴交通部。

由代管单位归口管理的代征单位，其应缴费款连同专户存款利息收入应于月后3日内汇缴代管单位，代管单位应于月后10日内将费款及利息收入汇缴交通部。

**第十二条** 交通部和代管单位有权检查代征或代收单位的收缴情况。代征或代收单位不得漏征、少征港口建设费。有漏征或少征港口建设费时，必须负责追补应缴费款，在180天内能追补到的，仍可计提千分之五的手续费；逾期追补不到的，由代征或代收单位负责赔偿。

代征或代收单位有错征港口建设费时，必须及时更正。因错征需退回缴费人的费款，代收单位从尚未解缴代征单位的费款中支付，代征单位从尚未存入专户的费款中支付。

**第十三条** 代征、代收、代管单位均不得截留、挪用、滞缴征收的港口建设费。发现有截留、挪用、滞缴的，除应追缴费款外，还应按日核收截留、挪用或滞缴金额千分之五的滞纳金。情节严重的，可处以截留、挪用或滞缴费款5倍以下的罚款。

**第十四条** 缴费人不按本实施细则缴纳港口建设费的，代征或代收单位有权追缴费款，并从应结算的次日起按日核收应缴费款千分之五的滞纳金。情节严重的，可酌情处以应缴费款五倍以下的罚款。对拒绝缴纳费款和罚款的，代征或代收单位可提请人民法院协助执行。

**第十五条** 缴费人同代征或代收单位在缴付港口建设费的问题上发生争议时，必须先按照代征或代收单位的决定缴费，然后向交通部申请复议，对复议不服的，可向人民法院起诉；缴费人也可直接向人民法院起诉。

**第十六条** 按照本实施细则规定所收的滞纳金作为港口建设费收入处理；所收取的罚款收入直接上交当地财政部门。

**第十七条** 港口建设费的代征单位，应按照本实施细则规定的格式编制报表，并于月后7日内报送交通部。由代管单位归口管理的代征单位，其报表应于月后5日内报送代管单位，代管单位负责汇总，并于月后10日内报送交通部。

代收单位报送的报表由代征单位制定。

**第十八条** 代征和代管单位应单独设置“应交港口建设费”会计科目，核算代征的港口建设费。

**第十九条** 对检举揭发漏征或漏缴港口建设费和认真做好港口建设费征收工作的单位和个人给予奖励。

**第二十条** 本实施细则由交通部，财政部负责解释。

**第二十一条** 本实施细则自 1993 年 7 月 1 日起实行。原交通部颁发的《港口建设费征收办法施行细则》同时废止。

# 水运客货运附加费征收办法

（交通部、财政部　交财发[1993]541号　1993.05.25）

**第一条**　根据交通部、国家计委、财政部、国家物价局交财发〔1993〕456号《关于扩大港口建设费征收范围、提高征收标准及开征水运客货运附加费的通知》的规定，制定本办法。

**第二条**　对交通部所属航运企业船舶承运的境内旅客和内贸货物征收水运客货运附加费（以下简称客货运附加费）。

**第三条**　交通部所属航运企业船舶是指：

（一）交通部直属航运企业（含集团）的船舶；

（二）交通部直属事业单位从事经营客货运输业务的船舶；

（三）交通部直属企、事业单位与其他单位合资、合作经营客货运输业务的船舶；

（四）其他经交通部批准征收客货运附加费的运输船舶。

**第四条**　客货运附加费的义务缴费人（以下简称缴费人）为购买客票的旅客（或其代理人）和货物托运人或收货人（或其代理人）。

**第五条**　客货运附加费的征收管理工作由交通部负责。负责承运旅客或货物的航运企业及为航运企业办理运费结算业务的港口经交通部批准后为客货运附加费代征单位。其他为航运企业办理运费结算业务的单位为代收单位，代收单位由航运企业委托。代征单位应经常检查代收单位的收、缴情况。

**第六条**　客货运附加费征收标准

（一）客运附加费（包括按客运手续办理的行李包裹）按客票票价（或行李包裹运费）的百分之九在出售客票（或在办理行李包裹托运手续）时计征。

（二）货运附加费（包括客货班轮承运的货物）按每计费吨公里五厘在核收货物运费时一并计征。沿海运输按每吨海里换算1.852吨公里计算。

（三）集装箱货运附加费按标记的集装箱载重吨每吨公里五厘在核收货物运费时计征。空箱不计征货运附加费。

（四）每张运单货运附加费的起码收费额为1元，尾数不足0.10元的按四舍五入进整。

**第七条** 联运货物按以下规定计征货运附加费

（一）铁水联运货物，由到达港向收货人征收；

（二）铁水水联运货物，到达港是代征或代收港口的，由到达港向收货人征收；到达港不是代征或代收港口的，由航运企业负责征收；

（三）水铁联运货物，由起运港向货物托运人征收；

（四）水水、水水铁、水铁水联运货物，由起运地的代征或代收单位征收水运全程的货运附加费。水运一程货物不是由交通部所属航运企业承运的，只征收水运二程的货运附加费。如果水运二程不是由交通部所属航运企业承运的，起运地的代征或代收单位凭换装港（或到达港）出具的证明可将该程的货运附加费退还托运人。如果起运港不是代征或代收港口的，由航运企业负责征收。

**第八条** 征收客货运附加费不另制单据。客运附加费（包括按客运手续办理的行李包裹）加入客票票价（或行李包裹托运票据）中；货运附加费（包括客货班轮承运的货物）在现行运输费用结算单据上增列货运附加费项目。

**第九条** 代征或代收单位可按客货运附加费征收额计提千分之五的手续费。港、站征收的客货运附加费免征船舶业务代理费。

**第十条** 客货运附加费实行专户管理。采取“专户存储，存款计息，汇款收费”的办法。代征单位都应在当地工商银行开设“交通部客货运附加费专户”。此专户只能存入和划转，不能动支。

代收单位代收的费款（扣除千分之五手续费后的净额）应于

收到费款后的7日内解缴代征单位。代征单位收到的费款(扣除千分之五手续费后的净额)应于3日内存入专户,并于月后3日内连同专户存款利息收入一并汇缴交通部专户。

**第十一条** 交通部有权检查代征或代收单位客货运附加费的收缴情况。代征或代收单位不得漏征、少征客货运附加费。有漏征、少征客货运附加费时,必须负责追补应缴费款。在180天内能追补到的,仍可计提千分之五的手续费;逾期追补不到的,由代征或代收单位负责赔偿。

代征或代收单位有错征客货运附加费时,必须及时更正。因错征需退回缴费人的费款,代收单位从尚未解缴代征单位的费款中支付,代征单位从尚未存入客货运附加费专户的费款中支付。

**第十二条** 代征或代收单位不得截留、挪用、滞缴征收的客货运附加费。如发现有截留、挪用、滞缴的,除应追缴费款外,还应按日核收截留、挪用、滞缴金额千分之五的滞纳金。情节严重的,可处以截留、挪用、滞缴费款5倍以下的罚款。

**第十三条** 缴费人不按本征收办法缴纳客货运附加费的,代征或代收单位有权追缴费款,并从应结算的次日起按日核收应缴费款千分之五的滞纳金。情节严重的,可酌情处以应缴费款五倍以下的罚款。对拒绝缴纳费款和罚款的,代征或代收单位可提请人民法院协助执行。

**第十四条** 缴费人同代征或代收单位在缴付客货运附加费问题上发生争议时,必须先按照代征或代收单位的决定缴费,然后向交通部申请复议,对复议不服的,可向人民法院起诉;也可直接向人民法院起诉。

**第十五条** 按照本办法规定所收的滞纳金作为客货运附加费收入处理;所收取的罚款收入直接上交当地财政部门。

**第十六条** 代征单位应按照本征收办法规定的格式编制报表,并于月后7日内报送交通部。

代收单位报送的报表由代征单位制定。

**第十七条** 代征单位应单独设置"应交客货运附加费"会计科目,核算代征的客货运附加费。

**第十八条** 对检举揭发漏征或漏缴客货运附加费和认真做好客货运附加费征收工作的单位和个人给予奖励。

**第十九条** 本办法由交通部、财政部负责解释。

**第二十条** 本办法自 1993 年 7 月 1 日起执行。

## 附件一

# 水运客货运附加费代征单位名单

大连、营口、秦皇岛、天津、烟台、青岛、日照、连云港、上海、宁波、汕头、广州、湛江、南京、镇江、张家港、南通港务局,大连、上海、广州海运(集团)公司,中国远洋运输(集团)总公司,中国长江航运集团,黑龙江航运管理局,长江航务管理局,上海、广州、烟台海上救助打捞局,大连海事大学,上海海运学院,武汉科技大学,集美航海学院,广州航海高等专科学校。

附件二

# 水运客货运附加费征收月报表

编报单位:　　　　　　　年　　月　　日　　　　单位:　元

| 项　目 | 行次 | 本月数 | 累计数 | 备注 |
| --- | --- | --- | --- | --- |
| 一、客货运附加费征收额 | 1 | | | |
| 1. 客运附加费 | 2 | | | |
| 其中:代收单位代收 | 3 | | | |
| 2. 货运附加费 | 4 | | | |
| 其中:代收单位代收 | 5 | | | |
| | 6 | | | |
| 二、加:滞纳金收入 | 7 | | | |
| 专户存款利息收入 | 8 | | | |
| 三、减:代征(收)单位手续费 | 9 | | | |
| 银行汇费 | 10 | | | |
| | 11 | | | |
| 四、客货运附加费本期应缴额 | 12 | | | |
| 五、客货运附加费期初欠缴额 | 13 | | | |
| 六、客货运附加费本期已缴额 | 14 | | | |
| 七、客货运附加费期末欠缴额 | 15 | | | |

财务负责人:　　　　　审核:　　　　　制表人:

注:各行次对应关系　1 行 = 2 行 + 3 行 + 4 行 + 6 行

9 行 = 1 行 × 0.005

12 行 = 1 行 + 7 行 + 8 行 − 9 行 − 10 行 − 11 行

15 行 = 12 行 + 13 行 − 14 行

附件三

# 客运附加费征收明细表

编报单位：　　　　　　　　年　　月　　日　　　　　　单位：　　元

| 单位名称 | 行次 | 本月收入 | | | 累计收入 | | | 备注 |
|---|---|---|---|---|---|---|---|---|
| | | 客票收入 | 行包收入 | 客运附加费 | 客票收入 | 行包收入 | 客运附加费 | |
| | 1 | | | | | | | |
| | 2 | | | | | | | |
| | 3 | | | | | | | |
| | 4 | | | | | | | |
| | 5 | | | | | | | |
| | 6 | | | | | | | |
| | 7 | | | | | | | |
| | 8 | | | | | | | |
| | 9 | | | | | | | |
| | 10 | | | | | | | |
| | 11 | | | | | | | |
| | 12 | | | | | | | |
| | 13 | | | | | | | |
| | 14 | | | | | | | |
| | 15 | | | | | | | |
| | 16 | | | | | | | |
| | 17 | | | | | | | |
| 合计 | 18 | | | | | | | |

财务负责人：　　　　　　　　审核：　　　　　　　　制表人：

附件四

# 货运附加费征收明细表

编报单位：　　　　　年　　月　　日　　　单位：　元

| 单位名称 | 行次 | 本月收入 | | | 累计收入 | | | 备注 |
|---|---|---|---|---|---|---|---|---|
| | | 货运量 | 货运周转量 | 货运附加费 | 货运量 | 货运周转量 | 货运附加费 | |
| | 1 | | | | | | | |
| | 2 | | | | | | | |
| | 3 | | | | | | | |
| | 4 | | | | | | | |
| | 5 | | | | | | | |
| | 6 | | | | | | | |
| | 7 | | | | | | | |
| | 8 | | | | | | | |
| | 9 | | | | | | | |
| | 10 | | | | | | | |
| | 11 | | | | | | | |
| | 12 | | | | | | | |
| | 13 | | | | | | | |
| | 14 | | | | | | | |
| | 15 | | | | | | | |
| | 16 | | | | | | | |
| | 17 | | | | | | | |
| 合计 | 18 | | | | | | | |

财务负责人：　　　　　　审核：　　　　　　制表人：

# 长江干线航道养护费征收办法实施细则

（交通部　交工发[1993]749号　1993.07.22）

**第一条**　根据经国务院批准，由交通部、财政部以(87)交河字110号文颁发的《长江干线航道养护费征收办法》，交通部、财政部、国家物价局(91)交工字474号文《关于调整长江干线航道养护费费率的通知》以及交通部(91)交工字935号文《关于加强长江干线航道养护费征收工作的通知》的有关规定，制订本实施细则。

**第二条**　长江干线航道养护费(以下简称航养费)属国家规费，是按照“谁养护、谁征收、谁使用”的原则，向在长江干线上航行的各类船舶、竹木排筏的所有者或经营者(以下称缴费人)征收的用于长江干线航道维护管理的专项经费，作为事业费纳入预算内管理。

**第三条**　航养费(除支干、支干支直达运输应缴部分外)由长江航道局负责征收。其所属的长江干线航道养护费征收稽查机构(以下简称征稽机构)具体执行航养费的征收、结算和检查。未受该机构的委托，任何单位和个人无权征收航养费。

**第四条**　所有缴费人，必须按照本细则的规定缴纳航养费。任何单位和个人不得阻挠航养费征收稽查工作。

**第五条**　航养费的征收范围是：

(一)凡在长江干线上航行的国内船舶(包括汽车渡，火车渡，厂矿、企事业单位的交通船等)及竹木排筏；

(二)航行在长江干线上的港、澳、台船舶和外籍船舶；

(三)长江干线上航行国际航线的船舶。

**第六条**　下列船舶免征航养费：

（一）执行国防、治安、消防、救护、防洪、抢险任务以及从事捕鱼、钻探、测量、检疫、医疗、环保监测、科学勘查、教练、体育活动、农业生产非经营性运输的船舶。但当这类专用船舶改变使用性质、超出使用范围、变更使用单位及具有营业性质和营业收入时，应按规定征收航养费；

临时用来执行非经营性的救护、防洪、抢险任务的非本行业的船舶，持县级以上人民政府的证明，在执行上述任务期间免征；

（二）专门用来整治、维护和管理长江干线航道的船舶，港航监督艇，打桩、起重、挖泥船；

（三）城（镇）区内营运的对江客渡（不包括短途客渡）船；

（四）经交通部核准免征的船舶。

**第七条** 长江干线航道养护费按下列费率标准征收：

（一）从事营业性运输的船舶，按运费收入的6%征收；

（二）从事非营业性运输的机动船舶，按船舶功率、定额载重吨择大者计征，每千瓦每月征收4.08元或每载重吨每月征收3.00元；

从事非营业性运输的非机动船舶，按船舶定额载重吨计征，每载重吨每月征收1.00元；

（三）江海、海江直达运输船舶，按照（一）款的标准征收其长江干线段的航养费；

（四）对难以准确反映营运收入的船舶，按其载重吨、客位、千瓦，比照非营业性运输船舶的航养费费率标准择大者计征；

（五）竹木排筏比照营业性运输船舶的航养费费率标准计征；

（六）航行国际航线船舶的航养费按交通部（83）交河字486号文《关于对航行国际航线船舶征收长江航道养护费的通知》和交通部、国家物价局交工发（1992）788号文《关于调整航行国际航线船舶长江航道养护费费率的通知》执行。

**第八条** 征稽机构及其人员的职责是：

（一）宣传和贯彻执行国家征费政策、法规及规章制度；

（二）依法对在长江干线上进行营业性和非营业性运输的船

舶进行航养费缴纳情况的检查；

（三）对违反《长江干线航道养护费征收办法》和本细则的缴费人按照有关条款进行处罚；

（四）建立船舶航养费档案和缴费卡，实行航养费缴纳年度审验制度，核实新增、租赁、报停、报废船舶的航养费缴纳情况。

**第九条** 征稽人员执行公务时，必须着装整齐，佩戴“中国航道征费”胸章，持交通部统一制发的《中华人民共和国航道征费稽查证》。航养费征稽专用船舶和车辆的标志，按交通部交运发〔1992〕1204号文《关于统一全国水路运政、航道管理专用车、船标志和设施配备的通知》执行。

**第十条** 各级征稽机构应加强管理，严格执行征收规定，做到依法征收，应征不漏，应免不征。

**第十一条** 长江干线航养费由长江航道局统一管理，统收统支、专款专用，禁止任何单位和个人截留、坐支和挪用。

**第十二条** 航养费征收方式，由征稽机构依据缴费人的生产经营状况和财务管理情况，以便于征收为原则，可采取按协议征收、查账征收、查验征收等方式。

**第十三条** 中国长江轮船总公司所属全民所有制船舶的航养费，由该公司（或其所属独立核算的子公司）逐月按征收标准向长江航道局解缴。也可通过由双方按征收标准签订的协议解缴。

**第十四条** 沿江各省（市）从事长江干干、干支直达运输船舶的航养费，由长江航道局委托船籍省（市）交通厅（局）代征，并与长江航道局签订协议解缴，或由长江航道局直接征收。

按代征协议解缴的，必须在当年的11月底前签毕次年的代征协议，逾期不签者，由长江航道局直接征收。

**第十五条** 下列船舶的航养费由征稽机构直接征收：

（一）江海、海江直达运输船舶；

（二）港、澳、台船舶及外籍船舶；

（三）国务院各部、委所属厂矿、企事业单位和长江干线双重领导港口所属全民、集体所有制船舶；

（四）三资企业经营的船舶；

（五）未与长江航道局签订代征协议的船舶。

**第十六条** 委托代征航养费的代征手续费为代征额的3%。

**第十七条** 由征稽机构直接向单位和个人征收的航养费，有关单位和个人应在每月10日前向征稽机构缴纳上月的航养费。

**第十八条** 租赁船舶的航养费由承租方向征稽机构缴纳。

**第十九条** 按航次征收的营业性运输船舶，在运输途中发生变更，已缴的航养费不退不补。

**第二十条** 新增的非营业性运输船舶的航养费，在投入使用的当月开始计征。上半月投入使用的，按全月计征；下半月投入使用的，按半月计征。

**第二十一条** 非营业性运输船舶在已缴航养费期间从事营业性运输的，按营业性运输船舶收费标准加征超过部分航养费。

**第二十二条** 非营业性运输船舶停、封航、需停缴航养费的，缴费人应向征稽机构提出申请，经核实同意后从次月起停止征收其停、封航期间的航养费，如恢复启用，按本细则第二十条规定计征。

**第二十三条** 上海港与长江干线港口（站、点）之间运输船舶的航养费，按全程运费计征。

**第二十四条** 对缴费人征收的航养费可采取下列几种结算方式：

（一）用支票（汇票等）或现金直接结算每航次（从起运港到目的港航行一次）的航养费；

（二）代征单位征收的航养费按代征协议的规定通过银行向征稽机构足额解缴。

（三）按征稽机构与缴费人签订的协议所规定的方式结算。

**第二十五条** 航养费使用范围如下：

（一）长江干线航道的日常维护和管理，航标的设置和维护，绞滩，维护性的航道测量和疏浚等；

（二）长江干线航道设施的一般性水毁修复，维护和管理航道的船舶和机具设备的维修保养；

（三）长江干线航道维护管理所进行的技术革新、科学试验和人员培训；

（四）征收航养费的业务开支。

**第二十六条** 长江干线航道养护费、航行国际航线船舶长江航养费收据（附表一、二）由长江航道局统一发放和管理。

统缴证（附表三）、缴讫证（附表四）、免缴证（附表五）以及航养费违缴通知书（附表六）由长江航道局统一制发和管理。

**第二十七条** 缴费人必须接受航养费征稽人员的监督检查，主动提供与缴费有关的财务账表等原始凭证，并出示统缴证、缴讫证或免缴证。

**第二十八条** 本细则第六条规定免征航养费的船舶，由船舶所在单位持船舶有关证明材料向当地征稽机构提出免征申请，经审报批准后，由该机构核发免缴证，并定期进行年度审核。

**第二十九条** 航养费统缴证、缴讫证、免缴证如有遗失，必须在当地报纸登载遗失声明，缴费人持所登报纸和申请书以及有关证件向征稽机构申请补发，经该机构核实后，予以补发（收取手续费）。

**第三十条** 凡在长江干线航行或作业的船舶、竹木排筏必须随船携带长江干线航养费有效统缴证、缴讫证、免缴证，以接受征稽人员的检查。

**第三十一条** 对漏缴、欠缴、逃缴、抗缴航养费的缴费人，由征稽机构按下列规定实施处罚：

（一）漏缴：是指缴费人并非故意不缴或者少缴航养费的行为。对漏缴航养费者，征稽机构应令其限期照章补缴。逾期未缴的，从逾期之日起，按天加收所漏航养费款千分之三的滞纳金。

（二）欠缴：是指缴费人因故超过征稽机构规定的航养费缴纳期限，未缴或者少缴航养费的行为。对欠缴航养费者，征稽机构除令其限期按章补缴所欠航养费外，并从应缴之日起，按天加收所欠航养费千分之三的滞纳金。

（三）逃缴：是指缴费人使用欺骗、隐瞒手段逃避缴纳航养费的行为。对逃缴航养费者，征稽机构除令其按规定补缴所逃缴航养费外，从逃缴之日起按天加征应缴费额千分之三的滞纳金，并处以应缴航养费二倍以下罚款。

（四）抗缴：是指缴费人拒绝按照本细则的规定缴纳航养费的行为。对抗缴航养费者，征稽机构除令其限期照章补缴航养费，从抗缴之日起按天加征应缴费额千分之三的滞纳金外，并处以所抗缴航养费三倍以下的罚款。

**第三十二条**　缴费人拖欠航养费、滞纳金、罚款，经催缴无效的，征稽机构可收回统缴证、缴讫证，并由水运管理部门扣押或吊销船舶营运证直至提请人民法院强制执行。

**第三十三条**　假报运输性质，伪造、涂改、转借缴（免）费凭证及其他作弊行为的，一经查出，除追缴应缴额和应缴之日起每天千分之三的滞纳金外，并处以五倍以下的罚款。征稽机构在收缴其伪造证件的同时，对情节严重的可提请司法部门追究其法律责任。

**第三十四条**　征收或代征单位对缴费人进行处罚，应向当事人开具航养费违缴通知书。当事人对处罚不服的，必须先按违缴通知书的决定缴费，然后在接到通知书的15天内向作出处罚的征稽机构的上级征稽机构申请复议，对复议决定不服的，可以在复议期满之日起15天内向人民法院起诉。当事人也可以在接到违缴通知书之日起直接向人民法院起诉。逾期不申请复议或者不向人民法院起诉，又不履行处罚决定的，由作出处罚决定的征稽机构申请人民法院强制执行。

**第三十五条**　对围攻、侮辱、阻碍以至殴打执行公务的征稽人员的主要责任人，交公安部门依法处理。

**第三十六条**　征稽人员违反规定，滥用职权、滥施处罚或营私舞弊的，由上级主管部门给予行政处分或经济处罚。

**第三十七条**　本细则所涉及的短途客渡是指由轮渡部门管辖的跨城（镇）区的客渡船舶。

**第三十八条**　凡在长江干线两岸的所有码头（包括双重领导

港口,地方港口及其他专用码头)及自然坡岸起运货物的船舶,都属长江干干、干支直达运输船舶,其航养费由征稽机构征收。

**第三十九条** 本细则由交通部负责解释。

**第四十条** 本细则自1993年8月1日起执行。1987年颁布的《长江干线航道养护费征收办法实施细则》同时废止。过去由交通部以及沿江各省、市人民政府颁布的有关长江干线航养费的规定与本细则相抵触的,一律以本细则为准。

## 附表一

# 中华人民共和国长江干线航道养护费收据

(统交、补交、罚款、滞纳金)长江干线通用 No

| 缴费单位 | | | | 船舶艘数 | |
|---|---|---|---|---|---|
| 船名船号 | | 船舶类型 | | 船籍港 | |
| 费别 | | 吨位或功率或立方米 | | 费率 | |
| 运费收入 | 仟 佰 拾 万 仟 佰 拾 元 角 分 | | | | |
| 缴费金额 | 佰 拾 万 仟 佰 拾 元 角 分 | | | | |
| 备注 | | | | 经办人 | |

第一联：存根
第二联：收据
第三联：会计入账
第四联：长江航道局存查
第五联：证明

收费单位(盖章)　　填发日期　　年　月　日

## 附表二

# 航行国际航线船舶长江航道养护费收据(略)

附表三

# 长江干线航道养护费

No

No　　号

| 统　　缴　　证 |
|---|

船舶单位：____________________________

船名船号：________________千瓦或吨位________

有效期限：____________________________

填发单位：____________________________

填发日期：________________年____月____日

附表四

# 中华人民共和国长江干线航道养护费航次缴讫证

长江干线通用　No

| 船舶单位 | | 币别 | | 费率 | |
|---|---|---|---|---|---|
| 船名船号 | | 船籍港 | | 运费或容积吨位、功率 | |
| 起讫地点 | 自　经　至　止 | | | 计费里程（公里） | |
| 缴费金额 | 万　仟　佰　拾　元　角　分 | | | | |
| 有效期限 | 年　月　日至　年　月　日 | | | | |
| 收费单位（盖章） | | | | 经办人 | |

填发日期　　年　　月　　日

第一联：存根
第二联：收据
第三联：会计入账
第四联：长江航道局存查
第五联：缴讫证

附表五

# 长江干线航道养护费

No

No ____ 号

| 免　　缴　　证 |
|---|

船舶单位：________________________________

船名船号：________________ 千瓦或吨位________

有效期限：________________________________

填发单位：________________________________

填发日期：________________ 年____月____日

附表六

# 长江干线航道养护费违缴通知书

航道征稽　字　号

____________________：

你单位(船舶)从一九九　年　月　日至一九九　年　月　日应按船舶营运收入　　元、机动船舶总功率　　千瓦、机动船舶定额载重吨　　吨、非机动船舶定额载重吨　　吨,缴纳航养费　　元,滞纳金　　元,罚款　　元,合计　　元,现通知于一九九　年　月　日前到我站缴纳。

如对处罚决定不服,应在本通知书送达之日起15天内向上一级航养费征稽机关申请复议,对复议决定不服,可以在复议决定送达之日起15日内,向人民法院提出诉讼。当事人逾期不申请复议或者不向人民法院起诉,又不履行处罚决定的,由作出处罚决定的征稽站申请人民法院强制执行。

征稽站(盖章)

填发人(盖章)

一九九　年　月　日

本通知已于一九九　年　月　日送达

当事人签章

第一联:存根

第二联:交付当事人

第三联:回执

# 航行国际航线船舶长江航道养护费征收办法

（交通部　交基发[1995]1199 号　1995.12.13）

**第一条**　为加强航行国际航线船舶长江航道养护费的征收与管理，保障航道畅通，根据交通部《关于对航行国际航线船舶征收长江航道养护费的通知》（〔83〕交河字 486 号）及交通部、国家计划委员会《关于调整航行国际航线船舶长江航道养护费费率的通知》（交基发〔1994〕986 号），特修订本办法。

**第二条**　凡进出长江的航行国际航线的中外籍船舶除第三条另有规定者外均应按本办法缴纳长江航道养护费（以下简称"航养费"）。

**第三条**　航行国际航线的下列船舶免征长江航道养护费：

1. 遇险避难船舶；
2. 执行救护、抢险任务的船舶；
3. 经交通部核准免征的船舶。

**第四条**　航行国际航线船舶的长江航道养护费由长江干线航道养护费征稽机构（以下简称征稽机构）征收。

**第五条**　船舶的所有者或经营者及受其委托的代理人为航养费缴费人（以下简称缴费人）。

**第六条**　航行国际航线船舶的航养费按航次征收。船舶进、出长江各算一个航次；同一航次中停靠两个或两个以上港口（码头）按最远港口（码头）规定的费率标准计征。

**第七条**　航养费的征收以船舶净吨或千瓦为计算单位，按费率标准择大者计征。

**第八条**　航行国际航线船舶长江航道养护费费率按下列标准

执行：

| 航　　线 | 费率标准(元/每净吨或千瓦) |
|---|---|
| 吴淞口—南通 | 1.14 |
| 吴淞口—张家港 | 1.14 |
| 吴淞口—江阴 | 1.14 |
| 吴淞口—高港 | 1.41 |
| 吴淞口—镇江 | 1.41 |
| 吴淞口—扬州 | 1.41 |
| 吴淞口—南京 | 1.65 |
| 吴淞口—马鞍山 | 1.65 |
| 吴淞口—芜湖 | 1.65 |
| 吴淞口—铜陵 | 2.25 |
| 吴淞口—池州 | 2.25 |
| 吴淞口—安庆 | 2.25 |
| 吴淞口—九江 | 2.55 |
| 吴淞口—黄石 | 2.85 |
| 吴淞口—武汉 | 2.85 |
| 吴淞口—城陵矶 | 3.45 |

**第九条**　船舶进出在没有规定费率的港口(码头)，按邻近规定费率的上游港口费率标准执行。

**第十条**　专门用来拆卸废钢铁的船舶按本办法第八条的费率标准征收航养费。

**第十一条**　本办法所订费率以人民币为计费单位，国外缴费人以外币按中国人民银行公布的当日兑换率结算。

**第十二条**　航养费属国家行政性费收，征稽机构可以向缴费人直接结算，也可通过银行办理托收。

**第十三条**　长江干线航道养护费征稽人员收取航养费时，必须向缴费人开具“中华人民共和国航行国际航线船舶长江航道养护费收费收据”。

**第十四条** 缴费人应主动向征稽机构及时报告船期，并在收到航养费收费票据后的30日内按规定足额缴纳航养费。

**第十五条** 缴费人在规定期限内未足额缴纳航养费者，征稽机构除令其限期按章补缴航养费外，从逾期之日起，按天加征应缴费额千分之三的滞纳金；对隐瞒航次的缴费人，征稽机构除令其补交航养费和滞纳金外，可处以应缴费额五倍以下的罚款。

缴费人拖欠航养费、滞纳金、罚款，经催缴无效的，征稽机构可申请人民法院强制执行。

**第十六条** 征收单位对缴费人进行处罚，应向当事人开具航养费缴款通知书及违缴处罚决定书。当事人对处罚不服的，必须先按违缴通知书的规定缴费，然后在接到通知书的15日内向作出处罚的征稽机构的上级征稽机构申请复议，对复议决定不服的，可以在复议期满之日起15日内向人民法院起诉。当事人也可以在接到违缴通知书之日起的15日内直接向人民法院起诉。逾期不申请复议或者不向人民法院起诉，又不履行处罚决定的，由作出处罚决定的征稽机构申请人民法院强制执行。

**第十七条** 征稽人员违反规定，滥用职权、滥施处罚或营私舞弊的，由上级主管部门给予行政处分或经济处罚。

**第十八条** 航养费应当专款专用，用于长江航道的维护与管理及征收业务的开支。

**第十九条** 航养费作为事业费纳入预算内管理。

**第二十条** 航行港、澳、台航线的船舶比照本办法执行。

**第二十一条** 本办法由交通部负责解释。

**第二十二条** 本办法从1996年2月1日起实施。自实施之日起，凡与本办法有抵触的规定或条款一律以本办法为准。

# 长江干线船舶港务费征收办法

（交通部、国家计委、财政部　交财发［1997］93 号　1997.02.12）

**第一条**　为加强长江干线船舶港务费（以下简称船舶港务费）征收工作，维护水上交通安全管理，根据《中华人民共和国内河交通安全管理条例》的有关规定，制定本办法。

**第二条**　凡进出长江干线港口从事国内航线运输和经营性作业的船舶均应按本办法缴纳船舶港务费。

**第三条**　交通部长江港航监督局及其设置的船舶港务费征稽机构（以下简称征稽机构）具体负责其管辖范围内船舶港务费的征收、征稽工作。

**第四条**　船舶港务费作为预算外资金，按照《国务院关于加强预算外资金管理的决定》（国发〔1996〕29 号）的规定，实行收支两条线管理，严禁任何单位和个人截留、坐支、挪用。

**第五条**　船舶每进港或出港一次，分别征收进口或出口船舶港务费每净吨（马力）0.55 元。

**第六条**　船舶港务费以船舶净吨（无净吨按总吨，无总吨按载重吨，无载重吨按 500 吨计）或马力为计费单位，不满 1 吨或 1 马力，按 1 吨或 1 马力计。

非机动船舶以船舶净吨计费；机动船以船舶净吨或马力，两者择大计费；拖驳船队以驳船净吨计费。

**第七条**　在中途港口停靠的客轮、客货轮，以船舶净吨的 1/30，按规定费率计征；在中途港口停靠的货轮（含驳船船队），以中途装卸的货物吨数或加减集装箱（含空箱）的箱数（40 英尺标准箱按 20 吨计，20 英尺标准箱按 10 吨计），按规定费率计征。

从事经营性水上、水下施工、作业的工程船，每进港或出港一次，分别按规定费率计征。泥驳船和耙吸船每30天(不足30天按30天计)计为进、出港各一次，按规定费率计征。

挖沙船，汽车、火车轮渡每3天(不足3天按3天计)计为进、出港各一次，按规定费率计征。

**第八条** 下列船舶免征船舶港务费：

(一)执行国防、公安、消防、海关、水上监督、防洪、抢险任务和测量、水文、检疫、医疗、环保、科学勘察、体育活动、长江干线航道整治、维护的船舶以及无进出港口行为的港口作业船舶；

(二)避难、遇难和施救船舶；

(三)换拖不换驳的驳船(重新办理托运者除外)；

(四)城(镇)区内营运的对江客轮渡；

前款规定免征船舶港务费的船舶，如改变用途从事港区间经营业务，也应按规定交纳船舶港务费。

**第九条** 船舶应在进、出口港时，按规定标准一次付清船舶港务费。

征稽机构可与船舶所有人或经营人商定缴费方式，也可实行定额包干计征，并签定缴费协议。

征稽机构可委托有关单位代征船舶港务费，并签定代征协议。

**第十条** 征收部门执收时，必须按国家规定使用财政部统一制发的行政事业性收费专用票据。具体办法由财政部商交通部另行制定。

**第十一条** 船方必须接受征稽机构的稽查，主动提供、报告与缴纳船舶港务费有关的船名、数量、吨位(功率)、起讫港、中途停靠港及中途装卸货物的吨数或加减集装箱等凭据、资料。

**第十二条** 对违反本办法逾期不缴纳船舶港务费的，征稽机构除追缴费款外，并应从结算的次日起，按日核收应缴船舶港务费5/1000的滞纳金。

对偷缴、抗缴船舶港务费的，征稽机构有权追缴费款、禁止船舶离港，并可依据《中华人民共和国内河交通安全管理条例》，视情节轻重，给予处罚。

**第十三条** 缴费人对征稽机构作出的行政处罚决定如有异议,可依法申请复议,或直接向人民法院提起诉讼。缴费人在法定的期限内既不申请复议又不履行行政处罚决定的,征稽机构可依《中华人民共和国交通安全管理违章处罚规定》强制执行或者申请人民法院强制执行。

**第十四条** 对围攻、污辱以及殴打执行公务的征稽人员的当事人和主要责任人,违反治安管理规定的,由公安部门依法处理;触犯刑律的,追究其刑事责任。

**第十五条** 征稽人员在执行公务时,应主动出示交通部长江港航监督局制作的"长江港航监督局船舶港务费征稽证",做到文明执法,礼貌待人。

**第十六条** 本办法所称"长江干线港口"是指重庆、涪陵、万县、巴东、宜昌、枝城、荆沙、监利、城陵矶、洪湖、武汉、黄石、武穴、九江、安庆、池州、铜陵、芜湖、马鞍山、南京、镇江、高港、江阴、张家港、南通港和所辖站、点及企、事业单位的自建、使用、租用的码头、泊位及用于过驳的生产锚地。

**第十七条** 进出长江港口航行国际航线的船舶和长江国际旅客旅游船的船舶港务费的征收按《交通部港口费收规则(外贸部分)》执行。其中,长江国际旅客旅游船的船舶港务费的征收每进出港口各港只计收一次。

**第十八条** 本办法由交通部、国家计划委员会、财政部负责解释。交通部长江港航监督局可根据本办法制定实施细则报交通部备案。

**第十九条** 本办法自1997年3月1日起实施,交通部发布的有关长江干线港口船舶港务费的规章、规范性文件与本办法不一致的,均以本办法为准。

# 中华人民共和国交通部港口收费规则(外贸部分)

(交通部令 1997 年第 3 号公布,交通部令 2001 年第 11 号修改 1997.04.29)

## 第一章 总 则

**第一条** 中华人民共和国港口向航行国际航线的船舶及外贸进出口的货物计收港口费用,均按本规则办理。

各港与香港、澳门之间的运输及涉外旅游船舶的港口收费,除另有规定的外,比照本规则办理。

**第二条** 本规则所订费率,均以人民币元为计费单位。国外付费人以外币按中国人民银行正式兑换率进行清算,国内付费人以人民币进行清算。

**第三条** 租船合同和运输合同中有关港口费用负担的约定,船方或其代理人应至迟于船舶到港的当天,将有关资料书面送交港口和有关部门,否则向代理人进行清算。船方或其代理人提供的进出口舱单及有关资料有误或需变更的,必须在卸船或装船前书面通知港口和有关部门。

**第四条** 计费单位和进整办法:

(一)船舶以净吨(无净吨按总吨,也无总吨按载重吨)为计费单位的,不满 1 吨按 1 吨计;以马力(1 马力 =0.735 千瓦)为计费单位的,不满 1 马力按 1 马力计。

船舶无净吨、总吨和载重吨,则按 500 吨计收港口费用。

(二)以日为计费单位的,除另有规定的外,按日历日计,不满 1 日按 1 日计;以小时为计费单位的,不满 1 小时按 1 小时计,超过1小时的尾数,不满半小时按半小时计,超过半小时的按1小时计。

(三)集装箱以箱为计费单位。

可折叠的标准空箱,4只及4只以下摞放在一起的,按1只相应标准重箱计算。

(四)货物的计费吨分重量吨(W)和体积吨(M)。重量吨为货物的毛重。

以1000千克为1计费吨;体积吨为货物"满尺丈量"的体积,以1立方米为1计费吨。计费单位为"W/M"的货物,按货物的重量吨和体积吨择大计算。

订有换算重量的货物,按"货物重量换算表"(表1)的规定计算。

(五)每一提单或装货单每项货物的重量或体积,起码以1计费吨计算,超过1计费吨的尾数按0.01计费吨进整。同一等级的货物相加进整。

(六)每一提单或装货单每项费用的尾数以1.00元计算,不足1.00元的进整;每一计费单的起码收费额为10.00元。

(七)货方或船方应于船舶到港的当天准确提供笨重、危险、轻泡、超长货物的明细资料,否则全部按该提单或装货单货物中最高费率计收费用。

**第五条** 进出口货物的重量和体积,以提单或装货单所列数量为准。港方对货物的数量可以进行复查。提单或装货单所列数量与复查或抽查数量不符时,以港方与船方、货方或其代理人的复查或抽查数量作为港口计费依据。

**第六条** 付款人对各种费用除与港方订有协议者外,应当预付或现付,并应在结算当日(法定节假日顺延)一次付清,逾期自结算的次日起按日交付迟付款额5‰的滞纳金。对溢收和短收的各种费用,应在结算后180天内提出退补要求,逾期互不退补。

**第七条** 船舶到港后,港方根据船方或货方的申请,在中华人民共和国法定节假日以及夜班进行本规则第九、十、十一、十六、十

八、十九、二十七、二十九、三十三、三十四、三十五、三十六、三十七、三十八、五十二、五十三、五十四(装卸用防雨设备、防雨罩、靠垫费、围油栏使用费和水费除外)条所列各项作业时,均向申请方计收附加费。

节假日、夜班附加费按基本费率的50%计收,节假日的夜班附加费按基本费率的100%计收。

夜班每日以8小时计算。节假日及夜班的工班起讫时间,由港务管理部门自行公布执行。

**第八条** 外国通过中华人民共和国港口以下列方式转往其本国或第三国的货物,为国际过境货物:

(一)水路转水路;

(二)水路转铁路;

(三)铁路转水路;

(四)水路转公路;

(五)公路转水路。

散油、一级危险货物、鲜活、冷冻货物及家禽、牲畜、野生动物,不办理国际过境业务(集装箱货物除外)。

## 第二章 引航、移泊费

**第九条** 由引航员引领船舶进港或出港,按下列规定计收引航费:

(一)引航距离在10海里以内的港口,按"航行国际航线船舶港口费率表"(表2)编号1(A)的标准计收;

(二)引航距离超过10海里的港口,除按表2编号1(A)的标准计收引航费外,其超程部分另按表2编号1(B)的标准计收超程部分的引航费;

(三)超出各港引水锚地以远的引领,其超出部分的引航费按表2编号1(A)的标准加收30%;

(四)大连、营口、秦皇岛、天津、烟台、青岛、日照、连云港、上海、宁波、厦门、汕头、深圳、广州、湛江、防城、海口、洋浦、八所、三亚港以外的港口,除按本条(一)、(二)的规定计收引航费外,另据情况可加收非基本港引航附加费,但最高不超过每净吨0.30元。

引航距离由各港务管理部门自行公布,报交通部备案。

引航费按第一次进港和最后一次出港各一次分别计收。

**第十条** 由引航员引领船舶在港内移泊,按表2编号2的规定,以次计收移泊费。

**第十一条** 由引航员引领船舶过闸,按表2编号1(C)的规定,以次加收过闸引领费。

**第十二条** 接送引航员不另收费。

**第十三条** 由拖轮拖带的船舶,其引航和移泊费按拖轮马力与所拖船舶的净吨相加计算。

**第十四条** 船舶因引航或移泊使用拖轮时,另按拖轮出租费率计收拖轮使用费。

**第十五条** 引航和移泊的起码计费吨为500净吨(马力)。

**第十六条** 因船方原因不能按原定时间起引或应船方要求引航员在船上停留时,按表2编号3的规定计收引航员滞留费。

**第十七条** 航行国际航线船舶在长江的引航、移泊费,按《航行国际航线船舶长江引航、移泊收费办法》(附录)办理。

## 第三章 拖 轮 费

**第十八条** 使用港方拖轮时,按"租用船舶、机械、设备和委托其他杂项作业费率表"(表7)的规定,以拖轮功率和使用时间,向委托方计收拖轮使用费。

拖轮使用时间为实际作业时间加辅助作业时间。实际作业时间为拖轮抵达作业地点开始作业时起,至作业完毕时止的时间;辅助作业时间为拖轮驶离拖轮基地至作业地点和驶离作业地点返回拖轮基地时止的时间。实际作业时间由委托方签认,按实计算;辅助作业时间实行包干,由各港务管理部门综合测算确定,报交通部备案。

## 第四章　系、解缆费

**第十九条**　由港口工人进行船舶系、解缆，按表 2 编号 4(A、B、C、D)的规定，以每系缆一次或解缆一次计收系、解缆费。

船舶在港口停泊期间，每加系一次缆绳计收一次系缆费。

## 第五章　停　泊　费

**第二十条**　停泊在港口码头、浮筒的船舶，由码头、浮筒的所属部门按表 2 编号 5(A)的规定征收停泊费。

**第二十一条**　停泊在港口锚地的船舶，由港务管理部门按表 2 编号 5(B)的规定征收停泊费。

**第二十二条**　船舶在港口码头、浮筒、锚地停泊以 24 小时为 1 日，不满 24 小时按 1 日计。

**第二十三条**　停泊在港口码头的下列船舶，由码头的所属部门按表 2 编号 5(C)的规定征收停泊费：

(一)装卸，上、下旅客完毕(指办妥交接)4 小时后，因船方原因继续留泊的船舶；

(二)非港方原因造成的等修、检修的船舶(等装、等卸和装卸货物过程中的等修、检修除外)；

(三)加油加水完毕继续留泊的船舶；

(四)非港口工人装卸的船舶；

(五)国际旅游船舶(长江干线及黑龙江水系涉外旅游船舶除外)。

**第二十四条**　由于港方原因造成船舶在港内留泊，免征停泊费。

**第二十五条**　系靠停泊在港口码头、浮筒的船舶的船舶，视同停泊码头、浮筒的船舶征收停泊费。

**第二十六条** 船舶在同一航次内,多次挂靠我国港口,停泊费在第一港按实征收,以后的挂靠港给予 30% 的优惠。

## 第六章 开、关舱费

**第二十七条** 由港口工人开、关船舶舱口,不分层次和开、关次数,按表 2 编号 6(A、B)的规定,分别以卸船计收开、关舱费各一次,装船计收开、关舱费各一次。

港口工人单独拆、装、移动舱口大梁,视同开、关舱作业,计收开、关舱费。

**第二十八条** 大型舱口(又称 A、B 舱)中间有纵、横梁的(包括固定纵、横梁和活动纵、横梁),按两个舱口计收开、关舱费。

设在大舱口外的小舱口,按 4 折 1 计算,不足 4 个按 1 个大舱口计算。

**第二十九条** 使用集装箱专用吊具进行全集装箱船开、关舱作业,不分开、关次数,按表 2 编号 6(C)的规定,分别以卸船计收开舱费一次,装船计收关舱费一次;只卸不装或只装不卸的,分别计收开、关舱费各一次。

## 第七章 货物港务费

**第三十条** 经由港口吞吐的外贸进出口货物和集装箱,按"外贸进出口货物港务费率表"(表 3)的规定,以进口或出口分别征收一次货物港务费。

**第三十一条** 经由港口吞吐的外贸进出口货物和集装箱,先由负责维护防波堤、进港航道、锚地等港口公共基础设施的港务管理部门(港务局)按表 3 的规定征收货物港务费,然后向码头所属单位(租用单位或使用单位)返回 50%,用于码头及其前沿水域的维护。

**第三十二条** 凭客票托运的行李,船舶自用的燃物料,本船装货垫缚材料，随包装货物同行的包装备品，随鱼鲜同行的防腐用的冰和盐，随活畜、活禽同行的必要饲料，使馆物品，联合国物品，赠送礼品，展品，样品，国际过境货物，集装箱空箱（商品箱除外），均免征货物港务费。

## 第八章 装 卸 费

**第三十三条** 散杂货在港口装卸船舶，按"外贸进出口货物装卸费率表"（表4）的规定计收装卸费。

**第三十四条** 港方可根据作业需要使用船舶或港口起货机械装卸货物。使用船舶起货机械时，除按表4规定的船方起货机械费率计收装卸费外，另按表2编号7（A、B）的规定计收起货机工力费。

**第三十五条** 申请使用浮吊进行装卸作业的，除按表4规定的船方起货机械费率计收装卸费外，另按实际租费向申请方计收浮吊使用费。经港方同意，使用货方或船方自备浮吊进行作业的，按表4规定的船方起货机械费率计收装卸费。

**第三十六条** 包装货物在船上拆包装舱或散装货物在舱内灌包后再出舱，除按包装货物计收装船费或卸船费外，另按表7的规定计收拆包、倒包、灌包、缝包费。

**第三十七条** 散杂货翻装作业，分舱内翻装和出舱翻装。

舱内翻装，按表7的规定计收工时费。使用港口机械的，另收机械使用费。

出舱翻装，按实际作业所发生的费用计收。

**第三十八条** 采用"滚上滚下"方式装卸货物和车辆时，使用港方动力和工人作业的，按表4规定的船方起货机械费率的80%计收装卸费；不使用港方动力，只由港方工人作业的，按表4规定的船方起货机械费率的50%计收装卸费；不使用港方动力和工人作业的，按表4规定的船方起货机械费率的30%计收装卸费。

**第三十九条** 集装箱在港口的装卸作业，按"外贸进出口集装箱装卸包干费、国际过境集装箱港口包干费率表”(表5)的规定,向船方计收集装箱装卸包干费。

集装箱装卸包干作业包括:

(一)进口重箱:将重箱的一般加固拆除,从船上卸到堆场,分类堆存,从堆场装上货方卡车或送往港方本码头集装箱货运站(仓库),然后将空箱从货方卡车卸到堆场或从港方本码头集装箱货运站(仓库)送回堆场;

(二)出口重箱:将堆场上空箱装上货方卡车或送往港方本码头集装箱货运站(仓库),将重箱从货方卡车卸到堆场或从港方本码头集装箱货运站(仓库)送回堆场,分类堆存,装船并进行一般加固;

(三)进口空箱:将空箱的一般加固拆除,从船上卸到堆场,分类堆存;

(四)出口空箱:将堆场上空箱装到船上,并进行一般加固;

(五)箱体检验、重箱过磅及编制有关单证。

**第四十条** 集装箱船在非集装箱专用码头装卸集装箱,如船方不提供起舱机械,而由港方提供岸机或浮吊进行装卸时,除按表5的规定计收装卸包干费外,另按其相应箱型装卸包干费率的15%加收岸机使用费;使用浮吊的,另收浮吊使用费。

装卸滚装船装运的集装箱,在集装箱专用码头使用岸机或船机采用“吊上吊下”方式作业的,或在非集装箱专用码头使用船机采用“吊上吊下”方式作业的,按表5的规定计收装卸包干费;在非集装箱专用码头使用岸机采用“吊上吊下”方式作业的,除按表5的规定计收装卸包干费外,另按其相应箱型装卸包干费率的15%加收岸机使用费。如同时使用铲车(叉车)等机械在舱内进行辅助作业时,另收机械使用费。

装卸带有底盘车的集装箱,使用港方拖车进行“滚上滚下”方式作业的,按表5的规定计收装卸包干费;使用船方拖车进行“滚上滚下”方式作业的,按表5规定费率的50%计收装卸包干费。

**第四十一条** 内支线运输的集装箱在港口的装卸作业,按表

5 规定费率的 90% 计收集装箱装卸包干费。

**第四十二条** 使用驳船进行码头与锚地（或挂靠浮筒）的船舶之间的集装箱装卸作业，除按表 5 的规定计收装卸包干费外，另按实计收装卸驳船费和驳运费。

**第四十三条** 在集装箱专用码头上装卸集装箱船捎带的散装杂货不具备“滚上滚下”条件者，装卸费按表 4 相应货类的费率加倍计收。

**第四十四条** 集装箱装卸包干作业范围以外的装卸汽车、火车、驳船（不包括拆、加固），按“汽车、火车、驳船的集装箱装卸费及集装箱搬移、翻装费率表”（表 6）的规定计收装卸费。

**第四十五条** 集装箱在码头发生搬移，按表 6 的规定，以实际发生的搬移次数，向造成集装箱搬移的责任方或要求方计收搬移费。

搬移费适用下列情况：

（一）非港方责任，为翻装集装箱在船边与堆场之间进行的搬移；

（二）为验关、检验、修理、清洗、熏蒸等进行的搬移；

（三）存放港口整箱提运的集装箱超过 10 天后，港方认为必要的搬移；

（四）因船方或货方责任造成的搬移；

（五）应船方或货方要求进行的搬移。

**第四十六条** 港方按船方或货方要求、或因船方或货方责任造成的船上集装箱翻装，按表 6 的规定，以实际发生的翻动次数，向造成集装箱翻装的责任方或要求方计收翻装费。

在非集装箱专用码头进行船上集装箱翻装，如船方不提供起舱机械，而由港方提供岸机或浮吊进行翻装时，除按表 6 的规定计收翻装费外，使用岸机的，另按其相应箱型装卸包干费率的 15% 加收岸机使用费；使用浮吊的，另收浮吊使用费。

翻装作业，集装箱需进堆场时，除收取翻装费外，另加收二次搬移费。

**第四十七条** 集装箱在集装箱货运站(仓库)进行拆、装箱作业,按表 7 的规定,分别向船方(集装箱货运站交付)或货方(应货方要求进行的)计收拆、装箱包干费。

拆、装箱包干作业包括:

(一)拆箱:拆除箱内货物的一般加固,将货物从箱内取出归垛,然后送到货方汽车上(不包括汽车上的码货堆垛),编制单证及对空箱进行一般性清扫。

(二)装箱:将货物从货方汽车上(不包括汽车上的拆垛)卸到集装箱货运站(仓库)归垛,然后装箱并对箱内货物进行一般加固,编制单证及对空箱进行一般性清扫。

**第四十八条** 外贸进口货物和集装箱原船未卸中途换单后继续运往国内其他港口,或内贸出口货物和集装箱原船未卸中途换单后继续出口国外港口,到达港或起运港分别按表 4 和表 5 的规定计收装卸费和装卸包干费。

**第四十九条** 空、重集装箱在港口发生干支线中转,由各港根据本港情况自订集装箱中转包干费,报交通部备案。

包干范围:自集装箱开始卸船起,至装上船离港止。

**第五十条** 国际过境散杂货物,按表 4 规定费率的 70% 计收装卸船费。

**第五十一条** 国际过境集装箱,按表 5 的规定,向船方计收过境包干费。

包干范围:自集装箱开始卸船(车)起,至装上车(船)离港止。

## 第九章 工 时 费

**第五十二条** 港方派装卸技术指导员在船上指导组成车辆、危险货物、超长货物、笨重货物(钢坯、钢锭除外)的装卸作业,按表 7 的规定计收装卸技术指导员工时费。

**第五十三条** 应船方或货方的委托进行下列作业,按表 7 的规定,以实际作业人数,向申请方计收工时费。

（一）在装卸融化、冻结、凝固等货物时，进行的敲、铲、刨、拉等困难作业；

（二）除本规则另有规定的外，进行捆、拆加固，铺舱、隔票、集装箱特殊清洗以及其他杂项作业。

上述作业所需材料由委托方供给。使用港口机械的，另收机械使用费。

## 第十章　其　他

**第五十四条**　租用港方船舶、机械、设备，船方或货方委托港方工人进行杂项作业，以及由于船方原因造成港方工作人员待时等，均按表7的规定计收费用。

**第五十五条**　租用码头、浮筒进行供油、供水等作业，由租赁双方协商付费。

**第五十六条**　通过港区铁路线的集装箱，按“集装箱铁路线使用费、货车取送费率表”（表8）的规定计收铁路线使用费。

**第五十七条**　使用港方机车取送的集装箱，按表8的规定计收货车取送费。

**第五十八条**　出口货物或集装箱退关时，按实际发生的作业项目向货方计收费用。

## 第十一章　附　则

**第五十九条**　“满尺丈量”是指按中华人民共和国进出口商品检验局颁布的《进出口商品货载衡量检验规程》进行的丈量。

**第六十条**　本规则按“笨重货物”、“一级危险货物”、“二级危险货物”、“轻泡货物”和“超长货物”计收费用的：

“笨重货物”是指每件货物的重量满5吨的货物，但订有换算重量的货物，托盘、集装袋、成组货物、10吨以下成捆钢材除外。

“一级危险货物”是指《中华人民共和国交通部水路危险货物

运输规则》中规定的：爆炸品、压缩气体、液化气体、一级易燃液体、一级易燃固体、一级自燃物品、一级遇潮易燃物品、一级氧化剂、有机过氧化物、一级毒害品、感染性物品、放射性物品、一级腐蚀品。

“二级危险货物”是指《中华人民共和国交通部水路危险货物运输规则》中“一级危险货物”以外的危险货物，但石棉、鱼粉、棉、麻及其他动物纤维、植物纤维、化学纤维不按危险货物计费。

“轻泡货物”是指每1重吨的体积满4立方米的货物，但订有换算重量的货物及组成车辆、笨重货物除外。

“超长货物”是指每件货物的长度超过12米的货物。

**第六十一条** 本规则未作规定的，按《中华人民共和国交通部港口收费规则（内贸部分）》的规定办理。

**第六十二条** 本规则由中华人民共和国交通部负责解释。

**第六十三条** 本规则自1997年6月20日零时起实行。除船舶港务费外，在此之前的有关规定与本规则相抵触的，以本规则的规定为准。

# 关于修改《中华人民共和国交通部港口收费规则(外贸部分)》的决定

(2001年12月24日中华人民共和国交通部令2001年第11号公布的《关于修改〈中华人民共和国交通部港口收费规则(外贸部分)〉的决定》已于2001年12月3日经第13次部务会议通过，自2002年1月1日起施行)

经征得国家发展计划委员会同意，交通部决定对《中华人民共和国交通部港口收费规则(外贸部分)》作如下修改：

一、删去第五十九条。

二、码头、浮筒的生产性停泊费在现行标准的基础上提高15%，"航行国际航线船舶港口费率表"(表2)中"停泊费A项"的费率据此由0.20元/净吨(马力)/日修改为0.23元/净吨(马力)/日。

三、集装箱装卸包干费在现行规定标准的基础上提高15%，"外贸进出口集装箱装卸包干费、国际过境集装箱港口包干费率表"(表5)中的数字据此作相应修改。

四、拖轮费在现行规定标准的基础上提高5%，"租用船舶、机械、设备和委托其他杂项作业费率表"(表7)中"拖轮"一项的费率据此由0.45元/马力小时修改为0.48元/马力小时。

此外，依据本决定对部分条文的顺序及规则附表作相应调整。

本决定自2002年1月1日起施行。

《中华人民共和国交通部港口收费规则(外贸部分)》根据本决定作相应的修改，重新公布。

附录

# 航行国际航线船舶长江引航、移泊收费办法

**第一条** 航行国际航线(包括与香港、澳门之间)的船舶,在长江行驶,由长江引航站引航,其引航费及移泊费的计收按本办法办理。

**第二条** 需要引航的船舶(或代理人),应在船舶引航前48小时提出申请书一式两份,向长江引航站请派引航员,引航站将申请书一份留查,一份交引航员上船执行任务。任务完毕后,由船舶负责人和引航员在申请单上签证,凭以计费。

**第三条** 本办法所订费率,均以人民币元为计费单位。国外付费人以外币按中国人民银行正式兑换率进行清算,国内付费人以人民币进行清算。

**第四条** 计费单位和进整办法:

(一)船舶以净吨(无净吨按总吨,也无总吨按载重吨)为计费单位的,不满1吨按1吨计;以马力(1马力=0.735千瓦)为计费单位的,不满1马力按1马力计。

(二)以日为计费单位的,按日历日计,不满1日按1日计;以小时为计费单位的,不满1小时按1小时计,超过1小时的尾数,不满半小时按半小时计,超过半小时的按1小时计。

**第五条** 付款人对各种费用除与长江引航站订有协议者外,应当预付或现付,并应在结算当日(法定节假日顺延)一次付清,逾期自结算的次日起按日交付迟付款额5‰的滞纳金。对溢收和短收的各种费用,应在结算后180天内提出退补要求,逾期互不退补。

**第六条** 由引航员引领船舶在长江行驶,按"航行国际航线船舶长江引航费率表"(表9)编号1(A)的规定,按始发地至到达地运价里程(公里)(未规定运价里程的港口按实际里程)及船舶净吨(拖轮按马力)以次计收引航费。

**第七条**　由引航员引领船舶在港内移泊,按表9编号2的规定,以次计收移泊费。

**第八条**　由引航员引领船舶过桥,按表9编号1(B)的规定,以次加收过桥引领费。

**第九条**　由引航员引领船舶过闸,按表9编号1(C)的规定,以次加收过闸引领费。

**第十条**　由拖轮拖带的船舶,其引航和移泊费按拖轮马力与所拖船舶的净吨相加计算。

**第十一条**　船舶因引航或移泊使用拖轮时,另按拖轮出租费率计收拖轮使用费。

**第十二条**　引航和移泊的起码计费吨为500净吨(马力)。

**第十三条**　船舶在引领行驶中,要求中途停靠港口或变更到达地,按下列规定计费。

(一)中途停靠港口:不论装卸与否,仍按始发地至到达地里程计费。

(二)变更到达地:在船舶未到达原到达地前,按始发地至变更后的到达地全程里程计费;在船舶到达原到达地后,另按原到达地至变更后的到达地间的里程加收。

**第十四条**　在始发地因船方原因不能按原定时间起引或应船方要求引航员在船上停留时,按表9编号3的规定计收引航员滞留费。

**第十五条**　船舶引领后,因船方原因临时停航或在中途停靠港口(包括装卸货物,上、下旅客),以及停港等待返程(包括装卸货物,上、下旅客)时间,按表9编号4的规定计收引航员待时费。

因航道水深限制或不能夜航的时间,不计引航员待时费。

**第十六条**　接送引航员,按表9编号5(A、B)的规定,以每引航一次或每移泊一次计收引航员交通费。

**第十七条**　在中华人民共和国法定节假日以及夜班应船方要求进行引航或移泊,按表9编号6(A、B)的规定计收引航员附加费。

**第十八条**　按引航员人数计收滞留费、待时费、附加费,每次以 3 人为限，超过的人数或实习引航员不计费用。

**货物重量换算表** 表1

| 货 物 名 称 | 计算单位 | 换算重量（千克） |
|---|---|---|
| 骆驼、牛、马、骡、驴 | 每头 | 1000 |
| 猪、羊、狗、牛犊、马驹、骡驹、驴驹 | 每头 | 200 |
| 散装的猪崽、羊羔 | 每头 | 30 |
| 笼装的猪崽、羊羔、家禽、野兽、蛇、卵蛋 | 每立方米 | 500 |
| 藤、竹制的椅、凳、几、书架 | 每只 | 30 |
| 鱼苗（秧、种） | 每立方米 | 800 |
| 其他不能确定重量的货物 | 每立方米 | 1000 |
| 家具（折叠的除外） | 自重加两倍 | |
| 各种材料的空容器（折叠的以及草袋、布袋、纸袋、麻袋、塑料袋除外） | 自重加两倍 | |

注：①自重加两倍的计算方法，是以货物本身毛重再加两倍。例如：如果一只空桶为 25 千克，自重加两倍，即 25×3=75 千克。

②订有换算重量的货物，实重大于换算重量时，仍按换算重量计算。

**航行国际航线船舶港口费率表** 表2

| 编号 | 项目 | 计费单位 | | 费率（元） | 说 明 |
|---|---|---|---|---|---|
| 1 | 引航费 | 净吨（马力） | A | 0.50 | |
| | | 净吨（马力）/海里 | B | 0.005 | |
| | | 净吨（马力） | C | 0.16 | 过闸引领 |
| 2 | 移泊费 | 净吨（马力） | | 0.22 | 各港港内移泊 |
| 3 | 引航员滞留费 | 每人每小时 | | 20.00 | |
| 4 | 系、解缆费 | 每次 | A | 107.00 | 2000 净吨及 2000 净吨以下船舶在码头 |
| | | | B | 159.00 | 2000 净吨及 2000 净吨以下船舶在浮筒 |
| | | | C | 213.00 | 2000 净吨以上船舶在码头 |
| | | | D | 318.00 | 2000 净吨以上船舶在浮筒 |
| 5 | 停泊费 | 净吨（马力）/日 | A | 0.23 | |
| | | | B | 0.05 | |
| | | 净吨（马力）/小时 | C | 0.15 | |

续上表

| 编号 | 项目 | 计费单位 | | 费率（元） | 说明 |
|---|---|---|---|---|---|
| 6 | 开、关舱费 | 每舱口 | A | 264.00 | 2000 净吨及 2000 净吨以下船舶 |
| | | | B | 530.00 | 2000 净吨以上船舶 |
| | | 每块舱盖 | C | 75.00 | 全集装箱船使用集装箱专用索具 |
| 7 | 起货机工力费 | 每重量吨 | A | 1.08 | |
| | | 每体积吨 | B | 0.54 | |

**外贸进出口货物港务费率表** 表 3

| 编号 | 货类 | 计费单位 | 每计费吨（箱）费率（元） | |
|---|---|---|---|---|
| | | | 进口 | 出口 |
| 1 | 煤炭、矿石、矿砂、矿粉、磷灰土、水泥、纯碱、粮食、盐、砂土、石料、砖瓦、生铁、钢材（不包括废钢）、钢管、钢坯、钢锭、有色金属块锭、焦炭、半焦、块煤、化肥、轻泡货物 | W | 1.40 | 0.70 |
| | | M | 0.90 | 0.45 |
| 2 | 列名外货物 | W | 3.30 | 1.65 |
| | | M | 2.20 | 1.10 |
| 3 | 一级危险货物、冷藏货物、古画、古玩、金器、银器、珠宝、玉器、翡翠、珊瑚、玛瑙、水晶、钻石、象牙（包括制品）、玉刻、木刻、各种雕塑制品、贝雕制品、漆制器皿、古瓷、景泰蓝、地毯、壁毯、刺绣 | W | 6.60 | 3.30 |
| | | M | 4.40 | 2.20 |
| 集装箱 | 装载一般货物的集装箱、商品箱 | 20 英尺 | 40.00 | 20.00 |
| | | 40 英尺 | 80.00 | 40.00 |
| | 装载一级危险货物的集装箱、冷藏箱（重箱） | 20 英尺 | 80.00 | 40.00 |
| | | 40 英尺 | 160.00 | 80.00 |

注：①货物港务费的计费吨按装卸费的计费吨计算。

②编号 1 的“化肥”，系指农业生产用的化肥，其他用于化工原料的不在此限。

③编号 3 的“一级危险货物”，不包括农业生产用的化肥农药。

④原油按编号 2“列名外货物”计费。

⑤其他集装箱的货物港务费，以其内容积与表列相近箱型集装箱内容积的比例计算。

## 外贸进出口货物装卸费率表

表4

<table>
<tr><th colspan="2" rowspan="3">编号</th><th colspan="2" rowspan="3">货类费率（元/计费吨）<br>作业过程</th><th colspan="4">船舱←→船边</th><th rowspan="3">船边←→<br>库、场、<br>车、船</th><th rowspan="3">计费<br>单位</th></tr>
<tr><th colspan="2">船方起货机械</th><th colspan="2">港方起货机械</th></tr>
<tr><th>一般<br>货舱</th><th>冷藏舱<br>非货舱</th><th>一般<br>货舱</th><th>冷藏舱<br>非货舱</th></tr>
<tr><td rowspan="4">散装</td><td>1</td><td colspan="2">煤炭、硫酸渣、腐殖酸、矿砂、矿粉（铁矿砂、粉除外）、铁矿石（块矿）、磷灰土、砂土、碎石、卵石、水泥、水泥熟料、盐、化肥、粮食</td><td>10.40</td><td>15.60</td><td>13.50</td><td>20.30</td><td>5.20</td><td rowspan="11">W</td></tr>
<tr><td>2</td><td colspan="2">铁矿砂、铁矿粉</td><td>6.70</td><td>10.05</td><td>8.70</td><td>13.10</td><td>3.35</td></tr>
<tr><td>3</td><td colspan="2">焦炭、半焦、原矿（块矿）（铁矿石除外）、铜精矿（砂）、硫精矿（砂）、锌精矿（砂）、铅精矿（砂）、块煤、加工成形的石料、砖瓦、氧化铝、纯碱、鱼粉</td><td>16.30</td><td>24.50</td><td>21.20</td><td>31.80</td><td>8.15</td></tr>
<tr><td>4</td><td colspan="2">糖、大豆、豆粕、大麦、燕麦、黑麦、饲料</td><td>14.80</td><td>22.20</td><td>19.20</td><td>28.80</td><td>7.40</td></tr>
<tr><td rowspan="3">包装</td><td>5</td><td colspan="2">煤炭、各种矿石（包括块、砂、粉矿）、砂土、盐、化肥</td><td>16.30</td><td>24.50</td><td>21.20</td><td>31.80</td><td>8.15</td></tr>
<tr><td>6</td><td colspan="2">水泥、纯碱、鱼粉</td><td>19.40</td><td>29.10</td><td>25.20</td><td>37.80</td><td>9.70</td></tr>
<tr><td>7</td><td colspan="2">糖、粮食、大豆、豆粕、大麦、燕麦、黑麦、饲料</td><td>18.10</td><td>27.20</td><td>23.50</td><td>35.30</td><td>9.05</td></tr>
<tr><td rowspan="14">其他</td><td>8</td><td colspan="2">钢坯、钢锭、生铁、金属块锭、钢材、钢轨、钢管</td><td>16.80</td><td>25.20</td><td>21.80</td><td>32.70</td><td>8.4</td></tr>
<tr><td>9</td><td colspan="2">废碎金属</td><td>24.30</td><td>36.50</td><td>31.60</td><td>47.40</td><td>12.15</td></tr>
<tr><td rowspan="2">10</td><td rowspan="2">笨重货物</td><td>设备</td><td>41.70</td><td>62.60</td><td>83.40</td><td>125.20</td><td>20.85</td></tr>
<tr><td>其他</td><td>32.10</td><td>48.20</td><td>64.20</td><td>96.40</td><td>16.05</td></tr>
<tr><td rowspan="2">11</td><td rowspan="2">组成车辆</td><td>轿车</td><td>42.00</td><td>63.00</td><td>54.60</td><td>81.90</td><td>21.00</td><td rowspan="10">W/M</td></tr>
<tr><td>其他</td><td>32.00</td><td>48.00</td><td>41.60</td><td>62.40</td><td>16.00</td></tr>
<tr><td>12</td><td colspan="2">各种纸、纸浆</td><td>18.50</td><td>27.80</td><td>24.10</td><td>36.20</td><td>9.25</td></tr>
<tr><td>13</td><td colspan="2">橡胶</td><td>19.20</td><td>28.80</td><td>25.00</td><td>37.50</td><td>9.60</td></tr>
<tr><td>14</td><td colspan="2">木材</td><td>13.40</td><td>20.10</td><td>17.40</td><td>26.10</td><td>6.70</td></tr>
<tr><td rowspan="2">15</td><td rowspan="2">危险货物</td><td>二级</td><td>23.80</td><td>35.70</td><td>30.90</td><td>46.40</td><td>11.90</td></tr>
<tr><td>一级</td><td>38.40</td><td>57.60</td><td>49.90</td><td>74.90</td><td>19.20</td></tr>
<tr><td>16</td><td colspan="2">轻泡货物</td><td>6.40</td><td>9.60</td><td>8.30</td><td>12.50</td><td>3.20</td></tr>
<tr><td>17</td><td colspan="2">冷冻货物</td><td>23.80</td><td>35.70</td><td>30.90</td><td>46.40</td><td>11.90</td></tr>
<tr><td>18</td><td colspan="2">列名外货物</td><td>14.20</td><td>21.30</td><td>18.50</td><td>27.80</td><td>7.10</td></tr>
</table>

续上表

<table>
<tr><td colspan="2" rowspan="3">编号</td><td colspan="2" rowspan="3">货类费率(元/计费吨)<br>作业过程</td><td colspan="4">船舱←→船边</td><td rowspan="3">船边←→<br>库、场、<br>车、船</td><td rowspan="3">计费<br>单位</td></tr>
<tr><td colspan="2">船方起货机械</td><td colspan="2">港方起货机械</td></tr>
<tr><td>一般<br>货舱</td><td>冷藏舱<br>非货舱</td><td>一般<br>货舱</td><td>冷藏舱<br>非货舱</td></tr>
<tr><td rowspan="5">散装液体</td><td colspan="3" rowspan="2"></td><td colspan="5">船边法兰盘←→库、车、船</td><td rowspan="5">W</td></tr>
<tr><td colspan="2">装船</td><td colspan="3">卸船</td></tr>
<tr><td>19</td><td colspan="2">一般液体</td><td colspan="2">17.40</td><td colspan="3">12.30</td></tr>
<tr><td rowspan="2">20</td><td rowspan="2">一级危险<br>液体</td><td>原油</td><td colspan="2">11.70</td><td colspan="3">9.80</td></tr>
<tr><td>其他</td><td colspan="2">27.10</td><td colspan="3">19.30</td></tr>
</table>

注:①车(船)船直取货物的装卸费按“船舱←→船边”和“船边←→库、场、车、船”的费率相加计算。

②超长货物费率:每件长度超过12米满16米,按相应货类费率加收50%;每件长度超过16米满20米,按相应货类费率加收100%;每件长度超过20米,按相应货类费率加收150%。

③在港区外的海域进行减载或加载作业,按相应货类费率加收10%。

④上海港在绿华山过驳散粮,按每吨10元计收减载过驳装卸费。

⑤集装袋水泥装卸费按上述包装水泥装卸费率的80%计收。

⑥出口原油(经输油管道进港装船)港口包干费,大连港18.10元/吨、秦皇岛港16.10元/吨、青岛港16.50元/吨。

⑦海洋外汇原油的装卸费,按本表规定的费率计收;进口原油和海洋外汇原油的过驳包干费,沿海港口每吨18.10元,长江港口每吨20.90元。

⑧散装液体如定有明确的“船边交货”条款的,“船边←→船边法兰盘”或“船边←→船舱”和“船边←→库、车、船”的装卸费,分别按表中装船(出口)或卸船(进口)费率的50%计收。

⑨木材计费吨的确定:原木:按实际材积每立方米作为1.27计费吨;方木:按实际材积每立方米作为1计费吨;板材:中间无隔垫的,按实际材积每立方米作为1计费吨;中间有隔垫的,由港方与货方协商加成比例;笨重超长木材以每件的实际材积确定,并按实际材积每立方米作为1计费吨。

⑩编号1、5的“化肥”,系指农业生产用的化肥,其他用于化工原料的不在此限。

⑪编号15的“一级危险货物”,不包括农业生产用的化肥农药。

**外贸进出口集装箱装卸包干费、国际过境集装箱港口包干费率表** 表5

<table>
<tr><th colspan="3">箱　型</th><th>装卸包干费<br>(元/箱)</th><th>过境包干费<br>(元/箱)</th></tr>
<tr><td rowspan="10">标准箱</td><td rowspan="5">20英尺</td><td>装载一般货物的集装箱</td><td>425.50</td><td>659.50</td></tr>
<tr><td>空箱</td><td>294.10</td><td>503.00</td></tr>
<tr><td>装载一级危险货物的集装箱</td><td>467.90</td><td>725.20</td></tr>
<tr><td>冷藏重箱</td><td>467.90</td><td>725.20</td></tr>
<tr><td>冷藏空箱</td><td>324.10</td><td>502.2</td></tr>
<tr><td rowspan="5">40英尺</td><td>装载一般货物的集装箱</td><td>638.30</td><td>1000.20</td></tr>
<tr><td>空箱</td><td>441.10</td><td>768.60</td></tr>
<tr><td>装载一级危险货物的集装箱</td><td>702.00</td><td>1088.20</td></tr>
<tr><td>冷藏重箱</td><td>702.00</td><td>1088.20</td></tr>
<tr><td>冷藏空箱</td><td>486.10</td><td>753.40</td></tr>
</table>

注:①非标准集装箱包干费面议,但最高不超过其相应箱型标准箱包干费的一倍。

②"非标准集装箱"是指尺寸与标准箱不同的集装箱、变形箱和超限箱,但长宽与标准箱相同的高箱、不调换装卸索具的开顶箱及四周不超限的框架箱,按相应箱型标准箱计费。

③"超限"是指箱内货物的外形超出了集装箱的尺寸。

**汽车、火车、驳船的集装箱装卸费及集装箱搬移、翻装费率表** 表6

<table>
<tr><th colspan="3">箱　型</th><th>汽车装卸、搬移、翻装费<br>(元/每箱次)</th><th>火车、驳船装卸费<br>(元/每箱次)</th></tr>
<tr><td rowspan="10">标准箱</td><td rowspan="5">20英尺</td><td>装载一般货物的集装箱</td><td>49.50</td><td>70.20</td></tr>
<tr><td>空箱</td><td>49.50</td><td>70.20</td></tr>
<tr><td>装载一级危险货物的集装箱</td><td>53.70</td><td>76.50</td></tr>
<tr><td>冷藏重箱</td><td>53.70</td><td>76.50</td></tr>
<tr><td>冷藏空箱</td><td>53.70</td><td>76.50</td></tr>
<tr><td rowspan="5">40英尺</td><td>装载一般货物的集装箱</td><td>74.30</td><td>105.30</td></tr>
<tr><td>空箱</td><td>74.30</td><td>105.30</td></tr>
<tr><td>装载一级危险货物的集装箱</td><td>82.50</td><td>115.30</td></tr>
<tr><td>冷藏重箱</td><td>82.50</td><td>115.30</td></tr>
<tr><td>冷藏空箱</td><td>82.50</td><td>115.30</td></tr>
</table>

注:①非标准集装箱上述费率面议,但最高不超过其相应箱型标准箱包干费的一倍。

②"非标准集装箱"是指尺寸与标准箱不同的集装箱、变形箱和超限箱,但长宽与标准箱相同的高箱、不调换装卸索具的开顶箱及四周不超限的框架箱,按相应箱型标准箱计费。

③"超限"是指箱内货物的外形超出了集装箱的尺寸。

**租用船舶、机械、设备和委托其他杂项作业费率表**　　表7

| 项目 | | 计费单位 | 费率(元) | 备注 |
|---|---|---|---|---|
| 拖轮 | | 马力小时 | 0.48 | 1. 租用船舶(拖轮除外)、机械、设备的计费时间,自开离停泊基地时起,至返回原地时止。如另有任务不返回原地者,至使用完毕时止。2. 租用起重船需要拖轮拖带时,另收拖轮租费。3. 一般扫舱不包括清洁污水沟,清洁污水沟每舱收费257.00元。一般扫舱和清洁污水沟包括把舱内污物搁置到甲板上。如需清除离船,另收倒垃圾费。4. 倒垃圾不论倾倒次数,每日按一次计收倒垃圾费,但未倒不收费。5. 对洗舱、木屑扫舱以及其他特殊扫舱,按人工计收扫舱费,每个舱口扫舱费起码收费额为429.00元,所需材料费用另加。6. 搭拆、搬运装卸用防雨设备,另按普通工的工时费率计收工时费。7. 特殊平舱是指为在散货上面加装货物所进行的要求进行平舱和按船方的其他情况的平舱。但散货在装舱过程中随装随扒,散货装舱完毕后扒平突出舱口的顶尖及为在散货上面装载压舱包所进行的一般扒舱,不作为特殊平舱。8. 由港方供油、供淡水,按中国船舶燃料供应公司的规定执行。 |
| 起重船 | 50吨以内 | 负荷吨时 | 9.30 | |
| | 超过50吨满100吨 | 负荷吨时 | 8.30 | |
| | 100吨以上 | 负荷吨时 | 6.30 | |
| 起重机 | | 负荷吨时 | 4.20 | |
| 吸扬机 | | 台时 | 31.10 | |
| 拆包和倒包费 | | 每项每吨 | 1.40 | |
| 灌包和缝包费 | | 每项每吨 | 1.40 | |
| 分票费 | | 每计费吨 | 5.00 | |
| 挑样费 | | 每计费吨 | 2.00 | |
| 一般扫舱 | | 每个舱口 | 429.00 | |
| 拆隔舱板(防动板) | | 每个舱口 | 824.20 | |
| 特殊平舱 | | 按平舱舱口实装货物吨数的30%计费(每吨) | 3.70 | |
| 倒垃圾 | 船运 | 每次 | 100.00 | |
| | 陆运 | 每次 | 40.00 | |
| 集装箱拆、装箱包干费 | 一般货物 | 每计费吨 | 12.40 | |
| | 冷藏货物 | 每计费吨 | 13.50 | |
| | 一级危险货物 | 每计费吨 | 18.60 | |
| 装卸指导员工时费 | | 每人每工时 | 17.20 | |
| 其他作业工时费 | 普通工 | 每人每工时 | 9.20 | |
| | 技术工 | 每人每工时 | 13.70 | |
| 装卸用防雨设备 | | 每舱口日 | 89.40 | |
| 防雨罩 | | 每只每次 | 35.80 | |
| 靠垫费 | | 每只每次 | 2500.00 | |
| 污水处理 | | 每吨 | 2.20 | |
| 围油栏使用费 | 1000净吨以下船舶 | 每船每次 | 3000.00 | |
| | 1000~3000净吨船舶 | 每船每次 | 3500.00 | |
| | 3000净吨以上船舶 | 每船每次 | 4000.00 | |

## 集装箱铁路线使用费、货车取送费率表

表 8

| 箱型 | | | 铁路线使用费(元/每箱次) | 货车取送费(元/每箱千米) |
|---|---|---|---|---|
| 标准箱 | 20 英尺 | 重箱 | 4.10 | 6.00 |
| | | 空箱 | 1.40 | 3.60 |
| | 40 英尺 | 重箱 | 8.00 | 12.00 |
| | | 空箱 | 2.70 | 7.20 |

注:①非标准集装箱按上述相应箱型标准箱费率计费。

②取送装载一级危险货物的集装箱重箱,其货车取送费按上述费率加收50%。

## 航行国际航线船舶长江引航、移泊费率表

表 9

| 项目 | | 计费单位 | 费率(元) | 备注 |
|---|---|---|---|---|
| 拖轮 | | 马力小时 | 0.48 | 1. 租用船舶(拖轮除外)、机械、设备的计费时间,自开离停泊基地时起,至返回原地时止。如另有任务不返回原地者,至使用完毕时止。2. 租用起重船需要拖轮拖带时,另收拖轮租费。3. 一般扫舱不包括清洁污水沟,清洁污水沟每舱收费 257.00 元。一般扫舱和清洁污水沟包括把舱内污物搁置到甲板上。如需清除离船,另收倒垃圾费。4. 倒垃圾不论倾倒次数,每日按一次计收倒垃圾费,但未倒不收费。5. 对洗舱、木屑扫舱以及其他特殊扫舱,按人工计收扫舱费,每个舱口扫舱费起码收费额为 429.00 元,所需材料费用另加。6. 搭拆、搬运装卸用防雨设备,另按普通工的工时费率计收工时费。7. 特殊平舱是指为在散货上面加装货物所进行的要求进行平舱和按船方的其他情况的平舱。但散货在装舱过程中随装随扒,散货装舱完毕后扒平突出舱口的顶尖及为在散货上面装载压舱包所进行的一般扒舱,不作为特殊平舱。8. 由港方供油、供淡水,按中国船舶燃料供应公司的规定执行。 |
| 起重船 | 50 吨以内 | 负荷吨时 | 9.30 | |
| | 超过 50 吨满 100 吨 | 负荷吨时 | 8.30 | |
| | 100 吨以上 | 负荷吨时 | 6.30 | |
| 起重机 | | 负荷吨时 | 4.20 | |
| 吸扬机 | | 台时 | 31.10 | |
| 拆包和倒包费 | | 每项每吨 | 1.40 | |
| 灌包和缝包费 | | 每项每吨 | 1.40 | |
| 分票费 | | 每计费吨 | 5.00 | |
| 挑样费 | | 每计费吨 | 2.00 | |
| 一般扫舱 | | 每个舱口 | 429.00 | |
| 拆隔舱板(防动板) | | 每个舱口 | 824.20 | |
| 特殊平舱 | | 按平舱舱口实装货物吨数的 30% 计费(每吨) | 3.70 | |
| 倒垃圾 | 船运 | 每次 | 100.00 | |
| | 陆运 | 每次 | 40.00 | |
| 集装箱拆、装箱包干费 | 一般货物 | 每计费吨 | 12.40 | |
| | 冷藏货物 | 每计费吨 | 13.50 | |
| | 一级危险货物 | 每计费吨 | 18.60 | |
| 装卸指导员工时费 | | 每人每工时 | 17.20 | |
| 其他作业工时费 | 普通工 | 每人每工时 | 9.20 | |
| | 技术工 | 每人每工时 | 13.70 | |
| 装卸用防雨设备 | | 每舱口日 | 89.40 | |
| 防雨罩 | | 每只每次 | 35.80 | |
| 靠垫费 | | 每只每次 | 2500.00 | |
| 污水处理 | | 每吨 | 2.20 | |
| 围油栏使用费 | 1000 净吨以下船舶 | 每船每次 | 3000.00 | |
| | 1000 ~ 3000 净吨船舶 | 每船每次 | 3500.00 | |
| | 3000 净吨以上船舶 | 每船每次 | 4000.00 | |

注:长江分上、中、下三段引航,各段引航费率计算方法均为基本基价每净吨 0.405 元,加里程基价每净吨公里 0.003315 元,计算费率进整到分,分以下四舍五入。

# 国内水路集装箱港口收费办法

（交通部、国家发展计划委员会　交水发[2000]
156 号　2000.03.20）

**第一条**　中华人民共和国沿海和长江干线港口向进出港口的内贸集装箱（指国际标准集装箱）计收港口费用，按本办法办理。

其他内河港口可根据具体情况，参照本办法办理。

各港与香港、澳门之间的集装箱运输，除另有规定的外，比照《中华人民共和国交通部港口收费规则（外贸部分）》的规定办理。

**第二条**　集装箱以箱为计费单位。可折叠的标准空箱，4 只及 4 只以下摞放在一起的，按 1 只相应标准重箱计算。

**第三条**　有港口工人进行全集装箱船开、关舱作业，不分开、关次数，按"内贸集装箱开关舱费、拆装箱包干费和工时费率表"（表 1）的规定，分别以卸船计收开舱费一次，装船计收关舱费一次；只卸不装或只装不卸的船舶，分别计收开、关舱费各一次。

**第四条**　（一）经由港口吞吐的内贸集装箱，按"内贸集装箱货物港务费率表"（表 2）的规定，以进口或出口分别征收一次货物港务费。

（二）经由港口吞吐的内贸集装箱，先由负责维护防波堤、进港航道、锚地等港口公共基础设施的港务管理部门（港务局）按表 2 的规定征收货物港务费，然后向码头所属单位（租用单位或使用单位）返回 50%，用于码头及其前沿水域的维护。

（三）集装箱拼箱货物，按货物的实际计费吨分摊货物港务费。

（四）集装箱空箱（商品箱除外）免征货物港务费。

**第五条**　集装箱在港口的装卸作业，按"内贸集装箱装卸包干费率表”（表3）的规定，向作业委托方计收集装箱装卸包干费。

集装箱装卸包干作业包括：

（一）卸船重箱：将重箱的一般加固拆除，从船上卸到堆场，分类堆存，从堆场装上货方卡车或送往港方本码头（即本装卸公司的码头）集装箱货运站（仓库），然后将空箱从货方卡车卸到堆场或从港方本码头集装箱货运站（仓库）送回堆场；

（二）装船重箱：将堆场上空箱装上货方卡车或送往港方本码头集装箱货运站（仓库），将重箱从货方卡车卸到堆场或从港方本码头集装箱货运站（仓库）送回堆场，分类堆存，装船并进行一般加固；

（三）卸船空箱：将空箱的一般加固拆除，从船上卸到堆场，分类堆存；

（四）装船空箱：将堆场上空箱装到船上，并进行一般加固；

（五）箱体检验、重箱过磅及编制有关单证。

装卸包干费各港可在规定费率上下20%的幅度内自行确定。

**第六条** 装卸带有底盘车的集装箱，使用港方拖车进行“滚上滚下”方式作业的，按表3的规定计收装卸包干费；使用船方拖车进行“滚上滚下”方式作业的，按表3规定费率的50%计收装卸包干费。

**第七条** 集装箱装卸包干作业范围以外的装卸汽车、火车、驳船（包括一般拆、加固），按“汽车、火车、驳船的集装箱装卸费及集装箱搬移、翻装费率表”（表4）的规定计收装卸费。

**第八条** 集装箱在码头发生搬移，按表4的规定，以实际发生的搬移次数，向造成集装箱搬移的责任方或要求方计收搬移费。

搬移费适用下列情况：

（一）非港方责任，为翻装集装箱在船边与堆场之间进行的搬移；

（二）为检验、修理、清洗、熏蒸等进行的搬移；

（三）存放港口整箱提运的集装箱超过10天后，港方认为必要的搬移；

（四）因船方或货方责任造成的搬移；

（五）应船方或货方要求进行的搬移。

搬移集装箱需相应搬移其他集装箱时，其他集装箱不另收搬移费。

**第九条** 港方按船方或货方要求、或因船方或货方责任造成的集装箱在船上翻装或船舶与码头之间的集装箱翻装，按表4的规定，以实际发生的翻动次数，向造成集装箱翻装的责任方或要求方计收翻装费；集装箱需进堆场时，除收取翻装费外，另加收二次搬移费，但2天之内不另收堆存费。

港方责任造成的集装箱翻装，免收翻装费和堆存费。

**第十条** 应船方或货方的委托在港方集装箱货运站（仓库）进行拆、装箱作业，按表1的规定，向作业委托方计收拆、装箱包干费。

拆、装箱包干作业包括：

（一）拆箱：拆除箱内货物的一般加固，将货物从箱内取出归垛，然后送到货方汽车上（不包括汽车上的码货堆垛），编制单证及对空箱进行一般性清扫。

（二）装箱：将货物从货方汽车上（不包括汽车上的拆垛）卸到集装箱货运站（仓库）归垛，然后装箱并对箱内货物进行一般加固，编制单证及对空箱进行一般性清扫。

**第十一条** 空、重集装箱在港口进行水转水作业，由各港根据本港情况自订集装箱中转包干费，报交通部备案。

水转水中转包干范围：自集装箱从一程船开始卸船起，至装上二程船止。

**第十二条** 应船方或货方的委托港口对集装箱进行一般性清扫以外的清洗作业，按表1的规定，向作业委托方计收工时费，所需材料由委托方供给。

**第十三条** 通过港区铁路线的集装箱，按“集装箱铁路线使用费、货车取送费率表”（表5）的规定计收铁路线使用费。

**第十四条** 使用港方机车取送的集装箱，按表5的规定计收货车取送费。

**第十五条** 本办法未作规定的，按《中华人民共和国交通部港口收费规则(内贸部分)》和各省(自治区、直辖市)有关港口收费的规定办理。

**第十六条** 本办法由中华人民共和国交通部和国家计委负责解释。

**第十七条** 本办法自2000年4月20日零时起实行，在此之前的有关规定与本办法相抵触的，以本办法的规定为准。

# 中华人民共和国港口收费规则(内贸部分)

(交通部令 2005 年第 8 号　2005.07.14)

## 第一章　总　　则

**第一条**　中华人民共和国沿海、长江干线和黑龙江水系(不包括吉林省的港口)港口向航行国内航线的船舶及内贸进出口的货物和集装箱(另有规定的除外)计收港口费用,均按本规则办理。

各港与香港、澳门之间的货物和集装箱运输,除另有规定的外,比照《中华人民共和国交通部港口收费规则(外贸部分)》的规定办理。

**第二条**　计费单位和进整办法:

(一)船舶以净吨(无净吨按总吨,无总吨按载重吨)为计费单位的,不满 1 吨按 1 吨计;以马力(1 马力 =0.735 千瓦)为计费单位的,不满 1 马力按 1 马力计。船舶无净吨、总吨和载重吨,则按 500 吨计收港口费用。

(二)以日为计费单位的,除另有规定的外,按日历日计,不满 1 日按 1 日计;以小时为计费单位的,不满 1 小时按 1 小时计,超过 1 小时的尾数,不满半小时按半小时计,超过半小时的按 1 小时计。

(三)以千米为计费单位的,不满 1 千米按 1 千米计。

(四)以平方米为计费单位的,不满 1 平方米按 1 平方米计。

(五)集装箱以箱为计费单位。

可折叠的标准空箱,4 只及 4 只以下摞放在一起的,按 1 只相应标准重箱计算。

（六）货物的计费吨分重量吨（W）和体积吨（M）。重量吨为货物的毛重，以1000千克为1计费吨；体积吨为货物“满尺丈量”的体积，以1立方米为1计费吨。港口计费按重量吨和体积吨择大计算。

订有换算重量的货物，按“货物重量换算表”（表1）的规定计算。

（七）每一计费单每项货物的重量或体积，最低以1计费吨计算，超过1计费吨的尾数按0.01计费吨进整。同一等级的货物相加进整。

（八）港口费以人民币元为计算单位。每一计费单每项费用的尾数以1.00元计算，不足1.00元的进整；每一计费单的最低收费额为10.00元。

**第三条** 进出口货物的重量和体积，以港口货物作业合同上所列数量为准。港方对货物的数量可以进行核查。港口货物作业合同上所列数量与核查数量不符时，以实际核查数量作为港口计费依据，并向责任方计收核查费用。

**第四条** 付款人对各种费用除与港方订有协议者外，应当预付或现付，并应在结算当日（法定节假日顺延）一次付清，逾期自结算的次日起按日交付迟付款额5‰的滞纳金。

**第五条** 港口经营人或管理人应当依据《价格法》，实行明码标价，在经营场所醒目位置公布港口收费项目、标准及监督电话。

## 第二章　引航、移泊费

**第六条** 由引航员引领船舶进、出沿海港口，按下列规定计收引航费：

（一）引航距离在10海里以内的港口，按“航行国内航线船舶港口费率表”（表2）编号1（A）的标准计收；

（二）引航距离超过10海里的港口，除按表2编号1（A）的标准计收引航费外，其超程部分另按表2编号1（B）的标准计收超程部分的引航费；

（三）超出各港引水锚地以远的引领，其超出部分的引航费按表2编号1（A）的标准加收30%。

引航距离由各港口所在地港口管理部门公布，报省级交通（港口）主管部门和交通部备案。

引航费按第一次进港和最后一次出港各一次分别计收。

**第七条**　由引航员引领船舶航行长江干线和黑龙江水系，按"航行国内航线船舶长江干线和黑龙江水系引航费率表"（表3）的规定计收引航费。

**第八条**　由引航员引领船舶在港内移泊，沿海港口按表2编号2（A）、长江干线和黑龙江水系港口按表2编号2（B）的规定，以次计收移泊费。

**第九条**　接送引航员不另收费。

**第十条**　由拖轮拖带的船舶、驳船、木竹排以及水上浮物，其引航和移泊费按拖轮（船舶）马力（净吨）与所拖船舶（木竹排、水上浮物）的净吨（体积）相加计算。

**第十一条**　船舶因引航或移泊使用拖轮时，另按拖轮出租费率计收拖轮使用费。

**第十二条**　沿海港口引航和移泊的最低计费吨为500净吨（马力），长江干线和黑龙江水系引航和港口移泊的最低计费吨为300净吨（马力）。

**第十三条**　因船方原因不能按原定时间起引或应船方要求引航员在船上停留时，按表2编号3的规定计收引航员滞留费。

**第十四条**　沿海港口进港船舶因船方原因取消引航计划，但引航员已上船的，按0.05元/净吨（马力）计收引航费，最高收费额为500元。申请在长江干线和黑龙江水系引航的船舶因船方原因取消引航计划，引航员已经上船的，引航员的差旅费、交通费由申请方负担。

## 第三章　拖　轮　费

**第十五条**　使用港方拖轮时，根据"租用船舶、机械、设备和委托其他杂项作业费率表"（表5）的规定，按拖轮马力和使用时间，向委托方计收拖轮使用费。

拖轮使用时间为实际作业时间加辅助作业时间。实际作业时间为拖轮抵达作业地点开始作业时起，至作业完毕时的时间；辅助作业时间为拖轮驶离拖轮基地至作业地点和驶离作业地点返回拖轮基地时的时间。实际作业时间由委托方签认，按实计算；辅助作业时间实行包干，由港口经营人综合测算确定，报港口所在地港口管理部门备案。

## 第四章　系、解缆费

**第十六条**　由港口工人进行船舶系、解缆，按表2编号4（A、B、C、D、E、F、G）的规定，以每系缆一次或解缆一次计收系、解缆费。

船舶在港口停泊期间，每加系一次缆绳计收一次系缆费。

## 第五章　停　泊　费

**第十七条**　停泊在港口码头、趸船（包括无人驳基地的趸船）、浮筒的船舶（长江干线和黑龙江水系中途停靠的客轮、客货班轮除外），由码头、趸船、浮筒的所属部门按表2编号5（A）的规定征收停泊费。

**第十八条**　停泊在港口码头、趸船（无人驳基地的趸船除外）的下列船舶，由码头、趸船的所属部门按表2编号5（B）的规定征收停泊费：

（一）装卸，上、下旅客完毕（指办妥交接）4小时后，因船方原

因继续留泊的船舶;

(二)非港方原因造成的等修、检修的船舶(等装、等卸和装卸货物过程中的等修、检修除外);

(三)加油加水完毕继续留泊的船舶;

(四)非港口工人装卸的船舶;

(五)观光、旅游船舶(含涉外旅游船舶,不含国际旅游船舶)。

**第十九条** 船舶在港口码头、趸船、浮筒停泊以24小时为1日,不满24小时按1日计。

**第二十条** 系靠停泊在港口码头、趸船、浮筒的船舶的船舶,视同停泊码头、趸船、浮筒的船舶征收停泊费。

**第二十一条** 由于等潮、气候影响或港方原因造成船舶在港内留泊及建港工程船舶,军事及执行公务的公安、边防、海关、检疫、海事、航道、水利等公务船舶,免征停泊费。

## 第六章 开、关舱费

**第二十二条** 由港口工人开、关船舶舱口,不分层次和开、关次数,按表2编号6(A、B、C、D)的规定,分别以卸船计收开、关舱费各一次,装船计收开、关舱费各一次。

港口工人单独拆、装、移动舱口大梁,视同开、关舱作业,计收开、关舱费。

**第二十三条** 大型舱口(又称A、B舱)中间有纵、横梁的(包括固定纵、横梁和活动纵、横梁),按两个舱口计收开、关舱费。

设在大舱口外的小舱口,按4折1计算,不足4个按1个大舱口计算。

**第二十四条** 由港口工人为船舶揭盖(包括折叠、整理)、覆盖、捆绑货物苫布,不分次数与苫布数量,按表2编号6(A、B、C、D)规定的费率,分别以每艘船舶揭盖、覆盖各计收一次揭、盖苫布费。

## 第七章　货物港务费

**第二十五条**　经由港口吞吐的内贸进出口货物和集装箱（国际标准集装箱除外），由负责维护防波堤、进出港航道、锚地等港口公用基础设施的单位，按“内贸货物港务费率表”（表4）的规定，以进口或出口分别征收一次货物港务费，全部专项用于港口公用基础设施的维护和管理。

**第二十六条**　凭客票托运的行李，船舶自用的燃物料，本船装货垫缚材料，随包装货物同行的包装备品，渔船捕获的鱼鲜以及同行的防腐用的冰和盐，随活畜、活禽同行的必要饲料，使馆物品，联合国物品，军用物品，因意外事故临时卸在港内仍需运往原到达港的货物，用于本港建设的货物，购进或售出的船舶，集装箱空箱（商品箱除外），均免征货物港务费。

## 第八章　港口作业包干费

**第二十七条**　货物和集装箱（国际标准集装箱除外）在港口进行装卸等劳务作业（堆存保管除外），实行包干计费，包干范围为货物在港口作业的全部过程。外贸进出口货物，除按《港口收费规则（外贸部分）》所规定的标准计收装卸船费用外，装卸外贸船舶以外的作业，另按第一款的规定，实行包干计费。

**第二十八条**　港口作业包干费实行市场调节价，收费标准由港口经营人自行确定，并在其经营场所提前对外公布。

## 第九章　货物堆存保管费

**第二十九条**　堆存在港口仓库、堆场的货物，按下列规定计收货物堆存保管费：

（一）沿海港口国内外进口货物和集装箱：自每张港口作业委

托单(提单)的货物开始进入库场的第 5 天起,至货物提离库场的当天止。

内河港口国内外进口货物和集装箱:自每张港口作业委托单(提单)的货物开始进入库场的第 2 天起,至货物提离库场的当天止。

(二)国内外出口货物和集装箱:自每张港口作业委托单(提单)的货物开始进入库场的当天起,至货物装船的前一天止。

(三)沿海港口进口转出口的货物和集装箱:自每张港口作业委托单(提单)的货物开始进入库场的第 5 天起,至货物装船的当天止。

内河港口进口转出口的货物和集装箱:自每张港口作业委托单(提单)的货物开始进入库场的第 2 天起,至货物装船的当天止。

(四)存栈货物及全过程都由货主自行装卸的货物:自货物开始进入库场的当天起,至货物全部提离库场的当天止。

(五)危险货物、冷藏重箱和散装液体货物:按实际存放天数计费。

(六)在港口存放的国际过境集装箱,自到达港口的第 15 天起计收堆存保管费。

(七)因港方责任,不能在原定时间的当天交付货物时,自次日起至具备交付货物条件并通知货方提货之日的次日止,免收货物堆存保管费。

(八)存放货物发生数量不符时,自更正的当日起,按更正数量计费。

**第三十条** 经港方同意,在港口库场进行加工整理、抽样等工作,均以实际面积向货方计收库场使用费。

**第三十一条** 堆存保管费和库场使用费实行市场调节价,收费标准由港口经营人自行确定,并在其经营场所提前对外公布。

## 第十章　驳船取送费

**第三十二条**　在长江干线和黑龙江水系港口使用港口拖轮取送驳船到码头装卸货物,按下列规定,向委托方计收驳船取送费。

(一)以吨千米计费的,自港口中心锚地起,只按重载一次计算,按表5的规定计收;

(二)以实际使用港作拖轮时间计费的,按表5的规定,以马力小时费率计收。

以上两种计费方法,由港方和委托方协商确定。

## 第十一章　其　他

**第三十三条**　租用港方船舶、机械、设备,船方委托港方工人进行杂项作业,均按表5的规定计收费用。

**第三十四条**　经港方同意,在港口作业全过程都由非港方工人操作且不使用港口工具和机械的货物,按本规则第二十八条规定的港口作业包干费的10%收取码头使用费。

**第三十五条**　租用码头、浮筒进行供油、供水等作业,由租赁双方协商付费。

**第三十六条**　运输部门运输周转的国标2吨、5吨空箱(重箱时未通过港口的除外),免收一切港口费用。

**第三十七条**　港口作业过程中发生灌包、缝包、捆绑、加固、铺舱、隔票、和其他杂项作业所需材料由委托方供给。

**第三十八条**　在长江干线和黑龙江水系港口由港方进行驳船编解队作业,费用由港方和委托方协商确定。

**第三十九条**　对黑龙江水系冬季冰封期经江上通道,通过港口码头、道路的货物及车辆收取港口使用费,收费标准由港口经营人自行确定,并在其经营场所提前对外公布。

**第四十条**　对通过港口船闸的船舶收取船闸使用费,收费标准由船闸管理或经营部门自行确定，并在其经营场所提前对外公布。

## 第十二章　附　　则

**第四十一条**　“满尺丈量”是指按中华人民共和国进出口商品检验局颁布的《进出口商品货载衡量检验规程》进行的丈量。

“危险货物”是指国家标准 GB12268《危险货物品名表》和国际海事组织制定的《国际海运危险货物规则》中所列名的货物，石棉、鱼粉、棉、麻及其他动物纤维、植物纤维、化学纤维除外。

**第四十二条**　本规则未作规定的港口机械、船舶出租费，供电、供油劳务费，轮驳供水劳务费（水费按当地水价），收费标准由港口经营人自行确定，并在其经营场所提前对外公布。

**第四十三条**　本规则所称“沿海港口”是指沿海港口港界（或辖区）内的所有码头。本规则所称“长江干线港口”是指长江干线上以及与干线港口处于同一城市中的支流上港口的所有码头，包括港辖区范围内的所有码头。本规则所称“黑龙江水系港口”是指黑龙江、松花江、嫩江、乌苏里江干线上以及与干线港口处于同一城市中的支流上港口的所有码头，包括港辖区范围内的所有码头。

**第四十四条**　中华人民共和国其他内河港口向航行国内航线的船舶及内贸进出口的货物和集装箱（另有规定的除外）计收港口费用，比照本规则办理。

**第四十五条**　本规则由中华人民共和国交通部负责解释。

**第四十六条**　本规则自 2005 年 8 月 1 日零时起施行。交通部 1992 年 10 月 27 日发布的《关于调整交通部直属及双重领导港口内贸港口费收标准的通知》（交运发［1992］967 号）及附件一《港口内贸货物装卸费调整测算表》、附件二《中华人民共和国交通部港口费收规则（内贸部分）》同时废止。其他有关规定与本规则相抵触的，以本规则的规定为准。

# 港口生产作业

# 港口国际集装箱码头管理暂行规则

（交通部　(85)交海字402号　1985.02.25）

**一、总则**

**第一条**　为适应国民经济和对外贸易的发展，在为船舶、为货主、为国家经济建设服务的思想指导下，实行和加强港口对国际集装箱码头的专业管理，特制定本规则。

**第二条**　港务局根据政企分开的原则，设集装箱公司。按本规则管理集装箱码头，办理国际集装箱运输的有关业务。

**二、业务范围和工作关系**

**第三条**　港口集装箱公司主要业务范围为：承办集装箱船、车的集装箱及货物的装卸、中转、联运、拆箱、装箱、堆存、保管、洗箱、修箱等业务；并可根据为船舶、为货主服务的业务发展需要，进行多种经营，代办报关、代运、报验、缮制单证、电传通信等服务和劳务工作。

**第四条**　港口集装箱公司根据需要，应与经营船舶、车辆的集装箱运输单位或其代理人，签订船舶、车辆在码头装卸和中转的协议。

**第五条**　港口集装箱公司应与有关单位密切协作，并可根据需要签订业务协议，相互保证，以期相互配合做好下列各项有关工作。

1. 船舶代理公司

受船公司委托，提供船箱的月、旬度到港计划，近期内到港船、箱预确报和有关单证。

2. 收、发货或代运单位

出口货物装箱后，按规定的日期，运抵集装箱码头指定的堆场。备装船出口;进口重箱到港前,按规定的时间,提代进口单证、资料和货物流向,以使安排卸船、堆码、疏运或拆箱转运。(进出口重箱均由收发货或代运单位办妥进出口手续和单证,以保及时装船出口或卸船疏运。)

3. 外轮理货公司

根据《中国外轮理货公司业务章程》和《中国外轮理货公司理货规程》,及时派人理箱(货),施加铅封或验封出证。

4. 车、船集疏运单位及时进行内陆汽车、火车和水上集疏运;属于进出口整箱者,收、发货单位或其代理人按协议送回或提取空箱。

5. 港口集装箱公司。应向船公司或其(代理)提供其在港空、重箱动态;与检查、检验和集疏运集装箱货有关单位认真执行国家经委《加强国际集装箱港口集疏运工作暂行办法》,并同上述单位的驻港人员实行联合办公,简化集疏运手续,方便货主。

**第六条　拆、装箱**

凡属 CFS 交货条款中规定应该由收发货单位从港内提货和向港内送货的进出口拼箱货,港口集装箱公司要及时拆、装箱。

凡属在集装箱码头堆场整箱交接的进出口重箱。原则上应由收发货单位整箱取、送并在本单位拆、装箱,尚不具备拆、装箱条件的收发货单位,可根据经济合理,并有利船、车、装箱货安全迅速周转的原则由收发货单位委托港口集装箱公司或具备拆、装箱条件其他单位进行拆、装箱。

**三、箱货交接责任**

**第七条　装卸交接**

船舶或火车装卸集装箱时实行船、港或在、港交接。

进出口装卸船,由外轮理货公司代表船方与港口集装箱公司在船边进行交接。用船舶或火车进行内陆整箱集疏运时,由集装箱公司与船方或在方在船、在装卸现场交接。

交接时,必须共同检查箱号、箱体、铅封,如有残损异状,应在集装箱设备交接单上签注，明确责任。

**第八条　检查门交接**

用汽车取送空、重箱经过检查桥时实行港口、货主(或承运代理单位)的交接，由集装箱公司与汽车运输部门之间办理交接，其检查方式、内容同第七条。

**第九条　货运站交接**

由外轮理货公司与仓库员在集装箱的拆装作业现场办理交接。

**第十条　特殊交接**

冷冻箱交接时要有测温记录，开顶、侧开箱要检查苫盖侧门并有记录。

**四、有关业务**

**第十一条　衡量**

船舶代理公司根据委托，向港口集装箱公司申请衡量集装箱内货物的重量时其费用由委托方负担；

**第十二条　铅封**

集装箱运送货物必须进行铅封。船方对箱内货物承担责任者，由外轮理货公司代表船方施封铅封由船公司或外轮理货公司提供，费用由船公司负担。

**第十三条　进口危险品箱**

进口危险品箱超过港口接卸限量时，在装船前，必须由有关船(货)公司或其代理人取得卸港同意，以便事先做好准备，确保及时安全地接卸、转运。

**第十四条　检疫薰蒸**

凡检疫部门指出必须薰蒸的进出口空重箱及箱内货物，应由船公司(箱主)、收发货单位或其代理人负责及时薰蒸，并承担其费用。

**第十五条　扫箱、清洗箱**

1. 装运一般货物的集装箱，拆装箱单位应在卸货后，装货前，负责一般清扫，不另向船公司收费。如需要进行特殊清洗时，其费用由船公司支付或垫付。

2. 凡装过危险品、腐蚀品、污染品和不适合继续装货的集装箱必须清洗时，由集装箱所有人、船公司或其代理人提出申请，由委托方付费。

**第十六条　修箱**

进出口集装箱原损，由集装箱所有人，船公司或其代理人安排修理并承担费用；进出口集装箱工损，由损坏的责任单位修理并承担费用。

## 五、运输单证

**第十七条**　国际集装箱运输，应使用“设备交接单”、“港站收据”等专用单证，其单证由船公司或其代理人提供或由港口集装箱公司制定。单证流转程序、份数按港口和船、在运输单位的需要办理。

## 六、技术管理

**第十八条**　集装箱码头的专用机械设备，要建立正规的技术管理和操作规程，并要严格地执行其管、用、养、修制度，以保证装卸生产的正常进行。

## 七、安全管理

**第十九条**　为保障港口集装箱码头的安全生产，必须制定集装箱码头安全管理办法和集装箱码头交通管理规则。规定和制定车辆、机械、行人的安全行走路线和有关集装箱及其货物的安全堆码、防台、防汛、防火、防盗等专门管理措施，由有关单位共同遵守。

**第二十条**　集装箱泊位陆域周围，应有围栏设施，以杜绝车辆，行人在规定的进出口大门以外的地方出入。

## 八、费用结算

**第二十一条**　国际集装箱进出港口所发生的费用，按交通部和有关部门制定的费收办法及船港协议结算。

## 附则

**第二十二条**　各港集装箱公司可根据本规则具体制定集装箱

码头，管理实施细则，公布实行，并报部备案，各港务局负责监督检查执行。

**第二十三条** 本规则由中华人民共和国交通部公布试行，其解释权属交通部海洋运输管理局。

# 港口消防监督实施办法

（交通部令1988年第2号　1988.07.05）

## 第一章　总　　则

**第一条**　为了加强港口消防监督管理，保障港口、船舶运输生产安全，根据《中华人民共和国消防条例实施细则》第四十七条、六十八条的规定，制定本办法。

**第二条**　港口消防工作必须贯彻“预防为主，防消结合”的方针。

**第三条**　本办法适用于：

一、中华人民共和国的沿海和内河港口（以下简称港口）；

二、在港口水域内航行、停泊、作业的一切中外民用船舶；

三、港口内的一切单位和人员。

**第四条**　港口公安机关依照国家有关法规和本办法实施消防监督。

港口公安机关要设置消防监督机构，配备消防监督员。消防监督员的配备应根据实际需要，本着从严掌握的精神，控制在职工总数的2‰以内。

## 第二章　火 灾 预 防

**第五条**　港口规划建设部门在新建、改建、扩建港口码头时，必须执行有关消防法规，会同港口公安消防监督机关制定水域陆域消防站（包括消防艇专用码头）、消防供水、消防通信和消防通道等消防设施的具体建设方案。建设方案应纳入港口建设总体规划。消防设施的建设应与港口建设同步进行。

**第六条** 港口码头原有消防设施不足或者不适应消防要求的,港口规划建设部门应按照港口公安消防监督机关的建议进行改造或者增设。

**第七条** 港口区域内建设工程的防火设计,必须严格执行《建筑设计防火规范》及其他有关规范。油品码头的防火设计,必须执行《石油库设计规范》和《装卸油品码头防火设计规范》。严格防火防爆安全标准。

在港口区域内的中外合资、合作经营和外资独立经营的企业,其建筑工程或从国外引进工程项目的防火设计,必须符合我国消防技术规范要求。

防火设计,经港口公安消防监督机关审查批准后才准施工。

**第八条** 施工单位必须按照批准的防火设计图纸进行施工,不得擅自改动。同时要负责做好施工现场的消防安全工作。

**第九条** 工程竣工时,由港口公安消防监督机关负责验收。当地公安消防监督机关在建筑审核业务技术方面予以指导。重点工程的防火设计,同时报部消防监督部门备案。

**第十条** 未经港口公安消防监督机关许可,任何单位和个人不准在港区内搭建临时工棚和易燃建筑。

**第十一条** 港口装卸、储存、运输、管理易燃易爆危险物品,必须严格执行国务院《化学危险物品安全管理条例》以及交通部《港口危险货物管理暂行规定》等有关法规。

一、运载易燃易爆危险货物的车辆进出港口,必须持有公安机关签发的危险货物准运证,并主动接受港口公安消防监督机关的监督和门卫的检查;

二、装卸、储存易燃易爆危险货物,应使用专用码头、仓库、货场;

三、装卸易燃易爆危险货物使用的机械、工属具,应符合防火防爆要求,严格执行安全技术操作规程;

四、易燃易爆危险货物应分类储存,留有安全间距,严禁将产生物理、化学反应的货物混装混放。遇水燃烧、禁冻、禁晒的危险货物，严禁在露天、低温、高温处存放；

五、从事易燃易爆危险货物装卸、运输、管理人员，应了解易燃易爆危险品的物理、化学性能，要经过防火防爆安全知识的培训，并由所在单位安全技术部门考试合格，方可上岗位工作，还应严格执行防火防爆制度，遵守安全技术操作规程。

**第十二条** 港区内的生产、生活用电设备，必须符合防火防爆要求。严禁违章用电。

**第十三条** 进入港区仓库、货场、危险品作业现场的机动车辆，必须配戴火星消除装置和灭火器材。

**第十四条** 进入港口装卸作业区或仓库、货场、油区、油库以及登轮作业的人员，严禁携带火种。

**第十五条** 港区内严禁燃放焰火、鞭炮、严禁在禁烟场所吸烟。

**第十六条** 采用有火灾危险性的新设备、新工艺和可燃易燃物资材料的单位，必须按照研制部门提供的预防火灾的具体办法，采取相应的消防安全措施，并经港口公安消防监督机关认可。

**第十七条** 严格明火作业审批制度，实行动火管制。

在港口码头、港作船舶等非消防重点处所进行的一般性明火作业，由港口安全、生产部门负责审批，报消防监督机关备案；在火灾、爆炸危险性大的处所和消防重点部位进行动火作业，必须报经港口公安消防监督机关批准。

在港口水域锚泊、作业的运输船舶进行电气焊割等明火作业，按照交通部有关规定，报经港务监督（港航监督）部门批准，向港口公安消防监督机关备案；对火灾危险性大的明火作业，港口公安消防监督机关应积极参加动火方案研究，并实行消防监督。

**第十八条** 对消防安全措施不落实，有发生火灾、爆炸事故危险的明火作业，港口公安消防监督机关应责令其停止作业。

**第十九条** 审批部门要设立专人负责动火审批工作。负责动火审批的人员，必须具备防火防爆知识。因审批不当或违章作业而发生火灾的,要追究有关人员的责任。

**第二十条** 进行明火作业,必须按下列规定办理:

一、需要动用明火的单位、船舶,应按规定向主管动火审批部门申报;

二、动火单位应指派专人到动火现场看护,落实消防安全措施;

三、审批部门应派人到动火现场进行检查;

四、对危险性大的明火作业,港口公安消防部门应派消防车、船实施现场监护。

**第二十一条** 港口客运部门应增设专(兼)职危险品检查员,配备必须的安全检测仪器,对旅客携带和托运的行李进行检查,严禁易燃易爆危险物品进站、上船。

**第二十二条** 在港口水域航行、停泊、作业的一切中外民用船舶,必须遵守下列规定:

一、载运危险货物,必须具备适载条件,严格执行《国际海上危险货物运输规则》,配备足够数量的消防设备和器材。按照危险货物性质,合理配载。

二、装载危险货物船舶的船员,必须经过船舶消防业务知识培训,了解和掌握危险货物的性质、防火措施及灭火方法;

三、港口货商或生产调度部门应在作业前向港口公安消防监督机关提供所载危险货物的名称、性质、数量以及采取的消防安全措施;

四、凡装载易燃易爆危险货物的船舶,在装卸作业或通过港区特定水域时,必须接受港口公安消防监督机关监督。

**第二十三条** 港口所属单位及驻港单位,要建立健全防火组织,全面实行逐级防火责任制,把防火安全工作纳入经营管理之中。可确定一名行政领导为防火负责人,协助行政主要负责人做好本单位的消防安全工作。其主要职责是:

一、贯彻执行政府和有关部门颁发的消防法令和规章制度;

二、把消防工作列入工作、生产、施工、运输、经营管理的内容;

三、组织制订防火安全制度，组织实施逐级防火责任制和岗位防火责任制；

四、组织防火宣传教育，对职工进行消防知识培训；

五、组织防火安全检查，负责整改火险隐患，改善消防安全条件，完善消防设施；

六、经常了解、掌握消防工作情况，进行督促检查，解决消防工作中的实际问题；

七、领导企业专职和义务消防组织；

八、组织制定重点单位、重点部位的灭火方案，带领职工扑救火灾，保护火灾现场；

九、追查处理火警事故，协助调查火灾原因；

十、负责消防奖惩事宜。

**第二十四条** 港口所属单位及驻港单位，应根据防火、灭火的需要，配置相应种类、数量的消防器材、设备和设施，并确定专人负责管理消防设施、设备、器材，定期进行维修保养和补充更新，使之完好有效。

**第二十五条** 任何单位和个人都有责任维护消防设施。不准损坏和擅自挪用消防设备、器材，不准埋压和圈占消防水源，不准占用防火间距，堵塞消防通道。铁路机车、车厢不准甩放在消防通道上。

基建维修、电力部门，在维修道路影响消防通行以及停电、停水、切断通信线路时，必须事先通知港口公安消防监督机关。

**第二十六条** 专用消防车、船以及其他消防器材、设备和设施，除抢险救灾外，不得用于与消防无关的方面。

## 第三章 消防组织

**第二十七条** 沿海开放港口和内河重点港口应设立港口公安消防队，负责对港口水域航行、停泊、作业的一切中外民用船舶和港区内的设施、物品发生火灾的扑救。

消防站的布局、装备标准应按交通部发布的《港口消防站布局与建设标准》执行。

**第二十八条** 大型油库、危险品仓库、大型物资仓库以及地处偏远、规模较大的厂、站，要建立企业专职消防队，由单位防火负责人领导，并接受公安消防监督机关的业务指导。

企业专职消防队的建立和撤销，应经港口公安消防监督机关批准。

**第二十九条** 港口所属基层生产部门，应在编制内设立相应数量的专职或兼职防火员。防火员在单位防火负责人和管区派出所防火民警的领导下，负责本单位日常防火安全工作。

**第三十条** 拖消两用船是港口公安消防队扑救船舶火灾的辅助力量。平时由生产部门管理使用，港口公安消防监督机关负责消防业务指导。灭火时服从港口公安消防监督机关的统一调动、指挥。船员要经常进行消防业务学习和演练，提高灭火技能。船上消防系统要经常维修保养，灭火药剂要配足，使之处于良好状态。

**第三十一条** 港口各单位应加强群防群消，建立义务消防组织。由单位防火负责人领导，接受公安消防监督机关的业务指导。

## 第四章 火灾扑救

**第三十二条** 任何人在港区内发现火警，都应立即向港口公安消防队或当地公安消防队准确地报警。

通信部门应当优先传递火警、火灾信息，不得延误。

**第三十三条** 港口消防队接到报警后，消防车须在5分钟内到达起火现场；消防船应在5分钟内启航，以最快速度赶赴火场。其他车辆、船舶应为其让路。

**第三十四条** 船舶、水上设施发生火灾时，由海上安全指挥部或海上安全监督部门统一组织力量施救。火场的扑救工作，由港口公安消防监督机关指挥，有关部门应积极配合，服从调动。扑救船舶火灾时,应吸收船方人员参加,共同研究制定灭火方案,避免扩大损失。

港口陆域发生火灾,由港口公安消防监督机关统一指挥扑救,当地公安消防监督机构给予协助。没有建立公安消防监督机构和公安消防队的港口,由当地公安消防监督机构指挥火场扑救工作。

**第三十五条** 扑救火灾时,港口公安消防监督机关有权调用一切交通工具和抢救力量。

**第三十六条** 参加扑救火灾的单位和人员,都必须服从火场指挥员的统一指挥。港口公安交通管理、港务监督(港航监督)和治安管理人员应当负责维护秩序,疏散车辆、船舶及人员,必要时可实行交通管制。

**第三十七条** 港口公安消防队参加扑救有保险的外单位的火灾中所损耗的燃料、灭火剂和器材装备,以及对火灾原因进行技术鉴定的费用,按照有关文件规定,从保险公司偿付的施救费中予以补偿。

对在港外籍船舶(包括挂外国旗的远洋租船)和在国外投保火险的国内运输船舶火灾扑救收费,按交通部《关于航行国际航线船舶消防费收规定》办理。

**第三十八条** 参加扑救火灾或消防训练中受伤致残或牺牲的非国家职工,其医疗费用和抚恤待遇,由起火单位或者所在单位按照国家有关规定办理;国家职工的医药费用和抚恤待遇,由职工所在单位负责,同时执行消防条例实施细则有关规定。

## 第五章 消防监督

**第三十九条** 港口公安消防监督机关的职责是:

一、负责督促港口各单位制定消防安全办法和技术标准,并负责审查、监督实行;

二、负责港口公安消防队伍的组织领导,对专职、义务消防队和专职、兼职防火员的业务指导;

三、负责日常的防火安全检查,并对查出的重大火险隐患及时向有关单位及其上级主管部门发出《火险隐患整改通知书》,必要时,可传唤有关人员,督促整改火险隐患。

四、对不执行《火险隐患整改通知书》的单位,消防监督机关有权责令其停工、停产、停业,限期整改。造成一定后果的,要依法追究当事人和有关领导人员的责任;

五、负责港区建筑防火设计审核和施工过程中的消防监督,以及参加竣工验收;

六、负责港区明火作业审批或监督;

七、对危险货物装卸、运输、储存进行消防监督检查,对装(卸)载危险物品的船舶进行消防监督、护航;

八、对在港口水域航行、停泊、作业的一切中外民用船舶实施消防监督;

九、对辖区单位的消防设施、设备、器材的配备、管理、维修保养情况进行监督检查;

十、负责起火原因的调查。在港船舶火灾的调查,要吸收船方、港监、船检等部门参加,联合进行调查,作出火因技术鉴定,并根据事故性质、情节和后果,对有关责任者提出处理意见;

十一、负责辖区火灾事故的统计报告;

十二、负责对消防器材、设备等的规格、性能进行检查;

十三、负责考查评定、奖励在防火、灭火工作中成绩显著的单位和个人,处罚违反消防法规的单位和责任者。

**第四十条** 消防监督员的主要职责:

一、依照消防法规,对管辖单位进行消防监督检查,督促制定和落实消防安全制度;

二、经常进行安全检查,发现火险隐患及时提出整改意见,并督促落实整改;

三、对管区内建筑施工进行防火安全检查,并参加竣工验收;

四、协助管区内消防重点单位制定防火安全制度和灭火应急方案;

五、对管区单位的职工群众进行安全防火宣传教育，普及防火、灭火知识，及时制止各种违法违章行为，消除火险隐患；

六、指导管区单位的专职和义务消防队开展消防活动；

七、对管区单位的消防器材、设备、设施的配备、管理等，进行检查；

八、对管区内的消防安全工作提出改进和加强的措施；

九、参加管区内发生的火警火灾事故的调查、勘查和鉴定，提出处理意见。

**第四十一条** 港口公安消防监督员执行消防监督任务，必须着制式警服，佩戴消防监督臂章，严格依法办事。

**第四十二条** 各港区派出所应设专职防火民警，负责辖区日常消防安全工作。业务上接受公安消防监督机构的指导。

## 第六章 奖励与惩罚

**第四十三条** 在消防工作中，凡具备下列条件之一的单位和个人，应当给予表彰、奖励：

一、全面达到公安部规定的消防十项标准，积极整改火险隐患，成绩显著，一年内未发生火灾、爆炸事故的单位；

二、在扑救火灾中，积极抢救国家和人民生命财产，成绩突出的；

三、在危急时刻，防止了火灾、爆炸事故发生，或发生火灾后能及时报警、予以扑救，减少损失的；

四、及时发现和消除重大火险隐患，避免火灾、爆炸事故发生的；

五、及时提供和反映情况，对查明起火原因有突出贡献的；

六、在消防安全设施、技术装备上有重大革新及发明创造，成绩显著的；

七、在消防工作中的其他方面做出显著成绩的。

**第四十四条** 在消防工作中有贡献的或者成绩显著的先进单

位、集体和个人，由行政、主管部门或港口公安消防监督机关给予表彰、奖励。奖励经费由奖励单位从安全奖励基金中开支。

**第四十五条** 对违反消防法规和本办法的人员（包括外籍船员和人员），港口公安机关除依照《中华人民共和国治安管理处罚条例》和有关规定，予以处罚外，有下列行为之一、情节较严重的，由本单位或者上级主管部门给予行政处分或经济处罚：

一、施工人员不按照防火设计进行施工的；

二、防火负责人不履行职责的；

三、值班人员擅离职守或失职的；

四、不按照规定进行生产作业，违章蛮干的；

五、对火险隐患拒绝整改或拖延整改的。

**第四十六条** 消防监督员玩忽职守、有严重失职行为的，由港口公安机关给予行政处分，或撤消其监督员资格。

**第四十七条** 违反消防法规和本办法，情节严重，造成火灾、爆炸事故，构成犯罪的，依法追究肇事者和有关人员的刑事责任。

## 第七章 附 则

**第四十八条** 各港口可根据本办法，结合实际情况，制定具体防火管理规定，并报交通部备案。

**第四十九条** 本办法由中华人民共和国交通部负责解释。

**第五十条** 本办法自 1988 年 8 月 1 日起施行。

# 港口治安管理规定

（交通部、公安部　交通部令 1989 年第 3 号　1989.03.04）

## 第一章　总　　则

**第一条**　为了加强港口治安管理，维护港口治安秩序，保障港口和旅客生命财产的安全，特制定本规定。

**第二条**　本规定适用于中华人民共和国沿海和内河的客货运输港口，军港、渔港除外。进出港口和在港区工作、居住及从事其他活动的人员、车辆和船舶必须遵守本规定。

**第三条**　本规定由港口公安机关负责监督执行。

**第四条**　港口治安管理实行依靠群众，依法管理，服务生产，保障安全的原则。

## 第二章　港区治安管理

**第五条**　人员、车辆进入港区，须持港口公安或行政管理部门签发的入港证或港口管理部门认可的其他有效身份证件；船员须持海员证、船员证。无证件的人员、车辆不得进入港区。非港区工作人员进入港区应进行登记。

**第六条**　人员、车辆进入港区的货场、仓库提送货物，必须遵守货场、仓库的管理规定，在指定地点进行装卸作业。

**第七条**　携带或运载物资出港，必须接受门卫检查，交验物资出港证明。

**第八条**　人员、车辆在港区内活动，必须遵守港内交通管理规定，服从港口交通民警指挥。禁止一切危害港区交通安全的行为。

**第九条** 港区内的人员、车辆和船舶必须遵守港口消防安全管理规定，服从港口消防监督人员管理。禁止一切危害港区防火安全的行为。

**第十条** 港区的易燃、易爆、剧毒、腐蚀和放射性物品，特种物资，贵重物资仓库及其他重点部位，必须严格安全管理制度，实行分库存放、专人管理，加强巡逻看守，防止发生事故。

**第十一条** 在港区内临时居住从事建筑施工、运输、装卸或其他工作的合同工、临时工、承包工等，除由用人单位按照“谁主管、谁负责”的原则加强管理外，还必须到港口公安机关办理入港证和暂住证，严格遵守港口治安管理规定。

**第十二条** 港区内禁止钓鱼、捕捞、狩猎、游泳、捡拾废品和进行其他妨害安全生产作业的活动。

**第十三条** 任何人不得在港区进行盗窃、哄抢、故意损坏运输物资和港口设施；走私、投机倒把；套购、倒卖船票；行凶斗殴、酗酒滋事、侮辱妇女、赌博等各种危害港区治安的违法犯罪活动。

## 第三章 旅客治安管理

**第十四条** 乘船旅客必须遵守客运站（点）的各项规定，按顺序购票、检票，文明候船，不得拥挤抢购、抢行，不得霸占售票窗口、强行发放自制的编队序号，不得妨碍客运工作人员和民警执行公务。

**第十五条** 接送旅客的人员、车辆须在指定地点接送，未经准许，不得进入码头、趸船。

**第十六条** 在客运站（点）设置商业摊点，须持有工商部门核发的营业执照，经港口有关部门批准，在指定地点营业。各类商贩、搬运人员不准围船叫卖、强买强卖、强拉生意、欺行霸市、敲诈勒索、扰乱客运秩序。

**第十七条** 严禁旅客携带下列物品进港上船：

（一）易燃、易爆、剧毒、腐蚀和放射性等危险物品；

（二）匕首、三棱刀、弹簧刀和其他管制刀具；

（三）淫秽物品和其他违禁物品。

**第十八条** 因公携带枪支须持有持枪证，携带公用枪支还须持有持枪通行证。严禁非法携带各类枪支、弹药进入港区。

**第十九条** 旅客托运或寄存行李包裹，须严格遵守有关规定，接受检查。不得以夹带或伪报品名方式托运和寄存枪支、弹药、管制刀具以及易燃、易爆、剧毒、放射性物品和其他违禁物品。

## 第四章 船舶治安管理

**第二十条** 各类船舶在港期间必须遵守港口治安管理规定，服从港口公安机关管理，严禁走私和其他违法交易活动。

**第二十一条** 渔船、小型民间船（艇）不得围靠、追逐中外客货船舶，也不得向中外客货船舶讨要财物或以物换物。严禁利用船舶卖淫、嫖娼和进行其他有伤风化的活动。

## 第五章 奖 惩

**第二十二条** 对勇于检举揭发违法犯罪分子，积极同违法行为作斗争，为维护港口治安秩序作出突出贡献的人员，所在单位或港口公安机关应予以表彰或奖励。

**第二十三条** 对违反本规定的行为，情节轻微的，由港口公安机关或所在单位予以批评教育；构成违反治安管理行为的，由港口公安机关根据《治安管理处罚条例》的有关规定给予处罚；构成犯罪的，依法追究刑事责任。

## 第六章 附 则

**第二十四条** 各港口公安机关可依据本规定，结合本港实际情况，制定实施细则。

**第二十五条** 本规定自 1989 年 4 月 1 日起施行。

# 油船、油码头防油气中毒规定

（交通部、劳动部　(91)交人劳字523号　1991.05.09）

## 第一章　总　　则

**第一条**　为防止石油及其制品在油船、油码头装卸运输及贮存过程中逸散油气引起的职业危害，改善劳动条件，保障油运作业人员在生产过程中的安全、健康，促进油气防治规范化，确保油船、油码头安全生产，制定本规定。

**第二条**　本规定适用于交通行业。其他部门油船、油码头可参照执行。

**第三条**　本规定所称油船，系指一切油轮、油驳以及运载石油及其制品的顶推（拖带）船队。本规定所称油码头系指港口油区及一切油码头。

## 第二章　工程建设

**第四条**　凡新建、扩建或改造的油码头，其防油气中毒的技术措施和设施，必须同主体工程同时设计、同时施工、同时投产。

**第五条**　在工程可行性研究报告《职业安全卫生专篇》中，必须有防油气中毒的论证内容。否则，上级主管部门不予审批。

**第六条**　在初步设计中，应按照国家及行业有关标准的要求，采取先进有效的防油气中毒措施。

**第七条**　在初步设计会审时，应根据拟建、造工程的职业安全卫生评价报告，对被设计中防油气中毒措施进行评审，达不到有关规范要求的，不予审批。

**第八条** 工程项目竣工验收时，必须达到本规定附录一的要求，方可投入生产。

**第九条** 工程立项、初步设计审查及竣工验收时，必须要有企业安全技术管理部门和地方劳动部门对防油气中毒措施进行审查。

## 第三章 防治措施

**第十条** 油船、油码头应按本规定附录二的要求配备足够的，经专职部门检验认可的氧气、油气（总烃）及其他有毒有害气体的监测和报警仪器。要求正确使用，按时监测，并做好记录。

**第十一条** 根据本规定附录三有毒作业分级标准规定，通过对装卸运输及贮存作业中毒物浓度超标计算，逐步建立、健全作业环境安全卫生监测制度。

**第十二条** 装卸、运输、贮存石油及其制品的设备、设施、容器、管道等，应尽可能密闭。对其连接部分应采取有效的密封措施，并要定期检查，保持良好状态，具体要求如下：

1. 新建造及新引进的2万及2万吨级以上油轮，船上需有惰气保护系统。其惰气源应保证在任何规定的气流速率下，都能提供按体积比不超过5%氧含量的惰气。

2. 原有旧船上无惰气系统的，应采用闭舱作业。

3. 根据不同货种，尽量选用浮顶罐和内浮罐。

4. 各种有毒气体须净化处理后再排出。

5. 采用适当措施，严格控制污水处理设施逸出有毒有害气体。

**第十三条** 人员进入油舱、油罐作业前，必须进行通风换气，待内部气体稳定后，要在舱、罐内不同高度进行气体检测。当确认内部气体达到标准后，在有专人负责监护和联络的情况下，方可作业。作业期间，舱、罐内还应继续保持通风和监测。

**第十四条** 为避免作业人员与石油及其制品直接接触，或受油气的危害，必须配备相应有效的个人防护用品，防护用品应放在易于取放的专门地点,并要保持良好的可用状态。

**第十五条** 为使作业人员的作业环境,休息环境的油气浓度达到本规定附录一的要求,应采取以下有效的集体防护措施:

1. 泵房、货油舱、贮油罐等作业环境,可采用通风排毒,净化处理,隔离操作,自动控制等措施。

2. 船员生产舱、油码头生产区休息室及非生产工作室油气浓度超标处,应安装空气净化系统。

3. 港口油区及油船上应配备足够的沐浴设施。

**第十六条** 油船和油码头上应备有中毒应急救护器材,如氧气瓶、急救包等,并始终保持完好状态。所有人员应熟悉应急器材、设备的存放地点及使用方法。

## 第四章 组织管理措施

**第十七条** 各港航单位应建立、健全生产管理制度和安全生产责任制。单位领导应对职工在油运过程中的安全健康负责。

**第十八条** 各港航单位应由安全技术管理部门负责加强专业管理,在主管生产负责人领导下,监督、检查、组织、推动安全卫生工作的开展。

**第十九条** 安全技术管理部门应掌握本单位油运作业职业危害情况和发展趋势,并制订长远规划和年度计划。对不符合防毒安全卫生规定的作业,有责任提出,并令其采取措施、限期治理。

**第二十条** 各港航单位应制订改善油运作业条件安全卫生技术措施计划,并落实经费和实施计划。

**第二十一条** 安全技术管理部门对本单位发生的油气中毒的分析、处理,应及时报告上级有关部门。对违反规定,造成严重职业危害,致人病残或死亡,丧失劳动能力的,应按职工伤亡事故统计上报。

**第二十二条** 各港航单位应积极开展防油气中毒教育和防毒技术培训工作。油运作业人员,在进行专业知识培训的同时,必须进行职工安全卫生培训，方可参加油运作业。

**第二十三条** 对油运职工应建立健康档案。定期进行健康检查，对确诊患有职业病的职工。应及时将其调离工作岗位，并积极安排医疗及疗养。

**第二十四条** 对新招收的油运作业人员必须进行就业前的健康检查，凡患有禁忌症者，不得从事油运作业。

## 第五章 附 则

**第二十五条** 各港航单位可根据本规定和本单位的实际情况，制定实施细则，并报交通部备案。

**第二十六条** 本规定由交通部和劳动部共同解释。

**第二十七条** 本规定自 1991 年 10 月 1 日起施行。

# 港口煤尘防治规定(试行)

(交通部、劳动部　(91)交人劳字478号　1991.07.06)

## 第一章　总　　则

**第一条**　为有效治理煤尘危害,保护港口煤炭装卸作业职工的安全与健康,依据国家有关法规和标准,制定本规定

**第二条**　本规定适用于各类煤码头作业和新建、扩建、改建及技术改造的煤码头工程。

**第三条**　煤码头各作业点的煤尘浓度必须符合《港口装卸作业煤粉尘浓度控制指标(JT2006－84)》(附录一)的规定;室内操作间的煤尘浓度必须符合《工业企业设计卫生标准(TJ36－79)》(附录二)中的有关规定。

## 第二章　工程项目的立项要求

**第四条**　新建、扩建和改建煤码头,必须结合职业安全卫生评价进行防尘除尘措施的可行性论证。对选址、总体布局和装卸工艺及设备的选择必须综合考虑防治煤尘的需要。

**第五条**　对现有煤码头进行技术改造时,应把煤尘治理列为改造的重要内容。

**第六条**　煤码头装卸工艺和设备选型,应结合我国国情和地区特点,优先选用技术先进、安全可靠、低污染的工艺和设备。

**第七条**　编制《工程建设项目初步设计》时,应包括环境保护和职业安全卫生篇章,设计内容中有关防尘除尘设施所需资金、设备、材料及施工安装等,应在该工程中统一安排。

**第八条** 新建、扩建和改建煤码头工程可行性研究和初步设计的审查以及工程竣工验收，必须有所在地劳动部门和同级行业安全技术管理部门参加。

**第九条** 已批准建设的煤码头工程，其防尘除尘等劳动保护设施及相应的配套设施必须与主体工程同时设计、同时施工、同时投产使用。

## 第三章 除尘措施和技术要求

**第十条** 各作业场所应根据本地的实际情况和作业特点采用湿式或干式除尘措施，有效地控制煤尘浓度。

**第十一条** 码头建设应考虑防尘用水的水源情况。湿式除尘，除利用自来水、天然水外，还应积极考虑综合利用废水污水处理后使用。

**第十二条** 寒冷地区的港口，必须对防尘供水系统采取防冻措施。地下管道必须埋入冰冻线以下，并应进行防腐处理。露天管道须有保温措施。所有管道和供水槽应有排空装置。喷枪及喷嘴部位除配备排空装置外，还可采用加热保温、压缩空气吹扫等装置。严寒地区的港口应对蓄水池进行防冻保护。

**第十三条** 为有效防治煤尘，保证煤炭质量，湿式除尘的供水、排水系统应符合下列要求：

(一)各喷洒装置所供水的水质应达到《港口煤炭作业除尘用水水质标准(JT2015－89)》(附录三)的要求；

(二)一般宜配备水池和泵房等专用给水系统，保证喷枪、喷嘴的喷洒压力；

(三)专用给水系统应由控制室或泵房控制，供水状况要有明显的标示。

**第十四条** 堆场喷枪的设置和喷洒方式应根据堆场面积、煤堆的形状、煤种、煤炭粒度分布、煤炭含水量和气象等具体条件合理安排。有条件的港口可通过自动控制系统进行现代化管理。堆场喷枪应符合如下要求：

（一）耐高水压，分散性好，不易损坏，喷洒性能适应堆场面积和堆高的要求；

（二）抬升角度、设置位置和高度能够满足堆场的最佳覆盖率；

（三）设有自动控制的喷洒系统应同时配备现场手动控制装置。

**第十五条** 喷嘴使用应符合如下要求：

（一）喷嘴应安装在各类装卸机械的产尘部位；

（二）喷嘴须耐高水压、雾化效果好、不易堵塞和损坏，嘴喷类型、安装数量、设置方式和角度、喷洒压力及喷洒量应针对不同装卸机械的起尘情况和喷洒抑尘效果选择使用；

（三）喷水系统的开启与关闭，应能由装卸机械联锁控制；

（四）装有喷嘴的装卸机械应配备有效的供水装置，如固定式取水槽和卷筒式取水管等。

**第十六条** 需要进行水冲洗的作业面应设有供水点，通过适当的软管和喷头进行冲洗。

**第十七条** 采用湿式防尘方式时，宜配备相应的化学抑尘剂添加装置，用于特殊的疏水煤种和长期堆存煤炭的防尘。

**第十八条** 对含水量有特殊要求的煤炭，在不宜采用足量喷水或注水法抑尘时，可采用干式除尘法或化学抑尘法等措施。

**第十九条** 采用注水防尘技术时，应解决含水量的控制、注水深度、注水均匀性等技术问题。

**第二十条** 采用封闭方法防尘，必须在装卸流程中设有铁器检测和分离装置，防止煤炭中夹带的金属损坏封闭装置和其他设备。

封闭设施的煤炭进出口必须设置橡皮防尘帘，防止煤尘逸出。

**第二十一条** 大型封闭设施中应采用有效的除尘系统。除尘系统中的除尘器应符合如下要求：

（一）除尘器应配有防噪声、防振动设施；

（二）袋式除尘器中的布袋应选用疏水型滤料，防止在处理湿度大的煤尘气流时失效和损坏；

（三）采用洗涤除尘器时，必须配有煤污水处理系统；

（四）采用静电除尘器时，必须使用取得国家防爆许可证的静电除尘器。

**第二十二条** 煤码头宜设防护林带，以降低自然气候条件对堆场和作业区起尘的影响。

**第二十三条** 从事有煤尘作业的人员，必须配戴防尘口罩等个体防护用品。

## 第四章 装卸工艺中的防尘对策

**第二十四条** 翻车机卸煤易于控制煤尘，装卸量较大的港口可优先选用。使用翻车机应采取如下防尘措施：

（一）翻车过程中应同时从不同部位喷水抑尘；

（二）翻车机下部、给料机和受料皮带机均需设置封闭装置和有效的除尘设施，整个翻车机房应尽量考虑封闭或半封闭。

（三）对翻车机房各作业面应配置清扫设施，防止二次扬尘。

**第二十五条** 使用螺旋卸车方式应符合如下要求：

（一）螺旋卸车机可用建筑物予以封闭或半封闭，以减少邻近作业场所的污染。但必须采取相应的除尘措施，控制机房内的煤尘浓度；

（二）卸煤过程中应采用喷水等方式抑尘。

**第二十六条** 现有链斗式卸车机易扬尘，应增加防尘除尘措施，采用新式链斗卸车机应符合如下要求：

（一）链斗取料部位和落料口应有喷水抑尘措施；

（二）卸料臂应可升降，臂的头部应加罩和伸缩溜筒，以减少落差。

**第二十七条** 使用抓斗卸船、卸车作业应符合如下要求：

（一）抓斗闭合完好；

（二）受料斗的大小应与抓斗相匹配；

（三）受料斗应装有合适的回尘挡板和有效的喷洒水装置；

（四）抓斗的落料高度应尽量小；

（五）避免抓斗过满产生溢漏。

**第二十八条** 使用皮带输送机作业应符合如下要求：

（一）固定式皮带机架离地面应有一定高度，以便于清扫；

（二）码头前沿皮带机、装卸机械悬臂皮带机和靠近居民区或公路两侧的堆场皮带机应设置挡风板，挡风板应高出皮带机 50～100 厘米；

（三）在不影响机械作业的前提下，高架露天固定皮带机应设置皮带机罩。

**第二十九条** 皮带机应尽量减少转运点和降低转运点落差。皮带机头部滚筒处应设有效的皮带清扫或冲洗装置，机房作业面应配置清扫设施，防止二次扬尘，转运点应符合如下要求：

（一）应加罩密封，罩的进出口加防尘帘；

（二）除密封外，必要时应使用有效的除尘装置或喷水措施。

**第三十条** 露天堆场作业是煤炭存取的基本方式。堆场应采取如下措施：

（一）堆场的长边方向应尽可能与当地主导风向一致，减少煤堆起尘；

（二）配置喷洒系统或其他抑尘设施；

（三）堆场、道路间应有分隔；

（四）堆场道路定期洒水和清扫，以防二次扬尘。

**第三十一条** 坑道式堆场和卸煤机械底部深坑道中的人工开斗式坑道作业，劳动条件差，煤尘治理困难，新建工程不得采用。

在采用卸煤机械底部深坑道或坑道式堆场作业时，应符合如下要求：

（一）采用自动给料和落料机械将煤炭直接输送至皮带机；

（二）坑道内的给料机、落料机、皮带机等起尘点，要全封闭，并配有通风除尘装置；

（三）坑道内应配备良好的排水、冲洗或清扫以及通风系统。

**第三十二条**　堆取料机作业应采取如下防尘措施：

（一）堆料臂应能升降，以减少裸露落差，堆料机的堆料臂的前端加头罩和溜筒，从溜筒下口到垛面落差高度控制在1米以内；

（二）取料机的头部和转运点、堆料机的下料处，应设喷洒水抑尘装置。

**第三十三条**　装船机作业应采取如下防尘措施：

（一）装船机卸料臂应能升降，卸料口配有伸缩溜筒，以减少裸露落差；

（二）在卸料口应设置喷洒水装置抑尘；

（三）码头作业面应设置清扫设施，防止二次扬尘。

**第三十四条**　汽车装煤时，应尽量降低落料高度并平整压实，离开煤场时，应适当冲洗轮胎。

## 第五章　监督管理

**第三十五条**　对各类防尘、除尘设施应建立相应的管理制度，并设专人负责设备的使用、养护及维修。设备完好率应达到90%以上，利用率应达到80%以上。

**第三十六条**　因技术、设备不配套而达不到第三十五条规定的完好率、利用率的防尘、除尘设备，应按本规定的有关要求添置配套或改进。除尘效果差，达不到除尘要求的，应予改进或报废。

**第三十七条**　企业安技部门应加强煤码头煤尘防治的监督工作，检查防尘设施的管理状况和除尘效果，发现问题应及时与有关技术管理部门研究解决。

**第三十八条**　企业安全技术管理部门应及时掌握煤码头作业场所煤尘定期监测数据，建立作业场所粉尘浓度情况档案，对于长期从事煤炭装卸作业的人员，应建立职工卫生档案，定期体检。

**第三十九条**　在煤尘浓度严重超标，气象条件恶劣的情况下，监督管理人员有权提出停止作业。

**第四十条** 煤尘浓度的监测按《作业场所空气中粉尘测定方法(GB5748 - 85)》(附录四)中的有关规定进行。

## 第六章 附 则

**第四十一条** 本规定由交通部、劳动部共同解释。

**第四十二条** 本规定自1991年10月1日起试行。

**第四十三条** 交通部原“港口煤尘防治试行规定”同时废止。

# 港口道路交通管理办法

（交通部　交公安发[1996]703号　1996.07.31）

## 第一章　总　则

**第一条**　为加强港口道路交通管理，维护港口交通秩序，保障港口道路运输安全，根据《中华人民共和国道路交通管理条例》（以下简称《条例》），结合港口道路交通管理实际，制定本办法。

**第二条**　本办法所称港口道路，是指港口区域内的道路、货场通道、客运站公共广场、停车场以及由港口建设、维修、养护的疏港路等供车辆通行的地方以及当地公安交通管理部门授权港口公安机关管辖的道路。

**第三条**　本办法所称车辆，是指在港口道路上行驶的机动车、非机动车和流动机械车（流动机械车包括：轮式吊车、叉车、拖盘车及其他轮式机械）。

**第四条**　本办法适用于中华人民共和国沿海和内河港口。

**第五条**　在港口道路通行的车辆、行人及从事道路交通有关活动的单位、团体和个人，必须遵守本办法及有关交通法规。本办法未作规定的，按《条例》、其他交通法规和当地公安交通管理部门有关规定执行。

**第六条**　港口道路交通管理坚持依法管理，服务生产，保障安全的原则。港口区域内企、事业单位和机关团体，应当贯彻交通安全法规，落实交通安全责任制，开展交通安全教育，积极维护港口道路交通秩序。

**第七条**　本办法由港口公安机关负责实施。

**第八条**　港口公安交通警察必须严格执法，文明执勤，不得徇私舞弊,滥用职权。

## 第二章 道路及交通设施

**第九条** 港口道路与货场、作业现场界线的划定以及主干道路的确定,由港口公安机关提出方案,报经港口管理机构批准。港口道路名称的确定由港口管理机构负责。

**第十条** 港口道路须按《道路交通标志和标线》(国标 GB567-86)的规定漆划道路标线、安装标志、设置信号和必要的交通安全设施。

**第十一条** 路况复杂、交通流量大的道路和铁路、道路交叉的道口,视距、宽度、坡度需符合安全要求,并设置警告牌及安全防护等设施。

**第十二条** 未经港口公安机关批准,任何单位和个人不得挖掘主干道路或在主干道路上堆放货物、装卸作业、停放车辆和进行其他妨碍交通安全的活动。

**第十三条** 新建、改建、扩建港口时,建设单位须将港口道路、交通安全设施等纳入总体建设规划,做到与港口建设同时设计、同时施工、同时投入使用。港口公安机关应参加港口道路的设计审核和竣工验收。

## 第三章 车辆和驾驶员管理

**第十四条** 港口所属机动车申领号牌及更新、报废、转籍过户、补发牌证等,须经港口公安机关签章后到所在地公安交通管理部门办理手续。

**第十五条** 港口流动机械车必须是国家有关部门批准生产的合格产品,按有关规定办理号牌、行驶证。

**第十六条** 已办理号牌、行驶证的港口流动机械车,须经港口公安机关登记备案,发给港口道路准行证,方可在港口道路行驶。

港口流动机械车更新、报废、封存、停驶、传籍过户需报港口公安机关备案。

**第十七条** 流动机械车驶出港区须经港口公安机关批准,发给定线行驶证,按指定路线行驶。

**第十八条** 港口流动机械车必须按规定进行年检。未经检验或检验不合格的不准在港口道路行驶。

**第十九条** 港口流动机械车须喷刷放大牌号、车属单位代号、车种标记,并保持清晰完好。

**第二十条** 未经港口公安机关批准,严禁在港口道路学习驾驶。

## 第四章 车辆装载和行驶

**第二十一条** 车辆载运易燃易爆或其他危险货物进出港口,必须持有公安机关核发的准运证或有关主管部门核发的营运证,车上须按国家标准《道路运输危险货物车辆标志》要求设置“危险品”字样的标志灯牌。货物要绑扎牢固,指派专人押车,按指定的时间、路线行驶。

**第二十二条** 车辆载运不得超过行驶证核定的载重量。载运体积超限的大件物品时,须按港口公安机关指定的时间、路线限速行驶,并有明显标志,必要时有先导车辆和人员引导。

**第二十三条** 集装箱专用车载运其他货物时须加装护栏。

**第二十四条** 流动机械车牵引拖带时必须遵守以下规定:

(一)除专用牵引车、汽车外,其他轮式机械车不准牵引挂车、拖盘车;

(二)牵引车拖带拖盘车时,小型拖盘车空载、重载不得超过三个,大型拖盘车只准拖带一个;

(三)被拖货物的宽度不得超过牵引车车宽,长度限于不得使拖车后端货物触地,高度不得超过拖盘车身长。

**第二十五条** 流动机械车载人必须遵守以下规定:

（一）轮式起重机在行驶中，起重操作室内不准乘人；

（二）流动机械车除按驾驶室核定的人数外，其他部位不准载人；

（三）客运部门载运行李的专用拖盘车附载押运人员须有安全保护装置。

**第二十六条** 车辆在港口道路上行驶，除遵守交通法规外，还须遵守以下规定：

（一）机动车须持有港口公安机关核发的“进港通行证”、“准行证”或有关主管部门核发的准运证、营运证等有效证件，执行任务的警车、消防车、救护车等特种车辆除外；

（二）没有领取号牌、行驶证的车辆（包括待装卸的机动车）须到港口公安机关办理移动手续，按规定路线行驶；

（三）轮式起重机、叉车、装载机在吊、载货物时，不准作为运输车辆吊载货物在港口主干道路上行驶；

（四）叉、铲车行驶时禁止升降货架和铲斗；

（五）集装箱正面吊运机行驶时不准放下吊架，驾驶员须认真瞭望。其他车辆注意避让；

（六）各种吊车须将吊杆放平，大型吊车吊杆前端距地面高度不得超出驾驶室，钩头必须固定，必要时前方需有人瞭望引路，夜间行驶时吊杆前端须设置信号灯。

**第二十七条** 车辆在港口道路上遇有旅客排队上下船时，应停车让行或绕行，禁止与旅客抢行或穿插旅客行列。

**第二十八条** 码头前沿禁止非作业车辆行驶，滚装船专用码头、车辆轮渡码头除待渡车辆和作业车辆外，其他车辆禁止驶入，执行任务的特种车辆、船舶物品专供车辆等除外。

**第二十九条** 车辆过地磅衡重时要按规定路线顺序行进，禁止逆行和争道抢行。

**第三十条** 未经港口公安机关批准，禁止教练车在港口道路上行驶。

**第三十一条** 机动车、流动机械车须在港口公安机关指定的路段上试验刹车。

**第三十二条** 港口作业的流动机械车在横过道路时应减速慢行，道路上行驶的车辆应主动避让。各种车辆和行人通过货场通道或货场时应注意避让港口作业的流动机械车辆。

**第三十三条** 车辆经过港区内铁路道口时，必须谨慎驾驶，做到一慢、二看、三通过，不得争道抢行；禁止在铁道线1.5米内停放各种车辆和货物；机动车、流动机械车必须在铁道线作业时，车辆不准熄火，驾驶员不准离车，不得在铁道上滞留。

**第三十四条** 港口公安机关应根据港口道路的实际情况规定车辆行驶速度。

## 第五章 非机动车和行人

**第三十五条** 港口道路上骑自行车不准带人。

**第三十六条** 禁止两辆及两辆以上的人力车共载一物。

**第三十七条** 行人须在人行道内行走，没有人行道的靠右边行走，并注意避让来往车辆，不得在作业现场、港口道路上随意穿行。

**第三十八条** 旅客上下船必须按指定路线行走，不准在港口道路上滞留。

## 第六章 交通管理处罚和交通事故处理

**第三十九条** 违反本办法和《条例》的行为，由港口公安机关依照《条例》、《中华人民共和国治安管理处罚条例》以及有关交通管理的处罚规定处罚。

**第四十条** 发生在港口道路上的交通事故由港口公安机关依照《道路交通事故处理办法》进行处理。

**第四十一条** 火车与车辆、行人在港口所属铁路专用线的沿线及道口发生的路外交通事故，由港口公安机关负责组织调查处理;在铁路部门所属港口专用线的沿线及道口发生的路外交通事故,按国务院有关规定处理。

## 第七章　附　　则

**第四十二条**　港口公安机关应根据本办法制定实施细则。

**第四十三条**　本办法由交通部负责解释。

**第四十四条**　本办法自 1996 年 10 月 1 日起施行。

# 港口装卸机械管理规定

（交通部令1998年第1号　1998.01.05）

## 第一章　总　　则

**第一条**　为保障港口的生产和安全，加强港口装卸机械的管理（以下简称港机管理），制定本规定。

**第二条**　本规定适用于交通部部属港口企业、交通部和地方双重领导港口企业、地方港口企业及其他自有专用码头的企业（以下统称港口企业）。

**第三条**　国务院交通主管部门直属或者与地方政府双重领导的港务（管理）局负责本港区（长江干线为港辖区）内的港机管理工作。县级以上各级地方人民政府的港口管理机构负责本行政区域内的港机管理工作。港务（管理）局和地方港口管理机构港机管理的主要内容是：

（一）贯彻执行国家有关设备管理的法律、法规和方针政策，制定港机发展规划和管理规章；

（二）对本港区（长江干线为港辖区）或者本行政区域范围内的港机进行行业管理，并负责监督、指导和协调服务；

（三）组织交流和推广港机管理的先进经验和维修新技术；

（四）组织港机管理业务技术的培训工作和组织国内外的交流工作；

（五）参与特大港机机损事故的调查处理工作。

**第四条**　港机管理工作贯彻"安全第一、预防为主"和依靠技术进步、促进生产发展的方针，坚持维护与检修相结合，修理、改造与更新相结合，专业管理与群众管理相结合，技术管理与经济管理相结合的原则。

**第五条** 港机管理是港口企业管理的重要组成部分,港口企业应当采取技术和经济的措施对港机进行综合管理,不断改善和提高技术装备素质,保持良好的技术状态,充分发挥其效能。

**第六条** 港口企业应当建立健全港机管理综合体系,对港机的规划、选型、购置(或者设计、制造)、安装、验收、使用、维护、检修、改造直至报废实行全过程管理。

**第七条** 港机管理应当采用先进的管理方法和维修技术,推行以技术状态为基础的维修方式,逐步提高港机管理和维修的现代化水平。

## 第二章 管 理

### 第一节 分类和编号

**第八条** 港机划分为四类:起重机械、输送机械、装卸搬运机械、专用机械。

**第九条** 港口企业应当根据国家和行业标准对本企业港机统一编号。编号应当标示在机械的明显部位,并清晰、醒目。

**第十条** 港口企业应当根据港机在作业中的地位、投资费用、技术复杂程度和安全等因素,采用先进的管理方式,对港机实行分级分类管理。

### 第二节 规划、选型和购置

**第十一条** 港口企业应当根据生产发展需要和港机技术状态,编制港机更新和改造的中、长期规划和年度计划,并组织实施。

**第十二条** 港机选型应当遵循经济合理、技术先进、满足生产、安全可靠、方便维修、利于管理、节约能源和符合环境保护的原则综合择优选择。

**第十三条** 港口企业自制港机应当有完整的技术资料,按有关规定进行审批,并组织技术鉴定和验收。未经鉴定或者验收不合格的,不得生产和使用。

## 第三节　验收及交付使用

**第十四条**　港口企业应当建立新购置港机的验收工作程序,认真按工作程序进行验收,写出验收报告。凡验收不合格的,不得投入使用。

**第十五条**　新购置的港机验收工作如下:

(一)根据合同及有关文件清点和核对技术资料、附件、随机工具及备件;

(二)根据有关技术资料检查港机的技术状况和性能。

**第十六条**　港机经验收合格,应当建立"港机设备登记卡",其内容如下:

(一)名称、型号和规格;

(二)产地或者制造厂;

(三)出厂、动力、底盘、机械和固定资产编号;

(四)出厂、购置和启用日期;

(五)规定使用年限和购置全值(原值);

(六)主要技术参数;

(七)主要图纸目录。

**第十七条**　新购置港机在保修期内,发生属于制造质量的故障与损坏,应当及时做好技术鉴定和记录,按有关规定办理修复、索赔或退货。

**第十八条**　新型港机投产前,必须编制有关使用操作规程和维修保养规定,建立单机技术档案。

**第十九条**　购置的二手港机或者经过技术改造的港机,其验收可以适用本节新购置港机验收的规定进行。

## 第四节　技术状况分类及普查

**第二十条**　港机根据技术状况分为四类:一类:各零、部件完整无缺、零件磨损在允许范围之内,技术性能良好,确保安全运行和正常作业。二类:非主要零、部件欠完整、非主要零件的磨损虽超过允许范围,但对整机的原有技术性能影响不大,经维修保养后能安全运行。三类:主要零、部件有较大的损坏或磨损,原有技术性能下降,经常发生故障。四类:主要零、部件严重缺损,已丧失原有技术性能。正在修理的港机按修理前类别划定。

**第二十一条** 港口企业应当建立检查评定制度,定期对港机技术状况进行普查评定。

## 第五节 使用年限

**第二十二条** 港机的使用年限可以参照其折旧年限确定。

**第二十三条** 港机达到使用年限后,技术状况良好,有继续使用价值的,应当经过鉴定方可继续使用。

## 第六节 封存、转让和报废

**第二十四条** 连续停用一年以上或者新购置的两年以上未投产使用港机,应当列入闲置港机的范围。

**第二十五条** 技术状况属于一、二类的港机,因生产情况变化而闲置6个月以上的,可办理封存。

**第二十六条** 港机封存期的管理:

(一)封存前应当作好全面维护,采取防腐、防锈、防风雨和防冻等措施;

(二)定期检查和维护,保持状态完好;

(三)不准擅自动用和拆卸零、部件;

(四)不纳入完好率统计。

**第二十七条** 港机启封后,应当作全面检查和维护,经试运行无异常后方可投入使用。

**第二十八条** 闲置、封存或者技术性能不能适应港口作业需要的港机,可以改造或者转让。

**第二十九条** 港机转让应当按国有资产管理规定办理有关

手续。

**第三十条** 港机有下列情况之一时,应当报废:

(一)预测大修理后技术性能仍不能满足港口作业要求或者难以保证作业安全的;

(二)严重损坏无修复价值的;

(三)大修理后虽能恢复技术性能,但不如更新经济的;

(四)技术性能达不到规范要求,危及安全的;

(五)技术性能差、能耗高、效率低、经济效益差的;

(六)危害人身健康、严重污染环境,进行修理改造又不经济的;

(七)自制的非标准港机,经生产验证不能使用,且无法改造的;

(八)国家规定淘汰的。

**第三十一条** 港机报废应当经过技术鉴定和经济分析评价,按规定办理审批手续。已经报废的港机,不准转让或者继续使用。

**第三十二条** 港口企业对港机的封存、启用和转让应当按有关规定建立审批程序。

## 第七节 改造与更新

**第三十三条** 港口企业对重点、主要港机的改造和更新,应当事先进行技术经济论证。

**第三十四条** 港口企业应当有计划、有步骤地对技术落后、性能差的港机进行技术改造。

**第三十五条** 港机的技术改造应遵循提高效率、改善性能、便利维修、简化机型、降低消耗、确保安全的原则。

## 第八节 润 滑

**第三十六条** 润滑管理是港机管理的基础工作之一,港口企业应当重视并抓好此项工作。

**第三十七条** 港口企业应当适时制定润滑消耗定额和计划;

编制润滑图表、润滑卡片；编制、绘制维修与润滑有关的资料和图纸；试验确定代用油品；做好培训和技术指导工作，积极推 广润滑新技术。

**第三十八条** 港口企业要积极执行润滑“五定”：定人（定人加油）、定时（定时检换油）、定点（定点给油）、定质（定质选油）、定量（定量用油），合理使用润料，并做好润料的 回收工作。

**第三十九条** 港口企业应当完善油液分析手段，做好原始记录和分析，逐步做到跟踪化验，用油对路、按质换油、状态监测。

## 第九节 定额和指标

**第四十条** 港口企业应当建立必要的港机技术经济定额。根据生产发展和技术进步，定期修订定额，保持定额的合理性和先进性。

**第四十一条** 港口企业应当建立考核制度，对下列主要技术经济指标进行考核：

（一）港机完好率，其计算公式为： 、

完好率 =（完好台时/日历台时）×100%

（二）港机利用率，其计算公式为：

利用率 =（工作台时/日历台时）×100%

（三）港机一、二类设备比重，其计算公式为：

一、二类设备比重 =（一、二类设备台数/设备总台数）×100%

（四）港机设备固定资产创净产值率，其计算公式为：

设备固定资产创净产值率 =（全年净产值总数/全年设备平均原值）×100% 全年设备平均原值 =（年初设备原值 + 年末设备原值）÷2

（五）港机新度系数，其计算公式为：

新度系数 =（年末固定资产净值/年末固定资产原值）×100%

## 第十节 统 计

**第四十二条** 港机应当分别按月、季、年度、机种、单机和综合进行统计。统计内容包括：

（一）经济指标：固定资产创净产值率、新度系数等；

（二）技术状况：机械技术状况分类，一、二类设备比重，完好率等；

（三）运用情况：利用率、台时产量、故障率等；

（四）维护和修理情况：各级维修的停机日、工时、费用、返修率等；

（五）机损事故：次数、停机台时、修复费用、事故级别等；

（六）运行消耗情况。

**第四十三条** 港口企业应当按有关规定建立统计制度，如实填写统计报表，按时上报。

**第四十四条** 单机经济核算是实现港机技术管理与经济管理相结合的基础，港口企业要逐步实行、深化。

## 第十一节 技术档案和技术资料

**第四十五条** 港机技术档案是指建造资料和技术改造资料，内容包括：

（一）技术经济论证和建造合同；

（二）由制造厂提供的原始资料，包括出厂说明书、安装说明书、验收大纲、使用说明书、配件目录、出厂检验合格证及有关图纸等；

（三）技术改造和维修竣工图纸；

（四）档案管理规定的其他资料。

**第四十六条** 港口企业应当收集整理港机技术档案，并按有关规定分级归档保管，港机技术档案分为单机技术资料、按机种统计和归类的技术资料、机损事故的处理报告及其他综合性资料。

**第四十七条** 港口企业应当从港机购置到报废的全过程建立完整的单机技术资料（可以为单机履历册或者单机台账）。单机技术资料应当认真填写，妥善保管，不得任意更改。

## 第十二节 机损事故

**第四十八条** 港机在运行、维护、修理、吊运或者停放过程中遭受非正常损坏，造成停机或性能下降视为港机损坏事故（以下简称机损事故）。

**第四十九条** 机损事故按酿成事故的原因分为责任事故和非责任事故。责任事故是指由港口企业自身的原因造成的事故。非责任事故是指责任事故以外的事故。

**第五十条** 机损事故分为轻微事故、一般事故、重大事故和特大事故。轻微事故：修复费用（包括抢救费用，下同）超过2000元，低于6000元的；一般事故：价值30万元以下（含30万元）的港机、修复费用超过6000元的；价值30万元以上的港机，修复费用超过该机价值2%的；重大事故：价值30万元以下（含30万元）的港机，修复费用超过9万元的；价值30万元以上的港机，修复费用超过该机价值30%的；特大事故：按国家有关特大事故的规定确定。港机价值是指按事故发生时该机市场价格计算的重置全值。

**第五十一条** 港口企业在发生机损事故后应当及时上报，并组织力量抢修，努力减少事故损失，尽快恢复生产。

**第五十二条** 港口企业对机损事故应当按照“三不放过”的原则进行处理。“三不放过”是指：事故原因不清不放过、事故责任者没有受到教育不放过、没有防范措施不放过。

**第五十三条** 港口企业应当根据机损事故情节轻重，对责任事故的责任人作出处理。凡隐瞒不报、弄虚作假的单位和个人，一经查出，应当从严处理并追究有关领导人的责任。重大、特大事故处理结案后，应专题报交通部。

## 第十三节 教育与培训

**第五十四条** 港口企业应当重视培训港机管理与维修专业人员，把港机专业人员的教育和培训列入企业职工教育计划。

**第五十五条** 港口企业的港机管理人员，应当具有高中以上文化并具有一定专业知识和实践经验。

**第五十六条** 港机操作、维修工人应当进行岗位培训，经过考核持证上岗。新机种投入使用前，应当对操作和维修工人进行超前培训。

## 第三章 使 用

### 第一节 合理使用的原则

**第五十七条** 港机使用的工况和环境，必须符合本机械技术特性的要求及确保安全运行的基本条件。港口作业应当使用一、二类港机，停用三类港机，禁止使用四类港机。

**第五十八条** 港口企业应当建立健全的港机操作规程和岗位责任制，根据港机特点和生产需要实行定人定机制度。

**第五十九条** 港机只能由下列人员进行操作：

(一)正式司机；

(二)在正式司机直接监督下，学习期满半年以上的学徒工等受训人员；

(三)持有有效港机操作证照的其他有关人员。

**第六十条** 港口企业的生产指挥、机械操作和维修人员，应当严格遵守港机的操作、使用规程和制度，禁止超规范、超负荷操作和使用港机。

**第六十一条** 港口企业在组织生产作业时，应当选择经济合理的装卸工艺，充分发挥机械的效益，降低消耗和成本。

**第六十二条** 港口企业在组织流动机械从事搬运作业时，规定如下：

(一)轮胎起重机、汽车起重机和履带起重机，除产品说明书允许外，不得吊载行驶；

(二)叉车的搬运行程不宜超过 300 米；

(三)装载机的搬运行程不宜超过 100 米；

（四）蓄电池搬运车的搬运行程不宜超过500米；

（五）集装箱正面吊运机载箱运行距离不宜超过200米。

### 第二节　作　业

**第六十三条**　港口企业对港机在运行过程中发生的故障，应当尽快排除。在未排除前，不得继续作业。

**第六十四条**　故障发生后，司机应当将其发生的时间、地点、部位以及采取的措施、排除故障所用的时间等，认真如实填写在“运行日志”中。

**第六十五条**　港口企业可以根据具体情况，制定本企业港机在走合期、冬季、夏季、特殊作业时的作业规定。

## 第四章　维护和检修

### 第一节　日常维护

**第六十六条**　港机的日常维护是使港机保持良好技术状况和进行维修的基础，港口企业应当建立健全港机日常维护制度，包括司机交接班制度，技术操作规程和日常检查保养规范等。

**第六十七条**　港机日常维护由操作人员负责，基本要求是：

（一）严格按操作规程使用港机，在运行过程中经常观察港机运行情况；

（二）保持港机完整无损，安全防护装置完备有效，保证港机安全运行；

（三）按规定对港机进行清洁、检查、调整、紧固、润滑，保持无油垢、无积灰、无泄漏、无松动，使港机保持良好技术状态；

（四）填写“运行日志”和“日常维护记录卡”。

### 第二节　定期保养

**第六十八条**　港机的定期保养是指港机运行一定间隔期后，

有计划地对港机强制进行的全面维护和保养作业。

**第六十九条** 港口企业应当根据机种和作业条件的不同，制定定期保养规范，其内容包括：

(一)定期保养级别、周期；

(二)定期保养项目和验收标准；

(三)润滑图谱；

(四)主要检测点及检测范围。

**第七十条** 港机的定期保养以专业保养人员为主、操作人员为辅，保养的主要内容有：

(一)对机械进行擦洗和清洁内部；

(二)检查、清洁和更换各种滤清器；

(三)检查、调整和紧固各操作、传动等连接机构的零部件；

(四)利用简单检测设备对港机的主要测试点进行检测；

(五)对各润滑点进行检查和清油；

(六)检查和调整安全装置、保证灵敏可靠；

(七)更换已损坏的零部件。

**第七十一条** 港口企业应当建立和检查"定期保养记录卡"，并将保养检测结果纳入对港机实施状态监测范围。

## 第三节 定期检查

**第七十二条** 定期检查是指港机在基本不解体的情况下，通过人体感官和利用检测设备有计划地进行的检查(以下简称定检)。定检是进行状态维修的一个重要组成部分，港口企业应当建立健全的港机定检制度和工作程序。

**第七十三条** 港口企业应当根据具体情况和机种特点制定定检规范，其主要内容包括：

(一)定检周期和计划；

(二)定检项目和标准；

(三)定检方法。

**第七十四条** 港机的定检应当由专业人员负责，并严格执行定检制度和定检规范，认真填写“定期检查记录卡”。

## 第四节　修　　理

**第七十五条**　港口企业在港机修理中，可以实行以运行时间为基础的修理方式，积极推行以技术状态为基础的修理方式。

**第七十六条**　港口企业可以根据本企业情况采用不同的修理方式，制定具体的港机修理级别、周期、停机日、标准和定额。

**第七十七条**　港口企业在港机修理中应当保持港机合理的大修，港机的大修可与技术改造结合进行。

## 第五节　维修计划

**第七十八条**　港口企业应当制定完善的港机维修计划，并与企业的生产经营计划同时下达、执行和考核。

**第七十九条**　编制维修计划的主要依据是：

（一）通过定检所掌握的港机劣化趋势；

（二）通过长期积累检修资料，掌握磨损规律，并确定维修周期。

**第八十条**　港口企业应当根据维修计划做好维修准备工作，保证维修按时实施，努力缩短维修停机时间。

## 第六节　维修检验和验收

**第八十一条**　港口企业应当建立健全的港机维修检验和验收制度，认真做好验收记录。验收不合格的港机不得投入使用。

**第八十二条**　港口企业对维修检验和验收实行分级管理，并组成自检、互检、专检的检验网络，保证维修质量，提高一次验收合格率，降低返修率。

## 第七节　备品配件

**第八十三条**　港口企业应当建立健全的备品配件管理制度，强化计划管理，保证港机正常维修的需要。

**第八十四条** 港口企业应当开展进口港机零、部件的改、代和修复工作,制定备件国产化的实施计划,组织进口备件的试制,逐步提高国产化比重。

## 第五章 奖励与惩罚

**第八十五条** 对港口企业在港机管理中成效显著、技术先进的应予奖励,并推广应用。对港机管理优秀单位和个人进行表彰。

**第八十六条** 对港口企业的港机管理混乱,严重失修失养,影响生产或者导致特大事故的,应当追究港口企业法定代表人及其有关人员的责任。

**第八十七条** 港口企业对玩忽职守、违章指挥、违章操作造成事故和经济损失的人员,应当根据情节轻重,追究其经济和行政责任。对触犯刑律构成犯罪的,由司法机关依法追究刑事责任。

## 第六章 附 则

**第八十八条** 港口企业可以根据本规定结合本企业的实际情况按机型制定相应的港机管理制度。

**第八十九条** 本规定由中华人民共和国交通部负责解释。

**第九十条** 本规定自发布之日起施行。原1980年发布的《港口装卸机械技术管理制度》(试行本)(〔80〕交水运字770号)同时废止。

# 港口货物作业规则

（交通部令2000年第10号　2000.08.28）

## 第一章　总　则

**第一条**　为了明确水路运输货物港口作业有关当事人的权利、义务，依据有关法律、行政法规，制定本规则。

**第二条**　在中华人民共和国境内，为水路运输货物提供的装卸、驳运、储存、装拆集装箱等港口作业适用本规则。

**第三条**　本规则下列用语的含义是：

（一）港口货物作业合同（以下简称作业合同），是指港口经营人在港口对水路运输货物进行装卸、驳运、储存、装拆集装箱等作业，作业委托人支付作业费用的合同。

（二）港口经营人，是指与作业委托人订立作业合同的人。

（三）作业委托人，是指与港口经营人订立作业合同的人。

（四）货物接收人，是指作业合同中，由作业委托人指定的从港口经营人处接收货物的人。

## 第二章　作业合同的订立

**第四条**　作业合同，应当按照公平的原则订立。

**第五条**　指令性水路运输货物的港口作业，有关当事人应当依照有关法律、行政法规规定的权利和义务订立作业合同。

**第六条**　当事人可以根据需要订立单次作业合同和长期作业合同。

**第七条**　订立作业合同可以采用书面形式、口头形式和其他形式。

书面形式是指合同书、信件和数据电文(包括电报、电传、传真、电子数据交换和电子邮件)等可以有形地表现所载内容的形式。

**第八条** 作业合同一般包括以下条款:

(一)作业委托人、港口经营人和货物接收人名称;

(二)作业项目;

(三)货物名称、件数、重量、体积(长、宽、高);

(四)作业费用及其结算方式;

(五)货物交接的地点和时间;

(六)包装方式;

(七)识别标志;

(八)船名、航次;

(九)起运港(站、点)(以下简称起运港)和到达港(站、点)(以下简称到达港);

(十)违约责任;

(十一)解决争议的方法。

**第九条** 采用合同书形式订立作业合同的,自双方当事人签字或者盖章时合同成立。

采用信件、数据电文等形式订立合同的,可以在合同成立之前要求签订确认书。签订确认书时合同成立。

采用合同书形式订立合同,在签字或者盖章之前,当事人一方已经履行主要义务,对方接受的,该合同成立。

## 第三章 作业合同当事人的权利、义务

### 第一节 作业委托人

**第十条** 作业委托人应当及时办理港口、海关、检验、检疫、公安和其他货物运输和作业所需的各种手续,并将已办理各项手续

的单证送交港口经营人。

因作业委托人办理各项手续和有关单证不及时、不完备或者不正确，造成港口经营人损失的，作业委托人应当承担赔偿责任。

**第十一条** 有特殊保管要求的货物，作业委托人应当与港口经营人约定货物保管的特殊方式和条件。

**第十二条** 作业委托人向港口经营人交付货物的名称、件数、重量、体积、包装方式、识别标志，应当与作业合同的约定相符。笨重、长大货物作业，作业委托人应当声明货物的总件数、重量和体积（长、宽、高）以及每件货物的重量、长度和体积（长、宽、高）。作业委托人未按照本条规定交付货物、进行声明造成港口经营人损失的，应当承担赔偿责任。

**第十三条** 单件货物重量或者长度超过下列标准的，为笨重、长大货物：

（一）沿海：重量5吨，长度12米；

（二）长江、黑龙江干线；重量3吨，长度10米；

各省（自治区、直辖市）交通主管部门对本省内作业的笨重、长大货物标准可以另行规定，并报国务院交通主管部门备案。

**第十四条** 以件运输的货物，港口经营人验收货物时，发现货物的实际重量或者体积与作业委托人申报的重量或者体积不符时，作业委托人应当按照实际重量或者体积支付费用并向港口经营人支付衡量等费用。

**第十五条** 需要具备运输包装的作业货物，作业委托人应当保证货物的包装符合国家规定的包装标准；没有包装标准的，应当在保证作业安全和货物质量的原则下进行包装。

**第十六条** 需要随附备用包装的货物，作业委托人应当提供足够数量的备用包装。

**第十七条** 危险货物作业，作业委托人应当按照有关危险货物运输的规定妥善包装，制作危险品标志和标签，并将其正式名称和危害性质以及必要时应当采取的预防措施书面通知港口经营人。

**第十八条** 作业委托人委托货物作业,可以办理保价作业。

货物发生损坏、灭失,港口经营人应当按照货物的声明价值进行赔偿,但港口经营人证明货物的实际价值低于声明价值的,按照货物的实际价值赔偿。

**第十九条** 在港口经营人已履行本规则第二十六条规定义务情况下,因货物的性质或者携带虫害等情况,需要对库场或者货物进行检疫、洗刷、熏蒸、消毒的,应当由作业委托人或者货物接收人负责,并承担有关费用。

**第二十条** 港口经营人将货物交付货物接收人之前,作业委托人可以要求港口经营人将货物交给其他货物接收人,但应当赔偿港口经营人因此受到的损失。

**第二十一条** 作业合同约定港口经营人从第三方接收货物的,作业委托人应当保证第三方按照作业合同的约定交付货物;作业合同约定港口经营人将货物交付第三方的,作业委托人应当保证第三方按照作业合同的约定接收货物。

**第二十二条** 作业委托人或者货物接收人应当在约定或者规定的期限内交付或者接收货物。

**第二十三条** 港口经营人交付货物时,货物接收人应当验收货物,并签发收据,发现货物损坏、灭失的,交接双方应当编制货运记录。

货物接收人在接收货物时没有就货物的数量和质量提出异议的,视为港口经营人已经按照约定交付货物,除非货物接收人提出相反的证明。

**第二十四条** 除另有约定外,作业委托人应当预付作业费用。

**第二十五条** 作业委托人不履行合同义务或者履行合同义务不符合约定的,应当承担继续履行、采取补救措施或者赔偿损失等违约责任。因不可抗力不能履行合同的,根据不可抗力的影响,部分或者全部免除责任。作业委托人迟延履行后发生不可抗力的,不能免除责任。

## 第二节　港口经营人

**第二十六条**　港口经营人应当按照作业合同的约定，根据作业货物的性质和状态，配备适合的机械、设备、工属具、库场，并使之处于良好的状态。

**第二十七条**　港口经营人应当按照作业合同的约定接收货物，港口经营人接收货物后应当签发用以确认接收货物的收据。单元滚装货物作业以及货物在运输方式之间立即转移的，不适用前款规定。

**第二十八条**　港口经营人应当妥善地保管和照料作业货物。经对货物的表面状况检查，发现有变质、滋生病虫害或者其他损坏，应当及时通知作业委托人或者货物接收人。

**第二十九条**　港口经营人应当在约定期间或者在没有这种约定时在合理期间内完成货物作业。港口经营人未能在约定期间或者合理期间内完成货物作业造成作业委托人损失的，港口经营人应当承担赔偿责任。

**第三十条**　作业委托人违反本规则第十五条、第十七条规定，港口经营人可以拒绝作业。

**第三十一条**　作业委托人未按照本规则第十七条通知港口经营人或者通知有误的，港口经营人可以在任何时间、任何地点根据情况需要停止作业、销毁货物或者使之不能为害，而不承担赔偿责任。作业委托人对港口经营人因作业此类货物所受到的损失，应当承担赔偿责任。港口经营人知道危险货物的性质并且已同意作业的，仍然可以在该项货物对港口设施、人员或者其他货物构成实际危险时，停止作业、销毁货物或者使之不能为害，而不承担赔偿责任。

**第三十二条**　除另有约定外，散装货物按重量交接；其他货物按件数交接。

**第三十三条**　散装货物按重量交接的，货物在港口经技术监督部门检验合格的计量器具计量的，重量以该计量确认的数字为准;未经技术监督部门检验合格的计量器具计量的,除对计量手段另有约定外,有关单证中载明的货物重量对港口经营人不构成其交接货物重量的证据。

**第三十四条** 应作业委托人或者货物接收人的要求,港口经营人可以编制普通记录。货运记录和普通记录的编制,应当准确、客观。货运记录应当在接收或者交付货物的当时由交接双方编制。

**第三十五条** 交接集装箱空箱时,应当检查箱体并核对箱号;交接整箱货物,应当检查箱体、封志状况并核对箱号;交接特种集装箱,应当检查集装箱机械、电器装置、设备的运转情况。集装箱交接状况,应当在交接单证上如实加以记载。

**第三十六条** 交接时发现集装箱封志号与有关单证记载不符或者封志破坏的,交接双方应当编制货运记录。

**第三十七条** 货物接收人没有在本规则第二十二条规定的期限内接收货物,港口经营人可以依照有关规定将货物转栈储存,有关费用、风险由作业委托人承担。

**第三十八条** 货物接收人逾期不提取货物的,港口经营人应当每10天催提一次,满30天货物接收人不提取或者找不到货物接收人,港口经营人应当通知作业委托人,作业委托人在港口经营人发出通知后30天内负责处理该批货物。作业委托人未在前款规定期限内处理货物的,港口经营人可以按照有关规定将该批货物作无法交付货物处理。

**第三十九条** 港口经营人交付货物的情况符合《中华人民共和国合同法》第一百零一条规定的条件时,港口经营人可以根据《中华人民共和国合同法》的规定将货物提存。

**第四十条** 应当向港口经营人支付的作业费、速遣费和港口经营人为货物垫付的必要费用没有付清,又没有提供适当担保的,港口经营人可以留置相应的运输货物,但另有约定的除外。

**第四十一条** 港口经营人应当按照作业合同的约定交付货物。

**第四十二条** 货物接收人接收水路运输货物,港口经营人应当核对证明货物接收人单位或者身份以及经办人身份的有关证件。

**第四十三条** 港口经营人对收集的地脚货物,应当做到物归原主,不能确定货主的,应当按照无法交付货物处理。

**第四十四条** 单元滚装运输作业,港口经营人应当提供适合滚装运输单元候船待运的停泊场所、上下船舶和进出港的专用通道;保证作业场所的有关标识齐全、清晰,照明良好;配备符合规范的运输单元司乘人员及旅客的候船场所。旅客与运输单元上下船和进出港的通道应当分开。

**第四十五条** 港口经营人对港口作业合同履行过程中货物的损坏、灭失或者迟延交付承担损害赔偿责任,但港口经营人证明货物的损坏、灭失或者迟延交付是由于下列原因造成的除外:

(一)不可抗力;

(二)货物的自然属性和潜在缺陷;

(三)货物的自然减量和合理损耗;

(四)包装不符合要求;

(五)包装完好但货物与港口经营人签发的收据记载内容不符;

(六)作业委托人申报的货物重量不准确;

(七)普通货物中夹带危险、流质、易腐货物;

(八)作业委托人、货物接收人的其他过错。

## 第四章 港、航货物交接的特别规定

**第四十六条** 除另有约定外,港口经营人与船方在水路运输货物港口装卸作业过程中的交接,适用本章规定。

**第四十七条** 船方应当向港口经营人提供配、积载图(表),港口经营人应当按照配、积载图(表)进行作业。船方可以在现场对配、积载提出具体要求。

**第四十八条** 国际运输以件交接货物、集装箱货物和集装箱，船方应当通过理货机构与港口经营人交接。前款规定以外的货物和集装箱，船方可以委托理货机构与港口经营人交接。

**第四十九条** 船方应当向港口经营人预报和确报船舶到港日期，提供船舶规范以及货物装、卸载的有关资料，使船舶处于适合装、卸载作业的状态，办妥有关手续。

**第五十条** 水路运输货物，港口经营人与船方在船边进行交接。

**第五十一条** 同品种、同规格、同定量包装的件装货物，船方与港口经营人应当商定每关货物的数量和关型，约定计数方法，逐关进行交接，成组运输货物比照执行。

**第五十二条** 船方与港口经营人交接国内水路运输货物应当编制货物交接清单。

## 第五章 附 则

**第五十三条** 本规则由国务院交通主管部门负责解释。

**第五十四条** 本规则自 2001 年 1 月 1 日起施行。《关于港口作业事故处理的几项规定》([78]交水运字 1914 号文颁发试行)、《关于港口作业事故处理的几项补充规定》([79]交水运字 1682 号文颁发试行)以及本规则施行前交通部发布的其他与本规则不一致的相关规定同时废止。

# 港口大型机械防阵风防台风管理规定

（交通部令2003年第3号　2003.05.09）

## 第一章　总　　则

**第一条**　为加强港口大型机械的防阵风、防台风(以下简称防风防台)管理,保障港口安全生产,保护国家和人民的财产,制定本规定。

**第二条**　本规定适用于全国港口的大型机械防阵风、防台风管理工作。

**第三条**　本规定下列用语的含义是:

(一)阵风是指无预报的、风速15米/秒(7级)以上的大风和龙卷风;

(二)台风是指热带风暴、强热带风暴和中心风力12级以上的热带气旋;

(三)港口大型机械(以下简称大型港机)是指:门座起重机、岸边集装箱起重机、吸粮机、轨道式龙门起重机、装(卸)船机、轮胎式集装箱龙门起重机、斗轮堆取料机、露天固定带式输送机、轮胎起重机(25吨级及以上)和输油臂等。

## 第二章　防风防台工作的监督与实施

**第四条**　港口所在地港口管理部门负责大型港机预防、抵御阵风、台风的指导和监督工作:

(一)根据掌握的台风信息,发布防风防台命令,对大型港机防风防台工作进行部署；

（二）监督、检查大型港机防风防台措施的落实工作。在台风来临之前应当对港口企业的防风防台工作进行检查，在台风季节应当进行定期重点检查；

（三）对防风防台工作进行指导，促进港口企业提高大型港机防风防台的技术和水平。

**第五条** 港口企业负责本单位大型港机预防、抵御阵风和台风具体措施的制订和实施工作：

（一）结合本单位的具体情况，配备大型港机防风防台技术装置，制订符合实际情况的防风防台措施和工作规程，并组织实施；

（二）加强与气象部门和其他相关部门的联系和协调，及时掌握气象信息，注意台风动态，实施预防工作；

（三）加强港口生产人员培训，提高安全素质和意识。

**第六条** 港口企业接到台风预报后，应当提前组织和布置防台措施；接到台风警报和紧急警报后，应当检查和落实防台措施，并建立 24 小时专人值班制度，确保大型港机安全。

## 第三章 防风防台工作的要求和措施

**第七条** 港口码头的设计应当考虑大型港机防风防台的要求，大型港机安装应当配备和设置防阵风和防台风装置（以下简称防风装置）。防风装置分为防止风的水平力、上拔力的装置和防滑制动装置，以及防风预（警）报装置。

防止风的水平力、上拔力的装置是指码头上设置的防止机械水平移动和倾覆的装置，包括锚定坑、防风系缆（或者拉杆）地锚、系缆墩柱等。

防滑制动装置是指机械自身设置的防滑装置和行走机构配备的惯性制动器，其中防滑装置应当在防爬器、夹轮器、顶轨器、夹轨器、铁楔等中选取。

防风预（警）报装置是指接收、测量、记录阵风和台风信息、发布警示和警报的设备和设施，基本配置为带记录和警示功能的风速仪。有条件的港口可选择配置气象雷达。

**第八条** 大型港机防风防台工作应当符合下列基本要求：

（一）对大型港机的防风装置应当定期进行检查和维护，确保其完好并具备防风防台能力；

（二）大型港机作业的码头和场所，应当根据当地阵风或者台风的实际情况设置足够的锚定装置，对不具备防风防台能力的码头和大型港机应当采取有效的改进措施，确保其具备防风防台能力；

（三）正常使用的大型港机应当具有良好的整机机械性能，其行走机构的制动器应当完备、有效，并具有足够的制动力矩。

**第九条** 轨道式大型港机防风防台工作除应当符合本规定第八条的要求外，还应当符合下列基本要求：

（一）应当配备防滑和制动装置，其中防滑装置须保证设备在15米/秒到35米/秒的现场风力作用下不发生滑移；

（二）选择配备防止风的水平力和上拔力的装置时，须保证设备在35米/秒到55米/秒的现场风力作用下不发生倾覆。使用单位所在地区50年最大风速历史记录超出上述范围的，应当按照50年最大风速设防；

（三）行走轨道应当平整，轨道两端应当设置钢筋混凝土或者钢板制成的挡块，并与码头基础紧固在一起；

（四）应当配备防风预（警）报装置，并进行技术测试，以满足对设计风速警示预报的要求。

**第十条** 大型港机预防突发性阵风的措施：

（一）在正常作业时，大型港机的行走机构应当具有良好的制动功能。任何情况下，不允许擅自降低行走制动器制动力矩；

（二）大型港机正常作业过程中遭遇阵风时，如无法行驶到锚泊位置，应当就地采取防风措施，使用包括防风装置以及货物、其他设施阻塞轨道等手段来保证设备的安全；

（三）阵风多发季节，大型港机停止作业、移好机位后，操作人员离机前应当检查并确认所使用的防风装置处于正常工作状态，在采取以下措施后，切断操作电源：

(1)门座起重机应当将吊钩起升至驾驶室以上的高度，起重臂收至平衡点或者最小幅度，转盘转至起重臂不易碰撞的位置；

(2)岸边集装箱起重机应当将前大梁收至最小幅度，吊具起升到最高位置或者设计位置；

(3)对轮胎式集装箱龙门起重机将吊具起升到最高位置，并塞紧轮胎防滑块。带支腿的轮胎集装箱起重机(高架吊)，应当将旋转销锁定。

**第十一条** 单台门座起重机在允许旋转机构自由转动时的防台措施：

(一)各门座起重机之间的安全距离应当大于50米，或者确保吊臂不相碰撞；

(二)起重臂摆放的幅度小于三分之二，锁紧变幅制动器，吊钩起升到最高位置；

(三)将门座起重机锚定，盖好各种电机和行走齿轮的防护罩，拴牢机房顶盖，确认防滑制动装置处于锁紧状态。

**第十二条** 单台门座起重机在不允许旋转机构自由转动时的防台措施：

(一)各门座起重机之间的安全距离应当大于15米；

(二)采取第十一条(三)项的措施；

(三)销定旋转机构，起重臂收至平衡点或者最小幅度，起升钢丝绳收紧并系在一边门腿上，固定好变幅配重箱。

**第十三条** 岸边集装箱起重机(以下简称装卸桥)的防台措施：

(一)将装卸桥锚定，锁定小车，扬起前大梁并固定在安全钩上，用防台插销锁定大梁，确认防滑制动装置处于锁紧状态；

(二)使用专用的锚定环，用拉杆或者钢丝绳分别在轨道内外侧垂直地拉紧装卸桥的四条门腿，如不能垂直布置也可以成八字形布置；

（三）装卸吊具起升至设计规定位置，用钢丝绳拉紧并捆绑在自身门框或者设备的其他部位。吊具设有防摆钢丝绳的，应当将吊具的四条防摆钢丝绳拉紧；

（四）关好全部门窗，切断操作电源。

轨道式龙门起重机参照装卸桥的防台措施执行。

**第十四条** 吸粮机的防台措施：

（一）各吸粮机之间的安全距离应当大于40米；

（二）将吸粮机锚定，确认大车行走制动器处于锁紧状态，并采取与门座起重机相同的防滑制动措施；

（三）把臂架旋转至与轨道平行位置，吸嘴放置地面，固定吸粮机臂架和吸嘴；

（四）关好全部门窗，盖好并拴牢电机和齿轮箱防护罩，清理走廊和楼梯口的杂物，切断操作电源。

**第十五条** 装（卸）船机的防台措施：

（一）根据装（卸）船机的结构和类型，结合各港口、码头的实际情况，对轨道式装（卸）船机可以参照岸边装卸桥或者门座起重机的防台措施；对轮胎式装（卸）船机，则应当将装（卸）船机开到堆场，朝着货堆一方摆放并楔紧行走轮胎；

（二）码头上设有防台架的装（卸）船机，应当将装（卸）船机移至防台架附近，把悬臂放在合适的位置上，用铁链或者钢丝绳将悬臂和溜筒固定在防台架上；

（三）将出料皮带机降低至支承位置；

（四）选择适当距离捆扎好输送带；

（五）切断操作电源，卷好电缆，盖好并拴牢需防雨、防潮的部件。

**第十六条** 轮胎式集装箱龙门起重机的防台措施：

（一）将起重机固定在防风系缆（拉杆）地锚或者系缆墩柱上，锁紧制动装置，塞上轮胎防滑块；

（二）将集装箱吊具与着地重箱联结并收紧吊具钢丝绳；

（三）关好全部门窗，密盖各种箱罩。

第十七条　斗轮堆取料机的防台措施：

（一）将悬臂放低，将斗轮搁在料堆上或者固定在支撑架上；

（二）确认行走制动装置处于抱紧状态，并采取与门座起重机相同的防滑制动措施；

（三）在尾车与地面皮带过渡处挂上皮带防风链或者用绳索把皮带捆于皮带架上；

（四）关好全部门窗，清理杂物，切断操作电源。

第十八条　露天固定带式输送机的防台措施：

（一）用防风链或者绳索把输送带捆在机架上；

（二）切断操作电源，用防水布盖好并拴牢开关箱和配电箱。

第十九条　25吨级及以上轮胎起重机的防台措施：

（一）将起重机停放到指定地点；

（二）将吊钩起升到最高位置、起重臂放置至合适位置；

（三）锁定旋转机构和行走制动器，塞上轮胎防滑块或者打好支腿，关好全部门窗。

第二十条　输油臂的防台措施：

（一）固定旋转部位；

（二）收拢并固定输油臂；

（三）切断操作电源。

第二十一条　其他类型的大型港机的防风防台措施，参照本规定执行。

## 第四章　罚　则

第二十二条　港口企业未按本规定组织、实施防风防台工作的，由港口所在地港口管理部门视情况给予警告，并责令整改。

第二十三条　港口所在地港口管理部门的工作人员未按本规定督促、检查港口企业防风防台工作，玩忽职守的，由所在单位或者上级主管部门依照国家有关规定给予行政处分。

# 第五章　附　　则

**第二十四条**　本规定自2003年6月1日起施行。

1997年10月9日交通部发布的《港口大型机械防台管理规定》(暂行)(交水发[1997]619号)同时废止。

# 港口危险货物管理规定

（交通部令2003年第9号　2003.08.29）

**第一条**　为加强港口危险货物管理，保障人民生命、财产安全，根据《中华人民共和国港口法》（以下简称《港口法》）、《中华人民共和国安全生产法》（以下简称《安全生产法》）、《危险化学品安全管理条例》等有关法律、行政法规，制定本规定。

**第二条**　在港口装卸、过驳、储存、包装危险货物或者对危险货物集装箱进行装拆箱等项作业（以下简称“危险货物港口作业”）适用本规定。

用于危险货物港口作业的港口设施的建设和运营应当符合本规定的有关要求。

**第三条**　本规定所称“危险货物”，是指列入国家标准GB 12268《危险货物品名表》和国际海事组织制定的《国际海运危险货物运输规则》，具有爆炸、易燃、毒害、腐蚀、放射性等特性，在水路运输、港口装卸和储存等过程中，容易造成人身伤亡和财产毁损而需要特别防护的货物。

**第四条**　交通部负责全国港口危险货物管理工作。

省级和设区的市级人民政府交通（港口）主管部门根据地方人民政府确定的职权负责本行政区域内港口的危险货物管理工作。

港口所在地人民政府设置的港口行政管理部门具体负责该港口的危险货物管理工作。

**第五条**　禁止在港口装卸、储存国家禁止通过水路运输的危险货物。

**第六条**　新建、改建、扩建危险货物作业码头、库场、储罐、锚地等港口设施,应当符合港口总体规划和国家有关建造规范和标准,经所在地港口行政管理部门批准后,按照国家有关基本建设程序办理审批手续。

港口行政管理部门在批准新建、改建、扩建危险货物码头、锚地时,应当事先征得海事管理机构同意。

**第七条** 危险货物港口作业的码头、库场、储罐、锚地等港口设施投入作业前,应当按照国家有关规定组织验收。验收合格后,方可交付使用。

**第八条** 港口经营人从事危险货物港口作业,应当具备本规定第七条规定的条件,并向所在地港口行政管理部门申请危险货物港口作业资质认定。未取得危险货物港口作业资质的,不得从事危险货物港口作业。

**第九条** 从事危险货物港口作业的港口经营人,应当具备以下条件:

(一)符合《港口法》规定的港口经营许可条件;

(二)具有符合国家标准的应急设备、设施;

(三)具有健全的安全管理制度和操作规程;

(四)至少有一名企业主要负责人应当具备与本单位所从事的危险货物港口作业相关的安全生产知识和管理技能;

(五)配备足够的具有上岗资格证书的管理、作业人员;

(六)具备事故应急预案;

(七)取得消防、环保部门核准意见。

前款事故应急预案的主要内容应当包括:危险货物作业码头、库场、储罐、锚地等港口设施的概况、重点部位、应急队伍的组成及职责、应急措施、应急救援流程图、指挥序列表、通信方式、应急人员联络表等。

**第十条** 港口行政管理部门应当自收到危险货物港口作业资质申请之日起30日内按照第九条规定予以审核,作出予以认定或者不予认定的决定。予以认定的,应当根据该港口经营人的危险货物作业能力确定认可作业的范围,并核发相应的危险货物港口作业认可证;对不予认定的,应当书面通知申请人并说明理由。

**第十一条** 危险货物港口作业认可证由所在地港口行政管理部门按照国务院交通主管部门规定的统一格式制作、发放、管理。

**第十二条** 从事危险货物港口作业的企业应当在危险货物港口作业认可证上核定的危险货物港口作业范围内从事危险货物港口作业活动。

**第十三条** 从事危险货物港口作业的企业,应当对从事危险货物港口作业的人员进行有关安全作业知识培训。

从事危险货物港口作业的管理、作业人员,必须接受有关法律、法规、规章和安全知识、专业技术、职业卫生防护和应急救援知识的培训,并经交通部或其授权的机构组织考核。考核合格,取得上岗资格证后,方可上岗作业。

**第十四条** 对危险货物港口作业人员进行培训的机构,应当具备相应的教学、师资条件,按照交通部规定的考核科目、考试大纲和培训大纲进行培训,保障学员能满足本规定规定的资格要求。

**第十五条** 船舶载运危险货物进出港口,应当将危险货物的名称、理化性质、包装和进出港口的时间等事项,在预计到、离港24小时前向海事管理机构报告。但定船舶、定航线、定货种的船舶可以按照有关规定向海事管理机构定期申报。海事管理机构接到上述报告后应当及时将上述信息通报港口所在地港口行政管理部门。

**第十六条** 作业委托人应当向从事危险货物港口作业的企业提供正确的危险货物名称、国家或联合国编号、适用包装、危害、应急措施等资料,并保证资料正确、完整。作业委托人不得在委托作业的普通货物中夹带危险货物,不得将危险货物匿报或者谎报为普通货物。

**第十七条** 从事危险货物港口作业的企业,在危险货物港口装卸、过驳、储存、包装、集装箱装拆箱等作业开始24小时前,应当将作业委托人,以及危险货物品名、数量、理化性质、作业地点和时间、安全防范措施等事项向所在地港口行政管理部门报告。港口行政管理部门应当在接到报告后24小时内作出是否同意作业的决定,通知报告人,并及时将有关信息通报海事管理机构。未经港口行政管理部门同意,不得进行危险货物港口作业。

**第十八条** 从事危险货物港口作业的企业,应当按照安全管理制度和操作规程组织危险货物港口作业。

**第十九条** 从事危险货物港口作业的人员应当按照企业安全管理制度和操作规程进行危险货物的操作。

**第二十条** 从事危险货物港口作业的企业,应当对危险货物包装进行检查,发现包装不符合国家有关规定的,不得予以作业,并应当及时通知作业委托人处理。

港口行政管理部门应当根据国家有关规定对危险货物包装进行抽查。不符合规定的,可责令作业委托人处理。

**第二十一条** 爆炸品、压缩气体和液化气体、易燃液体、易燃固体、自燃物品和遇湿易燃物品的港口作业,企业应当划定作业区域,明确责任人并实行封闭式管理。作业区域应当设置明显标志,禁止无关人员进入和无关船舶停靠。作业期间严禁烟火,杜绝一切火源。

**第二十二条** 发生下列情况,从事危险货物港口作业的企业应当及时处理并报告所在地港口行政管理部门:

(一)发现未申报或者申报不实、申报有误的危险货物;

(二)在普通货物或集装箱中发现性质相抵触的危险货物。

**第二十三条** 从事危险货物港口作业的企业应当按照事故应急预案进行定期演练,做好演练记录,并根据实际情况对事故应急预案进行修订。

**第二十四条** 当危险货物港口作业发生事故时,从事危险货物港口作业的企业应迅速启动事故应急预案,采取应急行动,排除事故危害,控制事故进一步扩散。并按照国家有关规定立即向港口行政管理部门和有关部门报告。

**第二十五条** 港口行政管理部门应当制定事故应急预案,当危险货物港口作业发生事故时,应当及时组织救助。

发生特大安全事故，港口行政管理部门和有关单位、企业应当服从地方人民政府指挥，积极配合救助，并按照规定向有关部门报告。

**第二十六条**　港口行政管理部门应定期对从事危险货物港口作业企业的资质进行审验，发现其不再具备条件的，应当限期整顿，或按照《安全生产法》第五十四条规定撤消其资质。

**第二十七条**　港口行政管理部门及其管理人员对从事危险货物港口作业的企业进行监督检查，可以行使下列职权：

（一）进入并检查港口危险货物作业场所，查阅、抄录、复印相关的文件或者资料，提出整改意见；

（二）发现危险货物港口作业和应急设备、设施不符合法律、法规、规章规定和标准要求的，责令立即停止使用；

（三）发现安全隐患，应当责令立即排除或者限期排除；

（四）发现违法行为，应当当场予以纠正或者责令限期改正。

**第二十八条**　违反本规定，未取得危险货物港口作业资质认定，擅自从事危险化学品港口作业的，由所在地港口行政管理部门按照《危险化学品安全管理条例》第六十五条的规定处罚；在港口经营活动中擅自从事其他危险货物的作业的，由所在地港口行政管理部门处以 3 万元以下罚款。未取得港口经营许可的，按照《港口法》第四十八条处罚。

**第二十九条**　违反本规定，有违反《危险化学品安全管理条例》下列行为之一，由港口行政管理部门按照《危险化学品安全管理条例》第六十六条的规定处罚；在经营活动中有下列行为但不属于违反《危险化学品安全管理条例》规定行为的，由港口行政管理部门处以 3 万元以下的罚款并责令改正：

（一）从事港口危险货物作业的人员未经考核合格取得上岗资格证的；

（二）在港口装卸、储存国家禁止通过水运运输的危险货物的；

（三）作业委托人未向港口危险货物作业人提供危险货物名

称、国家或联合国编号、适用包装、危害、应急措施等资料或上述资料申报不实；

（四）作业委托人委托作业的普通货物或集装箱中有性质相抵触的危险货物；

（五）未按规定对危险货物的包装进行检查的。

**第三十条** 违反本规定，从事爆炸品、压缩气体和液化气体、易燃液体、易燃固体、自燃物品和遇湿易燃物品的港口作业，企业未划定作业区域，明确责任人并实行封闭式管理的，由港口行政管理部门按照《安全生产法》第八十五条第（一）项规定处罚。

**第三十一条** 违反本规定，未按有关规定、标准和规范配备应急器材、必要安全设施、设备的，由港口行政管理部门按照《安全生产法》第八十三条第（五）项规定处罚。

**第三十二条** 违反本规定，有下列行为之一的，由港口行政管理部门按照《安全生产法》第八十五条规定处罚：

（一）安全管理制度和操作规程不健全的；

（二）未按事故应急预案进行定期演练的。

**第三十三条** 违反本规定，企业未对危险货物港口作业人员进行有关安全作业知识培训的，由港口行政管理部门按照《安全生产法》第八十二条第（三）项规定处罚。

**第三十四条** 港口经营人有第二十九条、第三十条、第三十一条、第三十二条、第三十三条违法行为，情节严重的，港口行政管理部门可依据《港口法》第五十一条规定吊销港口经营许可证。

**第三十五条** 违反本规定第六条规定，未经批准建设、改建和扩建危险货物作业码头、库场、储罐、锚地等港口设施的，由港口行政管理部门按照《港口法》第四十六条规定处罚。

**第三十六条** 违反本规定，从事危险货物港口作业企业未按规定在作业前向港口行政管理部门报告并经其同意的，由港口行政管理部门按照《港口法》第五十三条规定处罚。

**第三十七条** 违反本规定，从事危险货物港口作业的人员未按照安全管理制度和操作规程作业的，由港口作业单位予以批评教育，依照有关规章制度予以处分；造成重大事故，构成犯罪的，由有关机关依法追究刑事责任。

**第三十八条** 违反本规定，未及时报告危险货物港口作业事故的，分别按照《安全生产法》第九十一条和第九十二条的规定处理。

**第三十九条** 从事危险货物港口作业不具备本规定第八条规定的条件，港口行政管理部门应当责令停业整顿，经停业整顿仍不具备条件的，取消其危险货物港口作业资质。构成犯罪的，由有关机关依法追究刑事责任。

**第四十条** 交通（港口）主管部门和港口行政管理部门的工作人员在执行本规定中，滥用职权、玩忽职守、徇私舞弊的，依法给予行政处分。构成犯罪的，由有关机关依法追究刑事责任。

**第四十一条** 本规定自 2004 年 1 月 1 日起施行。交通部 1984 年发布的《港口危险货物管理暂行规定》[（84）交海字 1181 号文]同时废止，本规定发布前交通部发布的其他有关规定与本规定相抵触的，以本规定为准。

# 港口经营管理规定

（交通部令2004年第4号 2004.04.15）

## 第一章 总 则

**第一条** 为规范港口经营行为，维护港口经营秩序，依据《中华人民共和国港口法》和其他有关法律、法规，制定本规定。

**第二条** 本规定适用于港口经营及相关活动。

**第三条** 本规定下列用语的含义是：

（一）港口经营，是指港口经营人在港口区域内为船舶、旅客和货物提供港口设施或者服务的活动，主要包括下列各项：

1. 为船舶提供码头、过驳锚地、浮筒等设施；

2. 为旅客提供候船和上下船舶设施和服务；

3. 为委托人提供货物装卸（含过驳）、仓储、港内驳运、集装箱堆放、拆拼箱以及对货物及其包装进行简单加工处理等；

4. 为船舶进出港、靠离码头、移泊提供顶推、拖带等服务；

5. 为委托人提供货物交接过程中的点数和检查货物表面状况的理货服务；

6. 为船舶提供岸电、燃物料、生活品供应、船员接送及提供垃圾接收、压舱水（含残油、污水收集）处理、围油栏供应服务等船舶港口服务；

7. 从事港口设施、设备和港口机械的租赁、维修业务。

（二）港口经营人，是指依法取得经营资格从事港口经营活动的组织和个人。

（三）港口设施，是指为从事港口经营而建造和设置的建（构）

筑物。

**第四条** 交通部负责全国港口经营管理工作。

省、自治区、直辖市人民政府交通(港口)主管部门负责本行政区的港口经营管理工作。

省、自治区、直辖市人民政府、港口所在地设区的市(地)、县人民政府确定的具体实施港口行政管理的部门负责该港口经营管理工作。本款上述部门统称港口行政管理部门。

**第五条** 国家鼓励港口经营性业务实行多家经营、公平竞争。港口经营人不得实施垄断行为。任何组织和部门不得以任何形式实施地区保护和部门保护。

## 第二章 资质管理

**第六条** 从事港口经营,应当申请取得港口经营许可。

实施港口经营许可,应当遵循公平、公正和公开透明的原则,不得收取费用,并应当接受社会监督。

**第七条** 从事港口经营(港口理货除外),应当具备下列条件:

(一)有固定的经营场所;

(二)有与经营范围、规模相适应的港口设施、设备,其中:

1. 码头、客运站、库场、储罐、污水处理设施等固定设施应当符合港口总体规划和法律、法规及有关技术标准的要求;

2. 为旅客提供上、下船服务的,应当具备至少能遮蔽风、雨、雪的候船和上、下船设施;

3. 为国际航线船舶服务的码头(包括过驳锚地、浮筒),应当具备对外开放资格;

4. 为船舶提供码头、过驳锚地、浮筒等设施的,应当有相应的船舶污染物、废弃物接收能力和相应污染应急处理能力,包括必要的设施、设备和器材。

(三)有与经营规模、范围相适应的专业技术人员、管理人员。

**第八条** 从事港口理货,应当具备下列条件:

(一)与经营范围、规模相适应的组织机构和管理人员、理货员;

(二)有固定的办公场所和经营设施;

(三)有业务章程和管理制度。

**第九条** 从事港口装卸和仓储业务的经营人不得兼营理货业务。理货业务经营人不得兼营港口货物装卸经营业务和仓储经营业务。

**第十条** 申请从事港口经营,应当提交下列相应文件和资料:

(一)港口经营业务申请书;

(二)经营管理机构的组成及其办公用房的所有权或者使用权证明;

(三)港口码头、库场、储罐、污水处理等固定设施符合国家有关规定的竣工验收证(明)书及港口岸线使用批准文件;

(四)使用港作船舶的,港作船舶的船舶证书;

(五)负责安全生产的主要管理人员通过安全生产法律法规要求的培训证明材料;

(六)证明符合第七条规定条件的其他文件和资料。

从事港口理货业务的,应当提供上述(一)、(二)项规定的材料和理货人员名录以及表明其理货员身份的相应证明材料。

**第十一条** 申请从事港口经营(申请从事港口理货除外),申请人应当向港口行政管理部门提出书面申请(式样附后)和第十条第一款规定的相关文件资料。港口行政管理部门应当自受理申请之日起30个工作日内作出许可或者不许可的决定。符合资质条件的,由港口行政管理部门发给《港口经营许可证》(式样附后),并在因特网或者报纸上公布;不符合条件的,不予行政许可,并应当将不予许可的决定及理由书面通知申请人。《港口经营许可证》应当明确许可经营的港口业务种类。

**第十二条** 申请从事港口理货,应当向交通部提出书面申请和第十条第二款规定的相关文件资料。交通部在收到申请和相关材料后,可根据需要征求地方交通(港口)主管部门和相关港口行政管理部门意见。上述部门应当在7个工作日内提出反馈意见。交通部应当在受理申请人的申请之日起20个工作日内作出许可或者不许可的决定。予以许可的,核发《港口经营许可证》,并在交通部网站或者报纸上公布;不予许可的,应当将不予许可的决定及理由书面通知申请人。交通部在作出许可决定的同时,应当将许可情况通知相关港口的港口行政管理部门。

**第十三条** 交通部和港口行政管理部门对申请人提出的港口经营许可申请,应当根据下列情况分别作出处理:

(一)申请事项依法不需要取得行政许可的,应当即时告知申请人不受理;

(二)申请事项依法不属于交通部或者港口行政管理部门职权范围的,应当即时告知申请人向有关行政机关申请;

(三)申请材料存在可以当场更正的错误的,应当允许申请人当场更正;

(四)申请材料不齐全或者不符合法定形式的,应当当场或者在五日内一次告知申请人需要补正的全部内容,逾期不告知的,自收到申请材料之日起即为受理;

(五)申请事项属于交通部或者港口行政管理部门职权范围,申请材料齐全、符合法定形式,或者申请人按照要求提交全部补正申请材料的,应当受理经营业务许可申请。

受理或者不受理经营业务许可申请,应当出具加盖许可机关专用印章和注明日期的书面凭证。

**第十四条** 申请人凭港口行政管理部门或者交通部核发的《港口经营许可证》到工商管理部门办理工商登记,取得营业执照后方可从事港口业务。

**第十五条** 港口经营人应当按照港口行政管理部门许可的经营范围从事港口经营活动。

**第十六条** 港口经营人变更经营范围的,应当就变更事项按照本规定第十一条或者第十二条规定办理许可手续,并到工商部门办理相应的变更登记手续。

港口经营人变更企业法定代表人或者办公地点的，应当向港口行政管理部门备案。

**第十七条** 港口经营人停业或者歇业，应当提前30个工作日告知原许可机关。原许可机关应当收回并注销其《港口经营许可证》，并以适当方式向社会公布。

## 第三章 经营管理

**第十八条** 港口行政管理部门及相关部门应当保证港口公用基础设施的完好、畅通。

港口经营人应当按照核定的功能使用和维护港口经营设施、设备，并使其保持正常状态。

**第十九条** 港口经营人变更或者改造码头、堆场、仓库、储罐和污水垃圾处理设施等固定经营设施，应当依照有关法律、法规和规章的规定履行相应手续。依照有关规定无需经港口行政管理部门审批的，港口经营人应当向港口行政管理部门备案。

**第二十条** 从事港口旅客运输服务的经营人，应当采取必要措施保证旅客运输的安全、快捷、便利，保证旅客基本生活用品的供应，保持良好的候船条件和环境。

**第二十一条** 港口经营人应当优先安排抢险、救灾和国防建设急需物资的港口作业。

政府在紧急情况下征用港口设施，港口经营人应当服从行政指挥。港口经营人因此而产生费用或者遭受损失的，下达行政任务的机关应当依法给予相应的经济补偿。

**第二十二条** 在旅客严重滞留或者货物严重积压阻塞港口的紧急情况下，港口行政管理部门应当采取措施进行疏港。港口所在地的市、县人民政府认为必要时，可以直接采取措施，进行疏港。港口内的单位、个人及船舶、车辆应当服从疏港指挥。

**第二十三条** 港口行政管理部门应当依法制定可能危及社会

公共利益的港口危险货物事故应急预案、重大生产安全事故的旅客紧急疏散和救援预案以及预防自然灾害预案，建立健全港口重大生产安全事故的应急救援体系。

港口行政管理部门按照前款规定制定的各项预案应当予以公布，并报送交通部和上级交通（港口）主管部门备案。

**第二十四条** 港口经营人应当依照有关法律、法规和交通部有关港口安全作业的规定，加强安全生产管理，完善安全生产条件，建立健全安全生产责任制等规章制度，确保安全生产。

港口经营人应当依法制定本单位的危险货物事故应急预案、重大生产安全事故的旅客紧急疏散和救援预案以及预防自然灾害预案，并保障组织实施。

港口经营人按照前款规定制定的各项预案应当报送港口行政管理部门和港口所在地海事管理机构备案。

**第二十五条** 港口经营人从事港口经营业务，应当遵守有关法律、法规和交通部规章的规定，依法履行合同约定的义务，为客户提供公平、良好的服务。

**第二十六条** 港口经营人应当遵守国家有关港口经营价格和收费的规定，应当在其经营场所公布经营服务收费项目和收费标准，使用国家规定的港口经营票据。

**第二十七条** 港口经营人不得采取不正当手段，排挤竞争对手，限制或者妨碍公平竞争；不得对具有同等条件的服务对象实行歧视；不得以任何手段强迫他人接受其提供的港口服务。

**第二十八条** 港口经营人应当按照有关规定及时足额交纳港口行政性收费。

港口经营人的合法权益受法律保护。任何单位和个人不得向港口经营人摊派或者违法收取费用。

港口经营人有权拒绝违反规定收取或者摊派的各种费用。

**第二十九条** 港口行政管理部门应当依法做好港口行政性收费的征管工作，保证港口行政性收费征收到位，并及时足额解缴。

港口行政性收费实行专户管理，专款专用。

**第三十条** 港口经营人应当按照国家有关规定,及时向港口行政管理部门如实提供港口统计资料及有关信息。

各级交通(港口)主管部门和港口行政管理部门应当按照有关规定向交通部和上级交通(港口)主管部门报送港口统计资料和相关信息,并结合本地区的实际建设港口管理信息系统。

上述部门的工作人员应当为港口经营人保守商业秘密。

## 第四章 监督检查

**第三十一条** 港口行政管理部门应当依法对港口安全生产情况和本规定执行情况实施监督检查。并将检查的结果向社会公布。港口行政管理部门应当对旅客集中、货物装卸量较大或者特殊用途的码头进行重点巡查。检查中发现安全隐患的,应当责令被检查人立即排除或者限期排除。

各级交通(港口)主管部门应当加强对港口行政管理部门实施《中华人民共和国港口法》和本规定的监督管理,切实落实法律规定的各项制度,及时纠正行政执法中的违法行为。

**第三十二条** 港口行政管理部门的监督检查人员依法实施监督检查时,有权向被检查单位和有关人员了解情况,并可查阅、复制有关资料。

监督检查人员对检查中知悉的商业秘密,应当保密。

监督检查人员实施监督检查,应当两个人以上,并出示执法证件。

**第三十三条** 监督检查人员应当将监督检查的时间、地点、内容、发现的问题及处理情况作出书面记录,并由监督检查人员和被检查单位的负责人签字;被检查单位的负责人拒绝签字的,监督检查人员应当将情况记录在案,并向港口行政管理部门报告。

**第三十四条** 被检查单位和有关人员应当接受港口行政管理部门依法实施的监督检查,如实提供有关情况和资料,不得拒绝检查或者隐匿、谎报有关情况和资料。

## 第五章 法律责任

**第三十五条** 有下列行为之一的,由港口行政管理部门责令停止违法经营,没收违法所得;违法所得10万元以上的,并处违法所得2倍以上5倍以下罚款;违法所得不足10万元的,处5万元以上20万元以下罚款:

(一)未依法取得港口经营许可证,从事港口经营的;

(二)未经依法许可,经营港口理货业务的;

(三)港口理货业务经营人兼营货物装卸经营业务、仓储经营业务的。

有前款第(三)项行为,情节严重的,由交通部吊销港口理货业务经营许可证,并以适当方式向社会公布。

**第三十六条** 经检查或者调查证实,港口经营人在取得经营许可后又不符合本规定第七、八条规定一项或者几项条件的,由港口行政管理部门责令其停止经营,限期改正;逾期不改正的,由作出行政许可决定的行政机关吊销《港口经营许可证》,并以适当方式向社会公布。

**第三十七条** 港口经营人不优先安排抢险物资、救灾物资、国防建设急需物资的作业的,由港口行政管理部门责令改正;造成严重后果的,吊销《港口经营许可证》,并以适当方式向社会公布。

**第三十八条** 港口经营人违反本规定第二十四条关于安全生产规定的,由港口行政管理部门或者其他依法负有安全生产监督管理职责的部门依法给予处罚;情节严重的,由港口行政管理部门吊销《港口经营许可证》;构成犯罪的,依法追究刑事责任。

**第三十九条** 港口经营人违反本规定第二十五条、第二十六条规定,港口行政管理部门应当进行调查,并协助相关部门进行处理。

**第四十条** 港口经营人违反本规定第三十条规定不及时和不如实向港口行政管理部门提供港口统计资料及有关信息的,由港口行政管理部门按照有关法律、法规的规定予以处罚。

**第四十一条** 港口行政管理部门不依法履行职责，有下列行为之一的，对直接负责的主管人员和其他直接责任人员依法给予行政处分；构成犯罪的，依法追究刑事责任：

（一）对不符合法定条件的申请人给予港口经营许可的；

（二）发现取得经营许可的港口经营人不再具备法定许可条件而不及时吊销许可证的；

（三）不依法履行监督检查职责，对未经依法许可从事港口经营的行为，不遵守安全生产管理规定的行为，危及港口作业安全的行为，以及其他违反本法规定的行为，不依法予以查处的。

**第四十二条** 港口行政管理部门违法干预港口经营人的经营自主权的，由其上级行政机关或者监察机关责令改正。向港口经营人摊派财物或者违法收取费用的，责令退回；情节严重的，对直接负责的主管人员和其他直接责任人员依法给予行政处分。

## 第六章　附　　则

**第四十三条** 港口行政管理部门按照《中华人民共和国港口法》制定的港口章程应当在公布的同时送上级交通（港口）主管部门和交通部备案。

**第四十四条** 港口引航适用交通部公布的《船舶引航管理规定》。从事危险货物港口作业的，应当同时遵守交通部公布的《港口危险货物管理规定》。

**第四十五条** 本规定由交通部负责解释。

**第四十六条** 本规定自2004年6月1日起施行。

# 港口经营业务申请书

| 申请人名称 | | | |
|---|---|---|---|
| 申请人地址 | | | |
| 联系人 | | 电话 | |
| 传真 | | E-mail 地址 | |
| 申请经营港口业务的种类 | | | |
| 附件名称 | | | |
| 申请日期 | 年　月　日 | | |

# 港口经营业务申请书填写说明

一、本申请书由申请从事港口经营业务的组织或者个人填写，报送相关的港口行政管理部门；

二、“申请经营港口业务的种类”系指《港口经营管理规定》第三条规定的码头和其他港口设施经营，港口旅客运输服务经营，在港区内从事货物装卸、驳运、仓储经营，港口拖轮经营，港口理货经营，船舶港口服务业务经营和港口机械、设施、设备租赁经营；

三、“附件名称”系指《港口经营管理规定》第十条规定的申请人应当提交的除港口经营业务申请书以外的其他文件、资料名称；

四、“申请日期”系指申请人将港口经营业务申请书提交相关港口行政管理部门的日期。

# 港口经营许可证印制说明

1. 份数:一式三份,分为正本、副本、存根;
2. 规格:A4 复印纸规格　　外框线 2 磅,内框线 0.5 磅;
3. 纸质:正本:230 克布纹铜版纸
　　副本:157 克布纹铜版纸
　　存根:157 克布纹铜版纸
4. 颜色:正本:蓝色 20%
　　副本:黄色 20%
　　存根:蓝色 15%　红色 15%　黄色 5%
5. 字体:标题“港口经营许可证”:32 磅方正粗宋
　　“正本”(副本/存根):35 磅汉仪大宋简体 42% 高
　　“(　)港经字第(　)号”:13 磅汉仪书宋一简
　　其他:15 磅楷体

# 港口统计规则

（交通部令2005年第13号　2005.12.30）

## 第一章　总　　则

**第一条**　为规范港口统计工作，保障港口统计资料的准确、及时、全面，依据《中华人民共和国统计法》和《中华人民共和国港口法》，制定本规则。

**第二条**　本规则适用于中华人民共和国境内港口建设、经营、管理及相关活动的统计工作。

**第三条**　交通部负责全国港口统计工作。

省级人民政府交通（港口）主管部门负责本行政区域的港口统计工作。

省级人民政府、港口所在地设区的市级人民政府或县级人民政府确定的具体实施港口行政管理的部门负责其管理的港口统计工作。

本条第二、三款所述部门统称港口管理部门。

**第四条**　交通部根据需要确定港口统计范围和口径，并在相关统计制度中予以明确。港口管理部门不得擅自调整港口统计范围和口径。

**第五条**　交通部和港口管理部门依据法律、法规和规章的规定，要求港口统计调查对象提供统计资料及相关信息时，港口统计调查对象应当如实提供，不得虚报、瞒报、拒报、迟报，不得伪造、篡改。

交通部和港口管理部门应当将港口统计调查对象提供的统计资料及相关信息按照有关规定如实报送，并为港口统计调查对象保守商业秘密。

本条所称港口统计调查对象是指从事港口建设、经营及相关活动的组织和个人。

**第六条** 交通部、港口管理部门和港口统计调查对象(以下简称“港口统计主体”)的统计机构和统计人员应当依据法律、法规和规章的规定,独立行使统计调查、统计报告、统计监督的职权,及时完成统计任务。

各港口统计主体的统计机构和统计人员有权拒报不符合规定的统计报表。

**第七条** 各港口统计主体负责人不得强令或者授意统计机构、统计人员篡改统计资料或者编造虚假数据,不得擅自修改统计资料。如果发现数据有误,应当责成统计机构、统计人员会同有关人员核实更正。

**第八条** 各港口统计主体应当加强对港口统计工作的领导,解决港口统计存在的问题,为港口统计提供必要的条件。

## 第二章 统计机构和统计人员

**第九条** 交通部履行下列统计职责:

(一)依据法律、行政法规的规定,制定全国港口统计的规章、制度、指标体系和技术标准,并颁布实施;

(二)组织、指导全国港口统计工作,统一管理港口统计调查项目;

(三)组织和参与与港口有关的国家统计调查;

(四)制定全国港口统计发展规划,编制统计调查计划和统计调查方案,并组织实施;

(五)搜集、整理、审核、汇总全国港口统计数据,编印、提供、管理全国港口统计资料,定期发布全国港口统计信息;

(六)分析、预测全国港口经营、建设、管理及相关活动的情况,提供统计咨询;

（七）组织全国港口统计业务培训，推进全国港口统计信息化建设；

（八）完成有关港口统计的其他工作。

**第十条** 港口管理部门应当设立专门统计机构或指定相关职能机构负责港口统计工作。

**第十一条** 港口管理部门履行下列统计职责：

（一）执行国家统计法律、法规和规章，根据本行政区域的实际情况，制订港口统计细则，并颁布实施；

（二）组织、指导本行政区域内的港口统计工作，统一管理统计调查项目；

（三）组织和参与本行政区域内与港口有关的国家及行业统计调查；

（四）制定本行政区域内的港口统计发展规划，编制统计调查计划和统计调查方案，并组织实施；

（五）根据实际需要，依据行业标准，扩充或细化港口统计指标；

（六）搜集、整理、审核、汇总、报送本行政区域内的港口统计数据，编制、提供、管理港口统计资料，定期发布港口统计信息；

（七）分析、预测本行政区域内的港口经营、建设、管理及相关活动的情况，提供统计咨询；

（八）组织本行政区域内港口统计业务培训，推进本行政区域内的港口统计信息化建设；

（九）完成有关港口统计的其他工作。

**第十二条** 港口统计调查对象应当指定机构或人员负责港口统计，履行下列职责：

（一）按照法律、法规和规章有关规定，准确、及时地填报统计报表，提供统计资料；

（二）分析、预测本单位的经营、建设、管理和经济效益等状况，并按照有关规定报送分析材料；

（三）管理本单位港口统计原始记录、统计台账、统计报表及

其他统计资料;

(四)完成有关港口统计的其他工作。

**第十三条** 各港口统计主体的统计机构和统计人员享有下列权利:

(一)统计调查权。要求被调查者如实填报统计资料,检查与港口统计资料有关的原始记录、凭证和统计台账;

(二)统计报告权。向上级有关单位提出统计报告时,任何单位或个人不得阻挠、扣压和篡改统计报告;

(三)统计监督权。检查或举报瞒报、虚报、伪造、篡改统计资料及统计调查中的其他违法行为,并责成有关单位改正。

**第十四条** 各港口统计主体的统计人员应当具备国家规定的从业资格。

**第十五条** 各港口统计主体应当依据国家有关规定,组织统计人员参加统计专业培训、专业技术职务考试或评审。

**第十六条** 各港口统计主体应当保持统计机构和统计人员的相对稳定。各港口统计主体如有统计机构或统计人员变动,应当办理统计业务和统计资料的交接,并及时将变动后的情况及联系方式通告有关单位。

## 第三章 统计调查

**第十七条** 港口统计调查包括为搜集港口的基础设施、装备、经营、安全、能源消耗、环境保护、固定资产投资、劳动工资及其他资料而进行的各类统计调查。

**第十八条** 港口统计调查必须依据经批准的统计调查计划和调查方案(统计报表制度)组织实施。港口统计调查计划按统计调查项目编制。在编制港口统计调查计划时,必须同时编制港口统计调查方案。

**第十九条** 交通部和港口管理部门应当定期公布港口统计调查项目清单。

**第二十条** 出现重大情况或发生突发事件时,交通部可以在港口统计调查项目清单以外组织临时性调查,并可以指定有关单位直接报送相关统计资料。

**第二十一条** 港口统计调查项目包括港口综合统计调查项目和港口专业统计调查项目。

港口综合统计调查项目是反映港口总体状况的统计调查项目。

港口专业统计调查项目是反映港口某一方面具体状况的统计调查项目。

**第二十二条** 港口综合统计调查项目由交通部或港口管理部门的统计机构拟订,经本部门审核并报同级人民政府统计机构审批或备案,交通部或港口管理部门的统计机构负责实施。

港口专业统计调查项目在交通部或港口管理部门统计机构的指导下,由其相应职能机构拟订,经本部门统计机构审核并报同级人民政府统计机构审批或备案,由相应职能机构负责实施。

港口综合统计调查项目和港口专业统计调查项目应当明确分工、互相衔接、避免重复。

**第二十三条** 拟订港口统计调查项目,应当先提出立项申请,填写申请表,说明立项依据、调查目的、调查范围、主要指标、调查频率、报送渠道及经费预算和来源。

立项申请批准后,应当编制港口统计调查计划和调查方案。调查计划包括项目名称、调查机关、调查目的、调查范围、调查对象、调查方式、调查时间和调查内容。调查方案包括供调查对象填报用的统计调查表和说明书、供整理上报用的统计综合表和说明书。

**第二十四条** 交通部和港口管理部门分别负责批准有行政隶属关系的机构和单位提出的港口统计调查项目的立项申请,审核调查计划和调查方案。经批准立项的调查项目,涉及港口统计调查对象的应当申请同级人民政府统计机构审批,只涉及港口管理部门的应当提交同级人民政府统计机构备案。

交通部和港口管理部门的统计机构在正式收到经审核的调查项目有关资料后的20个工作日内,完成向同级人民政府统计机构的审批或备案申请手续;在收到同意实施该调查项目复函后的20个工作日内,将布置调查的正式文件、调查方案和调查表式提交同级人民政府统计机构备案。

**第二十五条** 实施港口统计调查计划和调查方案,应当确定和培训调查人员,建立统计资料搜集、处理和报送的工作系统。根据工作需要,编制相应的港口统计调查软件。

**第二十六条** 重大港口统计调查项目实施前应当进行试点,在对调查方案修改完善的基础上组织实施。

**第二十七条** 各港口统计主体应当按照有关统计制度的要求及时搜集、整理港口统计资料,对资料进行统计分析,并按照有关规定报送。

**第二十八条** 港口统计资料的搜集包括准备、实施和评估。

准备阶段应当明确资料搜集的内容,确定信息源,选择搜集方法,制定搜集策略。

实施阶段应当从信息源中提取所需的信息,并进行集中处理。

评估阶段应当根据评估指标体系衡量资料搜集的质量、水平、效率和效益。

**第二十九条** 港口统计资料的整理包括审核和汇总。

审核阶段应当核查资料的准确性、及时性和完整性。

汇总阶段应当对原始资料分组,并对总体和各组的指标进行汇总。

**第三十条** 港口统计分析应当明确分析目的,设计分析方案,搜集相关资料,运用适当的统计分析方法进行研究,形成统计分析报告。

**第三十一条** 交通部和港口管理部门的统计机构统一组织港口统计资料的报送。统计资料的报送应当依据交通部和港口管理部门每年印发的港口统计报表制度的规定采取直接报送或逐级报送模式。

直接报送是指港口统计调查对象或港口管理部门直接将统计资料提供或报送给交通部。

逐级报送是指港口统计调查对象将统计资料提供给当地港口行政管理部门，经逐级整理后报送交通部。

交通部和港口管理部门的职能机构报送的统计资料应当经本部门统计机构审核，并在报送的同时抄送统计机构。

**第三十二条** 港口统计分析报告的报送应当按照交通部的有关规定执行。

**第三十三条** 交通部和港口管理部门应当建立、健全港口统计调查项目的数据质量控制和评估体系，跟踪检查港口统计调查项目的执行情况，发现问题应当提出解决方案并监督实施。

## 第四章 统计资料管理与发布

**第三十四条** 交通部和港口管理部门应当逐步建立港口统计信息共享机制。

**第三十五条** 各港口统计主体应当依据国家档案管理规定建立、健全统计资料档案制度，指定机构或专人管理原始记录、统计台账、统计报表及其他统计资料。

**第三十六条** 各港口统计主体应当依据有关保密的法律、法规和规定，建立港口统计资料的保密制度。

**第三十七条** 交通部和港口管理部门应当逐步建立港口统计信息发布的预告制度，在指定媒体上定期公布港口统计信息发布时间和发布内容。

**第三十八条** 交通部和港口管理部门对外提供、发布港口统计调查项目的统计资料应当经统计负责人审核，由部门负责人签发。

## 第五章　附　　则

**第三十九条**　港口管理部门有下列违法行为之一的，由国务院主管部门责令改正，予以通报批评；情节较重但尚未构成犯罪的，可以由有关部门对负有直接责任的主管人员和其他直接责任人员依法给予行政处分：

（一）虚报、瞒报统计资料的；

（二）伪造、篡改统计资料的；

（三）拒报或者屡次迟报统计资料的。

**第四十条**　港口统计工作的考评根据交通部制定的有关交通统计工作评比表彰办法执行。

**第四十一条**　海事管理机构负责完成进出港船舶统计及交通部交予的其他港口统计调查项目。海事管理机构应当准确、及时报送统计资料。

**第四十二条**　本办法自 2006 年 2 月 1 日起施行。

# 中华人民共和国港口设施保安规则

（交通部令2007年第10号　2007.12.17）

## 第一章　总　　则

**第一条**　为加强港口设施保安工作，根据经修订的《1974年国际海上人命安全公约》（以下简称SOLAS公约）、《国际船舶和港口设施保安规则》（以下简称ISPS规则）和《国际海运危险品规则》，制定本规则。

**第二条**　为航行国际航线的客船、500总吨及以上的货船、500总吨及以上的特种用途船和移动式海上钻井平台服务的港口设施保安工作，适用本规则。

**第三条**　本规则下列用语的含义是：

（一）船港界面活动，是指船舶与港口之间人员往来、货物装卸或者接受其他港口服务时发生的交互活动；

（二）港口设施，是指在港口发生船港界面活动的场所，包括码头及其相应设施和航道、锚地等港口公用基础设施；

（三）船到船活动，是指从一船向另一船转移物品或者人员的行为；

（四）保安事件，是指威胁船舶、港口设施、船港界面活动和船到船活动安全的任何可疑行为或者情况；

（五）保安等级，是指可能发生保安事件的风险级别划分；

（六）港口设施保安评估，是指港口所在地港口行政管理部门通过对港口设施保安状况进行分析并提出相关保安措施建议的活动；

（七）港口设施保安计划，是指港口设施经营人或者管理人根据保安评估报告为确保采取旨在保护港口设施和港口设施内的船舶、人员、货物、货物运输单元和船上物料免受保安事件威胁的措施而制订的计划；

（八）港口设施保安主管，又称港口设施保安员，是指被港口设施经营人或者管理人指定负责制定、实施、调整《港口设施保安计划》，并与船舶保安员和船公司保安员进行保安联络的人员；

（九）保安声明，是指发生船港界面活动时，港口设施与船舶为协调各自采取的保安措施签署的书面协议（式样见附件1）；

（十）经指定的保安组织，是指具备相关能力，经交通部指定可以受委托从事港口设施保安评估、编写《港口设施保安评估报告》、制订《港口设施保安计划》、提供港口设施保安咨询服务的组织；

（十一）替代保安协议，是指我国政府与其他SOLAS公约缔约国政府就相互间固定短程航线上的港口设施签署的双边或者多边保安协议；

（十二）港口设施保安训练，是指对经批准的《港口设施保安计划》规定内容的部分或者全部保安措施和应急反应程序进行的练习；

（十三）港口设施保安演习，是指为了验证、评价和提高各级保安组织、相关部门、港口设施及人员的综合反应和协调配合能力，通过模拟保安事件，根据经批准的《港口设施保安计划》进行的多单位参与、协同进行的练习；

（十四）港口设施管理人，是指航道、锚地等港口公用基础设施的管理主体。

**第四条** 交通部主管全国港口设施保安工作，履行下列职责：

（一）制定并发布全国港口设施保安工作制度和技术标准；

（二）确定并发布港口设施保安等级和各保安等级的基本保安措施（内容见附件2）及3级保安状态下的保安指令；

（三）审查《港口设施保安评估报告》，提出修改意见和建议；

（四）批准《港口设施保安计划》；

（五）建立全国港口设施保安管理信息系统，收集、整理、分析港口设施保安信息并按规定向相关单位提供，视情向国际海事组织、相关缔约国政府以及国内其他相关部门通报；

（六）颁发《港口设施保安符合证书》（式样见附件3），监督和检查《港口设施保安符合证书》年度核验工作；

（七）签署替代保安协议；

（八）指定可以受委托从事港口设施保安评估、编写《港口设施保安评估报告》、制订《港口设施保安计划》、提供港口设施保安咨询服务的组织；

（九）组织全国性的港口设施保安演习。

**第五条** 省级交通（港口）管理部门负责本行政区域内的港口设施保安工作，具体履行下列职责：

（一）负责《港口设施保安符合证书》年度核验工作；

（二）收集、整理、分析并向相关单位提供港口设施保安信息；

（三）组织区域性港口设施保安演习。

**第六条** 港口所在地港口行政管理部门履行下列职责：

（一）负责组织港口设施保安评估和评估报告的后续修订；

（二）监督检查《港口设施保安计划》的实施；

（三）收集、整理、分析并向有关单位提供港口设施保安信息；

（四）组织本港港口设施保安演习；

（五）对其管理的港口公用基础设施进行保安评估，编写《港口设施保安评估报告》；

（六）受交通部委托，对申请《港口设施保安符合证书》的港口设施实施经批准的《港口设施保安计划》情况进行检查并提交检查报告；

（七）受省级交通（港口）管理部门委托，对申请《港口设施保安符合证书》年度核验的港口设施上一年度的保安工作进行核查并提交核查报告；

（八）监督检查港口设施保安费的征收和使用。

**第七条** 港口设施经营人或者管理人履行下列职责：

（一）负责制订《港口设施保安计划》和已批准计划的后续修订；

（二）实施经批准的《港口设施保安计划》；

（三）为港口设施保安主管履行职责提供必要的条件；

（四）在3级保安状态下，实施交通部发出的保安指令；

（五）收集、整理、分析并向有关部门提供港口设施保安信息；

（六）进行港口设施保安训练，参加港口设施保安演习。

港口设施经营人按照规定收取港口设施保安费。

**第八条** 港口设施保安是港口安全管理的重要内容，应当与港口生产经营统筹考虑，遵循节约、环保、资源共享的原则。

**第九条** 港口设施的保安评估和保安计划的制定及实施的有关费用由港口设施保安费支出。

## 第二章 保安等级

**第十条** 交通部应当根据相关情报信息，国内外形势以及影响社会政治稳定的因素，威胁信息的可信程度、威胁信息得到印证的程度、威胁信息的具体或者紧迫程度和保安事件的潜在后果，确定港口设施的保安等级。

地方各级交通（港口）管理部门可以向交通部提出变更港口设施保安等级的建议。

**第十一条** 港口设施的保安等级从低到高分为三级，分别是保安等级1、保安等级2和保安等级3。

保安等级1是指应当始终保持的最低防范性保安措施的等级。

保安等级2是指由于保安事件危险性升高而应在一段时间内保持适当的附加保护性保安措施的等级。

保安等级3是指当保安事件可能或者即将发生（尽管可能尚无法确定具体目标）时应当在一段有限时间内保持进一步的特殊保护性保安措施的等级。

**第十二条** 交通部确定港口设施保安等级为2级或者3级的依据消失时，应当及时调整港口设施的保安等级。

交通部确定实施3级保安时，在必要的情况下应当发出适当的保安指令，并向可能受到影响的港口设施提供与保安有关的信息。

**第十三条** 港口设施经营人或者管理人应当根据保安等级的变化，按照经批准的《港口设施保安计划》及时调整保安措施。

在3级保安状态下，港口设施的经营人或者管理人应当执行交通部发出的保安指令，省、自治区交通（港口）管理部门和港口所在地港口行政管理部门应当监督保安指令的执行。

**第十四条** 交通部变更港口设施保安等级，应当根据具体情况及时以适当的方式通知有关的交通（港口）管理部门、海事管理机构、港口设施经营人或者管理人。

**第十五条** 各级交通（港口）管理部门、海事管理机构、港口设施经营人或者管理人收到港口设施保安等级变更的决定后，应当予以确认，并报告所采取的相应措施。

**第十六条** 计划入港或者在港的船舶保安等级高于港口设施的保安等级时，港口设施保安主管应当与船舶保安员或者船公司保安员协商，对有关情况做出评估，确定适当的保安措施，签署《保安声明》；计划入港或者在港的船舶保安等级不得低于该港口设施保安等级。

**第十七条** 港口设施经营人或者管理人应当将港口设施保安等级变更过程中的有关情况予以记录，作为进行港口设施保安评估、编写《港口设施保安评估报告》、制（修）订《港口设施保安计划》、实施经批准的《港口设施保安计划》的参考依据。

## 第三章 保安评估

**第十八条** 港口所在地港口行政管理部门负责港口设施保安评估，也可以委托经指定的保安组织进行保安评估。

**第十九条** 港口设施保安评估应当符合交通部制定的港口设施保安评估规范。

港口设施保安评估应当进行现场保安检验。现场保安检验包括检查和评估港口的现有保安措施、程序和操作。

**第二十条** 对港口设施进行保安评估应当评估下列事项：

（一）设施的保安状况；

（二）设施的结构、布局情况；

（三）对人员进行保护的安全体系；

（四）保安工作程序；

（五）无线电和电信系统，包括计算机系统和网络；

（六）如被损害或者被用于非法窥测，会对人员、财产或者港口作业构成危险的其他区域。

**第二十一条** 港口设施保安评估应当进行以下工作：

（一）确定和评估重点保护的财产和基础设施；

（二）对可能威胁财产和基础设施的因素及其发生的可能性进行识别，并确定相应的保安要求；

（三）根据可能威胁财产和基础设施的因素及其发生可能性的识别结果，以及相应的保安要求，对采取的保安措施进行鉴别、选择和优化；

（四）分析港口设施和人员的安全保护体系、运营流程等，确定其中可能导致保安事件的薄弱环节，提出消除薄弱环节或者降低薄弱环节影响的措施。

**第二十二条** 港口设施保安评估完成后应当编写评估报告。

《港口设施保安评估报告》应当结合港口设施实际情况，全面反映评估的开展情况，内容主要包括：

（一）港口设施的基本情况，包括设施种类、位置、经营人、所有人等情况；

（二）港口设施的保安现状调查及分析；

（三）保安事件预测及风险控制评估；

（四）风险评估方法及应用；

（五）可能导致保安事件的薄弱环节及说明；

（六）消除薄弱环节或者降低薄弱环节影响的措施建议；

（七）评估结论。

**第二十三条** 《港口设施保安评估报告》完成后应当送交通部征求意见。

**第二十四条** 交通部应当在收到材料后20个工作日内对《港口设施保安评估报告》提出修改意见和建议。

交通部可以根据需要，建立全国港口设施保安专家库，组织专家开展本条第一款规定的工作。

参加上述工作的人员应当由保安、风险分析、港口行政管理、港口经营、港口设计与工程、船舶经营与管理和海事方面的专家组成。

**第二十五条** 港口设施的保安评估每5年进行一次。

港口设施发生重大变化时，应当重新进行保安评估。重新进行保安评估及相关程序按照本章规定办理。

前款所称重大变化包括港口主要设施或者其功能发生重大变化，港口设施保安组织、通信系统、保安工作的协调与配合程序发生重大改变，港口设施发生了重大保安事件等。

**第二十六条** 如果同一经营人所经营的多个港口设施位置、运营方式、设备和设计相类似，可以共同评估并制作一份《港口设施保安评估报告》。

**第二十七条** 《港口设施保安评估报告》应当保密，港口设施和承担港口设施保安评估的机构应当制定并落实防止擅自接触、泄露的措施。

## 第四章　保 安 计 划

**第二十八条** 港口设施经营人或者管理人负责制订《港口设施保安计划》，也可以委托经指定的保安组织制订。

制订《港口设施保安计划》应当根据《港口设施保安评估报

告》、交通部提出的修改意见和建议进行。

**第二十九条** 《港口设施保安计划》应当包含下列内容：

（一）港口设施经营人或者管理人所确定的负责实施《港口设施保安计划》的机构或者部门；

（二）负责实施《港口设施保安计划》的组织与其他有关单位的联系和必要的通信系统；

（三）港口设施保安主管及24小时联系方式；

（四）1级保安状态下的保安措施和保安等级提高时的全部附加措施和特殊的保安措施；

（五）根据经验和实际情况对《港口设施保安计划》进行经常性评价，并不断完善的安排；

（六）《港口设施保安计划》保密措施；

（七）向交通（港口）管理部门报告的程序；

（八）港口设施内部报告保安事件的程序；

（九）便利船上人员登岸或者人员变动以及来访者上船的程序和措施；

（十）对保安状况受到的威胁或者破坏做出反应的程序，包括维护港口设施或者船港界面的关键操作的规定；

（十一）对交通部在3级保安状态下发出的保安指令的反应程序；

（十二）在保安状况受到威胁或者破坏的情况下撤离人员的程序；

（十三）负有保安责任的港口设施人员和设施内参与保安事务的其他人员的职责；

（十四）与船舶保安活动进行配合的程序，特别是港口设施的保安等级低于船舶的保安等级时港口设施应当采取的程序和保安措施；

（十五）港口设施内船舶的保安报警系统被启动后做出反应的程序；

（十六）针对与曾靠泊过非缔约国港口的船舶、不适用ISPS规则的船舶以及固定（浮动）平台或者移动式海上钻井平台进行船港界面活动的程序和保安措施。

**第三十条** 对港口设施重新进行保安评估时，港口设施经营人或者管理人应当按照本规则规定重新制订《港口设施保安计划》。

当港口设施发生本规则第二十五条以外的情况变化时，港口设施经营人或者管理人可以对《港口设施保安计划》进行必要的调整，但交通部声明未经其同意不得改变的内容除外。

**第三十一条** 《港口设施保安计划》完成后应当报交通部审查批准。

**第三十二条** 交通部应当在受理后20个工作日内对《港口设施保安计划》审查完毕，必要时可以组织对港口设施的现场检查。

**第三十三条** 《港口设施保安计划》应当保密。港口设施经营人或者管理人、审查批准计划的机构应当制定并落实防止擅自接触、泄露的措施。未经交通部同意，任何人不得泄露其内容。

在下列条件下，执法人员可以查看《港口设施保安计划》：

（一）各级港口行政管理部门进行港口设施保安现场检查时；

（二）《港口设施保安符合证书》年度核验过程中需要对《港口设施保安计划》内容实施情况进行核实时。

**第三十四条** 港口设施经营人或者管理人应当全面落实批准后的《港口设施保安计划》，包括配备必要的保安人员，安装使用保安设备设施，制定并执行各项保安制度、措施和程序。

**第三十五条** 港口设施经营人或者管理人应当按照交通部规定的保安标准配备保安、交通、通信装备，按照规定设置港口设施内的标志。

**第三十六条** 新建或者改扩建的港口设施的保安设备设施应当与港口设施主体工程同时设计、同时建设、同时验收、同时投入使用。

**第三十七条** 港口设施经营人或者管理人在执行保安措施

时,应当最大限度地减少对乘客、船舶、船上人员和来访者、货物以及相关服务的干扰或者延误。

**第三十八条** 各级交通(港口)管理部门应当对港口设施经营人或者管理人在执行《港口设施保安计划》过程中涉及海事、海关、公安(边防)、检验检疫等部门的相关事宜给予必要的协调。

**第三十九条** 非经常性地为国际航行船舶提供服务的港口设施和处于试生产阶段的港口设施,经港口所在地港口行政管理部门同意,可以不制订《港口设施保安计划》,但应当采取适当的保安措施来达到保安要求。

港口所在地港口行政管理部门应当对港口设施采取的保安措施是否适当进行现场监管。

## 第五章 港口设施保安符合证书

**第四十条** 《港口设施保安计划》实施后,港口设施经营人或者管理人应当向交通部申请《港口设施保安符合证书》,并将申请书抄送港口所在地交通(港口)管理部门。

**第四十一条** 交通部受理申请后应当委托港口所在地港口行政管理部门对《港口设施保安计划》落实情况进行检查并提出检查意见,必要时也可以组织直接检查。对检查合格的,交通部颁发《港口设施保安符合证书》。对检查不合格的,不予颁发证书,并说明理由。

《港口设施保安符合证书》应当自受理之日起20个工作日内完成颁发工作。20个工作日内不能作出决定的,经本机关负责人批准,可以延长10个工作日,并应将延长期限的理由告知申请人。

《港口设施保安符合证书》由交通部指定的负责人签发,并在签发后通知相关交通(港口)管理部门。

**第四十二条** 《港口设施保安符合证书》的有效期为五年。在有效期内每年由省级交通(港口)管理部门核验一次。

《港口设施保安符合证书》年度核验期限为签发之日起每周

年的前3个月和后3个月。

**第四十三条** 港口设施经营人或者管理人应当于《港口设施保安符合证书》签发之日起每周年的前3个月内，向省级交通（港口）管理部门提出年度核验申请，并提交如下材料：

（一）《港口设施保安符合证书》年度核验申请表；

（二）《港口设施保安符合证书》正、副本；

（三）港口设施保安年度工作报告；

（四）港口设施保安主管及相关人员具备履行其职责的知识和能力的证明；

（五）港口设施保安自评表；

（六）其他需要提交的文件。

前款所称港口设施保安年度工作报告由港口设施保安主管负责编写，港口设施经营人或者管理人应当盖章确认。港口设施保安年度工作报告应当全面反映《港口设施保安计划》的落实情况、接受相关培训情况、保安训练、演习情况及记录、保安事件发生的情况及记录、《港口设施保安计划》修改记录等内容。

**第四十四条** 省级交通（港口）管理部门应当自受理之日起20个工作日内完成《港口设施保安符合证书》年度核验。20个工作日内不能完成的，经本机关负责人批准，可以延长10个工作日，并应将延长期限的理由告知申请人。年度核验内容包括：

（一）港口设施保安组织结构；

（二）港口设施保安主管及相关人员是否具备履行其职责的知识和能力；

（三）港口设施保安设备状况及运行情况；

（四）港口设施保安通信状况；

（五）港口设施保安规章制度及实施情况；

（六）港口设施保安训练、演习情况；

（七）《港口设施保安计划》所确定保安措施及程序的落实情况；

（八）港口设施保安事件发生及应对情况；

（九）《港口设施保安计划》的年度调整情况；

（十）其他与港口设施保安工作有关的事项。

除前款规定外，港口设施于上一次核验后发生过本规则第二十五条第三款规定的重大变化的，年度核验主管部门应当审查港口设施是否已重新进行保安评估并重新制订《港口设施保安计划》。

年度核验时，省级交通（港口）管理部门可以对港口设施上一年度的保安工作进行核查，也可以委托港口所在地港口行政管理部门核查并接受其提交的核查报告。

**第四十五条** 下列情况年度核验不得通过：

（一）保安设备设施状况不符合《港口设施保安计划》规定；

（二）港口设施保安主管、港口设施其他保安人员不具备履行其职责的知识和能力；

（三）未按照规定进行或者参加保安训练、演习；

（四）未按照规定收取和使用港口设施保安费。

**第四十六条** 通过年度核验的港口设施，由省级交通（港口）管理部门主管领导或者其授权的人员（仅限授权1名）在《港口设施保安符合证书》正、副本上签字并加盖专用章。

前款所指的主管领导或者其授权的人员应当向交通部备案。

**第四十七条** 未通过年度核验的港口设施，由省级交通（港口）管理部门主管领导或者其授权的人员在年度核验申请书上签署意见并退还申请人，责令其限期改正。港口设施经营人或者管理人在期限内改正完毕，可以重新申请《港口设施保安符合证书》年度核验。

**第四十八条** 省级交通（港口）管理部门应及时将下列情况报交通部备案：

（一）通过年度核验的港口设施；

（二）未通过年度核验的港口设施；

（三）未按本规则第四十二条规定时间申请年度核验的港口设施；

（四）在年度核验过程中隐瞒有关情况或者提供虚假材料的港口设施；

（五）连续两个年度未申请年度核验的港口设施；

（六）发生过本规则第二十五条第三款规定的重大变化但未重新进行保安评估并重新制订《港口设施保安计划》的港口设施。

**第四十九条** 交通部应当将全国《港口设施保安符合证书》年度核验情况予以公布。

**第五十条** 《港口设施保安符合证书》记载的内容发生变化或者证书丢失、毁损时，应当向交通部书面申请换发或者补办，并附相关证明材料。

交通部核发新证书时，应当公告原证书作废。

## 第六章 港口设施保安主管

**第五十一条** 港口设施经营人或者管理人应当指定具备履行其职责的知识和能力的人员担任港口设施保安主管。

**第五十二条** 港口设施保安主管应当由专人担任。

一人只能担任一个港口设施的港口设施保安主管。

**第五十三条** 港口设施保安主管履行下列职责：

（一）配合港口设施保安评估对港口设施进行初次全面保安检查；

（二）确保港口设施按本规则的规定制订《港口设施保安计划》；

（三）对港口设施进行定期保安检查，保证《港口设施保安计划》有效实施；

（四）对《港口设施保安计划》所载内容进行经常性评价和必要的调整；

（五）进行港口设施相关人员保安意识和警惕性的教育；

（六）确保港口设施保安工作人员获得充分的培训；

（七）与相关机构和人员保持信息沟通，向有关部门报告危及港口设施保安的事件并保存事件记录；

（八）与船公司和船舶保安员协调实施《港口设施保安计划》；

（九）签署《保安声明》；

（十）与提供保安服务的机构协调保安工作；

（十一）确保港口设施保安人员符合相关要求；

（十二）确保正确操作、测试、校准和保养保安设施设备；

（十三）在接到船舶保安员请求时，协助其确认登船人员的身份。

**第五十四条** 当港口设施保安主管被告知船舶在履行SOLAS公约第Ⅺ－2章和ISPS规则的要求或者在实施《船舶保安计划》所列的措施和程序遇到困难时，以及在港口设施处于3级保安的情况下，港口设施的经营人或者管理人执行交通部发出的保安指令遇到困难时，港口设施保安主管和船舶保安员应进行联络并协调适当的行动。

**第五十五条** 港口设施保安主管在船舶入港之前和船舶在港口期间，应当履行下列义务：

（一）了解船舶履行SOLAS公约和ISPS规则的情况；

（二）与船舶保安员或者船公司保安员联系，了解该船舶的保安等级，并掌握有关船舶保安等级的任何变化；

（三）在与船舶建立联系后，港口设施保安主管应当将港口设施保安等级及其任何后续变化通知港内靠泊船舶和将要靠泊的船舶，并向船舶提供必要的保安信息。

**第五十六条** 当港口设施的保安等级确定为2级或者3级后，港口设施保安主管应及时确认《港口设施保安计划》所列的对应保安措施和程序得到执行，并应当立即与相关船公司和船舶保安员取得联系并协调适当的行动。

**第五十七条** 当港口设施保安主管得知船舶所处的保安等级高于港口设施的保安等级时，应当及时报告港口所在地港口行政管理部门，并与船舶保安员取得联系并协调适当的行动，包括按照各自的《保安计划》操作，并可视情填写或者签署《保安声明》。

## 第七章 保安声明

**第五十八条** 在下列情况下，应船舶的要求，港口设施经营人或者管理人应当与船舶签署《保安声明》：

（一）该船所处的保安等级高于与之发生界面活动的港口设施的保安等级；

（二）中国政府与其他缔约国政府之间有涉及某些国际航线或者这些航线上的特定船舶关于《保安声明》的协议；

（三）曾经有过涉及该船或者涉及该港口设施的保安威胁或者保安事件。

**第五十九条** 在港口设施保安评估所确定的需要引起特别注意的船港界面活动开始前，应港口设施经营人或者管理人的要求，船舶应当与港口设施经营人或者管理人签署《保安声明》。

前款所称需要引起特别注意的船港界面活动，包括在人口密集或者经济上重要的作业场所或者在其附近的设施进行的作业，以及旅客上下船舶、危险货物或者有害物质的过驳或者装卸作业、船舶曾经靠泊过本规则第二条规定以外的港口设施等。

**第六十条** 港口设施所在地港口行政管理部门可以根据船港界面活动对人员、财产、环境可能造成危险程度的判断，要求船、港双方签署《保安声明》。

**第六十一条** 《保安声明》由港口设施保安主管与船长或者船舶保安员签署。

**第六十二条** 《保安声明》应当根据保安等级变化做相应的改变或者重新签署。

**第六十三条** 《保安声明》应当由港口设施保安主管保存3年。

## 第八章　港口设施保安培训、训练和演习

**第六十四条**　港口设施保安主管及下列从事港口设施保安工作的人员,应当按照ISPS规则的有关要求,完成交通部规定的港口设施保安培训,具备履行其职责的知识和能力:

(一)从事港口设施保安行政管理工作的人员;

(二)从事港口设施保安评估的人员;

(三)制订《港口设施保安计划》的人员;

(四)参加《港口设施保安评估报告》、《港口设施保安计划》审查批准和预审工作的人员;

(五)港口设施经营人中主管安全、生产的副总经理。

其他从事与港口设施保安有关工作的人员,应当按照ISPS规则的有关要求,经过相应的培训,具备履行其担任职责方面的知识和能力。

**第六十五条**　万吨级以上的港口设施应有6人以上具备履行保安职责方面的知识和能力,万吨级以下的港口设施应有3人以上具备履行保安职责方面的知识和能力。

**第六十六条**　港口设施经营人或者管理人应当对其员工进行相关保安基础知识和岗位保安要求的教育或者培训,使其有针对性地了解并掌握《港口设施保安计划》中与其职责相关的内容,并保证其具备如下知识:

(一)各保安等级的含义和本岗位保安要求;

(二)辨认和探察武器、危险物质和装置;

(三)辨认可能威胁保安者的特点和行为模式;

(四)紧急撤离、简单救护等自我保护技术。

**第六十七条**　港口设施应当进行保安训练和演习,确保港口设施人员熟练履行其在各保安等级所承担的保安职责,发现并及时改进任何保安缺陷。

**第六十八条**　港口设施的经营人或者管理人应当保证至少每

3个月进行一次港口设施保安训练。

训练应当根据《港口设施保安计划》进行，目的是对经批准的《港口设施保安计划》全部或部分内容进行测试。

**第六十九条** 各级交通（港口）管理部门应当组织保安演习。保安演习至少每年进行一次，两次演习间隔不得超过18个月。

演习应当结合经批准的《港口设施保安计划》，通过模拟一定保安事件情景，根据船港界面活动所涉及的各项保安要求，由多单位参与、协同进行，验证、评价和提高港口设施保安人员的综合反应能力，加强各级保安组织、各相关部门的整体反应和协调配合能力。

演习应当编制演习方案，并报送上级交通（港口）管理部门备案。

**第七十条** 港口设施的经营人或者管理人应当参加包括有关部门、船舶保安员共同进行的保安演习。

**第七十一条** 港口设施保安训练、演习可以采用实地或者模拟的形式，也可以与相关训练、演习结合进行。

**第七十二条** 训练、演习完成后，应当进行评估并记录存档。

## 第九章 保安信息与联络

**第七十三条** 中国海上搜救中心总值班室是全国港口设施保安总联络点，负责全国港口设施的保安报警接收和保安信息联络工作。

各地方港口行政管理部门值班室是所在地港口设施保安联络点，负责下列事项的全天候联系工作：

（一）接收港口设施保安信息，向相关海事管理机构了解船舶保安信息，针对接收到的保安报警及时按照应急反应程序采取保安行动，并视情通报有关部门；

（二）将港口设施保安信息及时通报海事管理机构，并为相关船舶提供保安建议或者援助；

（三）向中国海上搜救中心总值班室报告保安信息。

**第七十四条** 港口设施保安主管收到保安报警后，应立即与港口所在地港口行政管理部门联系，报告港口设施名称、位置，经营人或者管理人名称，设施内相关船舶、人员和货物，受到的保安威胁等情况。

港口设施保安主管应当随时保持通信联络畅通。

**第七十五条** 港口所在地港口行政管理部门收到相关船舶保安事件和其他船舶保安信息，应当按照应急反应程序，通知相关的港口设施，协调港口设施和船舶的保安行动。

**第七十六条** 交通部根据国际公约规定和工作需要，向国际海事组织报送港口设施保安信息，并负责接收和向国内相关部门、机构传送相关信息。

**第七十七条** 港口设施保安相关信息发生变化后港口设施经营人或者管理人应当向原报送单位及时发出更正信息。

**第七十八条** 各级交通（港口）管理部门应当建立信息系统，保证港口设施保安信息的及时报送、接收、分析和转发。

## 第十章 监督检查与法律责任

**第七十九条** 各级交通（港口）管理部门依法对港口设施保安活动实施的监督检查，任何单位或者个人不得拒绝、妨碍或者阻挠。

有关单位或者个人应当接受港口行政管理部门依法实施的监督检查，并为其提供必要的方便。

港口行政管理部门的工作人员实施监督检查时，应当出示执法证件，表明身份。

**第八十条** 港口所在地港口行政管理部门应当对港口设施的下列保安事项进行监督检查：

（一）《港口设施保安符合证书》的有效性；

（二）《港口设施保安计划》的实施效果，包括保安措施实施过程中的协调性；

（三）港口设施保安主管和相关人员对保安知识的掌握情况。

**第八十一条** 交通部应当对《港口设施保安符合证书》年度核验工作进行监督检查，发现不符合规定的，应当要求省级交通（港口）管理部门予以纠正。

**第八十二条** 未按规定取得有效《港口设施保安符合证书》且不符合本规则第三十九条规定的港口设施，不得为航行国际航线船舶提供服务。

对于违反前款规定，擅自为航行国际航线船舶提供服务的港口设施，由港口所在地港口行政管理部门予以警告并责令停止违法行为，并可处以3万元以下罚款。

**第八十三条** 对于违反本规则规定，港口设施保安主管和相关人员未经必要的培训，港口行政管理部门可以责令更换；港口设施保安主管和相关人员未能履行本规则规定的职责，港口行政管理部门可以责令其参加保安培训，情节严重的，可以责令暂停或者撤销其港口设施保安主管资格。

## 第十一章 附 则

**第八十四条** 交通部通过“中国港口设施保安网”公布与港口设施保安相关的公开信息。

**第八十五条** 本规则自2008年3月1日起施行。但为500总吨及以上特种用途船服务的港口设施自2008年7月1日起适用本规则。交通部于2003年11月14日发布的《港口设施保安规则》（交水发［2003］500号）同时废止。

## 附件1

### 保安声明

| | |
|---|---|
| 船名： | |
| 船籍港： | |
| IMO编号： | |
| 港口设施名称： | |

本《保安声明》的有效期自＿＿＿＿＿至＿＿＿＿＿，针对下列活动（指具体船港界面活动的内容，例如集装箱装卸作业、旅客上下船舶、散油过驳作业等）：

＿＿＿＿＿＿＿＿＿＿＿＿＿＿＿＿＿＿＿＿＿＿＿＿＿＿＿＿＿＿＿＿＿＿＿＿

所处保安等级：

| | |
|---|---|
| 船舶保安等级： | |
| 港口设施保安等级： | |

港口设施和船舶同意以下保安措施和责任，以确保符合《国际船舶和港口设施保安规则》A部分的要求。

| 活　动 | 船长、船舶保安员和港口设施保安主管在本栏的签名表示该活动将由其所代表的方面根据经批准的保安计划完成 | |
|---|---|---|
| | 港口设施 | 船舶 |
| 确保履行所有保安职责 | | |
| 监控限制区域，确保只有经批准人员才能进入 | | |
| 对进入港口设施的控制 | | |
| 对进入船舶的控制 | | |
| 监控港口设施，包括靠泊区域和船舶周围水域 | | |
| 监控船舶，包括靠泊区域和船舶周围水域 | | |
| 货物装卸 | | |
| 船舶物料交付 | | |
| 无人照管行李的装卸 | | |
| 控制人员及其物品上船 | | |
| 确保船舶和港口之间的通信联系随时可用 | | |
| …… | | |

本声明的签字人证明，在具体活动中港口设施和船舶的保安措施和安排符合经修订的《1974 年国际海上人命安全公约》第Ⅺ-2 章以及《国际船舶和港口设施保安规则》A 部分的规定，并将按已批准计划的规定或双方商定的具体安排执行。

签署日期____________________地点____________________

| 代表签字 | |
|---|---|
| 港口设施： | 船舶： |
| （港口设施保安主管签名） | （船长或船舶保安员签名） |

| 签字人姓名和职务 | |
|---|---|
| 姓名： | 姓名： |
| 职务： | 职务： |

| 联系细节<br>（根据情况填写）<br>（写明电话号码或无线电频道或所用频率） | |
|---|---|
| 港口设施方： | 船舶方： |
| | 船长： |
| 港口设施： | 船舶保安员： |
| | 船公司： |
| 港口设施保安主管： | 船公司保安员： |

## 附件2

# 港口设施基本保安措施

下表列举了港口设施在不同保安等级下应采用的基本保安措施，这些措施反应了港口设施保安的基本要求，但未包括针对各类港口设施（如集装箱码头、油港或化工码头等）的特殊措施。这些特殊措施应当在各港口设施制订《港口设施保安计划》时确定。

下表保安等级一栏中的"是"系指在该保安等级下必须执行的措施，"任选"是指在该保安等级下可以选择执行的措施。

1. 保证港口设施保安工作的程序

| 保安措施 | 保安等级 | | |
|---|---|---|---|
| | 1 | 2 | 3 |
| 制订保安计划，对保安计划定期评审和更新 | 是 | 是 | 是 |
| 具有独立的保安组织 | 任选 | 是 | 是 |
| 相关人员明确并能履行其保安职责、任务 | 是 | 是 | 是 |
| 每一港口设施配备港口设施保安主管 | 是 | 是 | 是 |
| 港口设施保安主管能与船舶、船公司、相关单位联络并协调保安措施 | 是 | 是 | 是 |
| 有一个高效的保安指挥系统 | 是 | 是 | 是 |
| 有特别情况下的人员撤离程序 | 是 | 是 | 是 |
| 建立保安事件日报制度 | 是 | 是 | 是 |
| 所有保安人员穿着成套的、醒目的、有权威性的制服 | 是 | 是 | 是 |
| 保安人员针对周边地区和重要区域进行定期的巡查 | 任选 | 是 | 是 |
| 与外部保安力量有良好沟通和协助 | 任选 | 是 | 是 |
| 按保安计划规定的时间间隔实施保安演习和训练 | 是 | 是 | 是 |
| 及时收集、分析港口设施保安信息 | 是 | 是 | 是 |
| 规定保安计划的审批程序 | 是 | 是 | 是 |
| 保安计划及其内容保密 | 是 | 是 | 是 |
| 具有针对未制订保安计划船舶的保安措施 | 是 | 是 | 是 |

2. 港口设施进入通道的保安措施

| 保安措施 | 保安等级 | | |
| --- | --- | --- | --- |
| | 1 | 2 | 3 |
| 建立进港人员身份识别系统 | 是 | 是 | 是 |
| 验证进港人员身份 | 是 | 是 | 是 |
| 检查进港人员、行李、物品，防止携带违禁武器、危险品和爆炸物进港 | 是 | 是 | 是 |
| 要求所有工作人员持证进入限制区域 | 任选 | 是 | 是 |
| 证件的设计与外表能让保安人员迅速、肯定地辨别持有人的身份和限制 | 是 | 是 | 是 |
| 确保工作人员离职时证件被收回 | 是 | 是 | 是 |
| 在指定区域布置值班人员 | 任选 | 是 | 是 |
| 在港区设立符合保安行业标准的栅栏或围墙 | 是 | 是 | 是 |
| 港口设施的大门、入口的数量应保持最小数量 | 任选 | 任选 | 是 |
| 来访者的活动受到全程陪同 | 任选 | 是 | 是 |
| 保留来访者的记录 | 任选 | 是 | 是 |
| 具有便利船上人员和其他重要人员来访的程序 | 是 | 是 | 是 |
| 协助船舶保安员确认上船人员身份 | 是 | 是 | 是 |
| 具有应急交通控制方案 | 任选 | 是 | 是 |
| 非工作车辆以外的所有车辆都停放在指定停车区域，司机处于保安人员监控的范围内 | 任选 | 是 | 是 |
| 停车场与码头的距离大于15米，而且处于围墙、货物装卸区及储存区之外 | 任选 | 是 | 是 |
| 涵洞、隧道、桥梁、下水道、公用设施入口、人行电梯等所有开口处都被适当地加以监控 | 任选 | 是 | 是 |

3. 港口设施内限制区域的保安措施

| 保安措施 | 保安等级 | | |
|---|---|---|---|
| | 1 | 2 | 3 |
| 根据港口设施的性质及作用设置限制区域 | 是 | 是 | 是 |
| 密切监控港口内限制区域的出入口 | 任选 | 是 | 是 |
| 所有限制区域的入口处设置岗哨 | 任选 | 任选 | 是 |
| 所有限制区域的入口处能进行保安联络 | 是 | 是 | 是 |
| 安排人员值班或巡逻 | 任选 | 是 | 是 |
| 增加限制区域监视频率和范围,包括:<br>(1)巡逻限制区域;<br>(2)设置岗哨连续守卫限制区域;<br>(3)布置人员连续巡逻限制区域的邻近地区;<br>(4)保证逃生、撤退和救援通道畅通。 | 任选 | 任选 | 是 |
| 所有限制区域入口都设有障碍物 | 是 | 是 | 是 |
| 所有限制区域都有人员识别与监控系统 | 任选 | 是 | 是 |
| 非工作人员经批准进入限制区域时,处于持续的陪同之下 | 是 | 是 | 是 |
| 港口限制区域内的照明系统使用正常 | 是 | 是 | 是 |
| 协调船舶与港口设施提供岸边附加灯光照明 | 任选 | 是 | 是 |
| 对限制区内重要设施提供附加保安措施 | 任选 | 是 | 是 |

4. 货物装卸过程中的保安措施

| 保安措施 | 保安等级 | | |
|---|---|---|---|
| | 1 | 2 | 3 |
| 查验货物与清单的一致性 | 是 | 是 | 是 |
| 对外来运货车辆进行入港检查 | 是 | 是 | 是 |
| 司机凭证件或得到门卫许可方可进入港口设施 | 是 | 是 | 是 |
| 有货物的移动与储存的记录 | 是 | 是 | 是 |
| 有指定进行货物检查的区域 | 是 | 是 | 是 |
| 有指定用于留置观察货物的区域 | 任选 | 是 | 是 |
| 在货物验收之前,对电子数据交换(EDI)信息和货物与集装箱的交货单进行检查 | 任选 | 是 | 是 |
| 用X-光机、扫描仪、金属探测器、爆炸品探测器等仪器检查货物 | 任选 | 是 | 是 |
| 危险货物应有说明以供查验 | 是 | 是 | 是 |
| 通过一定方式保留并持续更新所有货物的准确清单、所有设施内的货物、集装箱的位置图 | 任选 | 是 | 是 |
| 保安人员了解危险货物的位置,并针对这些货物采取附加的保安措施 | 是 | 是 | 是 |

## 5. 船舶物料交付过程中的保安措施

| 保安措施 | 保安等级 | | |
|---|---|---|---|
| | 1 | 2 | 3 |
| 有检查船舶物料的程序 | 任选 | 任选 | 是 |
| 检查运送船舶物料的车辆 | 是 | 是 | 是 |
| 在港口设施内对物料进行监控 | 任选 | 是 | 是 |
| 对船舶物料进行扫描检查 | 任选 | 任选 | 是 |
| 对物料交接人进行身份确认 | 任选 | 任选 | 是 |
| 设置区域进行船上物料及货物的检查 | 任选 | 是 | 是 |
| 设立存储区对部分物料进行留置观察 | 任选 | 是 | 是 |

## 6. 无人照管行李的保安措施

| 保安措施 | 保安等级 | | |
|---|---|---|---|
| | 1 | 2 | 3 |
| 无人照管的行李在进入港口设施和在船港之间移动时，能够被确认、辨别、检查 | 是 | 是 | 是 |
| 对可疑行李打开检查 | 任选 | 是 | 是 |
| 通过功能分区等方法区分已检、未检行李 | 是 | 是 | 是 |
| 对可疑行李限制、暂停或拒绝装卸 | 任选 | 是 | 是 |
| 设置可疑行李的留置区 | 任选 | 是 | 是 |
| 用X-光机、扫描仪、金属探测器、爆炸品探测器等仪器检查无人照管行李 | 任选 | 是 | 是 |

7. 港口设施保安技术规定

| 保安措施 | 保安等级 | | |
|---|---|---|---|
| | 1 | 2 | 3 |
| 在通道、工作区域、储存区域、岸边设置警示标识和疏散示意图 | 是 | 是 | 是 |
| 保安组织间能有效联络并及早报警 | 是 | 是 | 是 |
| 警卫的分派、次数以及巡逻路线按间隔进行改变 | 任选 | 是 | 是 |
| 保安用车配备有标志、外部或顶部警灯(报) | 是 | 是 | 是 |
| 所有的周边障碍物(栅栏、围墙)和大门都有人值守,并在不用时被锁闭 | 任选 | 是 | 是 |
| 如果某一水域形成了障碍物的一部分,能够采取额外的保安措施 | 是 | 是 | 是 |
| 照明的检测、修理和更换在合理的时间内完成 | 是 | 是 | 是 |
| 照明设备、数量达到标准 | 是 | 是 | 是 |
| 所有限制区域的四周都设置有照明 | 是 | 是 | 是 |
| 所有车辆和行人入口都有照明 | 任选 | 是 | 是 |
| 配备有应急备用电源 | 是 | 是 | 是 |
| 保安力量具有自己的通信系统 | 任选 | 是 | 是 |
| 保安通信中心与各相关单位保持信息沟通 | 是 | 是 | 是 |
| 保安通信中心能满足不同保安等级的要求 | 是 | 是 | 是 |
| 通信系统能够及时向所有保安力量传达指令 | 是 | 是 | 是 |
| 配备报警系统 | 是 | 是 | 是 |
| 正在工作中的保安人员配备手持通信终端 | 任选 | 是 | 是 |
| 具有对船上报警做出反应的程序 | 是 | 中 | 是 |
| 闭路监控系统覆盖限制区域 | 是 | 是 | 是 |
| 闭路监控系统覆盖所有港口设施 | 任选 | 是 | 是 |
| 对水面(下)进行巡逻和搜索 | 任选 | 任选 | 是 |
| 能够对保安威胁事件独立或根据上级指令做出反应,并采取相应的保安措施 | 是 | 是 | 是 |

## 附件3

### 港口设施保安符合证书
### STATEMENT OF COMPLIANCE OF A PORT FACILITY
（套印国徽）

证书编号：
Statement Number：______

**本证书系根据《国际船舶和港口设施保安规则》B 部分的规定签发**

**Issued under the provisions of Part B of the**
**INTERNATIONAL CODE FOR THE SECURITY OF**
**SHIPS AHD OF PORT FACILITIES（ISPS CODE）**

中华人民共和国
The Government of CHINA
港口设施名称：______
Name of the Port Facility：______

港口设施地址：______
Address of the Port Facility：______

兹证明，经核验本港口设施符合经修订的《**1974** 年国际海上人命安全公约》第**Ⅺ－2** 章以及《国际船舶和港口设施保安规则》A 部分的规定，且本港口设施根据经批准的《港口设施保安计划》操作。该计划在以下方面得到批准（以下填写适于停靠的船舶类型、操作类型、其他活动及相关信息）：

______

This is to certify that the compliance of this port facility with the provisions of chapter XI－**2** and part A of the International Code for the Security of the Ships and of Port Facilities (ISPS Code) has been verified and that this port facility operates in accordance with the approved Port Facility Security Plan. This plan has been approved for the following (specify the types of operations, types of ships or activities or other relevant information):

________________________________________

本《符合声明》有效期至:________________,
但期间未通过核验的,即行失效。

This Statement of Compliance is valid until ________________,
subject to verifications.

签发地点____________________

Issued at ____________________

(place of issue of the statement)

签发日期____________________

经授权的官员签字____________________

Date of issue ____________________

(Signature of the duly authorized officialissuing the document)

(发证机关盖章或钢印)

(Seal or stamp of issuing authority)

## 核验签注

## ENDORSEMENT FOR VERIFICATIONS

中华人民共和国政府确定,此符合证书的有效性取决于每年一次的核验。

The government of China has established that the validity of the Statement of Compliance is subject to mandatory annual.

兹证明,本港口设施符合经修订的《**1974** 年国际海上人命安全公约》第**XI-2** 章以及《国际船舶和港口设施保安规则》A 部分的规定。

This is to certify that, during a verification carried out in accordance with paragraph B/**16.62.4** of the ISPS Code, the port facility was found to comply with the relevant provisions of chapter XI-**2** of the Convention and Part A of the ISPS Code.

**第 1 次核验** 签署:________________经授权的官员签字
1st VERIFICATION Signed (Signature of authorized official)
地点:
Place
日期:
Date

**第 2 次核验** 签署:__________经授权的官员签字
2nd VERIFICATION Signed (Signature of authorized official)
地点:
Place
日期:
Date

**第 3 次核验** 签署:__________经授权的官员签字
3rd VERIFICATION Signed (Signature of authorized official)
地点:
Place
日期:

Date

第 4 次核验 签署：__________经授权的官员签字

4th VERIFICATION Signed （Signature of authorized official）

地点：

Place

日期：

Date

# 人事财务审计

# 交通行业高级技师评聘试点办法

（交通部、劳动部　交人劳发［1994］88号　1994.01.21）

为进一步完善技师聘任制工作，选拔和培养具有高技能的人才，发挥他们在生产实践中的骨干作用，根据劳动部《关于高级技师评聘的实施意见》（劳培字〔1990〕14号）和《关于高级技师评聘工作继续试点的意见》（劳培字〔1990〕15号），结合交通行业的实际情况，制定本办法。

一、实行范围和职务名称

高级技师是在高级技术工人中设置的高级技术职务，评聘高级技师是技师聘任制的一个重要组成部分。交通行业高级技师应在技术密集、工艺复杂、操作难度大、技能要求高的专业（工种）设置，并按专业或工种确定高级技师的职务名称。〔交通行业高级技师评聘试点专业（工种）范围及职务名称见附件〕。

二、任职条件

（一）具有本专业（工种）较高的理论知识和高超、精湛的技艺及操作技能，并了解和掌握相关专业（工种）的有关知识和操作技能。

（二）在技术改造、工艺革新、技术攻关，在大型和高精尖设备的安装、调试、操作、维修、保修，在学习、推广、应用、改进国内外先进技术，在防止和排除重大事故隐患等方面，成绩显著、贡献突出。

（三）有3年以上的技师资格，在本企业、本专业（工种）中具有一定的影响和知名度。

（四）热心传授技艺、绝招，具有培训高级技术工人和技师的能力。

三、考核内容与重点

评审高级技师应按高级技师任职和考核条件进行全面考核，其重点应考核：

(一)被聘为技师后的工作业绩。

(二)在生产实际工作中解决关键项目和处理疑难技术问题的能力。

(三)本专业(工种)以外的相关工种的知识和技能。

四、组织领导和评审程序

(一)交通行业高级技师评聘试点工作，由交通部负责提出交通行业高级技师试点单位、实行范围、职务名称、考核标准及要求，制定实施办法，总结交流经验。

各省、自治区、直辖市交通部门应会同当地劳动部门按照国家有关规定，结合当地实际情况，对本行业高级技师评聘工作制定实施细则、评审规则、办法等。

(二)交通部成立高级技师考核委员会，负责直属单位和双重领导港口高级技师的考核工作。

实行高级技师评聘的部属单位要成立考核组织，负责本单位高级技师的具体考核工作。各专业考核组织成员中的高级专业技术人员不少于2/3。

(三)部属单位、双重领导港口考评高级技师，应先由本人提出申请，经本单位高级技师考评组织考核后，填报《交通行业高级技师资格评审表》(部统一印制)及有关材料，报部高级技师考核委员会考评。考评合格后，由交通部核准颁发《高级技师合格证书》。

(四)按照劳动部颁发的《职业技能鉴定规定》的要求，已建立高级技师资格鉴定站(所)的地区，高级技师资格的鉴定，由各地区高级技师资格鉴定站(所)负责；未成立职业技能鉴定站(所)的地区，可由当地工人考核委员负责组织考评。考评合格者由当地劳动厅(局)核准颁发《高级技师合格证书》。

五、使用管理

(一)各单位可根据生产经营等实际情况，在取得《高级技师合格证书》的人员中聘任高级技师。其聘任数额、聘期、职责、津贴标准和有关待遇由各单位自主确定。

(二)各单位对高级技师要进行定期考核,并建立考核档案,不称职者应予解聘。

(三)高级技师脱离生产岗位,应予解聘。

六、评聘高级技师的其他问题,按技师聘任制有关规定执行。

七、各试点单位根据本办法,结合本单位实际制定实施细则。

八、本办法由交通部人事劳动司负责解释。

附件

## 交通行业高级技师评聘试点专业(工种)范围及职务名称

一、汽车维修专业 汽车维修高级技师

1. 汽车维修工
2. 汽车维修电工
3. 汽车维修钣金工
4. 汽车喷油泵调试工
5. 汽车检测工

二、高速公路养护专业 高速公路养护高级技师

6. 公路养护工

三、装卸机械修理专业 装卸机械修理高级技师

7. 电动装卸机械修理工
8. 内燃装卸机械修理工
9. 装卸机械电器修理工

四、公路工程机械专业 公路工程机械高级技师

10. 平地机操作工
11. 沥青混凝土摊铺机操作工
12. 筑路机械修理工

五、水上工程专业 水上工程高级技师

13. 水上起重工
14. 水上打桩工
15. 水工工程潜水工

六、航道工程专业 航道工程高级技师

16. 航道钻探工
17. 航道爆破工
18. 测深仪修理工

七、航道测量专业 航道测量高级技师

19. 航道测量工

20. 疏浚测量仪器修理工

21. 无线电定位仪修理工

八、救捞潜水专业 救捞潜水高级技师

22. 海上救捞潜水员

九、交通工程勘测专业 交通工程勘测高级技师

23. 工程地质、工程施工钻探工

24. 工程测量工

25. 建筑材料、土工试验工

# 交通运输企业成本费用管理核算办法

（交通部　交财发[1995]445号　1995.05.17）

## 第一章　总　则

**第一条**　为了加强交通运输企业（以下简称“企业”）成本、费用的管理，促进成本、费用降低，提高经济效益，根据《运输企业财务制度》、《运输（交通）企业会计制度》，结合交通运输企业具体情况，制订《交通运输企业成本费用管理核算办法》（以下简称“本办法”）。

**第二条**　本办法适用于从事水上及公路运输、装卸、堆存、港务管理业务的企业。

**第三条**　企业成本、费用管理的基本任务是：

（一）进行长期的和短期的、定期的和不定期的、综合的和专项的成本、费用预测，研究成本、费用变化规律，预测成本、费用发展趋势，确定成本、费用目标。

（二）编制切实可行的成本、费用计划，提出和制定降低成本、费用的任务和措施。

（三）控制和监督营运生产过程中的各项支出，确保成本、费用计划的完成。

（四）正确及时地计算各项业务的实际成本，反映企业经营成果，为企业经营管理决策提供成本资料。

（五）分析、考核成本、费用计划的完成情况，研究成本、费用升降的原因，为进一步挖掘成本、费用潜力提供措施。

**第四条**　企业成本、费用核算的要求：

（一）全面反映企业营运生产过程中的各项支出，以便企业领导和各职能部门了解企业的经济效益,发现存在问题,作出有关决策。

(二)控制成本、费用开支范围,监督各项燃料、材料、低值易耗品消耗定额,劳动定额和各项费用定额的执行,促使企业在营运生产过程的各个环节厉行节约,降低成本、费用。

(三)归集各项营运支出,正确计算各项营运业务的总成本,单位成本和期间费用,反映企业的成本、费用水平,为编制成本、费用计划等提供资料。

(四)通过成本、费用计算,为成本、费用分析提供资料,以便找出差距,采取措施,改善经营管理。

**第五条**　企业必须切实做好下列成本、费用管理核算基础工作:

(一)健全原始记录。企业的营运生产活动,都要有正确可靠的原始记录。企业应根据生产管理和成本、费用管理的需要,规定各项原始记录的格式、内容、填制规则、签署和传递程序、审查复核和汇集方法以及其管理和保管制度。企业还应建立登记各项原始记录的台账。

(二)加强定额管理。企业应建立和健全各项技术经济定额,并应结合技术改进、工艺变动及时修订。

不能制订定额的各项支出,要定期编制预算,纳入成本、费用计划,实行预算管理。

(三)严格计量、验收制度。企业要配备符合国家标准,适合本企业需要的各种计量工具、仪器、仪表,并经常检验校正,保证其正确无误。物资进库要核实数量、检验质量,交接、出库、消耗都要计量,收发、领退都要具备规定手续,经过有关人员审核、签证,并建立定期和不定期的盘点制度,保证账物完全相符。旧料要按质估价,物资报废要经过鉴定,变质、短缺、毁损要查明原因,责任性事故要追究责任。

(四)健全内部价格管理制度。计入营运支出项目的价格必须为实际价格,采用计划价格核算时,应在期末调整为实际价格。

(五)不断完善成本、费用信息系统。企业各部门应广泛收集、积累企业营运生产活动中各项与成本、费用有关的统计资料,收集、积累国内外有关的成本、费用资料,并及时记录、整理,建立成为完整的成本、费用信息系统。企业内部各部门、各单位应加强联系,及时相互提供成本、费用信息以充分发挥成本、费用信息在经营决策中的作用。

**第六条** 企业要根据全员管理的原则,将成本、费用计划及各支出项目指标要归口、分级落实到有关部门。要建立和健全成本管理责任制,使各职能部门、各单位之间,在成本、费用管理中,做到分工明确、职责清楚、赏罚分明。

**第七条** 企业各级领导和各部门工作人员在成本、费用管理核算中,都必须贯彻执行国家有关方针、政策、法令、法规,严格遵守财经纪律、制度,严格执行规定的成本、费用开支范围。

## 第二章 成本费用管理责任制

**第八条** 企业应当根据《运输企业财务制度》、《运输(交通)企业会计制度》的规定,实行各部门、各单位负责人分工负责的成本、费用管理责任制。

企业必须在财会部门设置专门机构或专人负责成本、费用管理核算工作。

**第九条** 企业经理(局长)对成本、费用管理应负的职责是:

(一)贯彻执行国家方针、法令、法规,遵守财经纪律制度。

(二)组织各职能部门和基层单位建立成本、费用管理责任制,按部门、单位分解落实成本、费用指标,实行归口、分级管理。

(三)组织各部门、各单位努力增产节约,提高质量,降低成本、费用,完成各自负责的成本、费用计划。

**第十条** 总会计师对成本、费用管理的职责是:

(一)宣传国家有关成本、费用管理的方针、法令、法规,严格执行财经制度。

（二）协助经理（局长）组织领导本企业的成本、费用管理工作，组织执行成本、费用计划，正确核算成本、费用，并对企业核算成果的真实性负责。

（三）组织审查成本、费用计划和重要的财务开支，定期检查各部门、各单位完成成本、费用计划情况，及时组织有关部门研究解决有关问题。

（四）协调各部门、各单位与财务会计部门在成本、费用管理方面的关系，督促本单位有关部门降低消耗，节约费用，提高经济效益。

（五）参与企业重大经济活动的研究调查，有效地控制成本、费用。

**第十一条** 企业各职能部门的成本、费用管理职责是：

（一）财务会计部门。负责制定本企业的成本、费用管理制度；配合其他职能部门制定各项消耗定额、储备定额和计划价格；分解下达有关成本、费用指标；进行综合平衡，编制成本、费用计划；指导和组织成本、费用核算，分析、预测、控制等综合工作；提出降低成本、费用的措施。

（二）劳动工资部门。负责制定、控制、考核工时消耗定额和人员定额；编制工资和劳动生产率计划；加强工资的日常管理，做好工时记录，正确计算各种工资和奖金，改善劳动组织，平衡、调剂劳动力，严格劳动纪律；严格执行劳保用品的发放标准和范围；按期提供工资费用核算及分析资料。

（三）计划统计部门。负责对基本建设，固定资产的更新改造项目进行可行性研究，保证投资后收到显著的效益；加强统计工作，广泛搜集统计资料，按时、准确、完整地编制各种统计报表，为进行成本、费用预测、编制成本、费用计划，采取降低成本、费用措施提供各种资料。

（四）调度部门。负责编制下达营运设备作业计划，并组织实施；合理安排使用营运设备、劳力，提高营运设备利用率，降低成本、费用；减少货损货差损失，及时提供有关核算、分析资料。

(五)商务和货运部门。负责组织货源,控制业务活动费和揽货所需的其他费用。控制保险费用,调查处理重大客货运输质量事故,处理货损货差事故、海损事故的赔偿、理算业务,提供保险合同、保险费率以及事故统计分析资料。

(六)通信导航部门。负责编制通信导航设备更新计划和维修计划,制订有关定额,控制通信导航器材和费用支出并进行考核,提供有关统计分析资料。

(七)物资管理部门。制定主要物资消耗定额,控制物资供应数量,供应价格,供应费用并进行考核,推动旧废材料的清退和利用,提供物资供应计划和物资管理的统计分析资料。

(八)行政管理部门。编制行政管理费用预算,降低费用支出,加强对管理用固定资产和低值易耗品的实物管理;及时提供有关核算、分析资料。

(九)审计部门。负责审计、监督计划、定额的制定和执行情况。

(十)机电部门、工艺部门、修建部门、安全部门。分别负责制定、修改、控制、考核各自职责范围内的各项消耗定额,费用定额,储备定额、编制用款计划,努力提高设备完好率,利用率,推广使用新工艺、新工具、新技术,加强对工属具的实物管理,积极采用新工艺,及时提供有关的统计、核算、分析资料。

**第十二条** 企业可根据本单位机构设置的实际情况,对上述各职能部门成本、费用管理职责进行调整和补充。

## 第三章 成本费用预测

**第十三条** 成本、费用预测是确定经济目标的必要环节。企业应根据经营范围,组织长期(三五年以至更长时间)的,年度的,短期(若干月)的,以至专项的成本、费用预测,为确定目标成本、费用,编制成本、费用计划,控制成本、费用,制定经营方针提供信息和资料。

(一)选择历史资料要结合近期实际,经过比较分析,对有关数据进行整理剔除不可比因素。

（二）从实际出发，充分调查内部潜力所在，研究降低成本、费用的可能性和将采取措施的可行性，客观地提出预测资料。

（三）系统地分析、研究与成本、费用有关的各项信息资料，客观地估计生产发展和技术进步情况并进行科学的判断，据以修正数据。

（四）成本、费用预测应从宏观经济范围对影响成本、费用诸因素进行考察、分析、研究，从事远洋运输的企业，还必须调查研究经营区域内有关国家的政治经济形势，推测发展趋势，进一步完善成本、费用预测。

（五）各企业可根据自身的特点，采用适当的方法进行成本、费用预测，如：平均法（含算术平均法和加权平均法）、高低点测算法、回归分析法、因数变动预测法等。

**第十四条**　成本、费用预测主要包括以下内容：

（一）长期预测。企业根据国民经济发展的需求，调查研究影响成本、费用变化的各个因素，如旅客、货物的流量流向，燃料和各种物料价格，各项设备的增减变化情况，预测成本、费用变动的长期发展趋势，以便经营决策，确定企业长期规模和发展目标，以求取得最大经济效益。

（二）年度预测。企业应根据自行确立的年度生产任务，实现利税指标和成本、费用降低指标，运用年度内客货运量，客货物吞吐量，货物种类，营运线路分布，配置的船舶，车辆类型，吨位和装卸机械情况，以及历年的成本、费用等资料，确定在正常营运生产条件下当年所应达到的目标成本、费用，作为编制成本、费用计划的基础，并作为与企业其他计划进行综合平衡的主要基础。

（三）期中预测。在生产预测的基础上，分析前一阶段成本、费用计划执行情况，预测年度成本、费用计划能否完成，对存在的关键问题，及时采取措施。

（四）专项预测。海河运输企业在重大经营决策确定之前，为开辟新航线选择新船型，改变船型结构，调整运营组织；海河港口企业对装卸工艺,机械设备大修理;汽车运输企业对车型的选择,客货车结构的改变,车辆的大修,以及各行业技术措施方案和更新改造投资方案都应进行经济论证和成本、费用预测,进行正确评价,为领导决策提供依据。

## 第四章　成本费用计划

**第十五条**　企业应按年编制成本、费用计划,内容包括:

1. 运输成本计划;
2. 装卸成本计划;
3. 堆存成本计划;
4. 港务管理成本计划;
5. 船舶固定费用计划;
6. 船舶共同费用计划;
7. 集装箱固定费用计划;
8. 其他业务成本计划;
9. 管理费用计划;
10. 财务费用计划;
11. 其他。

企业也可以根据需要自行编制季度、月度成本、费用计划。

**第十六条**　成本、费用计划的编制原则和程序。

(一)成本、费用计划的编制原则是:

1. 编制成本、费用计划要以合理的定额为基础,并与企业其他计划有关指标相衔接,保证成本、费用计划的可行性。

2. 编制成本、费用计划要严格遵守国家规定的成本、费用开支范围,并做到成本、费用计划和实际成本、费用计算所采用的方法相一致,以保证正确分析和考核成本、费用计划完成情况。

3. 编制成本、费用计划要有利于成本管理责任制的运行,促进企业双增双节工作的开展,能够达到并完成成本、费用的计划目标。

(二)成本、费用计划的编制程序是:

1. 搜集整理下列资料：

(1)企业确立的成本、费用指标。

(2)固定资产折旧率,各项价格标准和费率标准,内部计划价格目录。

(3)企业营运生产和其他业务生产计划,固定资产增减计划,物资供应计划,营运设备修理计划,劳动工资计划,技术组织措施计划,以及各项消耗定额、工时定额。

(4)各成本、费用管理部门和所属单位历年营运支出资料,计划期有关定额、支出预计增减幅度。

2. 进行试算平衡。在编制成本、费用计划前,企业财务会计部门应根据计划年度影响成本、费用的各项主要因素,通过计算,进行试算平衡。

3. 下达成本、费用控制指标。企业的财务会计部门应根据试算平衡得到的营运支出变动幅度及各成本、费用管理部门和所属单位的历年成本、费用资料,拟定各成本、费用管理部门和所属单位成本、费用控制指标,经批准后下达。

4. 编制营运支出预算。各成本、费用责任部门根据下达的营运支出控制指标、产量指标,结合本部门有关资料,计算计划年度内由本部门归口管理的营运支出,编制营运支出预算,并汇编所属单位的增产节约措施项目计划,一并送交财务会计部门。

5. 编制成本、费用计划。财务会计部门应根据各成本、费用责任部门报送的营运支出预算和增产节约措施项目计划,严格审查,分析研究,并按照业务性质,营运支出,进行综合平衡,分别编制年度、季度各项成本、费用计划。

**第十七条** 成本、费用计划的编制方法

(一)直接计算法。当企业各项成本、费用资料齐全,消耗定额完备时,可按企业的成本、费用计算方法直接编制成本、费用计划。采用这种方法编制成本、费用计划时,通常根据企业计划期的营运业务目标和营运支出项目的消耗定额,费用预算及有关资料,应用成本、费用计算的方法,逐项计算计划期内各项目的计划成

本、费用,然后汇总编制全部成本、费用。

(二)因素测算法。当企业各项成本、费用资料不齐全,消耗定额不甚完备时,可按成本、费用因素测算方法编制成本、费用计划。采用这种方法编制成本、费用计划时,主要是以增产节约计划作为调整成本、费用计划的依据,逐项分别对耗用定额、单价及业务量等因素进行调整,以此计算出计划期的成本、费用计划。

**第十八条** 企业为实现成本、费用计划,要制定降低成本、费用的具体措施。努力降低成本、费用。

## 第五章 成本费用控制

**第十九条** 成本、费用控制的原则

企业成本、费用指标的日常管理应坚持统一领导和分级、归口管理相结合的原则,即以企业本部为主导,使企业与基层单位成本、费用指标的日常管理相结合;以财务会计部门为枢纽,使财务会计部门与生产调度、劳动工资、工艺、机电、物资等部门的成本指标日常管理相结合。

**第二十条** 成本、费用控制的依据

分解下达的成本、费用指标是控制成本、费用的依据,企业的各成本、费用责任部门应将归口管理的指标按所属单位提出分项指标(包括技术经济指标和费用指标,如燃料消耗、物料消耗、修理费用、管理费用等),经财务会计部门综合平衡后统一下达。

**第二十一条** 燃料、润料、材料、低值易耗品、备品配件、通讯导航器材等物资的控制

(一)企业的燃料、润料、物料、淡水消耗定额,修理费用定额等是控制物资消耗的主要依据。企业应制定合理的消耗定额,并对定额执行情况经常分析。同时根据执行情况及成本计划的要求,制订降低燃料、润料等物资消耗的措施。

(二)企业应根据消耗定额严格控制燃料、物料的消耗,对耗用量大,领料次数频繁并有消耗定额的燃料、材料、低值易耗品应

实行限额发料制度,对各种零星机物料,应按材料费用定额控制。

(三)企业应编制物资采购、储存、供应等费用预算,作为控制有关支出的依据。物资管理部门应规划经济采购点和采购路线,合理组织装卸、提运,并控制各项材料物资的采购质量,合理控制储备量,把好各项材料物资验收入库关,努力降低物资采购、储存、供应费用。

**第二十二条** 工资的控制

企业应制定合理的劳动定额和编制定员,严格控制职工人数的增加,努力提高工时利用率,合理调配劳动力,提高劳动生产率,并按照规定的工资标准和上级下达的劳动工资总额指标、核定的人员编制,控制工资总额。

**第二十三条** 折旧及修理费用的控制

(一)企业应提高船舶、装卸机械、车辆等各项固定资产的利用率,控制折旧及修理费用,相对降低成本、费用。要充分挖掘现有固定资产的潜力,提高其利用率。新增运输船舶、车辆、装卸机械、机械设备以及对各项固定资产进行技术改造时,应事先组织有关部门进行技术经济论证和可行性研究,在确有经济效益的前提下,才予增添和改造,以控制折旧费用的增加。

(二)企业在进行运输船舶、装卸机械、车辆、机械设备等固定资产修理时,如属日常维护修理,应严格按维护修理定额控制修理费用,如属大修理,应组织有关部门,提出大修方案,以降低大修理费用。

(三)企业的财务会计部门应同固定资产管理部门建立健全本企业的固定资产管理办法,对各类固定资产的增减变动,内部转移,维护修理,报废清理等规定统一而严密的管理制度。监督有关单位认真执行,要经常对固定资产利用效率进行分析,制定提高固定资产利用效率的措施。

**第二十四条** 管理费用、营运间接费用和其他费用的控制

(一)企业对管理费用、营运间接费用和其他费用实行指标分级、归口管理,明确管理责任部门。各责任部门负责制定本部门分

管的费用定额,编制费用预算,分解下达费用指标,审批费用开支,实行限额控制,加强管理。

(二)各分级、归口管理部门应对费用支出单位建立《费用限额手册》,填明费用支出控制指标,经财务会计部门审核后,实行限额控制。对发生的支出,应根据有关单据登记入册,并结算开支后的指标结存额,以便及时掌握开支情况,采取措施,节约开支。各归口管理部门则应建立信息反馈系统,及时汇集预算执行情况,改进工作。

(三)归口管理部门和财务会计部门对各单位费用支出情况应根据支出标准和控制指标进行监督与检查,开支单位需要增加开支项目或开支金额时,需报经归口管理部门和财务会计部门审批,企业要严格控制非生产性支出。

## 第六章　成本费用分析

**第二十五条**　企业要按照成本、费用归口、分级管理的原则进行成本、费用分析,要通过分析,及时掌握成本、费用升降的原因,指出降低成本、费用的途径,改进成本、费用管理工作。

成本、费用分析的方法要根据成本、费用分析对象、目的、要求以及掌握的资料来决定,一般采用指标对比法和因素分析法。指标对比法是通过成本、费用指标在不同时期(或不同情况)的数据进行对比,确定差异;因素分析法是确定引起某个经济指标变动的各个因素影响程度的一种计算方法。

**第二十六条**　企业对各项成本、费用及其升降情况的分析应包括以下内容:

(一)成本、费用计划完成情况的分析;

(二)成本、费用降低任务完成情况的分析;

(三)单位成本的分析;

(四)营运支出项目的分析。

**第二十七条**　成本、费用计划完成情况和成本降低任务完成情况应着重分析以下几点：

（一）实际成本、费用与计划成本、费用、上期成本、费用的差异及原因；

（二）实际降低额、实际降低率与计划降低额、计划降低率的差异及原因；

（三）价格、费率、税率、汇率、利率变化对成本、费用的影响；

（四）消耗定额或费用水平变化对成本、费用的影响；

（五）产量和各项技术经济指标变化对成本、费用的影响；

（六）货种构成变化对成本、费用的影响。

**第二十八条** 单位成本应着重分析以下几点：

（一）单位成本构成变化以及实际单位成本与计划单位成本、上期单位成本比较的差异；

（二）成本各项目增减变动对单位成本的影响；

（三）各项技术经济指标变动对单位成本的影响。

**第二十九条** 营运支出由归口管理成本、费用的责任部门进行分析，具体要求如下：

（一）工资，着重分析职工人数、平均工资、劳动生产率变动对工资总额及营运支出升降的影响。

（二）燃料、润料、材料、低值易耗品、备品配件、轮胎、通讯导航器材等物资及动力费用，着重分析消耗数量变动，价格变动对营运支出的影响。

消耗数量变动分析，应结合运输技术和运输组织，生产技术和生产组织情况，从产量计划的完成和定额执行情况两方面进行分析，找出各种主要材料实际消耗脱离定额的原因；价格变动应从外部因素，内部因素两方面分析，着重分析内部因素。

（三）折旧费和修理费，着重分析增减变动原因和各项固定资产利用率对营运支出项目的影响。

（四）其他费用，重点分析事故损失、劳动保护费增减变动情况及其原因。

企业还应分析财务费用的增减变化及其原因。

## 第七章 成本费用的考核与监督

**第三十条** 成本、费用指标是考核企业经营效果的重要技术经济指标。企业各项业务按下列规定考核:

(一)运输、装卸、堆存、港务管理业务考核成本降低率。

(二)其他业务一般考核收入成本率指标,计算单位成本的其他业务也可考核成本降低率指标。

企业必须把成本、费用考核作为经济责任制的一项重要内容,按年、季、月分口和逐级考核成本、费用计划执行的结果,采取一定的奖惩措施。

**第三十一条** 企业经理(局长)、总会计师应按照本办法的规定,对本企业成本、费用计划的执行和各项营运支出的开支进行经常性监督检查。

**第三十二条** 企业的内部审计机构,应根据内部审计的职权范围对企业的成本、费用管理进行检查和监督。

**第三十三条** 对于擅自提高开支标准,扩大开支范围;随意摊提成本、费用,挤占国家收入;弄虚作假,成本、费用严重不实,以及损公肥私,挥霍国家资财,增加成本、费用开支的企业,情节较轻的,责令限期改正;情节严重的,处以相当于侵占国家收入一定金额的罚款。

构成犯罪的,由司法机关依法追究直接责任人的刑事责任。

**第三十四条** 对于维护国家政策,揭发和检举违反成本、费用管理规定的人员,应给予表扬和奖励。

## 第八章 成本费用开支范围

### 第一节 成本费用开支的原则和界限

**第三十五条** 企业应根据《企业财务通则》、《企业会计准则》

和《运输企业财务制度》、《运输（交通）企业会计制度》的规定，将一切与营运生产活动直接有关的支出，计入企业的营运成本，将发生的管理费用和财务费用，作为期间费用，计入当期损益。

**第三十六条** 企业应严格执行国家统一规定的各项成本、费用提取率和各项成本、费用开支标准。属于地区性统一的开支标准，按所在地区财政部门的规定执行。

**第三十七条** 企业在确定成本、费用开支时，必须划清以下几个界限：

（一）划清资本性支出和收益性支出的界限。凡属购置固定资产、无形资产和其他资产的支出属资本性支出，这部分支出不能计入成本、费用；凡支出的效益仅与本年度相关的，属收益性支出，应计入成本、费用。

（二）划清本期成本、费用与下期成本、费用的界限。企业应按照“权责发生制”的原则，根据其受益期间来确定各期的成本、费用，凡属本期成本、费用负担的支出，不论款项是否支付，均应计入本期成本、费用；凡不属于本期成本、费用负担的支出，即使款项已经支付，也不应计入本期成本、费用。

（三）划清各项业务成本之间的界限。企业经营多种业务时，必须分别各项营运业务计算成本，凡能分清应由某项营运业务负担的支出，则直接计入该种业务成本。凡不能分清的支出，则应采用适当的分配方法，分配计入各项营运业务成本。在划清各项营运业务成本的界限时，不得将应列入某项业务的支出列入另一业务的成本。不得在营运业务之间任意调节成本。

（四）划清营运成本与期间费用的界限。企业不得将应计入营运成本的支出列入期间费用，也不得将应计入期间费用的支出列入营运成本。

（五）划清实际成本与计划成本、估计成本、定额成本的界限。企业不得以计划成本、估计成本、定额成本代替实际成本。采用计划成本或者定额成本核算的，按照规定的成本计算期，及时调整为实际成本。

（六）划清营运成本与营业外支出的界限。营运成本是与企业营运生产活动有关而发生的支出；营业外支出是与企业生产经营活动无直接关系的支出，不属企业的营运耗费，不能列入营运成本。

## 第二节 成本费用的开支范围

**第三十八条** 企业在营运生产过程中实际发生的与运输、装卸、堆存、港务管理和其他业务等营运生产直接有关的各项开支，按下列规定，分别计入营运业务成本：

（一）企业直接从事营运生产活动人员的工资、奖金、津贴和补贴以及按工资总额一定比例提取的职工福利费。

（二）企业在营运生产过程中实际耗用的燃料、材料、润料、动力及照明、备品配件、轮胎、各种物料和低值易耗品等支出。

船舶修理用材料、备品配件等，也应计入有关业务成本。

（三）企业在营运生产过程中使用的各种固定资产，按规定提取的折旧费。

（四）企业在营运生产过程中发生的固定资产修理支出。

（五）企业以经营租赁方式租入参加营运的固定资产，按期支付的租赁费。

以经营租赁方式租入的固定资产改良支出，应在租赁有效期限内分期摊销，计入成本。

（六）企业在营运生产过程中发生的港口费（包括引水、港务、拖轮、停泊等费用，代理、理货、开关舱、扫舱、烘舱、翻舱等费用），集装箱费用（包括空箱保管费、清洁费、熏箱费等），转口费，倒载费，破冰费，旅客服务费，业务费，航道养护费，水路运输管理费，船舶检验费，运输船舶所发生的吨税、过境税，运河费、灯塔费、系解缆费、货物装卸费、速遣费，船舶护航武器弹药费，行车杂费，车辆牌照检验费，车辆清洗费，车辆冬季预热费，养路费，公路运输管理费，过路费，过桥费，过隧道费，过渡费，司机途中宿费，取暖费，水电费，办公费，差旅费，设计制图费，试验检验费，劳动保护费，房产税，车船使用税，土地使用税，印花税，季节性、修理期间的停工损失，事故净损失等支出。

（七）参加保险的企业，实际交纳的营运财产保险费用和人身保险费用。

保险公司给予企业的无赔偿优待，应冲减成本。

**第三十九条** 管理费用是指企业行政管理部门为管理和组织营运生产活动的各项费用，包括公司经费，工会经费，职工教育经费，劳动保险费，待业保险费，董事会费，咨询费，审计费，诉讼费，排污费，绿化费，税金，土地使用费（海域使用费），土地损失补偿费，技术转让费，技术开发费，无形资产摊销费，开办费摊销，业务招待费，广告费，展览费，坏账损失，存货盘亏（减盘盈）、毁损和报废以及其他管理费用。

公司经费包括企业总部管理人员工资，职工福利费，差旅费，办公费，折旧费，修理费，物料消耗，低值易耗品摊销以及其他公司经费。

工会经费是指按职工工资总额2%计提拨交给工会的经费。

职工教育经费是指企业为职工学习先进技术和提高文化水平而支付的费用，按照职工工资总额的1.5%计提。

劳动保险费是指企业支付离退休职工的退休金（包括按照规定交纳的离退休统筹金）、价格补贴、医药费（包括企业支付离退休人员参加医疗保险的费用），易地安家补助费，职工退职金，6个月以上病假人员工资，职工死亡丧葬费，抚恤费，按规定支付给离退休职工的各项经费。

待业保险费是指企业按照国家规定交纳的待业保险基金。

董事会费是指企业最高权力机构（如董事会）及其成员为执行职能而发生的各项费用，包括差旅费、会议费等。

咨询费是指企业向有关咨询机构进行科学技术经营管理咨询时支付的费用，包括聘请经济技术顾问、法律顾问等支付的费用。

审计费是指企业聘请中国注册会计师进行查账验资以及进行资产评估等发生的各项费用。

诉讼费是指企业因起诉或者应诉而发生的各项费用。

排污费是指企业按规定交纳的排污费用。

绿化费是指企业对场区、港区进行绿化而发生的零星绿化费用。

土地使用费(海域使用费)是指企业使用土地(海域)而支付的费用。

土地损失补偿费是指企业在生产经营过程中破坏的国家不征用的土地所支付的土地损失补偿费。

技术转让费是指企业使用非专利技术而支付的费用。

技术开发费是指企业研究开发新产品、新技术、新工艺所发生的新产品设计费,工艺规程制定费,设备调试费,原材料和半成品的试验费,技术图书资料费,未纳入国家计划的中间产品试验费,研究人员的工资,研究设备的折旧,与产品试制、技术研究有关的其他经费,委托其他单位进行的科研试制的费用以及试制失败损失。

无形资产摊销是指专利权、商标权、著作权、土地使用权、非专利技术等无形资产的摊销。

业务招待费是指企业为业务经营的合理需要而支付的费用,在下列限额内据实列入管理费用:全年营运收入在1500万元(不含1500万元)以下的,不超过年营运收入的5‰;超过1500万元(含1500万元)但不足5000万元的,不超过该部分的3‰;超过5000万元(含5000万元)但不足1亿元的,不超过该部分的2‰;超过1亿元(含1亿元)的,不超过该部分的1‰。

**第四十条** 财务费用是指企业为筹集资金而发生的各项费用,包括企业营运期间发生的利息支出(减利息收入),汇兑净损失,买卖外汇手续费,金融机构手续费以及筹资发生的其他财务费用等。

**第四十一条** 职工福利费按照企业职工工资总额的14%提取。

职工福利费主要用于职工的医药费(包括企业参加职工医疗

保险交纳的医疗保险费），医护人员的工资，医务经费，职工因公负伤赴外地就医路费，职工生活困难补助费，职工浴室，理发室，幼儿园、托儿所人员的工资以及按国家规定开支的其他职工福利支出。

**第四十二条**　企业一次支付，分期摊销的待摊费用，按照费用项目的受益期限确定分摊的数额，分摊期限一般不超过12个月。

在费用尚未发生以前，需要从成本中预提的费用项目和标准，由企业根据具体情况确定，预提数与实际发生数发生差异时，应及时调整提取标准。多提数一般应在年终冲减成本、费用，年终财务决算时不留余额，需要保留余额的，在年度财务报告中予以说明。

**第四十三条**　企业的下列支出，不得列入成本、费用。为购置和建造固定资产、无形资产和其他资产的支出；对外投资的支出；被没收的财物；支付的滞纳金、罚款、违约金、赔偿金，以及企业赞助、捐赠支出；国家法律、法规规定之外的各种付费；国家规定不得列入成本、费用的其他支出。

## 第九章　营运支出项目的核算

**第四十四条**　企业的营运支出包括企业在营运生产过程中所发生的一切直接支出，企业管理部门为管理和组织营运生产活动，以及辅助营运部门为企业的在建工程，职工福利部门等非营运部门提供产品、劳务所发生的支出。但不包括企业的在建工程、职工福利部门等非营运部门所发生的支出。营运支出按项目可分为：工资及职工福利费，燃料、材料和动力照明费用，轮胎，低值易耗品，折旧费，修理费，事故损失费，税金，租费，无形资产摊销，递延资产摊销，待摊预提费用和其他费用。

### 第一节　工资和职工福利费的核算

**第四十五条**　工资总额的组成

企业职工工资总额的组成和内容，应按国家有关规定执行。

计入营运支出项目的工资应包括企业从事营运生产活动人员的工资、奖金、副食品价格补贴、肉贴、粮价补贴、少数民族伙食补贴、保健津贴、节假日加班工资、船员伙食津贴、航行津贴、船岸差、油轮津贴、危险品津贴、司机行车津贴等各项工资性津贴和补贴。财会、劳资等部门有关工资总额的口径,应相互一致。不列入职工范围人员的劳动报酬和不应包括在工资总额范围内的工资,一律不得计入工资总额。

**第四十六条** 工资的计算依据

企业的各项工资,应当根据手续完备的原始凭证计算支付。有关职工考勤、劳动定员、工资基金计划,以及有关奖金、津贴、工时消耗等应由劳资等部门审查,并及时送交财会部门,作为监督、计算、支付职工工资的依据。企业的劳资和组织部门,对职工的录用、调动、离职、退休、离休、借用以及职务和工资等级变动等情况,应及时办理手续通知财会部门。

**第四十七条** 工资的计算和发放

企业应当根据手续完备的原始凭证,规定的工资标准和工资等级,以及考勤记录等资料,正确计算应付的职工工资、应扣的款项和实际发放的数,按部门、单位或船舶等编制"工资计算表",并按照规定的发放日期,及时发放工资。

营运生产人员的伙食津贴、航行津贴、油轮津贴等各项工资性质的津贴,非工作时间应付的各项工资,以及病、伤、产假工资等,应当根据考勤记录有关原始凭证,按规定标准计算支付。

**第四十八条** 工资的审核

企业必须严格执行规定的工资标准、核定的人员编制和工资基金计划,加强工资的审核工作,切实防止重发、漏发、多算、少算、虚报冒领和不按规定标准支付工资、奖金、各项津贴和补贴等事项。

**第四十九条** 工资总额的管理

实行工效挂钩的企业,应根据上级部门下达的工效挂钩办法实行工资总额的总量管理。所属的各企事业单位的工资基金额度由劳资部门核定,各单位根据劳资部门审核批准的《工资额度通知单》按月提取工资基金。

不实行工效挂钩办法的企业,按两个不超过原则进行工资总量管理。企业工资总额增长超过企业经济效益增长,企业人均工资增长超过劳动生产率增长,其超过计税工资部分,在计算企业应纳税所得额时予以调整。

**第五十条** 职工福利费的提取

企业的职工福利费,应按职工工资总额的14%提取。

**第五十一条** 工资及职工福利费的核算

企业支付的工资和提取的职工福利费应按用途和费用项目汇集分配。本月应付的全部职工工资,不论是否在当月支付,都应当在本月内通过"应付工资"科目归集,并按照不同的成本计算对象和成本责任部门,分配计入有关业务成本和费用。

(一)运输船舶的船员,营运车辆的司机工资和职工福利费,应由客、货运业务成本负担,计入"运输支出"中的"工资"和"职工福利费"项目。

1. 海洋运输企业的替补公休船员、后备船员、培训船员的工资和职工福利费,应按实际发生数计入"运输支出——船舶共同费用"中的"工资"和"职工福利费"项目。

2. 内河运输企业后备船员(包括待分配船员),在岸待命期间发生的工资和职工福利费,如能直接计入各船舶类型(或各船舶,下同)"运输支出"中的"工资"和"职工福利费"项目的,则直接计入;如不能直接计入的,则按各类船舶在船船员工资总额比例分配,计入各船舶类型运输成本的"工资"和"职工福利费"项目。计算公式如下:

$$工资分配率=\frac{应分配的在岸后备船员工资总额}{在船船员工资总额}$$

某船舶类型应分配后备船员工资=该船舶类型在船船员工资×工资分配率

3. 客货轮船员中直接与客运有关的客运业务人员、客运服务员等人员的工资和职工福利费,以及直接与货运有关的货运业务员、理货员等人员的工资和职工福利费,应按实际发生数分别计入客货轮的客运和货运成本。

客货轮(或客轮)上专为旅客服务的餐务、理发和小卖部人员的工资和职工福利费,以及船舶修理期间船员调离船舶从事其他工作所发生的工资和职工福利费,应由所从事的其他业务负担。

4. 有封冻、枯水等非通航期的企业,非通航期留船船员工资和职工福利费,应按实际发生数计入"船舶维护费用"中的"工资"和"职工福利费"项目。非通航期参加船舶修理和从事其他业务的船员工资及提取的职工福利费,应分别由船舶修理费和其他业务成本负担。

5. 有固定车辆的汽车司机和助手,其工资和职工福利费应按照实际发生数直接计入运输成本;没有固定车辆以及后备的司机和助手,其工资、职工福利费应按营运车日或营运车吨(座)日分配,计入成本,计算公式如下:

$$\text{每营运车日[或车吨(座)日]工资分配额} = \frac{\text{应分配的司机及助手工资总额}}{\text{总营运车日[吨(座)日]}}$$

$$\text{客车(货车)应分配工资} = \text{客车(货车)营运车日[吨(座)日]} \times \text{每营运车日[吨(座)日]工资分配额}$$

(二)从事装卸、堆存、港务管理业务的职工工资和职工福利费,应根据实际发生数,直接计入"装卸支出"、"堆存支出"、"港务管理支出"中的"工资"和"职工福利费"项目。

(三)从事其他业务人员的工资及职工福利费,应当按照业务种类归集,直接计入"其他业务支出"中的"工资"和"职工福利费"项目。

(四)辅助营运部门(含辅助船舶和辅助生产,下同)人员及企业自营港埠人员、船(车)队(处)管理等人员的工资及职工福利费,应按实际发生数在"辅助营运费用"和"营运间接费用"中的"工资"及"职工福利费"项目中归集,并按规定的分配方法,计入有关业务成本和费用。

(五)为管理和组织营运生产活动的企业行政管理人员的工

资和职工福利费，应当根据实际发生数，计入“管理费用”中的有关项目。

（六）企业应当根据“工资计算表”，编制“工资费用分配表”，据此编制凭证登记营运支出明细账和总账。

## 第二节 燃料、材料和水费、动力及照明费用的核算

**第五十二条** 燃料、材料的计价

企业应当按照规定，正确计算耗用的燃料、材料的实际成本。

（一）外购燃料、材料的实际成本包括：

1. 买价；

2. 运杂费（包括运输费，装卸费，保险费，包装费，仓储费等）；

3. 运输途中的合理损耗；

4. 入库前的整理挑选费用（包括整理挑选中发生工费支出和必要的损耗，并扣除回收的下脚、废料价值）；

5. 应由购入材料负担的其他费用。

（二）自制材料的实际成本包括制造过程中耗用的材料、工资、加工费等直接费用及分配的制造费用。

（三）委托加工材料的实际成本包括实际耗用的原材料或者半成品，运输费、装卸费、保险费、加工费等。

（四）投资者投入的材料、燃料，按照评估确认或者合同，协议约定的价值计价。

（五）盘盈的材料，按照同类库存材料的实际成本计价；没有同类库存材料的，按市价计价。

（六）接受捐赠的材料、燃料，按照发票账单所列金额加企业负担的运输费、保险费等计价；无发票账单的，按照同类材料、燃料的市价计价。

**第五十三条** 燃、材料按计划成本和实际成本的核算

（一）采用计划成本进行燃料、材料核算的企业，应正确计算材料成本差异，月末应将耗用的燃、材料等物资的计划成本调整为实际成本。材料成本差异应当按照材料类别或品种进行核算，不

能使用一个综合差异率。

材料的类别由企业根据本单位的具体情况和加强管理的要求自行确定。材料成本差异必须按月计算分摊，不得按季或年终一次分摊。耗用材料应负担的成本差异，可按当月的成本差异率计算，也可以按上月的成本差异率计算，但不得用估计差异率计算。计算方法一经确定，不得任意变动。

（二）材料成本差异的计算公式如下：

$$本月材料成本差异率=\frac{月初结存材料的成本差异+本月收入材料的成本差异}{月初结存材料的计划成本+本月收入材料的计划成本}\times 100\%$$

$$上月材料成本差异率=\frac{月初结存材料的成本差异}{月初结存材料的计划成本}\times 100\%$$

本月采用材料的成本差异额＝本月耗用材料的计划成本×本月（上月）材料成本差异率

（三）采用实际成本进行燃、材料核算的企业，其消耗和结存的燃、材料的实际成本，可以采用“先进先出法”、“加权平均法”、“移动平均法”、“后进先出法”等方法计算。对不同的燃、材料可以采用不同的计价方法。其计价方法一经确定，不能随意变更。

**第五十四条** 燃料、润料耗用的计算

（一）企业为进行营运活动而耗用的一切燃、润料，应当及时填制领料的原始凭证，并根据手续完备的原始凭证，核算耗用燃、润料的数量和金额。各种燃、润料应按实际消耗数计入成本。已领未用的燃、润料，应在月末办理退料手续，需留待下月继续使用的，要办理“假退料”手续。

（二）企业船舶领用及外购燃料，应作为“船存燃料”处理，不得以领代耗。期末应实地盘点，查明存量，根据轮机日志计算填制轮机报告，填明燃料上期结存，本期补给，本期结存的数量，经审核后，送交财会部门汇总编制“燃润料消耗表”。

（三）营运车辆行车耗用的燃料，必须根据行车跑单或其他有关燃料消耗报告所列实际消耗量计算。为了保证实际消耗数量的准确，燃料结算的范围、时期应与车辆运行情况一致，每月实际消

耗数，应当是当月车辆行驶总车公里和所完成周转量的燃料，做到计入成本的燃料消耗数量，油库领出的消耗数量和外地加油数量，车队燃料定额统计的实耗量三者核对相符。

实行满油箱制的企业，在月初、月末油箱加满的前提下，车辆当月各次加油的累计数就是当月燃料实际消耗数。

实行实地盘存制的企业，应在月底实地测量车辆油箱存油数，并根据行车路单加油记录结算的各车当月领用燃料数，按下式计算当月燃料实际消耗：

当月实耗数 = 月初车存数 + 本月领用数 - 月末车存数

车辆在本企业以外的油库加油或企业外购燃料直接发交车辆使用时，可按实际加油数和购入燃料数直接计入车辆的分类运输成本，不必办理虚收虚发手续。

（四）装卸机械燃料的实际消耗，可采用“满油箱制”等办法，实行油票管理，每月由供应部门按定额发给司机油票，月终结算。

**第五十五条** 燃、润料耗用的核算

月终，企业财会部门应根据有关部门提供的原始凭证和“燃润料消耗汇总表”，核算本月运输船舶、运输车辆、装卸机械等实际耗用的燃、润料，按照成本计算对象和成本责任部门，分别计入有关业务成本和费用：

（一）运输船舶、运输车辆耗用的燃、润料，应由客、货运业务成本负担，计入“运输支出”中的“燃料”和“润料”项目。

（二）有封冻、枯水等非通航期的企业，非通航期用于船舶照明、取暖等所耗用的燃料、计入“船舶维护费用”中的“燃料”项目。

（三）装卸机械耗用的燃、润料，计入“装卸支出”中的“燃料”、“润料”项目。

（四）从事其他业务所耗用的燃、润料，计入“其他业务支出”中的“燃、润料”项目。

（五）企业的辅助营运部门及企业自营港埠、船（车）队（处）等耗用的各种燃料，应计入“辅助营运费用”和“营运间接费用”的有关成本项目，并按规定的分配方法，计入有关业务成本和费用。

（六）企业行政管理部门所耗用的各种燃、润料，按照不同的责任部门，计入“管理费用”中的有关项目。

**第五十六条** 材料、备品配件、通讯导航器材的核算

（一）企业消耗的各种材料、备品配件、通讯导航器材，应根据仓库转来的领退料凭证，按照用途进行归集。运输业务，装卸业务，堆存业务，港务管理和其他业务领用的材料，应按成本计算对象进行归集，分别计入“运输支出”、“装卸支出”、“堆存支出”、“港务管理支出”和“其他业务支出”中的“材料”等有关成本项目；有封冻、枯水等非通航期的企业，船舶在非通航期领用的维护用材料（如木材、索具、铁钉等），计入“船舶维护费用”中的“材料”项目；辅助营运部门及企业自营港埠、船（车）队（处）等领用的材料，应按成本计算对象进行归集，计入“辅助营运费用”和“营运间接费用”中的“材料”项目，并按规定的分配方法，计入有关业务成本和费用；企业行政管理部门领用的材料，计入“管理费用”中的有关项目。为全面反映企业营运生产和其他部门耗用的各种材料情况，企业应按月汇总编制“材料发出凭证汇总分配表”，据以计入有关营运支出明细分类账。

（二）各种零星机物料（如螺丝、垫圈、砂纸、纱头、拖把、灯泡等）领用时，按实际领用数直接计入有关业务成本和费用。

（三）劳保用品按实际发放数计入有关业务成本和费用。

（四）汽车维修采用总成互换修理企业，维修部门领用的周转总成，领用时一次计入运输成本；一次领用数量较大，也可以采用待摊的办法，分次计入运输成本。

（五）企业在营运过程中回收的各种边角余料、下脚料、废料等，凡是有利用价值的，应当及时交库或转送辅助生产部门进行加工，并应估计入账，分别冲销有关成本、费用。

**第五十七条** 燃料、材料盈亏的核算

燃料、材料的盘盈、盘亏和毁损，按下列规定处理：

（一）运输途中燃料、材料的定额内损耗，按实际损耗数计入燃料、材料的采购成本；库存燃料、材料的定额内损耗，按实际损耗

数计入管理费用。

各种库存材料物资应定期盘点，根据实际损耗数处理，不得按定额损耗率预提损耗计入成本、费用。

（二）超定额的途耗和库存损耗，应查明原因，分清责任。凡是应由供应单位、运输机构、保险公司或其他过失人赔偿的，要及时提出赔偿要求；属于自然灾害所发生的损失，按实际损失扣除残值和保险公司赔款后的净损失，列入营业外支出；应由企业负责的超定额损耗，经批准后，列入管理费用。

（三）煤炭等大堆材料，领用时应按规定办理领料手续。库存量每年至少盘点一次，实际库存量与账面结存数量的差额，应作为材料盘盈、盘亏处理。

各类材料物资的定额损耗率，由各企业根据实际情况自行确定。

**第五十八条** 水费、动力及照明费用的核算

企业在营运活动中发生的水费、动力及照明费，应当按供应单位的发票价格计算，按水表、电表记录的数字分配，尚未安装电表、水表的，应当确定适当的分配标准，月终财会部门根据各单位的分配标准，按照不同的成本计算对象和成本责任部门，编制“动力及照明费用分配表”、“水费分配表”，并据此编制记账凭证，分别记入有关业务成本明细账。

企业自营的供电、供水、供汽、排水等部门所发生的费用应通过“辅助营运费用”科目核算，并按照各部门耗用的数量进行分配。

## 第三节 轮胎的核算

**第五十九条** 汽车运输企业营运中耗用的内胎、垫带及轮胎零星修补费、翻新费，按实际发生数直接计入运输成本中的“轮胎”项目。

**第六十条** 汽车运输企业营运中耗用的汽车外胎，一般应按行驶胎公里摊销额计入运输成本，计算方法如下：

$$千胎公里摊销额(元/千胎公里)=\frac{外胎计划价格(实际价格)-预计残值}{新胎到报废(经翻新)平均行驶里程定额\div 1000}$$

外胎的预提费用,应按月分客、货车别(或车型,下同)计入运输成本中的"轮胎"项目:

$$某车别(或车型)外胎预提费用(元)=千胎公里摊销额\times某车别实际行驶胎公里\times\frac{1}{1000}$$

**第六十一条** 营运中更换外胎的费用,实行计划价格的,应按计划价格直接冲转"预提费用";更换外胎的价格差异以及轮胎的翻新费用,均按实际发生数一次计入运输成本中的"轮胎"项目。

**第六十二条** 报废的外胎,应按照新胎到报废(经翻新)平均里程定额计算其超、亏里程,按月分车别计算超、亏驶里程的差异,调整运输成本。

$$某车别外胎超、亏驶里程的差异(元)=千胎公里摊销额\times超、亏驶里程\times\frac{1}{1000}$$

为了简化手续,在月终编制外胎预提费用分配表时,可以将超、亏驶里程列入表内,以当月实际行驶胎公里为基础,分别加上报废外胎的亏驶里程,减去报废外胎的超驶里程,作为应计外胎预提费用的胎公里数,计算其预提费用列入运输成本的"轮胎"项目。

车辆报废时,应计算冲减第一套轮胎(含备胎)的预提费用。

**第六十三条** 企业也可以对汽车外胎按实际领用数一次计入运输成本中的"轮胎"项目。季节性换胎一次领用新胎较多,影响运输成本较大时,也可以先通过"待摊费用"科目,在12个月内按月摊入运输成本。

装卸机械其他业务部门以及企业管理部门耗用的外胎、内胎、垫带(包括轮胎翻新费和零星修补费),应按实际发生数一次计入有关成本、费用项目。一次更换外胎影响成本波动较大时,可以在12个月内按月摊入成本、费用。

**第六十四条** 企业不管采用哪种核算方式,都应加强在用轮胎的管理,核定车队周转胎数量定额,定期盘点,实行交旧领新,建立和健全单胎里程记录。

## 第四节 低值易耗品的核算

**第六十五条** 低值易耗品是指不作为固定资产核算的各种用具、物品，如工具、管理用具、玻璃器皿以及在营运过程中周转使用的包装容器等。

**第六十六条** 购入、自制、委托外单位加工完成并已验收入库的低值易耗品，比照"燃料"、"材料"的有关方法进行核算。

**第六十七条** 低值易耗品在未投入使用前，应作为库存物资管理；投入使用后，应登记低值易耗品卡片、实物账以及按计划价格计算的在用金额账。对在用的低值易耗品必须加强实物管理，保证账、卡、物相符，并要实行定期盘点、及时修理、以旧换新的保管使用责任制。对在清查盘点中发现盘盈、盘亏、毁损的低值易耗品，使用单位不得自行修改账、卡，应查明原因，分清责任，由管理部门会同财会部门提出处理意见，经批准后才能调整账、卡。低值易耗品的移交，需办理移交手续，及时登记账、卡。

**第六十八条** 企业的低值易耗品，应当以其摊销额计入成本、费用。企业应根据具体情况，对低值易耗品采用一次或者分期摊销的方法。具体方法规定如下：

（一）"一次摊销法"：是指在领用低值易耗品时，将其价值一次全部计入成本、费用的摊销方法。

（二）"分期摊销法"：是指根据低值易耗品的原价和预计使用期限，将低值易耗品的价值分次摊入成本、费用的方法。

**第六十九条** 月终，财会部门应根据有关部门提供的在库低值易耗品发出凭证，在用低值易耗品计划价格和低值易耗品报废单，按照规定的摊销方法以及不同的成本计算对象、成本责任部门，编制"低值易耗品摊销计算表"，据以记入有关营运支出明细账。

## 第五节 折旧费用的核算

**第七十条** 计提折旧的范围和依据

（一）企业下列固定资产计提折旧：房屋、建筑物、港务设施、库场设施、在用的各种船舶、车辆、装卸机械、机器设备、季节性停用和大修理停用的固定资产，以经营租赁方式租出的固定资产，以融资租赁方式租入的固定资产等。

下列固定资产不计提折旧：房屋和建筑物以外的未使用或不需用的固定资产，以经营租赁方式租入的固定资产，已提足折旧继续使用的固定资产，破产、关停企业的固定资产，以及已经估价单独入账的土地等。

计提折旧的固定资产原值、净残值率、折旧年限、折旧方法等，应按《运输企业财务制度》的有关规定确定。

（二）企业固定资产折旧，应根据有关方法和规定的计算公式，按月计提。正常经营期间，月份内开始使用的固定资产，当月不计提折旧，从下月起计提折旧。月份内减少或者停用的固定资产，当月仍计提折旧，从下月起停止计提折旧。提前报废的固定资产，其净损失计入企业营业外支出，不得补提折旧。

**第七十一条** 折旧的计提方法

（一）企业固定资产折旧方法一般采用平均年限法。运输船舶和运输车辆也可以采用双倍余额递减法或者年数总和法。其计算公式如下：

1. 平均年限法

$$年折旧率 = \frac{1 - 预计净残值率}{折旧年限} \times 100\%$$

$$月折旧率 = 年折旧率 \div 12$$

$$月折旧额 = 固定资产原值 \times 月折旧率$$

2. 双倍余额递减法

$$年折旧率 = \frac{2}{折旧年限} \times 100\%$$

$$月折旧率 = 年折旧率 \div 12$$

$$月折旧额 = 固定资产账面净值 \times 月折旧率$$

3. 年数总和法

$$年折旧率=\frac{折旧年限-已使用年数}{折旧年限\times(折旧年限+1)\div 2}\times 100\%$$

$$月折旧率=年折旧率\div 12$$

$$月折旧额=(固定资产原值-预计净残值)\times 月折旧率$$

（二）汽车运输企业对营运车辆采用工作量法计提折旧时，其总行驶里程由企业根据《运输企业财务制度》附件一规定的同类固定资产折旧年限换算确定。

按工作量法计提折旧的计算公式如下：

$$千车公里折旧额(元/千车公里)=\frac{原值\times(1-预计净残值率)}{总行驶里程\div 1000}$$

$$月折旧额=千车公里折旧额\times 月实际行驶车公里\times\frac{1}{1000}$$

（三）企业的折旧方法和折旧年限一经确定，不得随意变更。需要变更的，应在变更以前，由企业提出申请，报主管财政机关批准。

**第七十二条** 折旧费的核算

企业的固定资产折旧应按月计提。财会部门应根据规定的计算方法，计算出当月固定资产折旧额，按照不同的成本计算对象和成本责任部门，编制"固定资产折旧计算分配表"，据以计入有关业务成本。

1. 运输企业的船舶和车辆折旧，应当按照单船（或船舶类型）、单车（或车型）计算；其他固定资产的折旧，应当按照固定资产类别计算。月终，企业应当汇总编制"船舶（或车辆）折旧计算表"和"其他固定资产折旧计算表"，按照不同的成本计算对象和成本责任部门，分别计入"运输支出"、"其他业务支出"、"集装箱固定费用"、"辅助营运费用"、"营运间接费用"、"管理费用"中的"折旧费"项目。

2. 有封冻、枯水等非通航期的内河运输企业，其全年船舶计提的折旧费，应由通航期成本负担。计算公式如下：

$$船舶通航期每天折旧额=\frac{船舶全年折旧额}{船舶全年通航期计划天数}$$

通航期某月折旧额=船舶通航期每天折旧额×通航期某月份通航天数

非通航期适逢船舶正常修理期,则非通航期的船舶折旧费,无须分摊由通航期成本负担,可直接列入当期成本。

3. 港口企业应当按照船舶、车辆、装卸机械、库场设施、港务设施、通讯设施、机器设备等资产类别计提折旧。月终,企业应当编制"固定资产折旧计算表",按照不同的成本计算对象和成本责任部门,分别计入"装卸支出"、"堆存支出"、"港务管理支出"等中的"折旧费"项目。

## 第六节　修理费用的核算

**第七十三条**　企业应定期对固定资产进行维修保养,保持各项固定资产经常处于完好状态,船舶、车辆、机械设备应进行强制保养,不得故意拖延。

**第七十四条**　企业应编制年度修理计划,并根据修理计划编制年度修理费用预算,分解下达有关责任部门,以确保修理计划的完成和修理费用的控制,同时也可作为月度预提修理费用的依据。

**第七十五条**　修理费用的列支方法

企业发生的固定资产修理支出(含大、中、小修)应据实列支,计入有关成本、费用。如修理费用发生不均衡、数额较大的,可以采用待摊或者预提的办法。采用预提办法的,实际发生的修理支出冲减预提费用,实际支出数大于预提费用的差额,计入有关成本、费用;小于预提费用的差额冲减有关成本、费用,年终财务决算不留余额,需要保留余额的,在年度财务决算中予以说明。

**第七十六条**　修理费用的核算

(一)企业发生的修理费,应当按照单船(或船舶类型)、单车(或车型)进行归集;其他固定资产的修理费用,应当按照固定资产类别归集。月终,企业应当汇总编制"船舶(车辆)修理费用预提计算表"、"其他固定资产修理费用预提计算表",或根据修理费用结算单据,按照不同的成本计算对象和成本责任部门,分别计入"运输支出"、"装卸支出"、"堆存支出"、"港务管理支出"、"其他业务支出”、“集装箱固定费用”、“辅助营运费用”、“营运间接费用”、“管理费用”中的“修理费”项目。

（二）有封冻、枯水等非通航期的内河运输企业，其非通航期船舶发生的修理费用，应由通航期成本负担。其分摊方法比照非通航期船舶折旧费的计算公式计算分摊。

非通航期适逢船舶正常修理期，则非通航期的船舶修理费用，无须分摊由通航期成本负担，可直接列入当期成本。

（三）企业的外付修理费，应直接根据发票和账单，按不同的成本计算对象和成本责任部门，编制记账凭证，分别计入有关业务成本。

（四）船员、司机等对船舶、车辆、装卸机械等进行自修和日常保养，以及由装卸队、机械队、工具队等设置的保修班组进行的装卸机械、装卸工具保修，所发生的人工，材料，费用，可按照用途，直接计入有关业务成本。

（五）企业内部独立核算的修理厂，修理工程队为企业内部其他独立核算单位提供修理劳务所取得的修理业务利润，企业财会部门在编制企业报表时应将这部分修理业务利润（或亏损）冲减（或增加）企业的修理费用支出。

（六）经营性租赁租入的固定资产的修理费用，应根据租赁合同规定处理，应由企业承担的修理费用，按实际发生数计入有关成本、费用，数额较大的，可以采用待摊或预提的方法按月摊提。

（七）企业按工作量法预提车辆大修理费用，计算公式如下：

$$\text{千车公里大修理费用预提额} = \frac{\text{一次大修理计划费用} \times \text{预计大修理次数}}{\text{总行驶里程} \div 1000}$$

$$\text{预计大修理次数} = \frac{\text{总行驶里程}}{\text{大修理间隔里程定额}} - 1$$

$$\text{大修理费用预提额} = \text{千车公里大修理费用预提额} \times \text{实际行驶车公里} \times \frac{1}{1000}$$

车辆实际大修理间隔里程与大修理间隔里程定额比较，所发生的超、亏里程的差异以及大修竣工后实际大修费用和计划每次大修费用的差异，应按规定调整运输成本。

超、亏驶里程差异＝千车公里大修理费用预提额
×（大修间隔里程定额
－实际大修间隔里程）

大修费用差异＝实际大修理费用－大修理费用预提额

## 第七节　事故损失费用的核算

**第七十七条**　企业发生的海损、机损、行车事故和人身伤亡事故损失，应按实际发生数计入当月成本。当年不能结案的事故，可按规定估计损失预提事故费用，计入当年有关业务成本；以后年度结案时，应将实际损失与预提数的差额，调整结案年度的有关业务成本。

**第七十八条**　企业发生的货损、货差等事故损失（包括货物在运输过程中，因承运方责任所发生的货物丢失、短缺、毁损、受潮、污染、差错等事故，以及受损货物的削价损失费用等），属于定额货损货差率以内的部分，在扣除过失人支付的赔偿金额后，按净损失计入有关成本、费用的"事故损失"项目；超过定额货损货差的部分，应查明原因，分清责任，经批准后，按净损失计入有关成本、费用的"事故损失"项目。

## 第八节　税金的核算

**第七十九条**　企业按规定交纳的车船使用税、房产税、土地使用税和印花税等税金，应由企业成本负担的，分别列入"运输支出"、"装卸支出"、"堆存支出"、"港务管理支出"、"辅助营运费用"、"营运间接费用"中的"税金"项目；应由其他业务负担的，列入"其他业务支出"中的"税金"项目；应由管理费用负担的，列入"管理费用"中的"税金"项目。

## 第九节　租费的核算

**第八十条**　企业以经营租赁形式租入其他单位的固定资产，从事营运活动而发生的租费，应由企业成本负担，分别列入“运输支出”、“装卸支出”、“堆存支出”、“港务管理支出”、“其他业务支出”中的“租费”项目。

企业以融资租赁方式租入其他单位的固定资产，从事营运活动而发生的租费，不计入成本、费用。

## 第十节　无形资产的核算

**第八十一条**　无形资产是指企业长期使用但是没有实物形态的资产，包括：专利权、商标权、著作权、土地使用权、非专利技术、商誉等。

**第八十二条**　无形资产的计价

无形资产应按取得时的实际成本计价。

投资者作为资本金或者合作条件投入的按照评估确认或者合同、协议的金额计价。

企业购入的无形资产，按照实际支付的价款计价。

企业自行开发并通过法律手段取得的无形资产，按照开发过程中的实际支出计价。

接受捐赠的无形资产，按照发票账单所列金额或者同类无形资产市价计价。

除企业合并外，商誉不得作价入账。

非专利技术和商誉的计价应当经法定评估机构评估确认。

**第八十三条**　无形资产的摊销：

企业的无形资产计价入账后，应从开始使用之日起，在有效使用期限内平均摊销，计入“管理费用”中的“无形资产摊销”项目。无形资产的有效使用期限应按照《运输企业财务制度》中的有关原则确定。

## 第十一节　递延资产的核算

**第八十四条**　递延资产是指不能全部计入当年损益，应当在以后年度分期摊销的各项费用，包括开办费，以经营租赁方式租入的固定资产改良支出等。

（一）开办费是指企业在筹建期间发生的费用，包括筹建期间人员工资、办公费、培训费、差旅费、印刷费、注册登记费，以及不计入固定资产和无形资产购建成本的汇兑损益、利息等支出。开办费应从企业开始营运月份的次月起，按照不短于五年的期限分期摊销，计入“管理费用”中的“开办费摊销”项目。

（二）计入递延资产的固定资产大修理支出，应在大修理间隔期内分期平均摊销。

（三）以经营租赁方式租入的固定资产改良支出，在租赁有效期限内分期摊销。

（四）其他各种递延费用支出，也应根据支出的受益期分期平均摊销，分别计入有关成本、费用。

## 第十二节　待摊预提费用的核算

**第八十五条**　企业对于应由本期成本、费用负担的各项支出，应在发生的当期计入成本、费用，不得任意提前或者延后。属于本月支付而应由以后各期成本、费用负担的分摊期在一年以内的各项费用，如低值易耗品摊销、预付保险费、固定资产修理费用，以及一次购买印花税票和一次交纳印花税额较大需分摊的数额等，应列作待摊费用，分期摊入有关成本、费用；应由本期成本、费用负担而在以后各期支付的费用，如预提的轮胎摊提费、租金、保险费、借款利息、未结案事故费、修理费用等，应列作预提费用，按照规定预提计入当期成本、费用。

**第八十六条**　企业一次支付、分期摊销的待摊费用，按照费用项目的受益期限确定分摊的数额。分摊期限一般不超过12个月。预提费用的项目和标准，由企业根据具体情况确定，报主管财政机关备案。预提数与实际数发生差异时，应及时调整提取标准，多提数应冲减有关成本、费用，少提数应计入费用支付期的有关成本、费用，年终财务决算时一般不留余额。需要保留余额的，在年度财务报告中应予以说明。

**第八十七条** 企业应加强对待摊费用和预提费用的管理，按照相应的受益期和规定的摊提标准，正确计算待摊费用和预提费用，不得任意变更摊提内容、摊提期限和摊提标准。

**第八十八条** 待摊费用和预提费用应当按照费用项目进行明细分类核算，登记费用的摊提标准、发生数，每月摊提数。月终，企业财会部门应当按规定计算、编制"待摊费用和预提费用分配表"，按照不同的成本计算对象和成本责任部门分别计入有关业务成本、费用。

有封冻、枯水等非通航期的内河运输企业，非通航期的船舶维护费等不在"待摊费用"、"预提费用"科目核算。

## 第十三节　其他费用的核算

**第八十九条** 其他费用是指企业在营运过程中发生的与营运生产活动有关的费用，包括：港口费、航道养护费、过闸费、养路费、运输管理费、保险费、劳动保护费、劳动保险费、业务招待费、办公费、差旅费、工会经费、职工教育经费及其他费用。

**第九十条** 运输船舶按规定支付的航道养护费、过闸费，应按实际发生数或协议包干数，直接计入有关"运输支出"中的"航养费"项目。

**第九十一条** 船舶运输企业在营运过程中发生的港口费，集装箱货物费，转口费，倒载费，吨税，过境税，运河费，灯塔费，货物装卸费，速遣费等应根据原始凭证，按照实际发生数计入"运输支出"中的"港口费"等项目。

**第九十二条** 汽车运输企业应交纳的养路费和运输管理费，应在月终按实际应交数，编制"营运车辆应纳养路费及运输管理费计算表"，据以计入"运输支出"中的"养路费"、"运输管理费"

项目。

**第九十三条** 列入管理费用的工会经费、职工教育经费,应分别按职工工资总额的2%和1.5%计提;职工待业保险费,职工的退休养老金,应按有关规定比例计提。

## 第十章 辅助营运费用的核算

**第九十四条** 辅助营运费用是指企业辅助营运生产部门在营运生产期间发生的辅助船舶费用和辅助生产部门生产产品和提供劳务所发生的辅助生产费用。

**第九十五条** 辅助船舶费用的核算:

(一)辅助船舶费用是指企业所属辅助营运部门为营运生产服务的辅助船舶包括由轮驳公司等部门集中管理的拖轮、驳船、浮吊、供应船、交通船等发生的各项费用。

(二)企业应设置"辅助营运费用——辅助船舶费用"科目,按单船(或船舶类型)设置明细分类账,并按相应的费用项目设置专栏进行明细核算。

(三)辅助船舶费用的支出项目及具体内容如下:

1. 工资:指按规定支付给辅助船船员的工资;

2. 职工福利费:指按规定提取的职工福利费;

3. 燃料:指辅助船舶所耗用的各种燃料;

4. 润料:指辅助船舶实际耗用各种润滑油料;

5. 材料:指辅助船舶在营运中耗用的各种物料;

6. 折旧费:指辅助船舶按规定计提的折旧费;

7. 修理费:指辅助船舶实际发生的修理费用;

8. 港口费:指辅助船舶发生的港口费用;

9. 事故损失:指辅助船舶在营运过程中所发生的海损、机损等事故净损失;

10. 保险费:指辅助船舶参加财产保险应负担的保险费;

11. 税金:指企业按规定交纳的各种车船使用税、房产税、土地使用税等；

12. 劳动保护费：指企业按规定发放的船员劳保用品及安全措施费用；

13. 其他费用：指辅助船舶发生的不包括在上述项目内的其他费用，包括应由辅助船舶负担的各种营运间接费用。

（四）企业发生的辅助船舶费用能直接计入各项业务成本的，应直接计入，不能直接计入的按一定的分配标准分摊由各项业务成本负担。辅助船舶费用分配标准由企业根据情况合理确定。

**第九十六条** 辅助生产费用的核算：

（一）企业的辅助生产费用是指企业所属的辅助生产部门为营运生产提供产品和劳务所发生的各种费用。

（二）企业应设置"辅助营运费用——辅助生产费用"科目，按辅助生产部门及产品和劳务等成本核算对象设置明细账，并按相应的成本项目设置专栏，进行辅助生产明细核算。

（三）辅助生产成本项目及具体内容如下：

1. 直接费用：指辅助生产部门发生的直接费用，包括：

（1）工资：指按规定支付给生产工人的工资；

（2）职工福利费：指企业按生产工人的工资提取的职工福利费；

（3）材料：指生产产品和提供劳务作业直接耗用的材料、配件等；

（4）燃料：指生产产品和提供劳务作业耗用的燃料；

（5）其他直接费用：指其他直接用于产品生产和提供劳务作业发生的直接费用。

2. 制造费用：指企业为生产产品和提供劳务而发生的各项间接费用，主要包括：

（1）工资：指按规定支付给车间管理人员的工资；

（2）职工福利费：指按车间管理人员的工资提取的职工福利费；

（3）材料：指车间领用的不能直接计入某项产品或劳务的

材料；

(4)燃料及动力照明费:指车间耗用的燃料及动力照明费；

(5)折旧费:指车间房屋、机器、设备等固定资产计提的折旧费；

(6)修理费:指车间各类固定资产发生的修理费用；

(7)劳动保护费:指辅助生产部门职工领用的劳保用品、清凉饮料、防暑防寒以及小型劳动安全保护措施等费用；

(8)其他费用:指不属于以上项目的其他车间经费支出。

(四)对于辅助生产部门生产的产品或劳务直接耗用的人工、材料及其他直接费用可按产品或劳务类别和工号直接汇集,计入成本计算对象,不能直接计入产品或劳务类别和工号的制造费用,可按消耗定额或产品产量比例分配计入产品或劳务成本。

(五)辅助生产部门的制造费用应按其用途和发生地点、通过"制造费用"科目进行归集和分配。根据企业内部管理和核算需要,企业可按用途和发生地点开设明细账,按费用项目开设专栏进行明细核算。月终,应将归集的制造费用按合理标准分摊到各成本计算对象。

(六)制造费用分配计入各成本计算对象常用的方法有:生产工时法、定额工时法、机器工时法、直接人工费用法等。企业可根据实际情况,选择费用分摊的方法。

(七)辅助生产部门除大修作业、产品制造、设备制造外,其余作业一般不计算在产品成本。月终,应结出每个成本计算对象的总成本。对大修作业、产品制造的成本对象,还应按月初在产品余额加本期生产费用减月末在产品余额,计算已完工产品实际总成本和单位成本。

(八)月终,财会部门应将各辅助生产部门之间互相提供的劳务、作业的费用进行"一次交互分配"。互相提供劳务、作业不多的,可不进行交互分配,所发生的费用,直接分配给辅助生产部门以外的受益单位。并根据已完修理作业、完工产品、对内提供的其他作业以及对外修理的成本计算单,编制"辅助生产费用分配表”，据此分配辅助生产费用。

（九）辅助生产部门对本企业内部提供的作业和产品，应按受益对象直接或分配计入各有关营运成本。

（十）辅助生产产品成本的计算可采用“简单法”、“定单法”、“分类法”等，计算方法一经确定，不得随意变更。

简单法适用简单、大量、连续生产单一产品的辅助生产部门，如企业的供水站、变电所等部门。

定单法也称分批法，适用于自制备品配件、自制大型工属具、自制设备及机械、车辆、房屋等固定资产的大修理和船舶的检修、大修。

分类法适应于产品的品种或规格繁多的辅助生产部门，如小型零星的配件、工属具的制造和机械、设备、房屋的维修、保养及小型设备的中小修理。

## 第十一章　营运间接费用的核算

**第九十七条**　营运间接费用是企业营运过程中所发生的不能直接计入成本核算对象的各种间接费用，包括企业实行内部独立核算单位的车站费用，车队费用，装卸队（站）费用，自营港埠费用。

企业行政管理部门发生的管理费用和企业辅助生产部门发生的制造费用不包括在内。

**第九十八条**　企业应根据成本管理和核算的特点及费用发生的用途和性质设置“营运间接费用”明细分类账，并按费用项目设置专栏进行明细核算。费用项目由企业根据实际情况自行确定，为了便于企业进行成本分析，凡涉及到以下费用，如工资，职工福利费，燃润料，材料，折旧费，修理费，办公费，水电费，业务费，差旅费，仓库经费等，可单列项目反映。

**第九十九条**　企业财会部门应根据有关记账凭证和费用汇总表，按照费用发生的先后，序时登记入账，归集“营运间接费用”。

月终,按实际发生数进行分配,编制"营运间接费用分配表",据此记入各成本或费用核算对象的明细分类账。

**第一〇〇条** 营运间接费用 应按受益对象的直接费用比例计算分摊,分别计入各受益对象的营运成本。计算公式为:

$$营运间接费用分配率 = \frac{应由营运成本负担的营运间接费用}{各受益对象的直接费用总额} \times 100\%$$

某受益对象成本应负担营运间接费用

$$= 该受益对象直接费用 \times 营运间接费用分配率$$

企业也可以根据实际情况自行确定营运间接费用的分配方法。

应由其他业务成本负担的营运间接费用,可按各项业务直接成本的比例分摊到各其他业务成本。

月终,企业将发生的营运间接费用,应分摊完毕,不留余额。

# 第十二章 成本的计算

## 第一节 运输业务成本的计算

**第一〇一条** 成本的计算对象:

(一)运输综合业务:以企业的旅客、货物运输业务为成本计算对象;

(二)客、货运的运输业务:以客运、货运(包括干货、油运、排运等,下同)业务为成本计算对象;

(三)船舶类型成本:以不同的船舶类型的运输业务为成本计算对象;

(四)各类特种车辆的运输业务:汽车运输企业以大型平板车、集装箱车、零担货车、冷藏车、罐车等特种车辆的运输业务为成本计算对象。

在此基础上,企业可根据实际情况,将航次、航线、单船、单车等运输业务作为成本计算对象,计算航次、航线及单船、单车成本。

**第一〇二条** 成本的计算单位:

(一)运输综合成本计算单位为"千换算吨公里";

(二)客运成本计算单位为"千人公里";

(三)货运成本计算单位为"千吨公里";

(四)大型车组成本计算单位为"千吨位小时";

(五)集装箱车辆的成本计算单位为"千标准箱公里"(空箱不计);

(六)客、货运周转量换算比例为:

1. 部直属水运企业:1 人公里 =1 吨公里;

2. 地方水运企业:

铺位运客:1 人公里 =1 吨公里;

座位运客:3 人公里 =1 吨公里;

3. 汽车运输企业:1 吨公里 =10 人公里。

**第一〇三条** 海洋运输业务成本项目规定如下:

(一)航次运行费用:指船舶在运输生产过程中发生的直接费用。包括:

1. 燃料费:指船舶在营运期内航行、装卸、停泊等时间内耗用的全部燃料费用。

2. 港口费:指船舶在营运期内进出港口、航道、停泊港内所发生的各项费用,如港务费、船舶吨税、引水费、停泊费、拖轮费、航道养护费、围油栏费、油污水处理费、船舶代理费、运河费、海峡费、灯塔费、海关检验费、检疫费、移民局费用等。

3. 货物费:指运输船舶载运货物所发生的应由船方负担的业务费用,如装卸费、使用港口装卸机械费、理货费、开关舱、扫舱、洗舱、验舱、烘舱、平翻舱、货物代理费、货物检验费、货物保险费等。

4. 集装箱货物费:包括集装箱装卸费、集装箱站场费用、集装箱货物代理费用等。

5. 中转费:指船舶载运的货物到达中途港口换装其他运输工具运往目的地、在港口中转时发生的应由船方负担的各种费用,如汽车接运费、铁路接运费、水运接运费、驳载费等。

6. 垫隔材料:指船舶在同一货舱内装运不同类别货物需要分票、垫隔或装运货物需要防止摇动、移位,以及货物通风需要等耗用的木材、隔货网、防摇装置、通风筒等材料费用。

7. 速遣费:指有装卸协议的营运船舶,提前完成装卸作业,按照协议支付的速遣费用。

8. 客运费:指船舶为运送旅客而发生的业务费用,如旅客生活设备生活用品费、旅客医药支出、客运代理费等。

9. 事故费用:指船舶在营运生产过程中发生海损、机损、货损、货差、火警、污染、人身伤亡等事故的费用,包括施救、赔偿、修理、诉讼、善后等直接损失。

10. 航次其他费用:指不属于以上各项费用应由航次负担的其他费用,如淡水费、通讯导航费、交通车船费、邮电费、清洁费、国外港口招待费、航次兵险、领事签证、代理行费、业务杂支、冰区航行破冰费等。

(二)船舶固定费用:指为保持船舶适航状态所发生的费用。包括:

1. 工资:指应付船员的各类工资、奖金、津贴、伙食费、补贴等按有关规定由成本负担的支出。

2. 职工福利费:指根据规定比例、提存范围按实际发放船员工资总额提存的职工福利费。

3. 润料:指船舶耗用的各种润滑油剂。

4. 物料:指船舶在运输生产中耗用的各种物料、低值易耗品的实际成本。

5. 船舶折旧费:指企业按确定折旧方法按月计提的折旧费。

6. 船舶修理费:指已完工的船舶实际修理费支出、日常维护保养耗用的修理料、备品配件等,以及船舶技术改造大修理费摊销的支出。

7. 保险费:指企业向保险公司投保的各种船舶险、运输船员的人身险以及意外伤残险所支付的保险费用。

8. 税金:指企业按规定交纳的车船使用税。

9. 船舶非营运期费用:指船舶在非营运期(如厂修、停航、自修、事故停航等)内发生燃料费、港口费等有关支出。

10. 船舶共同费用:指由船舶共同负担,需经过分配由各船负担的船员费用和船舶业务费。内容规定如下:

(1)工资:指替补公休船员、后备船员、培训船员等按规定支付的工资、津贴、补贴等。

(2)职工福利费:指上项各类船员根据国家规定提取的职工福利费。

(3)船员服装费:指根据规定发给船员的服装费和零星服装补助费。

(4)船员差旅费:指船员报到、出差、学习、公休、探亲、调遣等发生的差旅费。

(5)文体宣传费:指用于船员文娱、体育活动和对外宣传购置的书报杂志、电影片、录像带、幻灯片等支出。

(6)广告及业务活动费:指通过报刊、电台、电视、画册、展览等进行广告、宣传以及船舶为疏港、揽货、业务联系支付的业务费。

(7)单证资料费:指客货运输业务印制使用的客运票据、货运提单、舱单、航海图书、技术业务资料以及这类单证资料的寄递费用。

(8)船员疗养、休养费:指船员因工作环境特殊,企业为船员安排疗养、休养的支出。

(9)电讯费:指船岸通过电台、电缆、卫星、高频电话等通讯联络所发生的国内外通讯费用。

(10)其他船舶共同费用:包括船员体检费、签证费、油料化验费、技术进步和合理化建议奖等。

11. 其他船舶固定费用:指不属于以上各项的其他船舶固定费用。如船舶证书费、船舶检验费、船员劳动保护费等。

(三)集装箱固定费用:指企业自有或租入的集装箱在营运过程中发生的固定费用。

集装箱固定费用的项目和内容规定如下:

1. 集装箱保管费:指空箱存放在堆场所支付的保管费等。

2. 集装箱折旧费:指自有集装箱按集装箱价值和规定折旧率按月计提的折旧费。

3. 集装箱租费:指租入集装箱按规定应列入成本的租费。

4. 集装箱修理费:指集装箱修理用配件、材料和修理费用。

5. 集装箱保险费:指向保险公司投保集装箱安全险所支付的保险费用。

6. 集装箱底盘车费用:指企业自有或租入的集装箱底盘车发生的保管费、折旧费、租费、保险费、修理费等。

7. 集装箱其他费用:指不属于以上项目的集装箱固定费用,如清洁费、熏箱费等。

(四)船舶租费:指企业租入运输船舶参加营运,按规定应支付给出租人的租费。

(五)营运间接费用:是指企业营运过程中所发生的不能直接计算运输成本核算对象的各种间接费用。包括企业各个生产单位(分公司、船队)为组织和管理运输生产所发生的运输生产管理人员工资、职工福利费、折旧费、租赁费(不包括融资租赁)、修理费、材物料消耗、低值易耗品、取暖费、水电费、办公费、差旅费、运输费、保险费、设计费、试验检查费、劳动保护费以及其他营运间接费用。

**第一〇四条** 海洋运输业务的成本计算方法

(一)航次运行费用:

运输船舶所发生的船舶航次运行费用,应根据原始凭证或费用计算表编制记账凭证,按不同成本计算对象,直接记入"运输支出"科目的明细分类账的有关项目。

1. 按单船核算成本,应直接列入各船月度运输成本。

2. 按航次核算成本,应区别以下情况,分别核算。

(1)属当期已完航次船舶航次费用,可直接列入各船的航次成本。

(2)对于航次已经结束，国内外代理单位账单和船舶燃料消耗报告在当期期末尚未到达，由财会部门根据船舶所到港口的费率、运输契约、货种、运量、港口作业情况及船舶燃料消耗航次电报、船存燃料平均单价进行预估，列入已完航次船舶航次运行费用。并在下一航次期初用红字原数冲回，依此类推，直至收到已完航次港口使费实际账单和船舶燃料消耗报告后，按实际发生数计入航次运行费用。

3. 按航次核算成本的远洋运输企业，应在“运输支出”科目下按船舶航次设立“船舶航次费用明细账”或“航次成本计算单”，归集船舶每航次所发生的航次直接费用，并用以结算成本。

(二)船舶固定费用：

1. 船舶固定费用，应按规定费用项目设立“船舶固定费用明细账”，运输船舶所发生的固定费用，应根据原始凭证或费用计算表编制记账凭证，分别按不同的成本计算对象，直接记入各船“船舶固定费用账”的有关项目。

(1)按单船核算成本的企业，船舶固定费用应按月计入各月运输成本。

(2)按航次核算成本的企业，月度终了将船舶固定费用按各船营运天数分配计入该船本月内已完和未完的航次成本。其计算公式如下：

$$某船每营运天船舶固定费用=\frac{某船的船舶固定费用}{某船年度营运天}$$

$$某航次应负担船舶固定费用=某船每营运天船舶固定费用\times 某航次营运天$$

(3)船舶从事与运输无关工作如临时出租等，均按各项工作的营运天数和每营运天数的费用计算。其计算公式如下：

$$运输无关工作应负担的船舶固定费用=每营运天船舶固定费用\times 从事运输工作无关天数$$

(4)船舶固定费用的分配，还可以采用计划分配方法，其计算公式如下：

$$某船计划每营运天的船舶固定费用=\frac{该船年度计划船舶固定费用}{该船年度计划营运天数}$$

某航次应负担的船舶固定费用＝该船计划每营运天的船舶固定费用×该航次实际营运天数

按此种方法分配船舶固定费用应当在年度决算时，按日历年度费用的实际发生额和营运天数，计算各船实际营运天费用额，重新调整按计划定额分配计入已完航次成本、未完航次成本和船舶出租业务成本。

(5)属于本会计核算年度发生、支付，但应由跨年船舶未完航次成本负担的船舶固定费用，在会计报表中的有关项目反映。

2. 船舶共同费用是指应由企业所有船舶共同负担，需要经过分配再由各船负担的船员费用和船舶业务费用。

(1)船舶共同费用发生时，应根据有关记账凭证和费用汇总表，按照费用发生的先后记入"船舶固定费用—船舶共同费用"科目，并按规定费用项目设立费用明细账进行归集登记。

(2)船舶共同费用在月度终了，通常按各船的艘天，吨天或其他比例分摊编制"船舶共同费用分配表"，分别记入各船的"船舶固定费用——船舶共同费用"科目。

3. 船舶非营运期费用是指船舶在非营运期内发生的燃料、港口费和其他非营运期费用。

(1)计算船舶非营运期全部费用时，"船舶固定费用"(不包括船舶非营运期费用)可以按船舶营运吨天和非营运吨天的比例分摊计算。其计算公式如下：

$$船舶非营运期的全部费用=船舶非营运期费用+\frac{船舶固定费用}{船舶总时间(吨天)}\times 船舶非营运吨天$$

(2)船舶非营运期费用发生时，直接在"船舶固定费用明细账"内归集，可不单独设立明细账。

(三)集装箱固定费用：

企业应设置"集装箱固定费用"明细分类账，按规定的费用项目设置专栏。财会部门应根据有关记账凭证和费用汇总表，按照费用发生的先后，序时登记入账，归集集装箱固定费用。

月终，按单船核算成本的企业，应将归集的集装箱固定费用，按(重)箱天数比例分摊，编制"集装箱固定费用分配表"，计入各船的月度运输成本；按航次核算成本的企业，应将归集的集装箱固定费用，按(重)箱天数比例分摊，编制“集装箱固定费用分配表”，计入各航次运输成本。集装箱固定费用分配的计算公式如下：

$$每标准箱天集装箱固定费用=\frac{集装箱固定费用}{集装箱标准箱天数}$$

船舶运输成本应摊集装箱固定费用=装用集装箱标准箱天数×每标准箱天集装箱固定费用

(四)船舶租费：

企业租入船舶(不包括融资租入)，按合约支付的船舶租费中，程租费按船舶航次计入航次结束月度的单船成本，期租费按航次日历天数分摊计入有关航次成本。航次跨年度时，按会计核算年度日历天数分配，属于未完航次的租费，计入“未完航次支出”项目。

实行单船核算成本的企业，船舶租费按月度划分，分别计入有关月度的单船成本，上年支付属于下年的船舶租费，作待摊费用处理。

(五)与运输无关费用：

1. 与运输无关费用是指运输船舶在营运生产中从事与运输无关业务，如旅客服务业务，港内作业，救援遇难船舶等工作。在计算运输成本时，必须在运输船舶费用中扣除完成这些业务所发生的与运输无关费用，计入“其他业务支出”中。

2. 船舶费用中扣除与运输无关费用的方法如下：

(1)按本期从事运输工作和非运输工作天数的比例，分船计算。

每营运天费用额=本月船舶费用额÷本月营运天数

非运输工作应分配船舶费用额

=非运输工作天数×每营运天费用额

对能够分清属于非运输工作的其他业务应负担的费用，如燃料费用、港口费用等项目，可直接列入“其他业务支出”，在分配时剔除这些直接计列的费用项目。

(2)在非运输工作天数较少的情况下，按营运吨天数计算扣除。

$$每营运吨天的船舶费用 = \frac{船舶费用额}{船舶营运吨天数}$$

非运输工作应分配船舶费用额 = 船舶从事非运输工作的营运吨天数 × 每营运吨天船舶费用

（六）运输总成本和单位成本计算

1. 企业全部营运船舶所发生的船舶费用，扣除与运输无关费用，即为运输总成本；运输总成本除以客货运换算周转量即为运输综合单位成本。计算公式如下：

运输总成本 = 航次运行费用 + 船舶固定费用 + 上年未完航次支出 − 本年未完航次费用 + 集装箱固定费用 + 船舶租费 + 营运间接费用 − 与运输无关费用

$$运输综合单位成本（元/千换算吨海里）= \frac{运输总成本（元）}{客货运换算周转量（千换算吨海里）}$$

2. 客货运成本和客、货单位成本计算

将客轮的直接费用和客货轮分配由客运负担的直接费用汇总，并加以应负担的营运间接费用，即为客运成本。

将货轮的直接费用和客货轮分配由货运负担的直接费用汇总，并加以应负担的营运间接费用，即为货运成本。客运成本、货运成本分别除以客、货周转量，即为客货单位成本。客货运成本及其单位成本计算公式如下：

客运成本 = 客轮船舶费用 + 客货轮船舶费用客运负担部分 + 上年未完航次支出 − 本年未完航次支出 + 营运间接费用 − 与运输无关费用

$$客运单位成本（元/千人海里）= \frac{客运成本}{客运周转量（千人海里）}$$

货运成本 = 货轮船舶费用 + 客货轮船舶费用货运负担部分 + 上年未完航次支出 − 本年未完航次支出 + 集装箱固定费用 + 船舶租费 + 营运间接费用 − 与运输无关费用

$$货运单位成本（元/千吨海里）= \frac{货运成本}{货运周转量（千吨海里）}$$

**第一〇五条**　内河运输业务成本项目规定如下：

(一)船舶直接费用:指运输船舶在航行中和为保持船舶适航状态所发生的费用,包括:

1. 工资:指按规定支付给船员的工资以及学徒工的生活费等。

2. 职工福利费:指按规定提取的职工福利费。

3. 燃料:指运输船舶实际耗用的各种燃料。

4. 润料:指运输船舶实际耗用的各种润滑油料。退库的废润料应作价冲减本项目。

5. 物料:指运输船舶在营运中耗用的各种物料。

6. 港口费:指运输船舶所发生的港口费用。

7. 航养费:指按规定支付的航道养护费用。

8. 过闸费:指按规定支付的过闸费用,应由货主负担的过闸费,在计收运费时向货主收回。

9. 运输管理费:指按规定支付的运输管理费。

10. 折旧费:指运输船舶按规定计提的折旧费。

11. 修理费:指应由本期成本负担的运输船舶实际发生的修理费。

12. 事故损失:指运输船舶在运输过程中发生的事故净损失(扣除过失人和保险公司赔款后的差额)。

13. 租费:指企业向外单位租入营运船舶按规定应列入本期成本负担的船舶租费。

14. 保险费:指运输船舶参加财产保险应负担的保险费。

15. 税金:指企业按规定交纳的车船使用税。

16. 劳动保护费:指按规定发放给船员的劳动保护用品、安全措施费用等。

17. 其他费用:指不属于以上项目的船舶其他费用。

(二)船舶维护费用:指有封冻、枯水等非通航期的企业在非通航期发生,应由通航期运输成本负担的船舶维护费用。

(三)集装箱固定费用:指按规定办法分配应由本期运输成本负担的集装箱固定费用。

(四)营运间接费用:指营运过程中发生的不能计入本期成本

计算对象但应由本期运输成本负担的各种间接费用。

**第一〇六条** 内河运输业务成本的计算方法：

（一）船舶直接费用：

1. 企业的船舶直接费用应按照客轮、客货轮、货轮、油轮、拖（推）轮、驳船等船舶类型在“运输支出”科目设置明细分类账，按规定的成本项目设置专栏。也可根据本单位成本管理的需要，按航次、航线和单船设置成本明细分类账。

2. 企业运输船舶所发生的船舶直接费用应根据原始凭证和费用分配表直接记入运输成本明细分类账的有关项目，船舶临时从事非运输工作（如救援、临时出租、短期征用等）所发生的船舶直接费用，仍在有关船舶的成本明细账内归集，在计算运输成本时予以扣除。

企业的交通工作船舶、供应船舶、流动修理船舶以及自营港埠的港作船舶、趸船等应分别在“辅助营运费用”和“营运间接费用”中设立明细账、登记并汇集所发生的费用。不得直接计入运输成本。

3. 企业归集的船舶直接费用，应按下列规定分别由客运、货运、油运、排运等运输种类负担：

（1）客轮费用应全部由客轮客运成本负担；

（2）货轮费用应全部由货轮货运成本负担；

（3）油轮费用应全部由油轮油运成本负担；

（4）客货轮费用应分摊计入客货轮客运成本和货运成本中；

（5）拖（推）轮费用应分摊计入拖（推）驳客运成本和拖（推）驳货运（油运、排运）成本；

（6）驳船费用应按驳船种类分摊计入拖（推）驳客运成本和拖（推）驳货运（油运）成本；

（7）拖轮排运的扎排费用，应直接计入拖轮排运成本。

4. 客货轮的船舶直接费用应按下列办法在客货轮客运和客货轮货运之间分摊：

（1）客货轮的船舶直接费用中可以直接由客运和货运成本负

担的费用,应分别直接计入客货轮客运和客货轮货运成本。

(2)客货轮费用中不能直接计入客运或货运成本的共同性费用,应按客货运换算周转量的比例分摊。

计算公式为:

$$每千换算吨公里费用=\frac{客货轮船舶直接费用}{客货运换算周转量(千换算吨公里)}$$

客货轮客运应负担费用=每千换算吨公里费用×客货轮客运换算周转量(千换算吨公里)

客货轮货运应负担费用=每千换算吨公里费用×客货轮货运周转量(千换算吨公里)

(3)为了简化分摊手续,对客货轮费用中不能直接计入客运或货运成本的共同性费用,也可按客货轮载客定额(人)和载货定额(吨)的比例分摊。

5. 拖(推)轮的船舶直接费用应按下列公式计算分摊:

$$每营运千瓦天拖(推)轮费用=\frac{拖(推)轮船舶直接费用}{拖(推)轮营运千瓦天}$$

某运输种类应负担拖(推)轮费用=每营运千瓦天拖(推)轮费用×某运输种类使用拖(推)轮营运千瓦天

6. 驳船的船舶直接费用应按下列公式计算分配:

$$每营运吨天驳船费用=\frac{驳船的船舶直接费用}{驳船营运吨天}$$

某运输种类应负担的驳船费用=每营运吨天驳船费用×某运输种类使用驳船吨天

7. 企业拖驳运输(包括分节驳顶推运输)若拖(推)轮和驳船固定搭配使用,搭配使用的拖(推)轮和驳船的船舶费用可合并归集,在计算拖驳运输成本时不再进行分配。如临时使用其他船舶生产营运,可按上述办法计算分配。

8. 企业各类运输船舶的船舶直接费用,在计算运输成本时,应扣除与运输成本无关的费用(临时从事非运输工作所应负担的船舶直接费用),其中客轮、客货轮、货轮、油轮、驳船应按每营运吨天的船舶直接费用和船舶从事非运输工作营运吨天计算。拖(推)轮应按每营运千瓦天船舶直接费用和船舶从事非运输工作营运千瓦天计算。计算公式分别为:

$$每营运千瓦天的船舶直接费用=\frac{船舶直接费用}{船舶营运千瓦天}$$

与运输成本无关的费用=每营运千瓦天的船舶直接费用×船舶从事非运输工作营运千瓦天

9. 企业应将各运输种类负担的船舶直接费用,按月编制“船舶直接费用分配表”据以计入各运输种类成本。

(二)船舶维护费用:

1. 船舶维护费用的项目及具体内容规定如下:

(1)工资:指非通航期留船船员的工资。

(2)职工福利费:指按规定提取的职工福利费。

(3)燃料:指非通航期船舶所耗用的燃料。

(4)材料:指船舶在非通航期领用的维护用材料和低值易耗品等。

(5)保卫费:指船舶在非通航期为防止事故、防火所发生的费用。

(6)破冰费:指为保护船舶免受流冰损坏和清除船上冰雪所发生的费用。

(7)其他费用:指不属于以上项目的船舶维护费用。

2. 企业应设置“船舶维护费用”明细分类账,并按规定的费用项目设置专栏进行明细核算(非通航期的内河运输企业船舶维护费用,可按航期前、航期后分别设立明细分类账),财会部门应根据有关记账凭证和费用汇总表,按照费用发生的先后,序时登记入账,归集实际发生的船舶维护费用。

3. 企业在非通航期发生的船舶维护费用,应按下列办法处理:

航期前的费用视同“待摊费用”处理,航期后的费用视同“预提费用”处理。计算公式如下:

(1)航期前的船舶维护费用:

$$计划分配率=\frac{航期前实际发生船舶维护费用}{全年计划通航期天数}\times 100\%$$

通航期某月份运输成本应负担船舶维护费用 = 该月份通航天数 × 计划分配率

(2)航期后的船舶维护费用：

$$计划分配率=\frac{航期后的船舶维护费预算数}{全年计划通航期天数}\times 100\%$$

通航期某月份运输成本应负担船舶维护费用 = 该月份通航天数 × 计划分配率

企业应将通航期每月运输成本应负担的船舶维护费用，按照各运输种类船舶费用的比例分摊，编制“船舶维护费用分配表”据此计入各运输种类成本。

年度终了，企业应将全年的船舶维护费用实际发生数与分配数之差额，调整到当年的运输成本。

(三)集装箱固定费用：

1. 集装箱固定费用是指内河运输企业从事集装箱运输业务所发生的集装箱固定费用。其项目及具体内容如下：

(1)折旧费：指集装箱按规定提取的折旧费用。

(2)修理费：指企业实际支付修理集装箱的费用。

(3)保管费：指为保管集装箱所发生的费用。

(4)保险费：指企业实际支付集装箱的保险费用。

(5)租费：指企业支付的集装箱租赁费用。

(6)其他费用：指集装箱所发生的除上述项目以外的其他费用。

集装箱固定费用不包括集装箱的装卸、绑扎、拆箱、换装、整理等集装箱货物费用。

2. 企业应按集装箱类型设置“集装箱固定费用”明细分类账，按规定的费用项目设置专栏进行明细核算。

3. 所发生的集装箱固定费用，能直接计入营运成本的则直接计入，不能直接计入的需按一定比例分摊计入。由运输成本负担

的集装箱固定费用,可按各运输种类船舶直接费用的比例分摊计入各运输种类成本。计算公式如下:

$$集装箱固定费用分配率=\frac{集装箱固定费用}{各运输种类船舶直接费用总额}$$

某运输种类成本应负担的集装箱固定费用=该运输种类船舶直接费用×集装箱固定费用分配率

4. 企业的集装箱固定费用,应在月终按实际发生数进行分配。

(四)运输总成本和单位成本的计算:

1. 企业全部运输船舶所发生的船舶直接费用及分配由运输成本负担的船舶维护费用、集装箱固定费用和营运间接费用,扣除与运输成本无关的费用,即为企业的运输总成本。其计算公式为:

运输总成本=船舶直接费用+船舶维护费用+集装箱固定费用+营运间接费用-与运输无关费用

运输总成本除以换算周转量即运输综合单位成本。计算公式为:

$$运输综合单位成本=\frac{运输总成本(元)}{换算周转量(千换算吨公里)}$$

2. 企业各类船舶所发生的经按运输种类归集、分配的船舶直接费用和分配由各运输种类成本负担的船舶维护费用、集装箱固定费用及营运间接费用,扣除与该类运输成本无关的费用,即为各运输种类的总成本,各运输种类总成本按客、货运汇集即是企业客运和货运总成本。

各运输种类总成本和客、货运总成本分别除以各运输种类周转量和客、货运周转量即为各运输种类单位成本和客、货运输单位成本。计算公式为:

$$各运输种类的单位成本=\frac{各运输种类总成本(元)}{各运输种类周转量(千人公里或千吨公里)}$$

$$客(货)运单位成本=\frac{客(货)运总成本(元)}{客(货)运周转量(千人公里或千吨公里)}$$

**第一〇七条** 汽车运输业务成本项目规定如下:

(一)车辆直接费用:

1. 工资:指按规定支付的营运车辆司机和助手的标准工资,各种工资性津贴以及按规定计算的各种奖金。

2. 职工福利费:指按规定的工资总额和提取标准计提的职工福利费。

3. 燃料:指营运车辆运行中所耗用的各种燃料,如汽油、柴油等。自动倾卸车辆卸车时所耗用的燃料,也在本项目内。

4. 轮胎:指营运车辆耗用的外胎、内胎、垫带、轮胎翻新和修补费。

5. 修理费:指营运车辆进行各级护养和小修所发生的工料费用,修复旧件费用和行车用机油费用,以及车辆大修费用,采用总成互换保修法的企业,保修部门领用周转总成价值和卸下总成的修理费用,也在本项目内核算。

6. 折旧:指营运车辆按规定计提的折旧费。

7. 养路费:指按规定缴纳的公路养护费。

8. 运输管理费:指按规定向交通规费征稽部门缴纳的运输管理费。

9. 车辆保险费:指向保险公司交纳的营运车辆的保险费用。

10. 事故损失:指营运车辆在运行过程中,因行车事故所发生的净损失。有旅客保险收入的企业,其旅客伤亡事故损失和车站责任发生的货损货差以及由于不可抗拒的原因而造成的非常损失,均不在此项目内。

11. 税金:指企业按规定交纳的车船使用税。

12. 其他:指营运车辆在运行过程中发生的不属以上项目的行车杂费等其他费用。

(二)营运间接费用:指运输企业的下属分公司、车队、车场、车站的管理费用。

**第一〇八条** 汽车运输业务的成本计算方法:

(一)企业的汽车运输支出,应按成本计算对象分别设置“客车运输支出”、“货车运输支出”、“大型车组运输支出”、“特种车运输支出”等多栏式明细分类账,并根据企业的具体情况,按车型或单车设置账页,按规定的成本项目设置专栏。

（二）企业的营运车辆在运输过程中发生的费用，应根据原始凭证和有关资料，计入运输成本明细分类账的有关项目。企业公务车、交通车和救济专用车的有关费用，应根据原始凭证和有关费用资料，分别在车队（场）经费、车站经费或企业管理费用等明细账中归集，不直接计入“运输支出”科目有关明细分类账。

（三）核算车队完全成本的企业，车队应设置运输成本明细分类账，除核算其直接管理的各项费用和车队经费外，还应分摊车站经费和材料成本差异。车队经过归集、分配而汇集的全部车辆费用和车队经费，加上应由本车队当期运输业务负担的车站经费，即为车队运输总成本。企业汇编车队运输总成本，即为企业运输总成本。

（四）不核算车队完全成本的企业，一般只核算直接管理的各项费用和车队经费，车站经费、材料成本差异可以不在车队间进行分配。月终，车队通过各种原始凭证汇总表、分配表汇集的全部车辆费用和车队经费，即为车队运输总成本。企业汇编车队运输总成本，并调整材料成本差异，加上应由本期运输成本负担的车站经费，即为企业运输总成本。

车辆较少的企业，可由企业集中核算成本。

（五）企业可以根据经济责任制的需要，核算单车成本。车队成本、单车成本的核算形式，具体计算方法由企业根据本办法的有关规定和本企业的具体情况定。

（六）企业必须分别计算客车、货车、大型车组、集装箱车、其他特种车辆的单位成本，不计算综合单位成本，计算公式分别为：

$$\text{客车运输单位成本(元/千人公里)} = \frac{\text{客车总成本}}{\text{客车周转量(人公里)}} \times \frac{1}{1000}$$

$$\text{货车运输单位成本(元/千吨公里)} = \frac{\text{货车总成本}}{\text{货车周转量(吨公里)}} \times \frac{1}{1000}$$

$$\text{大型车组运输单位成本(元/千吨位小时)} = \frac{\text{大型车组总成本}}{\text{大型车组运输量(吨位小时)}} \times \frac{1}{1000}$$

$$\text{集装箱车运输单位成本(元/千标准箱公里)} = \frac{\text{集装箱车总成本}}{\text{集装箱周转量(标准箱公里)}} \times \frac{1}{1000}$$

$$其他特种车辆运输单位成本(元/千吨公里)=\frac{其他特种车辆运输总成本}{其他特种车辆周转量(吨公里)}\times\frac{1}{1000}$$

**第一〇九条** 运输企业成本降低额的计算公式为：

各运输种类成本降低额 = 上年实际各运输种类单位成本 × 本期各运输种类实际周转量 - 本期各运输种类总成本

客（货）运成本降低额 = 上年实际客（货）运单位成本 - 本期客（货）运实际周转量 - 本期客（货）运总成本

综合成本降低额 = ∑[上年实际单位成本 × 本期实际周转量] - 本期实际总成本

**第一一〇条** 运输企业成本降低率的计算公式为：

$$各运输种类成本降低率=\frac{各运输种类成本降低额}{上年实际各运输种类单位成本\times本期各运输种类实际周转量}\times100\%$$

$$客(货)运成本降低率=\frac{客(货)运输成本降低额}{上年实际客(货)单位成本\times本期客(货)运实际周转量}\times100\%$$

$$综合成本降低率=\frac{综合成本降低额}{\sum[上年实际单位成本\times本期实际周转量]}\times100\%$$

## 第二节　装卸业务成本的计算

**第一一一条** 企业装卸业务的成本核算对象是货物装卸业务。海河港口企业根据经营管理需要，还应分别以下列对象为装卸业务的成本核算对象。

1. 以煤炭、石油、矿石、散化肥、木材、粮食、集装箱、杂货等主要货种为成本核算对象；

2. 以装卸队、机械队、电气队、工具队、综合装卸队等成本责任部门为成本核算对象；

3. 以码头、泊位等装卸作业场所为成本核算对象；

4. 根据装卸费率结构，按货种按操作过程划分成本核算对象，核算分货种分操作过程的装卸成本。

**第一一二条** 装卸业务的成本计算单位为“千操作吨”、“千吞吐吨”、“千自然吨”。集装箱装卸业务的成本计算单位可采用“标准箱”和“千吨”两种。

第一一三条　企业装卸业务成本项目规定如下：

（一）装卸直接费用：

1. 工资：指应由装卸成本负担的装卸工人、现场指导人员，机械司机、机械队保修人员，各种机械化装卸系统的操作人员、装卸工具的维修、保管人员，以及装卸队（或综合装卸队，下同）、机械队、工具队管理人员的工资。

2. 职工福利费：指按上述应列入装卸成本的工资的规定比例计提的职工福利费。

3. 材料：指装卸作业中实际耗用的各种材料，以及装卸队、机械队、工具队自行维修保养装卸机械、装卸工具耗用的材料。

4. 燃料：指各种装卸机械实际耗用的燃料，装卸工具维修耗用的燃料也列入本项目。

5. 动力及照明：指装卸作业中发生的动力及照明费。

6. 低值易耗品：指应由本期装卸成本负担，按照规定的摊销方法计算的抓斗、漏斗、网络、货盘工具等低值易耗品的摊销额。集中保管使用的劳保用品和应由本企业负担的港际成组工具费，也列入本项目。

7. 折旧费：指应由装卸成本负担的各种装卸机械、机械化装卸系统、机械队、工具队自行保养装卸机械、装卸工具所使用的机器设备，以及由装卸成本负担的机械库、工具库、队部办公用房等固定资产的折旧费。

8. 修理费：指为保证上述固定资产正常运转而发生的修理费。

9. 租费：指租用外单位装卸机械、设备、工具而发生的租费。

10. 外付劳务费：指企业聘用外单位人员进行作业所支付的劳务费。

11. 劳动保护费：指应由装卸成本负担的劳动安全保护费用。

12. 事故损失：指在装卸作业过程中，因港方责任造成，应由本期装卸成本负担的货损、机损、人身伤亡等事故所发生的损失。包括货物落水、破损等货损货差所造成的损失，损坏船方设备所支付的修理费，以及人身伤亡事故所支付的各种费用。

13. 保险费:指应由本期装卸成本负担的财产物资的保险费用。

14. 税金:指应直接由装卸成本负担的税金。

15. 其他:指在装卸作业过程中发生的不属于以上项目的其他费用。

(二)营运间接费用:指应由装卸成本负担的营运间接费用。

**第一一四条** 装卸成本的计算方法如下:

(一)装卸支出明细账的设置:

1. 以货物装卸业务为成本核算对象的企业,应设置多栏式"装卸支出"明细分类账,按规定的成本项目设置专栏。

2. 以主要货种为成本核算对象的企业,可按货种设"装卸支出"明细账,并按成本项目设专栏。

3. 以成本责任部门为成本核算对象的企业,可按装卸队、机械队、工具队等装卸作业部门设置"装卸支出"明细账,并按成本项目设置专栏归集装卸直接费用;对难以归口到责任部门的装卸直接费用,另设"装卸支出"明细账,按成本项目设置专栏。

4. 以货种和操作过程为成本核算对象的企业,可参照本条第二款的规定设置"装卸支出"明细账。

(二)主要货种装卸成本的计算:

1. 货种装卸成本一般年终一次计算,月度按专业码头、泊位或其他成本责任部门归集装卸直接费用,分配营运间接费用,年末计算货种的装卸总成本和单位成本。

2. 非专业码头从事多种货物装卸作业,可根据按责任部门归集的直接费用,分别按以下方式计算货种装卸成本。

(1)装卸队的费用按实际从事货种装卸作业的工时比例分摊到有关货种。

(2)机械队的费用可按实际从事各货种装卸作业的机械台时比例分摊到有关货种。

(3)工具队的费用应分成两部分。工具的采购、制造成本可根据统计资料先分摊到相关货种,工具队的其他费用按各货种分摊的工具采购、制造费用的比例分摊。

(4)事故费用、劳动保护费等无法直接计入有关责任部门费用按上述计入货种成本的装卸队、机械队、工具队的直接费用的比例分摊。

(5)应扣减的与装卸成本无关的费用参照上述事故费用、劳动保护费用的分摊方法按比例扣减。

3. 财务部门根据各单位上报的分货种装卸成本汇总资料,按各货种成本项目费用比例分摊直接支付的装卸支出,并编制年度装卸成本计算表。

4. 专业化码头临时兼营其他货物装卸业务,也视同专业码头货种计算。非专业码头经营的货物装卸业务,如果某种货物的数量较少,可忽略不计,按从属多数的方法,归并到其他货种计算。

(三)汽车运输企业装卸队装卸成本的计算:

1. 装卸队核算间接费用的企业,装卸队应设置装卸成本明细账,进行账务处理,除核算装卸队直接管理的各项成本费用外,还应分摊规定的间接费用,装卸队汇集的全部装卸成本费用,加上应由装卸队当期装卸总成本、企业汇编各装卸队的全部成本,即为企业装卸总成本。

2. 装卸队不核算间接费用的企业,一般只核算直接管理的各项成本费用,当期应由装卸业务负担的间接费用,可以不分配给装卸队。月终,装卸队通过各种原始凭证汇总表和有关费用资料,汇集全部装卸业务的成本费用,即为装卸队装卸总成本。企业汇编各装卸队装卸总成本,加上应由本期装卸业务负担的间接费用,即为企业装卸总成本。

**第一一五条** 装卸综合单位成本和主要货种单位成本的计算公式如下:

$$装卸综合单位成本=\frac{装卸总成本(元)}{装卸工作量(千操作吨)}$$

$$装卸货种单位成本=\frac{货种装卸总成本(元)}{货种装卸工作量(千操作吨)}$$

**第一一六条** 装卸成本降低额和成本降低率计算公式为：

$$成本降低额=\sum(上期货种单位成本\times本期货种实际产量)-本期装卸总成本$$

$$成本降低率=\frac{成本降低额\times100\%}{\sum(上期货种单位成本\times本期货种实际产量)}$$

**第一一七条** 为了加强成本管理，优化装卸工艺，降低生产耗费，提高企业经营管理水平，有条件的企业应该分货种分操作过程计算装卸成本。

（一）计算分货种分操作过程装卸成本，应以操作吨作为一般的成本计算单位，以标准箱作为集装箱货物的成本计算单位。

（二）计算分货种分操作过程装卸成本，应把货物分五大货类41货种：

| 一、散货 | 二、袋物 | 三、钢铁 | 四、其他 | 五、集装箱 |
|---|---|---|---|---|
| 1-1 统煤 | 2-1 袋粮 | 3-1 生铁 | 4-1 原木 | 5-1 国际箱 |
| 1-2 块煤 | 2-2 袋糖 | 3-2 有色金属锭 | 4-2 成材木 | 5-2 国内箱 |
| 1-3 粉煤 | 2-3 袋盐 | 3-3 钢锭 | 4-3 橡胶 | |
| 1-4 粉矿 | 2-4 袋化肥 | 3-4 废金属 | 4-4 车辆 | |
| 1-5 块矿 | 2-5 袋纯碱 | 3-5 卷钢 | 4-5 桶物 | |
| 1-6 矿建 | 2-6 袋水泥 | 3-6 其他钢铁 | 4-6 设备 | |
| 1-7 散粮 | 2-7 其他袋物 | | 4-7 卷筒纸 | |
| 1-8 散糖 | | | 4-8 夹板纸 | |
| 1-9 散盐 | | | 4-9 纸浆 | |
| 1-10 散化肥 | | | 4-10 集装袋 | |
| 1-11 散纯碱 | | | 4-11 其他杂货 | |
| 1-12 原油 | | | | |
| 1-13 成品油 | | | | |
| 1-14 液体 | | | | |
| 1-15 其他散货 | | | | |

（三）计算分货种分操作过程装卸成本，操作过程分为七类：

1. 船(驳)↔库、场

2. 船(驳)↔船(驳)

3. 船(驳)↔卡车

4. 船(驳)↔火车

5. 库、场↔卡车

6. 库、场↔火车

7. 库、场↔库、场

(四)上述货物及操作过程的分类方法,适用于所有海河港口企业。但是每个企业在计算本企业的分货种分操作过程装卸成本时,可结合本企业的装卸作业对象和作业方式,确定要计算的货种和操作过程、数量较少的货种和操作过程可以归并到相近的货种和操作过程。管道装卸、浮筒装卸作业较多的企业可以单独计算管道、浮筒作业的装卸成本,按可视作业两端船、库、车类别归并到以上七种作业过程。

(五)分货种分操作过程装卸成本按年计算,以一个会计年度作为计算期,使月度费用支出的偶然因素在年度内相互抵消,提高成本资料的正确性和可比性。

(六)计算分货种分操作过程装卸成本应遵循以下几个原则。

1. 计算分货种分操作过程装卸成本,必须以计算期的企业装卸总成本为依据,分货种分操作过程的直接费用,公司(作业区)和局的管理费用必须与计算期装卸成本报表的对应项目一致。

2. 计算分货种分操作过程装卸成本,必须遵循受益原则。凡是能直接计入货种操作过程成本的,应直接计入,不要采用分配方法;不能直接计入货种操作过程成本的间接费用,可按合理的标准分配计入。

3. 分货种分操作过程的操作吨,必须与统计部门"装卸工作月报"(剔除供水、集装箱和货主自营装卸的操作吨)的操作吨数据一致;分操作过程的集装箱部标准箱量必须与劳资部门"分类定额效率统计表"的集装箱数一致。

（七）为了做好分货种分操作过程装卸成本核算工作，企业有关职能部门必须提供以下资料：

1. 计划统计部门提供：

（1）装卸货物的操作吨。

（2）装卸集装箱的标准箱。

2. 劳资部门提供：

（1）分货种分操作过程的操作吨。

（2）分货种分操作过程的装卸工人作业工时和作业工资。

（3）分货种分操作过程的操作吨。

3. 机电部门提供：

（1）各类装卸机械单车核算的统计资料。

（2）各类装卸机械设备额定功率、能耗定额及耗能记录。

（3）分货种分操作过程的各类装卸机械设备作业时和相应的起运吨。

4. 财会部门提供：

（1）装卸机械设备的固定资产卡片。

（2）按经济用途归集的装卸成本费用。

（八）成本项目：

分货种分操作过程装卸业务的成本项目按费用用途设以下几项：

1. 装卸人工费：指装卸队在生产管理过程中所发生的全部费用和外付劳务费。

2. 装卸机械费：指应由装卸成本负担的机械队、电气队等部门所发生的机械设备的营运费用、修理费用、折旧费用和设备管理费用。

3. 装卸工具费用：指应由装卸成本负担的装卸工具的购置、修理、制造费用和工具管理部门为整理、收发、保管工具所发生的费用。

4. 其他装卸费用：指在装卸过程中发生的不能归入上述成本项目的其他装卸直接费用。

5. 管理费用:指由装卸成本负担的营运间接费用和管理费用。

6. 财务费用:指应由装卸成本负担的借款利息、汇兑损益等费用。

(九)成本费用的分摊:

计算分货种分操作过程装卸成本,要把按上述成本项目归集的费用按以下方法分配计入有关货种、有关操作过程的装卸成本。

1. 装卸人工费的分摊

有分货种分操作过程装卸工人计件工资统计资料的企业,装卸人工费中的计件工资费用按实际发生数计入有关货种操作过程成本,其他费用按装卸工人计件工资的比例分摊,无统计资料的企业,装卸人工费按装卸工人作业工时或定额工时比例分摊。

货种操作过程人工费=该货种该操作过程耗用作业工时×单位工时成本

$$单位工时成本=\frac{人工费合计数}{全部作业工时合计数}$$

2. 装卸机械费的分摊

装卸机械按机械设备作业台时比例分摊。

某货种某操作过程的机械费=∑投入该货种该操作过程各类机械设备的作业台时×各类机械设备的台时单价

各类机械设备的台时单价等于各类机械设备的营运成本除以各类机械设备的作业台时。各类机械的营运成本通过单车(或单类机械)经济核算取得。固定机械(一般为大型机械)实行单车核算、流动机械(一般为中、小型机械)实行分类核算,单车核算和分类核算都包括司机人工费用、保养维修费用、折旧费用和其他费用。

某类机械设备费用除以该机械设备的作业台时,即该机械设备单位台时成本。

$$某类机械设备的单位台时成本=\frac{该类机械设备费用}{该类机械设备作业台时}$$

3. 装卸工具费的分摊

工具费按装卸工具适用货类、适用操作过程的操作吨分摊。

(1)成组工具费用按成组工具适用货种的操作吨分摊。

某货种某操作过程的成组工具费用 = 该货种操作过程操作吨 × 单位成组工具费用

$$单位成组工具费用 = \frac{成组工具费用总额}{成组货物操作吨}$$

(2)特种工具费用直接计入有关货种的操作成本之中。

(3)通用工具费用则按所适用货种的操作吨比例分摊。

某货种某操作过程的其他工具费用 = 该货种该操作过程完成的操作吨 × 单位通用工具费用

$$单位通用工具费用 = \frac{成组工具费用总额}{适用货类操作吨}$$

(4)工具管理费用(工具队发生的工具收发、整理、保管费用)按计入分货种分操作过程装卸成本的工具直接费用比例分摊。

4. 其他装卸直接费用、管理费用和财务费用的分摊

其他装卸直接费用和计入装卸成本的营运间接费用、管理费用、财务费用按分货种分操作过程装卸成本直接费(人工费 + 机械费 + 工具费)的比例分摊。

分货种分操作过程装卸成本直接费加上分摊入的其他装卸直接费用、营运间接费用管理费用和财务费用,即为分货种分操作过程的装卸总成本。分货种分操作过程的装卸总成本分别除以相应的操作吨(或标准箱),即为分货种分操作过程的装卸单位成本。

$$某货种某操作过程装卸单位成本 = \frac{该货种该操作过程装卸成本合计数}{该货种该操作过程操作吨}$$

计算分货种分操作过程装卸成本,采用列表计算方法。

计算方法如下:

1. 根据“装卸支出明细分类账”,编制“装卸成本计算表”(见附表 4-1),将装卸总支出按成本项目和费用要素归类分解。

2. 编制“人工费分摊计算表”(见附表4-2),计算工时单价。

3. 编制“分类机械设备台时单价计算表”(见附表4-3),分别求得各类装卸机械的台时单价和起运吨单位成本。

4. 编制“分货种分操作过程机械费计算表”(见附表4-4),计算各个货种各类操作过程的机械费。

5. 编制“工具费分摊计算表”(见附表4-5),计算分类工具总费用和每操作吨工具费用。

6. 根据上述各表的数据,编制“分货种分操作过程装卸成本计算表”(见附表4-6),计算各个货种各类操作过程的单位成本。

## 第三节　堆存业务成本的计算

**第一一八条**　企业堆存业务的成本计算对象为仓库、堆场、油罐、筒仓等的货物堆存业务。

**第一一九条**　企业堆存业务成本项目规定如下:

(一)堆存直接费用:

1. 工资:指企业从事堆存业务的人员工资。

2. 职工福利费:指按上述工资和规定比例提取的职工福利费。

3. 材料:指库场实际耗用的各种材料。

4. 低值易耗品:指应由本期堆存成本负担的油布、防风网罩、垫仓板等堆存工具和其他低值易耗品的摊销额。

5. 燃料:指库场专用机械设备实际耗用的煤、汽油、柴油等燃料。

6. 动力及照明费:指库场耗用的照明费及冷藏库、机械化粮仓耗用的动力费。

7. 折旧费:指堆存作业中使用的仓库、货棚、筒仓、油罐等堆存设备,按照规定计提的折旧费。

8. 修理费:指为保证堆存设施正常使用而进行的各类修理所支付的费用。

9. 租费:指港口企业租入库场等堆存设备按规定应列入成本的租费。

10. 外付劳务费：指企业聘用外单位人员进行堆存作业所支付的劳务费。

11. 劳动保护费：指用丁堆存作业的职工劳动保护费用。

12. 事故损失：指在堆存作业过程中，因港方责任而造成的货损货差等事故损失。

13. 保险费：指应由堆存业务成本负担的财产物资的保险费用。

14. 税金：指企业的库场设施按规定应交纳的房产税。

15. 其他：指不属于以上项目的堆存直接费用。

（二）营运间接费用：指由堆存成本负担的营运间接费用。

**第一二〇条** 堆存业务成本计算方法如下：

（一）企业的堆存业务支出，应设置多栏式“堆存支出”明细分类账，按成本责任部门（各库场队）或仓库、油罐、粮仓等设置账页，按规定的成本项目设置专栏。

（二）港口归集的堆存直接费用，在计算堆存成本时，应扣除“堆存无关支出”。堆存无关支出的计算可根据不同情况区别对待。

1. 部分仓库、堆场长期出租应扣除的无关支出的计算公式如下：

$$\text{应扣堆存无关支出}=\frac{\text{出租仓库（场地）面积}}{\text{仓库（场地总面积）}}\times\text{仓库、场地全部费用}$$

2. 整块堆场、整座仓库长期出租可将该堆场仓库的全部支出直接结转到“其他业务支出”。

3. 在用堆存设备（如铺、垫设备）短期出租应扣除的无关支出可按租金收入的一定比例计算，也可规定内部结算单价，按以下公式计算：

应扣堆存无关支出 = 每日每件应扣费用 × 出租天数 × 出租设备件数

4. 在用堆存设备长期出租，根据确定的价格和出租的数量从出租月份的堆存成本中一次予以扣除，转入“其他业务支出”。

5. 租赁期满,企业收回堆存设备,对尚可使用的堆存设备,按质论价,冲减“其他业务支出”,转入“堆存支出”。

企业应根据业务部门提供的仓库、堆场及堆存设备的出租资料,编制“堆存无关支出计算表”,据此将无关支出结转到“其他业务支出”。

(三)装卸公司(或作业区)经过归集、分配和扣除无关支出而汇集的全部堆存直接费用和分摊计入堆存成本的营运间接费用,加上由港务局直接支付未转给所属公司负担的堆存费用,即为企业的堆存总成本。

(四)堆存成本的程序与装卸成本的计算程序基本类同。

(五)企业的堆存业务,计算堆存单位成本或收入成本率,计算公式如下:

$$堆存单位成本(元/吨天)=\frac{堆存总成本}{堆存吨天}$$

$$堆存收入成本率=\frac{堆存总成本}{堆存总收入}\times 100\%$$

## 第四节　港务管理业务成本的计算

**第一二一条**　企业港务管理业务的成本核算对象是本企业的港务管理业务。企业根据经营管理的需要,还可以核算码头管理、引航管理、航道管理、铁路专用线管理、系解缆管理业务等单项港务管理业务成本。

**第一二二条**　海河港口企业港务管理业务成本项目规定如下:

(一)港务管理直接费用:

1. 工资:指应由港务管理业务成本负担的码头管理、航道管理、引航管理、系解缆管理、岸线管理、环境监测等港务管理人员的工资。

2. 职工福利费:指按上述应列入港务管理业务成本的工资的规定比例计提的职工福利费。

3. 材料:指港务管理部门、港务管理设施及港务作业船舶、车辆等耗用的材料、物料及低值易耗品。

4. 燃料:指港务管理部门、港务管理设施及港务作业船舶、车辆等耗用的燃料。

5. 动力及照明:港务设施耗用的照明费、动力费。

6. 折旧费:指应由港务管理业务成本负担的码头、浮筒、栈桥,驳岸、护岸、防波堤、防火堤、导流堤、船闸、港区围墙、道路、桥涵、铁路、港务管理专用船舶、车辆、房屋及其他设备等固定资产的折旧费。

7. 修理费:指应由港务管理业务成本负担的各类修理费用。

8. 防台、防汛措施费:指企业采取防台、防汛措施所发生的费用。

9. 租费:指因经营港务管理业务租用的船舶、车辆、房屋及其他设备所支付的租赁费。

10. 外付劳务费:指企业聘用外单位人员从事港务管理业务所支付的劳务费。

11. 劳动保护费:指应由港务管理业务成本负担的劳动安全保护费用。

12. 疏浚费:指港池、锚地、进港航道等的维护性挖泥所发生的费用。航道、泊位、港池、锚地的测量费用也应包括在本项目。

13. 保险费:指港务管理业务专用船舶、车辆、房屋等资产的保险费。

14. 应交上级港务费:指港口企业按规定应交上级主管部门的港务管理收入。

15. 税金:指企业支付的车船使用税等。

16. 其他:不属于以上项目的港务管理直接其他费用。

(二)营运间接费用:指应由港务管理成本负担的营运间接费用。

**第一二三条** 港务管理业务成本的计算方法如下:

(一)企业应设置“港务管理支出”总分类账和明细分类账。

“港务管理支出”明细分类账可按单项管理业务或责任部门设置账页,按规定的港务管理业务成本项目设置专栏。

(二)港务管理业务的计算程序与装卸成本的计算程序类同。

**第一二四条** 港务管理业务只核算业务总成本和单项管理业务成本,不计算单位成本。

## 第五节 其他业务成本的计算

**第一二五条** 其他业务是企业主营业务以外的业务。

(一)运输企业其他业务项目主要包括:旅客服务、代理业务,旅游服务、劳务出租、打捞施救、理货业务、港务业务、轮渡业务、固定资产出租、船舶修理、供销业务、引水业务、通讯业务、广告业务、旅馆业务、客货轮船员职责外劳务、附属企业销售等。

(二)港口企业的其他业务项目主要包括:运输业务、代理业务、理货业务、散装货灌包业务、集装箱服务业务、出租业务、供应业务、旅客服务业务、外派劳务业务等。

**第一二六条** 其他业务成本核算对象由企业根据其他业务的内容确定。

**第一二七条** 为了核算其他业务成本、企业应设置“其他业务支出”明细分类账、按其他业务类别设置账页,按相应的成本项目设置专栏进行明细核算。

**第一二八条** 其他业务的成本项目由企业根据各业务费用发生的实际情况自行设置。为了便于企业进行成本分析,凡其他业务成本中涉及到下列费用的,应单独反映:

(一)直接费用:

1. 工资;

2. 职工福利费;

3. 燃润料;

4. 材料及劳保用品;

5. 折旧费;

6. 修理费;

7. 租费；

8. 保险费；

9. 税金；

10. 其他直接费用。

（二）营运间接费用：指应由其他业务成本负担的营运间接费用。

**第一二九条** 其他业务成本的计算方法：

（一）企业经营其他业务所发生的直接费用，应根据有关凭证按业务类别直接计入“其他业务支出”相应成本项目。不能直接计入其他业务成本的，可先在“营运间接费用”、“辅助营运费用”等科目核算。月终，将这些费用按规定的分配标准分配计入有关业务成本。

各业务类别汇集的直接费用，与应由该业务类别负担的间接费用之和即为该业务类别的其他业务总成本。

（二）企业经营其他业务所发生的不易单独归集的费用，可按收入扣减流转税后的数额作为其他业务成本。

（三）其他业务一般不计算单位成本。其成本考核指标为“收入成本率”。计算公式为：

$$\text{某项其他业务收入成本率} = \frac{\text{某项其他业务总成本}}{\text{某项其他业务总收入}} \times 100\%$$

# 第十三章 期间费用的核算

## 第一节 管理费用的核算

**第一三〇条** 管理费用是指企业行政管理部门为组织和管理营运活动而发生的各项费用。管理费用的项目及具体内容主要包括：

（一）公司经费。其具体内容如下：

1. 工资：指管理部门的职工工资及其他按规定在管理费用中列支的其他人员的工资。

2. 职工福利费:指企业按照规定提取的管理部门和福利部门的职工福利费。

3. 物料消耗:指企业管理部门耗用的燃、材料。

4. 低值易耗品摊销:指管理部门所使用的低值易耗品的摊销费。

5. 折旧费:指企业管理部门和非生产部门的固定资产,按规定计提的折旧。

6. 修理费:指企业管理部门固定资产发生的修理费用。

7. 办公费:指企业管理部门的文具、印刷、邮电、办公用品等。

8. 水电费:指管理部门消耗水电费用。

9. 租赁费:指管理部门使用自外部租入各种固定资产和用具等按规定在成本中列支的租金。

10. 差旅费:指企业职工因公外出的各种差旅费,以及按规定支付的职工及家属的调遣费。企业的交通车船费用,按规定支付给职工的交通补贴,以及企业职工因出国考察、签订合同、培训等按规定支付的各种费用均包括在本项目内。

11. 业务费:指企业管理使用的业务票据、航海图书、技术书刊等费用。

12. 取暖费:指管理部门所支付的取暖费。

13. 会议费:指企业因召开会议按规定支付的各种费用,其中包括:会议伙食费、会议公杂费、住宿费和会场租赁费、会议交通费等。

14. 劳动保险费:指企业管理部门按规定发给职工个人保管使用的工作服和其他劳动保护用品,以及防暑、防寒保健饮料和其他劳保安全措施费用。

15. 其他:指不包括在以上项目内的其他各种公司经费。

(二)工会经费。

(三)职工教育经费。

(四)劳动保险费。

(五)待业保险费。

（六）董事会费。

（七）咨询费。

（八）审计费。

（九）诉讼费。

（十）排污费。

（十一）绿化费。

（十二）税金：是指企业按照规定支付的房产税、车船使用税、土地使用税、印花税等。

（十三）土地使用费（海域使用费）。

（十四）土地损失补偿费。

（十五）技术转让费。

（十六）技术开发费。

（十七）无形资产摊销。

（十八）业务招待费。

（十九）燃、材料盘亏和毁损：是指按规定应由企业管理费列支的燃料、材料的盘亏和毁损。盘盈应在本项目内减除。

（二十）坏账损失：是指企业按规定列入成本的坏账损失。

（二十一）警卫消防费：是指企业警卫、消防机构的日常经费，如消耗的消防用材料物资及行政管理部门购置的消防器材费用等，为船舶和客货运输安全工作专设的消防机构的经费开支，不包括在本项目内。

（二十二）仓库经费：是指材料仓库为进行保管、整理等工作所耗用的材料和各种费用。

（二十三）递延资产摊销：是指企业在筹建期间发生的开办费和以经营租赁方式租入固定资产的改良支出的摊销。

（二十四）上级管理费：是指企业按规定分摊上交给上级单位的管理费用。

（二十五）其他：是指不包括在以上项目内的其他各种管理费用。

**第一三一条** 企业应设置“管理费用”总分类账和明细分类

账,管理费用明细分类账按费用项目设置专栏。为落实内部经济责任制,企业还可按部门设置账页,根据有关记账凭证和费用汇总表,按照费用发生的先后,序时登记入账,归集管理费用。

**第一三二条** 企业每月实际发生的管理费用应在月末结转到当期损益。

## 第二节 财务费用的核算

**第一三三条** 财务费用是指企业为筹集资金而发生的各项费用,包括企业营运期间发生的利息支出(减利息收入)、汇兑净损失、金融机构手续费以及筹资发生的其他支出等。

**第一三四条** 企业流动负债的应计利息支出,计入财务费用。企业长期负债的应计利息支出,筹建期间的,计入开办费,营运期间的,计入财务费用,清算期间的,计入清算损益。其中,与购建固定资产或者无形资产有关的,在资产尚未交付使用或者虽已交付使用但尚未办理竣工决算之前,计入购建资产的价值。

**第一三五条** 月份终了,企业应当将外币现金、外币银行存款、债权、债务等各种外币账户的余额,按照月末的市场汇价折合为记账本位币金额,按照月末市场汇价折合的记账本位币金额与账面记账本位币金额之间的差额,作为汇兑损益。企业发生的汇兑损益,筹建期间发生的,如果为净损失,计入开办费,从企业开始营运的次月起,按照不短于5年的期限平均摊销,如果为净收益,从企业开始营运的次月起,按照不短于5年的期限平均转销。营运期间发生的,计入财务费用。清算期间发生的,计入清算损益。其中与购建固定资产等直接有关的汇兑损益,在资产尚未交付使用或者虽已交付使用但尚未办理竣工决算之前,计入资产的价值。

**第一三六条** 企业买卖外汇所发生的价差,计入当期财务费用。

**第一三七条** 企业因向外资银行举债支付的承诺费,计入支付当期财务费用。

**第一三八条** 财务费用核算应设置“财务费用”总分类账和

明细分类账,“财务费用”明细分类账可按财务费用的构成内容设置专栏,分类反映企业的利息收入、利息支出、汇兑损失、汇兑收益、承诺费、金融机构手续费等。

**第一三九条** 企业当月发生的财务费用应在月末时结转当期损益。

## 第十四章 成本费用报表

**第一四〇条** 企业成本报表的种类和报送时间规定如下:

(一)种类

| 报表 | 报送时间 |
| --- | --- |
| 1. 海洋运输成本计算表 | 月、年 |
| 2. 内河运输成本计算表 | 月、年 |
| 3. 汽车运输成本计算表 | 月、年 |
| 4. 装卸成本计算表 | 月、年 |
| 5. 堆存成本计算表 | 月、年 |
| 6. 港务管理业务成本计算表 | 月、年 |
| 7. 管理费用明细表 | 年 |
| 8. 财务费用明细表 | 年 |

企业应根据经营管理的需要,自行设置其他业务成本计算表,销售成本计算表,也可以将管理费用明细表和财务费用明细表合并成管理、财务费用明细表。

(二)报送时间按主管部门规定的时间报出。

(三)报送对象:

1. 交通部财务会计司;

2. 地方交通主管部门;

3. 按规定应上报的其他上级主管部门。

企业的成本、费用数据是企业加强经营管理,提高市场竞争能力的重要资料,企业一般不得随意对外提供成本报表。

**第一四一条** 编制成本、费用报表的要求:

(一)企业必须按本办法规定的时间结账,不得为赶制报表而提前结账。

（二）在编制成本、费用报表前，必须审核账簿记录，定期盘点财产物资，对资产、负债和所有者权益占用账户进行试算平衡，然后根据核对无误的会计资料编制报表。

（三）编制成本、费用报表，必须做到账表一致、内容完整、数字正确、字迹清晰、说明清楚、报送及时。成本、费用报表中的计划数字，应根据主管部门最后核定的数字填列。

（四）企业的年度成本、费用报表，应分析成本、费用计划执行情况，说明营运成本、费用升降原因。年度成本、费用报表说明要求全面详细，有情况，有分析，有建议。

（五）规定报送的成本、费用报表应同其他会计报表一道依次编定页数，加具封面，装订成册，加盖公章，封面上应注明企业名称、主管部门、报出日期等，并由企业领导、总会计师和会计主管人员签章。

（六）规定上报的成本、费用报表的格式和编制说明，由交通部统一制定。

企业可以根据统一的成本、费用报表格式和编制说明，自行制定适应本单位成本管理需要的成本、费用报表及其相应的编制说明。

## 第十五章　附　　则

**第一四二条**　本办法由交通部解释。各省、自治区、直辖市交通主管部门可根据本地区实际情况商同级财政部门，制定补充规定或实施细则，报财政部备案。

**第一四三条**　企业应根据本办法，结合本单位的实际情况，制定成本、费用计算规程。

**第一四四条**　本办法自1995年1月1日起实施，过去的有关规定与本办法有抵触者，一律以本办法为准。

**附表1**

# 海洋运输成本表

________年　　　　　　　　单位:元

| 项　　目 | 行次 | 金　额 |
|---|---|---|
| 一、航次运行费用 | 01 | |
| 1. 燃料费 | 02 | |
| 2. 港口费 | 03 | |
| 3. 货物费 | 04 | |
| 4. 集装箱货物费 | 05 | |
| 5. 中转费 | 06 | |
| 6. 垫隔材料 | 07 | |
| 7. 速遣费 | 08 | |
| 8. 客运费 | 09 | |
| 9. 事故损失 | 10 | |
| 10. 航次其他费用 | 11 | |
| 二、船舶固定费用 | 12 | |
| 1. 工资 | 13 | |
| 2. 职工福利费 | 14 | |
| 3. 润料 | 15 | |
| 4. 物料 | 16 | |
| 5. 船舶折旧费 | 17 | |
| 6. 船舶保险费 | 18 | |
| 7. 船舶修理费 | 19 | |
| 8. 税金 | 20 | |
| 9. 船舶共同费用 | 21 | |
| 10. 船舶非营运期费用 | 22 | |
| 11. 其他船舶固定费用 | 23 | |

续上表

| 项　　目 | 行次 | 金　　额 |
| --- | --- | --- |
| 加:上年未完航次支出 | 24 | |
| 减:本年未完航次支出 | 25 | |
| 计入运输成本的船舶固定费用 | 26 | |
| 三、集装箱固定费用 | 27 | |
| 四、船舶租费 | 28 | |
| 五、营运间接费用 | 29 | |
| 减:与运输无关支出 | 30 | |
| 六、运输总成本 | 31 | |
| 其中:客运成本 | 32 | |
| 货运成本 | 33 | |
| 七、运输周转量 | 34 | |
| 客运周转量(千人海里) | 35 | |
| 货运周转量(千吨海里) | 36 | |
| 八、运输单位成本(元/千换算吨海里) | 37 | |
| 客运单位成本(元/千人海里) | 38 | |
| 货运单位成本(元/千吨海里) | 39 | |
| 九、成本降低额 | 40 | |
| 客运成本降低额 | 41 | |
| 货运成本降低额 | 42 | |
| 十、成本降低率 | 43 | |
| 客运成本降低率(%) | 44 | |
| 货运成本降低率(%) | 45 | |
| 补充资料 | 46 | |
| 本年耗油数(吨) | 47 | |

## 附表2

# 内河运输成本表

______年　　　　　　　　　　　　单位:元

| 项　　目 | 行次 | 金　额 |
|---|---|---|
| 一、船舶直接费用 | 01 | |
| 1. 工资 | 02 | |
| 2. 职工福利费 | 03 | |
| 3. 燃料 | 04 | |
| 4. 润料 | 05 | |
| 5. 物料 | 06 | |
| 6. 港口费 | 07 | |
| 7. 航养费 | 08 | |
| 8. 过闸费 | 09 | |
| 9. 折旧费 | 10 | |
| 10. 修理费 | 11 | |
| 11. 事故损失 | 12 | |
| 12. 租费 | 13 | |
| 13. 保险费 | 14 | |
| 14. 劳动保护费 | 15 | |
| 15. 税金 | 16 | |
| 16. 其他费用 | 17 | |
| 二、船舶维护费用 | 18 | |
| 三、集装箱固定费用 | 19 | |
| 四、营运间接费用 | 20 | |
| 减:与运输无关支出 | 21 | |
| 五、运输总成本 | 22 | |
| 其中:客运成本 | 23 | |
| 货运成本 | 24 | |
| 六、运输周转量 | 25 | |
| 客运周转量(千人公里) | 26 | |

续上表

| 项　　目 | 行次 | 金　　额 |
| --- | --- | --- |
| 　　货运周转量(千吨公里) | 27 | |
| 七、运输单位成本(元/千换算吨公里) | 28 | |
| 　　客运单位成本(元/千人公里) | 29 | |
| 　　货运单位成本(元/千吨公里) | 30 | |
| 八、成本降低额 | 31 | |
| 　　客运成本降低额 | 32 | |
| 　　货运成本降低额 | 33 | |
| 九、成本降低率 | 34 | |
| 　　客运成本降低率(%) | 35 | |
| 　　货运成本降低率(%) | 36 | |
| 补充资料 | 37 | |
| 本年耗油数(吨) | 38 | |

## 附表3

# 汽车运输成本表

________年　　　　　　　　　　单位:元

| 项　　目 | 行次 | 金　　额 |
| --- | --- | --- |
| 一、运输总成本 | 01 | |
| (一)车辆直接费用 | 02 | |
| 1. 工资 | 03 | |
| 2. 职工福利费用 | 04 | |
| 3. 燃料 | 05 | |
| 4. 轮胎 | 06 | |
| 5. 修理费 | 07 | |
| 6. 折旧 | 08 | |
| 7. 养路费 | 09 | |
| 8. 运输管理费 | 10 | |
| 9. 事故损失 | 11 | |
| 10. 税金 | 12 | |

续上表

| 项　目 | 行次 | 金　额 |
|---|---|---|
| 11. 其他 | 13 | |
| (二)营运间接费用 | 14 | |
| 二、周转量(千换算吨公里) | 15 | |
| 三、单位成本(元/千换算吨公里) | 16 | |
| 四、成本降低额 | 17 | |
| 五、成本降低率(%) | 18 | |
| 补充资料 | 19 | |
| 耗油量(吨) | 20 | |
| 其中:汽油(吨) | 21 | |
| 　　柴油(吨) | 22 | |

## 附表4

### 装卸成本表

______年　　　　单位:元

| 项　目 | 行次 | 金　额 |
|---|---|---|
| 一、装卸总成本 | 01 | |
| (一)装卸直接费用 | 02 | |
| 1. 工资 | 03 | |
| 2. 职工福利费用 | 04 | |
| 3. 材料 | 05 | |
| 4. 燃料 | 06 | |
| 5. 动力及照明 | 07 | |
| 6. 低值易耗品摊销 | 08 | |
| 7. 修理费 | 09 | |
| 8. 折旧 | 10 | |
| 9. 租费 | 11 | |
| 10. 外付劳务费 | 12 | |
| 11. 劳动保护费 | 13 | |
| 12. 保险费 | 14 | |

续上表

| 项　目 | 行次 | 金　额 |
|---|---|---|
| 13. 事故损失 | 15 | |
| 14. 税金 | 16 | |
| 15. 其他 | 17 | |
| (二)营运间接费用 | 18 | |
| 二、装卸量(千自然吨) | 19 | |
| 三、单位成本(元/千自然吨) | 20 | |
| 四、成本降低额 | 21 | |
| 五、成本降低率(%) | 22 | |

## 附表 4-1

### 装卸成本计算表

单位:元

| 项　目 | 本期实际数 | 人工费 | 机械费 | 工具费 | 其他 | 管理费用 | 财务费用 | 备注 |
|---|---|---|---|---|---|---|---|---|
| 1. 工资 | | | | | | | | |
| 2. 职工福利费 | | | | | | | | |
| 3. 材料 | | | | | | | | |
| 4. 低值易耗品摊销 | | | | | | | | |
| 5. 燃料 | | | | | | | | |
| 6. 动力及照明 | | | | | | | | |
| 7. 折旧费 | | | | | | | | |
| 8. 修理费 | | | | | | | | |
| 9. 租费 | | | | | | | | |
| 10. 外付装卸费 | | | | | | | | |
| 11. 劳动保护费 | | | | | | | | |
| 12. 事故损失 | | | | | | | | |

续上表

| 项　　目 | 本期实际数 | 人工费 | 机械费 | 工具费 | 其他 | 管理费用 | 财务费用 | 备注 |
|---|---|---|---|---|---|---|---|---|
| 13.保险费 | | | | | | | | |
| 14.税金 | | | | | | | | |
| 15.其他 | | | | | | | | |
| 直接费用合计 | | | | | | | | |
| 管理费用 | | | | | | | | |
| 财务费用 | | | | | | | | |
| 减:无关支出 | | | | | | | | |
| 装卸总成本 | | | | | | | | |
| 操作吨 | | | | | | | | |
| 其中:集装箱操作吨 | | | | | | | | |
| 货主自理操作吨 | | | | | | | | |
| 供水操作吨 | | | | | | | | |
| 操作吨单位成本 | | | | | | | | |
| 货主自理操作吨 | | | | | | | | |

## 附表4-2

### 人工费分摊计算表

| 项　　目 | 行　　次 | 单　　位 | 金　　额 | 备　　注 |
|---|---|---|---|---|
| 人工费合计 | 1 | 元 | | |
| 直接计入 | 2 | 元 | | |
| 分摊计入 | 3 = 1 − 2 | 元 | | |
| 作业工时 | 4 | 小时 | | |
| 工时单价 | 5 = 3/4 | 元/小时 | | |

# 交通部施工企业成本费用核算办法

（交通部、财政部　交财发[1995]911号　1995.09.29）

## 第一章　总　　则

**第一条**　为适应社会主义市场经济发展需要和施工企业转换经营机制的要求，加强施工企业成本费用核算管理，努力降低工程成本，控制费用支出，提高企业的经济效益，根据财政部颁布的《企业财务通则》、《企业会计准则》、《施工、房地产开发企业财务制度》、《施工企业会计制度》等有关规定，结合航务、航道、公路工程的实际情况，制定本办法。

**第二条**　本办法适用于交通部直属施工企业。部属企、事业及双重领导港口的所属施工单位及其对外投资开办的拥有控制权的施工企业也适用本办法。

施工企业内部附属工业、运输等企业，其工业产品和劳务的成本计算，可按其业务性质参照国家有关工业、运输等行业制度和成本管理的规定执行。

各省、市、自治区交通厅（局）所属施工企业及部属自营建设单位，参照执行本办法。

**第三条**　各施工企业可根据本办法，结合生产经营特点和管理的具体情况，制定实施细则，报部备案。

## 第二章　成本费用管理

### 第一节　成本费用管理的任务和内容

**第四条**　成本费用管理的基本任务

一、在施工生产管理过程中，根据工程承包价和施工组织设计以及历史成本资料、市场调查等成本费用信息，研究成本费用变化规律，进行长期和短期、定期和不定期、综合和专项成本费用的预测，确定目标成本。

二、编制切实可行的成本费用计划，提出降低成本和控制费用的措施。

三、根据成本费用计划、有关定额和费用开支标准，结合本单位、部门成本费用发生的特点，逐级、逐项分解为可操作、可控制的指标，落实到责任单位、责任部门和责任人，对生产经营过程中发生的各种成本消耗和费用开支实行全面控制和监督。

四、正确、及时地计算主营业务成本、其他业务成本和期间费用，为企业加强内部管理，确定投标报价，参与市场竞争，进行企业决策提供成本信息。

五、分析、考核成本费用计划的完成情况，研究成本费用节约和超支的原因，挖掘企业降低成本费用的潜力，制定进一步降低成本费用的措施，提高企业的经济效益。

**第五条** 成本费用管理的主要内容包括：成本费用计划、成本费用控制、成本费用核算、成本费用分析、成本费用考核。它们互为条件、互相制约，构成一个有机的成本费用管理体系。

## 第二节 成本费用管理责任制

**第六条** 成本费用管理责任制是企业经济责任制的一项重要内容，各施工企业按照统一领导、分级归口管理的原则，根据企业内部组织分工和岗位责任制，建立和健全成本费用管理制度。

**第七条** 施工企业主要领导人成本费用管理的职责：

一、贯彻国家方针政策，执行财经制度，遵守财经纪律，制止一切侵占国家收入以及铺张浪费，虚列成本费用等损害国家利益的行为，防止国有资产流失，对生产经营的经济效果负全部责任。

二、组织各职能部门和基层单位，建立健全各级成本费用管理责任制，审定成本费用计划。

三、组织和领导各职能部门和基层单位努力增收节支、增产节约，提高工程质量，缩短工期，降低消耗，最大限度地降低工程成本费用。

四、领导开展组织经济活动分析，检查成本费用计划的执行情况，结合本企业实际，采取有效措施，改进和提高生产经营管理水平。

五、负责执行财政、审计、税务机关和上级对成本费用违纪行为的处理决定。

**第八条** 施工企业总工程师成本费用管理的职责：

负责挖潜、革新、改造；采用新技术、新工艺、新材料；审定和优化施工组织设计；在施工组织、工程质量、工程进度等方面讲求经济效益，组织制定并审定技术组织措施计划，做到技术上先进合理、经济上节约、实施中有成效；在现场施工管理工作中挖潜，采用相应的降低成本的技术组织措施；组织开展科研和技术革新，积极采用新技术、新工艺、新材料，瞄准国际同行业先进技术水平，制定相应的技术引进、设备改造、技术人员培训的规划和计划，对各项技术组织措施的经济效益负责。

**第九条** 施工企业总经济师成本费用管理的职责：

负责贯彻执行国家经济政策和法令，负责工程投标报价审定工作，确保投(议)标价合理并具有竞争力和一定的经济效益。

审定施工生产经营计划及执行情况，抓好企业计划管理、统计核算、施工定额的管理；参与签订经济协议、合同；督促有关部门加强合同管理。

对施工中超出承包价以外的工程设计、材料价款、自然灾害损失等根据合同规定，组织有关部门对相关资料的收集整理，及时办理书面登记，以便进行工程款的追加和索赔，督促下级单位进行单位工程的竣工决算工作。

负责组织经济活动分析，及时发现成本管理中存在的问题，找出企业技术经济管理中的薄弱环节，提出改革建议和措施，不断提高企业的经济效益。

**第十条** 施工企业总会计师成本费用管理的职责：

负责贯彻执行《会计法》、《企业财务通则》和《企业会计准则》以及相应财务、会计制度、执行国家成本费用管理的方针政策；严格执行财经纪律。

负责企业的成本费用管理工作，组织编制和审查成本费用计划，建立健全成本费用管理制度；控制成本费用支出；组织成本费用核算和分析；加强成本决策；运用现代管理方法，确定成本目标，进行成本费用信息的预测、控制、反馈和考核。协助企业主要负责人对本企业经济效益负责。

参与审查施工预算和重要经济合同、协议的签订。

督促财会部门将成本费用指标分解落实到各职能部门和基层单位；定期检查成本费用计划的执行情况，协调各职能部门与财会部门的工作关系。

各施工企业可根据领导人员配备和分工情况对上述领导在成本费用管理方面的职责进行调整，充实和完善。

**第十一条** 管理层成本费用管理职责：

一、工程局、航道局为独立核算的施工企业。实行统一核算，自主经营，自负盈亏。负责全面领导所属施工单位的成本费用管理。制定本企业成本核算制度和成本费用管理实施细则。汇总本企业年度成本费用计划，下达成本费用计划指标，审核汇总局属施工单位的成本费用报表（季度、年度）和竣工工程成本决算，考核成本费用计划完成情况，组织全局的全面成本分析，采用先进技术和科学管理方法，努力增收节支，审核内部结算价格，提高企业的经济效益。

二、工程公司（处）、疏浚公司为局内部独立核算单位。负责根据局下达的成本费用计划指标，编制本级的成本费用计划，并向所属工程处（队）、项目经理部、船队、管线队、测量队、机运队、机修厂等下达成本指标和费用支出限额，组织编制施工预算，核算全公司（处）盈亏，落实各项成本指标的归口管理责任，办理工程价款结算（产品销售），全面核算建筑安装工程、疏浚工程（工业产品)、运输作业等成本,编制成本费用报表,组织竣工决算的编制,进行成本、费用的考核和分析。

**第十二条** 作业层成本费用管理职责:

一、工程处(队)、项目经理部、船队、管线队、测量队、机运队、机修厂等为内部基层核算单位,负责执行成本计划和施工预算,贯彻执行施工定额,实行效益指标包干、工、料、机包干和单车、单机、单船核算;建立和执行人工、材料、机械、船舶、车辆使用等原始记录和标准计量制度,提供工、料、机使用数量资料,核算工程制造成本和部分期间费用,计算其盈亏,并组织分部分项工程或单位工程成本分析、费用分析。

二、公路、航务工程远离公司(处)独立施工的工程处(队)、项目经理部,可根据实际需要由上级管理部门授权代行部分管理层成本费用职责。

三、航道局根据现行管理体制和实际情况,可暂采用航道局和疏浚公司两级核算,航道局全面核算疏浚业务的制造成本和期间费用,疏浚公司核算其直接负责的成本,也可核算其制造成本和期间费用,下属船队、管线队、测量队等单位实行内部核算。

**第十三条** 施工企业内部职能部门成本费用管理职责:

一、经营计划部门:组织编制生产经营计划,检查和定期通报生产经营计划执行情况,负责投标报价,根据中标价编制施工预算,编审和修订施工定额,检查定额执行情况;负责签订有关合同协议;负责分包工程合同签订,办理工程进度结算及竣工结算,组织工程量、产值等指标的统计核算工作,按月度、年度定期及时地提供经外部监理、建设单位签证的已完工程工作量报表,提供已完工程预算成本分析表和统计核算的有关资料,及时办理设计变更、材料代用、追加费用和签证资料,具体组织经济活动分析。

二、施工技术部门:编审和优化施工组织设计,制订技术组织措施并检查其执行情况;签发施工任务单及限额领料单;配合经营计划部门提供已完工程、未完工程(产成品、在产品)的有关资料;加强技术管理,合理组织施工,降低工、料、船机费用,提高生产技术的经济效果。负责工程产品质量管理和工程施工中技术、质量事故的处理，负责竣工资料的编制。

三、安全劳保部门：认真贯彻执行国家劳动保护法规和工业卫生工作的方针、政策、法令、规定，结合本企业生产具体情况，制定安全生产规章制度和安全技术操作规程；坚持“安全第一，预防为主”的方针；加强工地现场安全管理，经常对企业全员进行安全意识和操作规程的教育；杜绝重大死亡事故，确保安全指标实现；确保职工人身安全，做好安全技术的统计资料工作，负责职工伤亡事故的处理，努力降低非正常性劳动保险支出，降低期间费用。

四、船机管理部门：制订和管理船机设备使用定额和能源消耗定额；根据施工组织设计，编制船、机使用计划；编制船机修理计划；提高船机设备的完好率和利用率；建立和完善船、机使用原始资料的收集，组织开展单船、单机、单车核算；建立船舶、机械档案和台账；开展设备改造，技术革新，节能降耗，负责处理船机事故，参与竣工资料的编制，并组织考核和分析船机使用费的节超，归口负责降低船机使用费成本。

五、劳动工资部门：贯彻执行国家劳动工资政策，参与制定企业劳动定额，编制工资资金计划，根据施工组织设计，平衡调剂劳动力，严格劳动纪律，控制非生产人员和用工，提高出勤率、工时利用率和劳动生产率，负责组织对工资与产值、利润挂钩办法的实施、考核和结算，做好考勤管理工作，健全工时利用和定期及时提供人工统计报表资料，参与竣工资料的编制，做好人工耗用考核、分析工作，归口负责降低人工费成本。

六、物资管理部门：根据施工组织设计要求，按施工进度和物资需要量计划、编制各类物资供应、采购计划，加强物资采购管理，健全物资验收、保管制度，严格收、发料计量，控制物资储备，加速资金周转，努力降低供料成本。积极推行限额领料，作好现场材料管理工作，抓好修旧利废回收利用，控制物耗。按期提供物资收、支、存资金动态和物资市场价格信息，按期提供材料成本分析资料，参与竣工资料的编制，归口负责降低材料费成本。

七、行政管理部门：负责制定办公用低值易耗品的消耗定额和管理制度，编制行政管理费用预算，实行费用指标分解并监督执行，加强对行政用固定资产和低值易耗品的实物管理，及时提供相关的核算分析资料，归口负责降低管理费用。

八、财务会计部门：贯彻执行财经纪律、政策法规、财务会计制度，全面负责资金筹措、使用和管理。组织成本考核，制定成本费用管理实施细则，制定费用开支标准。参与施工预算、合同的审定和费用、储备、消耗定额及内部结算价格的制定，核算建筑安装工程、疏浚工程、工业产品、船机、运输作业等成本；结算工程价款；编制成本计划，负责分解各职能部门和内部独立核算单位的成本费用指标，并考核执行情况，协同施工技术、物资、劳动工资、船机管理部门组织效益指标包干，工、料、机包干和协同进行单车、单机、单船核算，定期编制成本费用报表，负责竣工决算资料的编制，协同经营计划部门组织经济活动分析，考核分析成本、费用节超，分析筹资成本升降；积累成本数据，为经营决策提供资料，综合负责降低成本指标。

九、审计部门：负责对执行成本费用管理的各级职能部门的职责和各个层次项目经理部的经营成本审计和经济效益审计，及时、真实、可靠地提供成本责任审计报告。

各施工企业可根据本单位机构设置情况对上述各职能部门在成本费用管理方面的职责进行调整、充实和完善。

## 第三节　成本费用管理的基础工作

**第十四条**　施工企业必须建立完整的施工定额及管理制度，加强施工预算的管理，在计量、检验、盘点各个环节严格管理，建立完整的施工、人工、材料、船机等原始记录；制定符合市场供求规律与内部管理相衔接的内部结算价格。不断健全和改善企业内部在核算基础、成本责任、考核办法等方面的管理条件；逐步建立和完善在价格体系、承包方式、与成本相关的政策法规等相适应的企业行为机制，以降低人、财、物的消耗，控制成本合理支出，提高企业的经济效益。

**第十五条** 加强定额管理。施工企业可根据本企业实际情况编制施工定额并根据新结构、新工艺、新设备、新材料的使用及时制定所必需的补充定额,力争做到工时、材料、设备、工具、能源、消耗有定额,费用开支有标准,并随生产技术改进和管理水平的提高,定期修订。

**第十六条** 加强施工预算管理,施工预算是施工企业在投标(议标)后根据中标价所编制的标后预算,它是签订内部承包合同和签订分包合同、编制成本费用计划、考核成本支出升降的依据。

一、开工前应根据工程承包价按建设单位的要求分解为相应的分部分项工程的综合单价,作为统计工程进度、办理工程进度款结算的依据。同时按标后施工预算,分解计算出按成本项目归类的预算成本。无论中间结算或竣工结算都要按成本项目明确划分,计算出预算成本,以便对工、料、机、其他直接费、间接费和期间费用等具体项目进行分析。

二、建立合同管理和经济签证制度,在施工中发生原合同内容中没有包括的工程(变更)项目和费用,必须及时办理书面签证,以便进行追加和索赔。

三、企业各个成本管理部门要妥善保管投招标文件和有关资料,熟悉施工预算和各成本项目及费用的组成和计算,正确反映归集分配各成本费用项目,以保证预算成本、计划成本、实际成本核算口径的一致性。

**第十七条** 严格计量、验收、盘点制度。一切物资财产的收、发、领、退都必须按规定进行计量、验收、办理领退手续,对库存物资、财产都要定期盘点,保证账、卡、物相符和消耗准确,对工地现场要指定专人负责管理,做到工完场清,余料退库。

**第十八条** 健全原始记录。原始记录是企业成本核算和经济活动分析的基础记录资料。在施工过程中,要建立工程日志,工日考勤,材料收、发、领、退,船机台班耗用,已完、未完工程和在产品盘点、产量、质量、安全等业务统计资料,为工程结算,成本核算和分析及定额的测算提供真实可靠数据。

**第十九条** 健全内部结算价格。施工企业应根据分级管理、分级核算的体制和业务核算的需要,对各种材料、燃料、结构件、机械配件、其他材料、低值易耗品、周转材料、动力、产品、劳务等,根据稳健性原则掌握市场信息,确定与价格动态相适应的计价方法,制订统一的内部估算价格,作为内部核算的依据。

## 第三章 成本费用计划

### 第一节 成 本 计 划

**第二十条** 为了有效地控制和管理成本,完成降低成本任务,施工企业必须编制成本计划,作为考核企业经营成果的依据。

**第二十一条** 成本计划编制原则是:遵守国家方针、政策、法令、法规;保证上级下达的成本指标;组织职工参与计划的编制,从各个方面挖掘降低成本的潜力;以施工定额为依据,有具体、切实可行的措施;成本计划指标既要保持先进,又要保证经过努力可以完成。

**第二十二条** 成本计划包括年度、季度、月度计划和单位工程成本计划。年、季、月度成本计划是企业编制的在计划年度内完成降低成本目标的规划性及执行性计划;单位工程成本计划是以施工企业承接的建设项目的单位工程为对象编制的成本计划,是成本控制的基本依据,分期的单位工程成本计划是编制年、季、月度成本计划的基础。

企业应按年、季、月度编制:

(一)工程成本计划,包括现场管理费计划。指标有:预算成本,计划成本,成本降低额,成本降低率。

(二)其他业务成本计划,包括附属工业产品成本计划、运输作业成本计划、船机作业成本计划等,按内部独立核算的单位性质分别编制。

企业应按单位工程编制单位工程成本计划，指标同工程成本计划指标。

**第二十三条** 年度成本计划的编制

在总会计师具体领导下，以财务部门为主，经营计划部门配合，会同有关部门研究编制年度成本计划。

一、根据企业计划年度施工生产任务落实情况，材料市场价格、施工定额、工资水平、历史成本等与企业成本有关的信息资料，按企业的目标利润，经分析研究，试算平衡，提出降低成本目标。

二、编制程序

（一）施工企业汇编成本计划，根据当年施工生产任务和目标利润的要求，综合平衡确定成本计划目标。根据局属各工程公司（处）具体生产任务落实情况和承包利润指标，及上报的成本计划，按年下达各工程公司（处）的成本计划，监督落实成本降低指标。

（二）各工程公司（处）应根据局下达的降低成本指标要求，采取有效的技术组织措施，编制公司（处）计划年度降低成本措施计划，根据各工程处（队）、项目经理部的生产任务情况和承包利润指标，及上报的成本计划，下达各工程处（队）、项目经理部的年度成本计划，用以控制基层单位成本开支。

三、工程公司（处）和工程处（队）、项目经理部的有关业务部门，应根据下达的成本计划，按所分管的费用项目，采取相应的节约措施，定期考核成本计划的执行情况，以保证完成成本计划指标。

四、工程局、工程公司（处）在制定成本计划时，应有一定余地，由于施工企业受自然界、工程任务落实的影响，成本计划在实施中往往会出现一定变化，这时，应根据实际情况在计划期内进行调整计划，以保证成本计划与实际的可比性和同步性。

**第二十四条** 单位工程成本计划的编制

工程处（队）、项目经理部应按所承建的单位工程编制项目成本计划，由财务、施工、劳资、机械、行政等部门协同配合，按所分管的成本费用项目，根据生产计划和项目技术组织措施计划，分别提供劳动工日及物资的消耗总量、专用设备材料摊销总量、机械台班使用总量、冬雨夜施工增加费、材料二次搬运费、施工辅助费、施工队伍进退场费、临时设施费摊销以及按公路、航务工程分列的专项费用等，由财务部门按建设项目汇总上报，用以加强单位工程成本管理工作、控制单位工程成本开支。

## 第二节　费用计划

**第二十五条**　为了有效地控制期间费用，实现收入与开支的配比平衡，确保利润指标的实现，施工企业必须编制费用计划，作为考核费用支出的依据。

**第二十六条**　费用计划编制原则是：遵守国家方针、政策法令、法规、开支标准，组织有关部门参与费用计划的编制，从各方面挖掘降低费用支出潜力，以内部定额和近几年费用支出水平为依据，有具体、可行的措施，费用计划既要保证企业生产经营管理的需要，又要尽可能压缩降低费用开支。

**第二十七条**　费用计划的编制

在总会计师的具体领导下，以财务部门为主，经营计划部门、行政管理部门配合，会同有关部门研究编制本级和审定下达所属单位费用支出计划。

一、根据企业计划年度施工生产任务落实情况、管理人员编制、工资水平、行政用固定资产、职工养老保险费用及离退休人员的其他费用的变化情况、按营业收入计算的业务招待费额度、应上交管理费的额度、社会物价上涨指数、资金需求量，以及企业为降低费用开支所采取的措施，经分析测算后，提出费用支出计划。

二、编制程序

（一）施工企业汇编费用计划，参照上年支出水平，根据当年施工生产任务和目标利润要求，综合平衡确定费用计划目标，确定本级费用计划，并根据局属各工程公司（处）具体生产任务落实情况和承包利润指标及上报的费用计划按年下达各工程公司（处）

的费用计划,监督落实期间费用降低指标。

(二)各工程公司(处)应根据局下达的降低期间费用指标,采取定额定量定标准等措施,编制本公司(处)计划年度降低费用措施计划,然后,确定本级费用计划,并根据各工程处(队)项目经理部的生产任务和承包利润指标,结合上年费用中突破较大费用项目,针对性地提出重点控制目标,下达各工程处(队)项目经理部年度费用支出计划,用以控制本级和基层单位费用支出。

三、工程局、航道局、工程公司(处)和工程处(队)、项目经理部的有关业务部门,应根据本级或下达的费用支出计划,按各自分管的费用项目,采取相应措施,严格进行控制,定期考核费用支出计划执行动态情况,保证完成费用计划降低指标。

四、施工企业费用计划内容及指标

(一)管理费用计划:主要控制费用项目有差旅交通费、办公费、业务招待费、劳动保险费。其中:业务招待费按财务制度规定按营业收入的一定比例计算。

指标:预算费用、计划费用、降低额、降低率。

(二)财务费用计划:根据生产规模,合理组织资金供应,力争降低筹资成本。

指标有预算费用、计划费用、降低额、降低率。

五、施工企业的附属工业企业、物资供销企业应编制销售费用计划,编制原则、程序和方法,参照管理费用、财务费用计划办理。

## 第四章　成本与费用的划分

**第二十八条**　成本是企业在生产经营过程中以货币表现的物化劳动和活劳动的耗费。施工企业成本的核算采用制造成本法。制造成本法就是将企业生产经营过程中发生的与生产经营有密切关系的费用计入工程(或产品)成本,这些费用包括直接人工费、直接材料费、船机使用费、其他直接费和间接费用(或制造费用)五项。

期间费用是指与企业生产经营没有直接联系,费用的发生基本上不受业务量增减所影响的费用,这些费用包括管理费用、销售费用和财务费用。制造成本法下,它们不再是工程(或产品等)成本的一部分,而是作为期间费用直接计入当期损益。

企业在成本、费用核算中必须严格划清制造成本与期间费用的界限。

**第二十九条** 为了正确反映当期经营成果,企业应正确区分收益性支出与资本性支出的界限。如果一笔业务支出仅仅与本会计年度收益的取得相关,则为收益性支出;如果它与几个会计年度收益的取得相关,则为资本性支出。

属于资本性支出的主要有:

一、购建固定资产支出(国家另有规定的除外);

二、在原有固定资产基础上进行改、扩建,以及技术改造的支出;

三、无形资产支出,包括专利权、商标权、土地使用权、非专利技术、商誉等;

四、递延资产支出,包括开办费、以经营租赁方式租入的固定资产改良支出;

五、使用期限在1年以上的临时设施购建支出。

属于固定资产性质的资本性支出,在工程完工时按实际支出增加固定资产原值,并按规定的折旧率计提折旧,提取的折旧额计入当期成本、费用。

属于无形资产、递延资产和临时设施的资本性支出,按规定的摊销期限计算当期摊销额,并计入当期成本、费用。

**第三十条** 企业应严格遵守成本、费用开支范围,正确区分收益性支出中成本费用与营业外支出的界限。

营业外支出包括:

(一)固定资产(包括专项工程)盘亏、报废毁损和出售的净损失;

(二)临时设施报废清理净损失;

(三)非季节性和非修理期间的停工损失;

（四）固定资产、存货及专项工程的非常损失；

（五）自办技工学校经费；

（六）职工子弟学校经费；

（七）公益性、救济性捐赠；

（八）赔偿金、违约金；

（九）被没收的财物损失，支付各项税收的滞纳金和罚款。

其中，捐赠、支付各项税收的滞纳金和罚款应按国家有关规定做纳税调整。

**第三十一条**　为了正确计算工程（或产品）成本，企业在成本核算中必须划清当期成本与下期成本的界限，不同成本核算对象和成本项目之间的成本界限，已完工程成本与未完施工的界限，在产品成本与产成品成本的界限，销售产品成本与库存产品成本的界限。

**第三十二条**　为了正确核算制造成本，企业必须划清制造成本与期间费用的界限，尤其是制造成本中间接费用与期间费用中管理费用的界限。

间接费用是指工程施工（或产品生产）现场管理机构（如工程处（队）、项目经理部、生产车间等）为组织、管理施工（生产）所发生的费用支出。但工程处（队）、项目经理部发生的属于期间费用的支出（如业务招待费、利息支出等）应在“管理费用”、“财务费用”科目中核算，不得并入间接费用。

管理费用是企业行政管理部门（如局机关、公司机关、厂部机关等）为管理和组织经营活动而发生的各项费用。

**第三十三条**　为了正确归集和计算企业各项费用，必须划清采购保管费、间接费用、管理费用、销售费用、财务费用、应付福利费等之间的费用界限，不能相互混淆。

**第三十四条**　为了正确反映企业各类成本，企业在会计核算中必须划清施工工程成本（或工业产品成本等）与专项工程成本的界限。

施工企业的专项工程包括：

一、固定资产的自建以及改、扩建工程；

二、融资租入的固定资产；

三、购入、投资转入或接受捐赠的设备的安装工程；

四、固定资产的技术改造工程；

五、固定资产的大修；

六、临时设施的建造。

企业由于上述工程而发生的人工费、材料费、船机使用费、其他直接费和间接费用等支出，应直接或按规定的分配方法计算分配额，分别转入专项工程支出的各项成本。上述工程发生的其他费用直接计入各专项工程项目成本。

企业的专项工程，均应按实际成本计价。

企业利用各种贷款投资于专项工程的，其发生的利息支出或汇兑损益，在项目尚未完工交付使用之前，列入专项工程支出，计入固定资产价值；项目完工交付使用后发生的，直接计入财务费用。

专项工程发生的报废或毁损，其净损失计入专项工程成本。单项工程报废以及由于非常原因（自然灾害）造成的报废或毁损，其净损失，在筹建期间计入开办费，在生产经营期间计入营业外支出。

企业应加强对专项工程的管理，在立项时要做好项目可行性研究。在项目建造过程中，要组织好现场管理，确保每个项目按期保质完成，应尽可能避免不必要的经济损失。

企业内部的基建项目按有关规定核算、管理。

## 第五章　成本费用核算

### 第一节　成本费用核算原则

**第三十五条**　施工企业应按照国家颁布的《企业财务通则》、《企业会计准则》、《施工、房地产开发企业财务制度》及《施工企业会计制度》以及财政部和本部有关规定统一组织成本费用核算工作。

**第三十六条** 施工企业以季为成本计算期，有条件的企业也可以按月计算；内部独立核算的工业企业、机械施工和运输单位以及材料供应部门，应按月计算产品、作业和材料成本。

**第三十七条** 施工企业的工程成本和其他业务成本必须按照权责发生制的原则进行核算。要严格划清成本费用的受益期限，对于应由本期成本负担的费用，不论本期是否支付，均应计入本期成本。凡不属于当期成本负担的费用，即使款项已经支付，也不应计入当期成本。

**第三十八条** 企业进行成本核算时，实际成本的核算范围、项目设置和计算口径，应与国家有关财务制度、施工预算或成本计划取得一致。实行投标承包制和概、预算包干的工程，可根据中标价或合同价编制施工预算进行成本核算，据以计算成本降低额和成本降低率。

**第三十九条** 企业必须按国家有关规定，划清各项业务成本、专项工程支出、营业外支出的界限；划清成本核算对象和成本项目之间的界限；划清已完工程与未完工程成本的界限。

**第四十条** 企业必须按期计算工程和其他业务的实际成本，不得以估计成本、预算成本或计划成本代替实际成本。企业的材料采用计划成本核算的，必须及时调整价格差异。

**第四十一条** 成本计算必须根据合法的凭证和真实的原始记录进行。凡能确定成本核算对象的费用，应直接按对象列入成本，不能直接列入的，应按规定的分配方法分配计入有关成本。

**第四十二条** 成本计算单位以人民币元为单位，元以下列角、分。

## 第二节 成本核算对象

**第四十三条** 航务、航道、公路工程成本核算对象的确定，要根据企业管理和施工现场条件，并与施工预算口径一致。成本核算对象一经确定，不得任意变更。成本核算对象确定后，各种成本核算的凭证和原始记录,都必须按照确定的成本核算对象的工程项目编号、名称填写清楚,各项费用支出,都必须按照用途和核算对象切实划分,使会计核算与业务核算和统计核算的口径取得一致。

**第四十四条** 成本核算对象的划分原则,一般应以每一个独立编制施工预算的单位工程为成本核算对象,在下列情况下,可以合并或分列成本核算对象。

一、一个单位工程由几个单位共同施工时,都应以同一单位工程为成本核算对象,各自核算其自行施工的部分。如总、分包是同一施工企业的,上级单位汇总工程成本时,应按其单位工程予以归并。

二、规模较大,工期较长,可以将一个单位工程分段或分部、分项作为成本核算对象。

三、同一建设项目,同一施工地点,同一结构类型,工况条件基本相同,开竣工时间相接近的若干个单位工程,可以合并成为一个核算对象。

四、改建、扩建的零星工程,可将开、竣工时间相接近的各个单位工程,合并为一个成本核算对象。

五、临时工程可按同一结构类型作为一个成本核算对象。

六、疏浚工程属于经常性的航道维护疏浚,可以航道段作为成本核算对象。

七、航道、航务、公路工程根据管理上的需要,还应计算单位成本。

八、附属企业的成本核算对象

企业所属的工业性生产、机械化施工作业和材料物资供应等单位,要根据生产特点和成本管理的要求,确定成本核算对象。

附属工业性生产成本核算对象,一般可按以下方法确定:

(一)生产一种或几种产品,以产品品种为成本核算对象;

(二)分批、单件生产的产品,以每批或每件产品作为成本核算对象;

（三）分步骤连续加工的产品，以每种产品或各生产步骤为成本核算对象；

（四）产品规格繁多的，可将产品结构、耗用原材料和工艺相同的各种产品适当合并，作为一个成本核算对象。

机械化施工作业成本对象按以下方法确定：

（一）企业内部独立核算的机械化施工单位，一般应以独立编制施工预算的单位工程作为成本核算对象，也可将同一建设项目，同一施工地点，开竣工时间相接近的若干单位工程合并作为一个成本核算对象。

（二）机械化运输作业单位，应根据运输工具，内部经济责任制和成本管理的要求，确定成本核算对象。一般应按单车作为成本核算对象，也可以同类型运输机械作为成本核算对象。

九、其他业务核算对象

施工企业在主营业务的基础上，根据附营业务的性质和费用发生的特点，按照有利于加强管理、控制成本费用的原则，区别业务类别，确定成本核算对象。

## 第三节　成本费用项目

航务、公路建筑安装工程及航道疏浚工程的成本，由直接成本和间接成本两大项组成，其具体内容规定如下：

**第四十五条**　航务、公路建筑安装工程成本项目

一、直接成本、即直接用于建筑安装工程的施工费用。分为人工费，材料费，船舶机械使用费，其他直接费四个成本项目。

（一）人工费：即在施工过程中从事施工的工人的工资、职工福利费和劳动保护费。

1. 工资包括计时工资、计件工资、工资性津贴（包括流动施工津贴等）、物价补贴（包括副食品价格补贴）、加班加点工资、应计入成本的奖金和特殊情况下支付的工资，包括开会和执行必要的社会义务时间和工资，职工学习、培训期间的工资，调动工作期间的工资和探亲假期的工资，因气候影响停工的工资，女工哺乳时间

的工资，由施工生产直接支付的病（六个月以内）、产、婚、丧假期的工资，徒工服装补助费等（下同）。

2. 职工福利费指按工资总额和规定标准提取的费用。

3. 劳动保护费指按国家有关部门规定标准发放的劳动保护用品的购置费、修理费和保健费，防暑降温费和不构成固定资产的技术安全设施的摊销和维修费，技术安全措施及事故处理费，以及在工地洗澡、饮水的燃料费等。

下列人员的工资、职工福利费和劳动保护费包括在本项目内：

1. 直接从事施工作业的工人；

2. 在施工现场制作构件、模型板、脚手架、支搭和拆除的工人；

3. 在施工现场从事布置设备、传递工具和清理道路的工人；

4. 在施工现场为机械送料、配料、供水和搬运施工机械的辅助工人。

下列人员的工资、职工福利费和劳动保护费不包括在本项目内，应按其不同情况处理。

1. 政治、经济、技术、试验、公安、警卫、消防、勤杂、炊事人员；

2. 材料采购管理和保管人员；

3. 施工船舶船员和机上人员；

4. 材料运到工地仓库以前的搬运装卸工人；

5. 从事专项工程的人员；

6. 6 个月以上病假人员；

7. 出国施工人员和在营业外开支工资的人员。

8. 医务、福利人员和脱产工会人员。

（二）材料费：即在施工过程中直接从事建筑安装工程所消耗的，构成工程实体或有助于工程形成的各种材料、结构件的实际成本，以及周转材料（如模板、拱架、脚手架及跳板等）的摊销及租赁费用。材料实际成本由下列费用组成（材料采购的核算方法按会计制度的规定办理）。

1. 外购材料的实际成本由下列各项组成：

(1)买价:即供应单位的发票价格(包括供销部门的手续费及运输途中定额范围内的耗损);

(2)运杂费:即由供应单位运达工地仓库前所发生的运输费用和其他费用(包括包装、搬运、装卸、仓储、整理、验收等费用,但不包括包装物押金);进口材料还包括国外运费、保险费、进口关税、增值税等。

(3)采购保管费:企业的物资管理部门和仓库在组织材料采购、供应和保管过程中所发生的各项费用。一般包括:工资,职工福利费,办公费,差旅交通费固定资产使用费,工具用具使用费,劳动保护费,检验试验费(减检验试验收入),材料整理及零星运输费,材料盘亏及毁损(减盘盈)和积压物资削价处理的损失,其他费用等。实行内部独立核算的材料供应单位,还应包括支付的银行借款利息。

2. 委托加工材料的实际成本:包括加工耗用的各种材料的实际成本及加工过程中支付的加工费和往返运杂费。

3. 自制和自采材料的实际成本,包括在制造和采掘过程中消耗的材料、工资、机械运输费用和其他费用。

下列各项材料费不应计入本项目内,应按不同情况处理:

1. 按规定应由间接费用、管理费用列支的非工程用料;

2. 施工船机经常修理及运转过程中消耗的燃润料和其他材料;

3. 在运输过程中由运输工具消耗的燃润料和其他材料。

(三)船机使用费:指为建筑安装工程在施工过程中因使用船舶机械而发生的费用,以及施工船舶机械的租赁费。

船机使用费的组成应按照预算定额所规定的成本内容归集,一般分为以下各项:

1. 第一类费用

(1)折旧费:系根据船舶机械的使用期限逐渐恢复其原始价值的费用;

(2)大修理费用:系船舶机械使用达到规定时间必须进行的

机械大修理和船舶检验所需费用;

(3)维修费:系指使船舶机械正常运转保证施工所必需的机械的经常性修理、航修以及各级定期保养的费用;

(4)工属具及材料费:系指船舶机械正常运转所必需的附属消耗品及工属具的摊销费用以及船舶机械日常保养所必需的润滑油脂及擦拭用布、棉纱的费用;

(5)安装拆卸及辅助设施费:系指机械在工地安装拆卸所需的辅助设施费,包括基础底座及固定锚桩等项费用;

(6)船机管理费:系指船舶机械管理部门(单位)的管理费。如发生海损、机损事故,可增设"其中:事故损失"。

2. 第二类费用

(1)船、机人工费:系指船员和随机操作人员的工资、职工福利费和劳动保护费;

(2)燃料及动力费:系指船舶机械消耗的动力,固体和液体燃料以及水、电的费用等。

(3)其他费用:如养路费、牌照税、航养费等费用。

(四)其他直接费:即在生产施工过程中直接发生但未包括在人工费、材料费、船机使用费项目中的其他费用:包括:

1. 冬季、雨季夜间施工增加费:指工程在冬季、雨季及夜间施工时采取防寒、保温、防雨防潮、排水、照明等措施发生的费用。(注:预算成本按四三三比例分人工、料、机项目内)

2. 材料二次搬运费:指在施工现场发生的材料、成品及半成品的二次倒运费。

3. 施工辅助费:包括以下三项内容:

(1)生产工具用具使用费:指施工生产所需不属于固定资产的生产用具及检验、试验用具等的购置、摊销和维修费,以及支付给工人自备工具的补贴费。

(2)检验试验费:指对建筑材料、构件和建筑安装物进行一般鉴定、检验所发生的费用(包括自设实验室进行试验所耗用的材料和化学药品费用等)以及技术革新和研究试验费。不包括新构件、新材料的试验费和建设单位要求对具有出厂合格证明的材料进行检验,对构件破坏性试验及其他特殊要求检验试验的费用。

(3)工程定位复测、工程点交、场地清理费。

4. 施工队伍进退场费:指施工队伍承担工程施工时所使用的船舶及施工机械进入和退出施工现场的费用及派出部分施工力量所发生的往返调遣费用。内容包括:调遣期间职工工资、差旅交通费、施工船舶、机械、工具、器具、周转材料和生产及管理用具的调遣和运杂费,以及船舶、机械在调遣时需要开舱、封舱、改装、复原、拆卸、安装的费用。

5. 临时设施摊销费:指为完成施工任务而在施工现场搭建的临时设施所发生的费用在施工期内进行摊销而进入成本的费用。

6. 外海工程拖船费:指大型工程船舶在外海施工时,由于风浪水流等原因不能连续驻船作业,必须拖回临时停泊地而发生的船舶拖运费。航务工程的外海工程拖船费并入船机使用费核算。

7. 高原地区增加费:指在海拔高度在200米以上地区施工,由于受气象、气压影响,致使人工、机械效率降低所增加的费用。

8. 行车干扰工程增加费:指由于边施工边维持通车,受行车干扰的影响,致使人工、机械效率降低而增加的费用。

(注:7项和8项预算成本按4:3:3比例分别列入工、料、机项目内)

二、间接成本:成本项目为间接费用,即企业各内部施工单位为组织和管理工程施工所发生的全部支出,主要包括:

1. 人工费:指施工单位管理人员工资及按规定提取的职工福利费和劳动保护费。

2. 固定资产使用费:指施工单位行政管理用固定资产的折旧费、修理费和租赁费。

3. 工具用具使用费:指施工单位行政管理用低值易耗品摊销及不属低值易耗品的工具、器具等的购置和维护费。

4. 办公费:指施工单位行政管理部门发生的办公用品购置费、邮电费、报刊杂志费、水电费、烧水和取暖(包括现场临时宿舍取暖)用煤等费用。

5. 差旅交通费:指施工单位管理人员职工因出差、调动工作的差旅费,住勤补助费,市内交通和误餐补助费,上下班交通费补贴费,探亲路费,劳动力招募费,职工离退休、退职一次性路费,工伤人员就医路费以及现场管理使用的交通工具的油料、燃料、养路费、牌照费等。

6. 保险费:指施工管理用财产、车辆等的保险费用。

7. 工程保修费:指工程交付使用后在规定保修期内的修理费用。

8. 工程排污费:指施工现场按规定交纳的排污费用。

9. 外单位管理费:指支付给分包工程项目提供劳务单位的管理费。

10. 其他费用:指施工现场的检验试验费、一般照明费、临时工管理费以及为组织和管理工程施工发生的其他费用。

第四十六条　航道疏浚工程成本项目

一、直接成本:即在航道疏浚工程施工过程中发生的直接人工费、材料费和船机使用费等。由下列四个成本项目组成:

(一)人工费:指航道工程(如炸礁、陆域钻探等)施工过程中发生的施工人员工资、职工福利费和劳动保护费。

(二)材料费:指航道工程在施工过程中耗用的构成工程实体或有助于工程实体形成的各种材料的实际成本、周转材料的摊销及租赁费用。如炸礁用的炸药、雷管、导火索、钻头等。但不包括施工船舶、排泥设施所耗用的工属具及材料费用,以及排泥管架(包括木架及架头、钢木架、竹架)的购置摊销和安拆费。

(三)船机使用费:指航道工程在施工过程中使用自有施工船舶、排泥设施和其他施工机械所发生的费用,以及租用外单位施工船舶和机械的租赁费。

船机使用费设置以下6个明细项目:

1. 船机人工费:指船舶、泵站、管线、测量队等机上人员的工资、奖金、工资性津贴、船员伙食津贴、提取的福利费、劳动保护费

（包括防暑降温费）。

船舶、泵站、管线、测量队等机上人员停工期间的人工费不包括在本项目内核算。

2. 燃料及动力费：指船舶、泵站及其他机械在施工过程中所耗用的轻重柴油、汽油、渣油、煤和电等。

3. 工属具及材料费：指维持船舶、泵站及其他机械在施工期间的正常运转所必须耗用的材料费用（如润滑油、液压油、淡水擦拭材料等），以及工属具的摊销（如缆绳、锚链、大型消防救生器材等）。包括排泥设施所耗用的构成工属具及材料费用、排泥管架（包括架口架头、钢木架、竹架）的购置摊销和安拆费，以及排泥管的摊销和租赁费。

4. 折旧及修理费：指航道工程施工期间使用的船舶、泵站等固定资产按规定提取的折旧以及各种修理费用的实际支出和摊销。

施工中租用外单位船舶、机械所发生的租赁费以及使用租入船机等设备所发生的其他费用开支也在本项目内核算（不包括固定资产的改良支出）。

5. 停工期费用：指船舶等机械因卧冬期、修理期和待命期等不能施工，应由当期工程成本分担的停工期费用。包括停工期船员等机上人员的人工费、船舶等机械折旧费和消耗的燃料等费用。

6. 其他船机费用：指船舶等机械在施工期间发生的未包括在上述项目中的其他各种船机费用。如码头、浮筒停靠费，船员生活设施更新费，船机事故损失和船舶保险费等。

（四）其他直接费：指施工过程中的外埠调迁费、过闸费、临时设施摊销、生产工具用具使用费、检验试验费、工程定位复测费、工程点交费、场地清理费和工程保险费等。

二、间接成本：成本项目为间接费用，指航道施工企业作业层直接为组织和管理航道疏浚工程施工所发生的各项费用支出。包括船队、泵站、管线队、测量队和船舶基地的费用。间接成本的具体内容同航务公路工程的间接成本内容。

## 第四节 航务、公路建筑安装工程成本的核算

**甲. 航务、公路工程的工程价款和预算成本的确定**

**第四十七条** 航务、公路工程的工程价款组成

公路、航务工程的价款组成项目基本相同,其中所不同的是:航务工程在其他直接费中增加外海工程拖船费,公路工程在同项目内增加高原地区施工增加费和行车干扰工程施工增加费。(具体项目详见附表一)

在预算总价以外,公路、航务工程根据实际情况,增加项目有临时工程费和技术装备费,组成公路、航务工程价款总收入。

**第四十八条** 航务、公路工程预算成本的确定。

一、公路、航务工程预算成本的确定原则。

施工企业承包的单位工程,应根据施工图和企业施工定额并参照相应的概预算编制规定中费用项目及其费率和企业历史成本水平编制施工预算;据以划分预算成本,作为企业考核成本的依据。当承包价低于施工预算时,其差额按以下顺序调整预算:

1. 计划利润;

2. 企业管理费;

3. 现场管理费。

二、施工预算以外单独计列的大型临时工程,单独编制施工预算(扣除回收金额);收取的技术装备费及施工专用设备购置费直接列入企业资本公积金。

**第四十九条** 航务、公路工程施工预算中列入“其他直接费”、“现场经费”的下列费用,应将预算成本按定额或比例分列有关成本项目:冬季、雨季及夜间施工增加费,按工料机费用的4:3:3比例分别列入人工、材料、船机使用费成本项目;航务工程的外海工程拖船费、施工队伍进退场费按预算直接费全部转入船机使用费成本项目;临时设施费按预算直接费全部列入“其他直接费”成本项目;公路工程的高原地区施工增加费、行车干扰施工增加费,按4:3:3比例分列人工、材料、船机使用费预算成本项目中核算。

公路工程施工预算中的施工队伍调迁费列入预算成本的“其他直接费”成本项目。

**第五十条** 预算成本的确定方法

为了便于施工中把工程实际成本与工程预算成本进行口径一致的比较,据以考核成本的节超。需要对施工预算进行分解和归并,形成工程预算成本,一般可采用以下二种方法:

一、实算法:指根据已完分部分项工程量,按各项工程项目的预算单价,进行分析计算分解归并成各成本项目费用,然后把当期所完成的工程成本项目费用逐项累加,从而形成当期已完工程预算成本。

二、固定比例法:按核算期已完成的分部分项工作总量,分别乘以根据单位工程施工预算中各成本费用项目与施工预算总造价的百分比比例,计算出当期已完工程预算成本各成本项目的工作量,以此作为当期已完工程的预算成本。这种方法,对某一单位工程而言,各成本项目费用所占比例一经确定,固定不变。并按上述百分比计算当期已完工程预算成本。

**第五十一条** 承包工程中标价外追加费用及索赔收入在预算成本中的处理

1. 由于超出原设计范围有改变设计增加工程量形成的收入,应据各工程项目变更的情况相应调整预算成本。

2. 由于物价超出承包合同规定的标准,据实向建设单位追加收取的物价上涨差异收入,应根据施工预算按比例调整。

**乙. 航务、公路建筑安装工程成本的计算**

一、人工费成本计算

**第五十二条** 企业应按照规定的工资制度,正确计算应付的职工工资,财务会计部门应按有关原始凭证及其所发生的属于工资性质的在“应付工资”账户核算。月终按规定的方法和程序进行工资分配。其明细分类核算按照会计制度规定办理。

企业职工是指在施工企业及其附属机构工作,并由其支付工资的各类人员,按其使用期限分为长期职工和临时职工,长期职工指用工期限在一年以上(含一年)的职工,包括原固定职工,合同制职工,长期临时工以及各单位使用的城镇集体经济单位的人员和其他使用期限在一年以上的原计划外用工,临时职工指使用期限不超过一年的职工,包括各单位根据国家有关规定招用的,签订一年以内的劳动合同或使用期不超过一年的临时性、季节性用工。

在计算职工人数时应注意:

1. 不论是编制内的还是编制外的人员;

2. 不论是出勤的还是因故未出勤的人员;

3. 不论是在国内工作的还是在国外工作的人员;

4. 不论是正式的还是试用期间人员;

5. 不论是在本单位工作的,还是临时借到外单位工作的人员,只要由本单位支付工资均应统计为职工。

**第五十三条** 实行工资与产值、利润挂钩办法的单位,要依据上级核定的产值、利润工资含量系数,按完成的建筑安装工作量、利润和其他技术经济考核指标,计提工资总额,采用"按月预提,按年结算"的办法,实际发生的工资和奖金,均通过"应付工资"账户核算。当年工资含量节余额,可以从利润中提取跨年度使用,以丰补歉。未实行工资含量包干的单位,应在不超过规定的工资总额控制范围内,按当月实际发生的工资及奖金,进行分配计入"人工费"成本。

工资含量计算范围,按照国家统计局关于工资总额组成的规定及交通部制定的工资与产值、利润挂钩办法的有关规定执行。

**第五十四条** 人工费成本的计算,应分别使用下列原始凭证:

1. 工程任务单;

2. 用工记录(可与工程任务单合并,印于工程任务单背后),组长日报;

3. 加班加点证;

4. 停工证;

5. 工资结算单(表);

6. 工资增(减)结算单。

**第五十五条** 工程任务单,应根据作业计划和劳动定额、材料消耗定额以及施工图纸的要求,于施工前由施工员(工长)签发,并签定工资结算的方式(计件工资或计时工资)通过工程任务单,将工程任务、技术要求、需要完成的工程数量、工期、劳动定额和质量要求等具体内容,贯彻落实到生产班(组),工程任务单是工人执行工程的重要原始记录,施工单位必须切实做好工程任务单的原始凭证工作。

1.按照签定的工资结算方式结算基本工资:

"计件工资"应根据工程任务单所列实际完成工程数量乘以签定计件工资单价计算;

"计时工资",应根据工程任务所列各级工的实际工日数乘以各级工资率计算。

无论"计件工资"或"计时工资"的发放,一般都应通过编制"工资结算单"进行。

2.为测定先进的产量定额和工日定额,制订计件单价和日工资率,应分别按以下资料计算。

(1)产量定额:应以实际产量和工日记录所列实际工日数与劳动定额工日分析计算。

(2)工日定额:应以工日记录所列实际工日数与劳动定额分析计算。

**第五十六条** 实行计时工资的工人,在施工过程中由于任务紧迫或必须连续作业等原因,必须加班时,应填制加班单并报经工地负责人按审批权批准后执行。加班终了由施工员(工长)将实际加班时间填入并送给考勤员据以考勤记录。

加班工资应按国家现行工资制度的规定严格控制。加班单不得事后补办。实行计件工资及定额包干的不得计发加班工资。

**第五十七条** 在施工过程中由于施工条件变更,而原施工定额不符合实际情况,需要增加(减少)工日数以致需要增加(减少)工资时,由施工员(工长)会同定额员确定,根据确定的应增(减)额填制工资增(减)结算单,报送施工单位负责人批准,作为工程任务单的附件。

在施工过程中，由于工程质量不合标准或其他原因发生返工时，应由生产班（组）提出返工报告，经施工单位主管施工技术负责人批准后由施工员（工长）另行填发工程任务单重新施工。

上项返工如由于施工班（组）责任造成工程质量不合标准，实行计件工资或定额包干结算方式的只计发符合质量标准的已完工工程数量部分，返工部分不发给工资。非施工生产班（组）责任造成的返工部分应照发工资，列入有关成本项目。

**第五十八条** 第一工程任务完成后，经施工员（工长）验收合格并在工程任务单上签证后由劳动工资部门审核、计算工资，并由财务部门据以结算工资。

**第五十九条** 为了正确核算当月所发生的人工费成本，所有当月签发的工程任务单，必须在当月终了时，全部办理结束手续，但在月终时对尚未完成规定任务的工程任务单，应就其已完施工部分测量验收，以便将其应付工人的工资记入当月份“人工费”成本。对其未完的工程任务部分，应另签发工程任务单，继续施工。

**第六十条** 在施工过程中非因工作过失造成的停工（窝工）和因气候（如风、雨、洪水、潮水等）影响停工时，由生产班（组）及时填写停工证，经施工员（工长）签证后，作为本班（组）停工记录凭证，工人进入现场未接受任务以前的停工（即窝工）应由考勤员填写停工证，并经施工单位主管人员签证。以上停工证经签证后交考勤人员保管，作为支付工人停工工资的依据。

**第六十一条** 由于建设单位（或是发包人、业主，下同）设计变更，图纸供应不及时等原因造成的停工，其工资应由建设单位负担，施工单位应及时填写停工报告，经建设单位驻工地代表或监理工程师签证，作为向建设单位结算窝工费（停工工资）的依据。

**第六十二条** 为反映工人逐日出勤情况，考核劳动生产率完成程度，劳动时间的利用情况，以便计算工资，应按照考勤制度，分别班（组）对每一工人设立工时记录，按月签发，由考勤员负责进行考勤记录（考勤记录由各企业自订）。

**第六十三条** 月份终了考勤员应将工时记录予以整理结算，连同工程任务单，加班证，停工证，工资增(减)结算单及其他有关工资核算资料送劳动工资部门审核签证，并由劳动工资部门编制工资结算单及工日利用月报，一并送财务会计部门，据以发放和分配工资。

**第六十四条** 财务会计部门根据劳动工资部门送来的上述各种单据凭证经审核无误并计算各种扣款后，据以发放工资。根据工资结算单编制工资结算汇总表及工资分配汇总表，以便分别计入施工工程及其他受益对象的“人工费”成本。

**第六十五条** 人工费的分配应区别以下情况进行处理

1. 工资的分配

(1)实行计件工资的，可根据工程任务单和工资结算凭证直接计入各受益对象。

(2)实行计时工资的，可按实际耗用工日数求出每工日的平均工资(即工资分配率)，然后再按照受益对象的实际工日数进行分配。计算公式如下：

$$\text{日平均工资}=\frac{\text{标准工资}+\text{加班工资}+\text{其他工资}+\text{工资性津贴(补贴)}+\text{奖金}}{\text{出勤工日数}+\text{停工工日数}+\text{公假工日数}+\text{享有工资的缺勤工日数}}$$

(或)

$$\text{日平均工资}=\frac{\text{标准工资}+\text{加班工资}+\text{其他工资}+\text{工资性津贴(补贴)}+\text{奖金}}{\text{日历日数}-\text{公休日数}-\text{旷工日数}-\text{不发工资的事假日数}}$$

(注：其他工资指附加工资、水上津贴、港口津贴等)

某受益对象应分配的工资=该受益的实际用工日数×日平均工资

(或)某受益对象应分配的工资=预算成本×预算工资率×实际工日数。预算工资率与实际工资率的差异按季调整工程成本。

(3)作业层管理及服务等部门人员的工资，根据实际发生数按照会计制度规定可分别进入“工程施工——间接费用”，“应付福利费”等有关科目。

2. 职工福利费和工会经费的计提，应根据工资结算汇总表和工资分配表等有关资料，按照工资总额的提取比例，在月末编制"职工福利费和工会经费计算表"，按照工资分配的标准和步骤，根据会计制度的规定，分别计入各成本核算对象和期间费用。

3. 劳动保护费的分配，作业层实际发生的劳动保护费，能够直接计入各受益成本对象的应直接计入，不能直接计入的，应首先根据生产工人，材料采购保管人员，船机作业人员、作业层管理工作人员等不同人员的性质，按实际发放数和一定的分配标准，在"工程施工——人工费"，"采购保管费"、"机械作业"、"工程施工——间接费用"等科目之间进行分配，然后根据各受益对象的实耗工日数分配计入各项目成本。

二、材料成本的计算

**第六十六条** 材料费成本的核算。应以实际成本计算为原则。企业根据管理需要，对于发出材料单价的确定，采用实际成本核算的可选用先进先出法、加权平均法、移动平均法，个别计价法和后进先出法等方法中的一种，材料的计价方法一经确定，不得随意变更。为简便核算，在收发材料时，可采用预算(计划)价格进行核算，月份终了时应将材料预算(计划)价格与实际价格的差异，按其耗用预算(计划)价格的比例分别按各工程(产品)调整为实际价格。施工单位受业主(建设单位)委托采购材料的，其实际采购价格与合同材料价格的差异，直接调整材料成本差异。

**第六十七条** 材料的领用、退回或回收、残次材料交库，分别使用下列原始凭证(凭证份数由各单位自定)。

1. 限额领料单；

2. 领料单；

3. 退料单；

4. 残次料交库单；

5. 其他领料凭证。

凡领用(或退回)经常耗用的材料，均应按耗用定额的规定限额使用"限额领料单"(退料用红字)。领用(或退回)非经常耗用材料时(指未具有限额规定者)使用"领料单"或"退料单"。残次料交库使用“残次料交库单”。

**第六十八条** 限额领料与限额领料单的使用方法：

1. 限额领料单由施工员（工长）根据工程任务单下达的工程数量及材料消耗定额扣除计划节约指标签发一式两份，经材料员会签后，一份随同工程任务单发给生产班（组）凭以向工地仓库领料；一份送工地仓库，据以发料。仓库发料时，领发料双方应分别在实发数量栏后签章。

为了监督在月份终了时能将限额领料单及时收回计算成本，限额领料单经材料员会签时进行编号，应设置备查簿进行登记。并将备查副本送财务会计部门存查。

2. 在施工过程中，如实际领用数超过限额时，应由生产班组填报限额领料单申请，经施工技术主管人员审批后交材料员在限额领料单上填制经批准的追加数，并将批准的申请单附在原限额领料单上，作为追加领料的依据。

原签发的限额领料单，如因设计变更等原因而不能适用时，应依据原来签发的程序，重新签发限额领料单。

3. 限额领料单一律不得跨月使用，月份终了而工程任务尚未全部完成时，应就其已完成部分，清算结束原签发的限额领料单。并根据规定程序，按照未完成工程数量和材料消耗定额另填发新的限额领料单。

月份终了，本工程尚未完成，限额领料单已领出而未用的剩余材料，应办理“假退料”手续，剩余料在原限额领料单上以红字填写，并按规定程序与手续，在签发下月限额领料单上以蓝字填写剩余材料数量，以表示下月领用的材料。

4. 工程任务全部完成时，应及时办理剩余材料退库手续，退回的剩余材料，在原来签发的限额领料单上用红字填写以表示冲减原领数量。

**第六十九条** 领料单、退料单的使用方法：

（一）领用非限额材料时，应填写领料单；经施工员（工长）签证后据以核发材料，并由工地仓库填写实发数量，经领料人签认后,作为仓库发出材料入账凭证。

（二）领用非限额材料如有剩余,应及时填写退料单,将剩余材料退回仓库,经验收填写实收数量并分别由退料人及收料人签章后,作为仓库收料入账凭证和退料单位退回材料的凭证。

**第七十条** 凡在施工过程中所发生的残次料,应及时办理回收交库手续,填制残次料交库单,经交料人及收料人签证后,作为仓库收料和交料单冲减有关工程的材料费成本的凭证依据。

**第七十一条** 露天堆积的大宗材料（如砂石等）应根据施工组织设计的规定位置堆放,认真进行计量验收。

1. 在每一个工程项目开工前,仓库负责人应向施工员及生产班（组）指定领用大宗材料堆放位置,并交清数量,做好记录。未经许可,不得在指定堆放位置以外乱拉乱用或用于非指定的工程项目。

2. 月份终了或月份未到终了,但本工程任务已经完成,应由工地仓库会同施工员（工长）与生产班（组）进行实际丈量盘点,确定实际耗用数量,并由施工员（工长）编制大宗材料耗用计算表,交工地仓库核实据以作发出材料凭证。

大宗材料实际耗用数量的计算公式如下：

实际耗用数量 = 上月结存数 + 本月购入数 − 本月调出数 − 本月结存数

3. 如几个工程项目同时领用一个堆垛的大宗材料,其实际耗用量与已完工程数量的定额消耗量之间的差异,根据定额耗用量和差异分配率进行计算,分别调整各工程项目的材料费成本。

大宗材料差异分配的计算公式如下：

$$\text{大宗材料差异分配率}(\%)=\frac{\text{本期大宗材料定额耗用总量}-\text{本期大宗材料实际耗用总量}}{\text{本期大宗材料定额耗用总量}}\times 100\%$$

某工程大宗材料差异分配额 = 该工程大宗材料定额耗用量 × 差异分配率（%）

或按以下办法计算：在盘点时编制大宗材料盘点报告单,计算出实际盘存与按定额耗用计算应存之余额的差异同时编制大宗材料耗用计算表，按下式分配计列有关工程成本。

$$某单位本期耗用量=本期完成工程量\times材料消耗定额\times\left(1+\frac{盘存差额}{各单位工程本期定额耗用量}\right)$$

4. 对于大宗材料的盘点结果，应进行必要的分析，在超定额耗用部分中，凡属于施工超耗部分计入有关工程成本，属于过失原因造成的损失应报施工单位负责人追查过失人的责任或按规定由过失人赔偿。

**第七十二条** 施工单位组织力量自行采掘砂、石等大宗材料，在一般情况下，应将采掘数量先经采掘场负责人会同材料员验收并填制料单入账，领用时按大宗材料领用手续办理。如在施工地区就地取材，一面采掘，一面即将其直接使用在工程项目上，应于采掘和使用完毕时，根据实际完成工程数量乘以材料消耗定额所计算的定额耗用数填制收料和领料凭证，正确计算材料成本。

**第七十三条** 施工企业固定预制场内除机械设备以外的全部生产性固定资产（如出运码头、滑道、护岸、车间、场地，台座、散装水泥罐等）维护修理费用、出运码头前沿维护挖泥等费用，对于一次发生数额较大的，可采用待摊或预提的办法处理。采用预提办法的，预提标准原则上以定额取费标准和实际使用的预制构件数量列入各该项目成本，实际发生数与定额取费标准差异较大的，可按实际调整预提标准。

**第七十四条** 周转材料的制作、领用、摊销和租赁。周转材料包括：模板、脚手架、跳板等，也包括按固定资产管理的钢模、万能杆件、贝雷架、钻头、钢板桩等。

1. 由原材料等经过加工改制而成型的周转材料，应依照有关规定程序及材料消耗定额签发限额领料单办理领料手续，对加工好的周转材料按原材料加工运杂费等计价后，办理进库入账手续，并报财务部门做账。

2. 周转材料在周转使用过程中，由于耗用必须添补而领用材料，应依照规定的工程耗用材料定额计算其需要添补数量，其手续与一般材料手续相同。

3. 周转材料当月实际使用数量，应由物资管理部门按月提供每一工程使用周转材料的品名、规格、数量、使用次数、使用天数等资料，签证后送财务会计部门，据以计算当月摊销费用并计入工程施工的材料费成本项目。

周转材料摊销费的计算，应根据施工具体情况，采用不同的摊销方法，但每一种周转材料确定摊销方法后，不要任意变动。

1. 模板使用次数的摊销公式如下：

$$本期模板摊销额=\frac{模型板数量\times(1-预计残值回收率)}{预计使用次数}\times本期使用次数$$

2. 脚手架、跳板等周转材料摊销公式如下：

$$周转材料每期摊销额=\frac{周转材料原值\times(1-残值占原值的\%)}{预计使用期限(月数)}$$

周转材料也可采用定额摊销法，根据实际的实物工程量和预算规定的周转材料消耗定额，计算本期的摊销额。

3. 列作固定资产的钢模等金属结构架设工具，应以固定资产折旧率计算折旧费，直接计入工程施工“材料费”成本项目。

未列作固定资产处理的小型金属结构架设工具，可以其使用期限确定摊销率，计算摊销费用计入工程施工“材料费”成本项目。

4. 周转材料使用完毕，应及时清点办理退库手续，重新盘估价值，其估价与摊销余价值之间的差异调整工程成本。

5. 施工过程中搭、拆脚手架需用人工及其他材料（圆钉、铁口、麻绳等）应直接加入该工程的“人工费”和“材料费”成本项目中。

6. 租入的周转材料所付的周转材料租金，直接列入该工程项目的“材料费”成本中。

**第七十五条** 由于技术组织措施或其他原因需耗用代用材料时，在保证工程质量的原则下，应先经施工单位技术主管部门批准，征得建设单位工地代表或监理工程师的同意后，由施工员（工长）核减原限额领料单某种材料数量，并办理代用材料领料单手续，其领料单应附于原限额领料单之后，作为修正限额领料单及分析材料成本的依据。

**第七十六条** 月份终了应根据材料实际价格与预算（计划）价格的差异，计算材料成本差异率。材料成本差异率的计算公式如下：

$$本月材料成本差异率=\frac{月初结存材料的成本差异+本月收入材料的成本差异}{月初结存材料的计划成本+本月收入材料的计划成本}\times 100\%$$

根据本月材料成本差异率和当期耗用材料的计划成本计算差异额。材料成本差异率系属借差时，应以蓝字调整之，系属贷差时，应以红字调整之。

**第七十七条** 月份终了，财务会计部门根据材料部门提供的用料汇总表（附有领料凭证）以计算工程施工和其他业务应负担的材料费成本。

凡对于工程耗用的主要材料（如“三大”材料，大宗材料等）要求控制消耗定额时，应根据要求控制的主要材料品名及数量在“用料汇总表”内反映，以便与工程预算（计划）进行比较分析。

三、船舶机械使用费成本计算

**第七十八条** 施工船舶机械在使用过程中，所经常发生的一切费用，一般应按其实际发生数记入当月船机使用费成本内。其船机使用费成本按本办法第四十五条一（三）的成本费用项目划分内容进行核算。下列费用不包括在内：

1. 施工船舶机械进行加工对象（如捣制混凝土用的水泥、砂子、碎石、轧石机用的块石等）的使用费，应直接列入工程施工辅助生产的“材料费”成本项目。

2. 为施工船舶机械担任送料、配料、供水及搬运成品的工人的基本工资，应计入工程对象的“人工费”成本项目。

3. 施工船舶机械在工地试运、安装、拆卸、搬运以及安设机械的基础、底座、固定锚桩等费用，凡船机台班定额中列有“安拆及辅助设施费”者，在船舶机械使用费成本项目内核算，如一次发生费用较大时，可列入“待摊费用”账户核算，以后按使用期限摊销计入船机使用费成本内。其摊销计算公式如下：

$$本期摊销额=\frac{费用总额}{施工期内施工船机使用时间(月份)计划数}$$

其余如打桩机的安装费以及大型发电机的混凝土底座等,不在船机使用费成本核算,应列入临时工程项目。

**第七十九条** 大型施工船舶机械使用费,应分别船舶机械类型进行核算;小型施工机械的使用费,应按施工机械种类进行综合核算,小型船机的具体划分,按本部关于施工船机管理办法的规定办理。

**第八十条** 施工单位用自有的船舶机械进行施工时,所发生的船机使用费,按照规定的船机使用费项目通过"机械作业"账户核算,然后按月分配计入"工程施工"账户的船机使用费成本,如按船机艘(台)班定额分配成本,"机械作业"的差异应调整"工程施工"的工程成本。

**第八十一条** 施工单位用非自有的施工船舶机械进行施工时,应根据签订的合同内容,分别按照不同的计费方法进行核算。

1. 向工程局内部独立核算的船舶机械单位(船机公司、机械队、站)或其他单位租入的船舶机械进行施工时,应按照船舶机械艘(台)班(时)单价或租赁合同规定的租赁费结算支付。施工单位应根据提供船机单位的账单分别计入"工程施工"的船机使用费成本和受益对象的成本,提供船机的内部独立核算单位的盈亏不调整工程施工成本。

2. 委托施工企业内部独立核算或外部其他单位进行施工时,应视为分包关系,并按照分包方式结算工程价款和进行会计核算,不计入工程施工成本,由内部独立核算单位的船机配合施工的,应计入工程施工的"船机使用费"成本。

**第八十二条** 施工船舶机械在进行工作前,施工单位应根据船舶机械施工作业计划及施工定额由施工员(工长)签发船舶机械作业任务单,施工机械使用记录(运转日报),交给船长、机械驾驶人员进行施工。施工船舶机械的工程任务单及使用记录应按每一工程对象分别签发。

在施工过程中,船长、机械驾驶人员应逐日将施工船舶机械的运转情况及时登记,并交施工员(工长)逐日审核签认。月终或当月工程任务完成时,船长、机械驾驶人员会同施工员(工长)对所完成的工程任务进行验收签证,并将工程任务单及施工船机使用记录送交船机部门作为结算工资和考勤记录以及结算船机艘(台)班费用的依据。

船机管理部门根据各船长、机械驾驶人员交回的工程任务单和施工船机使用记录进行汇总并填制实际完成工程数量和施工船舶机械使用情况月报表,交财务会计部门,作为分配使用费、结算船机(艘)台班费用和分析船机使用费成本的原始凭证。

财务会计部门应按照船机类型(种类)和船机使用费项目分别设置船机使用费明细分类账,以登记所发生的施工船机使用的实际成本。月终根据船机使用费明细分类账及船机管理部门提供的施工船舶机械情况月报表编制船机使用费分配表,据以入账。

船机使用费的计算与分配,应按施工船舶机械工作艘(台)班(或以时、吨公里、实际工程量),将当月所发生的船机使用费分别计入受益对象成本。根据施工船舶机械大、小型的不同情况。采用不同的计算方式进行分配。

1. 大型施工船舶机械使用费的计算公式如下:

某受益对象本期应分配的某类型船机使用费

$$=\frac{\text{本期该类型船机使用费实际总成本}}{\text{本期该类型船机使用艘(台)班数或实际工程量总计}}$$

$$\times \text{该受益对象的本期该类型船机实用艘(台)班或实际工作量}$$

或:=定额艘(台)班费×使用台班

定额艘(台)班费与实际艘(台)班费的差异按季调整工程成本。

$$\text{或:}=\frac{\text{本期该类船机使用费实际总成本}}{\text{受益工程项目定额船机费用总和}}\times\text{该项工程项目定额船机费用}$$

2. 小型施工机械使用费的计算公式如下：

某受益对象本期应分配的某种类型机械使用费

$$=\frac{\text{该种类机械使用费实际总成本}}{\text{该类各种机械实际使用台班}}$$

×该受益对象使用该类机械的定额费用×各该机械台班定额单价

四、其他直接费成本的计算

**第八十三条** 在航务公路工程施工中，发生的其他直接费，均要按实际发生数进入当月成本中。由本单位内部的辅助生产部门生产或提供的水、电、风、蒸气和现场材料二次搬运发生的费用，应先通过"辅助生产"账户归集，月末再按一定的分配方法结转"工程施工—其他直接费"账户。由外单位或其他内部独立核算单位供给的，按发票或账单的结算价格直接计入工程施工（或部门）的成本。工程用水如在预算定额中列为材料费时，应并入材料费核算，计入工程施工直接费的"材料费"成本。

公路施工企业施工队伍进退场费的核算可根据建设单位与施工单位签订承包工程合同中的规定条款来确定，分别采用一次性摊销法或造价比例摊销法。

**第八十四条** 临时设施因使用而转移的价值通过临时设施摊销摊入有关受益的工程成本之中，因报废等原因减少临时设施净值（报废清理回收的残值扣除清理费用）通过"固定资产清理—清理临时设施"核算后列营业外支出。临时设施的摊销应遵循配比原则，具体方法可采用直线摊销法、分期摊销法或一次摊销法。

1. 直线摊销法：即按预计使用年限将购置临时设施的原始成本平均摊入各期成本。该方法适用于周转多个工程使用的临时设施摊销。计算公式为：

$$\text{每年临时设施摊销费}=\frac{\text{临时设施原值}-\text{预计残值}+\text{预计清理费用}}{\text{预计使用年限}}$$

$$\text{施工期内每月应}=\frac{\text{每年临时设施摊销费}}{\text{摊销临时设施费当年施工期月数}}$$

2. 分期摊销法：就是将临时设施的营造成本在工程施工期内

分期全部摊入工程成本中的方法。该方法适用于一次性使用且随工程价款分次收取临时设施费的临时设施摊销。计算公式为：

$$临时设施摊销率 = \frac{该工程临时设施的原值}{该工程合同价款} \times 100\%$$

本期临时设施摊销额 = 本期工程价款结算收入 × 临时设施摊销率

3. 一次摊销法：是指临时设施营造成本较低，在营造完成后，一次摊入成本的做法。

**第八十五条** 企业发生的检验试验费，一般应按各工程项目的实际发生额，在当月直接计入各该项目成本。企业自设实验室等检验部门，发生的技术革新和研究试验费等不能直接确定成本核算对象的，可在“工程施工—其他直接费”科目中先行归集月末再根据各受益工程发生的定额直接费或其他标准，分配计入各该项目的成本。

工程定位复测、工程点交、场地清理费按实际发生数，在当月直接或分配计入各该项目成本。

**第八十六条** 低值易耗品分为“在库”和“在用”两部分，凡购置入库者为“在库”，各部门领用者及经过使用过后又退库者为“在用”。在库低值易耗品由工地仓库按照材料的管理办法负责保管，在用低值易耗品由领用部门指定料具经管人办理领用和保管，并按品名、规格进行登记。

在库低值易耗品的领用或退回都应填制领料单或退料单，其手续与一般材料领用、退回手续相同。

工地仓库应按领用部门建立在用低值易耗品领用登记簿，凡长期领用低值易耗品，应在发出或退回时在领用登记簿上进行登记。并同时在料具保管人经管的工具领用簿（卡）上进行登记。登记完后，双方在登记簿上相互盖章。料具保管人变更时，应向工地仓库办理交接手续。

临时使用的低值易耗品（即工人上班时领用，而下班时交回），应采用工具牌向工地仓库以工具牌领用，工具退库时工具牌退还领用人，以简化领用手续。

在用低值易耗品的摊销计算，应按下列情况办理：

1. 价值较低容易破损的低值易耗品，在领用时可采用一次摊销法，即在领用时一次列入成本。

2. 价值较高而耐用时间较长的低值易耗品，采用分期摊销法，即按其耐用期限分期摊销。

3. 低值易耗品的摊销，根据会计制度规定，也可采用其他摊销方法。

低值易耗品采用计划价格核算时，其实际价格与计划价格之间的差异，采用一次摊销法者，应在领用当月分配价格差异；采用五五摊销法者，在报废时分配价格差异。

财务会计部门月末应根据低值易耗品摊销分配表分别计入"工程施工"、"机械作业"、"采购保管费"、"管理费用"等有关账户的对应明细项目。

五、间接成本计算

**第八十七条** 间接费用应以当月实际发生额计入成本。

间接费用一般是不能直接计入工程成本核算对象的，月终必须按照各成本核算项目当月所完成的工作量或实耗工日数比例进行分摊，按现行会计制度规定分别进入"工程施工——间接费用"、"应付福利费"等有关项目。

**第八十八条** 间接费用应按照本办法第五章节第三节规定的费用项目设置明细分类账，核算实际发生额，并经常与计划进行比较分析，控制实际发生额，达到节约的目的。

凡应由本期负担但尚未支付的费用（如固定性经常维修费等）或有关账单尚未到达，可通过"预提费用"账户核算。

**第八十九条** 间接费用的分配，如在一个施工现场内，既有建筑工程，又有设备安装工程，则分配间接费用应分两个步骤进行。第一步先在各类工程之间进行分配。即以这些工程的人工费预算（实际）成本作分配标准；第二步再在各个成本核算对象之间进行分配。建筑安装工程的以直接费预算（实际）成本作为分配标准，间接费用分配的计算公式如下：

$$某类工程应分配的间接费用=\frac{实际发生的间接费用总额}{各类工程人工费预算(实际)成本总额}\times 该类工程人工费预算(实际)成本$$

$$建筑安装工程某个成本核算对象应分配的间接费用=\frac{建筑安装工程成本应分配的间接费用总额}{各建筑安装工程的预算(实际)直接费成本总额}\times 该成本核算对象预算(实际)直接成本$$

间接费用除上述分配方法外，也可采用系数分配法，直接分配于各工程受益对象，系数分配法的计算公式如下：

$$某受益对象应分配的间接费用=\frac{实际发生的间接费用总额}{\sum(各工程间接费用定额)}\times 该工程间接费用定额$$

## 第五节　航道疏浚工程成本的核算

### 甲.航道疏浚工程价款组成和预算成本的确定

**第九十条**　航道疏浚工程价款组成。

一、疏浚工程价款收入的确定。疏浚工程的工程价款组成，按照附表二确定。其他航道工程的工程价款组成，可参照附表一确定。

二、疏浚工程价款收入由直接工程费、间接费、计划利润、税金和专项费用五部分组成。

其中疏浚工程预算成本由直接工程费、间接费和专项费用组成。疏浚工程价款收入与疏浚工程预算成本的关系如下表(见附表二《疏浚工程价款收入分解表》)

**第九十一条**　疏浚工程预算成本的确定

一、航道疏浚工程预算成本的确定原则。

施工企业承包的疏浚工程，应根据施工图和企业施工定额，并参照相应的概预算中的费用项目及其费率，以及企业历史成本水平等资料，据以划分预算成本，并作为企业考核成本的依据。当承包价(或中标价、议标价等)低于施工预算时，其差额按以下顺序调整预算：

1. 计划利润；

2. 企业管理费；

3. 现场管理费。

二、各成本项目的预算成本可采用以下方法计算：

1. 人工费预算成本：按施工预算中编列的直接人工费计列。

2. 材料费预算成本：按施工预算中编列的直接材料费计列。

3. 船机使用费预算成本由下列项目组成：

(1)船机人工费：疏浚工程施工预算直接费中的挖泥、运泥、吹泥费，开工展布、收工集合费，施工队伍调迁费、疏浚测量费、浚前扫床费，排泥管线管架安拆费等项目中所含预算工资(含福利费和劳动保护费，下同)之和即本项目预算成本。

其计算方法如下：

①挖泥、运泥、吹泥费，开工展布、收工集合费，施工队伍调迁费等按下式计算：

$$\text{船机人工费预算成本}=\frac{\text{船(机)定员}\times 12\text{个月}\times\text{船(机)人员平均工资}}{\text{年定额使用艘(台)班数}}\times\text{船(机)艘(台)班总数}$$

即：艘(台)班工资×船机艘(台)班总数

其中：船机总艘(台)班根据施工定额或参照疏浚工程预算中的工程量、施工船机类型、工况、土质、泥土处理方式和疏浚工程预算定额确定的各类施工船机的艘(台)班数计算求得(包括按艘班乘系数换算的艘班数)。船(机)人工定员和船(机)人员平均工资(平均工资按定额中规定的方法计算)及年定额使用艘台班数根据《船舶艘班费用定额》的有关规定计列。

②疏浚测量费：按预算定额中规定的每万方收取的费用和施工图预算中的工程量计算出测量费用总额后，根据测量船定额艘班中工资占艘班费的比例计算船机人工费项目预算成本。

③浚前扫床费：按工程预算中的扫床面积和定额收费标准计算出浚前扫床费总额后，可根据测量船定额艘班费中工资占艘班费的比例计算船机人工费项目预算成本。

④排泥管线管架安拆费：按定额规定的安拆次数，每百米管线安拆人工费(包括接卡费、整套安装费、拆除费)和工程预算管线

长度计算的预算成本。排泥管架的人工费也在本项目计列。

(2)燃料及动力费:按照上述方法计算出艘台班总数,并根据《船舶艘班费用定额》规定的各类船机的轻重柴油、煤、电等消耗量(包括不同工况调整的消耗量)和规定的预算单价,再加上因市场涨价而高于预算单价的专项费用计算出每一艘(台)班燃料动力费,即为燃料及动力费的预算成本。其计算内容和计算方法可参照船机人工费预算成本计算的办法逐项确定。

(3)工属具及材料费:根据工程使用的各类船机艘(台)班总数(计算方法同前)和各类船机定额艘(台)班材料费,计算出工属具及材料费包括排泥管摊销费的预算成本。排泥管架设和拆除时,根据所需材料的额定数量和材料预算单价计算预算成本。其计算内容和计算方法,可参照船机人工费预算的计算方法逐项确定。

(4)折旧及修理费:根据工程预算确定的各类船机艘(台)班总数(计算方法同前)和定额艘(台)班折旧及修理费(包括第一类费用中的折旧费、检修费、小修费和保修费等四项),计算折旧费及修理费预算成本。其计算内容和计算方法可参照船机人工费预算成本的计算方法逐项确定。

疏浚工程中租入船机完成工作量,应按预算原规定的船机类型和作业方式确定预算成本。

(5)停工期费用:按疏浚工程预算定额中规定的停置艘班费(或停置艘班比例)、经与建设单协商同意支付的停置艘班费,烟台和黄河以北地区施工增加费,均列作停工期费用预算成本。

(6)其他费用:按船机的使用总艘(台)班数与各类船机定额艘(台)班中的其他费用项目算其他费用预算成本。

4.其他直接费预算成本:施工浮标抛设及使用维护费按施工图预算所需的浮标的数量和每座天数收费标准计算的费用总额、按疏浚工程预算总额计算的临时设施费列入本项目预算成本。检验试验费、定位复测费、工程点交费和场地清理费的预算成本也列入本项目。

5. 间接费用预算成本：按疏浚工程预算定额计算的现场管理费列入本项目的预算成本。

以上各项预算成本均以施工预算为基础，若采用招投标方式承接的工程，应按规定予以调整后作为预算成本。

## 乙. 航道疏浚工程实际成本的计算

### 一、人工费成本计算

**第九十二条** 航道施工企业应按国家工资管理的有关规定，正确计算应付给企业职工的工资总额，财务会计部门应按有关原始凭证和规定的传递程序、计算方法，通过"应付工资"科目进行归集。月份终了，应根据考勤记录、工时记录、工程任务单及其他工资核算资料，编制工资结算单，根据工资结算单编制工资分配汇总表，按受益对象耗用工日数和日平均工资分配计入各成本费用项目。炸礁、钻探（包括陆域钻探）等从事施工现场生产的工人的工资，提取的职工福利费，劳动保护费，直接或按一定的标准分配计入各单位工程的人工费成本项目。有关核算内容和方法比照本章第四节的有关人工费成本计算的规定办理。

### 二、材料费成本核算

**第九十三条** 航道企业在施工过程中使用的主要材料、燃料、机械配件和其他材料，应根据物资部门提供的领、退料凭证，按使用单位和工程项目编制材料消耗汇总表，直接计入受益的成本核算对象。由几个成本核算对象共同使用的材料，应确定合理的分配标准，在受益的成本核算对象之间进行分配。对于水下炸礁、陆域钻探等工程，在生产过程中领用的材料，如炸礁用的炸药、雷管、导火索，钻探工程所消耗的钻头等，应根据工程实际消耗的数量，直接分配计入各该工程的材料费成本项目。航道工程在施工现场使用的周转材料应按规定的摊销方法一次或分期计入各受益对象的材料费成本。租用外单位周转材料的租赁费按规定列入本项目核算。采用计划成本进行材料日常核算的单位，季末应将耗用材料的计划成本调整为实际成本，按规定分摊材料成本差异。有关核算内容和核算方法比照本章第四节有关材料费成本计算的规定办理。

三、船机使用费成本计算

**第九十四条** 船机使用费是航道施工企业在施工过程中因使用船机设备而发生的各项费用。船机使用费应通过“机械作业”科目进行归集和分配,并按规定的六个明细项目,以实行内部核算的船队、测量队、泵站单船(机)或同类船舶(机械)设置明细账进行核算。

1.船机使用费的归集

(1)“船机人工费”的归集:本项目归集船员、机上人员等施工作业期间按规定实际支付的各项人工费用。包括:

①船员、机上人员等的工资、工资性津贴和应计入成本的奖金等。按编制的工资分配表从“应付工资”科目转入“机械作业”的各该船机的船机人工费项目。

②船员、机上人员等按工资总额提取的职工福利费,计入各船(机)、管线队等的船机人工费项目。

③船员、机上人员等按规定发放的劳动保护用品及其修理费、保健费和防暑降温等劳动保护费,计入各船(机)、管线队等的船机人工费项目。

(2)“燃料及动力费”的归集:本项目归集船舶和其他机械在施工期间实际耗用的轻重柴油、汽油、渣油、煤、电等费用。

航道施工企业应当建立燃料消耗统计制度,即不管燃料是否通过本单位油库收发,均应通过物资部门核算统计,月末各单位船舶、机械应按实耗燃料吨数编制“燃料消耗计算表”,报经物资部门核实签认后送财务部门作为计算当期船机燃料费依据,并按消耗数计入各船(机)等的燃料及动力费项目。为避免以领代耗而引起的成本失实,期末船存燃料不得列入当期燃料成本。

企业机械设备等在施工生产中消耗的水、电、风、气等动力,按实际消耗量及费用计入当期船(机)的燃料及动力费项目。

(3)“工属具及材料费”的归集:本项目归集船舶和其他施工机械在施工生产中实际消耗的润滑、液压油料、淡水、擦拭材料等费用以及领用的随船随机的工属具摊销。月末,应根据物资部门提供的领、退料原始凭证按不同材料类别和各船舶、机械编制“材料消耗汇总表”和“低值易耗品摊销计算表”,直接或分配计入各船(机)的工属具及材料费项目。

工属具可一次性摊入成本,对其中价值较大的,也可分次或分期摊入成本。

工属具及材料的日常核算如采用计划价格的,月末应按规定分摊材料成本差异,即调整为实际成本。

排泥管按规定的摊销额和租赁费以及修理费支出,均按实际发生数列入本项目。

(4)“折旧及修理费”的归集:本项目归集船舶、机械等在施工作业期间,按规定提取的折旧以及应由当期成本负担的修理费。

企业应按有关规定编制“固定资产折旧计算表”,按船机设备的月初账面原值和规定的折旧率分别计算各船机设备当月应提取的折旧费用,计入各船机设备的折旧及修理费项目。企业船机设备发生的检、小修理费用和其他修理费用,按实际发生数直接计入各船、机械设备等的折旧及修理费项目。对其中修理费较大的,也可采用预提或待摊的办法,分期计入本项目。对列入递延资产的大修理费用,应按规定分期摊入本项目。

施工中租用外单位船舶机械所发生的租赁费及其相关费用(不包括固定资产改良支出),按实际发生数列入本项目。

(5)“停工期费用”的归集:本项目归集航道施工企业当期实际发生的停工期费用。停工期限的计算按下列规定确定:

①按规定小修以上并列入年度计划的,按实际修期计算;

②工程竣工退出施工现场并回基地(或在指定地点)待命的,按回基地后(或指定地点)实际待命期计算;

③长期待命的,按实际待命期计算。

为了均衡计算停工期费用,企业应在“机械作业”科目下增设“本年停工期费用”明细科目,当月实际发生的停工期船机人工费、折旧和修理费、材料费及工属具摊销、其他费用等,直接或按规定方法分配转入“本年停工期费用”明细科目。即借记“机械作业——本年停工期费用”科目,贷记“机械作业——××船(机)人工费”等科目。

停工期费用一般不分摊燃料费。

(6)“其他费用”的归集:本项目归集船舶、机械在施工期间发生的未包括在上述项目中的其他费用支出。根据发票、账单等原始凭证,按实际发生数直接或按一定标准分配计入其他费用项目。

2. 船机使用费的分配

(1)船机人工费、燃料及动力费、工属具及材料费、折旧及修理费和其他费用,如涉及单个成本对象的,直接计入该成本对象;如涉及两个或两个以上成本对象的,按各工程、作业对象实际施工天数或作业天数进行分配。

即

某工程(作业)实际船机人工费分配额=某工程(作业)实际施工天数×每一工作日船机人工费分配额每一工作日船机人工费

$$分配额=\frac{当月实际施工(作业)船机人工费总额}{当月实际施工(作业)总天数}$$

燃料及动力费、工属具及材料费、折旧及修理费、其他费用分配额计算比照船机人工费分配公式进行计算分配。其中燃料及动力费、工属具及材料费也可按船机运转小时数为基数进行计算分配。

(2)停工期费用在各船(机)间的分配采用固定比例法进行摊销。

固定比例每年年初计算一次,计算公式为:

$$停工期费用摊销固定比例=\frac{全年预计(或上年实际)停工期费用总额}{全年计划(或上年实际)船机使用费总额(不包括停工期费用)}$$

当月应摊销的停工期费用=当月实际发生的船机使用费(不包括当月实际发生的停工期费用)×停工期费用摊销固定比例每月应摊销的停工期费用分别计入各船舶机械等的停工期费用项目,即借记“机械作业——××船(机)—停工期费用”科目,贷记

"机械作业——本年停工期费用"科目。"机械作业—本年停工期费用"科目的差额,1~11月份分别在资产负债表的"预提费用"或"待摊费用"项目中反映。年末如有差额,应按实际发生的停工期费用调整成本,调整后该明细科目应无余额。

"机械作业——××船(机)——停工期费用"在工程成本对象间的分配比照船机人工费分配方式进行计算分配。

四、其他直接费实际成本的计算

**第九十五条** 其他直接费成本按实际发生的数直接计入各工程成本项目。

五、间接费的实际成本的计算

**第九十六条** 航道施工企业的疏浚工程项目经理部等现场管理机构发生的各项支出,应设置"间接费用"科目和规定的明细项目进行归集核算。月末将间接费用的实际发生数直接或按一些比例分配计入、各工程的成本项目。

如果属于管理费用开支的项目费用不应列本项目核算。

## 第六节　工程咨询监理成本的核算

**第九十七条** 工程咨询监理企业指从事交通工程施工、工程监理、提供咨询、可行性研究、勘测设计等业务的施工企业。工程咨询监理总公司为独立核算的施工企业,实行统一核算、自主经营、自负盈亏,工程咨询监理公司为总公司内部独立核算单位。总公司、公司组成企业的管理层;项目经理部、项目组等为内部基层核算单位,构成企业的作业层。工程咨询监理总公司的成本费用管理责任制应比照第二章第二节公路、航务、航道工程企业的成本费用管理责任制建立。

**第九十八条** 从事交通工程施工的单位,其成本核算对象的确定、成本项目的设置、预算成本与实际成本的核算内容和方法,参照航务、公路工程成本核算的规定,编列单位工程预算(如交通工程的护栏工程、隔离工程、标线工程等),建立单位工程成本费用明细账,组织成本核算。

**第九十九条** 从事工程监理、咨询、勘测设计项目的单位，按以下规定组织成本核算：

1. 成本核算对象的划分，一般以承接的单项合同项目作为成本核算对象。对于项目性质相同、作业地点较近、合同金额较小、开竣工时间接近的合同项目可以合并成为一个核算对象；对于规模较大、工期较长的合同项目，可以分段作为成本核算对象。

2. 成本项目的设置。

(1)直接成本项目：

①人工费：指直接从事咨询、监理、勘测、设计项目人员的工资、职工福利费、劳动保护费以及与项目直接有关的外聘专家咨询、劳务费。

②材料费：指项目直接消耗的材料、辅助材料、配件、计算机软盘、打字复印绘图用文具纸张、燃料、动力及低值易耗品摊销。

③差旅交通费：指项目工作人员赴外埠和市内出差及人员调遣所发生的交通、住宿等费用。

④折旧费：指项目专用的机械仪器设备等固定资产提取的折旧，由公司临时调用的固定资产设备按公司规定收取的使用费或向外单位租用固定资产而支付的租赁费用。

⑤修理费：指项目直接使用的机械用具仪器设备等固定资产日常维护、保养支付的修理费用。

⑥试验检验费：指项目按规定或因采用新技术、新材料、新方案必须经过试验、检测、鉴定而支付的试验检测鉴定费用。包括需邀请专家学者进行评审而支付的会议费用。

⑦其他直接费用：指上述直接费用以外而必须支付的其他直接费用。如临时设施推销。

(2)间接成本项目：间接费用，指现场管理费。

指项目组、监理工程师在现场工作必须支付的办公及通讯费用；工作人员办公及住宿用房租赁费，办公及住宿用具购置或摊销费；工作人员工作生活用水、暖、电等费用开支；因现场工作人员较多(10人以上)或工作时间较长(3个月以上)需办职工临时食堂而支付的炊事用具及炊事人员的工资劳保福利费用(应由职工自理的伙食费不包括在内)等。

3. 预算成本的确定,以向业主或委托单位按国家统一规定的收费标准收取的费用,或双方协议价格为基础,扣除营业税金及附加、计划利润和期间费用后作为预算成本,预算成本各明细项目按成本项目内容和历史成本水平或通过测定的内部定额进行计算划分,据以控制实际成本,分析考核成本节超。

4. 实际成本的核算程序和方法,参照航务、公路工程的有关规定办理。

## 第七节　分包工程管理与核算

**第一〇〇条**　施工单位应提高劳动生产率加速工程进度,合理安排好生产,力求多、快、好、省地完成国家基本建设任务。

施工单位由于施工能力、施工力量等因素影响,可酌情将一部分工程外包,但主体工程不能分包,且需加强外包工程的成本管理,以保质保量保工期地完成工程任务。

**第一〇一条**　施工单位在工程分包过程中,首先要注重队伍的选择,选择分包队伍时,要对外包队伍的资质、资信、信誉情况有充分的了解,对于较大的分包工程项目,应通过工程招投标方式选择施工队伍,通过多方分析比较,选择那些有承担同类工程项目经验、资信条件较好、报价合理、工期保证的施工队伍承接。在确定施工队伍及承包价时应建立严格的内控制度。

**第一〇二条**　合同的签订。施工单位在选好分包单位后,要签订工程承包合同,包括工程名称、工程内容、合同价款、款项支付、材料供应、质量要求、安全措施及工期要求等。特别是合同价款,能够确定的,要予以一次包死;不能够确定的,要明确结算原则。签订的工程承包合同,在有条件的情况下,要进行公证。

**第一〇三条**　分包工程价款支付。分包工程合同签订后,根据合同要求支付工程预付款和备料款,月度终了,根据分包单位提供的已完工程工作量表及工程价款结算表,由发包单位施工员、统计或预算员审核，经发包单位负责人核准，财务部门方可支付进度款；支付进度款时，要注意扣回供料款。在分包工程完成一定比例后，要注意按比例扣回工程预付款和备料款，确保分包工程款项不超付。

**第一〇四条** 分包工程材料管理。分包工程所需材料，在由发包单位供应的情况下，要根据工程计划和合同规定控制供料；工程设计变更，分包单位需要追加的材料品种、规格、数量，必须由发包单位工程、预算人员审核，发包单位负责人批准，材料部门方可供料。另外，对分包工程的材料供应范围，要严格执行国家和各地方建委的文件规定，超出甲方供应范围的材料，要严格按市场价格结算。

**第一〇五条** 分包工程竣工结算。分包工程完工后，要组织有关人员，进行全面验收，并评定工程质量等级，办理竣工结算。工程结算时要按一定比例扣留分包单位工程保留金，合同规定的保修期内工程出现质量问题，分包单位要负责维修，保修期满，如无质量等问题，则退还分包单位工程保留金。

**第一〇六条** 财务会计部门在核算分包工程时，视不同情况分别核算。

对于在产值统计上作为企业非自行完成部分的分包工程，根据分包单位当月完成的工程预算价款，借记“工程结算成本——×××单位分包完成工程名称”科目，贷记“应付账款”科目；同时由总包单位按规定向建设单位办理工程结算，应结算价款，借记“应收账款”科目，贷记“工程结算收入”科目。

对于在产值统计上作为自行完成部分的分包工程，为了简化核算，每月根据分包工程完成的工程量应计算的应付价款，借记“工程施工”科目及有关成本明细项目，贷记“应付账款”科目。

## 第八节 待摊、递延及预提费用的核算

**第一〇七条** 施工企业对于应由本月工程（或产品）成本负担的费用应在发生当月计入成本，不得任意提前或者拖后。对于

一次性支付，分期摊入成本的费用，应在费用支出时列作待摊或递延费用，按受益期限确定分摊额，分期摊入成本。待摊费用分摊期限一般在十二个月以内。递延资产核算企业发生的不能全部计入当年损益，应在以后年度内分期摊销的各项费用。

对于应由当期成本负担而尚未支付的费用可以预提。预提期短，年底应当结清的，年终决算不留余额。如果确需跨年使用的，必须在年底决算报表中说明，并由主管部门审查批准。

施工企业应加强对待摊、递延及预提费用的管理，按照规定的摊销标准，准确计算待摊、递延及预提费用，不得任意变更摊提内容，摊提期限和摊提标准，更不得以待摊费用、递延费用及预提费用的手段任意调节成本。坚持成本的真实性，防止虚盈实亏、盈亏不实。

**第一〇八条** 待摊、递延及预提费用的内容包括下列各项：

一、企业采用“一次摊销法”和“分期摊销法”的低值易耗品，在一次大量领用时，可将摊销数在核算期内摊入有关成本。

二、冬季取暖补贴：如一次发放，应按照取暖期分期预提或待摊。

三、一次发生数额较大的大型施工机械安装、拆卸、辅助设施和进出场费。

四、按照规定应分期计入工程成本的技术转让费，包括许可证费、专利费、设计费以及为掌握引进技术发生的有关费用。

五、在施工生产经营中支付数额较大的契约、合同公证费、科学技术和经营管理咨询费。

六、预提收尾工程费：指工程已经完成，具备了使用和投产条件，并经建设单位同意已办理竣工结算，由于特殊情况影响收尾工程的进行而预提计入成本的预提数额，不得超过收尾工程的预算成本。

七、一次支付数额较大的劳动力招募费、职工探亲路费和探亲期间的工资；船舶和大型施工机械等固定资产，按修理对象（或类别）和修理间隔期预提大修理费用，实际发生的修理费用冲减预提费用,预提费用与实际修理费用的差额调整成本。预提标准按项目预计修理费用和修理间隔期计算确定。

八、船舶停工期费用。

九、新办企业的开办费。

十、租入固定资产的改良支出和固定资产修理支出(修理间隔期一年以上)。

十一、预提资金借款利息支出。

十二、以经营性租赁方式租入固定资产的大修理费,一般应由出租方支付。如果合同规定大修理费由承租方负担,应根据合同规定的租赁期限和企业大修理计划,比照企业的同类固定资产按月预提大修理费用,实际支出的大修理费用大于预提数的差额,应当在租赁期满后调整成本。

十三、工程保修费:指工程竣工验收后,建设单位扣留的工程保修金。一年内如工程没有质量问题,则工程保修期满后,保修费如数退回,若工程有质量问题,则施工单位负责保修。根据会计核算稳健性的原则,按合同规定的比例,预提保修金,发生保修费用,则冲减保修金,一年后,如果预提工程保修金有溢余或不足,则冲减或追加间接费用支出。

十四、其他需要进行分期摊销的待摊费用、递延费用和预提费用。

企业的预提费用预提数与实际数的差额,无论余缺,应以实际发生数为依据调整有关项目的成本,不得保留余额。

待摊、递延及预提费用均应按照费用项目进行分类核算,对于摊提标准应按规定计算,编制“待摊、递延、预提费用分配表”,按照不同计算对象分别计入有关成本。

### 第九节　工业生产、机械作业和辅助生产成本的核算

**第一〇九条**　施工企业内部独立核算的附属工业企业,如船机修造厂、修配厂、站、预制构件厂和机械作业的机械站、运输队等,其生产产品和提供作业、劳务的成本核算,可按其性质分别比

照工业、运输企业的成本计算方法和本办法关于船舶机械使用费成本计算的规定进行成本计算。

一、附属工业企业对承包金属结构制作及安装工程,应按本办法的规定计算工程成本,办理工程价款结算;对施工企业内部修造机具按照批准的价格结算。

二、附属船机施工单位,如承包工程施工,也应按本办法的规定计算工程成本,办理工程价款结算;对施工企业内部提供船机作业,配合内部独立核算单位施工,可按预算包干或按艘(台)班费收费。

**第一一〇条** 有条件的附属工业企业,要实行厂部、车间两级成本核算,车间核算直接发生的材料、工资、费用,并核算产品的车间成本。厂部核算产品全部成本。

成本核算对象及成本项目内容规定如下:

一、成本核算对象

1. 修造船、机及设备按单个产品核算。

2. 零配件、工具制作、加工按品种核算。

3. 试制新产品和为本企业基建、专项工程加工设备按项目核算。

二、成本项目

1. 人工费:指直接从事产品生产的生产工人的工资、职工福利费和劳动保护费。

2. 材料费:指构成产品实体的主要材料和有助于产品形成的其他材料成本以及周转材料的摊销数。回收的残料估计价值应从本项目扣除。

3. 机械使用费:指机械设备所耗用的燃料和动力费以及按照规定对机械设备计提的折旧以及发生的大、中修和经常性的维护及修理费用。

4. 其他直接费:指直接用于产品生产的其他直接费用,包括专用工具,专用设备,设计费、吊运费、委托外部协作费,调试检验费等。在生产过程中发生的不可修复的废品损失和可修复的废品修复费用及停工损失等也在本项目核算。

5. 间接费用:指生产单位直接为组织和管理生产而发生的所有支出。包括的项目与工程间接费用基本相同。

三、成本计算方法

附属工业企业可根据产品特点,采取分批法(定单法)、定额比例法、定额法等成本核算方法进行成本计算。

生产费用的归集与分配,可比照工业企业成本核算办法办理。

**第一一一条** 施工企业及其内部独立核算单位所属非独立核算的辅助生产部门(车间、单位),其生产费用的计算以简化为宜,费用项目应视其生产性质而定。

一、开采、预制成本项目可分为下列各项:

1. 人工费;
2. 材料费;
3. 机械使用费;
4. 其他直接费;
5. 间接费用。

二、修理车间的成本项目可分为下列各项:

1. 人工费;
2. 配件;
3. 燃料及动力;
4. 辅助材料费;
5. 折旧及修理费;
6. 其他直接费;
7. 间接费用。

三、运输成本项目可分为下列各项:

1. 人工费;
2. 材料费;
3. 燃料及动力费;
4. 折旧及修理费;

5. 其他直接费；

6. 间接费用。

其他辅助生产亦可比照上述成本项目自行拟定。

**第一一二条** 为简化辅助生产产品和劳务的成本计算，凡进行单一产品的辅助生产部门而工艺过程又与产品的形成无关时，其产品的单位成本计算，可以本期出产产品的数量除各项生产费用的总额求得。

凡制造数种产品或一种产品多种规格的辅助生产部门（如开采、预制等）其所生产产品的费用，月终按各种产品计划成本的比例分摊求得各种产品的实际成本，再用各自产品的数量除之求得单位成本。

**第一一三条** 施工企业内部独立核算的附属工业企业、船机施工单位、非独立核算的辅助生产部门所发生的生产费用，除间接费用应先通过“工业生产——间接费用”账户核算外，均分别以“工业生产”、“机械作业”和“辅助生产”一级账户进行核算。并根据需要，按照生产车间和产品或劳务、船机作业的种类或单机、单船、单车、或产品的批别进行明细核算。

**第一一四条** 辅助生产部门为本单位相互提供材料、结构件和劳务，应按实际成本或参照内部结算价格计算，对外单位，本企业基建部门和其他内部独立核算单位、专项工程、福利事业单位等提供材料和劳务，应按内部结算价格或市场价格进行结算。

**第一一五条** 财务会计部门对辅助生产实际发生的费用，应当按照费用项目进行明细分类核算，月终根据辅助生产部门月报提供的资料编制“辅助生产费用分配表”，将本期发生的各项费用计入工程施工成本和有关受益对象。劳务费用按下列计算公式分配：

$$\text{某工程本期应负担的劳务费用}=\frac{\text{该项劳务当期发生费用总额}}{\text{该项劳务当期供应劳务总数量}}\times\text{某工程耗用劳务数量}$$

由外单位提供的劳务，应根据劳务账单计入受益对象成本。

## 第十节　工程成本的综合核算

**第一一六条**　工程公司(处)财务会计部门应根据施工合同(协议)和开工通知单,按照成本核算对象,设置“工程施工”账户和“建筑安装工程成本明细类账”,以分别计算从开工到竣工、交工验收所发生的实际成本。

**第一一七条**　月终财务会计部门根据工资分配表、用料汇总表、大堆材料耗用计算表、模板摊销计算表、周转材料摊销表、未完施工盘点表、船机使用分配表、间接费用分配表和有关其他材料,填制记账凭证,据以登记建筑安装工程制造成本明细类账。

**第一一八条**　凡与施工有关的费用,以及可以直接计入相应工程施工对象的建筑场地的整理、布置、砍伐树木、平整土地和工地排水等工作费用,应在其发生时直接计入工程对象的成本。

一个施工单位在同一施工工地担负两个以上单位工程时,上述费用可采取适当比例进行分配。

**第一一九条**　为了正确计算已完工程的实际成本,施工生产技术部门应于月终对未完施工进行盘点,并编制未完施工盘点表送财务会计部门(按月进行未完施工盘点,如有困难者可按季办理)。财务会计部门根据未完施工盘点表计算本月已完工程实际成本。计算公式如下:

本期已完工程(点交工程)实际成本 = 本期施工工程实际成本 + 期初未完施工成本 - 期末未完施工成本(即期末未完施工盘点表预算价值)

**第一二〇条**　由于建设单位的责任造成的返工,施工单位应将实际耗用的材料、人工费和其他费用分别计入有关成本项目,单独向建设单位办理结算。

非施工单位责任而停止和废止的建筑安装工程费亦按上述工程价款结算的办法,向建设单位进行结算。

**第一二一条**　企业财务会计部门对每一工程成本核算对象的实际成本,在核算时必须强调与预算(计划)成本费用项目的内容取得一致。根据计划统计部门提供的已完工程预算成本资料进行比较,分析差异,从而了解单位工程降低成本任务完成情况及其效果。

**第一二二条** 施工企业财务会计部门应于每一单位工程竣工结算后,编制单位工程竣工成本表,用以反映主要工程项目在本报告期间已竣工工程的工程量、工程价款收入、实际制造成本及成本降低额、降低率,为企业内部管理、对外投标积累核算资料。

## 第六章 期 间 费 用

**第一二三条** 期间费用是指管理层(包括工程局、航道局、工程公司、疏浚公司、工程咨询监理总公司、工程咨询监理公司)发生的管理费用、财务费用和销售费用,以及作业层不能并入间接费用的上述费用。

**第一二四条** 管理费用是指企业行政管理部门为管理和组织经营活动而发生的各项费用。

工程局、航道局、工程公司、疏浚公司收取管理费均在上级管理费项目核算,实际支出管理费用按财务制度所规定的内容项目按月归集。年终超节调整管理费用,不留余额。

**第一二五条** 管理费用的核算项目和内容

1. 工作人员工资:指施工企业管理层的政治、行政、工会、经济、技术、试验、公安、警卫、消防、炊事和勤杂人员以及行政管理部门汽车司机等的工资。不包括由材料采购及保管费、职工福利费、专项工程、营业外开支的人员的工资。

2. 工作人员福利费:指根据会计制度规定,按照工作人员以及福利部门的工资总额和国家规定比例提取的职工福利费。

3. 劳动保护费指管理人员按规定发放的劳动保护费。

4. 办公费:指行政管理办公用的文具、纸张、账表、印刷、邮电、书报、会议、水电、烧水和取暖用煤等费用。

5. 差旅交通费:指职工因工出差、调动工作(包括随行家属)

的差旅费，住勤补助费，市内交通和误餐补助费，上下班交通补贴费，职工探亲路费，劳动力招募费，职工退休、离休、退职一次性路费，工伤人员就医路费，以及行政管理部门使用的交通工具的油料、燃料、养路费、过桥费、牌照费等。

6. 固定资产使用费：指行政管理部门和试验部门和非独立核算的附属单位使用的属于固定资产的房屋、建筑物、设备（附属生产单位的生产设备除外）仪器等折旧费，修理费和租赁费等。

7. 行政工具用具使用费：指行政管理使用的，不属于固定资产的工具、器具、家具、交通工具和试验、检验、测绘、消防用具的购置、摊销和维修费等。

8. 排污费：指企业排污按规定交纳的费用。

9. 绿化费：指企业对本厂区进行绿化而发生的零星绿化费用。

10. 财产保险费：指按照规定交纳的企业财产保险费。

11. 工会经费：指根据会计制度规定，按照企业工资总额和国家规定的提取标准提取的工会经费。

12. 职工教育经费：指根据财政部有关规定按工资总额百分之一点五的标准提取的在职职工教育经费。

13. 劳动保险费：是指企业支付退休职工的退休金（包括企业参加离退休统筹按规定提取的离退休统筹基金）、各种价格补贴、医药费（包括企业支付离退休人员参加医疗保险的费用）；退职职工的退职金；6 个月以上病假人员工资；职工死亡丧葬补助费、抚恤费；按规定支付给离退休干部的各项经费。

14. 待业保险金：指按照规定交纳的职工待业保险金。

15. 税金：是指企业按照规定交纳的房产税、车船使用税、土地使用税、印花税等。

16. 合同公证鉴证费：指将工程承包合同、材料、产品购销合同等向有关部门公证、鉴证支付的费用。

17. 董事会费：指企业最高权力机构（如董事会）及其成员为执行职能而发生的各项费用，如差旅费、会议费等。

18. 咨询费:指企业向有关咨询机构进行科学、技术、经营管理咨询而支付的费用,包括聘请经济技术顾问、法律顾问等支付的费用。

19. 诉讼费:指企业起诉或应诉而发生的各项费用。

20. 审计费:指企业聘请中国注册会计师进行查账、验资、资产评估等发生的各项费用。

21. 土地使用费:指企业在生产经营过程中使用土地而支付的费用。如临时租用土地、场所支付的租赁费等。

22. 土地损失补偿费:指企业在生产经营过程中破坏国家不征用的土地所支付的土地损失补偿费。

23. 技术转让费:指企业按照非专利技术转让合同的约定,使用非专利技术而支付给非专利技术所有人的费用。

24. 技术开发费:是指企业研究开发新产品、新技术、新工艺所发生的新产品设计费、工艺规程制定费、设备调试费、原材料及半成品试验费、技术图书资料费、未纳入国家计划的中间试验费、研究人员的工资、研究设备的折旧,与机关报产品试制、技术研究有关的其他经费,委托其他单位进行的科研试制费用,以及试制失败发生的损失。

25. 无形资产摊销:是指专利权、商标权、著作权、土地使用权、房产使用权、非专利技术等无形资产的摊销。

26. 开办费摊销:是指企业生产经营期间分摊的筹建期间发生的开办费用。

27. 业务招待费:是指企业为业务经营的合理需要而支付的招待费用。

28. 坏账损失:是指企业按规定标准提取的坏账准备金,实行坏账准备金制度的企业发生的坏账损失据实列支。

29. 存货盘亏、毁损和报废损失:是指企业施工、生产单位在施工、生产过程中由于管理不善等原因所造成的存货盘亏、毁损和报废损失在扣除过失人或者保险公司赔款和残料价值后净损失。发生存货盘盈,冲减该项费用。

30. 上级管理费:内部独立核算单位按照规定上交给企业的管理费和企业按照规定上交给总公司的管理费。

31. 其他费用:指上列各项费用以外的其他费用支出。

其中:1 ~ 10 项费用作业层应在间接成本中核算。

**第一二六条　销售费用**

销售费用是指企业在销售产品或者提供劳务等过程中发生的各项费用,以及专设销售机构的各项费用。包括应由企业负担的运输费、装卸费、保险费、维修费、展览费、差旅费、广告费、代销手续费、销售服务费,以及专设销售机构的服务人员工资、奖金、福利费、折旧费、修理费、物料消耗以及其他经费。

销售费用发生较少的单位,可以在管理费用中反映。

**第一二七条　财务费用**

财务费用是企业为筹集资金而发生的各项费用,包括企业经营期间发生的利息净支出(利息支出减利息收入)、汇兑净损失、调剂外汇手续费、金融机构手续费,以及企业筹资发生的其他财务费用。

企业以融资租赁方式租入固定资产发生的手续费及其投入使用后利息支出,股票发行手续费不包括在财务费用之内。

施工企业根据当年生产规模,编制资金需求量计划在所属单位中,根据实际所承担的任务、设备购买量进行内部综合平衡,计算出总的资金计划支出量,按规定利率计算出年度计划利息支出,据以分解所属单位,作为年度筹资成本计划下达控制。实际支出的利息等在本项目归集,存款利息收入则冲减财务费用。

## 第七章　成本费用控制

**第一二八条　成本费用控制的原则**

坚持统一领导和分级归口管理相结合的原则,企业应制定切合实际的成本费用目标,将其分解到各部门、各基层单位和各岗位并按照经济责任制的要求实施全过程的控制。做到成本费用在哪里发生，就由哪里负责。

第一二九条　成本费用控制体系

成本控制体系应以工程局（航道局）为指导，并与工程公司（疏浚公司）、工程处（船队）、班组等基层成本指标的日常管理相结合；以财务会计部门为中心，并与船机、物资、劳资、施工技术等部门的成本指标相结合。

期间费用控制体系要求按照费用的发生地点（归属层次）和归口管理部门，通过建立严格的预算制度、费用审批制度、明确工程局（航道局）与工程公司（疏浚公司）的权责范围，同时，以财务部门为中心并划清与其他职能部门在费用管理控制上的关系。

第一三〇条　成本费用控制的基本条件

成本费用控制要求具备的内部条件，包括：

1. 有较好的核算基础工作；

2. 建立和完善成本责任制；

3. 有一套完整的企业施工定额；

4. 建立一套成本升降的考核方法。

成本费用控制要求创造的外部条件，包括：

1. 以工程中标价为依据，建立合理的成本核算指标；

2. 落实工程项目承包方式，以确定成本管理的方法；

3. 弄清直接成本和间接成本的价格组成，以利做好全过程成本的内控工作；

4. 了解熟悉成本管理的有关法规。

第一三一条　成本费用控制的依据

施工企业分解下达的成本计划指标是控制成本的基本依据，企业内部编制的施工定额和其他内部管理制度是控制成本的辅助依据。施工企业应按分级管理的要求将成本计划指标纵向分解到基层。企业各职能部门，应将本部门归口管理的指标，按所属单位提出分解指标（包括技术经济指标和费用指标，如质量、工期、安全、燃材料消耗、管理费用等），经综合平衡后统一下达。分解指标必须保证成本计划总指标的实现，且必须是各单位的可控指标。

成本计划指标的控制必须与企业内部经济责任制紧密配合,实行有额生产,奖罚兑现。

**第一三二条** 成本费用控制的内容。主要包括:

1. 人工费成本的控制;
2. 材料费成本的控制;
3. 船机使用费成本的控制;
4. 其他直接费用成本控制;
5. 间接费成本的控制;
6. 期间费用的控制;
7. 其他业务成本的控制。

**第一三三条** 成本费用控制的程序和方法

施工企业的成本费用控制首先要确定成本目标,制定成本费用计划,规定消耗定额和成本限额,建立健全原始记录、计量手段和经济责任制,实行成本分级归口管理;在成本计划执行过程中,要及时审查各种消耗支出,控制费用和成本限额,通过成本报告制度,及时发现实际成本与计划成本产生的偏差(差异),分析形成偏差的原因和责任,立即采取措施予以纠正,保证实现成本目标;企业要定期公布成本目标的执行情况,总结成本控制的经验教训,对责任者进行奖罚,利用成本信息反馈,修正完善成本控制制度及控制标准(如施工定额等)。在施工企业实行了多层次、多形式的内部承包经营责任制的情况下,仍要坚持上述程序和方法来保证工程成本费用能够得到总量上的控制,防止以包代管。

实施成本控制应抓好以下环节:

一、成本目标的可操作性。成本计划指标的分解应由粗到细,工程局对工程公司可以相对指标(如成本降低率)控制,工程公司对工程队可以绝对指标(如成本降低额)附以相对指标控制,工程队对班组、个人应以施工定额分项确定具体成本指标附以综合费用指标进行控制。分解到职工个人的成本、费用指标必须明确具体且有办法控制和调节或具有可操作性。

二、纠正成本偏差的及时性。施工企业实际成本与计划成本

产生的偏差,要及时发现,及时处理,使企业成本真正得到有效的控制。成本偏差一般表现为量差和价差,其计算公式如下:

量差 = 计划价格 ×(实际数量 - 计划数量)

价差 = 实际数量 ×(实际价格 - 计划价格)

成本偏差总额 = 量差 + 价差

企业要通过建立完善的成本报告制度及时反馈成本产生偏差的情况,对于在控制限度以内的偏差,要组织有关人员进行综合分析,找出问题的根本原因,制订相应的改进措施并立即实施,并将实施结果反馈,直到成本偏差得到纠正为止。

三、选择关键点实施成本控制。成本控制要在全企业、全过程、全员控制的基础上实行重点控制,对企业目标成本、目标利润有重大影响的重点单位、关键环节、重点工程项目、重大技术组织措施的落实、重大费用开支等实施重点控制,是全面完成成本计划的关键,必须下大力气抓好。

四、严格考核、奖罚兑现。要根据成本计划的要求,定期对成本计划的执行情况进行检查。根据日常成本控制的记录进行考核和评价,对完成和超额完成计划的单位和个人予以奖励,对未完成计划的给予处罚。考评完毕要使奖罚立即兑现。尤其对成本计划中规定的协作项目,协作指标,考评中给予足够的重视,重奖重罚。

## 第八章 成本费用分析

**第一三四条** 成本分析是成本管理的重要环节,是检查成本计划执行情况及时反馈成本信息的有效方法,也是企业经济活动分析的重要内容。通过成本分析,可以检查预算成本(计划成本)与实际成本的完成情况,分析节约和超支的原因进一步挖掘降低成本的潜力,提高企业经营管理水平和经济效益。

**第一三五条** 施工企业必须按照成本分级归口管理的原则,采取全面分析和专题分析相结合,定量分析和定性分析相结合,财会部门分析和其他职能部门分析相结合的办法,定期、逐级进行分析,并结合经济责任制考察成本责任的实效。

**第一三六条** 成本分析应着重分析降低成本的途径。也是核实预算成本有否漏项、错算、和少计工程量,可及时提供调整承包价的签证资料。以预算成本(计划成本)和各项消耗定额为依据。以人工、材料、船机节约为主要内容,检查技术组织措施的执行情况,运用"比、查、找"方法分析成本升降的主观和客观原因,量差和价差因素,节约和超支情况,提出进一步降低成本的措施。

**第一三七条** 成本分析可以通过以下几个方面进行:

一、工程成本的综合分析。工程成本是考核企业施工管理水平的一项综合性指标。通过综合分析初步考查成本计划完成情况和作出总的评价,以便为进行深入的分析或专题分析指出方向。

二、按单位工程成本项目分析。是在综合分析工程成本的基础上,透视单位工程项目是否选择经济合理、先进的施工方案,推广新技术、新工艺、新材料,以及其他新施工措施的成果。进一步分析各个单位工程成本项目的成本降低或超支的原因,并按照第一个成本项目进行分析。

1. 人工费的分析。分析人工费节约和超支的原因,主要以实际耗用工日与施工定额工日;每工日平均工资与预算定额规定的平均工资等级进行对比。检查定额用工和辅助用工数量的增减,工日利用水平,工效的高低等方面,深入分析主客观因素,劳动组合的合理性,查明由于劳动力使用和定额管理所造成的节约或超支,同时考核工资含量包干核算引起人工费的变化。

2. 材料费的分析。分析材料费节约和超支的原因,主要分析材料实际用量与施工图预算定额用量或中标书材料计划用量的差异(即量差)和实际价格与预算(计划)价格的差异(即价差),着重分析采取技术组织措施(包括就地取材,代用材料,修旧利废)而节约材料消耗的效果,以及材料的采购、运输、管理、使用等环节合理与否所造成的节约或超支。

3. 船机使用费的分析。分析船机使用费节约和超支的原因,应从施工方案的选择，机械化程度的变化，船机效率的高低，油料消耗定额及船机完好率和利用率的执行情况。具体分析台（艘）班产量定额的工效差、台（艘）班费用的成本差，着重分析提高船机作业效率措施和效果，以及管理调度原因而造成的节约和浪费。

4. 其他直接费的分析。分析其他直接费节约和超支的原因，着重分析生产工具用具使用费、检验试验费、材料二次搬运费、临时设施、施工调迁等费用的定额（计划）与实际消耗的节约和浪费。

5. 间接费用的分析。

分析间接费用节约或超支原因，应从施工生产任务和现场管理机构设置及人员配备情况，各项费用开支标准和费用计划的执行情况，工程质量合格证体系的完善程度等方面入手，分析实际费用支出与预算和上年同期对比节超的原因；并分析具体费用项目节超额及其比例，找出管理中存在的问题，提出改进措施。

三、技术组织措施计划完成情况的分析。降低成本计划一般是通过编制技术组织措施计划来体现，因此，企业应着重对技术组织措施计划的完成情况进行检查和分析。除对工程项目本身的技术组织措施计划执行情况检查外，还应与同行业同类工程的施工技术、工艺、方法、现场管理等方面进行比较，及时找出本企业在施工手段、技术及管理等方面的差距，并积极采取措施，力争赶上或超过同行业先进水平，以便考察各部门和专人负责的降低成本计划指标执行的效果。

四、成本分析除了以实际成本与预算成本计划成本进行分析对比外，还可以本期成本与前期成本，本企业历史最好水平，以及企业内部单位间进行分析比较，以观察降低成本的变化及其发展趋势。

五、竣工工程成本分析是全面、完整地考核已竣工的单位工程成本的手段。一个单位工程从开工至竣工往往需要经历若干个成本计算期，在各成本计算期内可能有时成本降低，有时成本超支。

只有对竣工的单位工程成本进行分析，才能最终评价该单位工程在施工与管理中的经济效果。在分析时，应根据竣工工程成本表以及有关人工、材料、机械使用台账，进行综合分析。其分析结果可作为竣工工程技术经济档案的一个组成部分，作为企业进行投标报价的主要参考依据。

**第一三八条** 期间费用的分析。分析期间费用节约和超支的原因，应从施工生产任务和组织机构定员指标的变化，非生产人员的增减，各项费用开支标准和费用计划的执行情况方面着手，主要分析各项实际支出与计划，和上年同期对比节约与超支的原因，分析筹资成本的高低和贯彻费用开支标准，执行财经制度的效果及费用开支管理上存在的问题。

要重点分析办公费、差旅交通费、行政工具用具使用费等对期间费用影响较大的可控费用，对技术开发费的使用情况和开发项目的经济效益情况要结合分析评价，及时调整开发计划。

## 第九章　成本费用监督、考核与评价

**第一三九条** 企业领导人、总工程师、总经济师、总会计师应按照本办法的规定，对本企业成本费用计划、各项技术经济指标的执行和各项成本费用开支进行经常性的监督检查，召开成本分析会议，针对存在的问题，责成有关部门采取改进措施等。企业的成本管理人员应定期对所属单位的成本进行普遍检查，发现问题及时提出改进措施，并报告企业领导。

**第一四〇条** 企业的内部审计机构，应根据内部审计的职能范围对企业的成本管理进行检查和监督。包括：

一、监督本办法的执行；

二、对违反本办法规定的责任单位、部门和个人的进行调查核实，并提出处理意见；

三、检查对违法行为处理决定的执行情况。

四、检查与成本有关的其他事项。

**第一四一条** 成本考核是经济责任制的一项主要内容。要求：

一、定期考核成本费用目标实现情况和成本费用计划指标的完成情况，全面评价成本费用管理工作的实绩。

二、定期考核各项影响成本费用降低的技术经济指标，包括：质量、工期、安全、物耗、工效、费用等。

三、对上级下达的成本费用指标，企业应按要求加以考核，同时还应建立一整套具有自我约束机制的成本费用指标体系并进行考核；对上级未下达成本指标的附营生产单位，应自行制定成本费用考核指标。

四、要求责任者对其所负责控制的成本费用承担责任，同时与奖惩制度挂钩，根据考核的结果确定奖惩，以调动职工降低成本费用的积极性。

**第一四二条** 成本评价可结合成本考核进行，具体评价指标体系可根据不同管理层次内部管理的需要由企业自行建立。

**第一四三条** 对于违反本办法的单位和个人应区分其行为按照国家有关规定（如《违反财政法规处罚的暂行规定》及实施细则等）进行处罚。

## 第十章 附 则

**第一四四条** 本办法由财政部、交通部负责解释。

**第一四五条** 本办法引用的现行的计划统计、财务会计等制度的规定，今后如有修改、废止，施工企业应按新的规定办理。

**第一四六条** 本办法自1995年1月1日起实施。1991年交通部（91）交财字922号文发布的《交通部施工企业成本管理办法》同时废止。

# 交通行业内部控制制度评审办法

（交通部　交审计发[1995]1140号　1995.11.29）

## 一、总　则

**第一条**　为了促进交通行业各单位加强内部管理，完善自我约束机制，提高经济效益，保证审计质量，根据《审计法》和审计署有关规定，结合交通行业实际情况，制定本办法。

**第二条**　交通行业内部控制制度是交通企事业单位为了贯彻经营方针和决策，实现经营目标，维护财产物资完整，保证财务收支合法、会计信息真实，以及提高经济效益而形成的一种自我协调、制约和检查的控制系统。

交通行业内部控制制度评审是指对交通企事业单位内部控制制度进行检查，确定内部控制制度是否严密，是否有效执行。并据以判断经济信息的可信赖程度。

**第三条**　本办法适用于交通行业各单位审计部门开展的内部控制制度评审。内部控制制度评审可在单位年度审计计划中单独立项安排，也可结合其他审计项目进行。评审结果，可作为确定其他专项审计内容、范围、程度等的重要依据。

## 二、评审原则

**第四条**　交通行业内部控制制度评审的基本原则：

1. 内部控制制度是否符合相互牵制原则，包括单位的上下之间、部门之间、不同工作岗位之间在经办各项经济业务中是否相互制约，账、钱、物是否实行分管制度，凭证处理、传递程序是否严格，稽核制度是否健全等。

2. 内部控制制度是否符合岗位责任原则，是否按照经济业务的性质，设立各个职能部门和部门中的各项具体工作岗位，是否赋予其相应的工作任务和职责权限，并按照职责范围建立岗位责任制，处理各项业务。

3. 内部控制制度是否符合相互协调的原则，在单位的各项经营管理活动中，各部门、各岗位、各环节是否相互协调一致，是否按规定的程序和手续，承上启下，环环扣紧，使各项业务工作保持连续性、秩序性和有效性。

4. 内部控制制度是否符合系统网络原则，单位内部的各项控制要素是否明确，控制点是否齐全，是否从业务起点至终结，做到点点相连、环环相扣、彼此沟通，构成一个健全完善的系统网络，对各项经济活动发挥自我制约作用。

## 三、评审内容

**第五条** 交通行业内部控制制度按范围分为内部会计控制制度和内部管理控制制度。

**第六条** 内部会计控制制度主要包括：会计凭证、会计账目和会计报表正确性、系统性的控制；财务收支合法性、合规性的控制；财产物资安全性、完整性的控制；会计业务处理程序标准化、规范化的控制等。

**第七条** 内部管理控制制度主要包括：计划管理工作的控制；生产管理工作的控制；劳动、人事管理工作的控制；物资管理工作的控制；设备管理工作的控制；质量管理工作的控制；基础管理工作的控制及其他经营管理工作的控制等。

**第八条** 交通行业内部控制制度评审重点：

1. 收入内部控制制度的评审，主要包括收入款项的存储、结算和解缴以及票据的印制、保管、领发、使用和销号控制；运输、装卸等收入的归集、确认、应收账款的结算和清收控制；规费征收的范围、标准和解缴的控制；工程价款的结算及概算调整的控制。

2. 费用成本内部控制制度的评审，主要包括工资的计算、发放、分配和工资总额的控制；燃、材料和修理用备品配件消耗定额的制定，执行和成本计算的控制；折旧的计提、待摊费用的摊销、预提费用的提取与支付的控制；管理费用和财务费用预算的编制、审批、报销的控制。

3. 财产物资内部控制制度的评审，主要包括固定资产交付使用、维护修理、租赁转让、盘点盈亏、报废清理的控制；材料采购计划、验收保管、发料退料的控制；在产品计价和产成品等完工入库、计价和销售控制。

4. 资金管理内部控制制度的评审，主要包括资金筹集、拨付、投出、收回的授权、核准和现金、银行存款、有价证券的登记、清点、核对的控制。

5. 基本建设内部控制制度的评审，主要包括建设项目的可行性研究报告、立项审批、初步设计、资金供应、工程支出、概算调整、价款结算和决算编审等控制。

## 四、评 审 程 序

**第九条** 交通行业内部控制制度评审程序一般分为五个工作步骤

1. 调查内部控制制度的基本情况，包括单位的组织机构设置、权责范围，有关制度规定，主要业务活动的处理程序和手续，以及在业务处理过程中设置的控制环节和相应的控制措施等。弄清单位内部控制制度运转的环境、控制点和控制措施，为判断单位内部控制制度是否健全完善提供依据。

2. 研究被审计单位应具备的内部控制制度和制定制度的依据，确定评审其内部控制制度的标准。

3. 评审被审计单位内部控制制度的健全程度。将内部控制制度标准与内部控制制度现状进行对比，分析现行内部控制制度是否健全及存在的问题。

4. 评审被审计单位内部控制制度的符合性，确定其可信赖程度，检验有关部门在实际业务活动中是否认真执行了控制制度，是否发挥了它的应有作用，并加以评价。

5. 经过评审，审计人员应写出综合评审报告，其内容主要包括被审单位内部控制制度的基本情况；评审的时间、范围、内容、主要工作过程及采用的评审方法；评价内部控制制度是否健全有效；评审结论和建议。

## 五、评 审 方 法

**第十条** 交通行业内部控制制度健全性测试可采用文字描述法、流程图法、调查表法。

1. 文字描述法是根据审计项目确定的审计目标和内容，通过审阅有关的制度、规章、办法和文件以及向有关人员询问等，检查了解存在的与审计目标相关的各个控制点及其具有的控制措施，用文字报告的形式表述其组成控制制度的内容；再衡量判断各控制点是否完整，以确定其健全性。

2. 流程图法是通过审阅单位的管理制度和有关文件，识别存在的控制点以后，依照实施审计的该系统的业务过程，按各个控制点在其中发挥控制作用的先后顺序及其相互关系，绘制成控制制度的流程图，再进行判断比较，以确定其健全性。

3. 调查表法是审计人员根据单位内部控制制度的主要控制特点及其主要问题，预先编制一套标准格式的调查表，由被审计单位有关人员回答填写并经审核，藉以检查某项控制措施是否存在，并以此作为评价被审计单位内部控制制度是否健全的依据。

**第十一条** 交通行业内部控制制度符合性测试可采用证据检查、重复检查以及实地观察等方法。

1. 证据检查是通过对会计凭证、通知单、报告、申请书、批准书及其他能反映控制措施的文件进行检查，以获得规定的控制措施是否得到有效执行的证据。

2. 重复检查是由审计人员部分或全部重复由被审计单位的业务人员所采用的同样的工作程序,以确认这一程序能否发挥作用,所有控制措施是否得到切实遵循。

3. 实地观察是审计人员到工作现场观察某些控制措施的执行情况,以检查有关内部控制措施是否得到执行。

**第十二条** 在健全性评价和符合性测试的基础上,审计人员必须对内部控制制度作出综合性评价,并就是否依靠以及在何种程度上依靠该制度作出判断,为科学地确定实质性测试的重点、范围和方法提供可靠的依据。

1. 汇集整理健全性评价和符合性测试的有关资料。通过汇集整理有关资料,使控制缺陷归集到与其相关的控制目标和控制点上,便于审计人员对控制缺陷所产生的影响进行分析,有利于提高综合评价的准确性和科学性。

2. 分析控制缺陷对各项业务系统内部控制制度的影响。主要分析各项具体控制措施方面存在的缺陷对相应的控制点的影响,以准确地确定在某种控制缺陷存在的条件下,控制点的控制功能发挥作用的情况;分析控制点方面存在的缺陷在业务处理系统内部控制制度中的影响,以确定某个控制点是否有效,相应的控制目标是否能够实现,进而判断该项业务内部控制制度能否发挥其应有的作用。

3. 评价内部控制制度的可靠性。主要评价内部控制制度可靠性的范围和可靠程度,并通过评价以确定在哪些方面、在何种程度上可以依靠内部控制制度。

## 六、附 则

**第十三条** 本办法由审计署驻交通部审计局负责解释。

**第十四条** 交通行业各单位可根据本办法制定实施细则。

**第十五条** 本办法自颁布之日起施行。

# 疏浚工程概算预算编制规定

（交通部　交基发[1997]246号　1997.05.04）

## 总　说　明

一、本规定应与《疏浚工程预算定额》和《疏浚工程船舶艘班费用定额》配套使用，是编制疏浚工程概算、预算的依据。

二、本规定适用于航道、港池等疏浚工程。陆域吹填工程和维护性疏浚工程可参照使用。

三、本规定的取费标准适用于一级疏浚施工企业。其他不同资质等级施工企业的取费标准，可由各省、直辖市、自治区的水运、疏浚工程基建主管部门指定颁发并抄报交通部基建管理司备案。

四、本规定中的直接工程费采用统一基价计算，其工、料、机的市场价格与基价的差价列入专项费用。

五、部交工发[1993]441号文颁发的《疏浚工程概算定额》因其基础数据已有变化，应停止使用。目前，部正在组织编制新的《疏浚工程概算定额》，在新的概算定额未颁发前，编制疏浚工程概算时，可根据施工条件，合理地套用《疏浚工程预算定额》，计算出疏浚工程费后乘以扩大系数1.05。

六、单项疏浚工程（需单独编制概算的工程项目）应根据《沿海港口建设工程概算、预算编制规定》和《内河航运建设工程概算、预算编制规定》计列工程费用以外的其他费用和预留费用等有关费用。

疏浚工程费用项目划分：

疏浚工程费用由直接工程费、间接费、计划利润、税金、和专项费用5个部分组成。

- 疏浚工程费
  - 直接工程费
    - 定额直接费
      - 挖泥、运泥、吹泥费
      - 开工展布、收工集合费
      - 管线、管架安拆费
    - 其他直接费
      - 卧冬费
      - 山区航道施工增加费
      - 疏浚测量费
      - 施工浮标抛撤及使用、维护费
      - 浚前扫床费
      - 施工队伍调遣费
    - 现场经费
      - 临时设施费
      - 现场管理费
  - 间接费
    - 企业管理费
    - 财务费用
  - 计划利润
  - 专项费用
  - 税金

# 第一章 直接工程费

直接工程费包括定额直接费、其他直接费和现场经费。

一、定额直接费

指施工过程中消耗的构成工程实体和有助于工程形成的各项费用,包括挖泥、运泥、吹泥费,开工展布、收工集合费,管线、管架安拆费。

(一)挖泥、运泥、吹泥费:指在挖泥、运泥、吹泥过程中各种船舶和排泥管的使用费。编制概、预算时,按疏浚工程相关定额计算。

(二)开工展布、收工集合费:指船舶进退场的费用,编制概、预算时按疏浚工程相关定额计算。开工展布、收工集合的次数,一个单位工程原则上只计算一次。若因工程量较大,需要跨冰封期施工,可按实际情况计算开工展布、收工集合次数;自航耙吸挖泥船开工展布、收工集合按挖槽长度 10km 计算一次,小于 10km 时按一次计算，每超过 10km 增加一次；对经常进行维护的疏浚工程，则按每月计算一次。

（三）管线、管架安拆费：按疏浚工程相关定额计算。

二、其他直接费

指疏浚工程定额直接费以外施工过程中发生的直接费。

（一）卧冬费：指各种船舶在烟台和黄河以北地区（包括烟台和黄河地区）施工时因卧冬需要所增加的费用。编制概、预算时，烟台及其以北沿海地区按定额直接费的 15% 计算，黄河及其以北的内河地区按定额直接费的 15% 计算，其中黑龙江地区按定额直接费的 30% 计算。

（二）山区航道施工增加费：指挖泥船在山区河流航道上施工时因洪水期流速大，影响工效所增加的费用。编制概、预算时，按定额直接费乘费率计算（详见附录 B）。黄河及其以北内河地区卧冬费与山区航道增加费不得重复计算。

（三）疏浚测量费：指浚前、浚中、浚后的施工测量费。编制概、预算时均按疏浚工程量每万米 3700 元计算。

（四）施工浮标抛撤及使用、维护费：指浮标的抛撤、使用及维护所发生的费用。沿海地区按每座天 200 元计算，内河地区按每座天 100 元计算。浮标抛撤需要使用航标船时，其调遣费按相同功率拖轮的调遣费计算。

（五）浚前扫床费：指新建工程因对水下情况不明，需要在施工前扫床所发生的费用（不包括清理障碍物和扫床船舶的调遣费）。编制概、预算时按扫床面积每平方公里 3 万元计费。

（六）施工队伍调遣费：指施工船舶、设备等根据建设任务的需要，非成建制地由原施工地点（或由基地）至另一施工地点所发生的往返调遣费用。调遣次数，工期在一年以内原则上按一次计算，工期超过一年的按施工组织设计确定。费用内容：包括被调遣船舶准备、结束调遣和执行调遣中的船舶艘班费及封舱、启舱、改装、拆除、复原所发生的费用及管线人员、设备、仪器、材料的调遣费等。

1. 船舶在调遣航行期间，自航船舶按使用艘班计算，被拖船舶按停置艘班费计算，调遣航行期间自航船舶的航速按附录 C 的规定计算。

2. 船舶在准备调遣、结束调遣期间按停置艘班费计算，疏浚工程船舶及辅助船舶在准备、结束调遣期间需要的艘班数按附录 D 的规定计算。

3. 人员、设备、仪器、材料的调遣费按船舶调遣费的 5% 计算。

4. 调遣距离小于 25 海里时，不计算施工队伍调遣费，大于等于 25 海里时按实际距离计算计算施工队伍调遣费。

三、现场经费

指为施工准备、组织施工生产和管理所需要的费用，内容包括临时设施费和现场管理费。

(一) 临时设施费：指施工企业为进行疏浚工程施工所必须的生活和生产用的临时建筑物、构筑物和其他临时设施费用。内容包括临时设施(如水位站、临时工棚等)的搭设、维修、拆除费或摊销费。

临时设施费按定额直接费的 2% 计算。

(二) 现场管理费：指企业在现场为组织和管理工程所需的费用，内容包括：

1. 现场工作人员的基本工资、工资性补贴、职工福利费和劳动保护费等。

2. 办公费，指现场管理办公用的文具、纸张、账表、印刷、邮电、书报、会议、水电、烧水和集体取暖(包括现场临时宿舍取暖)用煤等费用。

3. 差旅交通费，指职工因公出差期间的住勤补助费、市内交通费和误餐补助费，职工探亲路费、劳动力招募费、职工离退休、退职一次性路费，工伤人员就医路费以及现场管理使用的交通工具的油料、燃料、养路费和牌照费等。

4. 固定资产使用费，指现场管理和试验部门使用的属于固定资产的设备、仪器等的折旧费、大修理费、维修费或租赁费等。

5. 工具用具使用费，指现场管理人员使用的不属于固定资产的工具、器具、家具、交通工具和检验、试验、测绘、消防用具等的购置、维修和摊销费。

6. 保险费，指施工管理用的财产、车辆等保险费用。

7. 其他费用，指施工现场一般照明费，临时工管理费等。

现场管理费按定额直接费的5%计算。

## 第二章　间　接　费

间接费包括企业管理费和财务费用。

(一)企业管理费

指施工企业为组织施工、生产经营活动所发生的管理费用。内容包括：

1. 管理人员基本工资、工资性补贴、职工福利费和劳动保护费。

2. 差旅交通费，指职工因公出差、工作调动的差旅费，住勤补助、市内交通及误餐补助费、职工探亲路费、劳动力招募费、离退休职工一次性路费及企业管理所使用的交通工具的油料、材料、牌照费、养路费等。

3. 办公费，指企业办公用的文具、纸张、账表、印刷、邮电、书报、会议、水电、燃煤(气)等费用。

4. 固定资产折旧费、修理费，指企业属于固定资产的房屋、设备、仪器等的折旧、维修等费用。

5. 工具用具使用费，指企业管理使用不属于固定资产的工具、用具、家具、交通工具、检验、试验、消防用具等的摊销及维修费用。

6. 保险费，指企业财产、管理用车辆等的保险费用。

7. 职工教育经费，指按规定计取的在职职工教育经费。

8. 工会经费，指按规定计取的工会经费。

9. 税金，指企业按规定交纳的房产税、车船使用税、土地使用税、印花税等。

10. 劳动保险费，指企业支付离退休职工的退休金（包括提取的离退休职工劳保统筹基金）、价格补贴、医药费、易地安家补助费、职工退休金、6个月以上的病假人员工资、职工死亡丧葬补助费、抚恤费及按规定支付给离退休干部的各项经费。

11. 职工养老保险及待业保险费，是指职工退休养老金的积累及按规定标准计提的职工待业保险费。

12. 其他费用，指上述项目以外的其他必要支出，包括：土地使用费、排污费、绿化费、业务招待费、定额测定费、公证费、审计费、咨询费、施工现场一般照明费上级管理费等。

企业管理费按直接工程费的10%计算。

（二）财务费用

指企业为筹集资金而发生的各项费用，包括企业经营期间发生的短期贷款利息净支出、汇兑净损失、调剂外汇手续费、金融机构手续费，以及企业筹集资金发生的其他财务费用。

财务费用按直接工程费的1%计算。

# 第三章　计划利润、专项费用、税金

一、计划利润

指按国家规定的计划利润率计算的利润。

计划利润按直接工程费和间接费之和的7%计算。

二、专项费用

指需要独立计算的费用，包括燃料差价、人工费差价、高原津贴、特区津贴、疏浚土废弃物倾倒费、航养费、过闸费等费用。

三、税金

指按国家税法规定应计入建筑安装工程造价内的营业税、城市维护建设税及教育费附加。营业税按直接工程费、间接费、计划利润之和的3%计算；城市维护建设税及教育费附加，分别按营业税的7%和2%计算。

$$税金 = 计税基数 \times 税率$$

式中：计税基数 = 直接工程费 + 间接费 + 计划利润 + 专项费用

税率 = 3.38%

如果工程所在地的计税标准与本规定不同时可按下列公式计算其税率：

$$税率 = \frac{1}{1 - 营业税税率(1 + 城市维护建设税税率 + 教育费附加税税率)} - 1$$

# 交通部直属单位专业技术人员管理规定

（交通部　交人劳发[1997]595号　1997.10.06）

## 第一章　总　　则

**第一条**　为加强专业技术人员的管理，充分调动他们的积极性和创造性，促进交通事业的发展，根据党和国家的有关政策、法规，制定本规定。

**第二条**　本规定适用于交通部直属企事业单位，交通系统其他单位参照执行。

**第三条**　专业技术人员，系指取得专业技术职务任职资格的人员和在专业技术岗位上见习而未评聘专业技术职务的大中专毕业生（含研究生）。

## 第二章　管理组织及其职责

**第四条**　部人事劳动司是部专业技术人员管理的职能机构。部属各单位人事（干部）部门是本单位专业技术人员的管理机构。专业技术人员较多的部属单位应在人事（干部）部门内设置专业技术人员管理科室；专业技术人员较少的单位应在人事（干部）部门内配备专职人员负责管理。

**第五条**　部人事劳动司在专业技术人员管理工作中的主要职责是：在部党组的领导下，贯彻执行党和国家有关专业技术人员管理的方针、政策、法规，结合交通系统的实际情况，研究制定有关规定、标准和办法，并组织实施；负责部属单位的专业技术人员管理和知识分子工作，并指导交通系统专业技术队伍建设工作；组织指导部属单位专业技术职务评聘工作;负责部属单位享受政府特殊津贴人员和有突出贡献的优秀人才的选拔及管理工作。

**第六条** 部直属单位专业技术人员管理部门的主要职责是:在部人事劳动司的指导下,负责贯彻落实党、国家、部和所在地方政府有关专业技术人员管理的政策、法规,研究制定本单位专业技术人员管理的具体措施;负责本单位专业技术队伍建设工作,指导和监督所属基层单位的专业技术人员管理和知识分子工作,并定期向部人事劳动司和地方有关部门汇报专业技术人员管理和知识分子工作的情况。

## 第三章 专业技术职务管理

**第七条** 专业技术职务,是根据实际工作需要设置的有明确职责、任职条件和任期,并需要具备相应的业务知识和技术水平才能担负的专业技术工作岗位。

**第八条** 专业技术职务岗位的设置,按单位经费来源实行分类管理。

(一)企业有权根据实际工作需要,自主设置在本企业内有效的专业技术职务。

(二)实行企业化管理的事业单位,参照对企业的有关规定,由本单位自主设置在本单位内有效的专业技术职务和合理的结构比例,报部人事劳动司备案。

(三)财政差额拨款和其他自收自支的事业单位,在部确定的专业技术职务结构比例内,由单位自主设置专业技术职务岗位。

(四)财政全额拨款的事业单位,在部下达的专业技术职务数额内,设置专业技术职务岗位。

**第九条** 专业技术职务的聘任

(一)企事业单位专业技术职务实行评聘分开制度。各级专业技术职务,按照干部管理权限,由各单位根据岗位设置和考核情况,从具备相应专业技术职务任职资格的人员中择优聘任。

（二）对国家教委承认的正规全日制院校毕业生（不含“五大”毕业生）见习期满，经考核合格即可聘任相应的专业技术职务：中专毕业，见习1年期满，可聘任为“员”级职务；大学专科毕业，见习期满后从事本专业技术工作满2年，可聘任为“助师”级职务；大学本科毕业，见习1年期满，可聘任为“助师”级职务；硕士学位获得者，从事本专业技术工作满3年可聘任为中级职务；博士学位获得者，可聘任为中级职务。上述各类毕业生应由单位人事部门对其德、能、勤、绩进行全面考核，认为合格后方可聘任。

（三）专业技术职务的聘期一般不超过5年，如工作需要，考核合格可以续聘。

（四）专业技术人员兼任党政领导职务或党政领导兼任专业技术职务，其任职期间的工资待遇，在专业技术职务工资和行政职务工资中，按较高的职务工资标准执行。

**第十条** 对聘期内有下列情况之一者，应予以解聘或低聘：

（一）不履行岗位职责，不完成任务，经教育不改者；

（二）触犯刑律并追究刑事责任者或受行政记大过、党内严重警告及其以上处分者；

（三）考核不称职者（个人主观原因不参加考核者，按不合格对待）；

（四）以不正当手段获得任职资格者；

（五）未达到继续教育规定要求者。

对被解聘、低聘的人员，应按新岗位重新核定其工资等待遇。

## 第四章 考 核

**第十一条** 为了调动专业技术人员的积极性、主动性，形成人人忠于职守、奋发进取的良好风尚，提高专业技术人员的素质，各单位应制定专业技术职务的岗位职责，建议健全对受聘专业技术人员的考核制度。每年要结合职工年终考核对专业技术人员进行年度考核，任职届满要进行任期考核。

**第十二条** 考核工作的组织。对专业技术人员的考核,按照干部管理权限进行,由单位人事与业务部门共同负责,要注意听取各方面的意见,提高考核工作的透明度,考核结果应与本人见面。

**第十三条** 考核的内容、标准和要求。考核以专业技术人员履行岗位职责的工作业绩为主要内容。要根据不同专业的工作特点确定考核指标,制定考核标准,实行定量考核与定性考核相结合;重点考核专业技术人员的专业技术工作数量、质量、效果、实绩、成果及所反映的专业技术水平和能力。

**第十四条** 考核等次。专业技术人员的考核结果分为优秀、称职、不称职3个等次,其中"优秀"等次的比例一般为本单位专业技术人员总数的10% ~15%。

**第十五条** 各单位应及时将专业技术人员的有关考核材料和考核结果整理归入本人档案,作为专业技术人员评审、晋升、奖惩的主要依据。

## 第五章 待 遇

**第十六条** 受聘担任各级各类专业技术职务的专业技术人员,享受国家和部规定的工资、福利等有关待遇。

**第十七条** 医疗。各单位要每1~2年对专业技术人员作一次全面身体健康检查。有条件的单位对担任高级专业技术职务的人员住院、门诊给予相应照顾。

**第十八条** 用车。有条件的单位对担任高级专业技术职务的人员因病、因公用车提供方便。

**第十九条** 住房。专业技术人员的住房,不仅是生活条件,实际上也是工作条件和学习条件。因此,要优先保证他们必要的住房条件,特别是高级专业技术人员的住房。

(一)住房标准

1. 中国科学院和中国工程院院士,按照不低于正局级干部的住房标准对待;

2. 经国家批准的有突出贡献的中青年科学、技术、管理专家和“百千万人才工程”第一、二层次人选，按照不低于所在单位领导副职的标准对待；

3. 交通青年科技英才和享受政府特殊津贴的专业技术人员，按照不低于所在单位中层领导的标准对待。

（二）分房工龄计算问题

各单位在分配住房时，应将专业技术人员在研究生院、普通高等学校规定的学习时间作为分房工龄列入分房条件。中等专业学校的学龄，以高中毕业后进入中等专业学校作为计算分房工龄的起点。

**第二十条** 休假。各单位要采取措施，保证高、中级专业技术人员法定的休假时间。有条件的单位，可组织有突出贡献的专业技术人员异地休假。

**第二十一条** 根据国家和当地政府的有关规定，优先解决中级以上专业技术人员的夫妻两地分居问题。

## 第六章 继续教育

**第二十二条** 对专业技术人员进行继续教育是各单位的重要职责。单位人事（干部）部门负责制定继续教育的计划和管理制度；教育部门负责继续教育计划的实施、考核登记、统计及质量评估，组织制定有关教学大纲、教材等。

**第二十三条** 继续教育可根据不同的培训对象和培训内容，采取不同形式，多层次、多渠道地进行。如脱产或半脱产参加国内外有关高校或培训基地的进修、培训和各种学术会议等，鼓励专业技术人员业余自学。

**第二十四条** 专业技术人员平均每年脱产接受继续教育的时间，高、中级专业技术人员累计不少于40学时（50分钟为一学时，每天6学时）；初级专业技术人员累计不少于32学时。继续教育的实施周期与专业技术职务聘任周期一致。一个周期内的学习时间可以集中使用,也可以分散使用。

**第二十五条** 继续教育的经费由国家、单位和个人多渠道解决。有条件的单位可以建立继续教育基金。

**第二十六条** 专业技术人员有接受继续教育的权利和义务。在规定的脱产学习期间的工资和福利享受在岗的同等待遇。各单位可根据需要同在国内连续脱产接受继续教育半年以上和派出国外留学、进修的专业技术人员签订书面协议。协议应当规定专业技术人员接受继续教育后回单位服务的最低年限和违反合同所应承担的责任。

## 第七章 流 动

**第二十七条** 专业技术人员的流动,应保证交通重点建设工程和重大科研项目及教育、航运生产需要,坚持合理的流向。

**第二十八条** 业余兼职。专业技术人员业余兼职必须符合国家和本单位的有关规定,履行相应的义务。专业技术人员有下列情况之一的,所在单位可以决定其暂不兼职:

(一)不认真做好本职工作或者不积极承担本单位分配的任务的;

(二)担负的工作涉及国家机密,从事兼职活动可能泄露国家机密的;

(三)承担国家科技攻关或本单位重要任务,在此期间兼职可能影响完成国家计划和本单位任务的;

(四)因与兼职单位存在利害关系或者其他可能影响公正办事的情形,应当回避在该单位兼职的。

**第二十九条** 辞职。辞职是专业技术人员的一项权利,由本人提出书面申请,按规定程序办理手续,不得擅自离职,否则按自动离职处理。有下列情况之一的专业技术人员,其辞职必须经过批准:

(一)国家和省、部重点工程、科研项目的负责人和业务骨干,其辞职后对工作可能造成损失的；

（二）在边远地区、少数民族地区工作的；

（三）从事特殊行业、特殊工种的；

（四）从事国家机密工作或曾从事国家机密工作，在规定的保密期以内的；

（五）经司法或行政机关决定或批准，在接受审查，尚未结案的；

（六）法律、法规、规章规定的其他情况的；

（七）与所在单位订有合同，而未能履行完合同规定的义务。

**第三十条** 辞退。辞退专业技术人员是单位的一项权利。

（一）单位对有下列情况之一，经教育无效的专业技术人员，可以辞退。

1. 连续两年岗位考核不能完成工作任务，又不服从组织另行安排或重新安排后在一年之内仍不能完成工作任务的；

2. 单位进行撤并或缩减编制需要减员，本人拒绝组织安排的；

3. 单位转移工作地点，本人无正当理由不愿随迁的；

4. 无正当理由连续旷工时间超过 15 天，或一年内累计旷工超过 30 天的；

5. 损害单位经济权益，造成严重后果以及严重违背职业道德，给单位造成极坏影响的；

6. 无理取闹、打架斗殴、恐吓威胁单位领导，严重影响工作秩序和社会秩序的；

7. 贪污、盗窃、赌博、营私舞弊，情节严重但不够刑事处分的；

8. 违犯工作规定或操作规程，发生责任事故，造成严重经济损失的；

9. 犯有其他严重错误的；

10. 符合开除条件的，按照《国务院关于国家行政机关工作人员的奖惩暂行规定》执行。

（二）专业技术人员在下列情况下，单位不得辞退：

1. 因公负伤、致残，丧失劳动能力的；

2. 妇女在孕期、产假及哺乳期内的;

3. 享受休假待遇的人员在休假期间的;

4. 患绝症、精神病及本专业职业病的;

5. 符合国家规定其他条件的。

(三)辞退专业技术人员,由单位有关行政领导提出书面意见,说明辞退理由和事实依据,经单位领导集体讨论决定后,按人事管理权限办理辞退手续、发给本人《辞退证明书》,并报当地政府人事部门和部人事劳动司备案。

## 第八章　退、离休管理

**第三十一条**　专业技术人员退休,是指工作到一定年限,达到规定年龄,按规定退出现职,由国家给予适当的生活保障金,并妥善安置和管理。

**第三十二条**　对达到退(离)休年龄的专业技术人员,单位人事部门应及时为其办理退(离)休手续,在其达到退(离)休年龄的前一个月,通知本人,并在其达到退(离)休年龄后的一个月内按规定办完有关手续,不再列为在编人员。

**第三十三条**　延长高级专家(系指担任正、副高级专业技术职务的专业技术人员,下同)退(离)休年龄应从严掌握。对少数高级专家,确因工作需要,身体能够坚持正常工作,征得本人同意,可以适当延长其退(离)休年龄,但副教授以及相当职务的高级专家最长不超过65周岁,教授以及相当职务的高级专家最长不超过70周岁。

**第三十四条**　女性高级专家,确因工作需要,身体能够坚持正常工作,本人自愿,可到60周岁退(离)休。

**第三十五条**　延长高级专家退(离)休年龄,按照干部管理权限审批。一次延长期限为1~3年,工作需要可继续延长。

**第三十六条**　确因工作需要,可返聘已退(离)休的专业技术人员从事专业技术工作,其政治、生活待遇由各单位自定。

**第三十七条** 高级专业技术人员退(离)休标准,按国家统一规定办理。符合下列情况之一者,退休费标准可以适当提高,但提高后的退休费,不得超过本人原工资标准。

(一)国家统一颁布的一、二等自然科学奖、国家发明奖、科技进步奖的获得者,或获以上集体奖的主要贡献者(系指等级额定的获奖人员,以证书为准,下同),退休费标准可提高15%。

(二)国家统一颁布的三、四等自然科学奖、国家发明奖、科技进步奖的获得者,或获以上集体奖的主要贡献者;省(部、委)颁发的一、二等科技进步奖的获得者,或获以上集体奖的主要贡献者,退休费标准可提高10%。

(三)省(部、委)颁发的三等科技进步奖的获得者,及其集体奖的主要贡献者,退休费标准可提高5%。

**第三十八条** 提高高级专业技术人员退休费标准,须由所在单位提出正式申请报告,填写《高级专业技术人员提高退休费标准审批表》(附后)一式2份,并附有关证明材料报部人事劳动司审批。提高退休费标准从本人退休当月起执行。

**第三十九条** 各单位应关心、照顾退(离)休专业技术人员,为他们解决实际困难,组织他们从事科技服务,充分发挥他们的才智,做到老有所养,老有所医,老有所乐,老有所为。

## 第九章 优秀专业技术人才管理

**第四十条** 优秀专业技术人才主要指经国家、部(省)级主管部门批准选拔的各类专业技术人才,包括中国科学院院士、中国工程院院士、有突出贡献的中青年科学、技术、管理专家、享受政府特殊津贴的专业技术人员、交通青年科技英才、部级学术和技术带头人等。

**第四十一条** 中国科学院院士和中国工程院院士由部人事劳动司统一管理,并检查、督促院士所在单位落实院士应享受的一切待遇。凡涉及院士的工作调动、奖惩、健康状况等重大变化的情况,院士所在单位应及时向部人事劳动司报告。

**第四十二条** 有突出贡献的中青年专家的管理。经国家人事部(国家科委)批准的有突出贡献的中青年科学、技术、管理专家,由部人事劳动司统一管理。专家所在单位负责对专家的日常管理,落实专家应享受的待遇,了解专家的工作、学习、生活等方面的情况,及时向部反映专家的意见和要求,帮助他们解决存在的具体问题和困难等。

**第四十三条** 交通青年科技英才的管理。经部批准的交通青年科技英才,按照现行干部管理权限进行管理。如要调离所在单位,需报部人事劳动司审核。交通青年科技英才的待遇按部《关于设立"交通部跨世纪优秀专业技术人才培养专项经费"的通知》(交人劳发[1995]669号)办理。

**第四十四条** 享受政府特殊津贴人员的管理。经国家批准享受政府特殊津贴的专业技术人员,按照现行干部管理权限进行管理。

(一)凡1995年以前被批准享受政府特殊津贴的专业技术人员,发放标准为每人每月100元,部转拨到本人所在单位代发给专家本人,享受政府特殊津贴的专业技术人员退休后可继续享受,数额不减。

(二)凡1995年以前被批准享受政府特殊津贴的专业技术人员工作调动,其政府特殊津贴随行政关系一并转移。享受政府特殊津贴的人员工作调动或死亡,需转移或停发政府特殊津贴的,单位人事部门应及时报部人事劳动司。

(三)凡有下列情况之一者,停发或取消政府特殊津贴:

1. 未经组织同意出国长期不归者,停发政府特殊津贴;

2. 因死亡或其他原因停发工资者,停发政府特殊津贴;

3. 弄虚作假,谎报成果而取得政府特殊津贴者,取消政府特殊津贴;

4. 丧失或违背享受政府特殊津贴所必须具备的政治思想基本条件者,取消政府特殊津贴。

停止或取消政府特殊津贴，由本单位提出处理意见，报部人事劳动司审批。

**第四十五条** 学术和技术带头人。按照分级管理的原则，经部批准的部级学术和技术带头人由部负责统一管理，所在单位负责其日常管理。凡涉及学术和技术带头人的工作调动、奖惩和健康状况等重大变化情况，专家所在单位应及时向部人事劳动司报告。

## 第十章 留学人员管理

**第四十六条** 出国留学工作方针是：按需派遣，保证质量，学用一致，加强对出国留学人员的管理和教育，努力创造条件使留学人员回国能学以致用，在社会主义现代化建设中发挥积极作用。

**第四十七条** 公派出国留学人员主要指进修人员和访问学者。

（一）公派出国留学人员办理出国手续前，要与选派单位签订《出国留学协议书》，明确出国留学的目的和要求，以及选派单位和出国留学人员双方和权利、义务和责任，并须经公证机关公证。

（二）公派出国进修人员和访问学者，在批准出国留学的期限内，国内工资由原单位照发，国内计算工龄。公派出国研究生在国外期间，国内工资待遇和攻读博士学位期间工龄的计算，按国家的有关规定办理。

**第四十八条** 自费出国留学是指我国公民得到其定居国外及香港、澳门、台湾的亲友资助或使用本人、亲友在国内的外汇资金，或个人争取到国外院校、科研机构奖学金资助，未纳入公派计划的人员到国外高等学校、科研机构学习或进修。

（一）具有大学专科及其以上学历的专业技术人员均有为国家服务的义务，在完成规定的服务期限后方可申请自费出国留学（包括到语言补习学校学习）。

（二）在职人员获准自费出国留学的，从出境的下一个月起停发工资。

（三）在职人员自费出国留学回国后，出国前工龄可以保留，并与回国后的工作时间合并计算工龄。获得博士学位回国工作的，其在国外攻读博士学位的年限，国内计算工龄，工龄计算办法与公派留学人员相同。

**第四十九条** 回国留学人员工作安排。

（一）回国留学人员的工作安排，要在国家建设需要的前提下，贯彻学用一致、人尽其才的原则。要遵照“择业自由、合理流动、人才竞争、双向选择”的精神进行。

（二）出国前已明确工作单位的公派留学人员（包括进修期间攻读学位的人员）回国后，原则上由原选派单位接收。对于原派单位安排有困难的，可向部人事劳动司申请协助安排到对口单位。

（三）确属安排、使用不当的回国留学人员，可向部人事劳动司提出调整意见，经部人事劳动司审定后，用人单位不得阻挡。

## 第十一章　专业技术人员信息库

**第五十条** 建立专业技术人员信息库，是专业技术人员管理的一项基本建设。逐步建立部和部属单位二级专业技术人员信息管理系统，是专业技术人员统计、分析、预测、规划和各方面工作的需要。

**第五十一条** 部级优秀人才信息库，主要存贮部管优秀人才（中国科学院院士、中国工程院院士、有突出贡献的中青年科学、技术、管理专家、交通青年科技英才、部级学术和技术带头人、享受政府特殊津贴人员等）的基本信息；部属单位信息库，存贮本单位各级各类专业技术人员的基本信息。部属各单位要积极协助部更新部优秀人才信息库。

**第五十二条** 逐步采用计算机辅助管理专业技术人员库，由部人事劳动司提出总体方案、指标体系，并建立专业技术人员信息库及信息管理系统。专业技术人员信息库应建成以部级为中心，以部直属一级单位为结点的脱机磁介质信息传递网络,并为联网创造条件。

## 第十二章 附 则

**第五十三条** 部属各单位可根据本规定,结合各自的实际情况制定实施细则。

**第五十四条** 本规定未尽事项,按国家和部的有关规定执行。过去部的有关规定与本规定不一致的,以本规定为准。今后国家若有新的规定,则按新规定执行。

**第五十五条** 本规定由部人事劳动司负责解释。

**第五十六条** 本规定自发布之日起施行。

附件

# 高级专业技术人员提高退休费标准审批表

<table>
<tr><td>姓名</td><td></td><td>性别</td><td></td><td>出生年月</td><td></td></tr>
<tr><td>单位</td><td colspan="3"></td><td>工作时间</td><td></td></tr>
<tr><td>专业</td><td colspan="3"></td><td>专业技术职务</td><td></td></tr>
<tr><td>退休费发放比例（%）</td><td colspan="2"></td><td>申请提高比例（%）</td><td colspan="2"></td></tr>
<tr><td>工作经历</td><td colspan="5"></td></tr>
<tr><td>获奖情况</td><td colspan="5"></td></tr>
<tr><td>呈报单位意见</td><td colspan="5">（盖章）<br>年　月　日</td></tr>
<tr><td>部人事劳动司审批意见</td><td colspan="5">（盖章）<br>年　月　日</td></tr>
</table>

注：获集体奖的应在“获奖情况”栏内注明具体排序情况。

# 交通部部属企事业单位会计基础工作规范化实施办法

（交通部　交财发[1998]348号　1998.06.12）

## 第一章　总　　则

**第一条**　为加强会计基础工作，建立规范的会计工作秩序，提高会计管理水平，发挥会计工作在强化经济管理，提高经济效益，维护社会主义市场经济秩序中的作用，特制定本办法。

**第二条**　本办法依据《中华人民共和国会计法》和财政部印发的《会计基础工作规范》、《会计基础工作规范化管理办法》等会计法规制度，并结合我部具体情况制定。

**第三条**　本办法适用于部属企业、事业、社会团体和其他经济组织（以下简称"单位"）。

**第四条**　本办法自1998年7月1日起执行。

**第五条**　本办法解释权属部财务会计司。

## 第二章　会计基础工作规范化基本规定

### 第一节　会计基础工作规范化总体要求

**第六条**　各单位应根据会计业务需要单独设置会计机构，配备会计人员，为单位搞好会计工作提供组织保证。暂无条件单独设置会计机构的单位，至少要在有关机构中配备会计、出纳各一人，不得由一人既当会计又兼出纳。无条件配备会计人员的单位应委托有代理记账资格的机构代理记账。

会计人员指专职从事财务会计工作的人员和由财会部门管理的基层单位专职核算员。会计人员必须按规定取得《会计证》。实施会计电算化的单位,电算会计岗位人员还应取得《会计电算化资格证》。

**第七条** 大中型企业应设置总会计师。总会计师的职权和责任按照《总会计师条例》执行。

**第八条** 会计机构内部应建立稽核制度,配备专职或兼职稽核人员。稽核人员负责审查本单位的财务成本计划和各项财务收支,复核会计凭证和账表。

**第九条** 单位行政领导人应领导会计机构、会计人员执行《会计法》,并依法进行会计核算,实行会计监督;要保障会计人员的职权不受侵犯;任何人不得对会计人员进行打击报复;对认真执行国家法律、法规,坚持原则,忠于职守,恪守职业道德,做出显著成绩的会计人员,要给予精神或物质奖励;要加强对会计人员的培训,不断提高会计人员的素质,会计人员业务学习每年不得少于12天;要按照干部管理权限的规定任免会计人员,会计机构负责人、会计主管人员的任免,必须征得上级主管单位同意,以保证会计人员素质和保持会计人员的相对稳定。

**第十条** 会计人员必须加强政治学习,不断提高政治思想水平,坚持四项基本原则,树立全局观念,遵纪守法,忠于职守,廉洁奉公,实事求是,全心全意地为社会主义现代化建设服务;必须认真贯彻执行国家的财经方针、政策、法律、制度,维护国家和其他投资者权益,严格会计核算和监督;必须努力钻研业务,不断丰富会计理论知识,提高业务能力;要积极参与管理,为单位提高经济效益当家理财。

**第十一条** 各单位应本着有利于加强会计管理,改进工作作风,提高工作效率,以及有利于分清职责,严明纪律,考核干部的要求,并结合本单位实际情况建立健全会计人员岗位责任制度。

会计人员工作岗位一般可分为:会计主管、主管会计、出纳(现金和银行出纳可分设)、财产物资核算、资金核算、工资核算、往来结算、成本(费用)核算、收入利润核算、总账报表、稽核、责任成本、内部银行、电算会计、会计档案管理、车间成本核算等。可以一人一岗,一人多岗,或一岗多人,但出纳人员不得兼管收入、费用、债权、债务账簿的登记,各项实物验收保管,以及稽核和会计档案保管工作;会计不得兼管出纳工作的现金收支、有价证券保管等职能。各岗位人员要有计划地进行轮换,以利于会计人员全面熟悉业务。

各单位财会部门要在单位行政领导人或总会计师的领导下,半年或一年进行一次岗位责任制执行情况的检查,及时总结经验,并加以修订和完善。

**第十二条** 下列事项,应当办理会计手续,进行会计核算:

1. 款项和有价证券的收付;
2. 财物的收支、增减和使用;
3. 债权债务的发生和结算;
4. 资本、基金的增减和经费的收支;
5. 收入、费用、成本的计算;
6. 财务成果的计算和处理;
7. 其他需要办理会计手续,进行会计核算的事项。

**第十三条** 会计核算的基本要求:

1. 单位的会计核算工作必须遵守国家的法律、法规的有关规定;

2. 单位的会计年度自公历1月1日起至12月31日止;

3. 单位的会计核算采用借贷记账法(会计制度规定可采用其他记账方法的除外);

4. 会计核算的金额以人民币“元”为单位,元以下计至分,单价和单位成本可计至元以下四位数,余数四舍五入。以外币计算的,应当折合人民币记账,同时注明外币的名称、金额和汇率。会计核算的数量,均采用国家标准计量单位;

5. 单位的会计凭证、会计账簿、会计报表等各种会计记录,都必须根据实际发生的经济业务进行登记,做到手续齐备,内容完整、反映真实、计算准确、信息反馈及时；

6. 企业及有成本核算的行政、事业单位应根据权责发生制的原则进行会计核算。凡是本期已经实现的收益和已发生的费用，不论款项是否收付，都应作为本期的收益与费用入账；凡是不属于本期的收益与费用，即使款项已在本期收付，都不应作为本期的收益和费用处理；其他单位应根据收付实现制的原则进行会计核算；

7. 单位的收益和费用的计算应遵行配比原则，一个时期内的各项收入与其相关的成本、费用，都必须在同一时期内登记入账，不应脱节，不应提前或延后；

8. 单位所采用的会计核算方法，前后期应一致，不得任意改变。如需要改变的，应报经主管财政部门审批，并在会计报表中加以说明；

9. 填制会计凭证、登记会计账簿和编制会计报表等会计资料字迹必须清晰、工整，不得潦草。具体要求如下：

(1)填制在会计凭证上的汉字和阿拉伯数字，其所占格宽一般应以不超过二分之一至三分之二为原则，不要写满格。凭证最后一行数字与合计之间的空行应从右向左下划斜线注销，以示期间不能加写数字。合计金额数字前面应写人民币符号“$”；

(2)登记在账簿中的汉字和阿拉伯数字，其所占格宽以不超过格宽的二分之一至三分之二为原则；

(3)填写在会计报表上的阿拉伯数字，以元为单位的，一律填到角分，无角分的，角位和分位可写“00”，或“-”符号，有角无分的，分位应写“0”，不得用符号“-”代替；

(4)汉字大写金额数字，一律用正楷(如：壹、贰、叁、肆、伍、陆、柒、捌、玖、拾、亿、万、仟、佰、元、角、分、零)或行书书写，易于辨认、不易涂改。大写金额数字到元或角为止的，在元或角的后面要写整(或正)字，金额数字到分的，分字后面不必写整(或正)。有的凭证或其他会计资料内大写金额数字前未印有“人民币”字样的，应加写“人民币”字样，并接着写数字，中间不得留有空白。阿拉伯金额数字之间有“0”时，汉字大写金额要写“零”字；

10. 各单位的财产应定期盘存。库存现金按日盘点;银行存款按月核对,财产、物资每年至少要清查1至2次,做到账账相符,账实相符;

11. 单位加盖在账簿上的会计人员名章为长方形扁章,用红色印油;各种戳记,如"承前页"、"过次页"等会计科目章均用蓝色印油(如书写,则用蓝黑墨水);结账、改错划线均用红色墨水;

12. 实施会计电算化的单位,在正式利用计算机替代手工账之前,必须按规定报经上级主管单位批准,否则,单位计算机替代手工记账不予承认,提交的有关会计账表资料上级主管单位可拒绝接受。

## 第二节 会计科目

**第十四条** 各单位应按照国家统一会计制度和由部制定的财务会计制度及补充规定(以下简称《会计制度》)设置和使用会计科目,进行会计核算。

为便于编制会计凭证,登记会计账簿,查阅账目,各单位不得随意改变或打乱《会计制度》所规定的会计科目编号;单位有增加的科目,其编号可利用有关科目之间预留的空号。

**第十五条** 统一规定的会计科目,单位没有相应会计事项的,可以不设。根据业务需要,单位可在会计制度规定的范围内,增减或合并会计科目。

**第十六条** 明细科目的设置,除《会计制度》已有规定者外,单位可以根据需要自行规定。但不能将总账科目改为明细科目。

**第十七条** 单位在填制会计凭证时,可以同时填写会计科目全称和会计科目编号,也可以只填写会计科目全称,不填写会计科目编号;不得只填写会计科目编号,不填写会计科目全称。

## 第三节 会计凭证

**第十八条** 会计凭证包括原始凭证和记账凭证。

**第十九条** 原始凭证包括外来和自制的两种,是经济业务发生时取得的书面证明。会计人员对发生的每一项经济业务，都必须取得或填制合法的原始凭证。

原始凭证必须具备以下内容：

凭证的名称；填制凭证日期；填制凭证单位名称或填制人姓名，经办人员的签名或盖章；接受凭证单位名称和经济业务内容、数量、单价和金额。除国家允许用票单位自行确定式样印制的票据（如邮政、电讯、铁路、公路、航空等部门的票据）外，其余的外来原始凭证均应套印有县（市）以上税务机关发票监制章或财政机关票据监制章。自制对内使用的原始凭证，应注明同该项经济业务有关的生产计划、经济合同和预算项目等内容，并连续编号，号码印（或填写）在凭证的右上角；对外使用的原始凭证应按税务机关或财政机关的规定套印票据监制章。

**第二十条** 原始凭证的签发和填制方法：

1. 从外单位取得的原始凭证，必须盖有填制单位的公章；从个人取得的原始凭证，必须有填制人员的签名或盖章；自制原始凭证必须有经办单位负责人或其指定的人员签名或盖章；对外开出的原始凭证，必须加盖本单位公章。凡填有大写或小写金额的原始凭证，大写与小写金额必须相符；

2. 凡一式几联的原始凭证，应当注明各联的用途，只能有一联作为报销凭证，而且必须用双面复写纸套写，并连续编号。作废时应加盖“作废”戳记，连同存根一起保存，不得销毁；

3. 职工公出借款条必须附在记账凭证之后。公出报销后，凭其报销金额冲抵原借款。报销金额小于原借金额由报销人归还差额时，应另开收据或退还借据副本，不得退还原借据；

4. 单位的某项开支如需与其他单位共用一张原始凭证时，可将支付款项单位开出的“原始凭证分割单”作为外来原始凭证，凭以结算。“原始凭证分割单”亦应具备原始凭证的内容和相应的签发手续；

5. 外来或自制的原始凭证，属于由出纳收入或支付款项的，应由收款人或领款人签名，由出纳人员分别加盖“现金收讫”“转账收讫"和"现金付讫""转账付讫"戳记;属于购入实物的,应同时附有由验收入库人开出的"验收单",不需入库而直接领用的,必须由经领人签注用途和姓名;需要注销或作废的,由会计人员(出纳除外)加盖"注销"和"作废"戳记。

单位发生销货退回业务时,除填制退货发票外,退款时,必须取得对方的收款收据或汇款银行的凭证,不得以退货发票代替收据。

6. 经过上级批准的经济业务,应将批准文件作为原始凭证附件。如果批准文件需要单独归档,应在凭证上注明批准机关名称、日期和文件字号。

**第二十一条** 记账凭证包括收款凭证、付款凭证、转账凭证三种。也包括记账凭证汇总表和科目汇总表。企业也可以使用通用记账凭证。

**第二十二条** 单位应统一使用复式记账凭证,其内容必须具备:填制凭证日期;凭证字号;经济业务内容摘要;会计科目;金额;过账;所附原始凭证张数;填制凭证人员、稽核人员、会计主管人员签名或盖章处。收、付款的记账凭证还应有出纳人员签名或盖章处。

单位如需用自制原始凭证代替记账凭证的,必须具备记账凭证应有的内容,凭证的左上角应印有供填写借贷科目名称和凭证字号的空格。

**第二十三条** 会计人员应根据审核无误的原始凭证填制记账凭证。

**第二十四条** 记账凭证(更正、结账和预提费用、待摊费用等记账凭证可以不附原始凭证的除外)所列金额必须与所附原始凭证的金额一致。如遇一张原始凭证发生的经济事项较多,涉及到两张以上记账凭证时,可在原始凭证上注明本记账凭证的金额和所涉及的其他记账凭证的字号及金额等;同时,应在未附原始凭证的其他记账凭证上将原始凭证附入的记账凭证编号注明,以便查找。

**第二十五条** 记账凭证所附原始凭证中有涉及外单位的支出,应开出“原始凭证分割单”一式两份,一份供对方结算,另一份同有关原始凭证一起附入记账凭证,用以证明相关原始凭证减少填制记账凭证的金额数及其原因,也便于同接受“分割单”单位对账。使用划账通知单的只填一联给对方。

**第二十六条** 记账凭证所附原始凭证较多,不便于装订的,可采用“特种原始凭证汇总表”,将其数量、金额、事由、付款或收款方式、原始凭证张数、装订保管方式等汇总填列一式二份,一份与原始凭证一同装订作封面,另一份附入有关记账凭证内;面积较小的(如火车票、汽车票等)应通过整理,整齐地粘贴在“附件粘贴单”上;面积超过记账凭证的,应折叠(略小于记账凭证)附入有关记账凭证。

**第二十七条** 记账凭证中附件张数的计算,一般应以所附原始凭证的自然张数为准。凡是与记账凭证中的经济业务记录有关的每一张证件,都应作为原始凭证的附件。如果记账凭证中附有原始凭证汇总表,应该把所附的原始凭证和原始凭证汇总表的张数一并计入附件张数之内;差旅费和交通费中零散车票,如贴在“附件粘贴单”上,则可作为一张附件计算。

**第二十八条** 记账凭证应按现金、银行、转账三类凭证逐月按顺序编号。凡一笔经济事项须填制两张以上记账凭证的,记账凭证的编号应加上分号,如 2 号凭证有三张,则应分别写为:$2\frac{1}{3}$;$2\frac{2}{3}$;$2\frac{3}{3}$。

为便于当月的凭证编号不重不漏,收支业务多的单位应使用“凭证销号单”,月终将“凭证销号单”与有关记账一并装订。

**第二十九条** 为保证会计科目对应关系清楚,填制记账凭证时,在一般情况下,一张记账凭证只能一个科目同一个或几个科目相对应,不得几个科目同时对应;更不得把涉及到不同性质、业务的多张凭证汇集在一起,几个科目与几个科目同时对应。

**第三十条** 记账凭证上的"制证"、"稽核"、"记账"、"会计主管"等处，有关人员在履行职责后签名或加盖名章，其中制证与稽核人员不应由一人担任。仅有会计、出纳各一人的单位，应相互稽核并签名或加盖名章。

**第三十一条** 已经登记入账的记账凭证，年内发现填写错误时，应用红字填写一张与原内容相同的记账凭证，在摘要栏注明"注销某月某日某号凭证"，同时再用蓝字重新填制一张正确的记账凭证，注明"订正某月某日某号凭证"。如果会计科目没有错误，只是金额错误，也可以将正确数字与错误数字之间的差额，另编一张调整的记账凭证。调增金额用蓝字，调减金额用红字。如发现以前年度的错误，应用蓝字填制一张更正的记账凭证调整账务，不使用红字更正法。

**第三十二条** 会计人员要严格审核会计凭证，对记载错误，不完整，不符合规定的凭证，应退回补填或更正。对伪造、涂改或经济业务不合法的凭证，应拒绝受理，并及时报告单位领导处理。

**第三十三条** 从外单位取得的原始凭证如有遗失、被盗等情况，应取得原签发单位证明，并注明原来凭证的号码、签发日期、金额和内容等，由经办单位负责人批准后，才能代作原始凭证。如果确实无法取得证明的，如火车、轮船、飞机票等凭证，应由当事人写出详细情况，出具证明，经单位领导或会计主管批准签字后，代作原始凭证。

**第三十四条** 各种记账凭证应及时传递，不得积压，登记完毕后，应按照分类和编号顺序保管，并按月装订成册，不得散乱丢失。

记账凭证的传递程序一般为：根据审核无误的原始凭证编制记账凭证，然后交稽核人员审核，再由会计主管审批，审批后，转账凭证交由记账人员记账；收付款凭证，应先交出纳人员办理收付款事宜，然后交记账人员记账，记账后送交有关人员装订保管。

## 第四节　会 计 账 簿

**第三十五条**　会计账簿包括总分类账、日记账、明细分类账三种。还包括备查簿、卡片等辅助账。

总分类账为订本式、活页式两种。订本式为直型,活页式为横型。现金日记账和银行存款日记账为订本式,直型;明细分类账和备查簿均为活页式,横型。

**第三十六条**　账簿由封面、封底、启用表、目录和账页组成。订本式由印刷厂按封面、启用表、目录、账页、封底顺序装订成册;活页式账簿由使用单位按上述顺序装订成册。

会计账簿封面要有填写账簿名称、使用单位和使用年度的标志。启用表应具有填写使用单位名称、账簿名称、账簿编号、账簿页数、启用日期、经管人员、会计负责人、移交人、接交人、监交人、交接日期和粘贴印花税票等内容的栏目。目录应具有账户名称和账户页次两个内容,账页一般应具备如下内容:账簿名称、总页和分页编号、科目或明细户名称、年、月、日、记账凭证的字和号、摘要,以及借方、贷方金额余额栏和“借或贷”、对账符号“√”等内容;记载实物的明细账还应有反映数量增、减、结余情况的内容;专用账簿除应具备上述内容外,还应设置能记载专项业务内容栏目。备查簿和卡片的内容可由单位视具体业务需要而定。

**第三十七条**　独立核算的单位必须设置总分类账、现金日记账、银行存款日记账和按业务需要设置材料、产品(商品)、固定资产、低值易耗品、包装物等实物明细账和债权债务、费用、工资、在建工程、销售、利润、经费收支等明细账和有关备查簿、卡片。大中型企业的内部机构,实行内部经营承包责任制后,可比照独立核算单位设置会计账簿。

已经批准使用计算机代替手工记账的单位,用机器打印的账页,必须具备上述内容,并应编定页码,定期装订成册。

**第三十八条**　会计账簿启用时,应在封面上写明账簿名称和使用单位的全称、所属年度、填写启用表，并加盖财务公章，按账户设置情况填写目录。

启用的会计账簿，应从第一页开始顺序编定总页码；如一个账户用到两张以上账页的，还要依次编写分页页码。

**第三十九条**　单位可根据业务多少的情况，选用记账凭证、科目汇总表和汇总记账凭证记账程序三种程序中的一种。

**第四十条**　单位应根据审核无误的会计凭证登记账簿，其记账规则如下：

1. 登记账簿时，应将会计凭证日期、编号、业务内容摘要、金额和其他有关资料逐项记入账内。要做到数字准确，摘要清楚，登记及时，字体工整，整齐清洁。登记完毕，要在会计凭证上签名或盖名章。

2. 登记账簿要用蓝黑墨水书写，不得用圆珠笔或铅笔书写。但下列情况可以用红色墨水记账：

(1)按照红字冲账的记账凭证，冲销错误的记录；

(2)在不设借、贷栏的多栏式账页中，登记减少数；

(3)在三栏式账页的“余额”栏前，未印有“借或贷”栏的，在“余额”栏内登记负数余额；

(4)会计制度中规定用红字登记的其他记录。

3. 各种账簿应按页按行顺序连续登记，不得跳行、隔页。发生跳行时，在空行的金额栏内划线注销，并分别在摘要栏内注明“此行空白”字样，还应加盖经办人名章；

凡漏记的账目可以补记，补记时仍填写原记账凭证的日期、编号等，并应在摘要栏内注明“补登记”字样。

4. 有借、贷、余金额栏的账户，单位应按规定时间结出余额，并按余额的实际情况在“借或贷”栏内写明“借”或“贷”字样。如果该账户已结平，则应在“借或贷”栏内写“平”字。

5. 每一账页登记完毕，应将本月初起至本页最后一笔记录止借、贷方发生额之和及本页最后一笔余额情况(包括金额和“借”、“贷”方情况，下同)，写在本账页的最后一行的相关栏内，并在摘要栏内注明“过次页”字样，以示结至下一账页连续记录；下一账页的第一行应将上页结转的数字和情况记入相关栏内，并在摘要栏内注明“承前页”字样，以便连续记录。

6. 账簿登记不清晰、不整洁的，不应重抄；登记错误的，不准涂改、挖补、刮擦或用药水清除字迹，应用如下方法更正：

(1)登记账簿时发生错误，应将错误的文字或数字用红笔划一单线注销，并加盖记账人员名章，然后在已注销的部分上方填写正确的文字或数字。

(2)由于记账凭证错误而使账簿记录发生错误的，应按照更正的记账凭证登记账簿，并调整账务。

7. 单位所发生的各项经济业务均应及时登记入账，并应在月终、季终、年终做好结账工作。

**第四十一条** 单位使用的账簿，除固定资产明细外，一般应在年度终了时更换新账。固定资产明细账继续使用一年后也必须更换。

## 第五节 会计报表

**第四十二条** 各单位会计报表的具体格式和编报要求由部统一布置。各级主管单位在不影响部统一汇总的前提下可作补充规定。实行会计电算化单位在不违反现行会计制度的前提下，计算机打印的会计报表可作正式报表上报。

**第四十三条** 各单位所采用的会计报表大小规格应一致。需要增报说明生产经营等情况的补充报表，其规格不得超过使用的统一会计报表。

**第四十四条** 各单位应根据正确无误的总分类账和账账相符、账实相符的有关明细账编制会计报表，做到数字真实、计算准确、内容完整、说明清楚、报送及时。任何人不得篡改或授意他人篡改会计报表数字。

**第四十五条** 各单位编制的会计报表，表与表之间，表内各项目之间，凡有对应关系的数字均应相互一致，本期报表与上期报表的数字之间有勾稽关系的数字,应相互衔接。各个年度会计报表中各项目内容和核算方法如有变动,应在报送年度会计报表时注以文字说明。

**第四十六条** 会计报表中所规定的补充资料各项目,系会计报表或与会计报表相关的重要内容,各单位都应填列齐全,不得遗漏。

**第四十七条** 会计报表中需填列的计划数,凡经有审批权力机关正式批准的,应填列批准数;暂未经有批准权力机关批准的,可填列最后上报审批数。

**第四十八条** 各单位编制的会计报表应经单位负责人、总会计师、财务部门负责人和会计主管人员审阅签名(盖章)后加盖单位公章,才能报出。

单位编制的月、季、年度会计报表均应按表号顺序加具封面进行装订。装订的顺序是:(1)会计报表封面;(2)财务情况说明书及附列资料及编表说明;(3)会计报表;(4)封底。年度终了,应将各月、季的会计报表分别合并装订成册,加具封面。各期的报表均按编报时间先后顺序装订。

**第四十九条** 各单位已经编制完毕,但尚未报出的会计报表,经审核发现属政策性方面的错误,应按政策规定调整账务后,重新填制;属于技术方面的错误,应根据实际情况,通过调整账务或重新计算或重抄等方面改正后重新填报,待完全改正后报出。对于已经报出的会计报表,应根据错误的原因按前述方法修改,数字错误在两处以内的,除留用表修改外,还应书面通知报送单位修改;错误在两处以上的,应重新填报。年终决算经上报审批后应予改正的错误,应根据决算批复意见,并按照会计制度的规定,进行相应的账务处理后予以调整,调整结果应抄报原报送单位。单位不得随意调整已报出的会计报表。

## 第六节 会计档案

**第五十条** 各单位的会计档案包括:会计凭证(含另行装订

的原始凭证)会计账簿、会计报表、财务收支计划或预算和重要的经济合同、移交清册、会计电算化软件开发的全部文档资料等会计资料。会计档案分为:会计凭证、会计账簿、会计报表和其他四大类。

**第五十一条** 会计凭证应按月整理加具封面、封底装订成册。凭证封面的内容要填写齐全,盖齐名章;装订的顺序是:封面、销号单、记账凭证汇总表、记账凭证(含随附的原始凭证)、抽出凭证登记表、封底。

**第五十二条** 会计账簿应按本办法第四节有关规定进行整理装订。订本式账簿未用完的空白账页不得取出,要保持原装页数完整无缺;活页式账簿中空白账页可以抽出,某些科目所属明细账页太少不便装订的,可以与同年同类账页的其他科目所属明细账页合并装订,但必须在账簿封面上注明各种明细账的名称、年度,并将各自的用户表、目录附在各自账页的第一页前面。

**第五十三条** 会计报表的整理方法应按照本办法第五节有关规定办理。

**第五十四条** 当年编制并经批准的财务收支计划或预算和年度内签订的重要经济合同未附入记账凭证的,以及除会计凭证、会计账簿、会计报表以外的其他需要立卷归档的会计资料,均应整理装订成册立卷归档。卷面或封面上必须注明单位名称、资料名称、所属年度,并编写顺序号;资料数量较多时还应编写目录。

**第五十五条** 会计档案形成以后,当年的会计档案可由财会部门再保管一年。如单位的经济往来频繁,也可适当延长时间,但最长不得超过二年。期满后,财会部门应造具“会计档案移交清册”,移交给单位的档案部门管理。单位未设档案管理机构的,会计档案由财会部门自行管理。

**第五十六条** “会计档案移交清册”应具备的基本内容包括:档案所属年度、类别、名称、册数、编号、规定保管期限、需要说明的问题,以及监交人、移交人、造册人的签章处。

**第五十七条** 大中型企业应配备专职档案管理人员。暂时无条件配备专职档案管理人员的,应由财会部门指定专人或兼职人员管理会计档案。

**第五十八条** 大中型企业应建立会计档案库房,配置档案柜等设备。暂无条件建立档案库房的,要设置专用柜存放会计档案。

**第五十九条** 单位应根据《会计档案管理办法》和《会计人员工作规则》的规定,结合本单位具体情况,制定切实可行的会计档案管理制度,建立会计档案的保管、调阅、销毁登记簿或软件。

**第六十条** 会计档案的管理应做到制度化、条理化、科学化。做到妥善保管、存放有序、查找方便。

**第六十一条** 管理会计档案,要严格执行安全和保密制度,不得随意堆放,严防毁损,散失和泄密。

**第六十二条** 单位的会计档案应积极为本单位提供利用,也可以为外单位提供利用。调阅会计档案时,要严格办理手续。本单位人员调阅,要经会计主管人员同意;外单位人员调阅,要有调阅单位的介绍信,并注明调阅会计档案的内容,经单位领导人和会计主管人员批准后,办理调阅手续;在调阅过程中,只能调阅与介绍信规定内容有关的资料,不得调阅与规定内容无关的资料;档案原件原则上不得借出,也不得拆散卷册;外单位调阅会计档案,需抄录和复制的,由会计主管人员签署意见,报经单位领导批准。特殊情况涉及到较重要的会计资料或需抽调原始凭证的,由单位领导签署意见,报经上级主管单位批准后办理。所有调阅的会计档案,均应进行登记,并限期归还。

**第六十三条** 单位会计档案保管期满,需要销毁时,应由本单位档案管理部门提出销毁意见,会同财会部门共同鉴定,编造"会计档案销毁清册",经单位领导审查,报经上级主管单位批准后销毁。销毁时,应由档案部门和财会部门共同派员监销,并在销毁清册上签章。

"会计档案销毁清册"应一式三份,分别由单位的档案管理部门、财务部门和上级主管部门各执一份。

**第六十四条** 保管期满,经批准准备销毁的会计档案中属于未结清的债权债务原始凭证,应单独抽出,另行立卷,由档案部门保管至结清债权债务时为止。

## 第七节　会计工作交接

**第六十五条**　会计人员工作调动或因故离职,必须与接替人员办理交接手续,没有办清交接手续的,不得离职。

**第六十六条**　会计工作交接的内容包括:财会部门的公章、公物、现金和有价证券、支票簿、会计凭证、会计账簿、会计报表和财务会计有关文件、资料等。

财会部门负责人和会计主管调离时,应负责对公章、公物和财务会计文件,会计核算资料逐一进行移交。财会部门负责人和会计主管如兼有其他会计业务工作的,也应进行移交。

出纳人员调离本岗位时,要对库存现金、有价证券、各种发票、收据和银行存、取单据、汇款凭单、印鉴公章以及现金、银行账簿、银行对账单等进行逐项移交。

**第六十七条**　会计人员在离职前,应将自己所经管的会计工作资料全部整理清楚。未处理完的会计事项应及时落实处理,在离职前确实无法处理完的资料,应说明原因,并注明事项发生的前后情况,经领导批准,可留给下任会计处理。

**第六十八条**　会计人员在离职前应对所负责填制或保管的会计凭证进行认真整理,已发生应处理的会计事项,应填制记账凭证;负责管理的会计凭证,应按时间和号码顺序进行清理,防止遗漏与丢失。

**第六十九条**　会计账簿交接前,会计人员应将已发生经济事项的原始凭证填制记账凭证并登记入账;已登记完毕的账簿要结出余额,与总账核对一致并应在各账户的余额后面加盖名章。账簿应按顺序号、种类等进行整理装订,保证完整无缺,债权、债务账户所遗留的事项应附注清楚。

**第七十条**　会计报表应做到资料齐全,不漏不少。其他会计资料,包括文件、会计核算相关资料、各种空白单据、发票等,应按类整理。各种单据、发票应按编号一一清理,缺少、丢失的单据、发票要责成移交人追回。

**第七十一条** 财会部门所使用的公物应在移交前与财产登记簿核对清楚。财会部门所使用的公章、印鉴要与经管人和银行核对清楚。

**第七十二条** 造具移交清册,将应该移交的资料、实物,逐项列出品名、数量、存放地点、遗留问题处理意见等内容,以便接替人员核对。

移交清册还应注明:单位名称、交接日期、交接双方和监交人的职务、姓名及移交清册的页数、需要说明的问题和意见等。填写一式三份,以便交接双方存档留用。

**第七十三条** 会计人员移交时应做到:现金、有价证券与账面余额相符;会计凭证、账簿、报表和其他会计资料完整无缺;银行存款账户余额与银行对账单核对相符;财产物资的明细账户余额与总账有关账户余额、与实物相符;债权债务明细账户的余额与有关总账账户余额、与债权债务人的债权债务相符。

**第七十四条** 会计人员交接时分别由下列人员监交:一般会计人员交接,由财务部门负责人或会计主管人员监交;财务部门负责人或会计主管人员交接时,由单位行政领导监交;会计人员在移交过程中,如果有些问题涉及两个单位的,或涉及单位行政领导人的,或上级主管单位认为需要派人监交的,均应由上级主管单位派人会同监交。

**第七十五条** 本办法规定需要移交的会计工作内容和实际工作需要移交的工作应全部移交,并符合本规定的质量要求,交接双方人员和监交人员均在移交清册上签名或盖名章后,始为移交完毕。移交完毕,移交人员才能离开原工作岗位。

**第七十六条** 接替人员应认真接管移交的工作,继续办理移交的未了事项,并继续使用移交的账簿,应保持会计记录的完整性,不得自行另立新账。

**第七十七条** 移交后,如发现原经管的会计业务有违反财会制度和财经纪律等问题，仍由原移交人负责。

**第七十八条** 会计人员临时离职或因事因病不能到职工作的，财务部门负责人或单位领导必须指定人员接替或代理。

**第七十九条** 单位撤销时，必须留有必要的会计人员办理清理工作，编制决算。单位注销手续结束前，不得离职。接收单位和移交日期由上级主管部门确定。

**第八十条** 合并单位的会计交接手续，比照上述规定办理。

## 第八节 内部财务会计制度

**第八十一条** 各单位应根据《会计准则》、《财务通则》和由部制订的财务会计制度的要求，结合本单位的特点，制定内部财务会计制度。

**第八十二条** 各单位内部财务会计制度的内容包括：

1. 资金（基金）筹集管理和核算制度；
2. 货币资金及往来户结算管理和核算制度；
3. 存货管理和核算制度；
4. 固定资产管理和核算制度；
5. 在建工程的管理和核算制度；
6. 无形资产和递延资产及其他资产的管理和核算制度；
7. 对外投资的管理和核算制度；
8. 债务的管理和核算制度；
9. 所有者权益的管理和核算制度；
10. 成本（费用、支出）的管理和核算制度；
11. 营业收入（经费收入）的管理和核算制度；
12. 利润（结余）、税金的管理和核算制度；
13. 会计报表及财务评价制度。

上述内部财务会计制度的形式可以根据单位的规模、管理特点而定，既可以制定一个总的内部财务管理和会计核算制度，也可以按具体会计事项单独制定内部财务会计制度。

## 第三章　会计基础工作规范化的组织实施

**第八十三条**　各单位会计基础工作达到本办法规定的，可以向负责考核验收的单位（以下简称考核验收单位）申请考核，由部确认后，可以取得会计基础工作规范化资格；申请考核单位会计基础工作存在下列情形之一的，不得确认为会计基础工作规范化单位：

（一）法律规定应当建账而没有建账，或者虽建账但长期不记账、不对账，造成账目严重混乱的；

（二）会计凭证不真实、不合法、不准确、不完整，情节严重的；

（三）账外设账，情节严重的；

（四）财务报告严重虚假，与有关会计账簿记录不对应，给国家和社会公众利益造成损失的；

（五）申请考核前2年内经有关部门检查确认有重大违反财经纪律问题的。

**第八十四条**　会计基础工作规范化的实施程序为：

（一）自查。各单位应当根据本办法的规定进行自查，找出本单位会计工作中存在的问题和差距，并采取整顿措施整改后才能正式申报。

（二）申报。单位通过自查整改以后，认为达到了规范化标准的，可以向上级主管单位申报，并提交《交通部部属企事业单位会计基础工作规范化考核申报表》（见附件一）和自查总结报告。

自查总结报告的主要内容包括：单位的基本情况、开展会计基础工作规范化工作的主要组织措施、实施步骤、整改效果；

（三）考核。考核工作由具有相应权限的主管单位或由主管单位委托的社会中介机构组织实施。考核单位应当成立考核小组，考核小组成员应当挑选坚持原则、作风正派、业务素质和政策水平较高的人员组成，并明确分工，实行质量责任制。由考核小组对申请考核单位申报的材料进行初审，对具备考核条件的单位组织考核验收。考核验收程序应当符合下列要求：

1. 制定考核计划，明确考核重点。考核小组要认真阅读申请单位提供的资料，全面了解申请单位的会计基础工作情况。在此基础上，深入现场作实地考核，并按《交通部部属企事业单位基础工作规范考核评分表》（见附件二）的规定逐项评分。对实行二级核算或者三级核算的单位进行考核确认时，对其二级核算单位的抽查考核面应达到50%，对三级核算单位的抽查考核面应达到20%；

2. 考核小组应根据考核情况，提出书面考核意见并如实填写《交通部部属企事业单位会计基础工作规范化考核申报表》中有关内容。考核意见的内容包括：申请单位会计基础工作的基本情况；考核中发现的主要问题及改进意见；考核结论；考核小组负责人签章等；3. 考核小组的考核意见应当书面通知申请单位；

4. 申请单位对考核小组提出的改进意见，应当在限期内整改完毕，并经考核小组复核。

被考核单位在考核前应搜集整理下列材料，将其归类、编定目录页次：

1. 会计人员基本情况表；

2. 会计人员岗位责任制度；

3. 预算或定额管理制度；

4. 内部计划价格制度；

5. 财产物资管理及财产清查制度；

6. 内部财务会计制度；

7. 会计档案管理制度；

8. 当年或上年的财务物价税收大检查纪录或注册会计师审计报告；

9. 会计电算化有关资料；

10. 反映会计基础工作的其他材料。

（四）确认。经考核符合会计基础工作规范化条件的单位，由部财务会计司验发会计基础工作规范化证书。

**第八十五条** 会计基础工作规范化合格证书由部财务会计司统一印制。

**第八十六条** 部财务会计司负责部属各单位会计基础工作规范化的组织实施，并成立会计基础工作规范化办公室，负责日常管理和协调工作。各单位要相应成立会计基础工作规范化领导小组和办公室，负责组织本单位会计基础工作规范化的实施。

**第八十七条** 部属各单位会计基础工作规范化在2000年年底前全部完成，凡是在2000年年底前没有取得会计基础工作规范化证书的单位，以后年度不得参与先进会计工作集体和先进会计工作者评选，不得颁发其会计人员荣誉证书，不得参加高级会计师任职资格评审。

**第八十八条** 经考核，已经取得会计基础工作规范化证书的单位，由考核验收单位每2年进行一次复查。对会计基础工作明显削弱、达不到本办法规定要求的单位，由考核验收单位责令其在3至6个月内进行整改；在规定期限内整改仍未取得明显成效的，由考核验收单位报部批准，取消其会计基础工作规范化资格，收回会计基础工作规范化证书。

**第八十九条** 考核验收单位在考核、验收和复查中发现申请考核单位或被检查单位存在本办法第八十三条规定的情形之一者，经为期3至6个月的整改仍未取得明显成效的，对负有直接责任的会计人员，作出或建议调离其岗位，并取消其参加高级会计师任职评审资格。

**第九十条** 对取得会计基础工作规范化证书、成效显著的单位，由负责组织考核验收的单位给予精神和物质的奖励，表彰奖励成绩突出的有关人员。

**第九十一条** 考核验收单位应当建立会计基础工作规范化考核业务档案，记载考核验收、验发证书、复查等情况。考核业务档案视同会计档案，并做长期保管。

## 第四章　附　　则

**第九十二条**　部属各单位可依据本办法制定具体实施方案，并报部备案。

# 交通行业行政事业单位定期审计规定

（交通部　交审计发[1998]667号　1998.11.03）

## 第一章　总　则

**第一条**　为了加强对交通行业行政事业单位（以下简称行政事业单位）经济活动的审计监督，促进各单位加强财务管理，合理使用资金，根据《交通行业内部审计工作规定》和有关法规，制定本规定。

**第二条**　本规定所称行政事业单位是指：

（一）国家财政核拨事业费的单位；

（二）上级部门核拨经费和补助经费的单位；

（三）经费自给的事业单位。

**第三条**　定期审计是指行政事业单位的审计部门（或专职审计人员，下同）对本单位及附属单位（以下统称为被审计单位）各项经济活动的真实、合法、效益性等进行的审计。定期审计一般分为季度审计和年度审计。

**第四条**　部审计办在各单位进行定期审计的基础上，对部属一级行政事业单位进行定期审计或组织联审。

未设立审计部门的行政事业单位每年必须委托具有对中央单位审计查证资格的社会审计机构进行定期审计。

## 第二章　审计内容

**第五条**　审计内容包括：行政事业单位的内部控制制度、预算、各项收入和支出、各专项基金的收支、资产、负债和净资产等。

公安经费中的特费可不进行审计。

**第六条** 内部控制制度

(一)是否制定了有关货币资金管理、固定资产管理、对外投资管理、票据管理等方面的内部控制制度;

(二)各项规章制度是否符合国家的有关规定,是否得到认真贯彻执行。

**第七条** 预算及决算报表

(一)是否编制年度预算,预算的编制及调整,是否按规定的程序报批;

(二)决算报表的编报是否真实、准确、完整、合规、合法,账表是否相符。

**第八条** 收入

(一)事业性收费的项目、标准和范围是否合规、合法,有无擅自扩大收费范围和提高收费标准等问题;

(二)财政和上级补助收入及取得的事业收入、经营收入等各项收入是否及时全额入账,有无隐瞒、设置账外账和"小金库"现象及虚增收入等问题;

(三)应上交财政或主管部门的收入是否及时、足额上交,有无拖欠、截留等问题。

**第九条** 支出

(一)各项支出是否严格执行有关财务规章制度规定的开支范围及开支标准,有无擅自扩大开支范围、提高开支标准及虚列支出等问题。

(二)在使用财政补助时,是否按计划控制用款,是否随意改变资金用途。

(三)是否严格执行国家税收政策,正确计提和足额、及时上交各种税费。

**第十条** 事业结余和经营结余的分配是否符合有关规定。

**第十一条** 货币资金及有价证券

(一)是否按照国家规定在银行开立账户,有无公款私存和出

租、出借或转让银行账户等问题;现金的管理、使用是否符合现金管理的有关规定;

(二)有价证券的购买及其资金来源是否合法,账务处理是否正确,保管是否妥善、安全。

**第十二条** 往来款项

(一)往来款项是否真实、合法,有无利用往来账隐瞒收入和支出,或直接列收列支等问题;

(二)往来款项是否及时清理,有无长期挂账,尤其是长期被其他单位和个人占用款物等问题;

(三)有无利用往来账,违反规定对外投资,或私自借贷资金及滥发钱物、套取现金等问题。

**第十三条** 固定资产和库存材料

(一)固定资产和库存材料的管理是否严格执行验收、保管、登记、领用制度,是否进行定期或不定期的清查盘点;

(二)固定资产的分类及增减的审批手续、账务处理是否合规,有无账实不符等问题。

**第十四条** 对外投资

(一)对外投资是否按规定报经主管部门、国有资产管理部门和财政部门批准或者备案;以实物、无形资产对外投资,是否按国家有关规定进行了资产评估;

(二)对外投资取得的收益和接受的捐赠是否按规定纳入决算,有无隐匿、转移、截留或直接用于福利开支和发放现金等。

**第十五条** 国有资产有无被外单位或个人无偿占用和流失等问题。

**第十六条** 专用基金的管理是否先提后用、专款专用;各项专用基金的收支是否合规、合法,账务处理是否正确。

## 第三章 审计程序

**第十七条** 各单位审计部门应将定期审计项目列入本单位年

度审计工作计划，报经主管领导批准后实施。

**第十八条** 审计实施完成后，要写出审计报告，并征求被审计单位的书面意见。审计报告要针对审计查出的问题，根据有关规章制度，提出处理意见和改进建议。

审计部门对审计中查出的属于贪污、行贿受贿和因渎职造成严重损失浪费等问题，报请本单位主管领导，按有关规定处理。

**第十九条** 根据审计报告和被审计单位的书面意见，拟出审计意见书和审计决定，报本单位主管领导批准后，下达给被审计单位执行。

**第二十条** 本规定未涉及上述审计程序的其他内容，按《交通行业内部审计工作规定》中的有关规定办理。

**第二十一条** 审计报告、审计意见书和审计决定应同时抄报交通部审计办。

## 第四章 附 则

**第二十二条** 各行政事业单位可结合本单位实际情况，制定具体实施办法。

**第二十三条** 交通企业所属的事业单位，可以参照本规定办理。

**第二十四条** 本规定由交通部负责解释。

**第二十五条** 本规定自发布之日起执行。1987 年交通部下发的《交通部关于对部属事业单位实行定期审计制度的通知》([87]交审字 350 号)同时废止。

# 交通部科技、教育、人才专项补助经费财务管理办法

（交通部　交财发[1999]11号　1999.01.08）

**第一条**　为加强交通部科技、教育、人才专项补助经费（以下简称“专项补助经费”）的财务管理，提高资金的使用效益，促进科教兴交战略的顺利实施，根据国家有关财务制度的规定，特制定本办法。

**第二条**　专项补助经费是指为支持交通科技、教育事业发展，加快培养、造就年青一代学术和技术带头人而设立的专项补助经费。

**第三条**　本办法适用于用专项补助经费安排的单位。

**第四条**　专项补助经费的资金来源：

（一）部自有资金。

（二）国、内外单位和个人捐款。

**第五条**　专项补助经费使用范围如下：

（一）科技专项补助经费主要用于软科学研究、科技成果的推广应用、科技进步奖励、国内外科技交流合作、行业标准化、企业技术进步、科技人才培养、科技扶贫、少量重点研究开发项目的支出。

（二）教育专项补助经费主要用于部直属高校师资培养、科学研究、重点学科建设、重点教材建设、211工程补助、部直属普通高校引进优秀人才的支出。

（三）人才专项补助经费主要用于资助优秀青年专业技术人员从事的科研活动和科技英才奖励支出。

（四）经部领导批准的其他支出。

**第六条**　专项补助经费的管理。部科教司负责部直属高校师资培养、科学研究等科教项目的管理；部人劳司负责跨世纪人才培

养项目的管理;部财务司负责项目的财务管理工作。

项目承担单位的财务部门归口管理专项补助经费,并负责财务监督。项目具体承担部门应在规定的范围内使用项目补助经费,不得随意扩大开支范围和提高开支标准,并对专项补助经费的使用效益负责。

**第七条** 专项补助经费的开支范围包括:

(一)人工费:指直接从事专项补助经费项目的工作人员的人工费。

(二)设备费:指开展项目工作必须购置专用仪器、设备的费用。

(三)试验研究费:指开展项目工作进行的试验研究费用。

(四)资料费:指开展项目工作需购买有关资料及复印等费用。

(五)差旅费:指开展项目工作发生的差旅费。

(六)会议费:指为项目工作召开有关会议所发生的会议支出。

(七)其他费用:指以上支出未包括,但项目本身必须要发生的支出。

**第八条** 项目承担单位应按各类专项补助经费项目管理的具体要求,在申报项目的同时编报项目支出预算(预算的内容应包括人工费、设备费、实验研究费、资料费、差旅费、会议费、其他费用等费用项目)。由项目主管司审核后商部财务司提出专项补助经费的项目计划,经部领导批准后下达。财务司据此办理拨款手续。

**第九条** 为促进科研成果尽快转化为现实生产力,提高资金的使用效益,对属于应用性的科研项目(包括教育科研项目),其补助经费应逐步采取有偿使用的办法,具体办法由部另行制定。

**第十条** 对专项补助经费,要按单位不同性质分项目单独进行核算,具体核算要求如下:

科研单位:通过"拨入专款"、"专款支出"科目进行明细核算。

高等学校:通过"上级补助收入"、"教育事业支出"科目进行明细核算。

其他事业单位:通过“拨入专款”、“专款支出”科目进行明细核算。

企业单位:通过“专项应付款”、“专项拨款”、“专项应付款专项拨款支出”科目进行明细核算。

**第十一条** 项目完成后,各单位要按要求报送经费支出情况,并对项目的主要作用、技术经济效果和社会效益进行分析。对形成的固定资产、无形资产和其他资产,经部批准后,事业单位相应增加“固定基金”和“事业基金? 一般基金”;企业单位相应增加资本公积;对核销部分冲销专项补助经费拨款。项目的结余资金,企业单位作为国家投资,在资本公积中反映;事业单位在事业基金中反映。

**第十二条** 项目单位要切实加强专项补助经费的管理,做好经费的日常财务管理与会计核算工作,年度终了后 20 日内应按规定向部编报专项补助经费决算(报表格式详见附件),并对专项补助经费的使用情况和经济效益情况写出文字分析材料。

**第十三条** 对于一个项目有几项资金来源的,在编制财务报表时,可根据该项目本年实际支出数和各项资金来源所占的比例,填报由部专项补助经费负担的部分。

**第十四条** 因特殊原因需要中途撤消或更改的项目,在项目主管司作出撤消或更改项目的决定后 20 日内,项目承担单位必须编报项目决算,连同固定资产购置情况一并报送项目主管司和部财务司,剩余的项目经费应全额上缴部(财务司),由项目主管司继续用于安排其他项目。

**第十五条** 专项补助经费必须专款专用,不得截留或挪用,对违反规定的一经查出除追缴截留或挪用的专项补助经费外,还要追究有关人员的责任。

**第十六条** 专项补助经费的使用和管理应接受国家财政、审计部门的监督。

**第十七条** 本办法由交通部财务司负责解释。

**第十八条** 本办法自 1999 年 1 月 1 日起执行。

# 交通建设项目审计实施办法

（交通部　交审计发[2000]64号　2000.02.12）

## 第一章　总　则

**第一条**　为了规范对交通行业基本建设项目和技术改造项目（以下称建设项目）审计监督，保障建设资金合理、合法使用，促进管理，提高投资效益，根据《中华人民共和国审计法》和《交通行业内部审计工作规定》等有关法规，结合交通系统的实际情况，制定本实施办法。

**第二条**　本实施办法所称建设项目是指列入交通主管部门和交通企事业单位基本建设计划的拨款、贷款、自筹和融资新建、改扩建、迁建、技术改造的工程项目。

**第三条**　交通行业凡有基本建设活动的单位，以及利用各种资金建设的建设项目，必须依照本实施办法接受审计监督。

**第四条**　交通审计部门或审计机构（以下简称审计部门）依据国家有关法规，对审计范围内的建设项目及其经济活动的真实性、合法性、效益性进行审计监督。

**第五条**　建设项目审计实行建设前期、建设期间、竣工决算审计制度。

建设项目未经审计，不得付清工程尾款，不得办理竣工验收手续，不得报批竣工决算。

**第六条**　实施建设项目审计时，建设单位应向审计部门提供必要的文件、报表、合同等资料，并对所提供资料的真实、合法和完整性负责。

## 第二章　建设前期审计

**第七条**　建设前期审计是指对建设项目开工前的立项、招投标及经济合同等内容进行的审计。

**第八条**　建设前期审计的主要内容包括：

（一）建设项目的立项、初步设计、概算、规划、土地征用和环保等文件是否经有权部门审查批准；

（二）建设项目是否列入年度基本建设计划，资金来源是否合规、合法、落实；

（三）建设项目的招投标是否按规定程序进行，确定的标底是否真实、合理；

（四）施工设计是否超越初步设计的标准；工程预算是否按规定的定额编制，工程计价是否合规、合法、准确；

（五）建设项目的设计、勘察、施工、监理等事项是否按规定签订合同，有关单位的资格是否合法，资质是否符合项目建设要求；

（六）建设项目（建设单位）的内部控制制度是否建立健全，是否得到有效执行；

（七）前期费用的收支是否合规，有无违反国家财经纪律等情况；

（八）其他需要审计的事项。

## 第三章　建设期间审计

**第九条**　建设期间审计是指从项目开工建设至项目竣工决算编报之前，审计部门对建设项目有关的经济活动和财务收支的真实、合法进行的审计。

**第十条**　建设期间审计的主要内容包括：

（一）概算调整、设计变更、建设内容变更等事项，是否按照规定程序报有权机关审查批准；

（二）建设资金使用是否合规，有无转移、侵占、挪用建设资金和损失浪费等问题；

（三）工程价款结算和有关统计报表是否真实、合法，是否严格按合同规定付款；

（四）施工单位有无违规转包行为；

（五）设备、材料等物资是否按设计要求和合同规定进行采购，物资的验收、保管、使用与维护是否合规、有效；

（六）建设项目的进度是否按计划完成，项目投资完成额是否真实、准确，有无虚报和将应结转本年完成的工程量挂账的现象；

（七）建设项目成本是否严格按照概算口径及有关制度正确归集，基建收入来源是否真实、合法，往来款项是否真实，税、费是否按照国家规定及时、足额计提和缴纳，财务年度报表是否真实、准确，表内、表间勾稽关系是否正确；

（八）建设项目施工、设计各环节是否执行国家有关环境保护的法律法规和政策，环境治理项目是否与项目建设同步进行；

（九）其他需要审计的事项。

## 第四章　竣工决算审计

**第十一条**　竣工决算审计是指建设项目正式竣工验收前，审计部门对竣工决算的真实性、合规性、效益性进行的审计。

**第十二条**　建设项目竣工决算审计的主要内容包括：

（一）概（预）算执行情况。有无计划外建设、自行扩大投资规模和提高建设标准的情况。

（二）资金来源、支出及结余等财务情况。各项费用支出是否合法，基建拨款数额和结余资金是否真实、准确，投资包干结余分配是否合规。

（三）工程合同执行情况和合同质量等级控制情况。

（四）交付使用资产情况。交付的固定资产是否真实，是否办理验收手续；移交的流动资产、无形资产及递延资产是否真实、合法。

（五）收尾工程的未完工程量及所需要的投资情况。

（六）竣工工程概况表、竣工财务决算表及说明书、交付使用资产总表及明细表。

**第十三条** 审计部门应对收尾工程的收支情况进行审计。

**第十四条** 审计部门应对建设项目投资效益进行评审，评审的主要内容包括：

（一）建设工期对投资效益的影响；

（二）分析工程造价；

（三）测算投资回收期（动态、静态）、净现值、内部收益率等技术经济指标；

（四）分析贷款偿还能力，评价建设项目的经济效益、社会效益、环境效益。

## 第五章 审计分工及程序

**第十五条** 建设项目审计按照谁投资、谁审计、分级负责的原则组织实施，具体分工如下：

（一）有交通部投资的建设项目，部审计办可实施审计。

（二）有地方交通主管部门投资的建设项目，地方交通主管部门的审计机构可实施审计。

（三）有交通企事业单位投资的建设项目，企事业单位的内部审计机构可实施审计。

（四）上级审计机构根据工作安排，可组织下级审计机构进行行业审计，下级审计机构应对上级审计机构负责并报告审计结果。

（五）上级审计机构有权对下级审计机构分工范围内的建设项目实施审计。

（六）上、下级审计机构安排建设项目审计计划时，应相互协商，避免重复审计。

**第十六条** 经主管审计工作的单位领导批准，建设项目审计可以由经审计部门认定的、具有相应资质的社会审计组织实施。

**第十七条** 建设项目审计按照《交通行业内部审计工作规定》第二十一条规定的程序组织实施。

## 第六章 附 则

**第十八条** 建设项目审计中查出的各类违纪违规问题，按照审计署等六部委印发的《建设项目审计处理暂行规定》(审投发[1996]105号)等有关法规处理。

**第十九条** 本实施办法由交通部负责解释。

**第二十条** 本实施办法自发布之日起执行。

# 交通基本建设项目竣工决算报告编制办法

（交通部　交财发[2000]207 号　2000.04.21）

**第一条**　为严格执行基本建设项目竣工验收制度，正确核定新增资产价值，全面反映投资者的权益，根据国家有关规定，结合交通部门的实际情况，制定本办法。

**第二条**　交通基本建设项目是指列入国家和地方交通基本建设投资计划的公路、水运及其他基本建设项目。

**第三条**　竣工决算报告是考核交通基本建设项目投资效益、反映建设成果的文件，是确定交付使用财产价值、办理交付使用手续的依据。

建设单位要有专人负责有关资料的收集、整理、分析、保管工作。项目完建后，要组织工程技术、计划、财务、物资、统计等有关部门的人员共同编制项目竣工决算报告。设计、施工、监理等单位应积极配合建设单位做好竣工决算报告的编制工作。

**第四条**　交通基本建设项目竣工后，应按照国家有关规定及本办法编制竣工决算报告。

没有编制竣工决算报告的项目不得进行竣工验收。

**第五条**　竣工决算报告应当依据以下文件、资料编制：

（一）经批准的可行性研究报告、初步设计、概算或调整概算、变更设计以及开工报告等文件；

（二）历年的年度基本建设投资计划；

（三）经审核批复的历年年度基本建设财务决算；

（四）编制的施工图预算、承包合同、工程结算等有关资料；

（五）历年有关财产物资、统计、财务会计核算、劳动工资、审计及环境保护等有关资料；

（六）工程质量鉴定、检验等有关文件，工程监理有关资料；

（七）施工企业交工报告等有关技术经济资料；

（八）有关建设项目附产品、简易投产、试运营（生产）、重载负荷试车等产生基本建设收入的财务资料；

（九）有关征地拆迁资料（协议）和土地使用权确权证明；

（十）其他有关的重要文件。

**第六条** 竣工决算报告由以下四部分组成：

（一）竣工决算报告的封面、目录；

（二）竣工工程平面示意图；

（三）竣工决算报告说明书；

（四）竣工决算表格。

**第七条** 竣工决算报告说明书是竣工决算报告的重要组成部分，主要内容包括：工程项目概况及组织管理情况；工程建设过程和工程管理工作中的重大事件、经验教训；工程投资支出和财务管理工作的基本情况（包括主要会计事项处理原则，财产物资清理及债权债务清偿情况；基建结余资金、基建收入等的上交分配情况；主要技术经济指标的分析、计算情况等）；工程遗留问题等。

**第八条** 竣工决算报告表式分为决算审批表、工程概况专用表和财务通用表。

（一）竣工决算审批表（交建竣 1 表）

（二）工程概况专用表

1. 公路建设项目工程概况表（交建竣 2-1 表）；

2. 桥梁隧道建设项目工程概况表（交建竣 2-2 表）；

3. 内河航运建设项目工程概况表（交建竣 2-3 表）；

4. 港口（码头）建设项目工程概况表（交建竣 2-4 表）；

5. 其他建设项目工程概况表（交建竣 2-5 表）。

（三）财务通用表

1. 建设项目竣工财务决算总表（交建竣 3-1 表）；

2. 资金来源情况表(交建竣 3-2 表);

3. 待核销基建支出及转出投资明细表(交建竣 3-3 表);

4. 工程造价和概算执行情况表(交建竣 4 表);

5. 外资使用情况表(交建竣 5 表);

6. 基本建设项目交付使用资产总表(交建竣 6-1 表);

7. 基本建设项目交付使用资产明细表(交建竣 6-2 表)。

**第九条** 竣工决算报告按照建设项目类型分公路建设项目、桥梁隧道建设项目、内河航运建设项目、港口(码头)建设项目和不能归入上述四类的其他建设项目等分别编报。编制竣工决算报告时,必须填制本类项目工程概况专用表和全套财务通用表。

**第十条** 建设项目完建时的收尾工程,建设单位可根据概算所列的投资额或收尾工程的实际情况测算投资支出列入竣工决算报告。但收尾工程投资额不得超过工程总投资的 5%。

**第十一条** 对列入竣工决算报告的基本建设收入、基建结余资金等财务问题,建设单位应按国家规定进行相应处理。

**第十二条** 建设项目完建时,建设单位要认真做好各项账务、物资、财产、债权债务、投资资金到位情况和报废工程的清理工作,做到工完料清,账实相符。各种材料、物资、设备、施工机具等要逐项清点核实,妥善保管,按照国家规定处理,不准任意侵占。

**第十三条** 建设单位编制的竣工决算报告在审计部门提出审计意见后,方可组织竣工验收。未经竣工验收委员会认定的竣工决算报告不得上报。

**第十四条** 中央级大中型基本建设项目,其项目竣工决算报告经省级交通主管部门或部属一级单位签署意见后报部备案(一式四份)。

竣工决算报告在竣工验收委员会审查同意后 3 个月内报出。

**第十五条** 竣工验收合格的基本建设项目其正式交付使用时间由竣工验收委员会确定。

**第十六条** 对编报竣工决算报告工作认真负责,上报及时的,上级交通主管部门可以给予表彰。对不按本办法编制和报送竣工决算报告的，上级交通主管部门可以通报批评；情节严重的，可暂停拨付建设资金、停批新建项目，并按有关规定对单位负责人及直接责任人给予行政处分和行政处罚。

**第十七条** 本办法由交通部负责解释。

**第十八条** 本办法自发布之日起施行。

## 交通基本建设项目竣工决算报告编表说明

一、交通基本建设项目竣工决算报告封面。

1.“主管部门”指建设单位的主管部门。

2.“建设项目名称”填写批准的项目初步设计文件中注明的项目名称。

3.“建设项目类别”是指“大中型”或“小型”。

4.“建设性质”是指建设项目属于续建、新建、改建、迁建和恢复建设等内容。

5.“级别”是指中央级或地方级的建设项目。

二、竣工决算审批表(交建竣1表)。

中央级大中型基本建设项目，其项目竣工决算报告经省级交通主管部门或部属一级单位签署意见后报部备案(一式四份)。

三、建设项目概况表(交建竣2-1、2-2、2-3、2-4、2-5表)。

1.建设时间开工和竣工日期按照实际开工和办理竣工验收的日期填列。如实际开工日期与批准的开工日期不符应作出说明。

2.表中初步设计、调整概算的批准机关、日期、文号应按历次审批文件填列。

3.表中有关项目的设计、概算、决算等指标，根据批准的设计文件和概算、决算等确定的数字填写。

4.表中“总投资”按批准的概算和调整概算数及累计实际投资数填列。

5.表中“基建支出合计”是指建设项目从开工起至竣工止发

生的全部基本建设支出，根据财政部门或主管部门历年批准的“基建投资表”中有关数字填列。

6. 表中所列工程主要特征、完成主要工程量、主要材料消耗量、主要技术经济指标等，根据主管部门批准的概算、建设单位统计资料和施工企业提供的有关成本核算资料等分别填列。

7.“主要收尾工程”填写工程内容和名称、预计投资额及完成时间等。如果收尾工程内容较多，可增设“收尾工程项目明细表”。这部分工程的实际成本，可根据具体情况进行估算，并作说明，完工以后不再调整竣工决算，但应将收尾工程执行结果按规定程序补报有关资料。

8.“工程质量评定”填列经工程质量监督部门检测评定的单项工程质量评定及工程综合评价结果。

四、财务决算总表、资金来源情况表、待核销基建支出及转出投资明细表，反映竣工工程从开始建设起至竣工时为止全部资金来源和运用情况。

（一）基本建设项目竣工财务决算总表（交建竣 3-1 表）。

1. 表中有关“交付使用资产”、“基建拨款”、“项目资本”、“基建借款”等项目，填列自开工建设至竣工止的累计数，上述指标根据历年批复的年度基本建设财务决算和竣工年度的基本建设财务决算中资金平衡表相应项目的数字进行汇总填列（包括收尾工程的估列数）。

2. 表中其余各项目反映办理竣工验收时的结余数，根据竣工年度财务决算中资金平衡表的有关项目期末数填表。

3. 资金占用总额应等于资金来源总额。

4. 补充资料的“基建投资借款期末余额”反映竣工时尚未偿还的基建投资借款数，应根据竣工年度资金平衡表内的“基建投资借款”项目期末数填列；“应收生产单位投资借款期末数”，应根据竣工年度资金平衡表内的“应收生产单位投资借款”项目的期末数填列；“基建结余资金”反映竣工时的结余资金，应根据竣工财务决算总表中有关项目计算填列。

5. 基建结余资金的计算。基建结余资金 = 基建拨款 + 项目资本 + 项目资本公积 + 基建投资借款 + 企业债券资金 + 待冲基建支出 - 基本建设支出 - 应收生产单位投资借款。

(二)资金来源情况表(交建竣 3-2 表)。

本表反映建设项目分年度的投资计划与资金拨付到位情况,表中有关基建拨款、项目资本、基建投资借款等资金来源内容,根据历年批复的年度基本建设财务决算和竣工年度的基本建设财务决算中资金平衡表相应项目的数字填列(包括收尾工程的估列数)。

(三)待核销基建支出及转出投资明细表(交建竣 3-3 表)。

1."待核销基建支出"反映非经营性项目发生的江河清障、航道清淤、补助群众造林、水土保持、取消项目的可行性研究费以及项目报废等不能形成资产部分的投资支出。

2."转出投资"反映非经营性项目为项目配套而建成的、产权不归属本单位的专用设施的实际成本,按照规定的内容分项逐笔填列。

五、工程造价和概算执行情况表(交建竣 4 表)。

1. 本表反映工程实际建设成本和总造价,以及概算投资节余和概算投资包干部分节余的情况,应按照概算项目或单项工程(费用项目)填列。

2. 待摊投资按照某一单项工程投资额占全部投资的比例分摊到单项工程上。不计入固定资产价值的支出不分摊待摊投资。

六、外资使用情况表(交建竣 5 表)。

本表反映建设项目外资使用情况,按照使用外资支出费用项目填列。应说明批准初步设计时的汇率、记账汇率、竣工时的汇率以及外资贷款的转贷金额和转贷单位等情况。各有关表格中,外币折合人民币时,应以项目竣工时的汇率为准。

七、交付使用资产总表和交付使用资产明细表。

1. 交付使用资产总表中各栏数字应根据交付使用资产明细表中相应项目的数字汇总填列。交付使用资产明细表作为建设单位管理项目资产使用,可不纳入上报的竣工决算报告,其具体格式各单位可根据情况进行修改。

2. 交付使用资产总表中固定资产、流动资产、无形资产和递延资产各栏的合计数,应分别与竣工财务决算表交付使用资产的相应数字相符。

# 交通行业内部审计工作规定

（交通部令2004年第12号　2004.11.19）

## 第一章　总　　则

**第一条**　为加强交通行业经济管理，确保资金安全有效使用，提高经济效益，推动交通行业廉政建设，促进交通事业健康发展，根据《中华人民共和国审计法》、《审计署关于内部审计工作的规定》，结合交通行业的实际情况，制定本规定。

**第二条**　交通行业内部审计，是交通经济监督工作的重要组成部分，是交通主管部门和企事业单位的内部审计机构依法独立监督和评价本单位及所属单位财政收支、财务收支、经济活动的真实、合法和效益，以及为加强内部控制和风险管理、实现经济目标提供保证和咨询服务的行为。

**第三条**　各级交通主管部门和企事业单位应当按照本规定，建立健全内部审计工作制度。

**第四条**　内部审计机构在交通主管部门和企事业单位主要负责人或权力机构的直接领导下，依法独立履行内部审计职责。

**第五条**　内部审计机构应坚持全面审计、突出重点的工作方针，坚持审计、帮助、促进相结合的原则，规范审计行为，防范审计风险。

内部审计人员办理审计事项，应当严格遵守内部审计职业道德规范和内部审计准则，忠于职守，依法审计，客观公正，廉洁自律，保守秘密。

**第六条**　交通主管部门和企事业单位主要负责人或权力机构应当支持、保护内部审计机构和审计人员依法履行内部审计职责，任何组织和个人不得干预内部审计工作，打击报复内部审计工作人员。

## 第二章　审计机构与人员

**第七条**　为切实履行国务院赋予的管理职能，交通部设立内部审计机构，负责交通内部审计工作。

**第八条**　地方人民政府交通主管部门应强化审计监督，加强审计机构和队伍建设。

**第九条**　法律、行政法规规定应当设立内部审计机构的交通企事业单位，必须设立独立的、与本单位其他职能部门同级的内部审计机构。

法律、行政法规没有明确规定设立内部审计机构的交通企事业单位，应按照审计职责落实、分管机构明确、审计人员适任的原则并结合本单位的实际工作需要，设置内部审计机构、配备内部审计人员。

**第十条**　设立内部审计机构的交通主管部门和企事业单位，可根据需要设立审计委员会，配备总审计师。

**第十一条**　内部审计机构应配备与其承担的审计任务相适应的内部审计人员。

内部审计机构负责人按照干部管理权限的规定任免。所属单位内部审计机构负责人任免前应征求上级主管单位内部审计机构的意见。

内部审计人员应保持相对稳定。

**第十二条**　内部审计人员应具备良好的政治素质，具有较高的审计、会计业务水平和必要的经济、法律、工程、信息技术等专业知识。

**第十三条**　内部审计人员实行岗位资格和后续教育制度，本单位应予以支持和保障。

交通主管部门和企事业单位应创造条件，鼓励内部审计人员参加后续教育。

**第十四条** 内部审计人员专业技术职务资格的取得和聘任，按照国家有关规定执行。

**第十五条** 内部审计机构履行职责所需的经费，应当列入财务预算，由本单位予以保证。

内部审计人员享受适当岗位补贴，具体标准按照财政部门或比照当地审计机关的有关规定执行。

## 第三章 审 计 职 责

**第十六条** 交通部内部审计机构负责管理部属单位的内部审计工作，指导全国交通行业的内部审计工作。

省级及省级以下交通主管部门的内部审计机构负责管理其所属单位（含驻外机构和占控股地位或主导地位的所属单位，下同）的内部审计工作，指导本地区交通行业内部审计工作。

交通企事业单位的内部审计机构负责管理所属单位的内部审计工作。

**第十七条** 上级内部审计机构根据工作需要，可授权下级内部审计机构办理审计事项，并指导检查审计工作开展情况。下级内部审计机构应按要求及时办理，并接受指导、报告工作。

**第十八条** 内部审计机构按照本单位主要负责人或权力机构的要求以及财务隶属关系、国有资产监督管理关系，履行下列职责：

（一）对本单位及所属单位（含驻外机构，下同）的财政收支、财务收支、经济活动进行审计；

（二）对本单位及所属单位预算内、预算外资金的管理和使用情况进行审计；

（三）按照干部管理权限，对本单位内设机构及所属单位领导人员的任期经济责任进行审计；

（四）对本单位及所属单位固定资产投资项目进行审计；

（五）对本单位及所属单位经济管理和效益情况进行审计；

（六）对交通规费征收管理和建设资金管理使用情况进行审计或审计调查；

（七）对本单位及所属单位内部控制制度的健全性和有效性以及风险管理进行评审；

（八）对本单位有关经济合同签订、对外投资决策、产业结构调整、国有资产处置、设备更新和技术改造等重要经济活动进行监督；

（九）对本单位经济管理中的重要问题开展审计调查，对国家财经法规和本单位规章制度的执行情况进行检查；

（十）法律、法规规定和本单位主要负责人或权力机构要求办理的其他审计事项。

**第十九条** 内部审计机构管理所属单位、指导行业内部审计工作的主要职责是：

（一）研究制定内部审计工作发展规划和规章、制度、办法；

（二）检查、督促所属单位、指导本行业按照国家有关规定建立健全内部审计制度，开展内部审计工作；

（三）下达年度审计工作计划，明确工作重点，提出具体工作要求；

（四）组织开展行业性审计和审计调查；

（五）组织内部审计理论研究，培训内部审计人员；

（六）总结、交流内部审计工作经验，表彰、宣传内部审计工作先进单位（集体）和个人；

（七）配合有关部门对打击报复内部审计人员依法履行审计职责的行为进行调查。

**第二十条** 下级内部审计机构应当向上级内部审计机构报送下列资料：

（一）内部审计工作发展规划、年度审计工作计划及工作总结；

（二）交通审计统计报表；

（三）审计意见书、审计决定及重要的审计报告、审计调查报告；

（四）严重违法、严重损失浪费、贪污贿赂案件的专案审计报告；

（五）本单位内部审计工作制度；

（六）内部审计工作信息、经验材料；

（七）其他有关资料。

**第二十一条** 内部审计机构应按有关规定，积极开展审计信息化工作。

**第二十二条** 交通主管部门和企事业单位可以授权内部审计机构对本单位范围内委托社会审计组织审计的事项进行管理，并对其从业资质和审计质量进行检查监督。

**第二十三条** 内部审计机构应在年度末就审计计划执行情况向本单位主要负责人或权力机构提交总结报告。

**第二十四条** 内部审计机构应当不断提高内部审计业务质量和技术水平，并依法接受审计机关和上级内部审计机构对审计业务质量的检查和评估。

## 第四章　审计权限

**第二十五条** 交通主管部门和企事业单位应当制定相应规定，确保内部审计机构具有履行职责所必需的权限。

**第二十六条** 内部审计机构的主要权限是：

（一）要求本单位有关部门及所属单位及时报送生产、经营、财务收支计划、预算及其执行情况、决算、会计报表和其他有关文件、资料；

（二）参加本单位生产、经营、财务和经济管理等方面的有关会议，召开与审计事项有关的会议；

（三）参与研究和制定有关的规章制度，起草内部审计制度、办法，由本单位主要负责人或权力机构审定后公布实施；

（四）检查有关生产、经营、财务活动的资料、文件和现场勘察实物；

（五）检查有关的计算机系统及其电子数据和资料；

（六）对与审计事项有关的问题向有关单位和个人进行调查，并取得证明材料；

（七）对正在进行的严重违法和严重损失浪费的行为，作出临时制止决定；

（八）对可能转移、隐匿、篡改、毁弃的会计凭证、会计账簿、会计报表以及与经济活动有关的资料，经本单位主要负责人或权力机构批准，有权予以暂时封存；

（九）对阻挠、妨碍审计工作及拒绝提供有关资料的，经本单位主要负责人或权力机构批准，可以采取必要的临时措施，并提出追究有关人员责任的建议；

（十）提出纠正、处理违法违规行为的意见以及改进管理、提高效益的建议；

（十一）对违法和造成损失浪费的单位和个人，给予通报批评或提出追究责任的建议；

（十二）对本单位有关部门及所属单位严格遵守财经法规、经济效益显著、贡献突出的集体和个人，可以向本单位主要负责人或权力机构提出表扬和奖励的建议；

（十三）对审计工作中的重大事项，可直接向上级内部审计机构反映。

**第二十七条** 交通主管部门和企事业单位的主要负责人或权力机构在管理权限范围内，授予内部审计机构必要的处理、处罚权。

## 第五章 审计程序

**第二十八条** 内部审计工作的一般程序是：

（一）根据上级部署和本单位的具体情况，拟定年度审计工作计划，报经本单位主要负责人或权力机构批准后实施。

（二）实施审计前，应拟定审计方案，确定审计范围、内容、方式和时间，并提前3天向被审计单位送达审计通知书。

（三）对审计事项，应取得证明材料，记入审计工作记录，写出审计工作底稿；审计工作记录应由相关人员签章认证。

（四）审计终结，提出审计报告，征求被审计单位或有关人员的意见。被审计单位或有关人员应在收到审计报告之日起10个工作日内提交书面意见。在规定时间内未提交书面意见的，视同无异议，但审计组应作出说明。

（五）将审计报告、审计工作底稿、审计工作记录以及被审计单位的书面意见，送审计机构负责人或其授权人员进行复核。复核完毕，拟出审计意见书和审计决定，连同审计报告和被审计单位的书面意见，一并报送本单位主要负责人或权力机构审批。

（六）将经批准的审计意见书和审计决定（或审计报告）送达被审计单位或有关人员；被审计单位必须执行审计决定（或经批准的审计报告），并在规定的期限内以书面形式报告执行结果。

（七）被审计单位或有关人员对审计意见书和审计决定（或经批准的审计报告）如有异议，可向内部审计机构所在单位主要负责人或权力机构提出，该负责人或权力机构应当及时处理；在未作出新的决定之前，原审计意见书和审计决定（或经批准的审计报告）仍然有效。

（八）对采纳审计意见和执行审计决定（或经批准的审计报告）的情况，应进行后续审计。

**第二十九条**　内部审计机构对办理的审计事项，应建立审计档案，并按档案管理的有关规定办理。

**第三十条**　交通主管部门和企事业单位的组织（人事）、财务、纪检监察等部门应充分利用内部审计的工作成果。

## 第六章　奖　惩

**第三十一条**　对审计工作成绩显著的内部审计机构和忠于职

守、坚持原则、有突出贡献的内部审计人员，以及揭发检举违法行为、保护国有财产的有功人员，所在单位和上级主管部门应给予精神或物质奖励。

对滥用职权、徇私舞弊、玩忽职守、泄露秘密的内部审计人员，由所在单位依照有关规定予以处理；构成犯罪的，移交司法机关追究刑事责任。

**第三十二条** 被审计单位不配合内部审计工作、拒绝审计或提供资料、提供虚假资料、拒不执行审计结论或报复陷害内部审计人员的，单位主要负责人或权力机构应当及时予以处理；构成犯罪的，移交司法机关追究刑事责任。

## 第七章 附 则

**第三十三条** 本规定由交通部负责解释。

**第三十四条** 本规定自 2005 年 1 月 1 日起施行。1996 年 3 月 6 日发布的《交通行业内部审计工作规定》（交通部令 1996 年第 1 号）同时废止。

# 交通建设项目委托审计管理办法

（交通部令2007年第4号　2007.04.11）

**第一条**　为了规范交通建设项目委托审计管理工作，提高委托审计质量，防范审计风险，根据《中华人民共和国审计法》、《中华人民共和国招标投标法》，制定本办法。

**第二条**　列入各级交通主管部门、企事业单位固定资产投资计划的建设项目办理委托审计事项，适用本办法。

本办法所称建设项目委托审计，是指各级交通主管部门、企事业单位根据审计工作需要，将建设项目审计业务委托给包括会计师事务所、工程造价咨询企业等在内的社会审计组织实施的行为。

**第三条**　建设项目委托审计的业务范围包括建设项目前期审计、期间审计、竣工决算审计以及全过程跟踪审计。

**第四条**　建设项目委托审计管理工作由各级交通主管部门、企事业单位的审计部门或其他办理委托审计事项的部门归口管理（以下统称“委托审计归口管理部门”）。

**第五条**　建设项目委托审计管理工作主要包括提出委托审计项目建议、审核受托人资质、审核审计费用、监督委托过程、检查审计质量、协调处理有关问题等。

各级交通主管部门、企事业单位可结合实际情况，确定委托审计管理工作职责的具体内容。

**第六条**　交通部的委托审计归口管理部门负责监督管理部属单位的建设项目委托审计工作，指导全国交通行业的建设项目委托审计管理工作。

省级及其以下交通主管部门的委托审计归口管理部门负责监督管理本级及所属单位的建设项目委托审计工作，指导本辖区内交通行业的建设项目委托审计管理工作。

交通企事业单位的委托审计归口管理部门负责本单位及其所属单位的建设项目委托审计管理工作。

**第七条** 上级委托审计归口管理部门可检查下级的建设项目委托审计工作,并对检查发现的问题要求有关部门和单位进行整改。

**第八条** 委托审计归口管理部门及其工作人员办理委托审计管理工作,应严格遵守有关法律、法规和审计纪律,遵循公开、公平、公正原则。

**第九条** 委托人可以采取指定委托、竞争性谈判委托、招投标委托等方式选择受托人。

指定委托是指委托人指定一家符合本办法第十一条、第十二条、第十三条规定的社会审计组织为受托人的方式。指定委托适用于涉及国家安全或具有行业特殊规定的委托审计业务。

竞争性谈判委托是指委托人选择三家以上符合本办法第十一条、第十二条、第十三条规定的社会审计组织,通过谈判确定受托人的方式。竞争性谈判委托适用于指定委托和招投标委托范围以外的委托审计业务。

招投标委托是指委托人根据《中华人民共和国招标投标法》的要求确定符合本办法第十一条、第十二条、第十三条规定的受托人的方式。招投标委托适用于概算投资额在5000万元以上或根据国家收费标准估算审计基本费用在20万元以上以及其他依法需要实行招投标委托的建设项目的委托审计业务。

**第十条** 采取招投标委托方式确定受托人的,委托审计招投标活动应严格遵守《中华人民共和国招标投标法》、《中华人民共和国合同法》等法律和法规。

**第十一条** 委托人选择受托人应遵循审计质量高、信誉好、服务优、价格低的原则,且选择的受托人应符合以下要求:

(一)具有中华人民共和国法人资格;

(二)具有良好的职业道德记录和信誉;

（三）注册资本不低于 50 万元，上年度或最近两年年平均业务收入不少于 100 万元；

（四）有 10 名以上注册会计师；

（五）建设项目审计规定的其他条件。

委托人采取招投标方式选择的受托人，除满足本条第一款第（一）、（二）、（五）项条件外，其注册资本不得低于 100 万元，上年度或最近两年年平均业务收入不少于 400 万元，且有 20 名以上注册会计师。

**第十二条** 建设项目委托审计业务涉及工程造价审计（审核）的，委托人选择的受托人还应符合以下要求：

（一）从事一级以上公路项目（含独立特大桥梁、特长隧道）、国家高等级航道、500 吨级以上通航建筑物、千吨及 5 万标箱以上内河港口项目以及概算投资额在 5000 万元以上的其他交通建设项目工程造价审计（审核）的，应具有建设行政主管部门颁发的工程造价咨询企业甲级资质或交通主管部门颁发的相应等级证书，且有 5 名以上从事过交通建设项目审计业务的注册造价师；

（二）从事上述第（一）项以外的交通建设项目工程造价审计（审核）的，应具有建设行政主管部门颁发的工程造价咨询企业乙级以上资质或交通主管部门颁发的相应等级证书，且有 3 名以上从事过交通建设项目审计业务的注册造价师。

**第十三条** 具有以下情形之一的社会审计组织，委托人不得委托其实施审计：

（一）不具备相应资质和能力的；

（二）受到审计、财政、监察、税务、工商、证券监管、银行监管等有关部门查处且尚未解除从业限制的；

（三）依据本办法第二十四条规定受到从业限制的。

**第十四条** 委托审计费用在国家规定的收费标准范围内，由委托人与受托人协商确定。委托审计费用按照国家有关规定列支。

**第十五条** 拟实行委托审计的建设项目，应由委托审计归口管理部门填写《交通建设项目委托审计管理审批表》，提出建设项目委托审计建议，经单位领导批准同意后，方可办理委托审计的相关事宜。

《交通建设项目委托审计管理审批表》中涉及的相关资料由委托人或有关业务管理部门提供。

**第十六条** 确定受托人后，委托人应填写《社会审计组织资质备案表》，与受托人协商签订《审计业务约定书》。

**第十七条** 委托人应当向受托人及时提供真实、完整的相关资料。

**第十八条** 委托人应在《审计业务约定书》中要求受托人在出具审计（审核）报告时，对审计（审核）的会计报表是否符合国家有关基本建设财务管理规定和会计制度作出明确表述。

**第十九条** 委托人应将审计（审核）报告报其上级主管部门的委托审计归口管理部门备案。

**第二十条** 委托审计归口管理部门应及时审核并合理使用审计（审核）报告。必要时可组织力量对受托人的审计情况进行质量检查或复审。

**第二十一条** 建设项目委托审计工作完成后，委托人应建立建设项目委托审计档案。档案主要包括《交通建设项目委托审计管理审批表》、委托审计招投标资料、《社会审计组织资质备案表》、《审计业务约定书》、审计（审核）报告及相关资料等。

**第二十二条** 受托人未按《审计业务约定书》实施审计或提供审计（审核）报告时，委托人应要求其补充相关资料或者重新审计。

**第二十三条** 受托人提供的审计（审核）报告严重失实、审计结论意见不准确，且拒绝进行重新审计或纠正的，委托人应终止委托审计业务，停止支付审计费用。

**第二十四条** 对存在以下问题的社会审计组织，交通主管部门、企事业单位应按以下要求进行处理，并在系统内部予以通报：

（一）未按《审计业务约定书》的要求实施审计或提供审计（审

核)报告、审计工作不规范、审计结论避重就轻,且拒绝纠正的,1年内不得委托其从事审计业务;

(二)提供的审计(审核)报告存在严重失实、结论意见不准确,且拒绝进行重新审计或纠正的,两年内不得委托其从事审计业务;

(三)存在未披露应当披露的重大财务事项等重大错漏的,3年内不得委托其从事审计业务;

(四)有关部门在事后检查中发现审计(审核)报告未真实、客观反映情况或揭露问题,给委托人或交通行业造成损失和不良影响的,5年内不得委托其从事审计业务;

(五)有弄虚作假、串通作弊、泄露秘密等重大违法行为,以及通过不正当手段取得委托审计业务的,不得再次委托其从事审计业务。

**第二十五条** 委托人不按本办法规定实施委托审计的,上级委托审计归口管理部门应责令其改正,并责成重新实施审计。

**第二十六条** 参与交通建设项目委托审计管理工作的人员滥用职权、徇私舞弊、玩忽职守或泄露国家秘密、商业秘密的,依法给予处分;构成犯罪的,依法追究刑事责任。

**第二十七条** 本办法自2007年6月1日起施行。

# 交 通 法 制

# 交通行政执法监督规定

（交通部令1995年第1号　1995.03.20）

## 第一章　总　　则

**第一条**　为加强交通行政执法和行政执法监督，保障法律、法规、和规范性文件的正确实施，制定本规定。

**第二条**　各级交通行政管理部门和行政执法人员均应当遵守本规定。

**第三条**　交通行政执法是指交通行政管理部门依据法律、法规、规章和规范性文件作出具体行政行为的活动。交通行政执法监督是指交通行政管理部门对下级交通行政管理部门的行政行为进行监督和检查的活动。

**第四条**　交通行政执法和行政执法监督工作遵循有法必依、执法必严、违法必究的原则。

**第五条**　各级交通行政管理部门的法制工作机构或者法制工作归口部门负责组织、协调执法监督工作。

## 第二章　行 政 执 法

**第六条**　法律、法规、规章和规范性文件发布后，负责实施的交通行政管理部门应当及时制订具体实施方案，做好宣传、培训工作。

**第七条**　交通行政管理部门作出具体行政行为应当符合下列规定：

（一）符合法定的职责权限；

（二）认定事实清楚，证据和规范性文件正确；

（三）适用法律、法规、规章和规范性文件正确；

（四）符合法定程序；

（五）行政执法文书规范；

（六）处理适当。

**第八条** 交通行政执法人员应当做到：

（一）熟悉有关法律知识和行政执法业务；

（二）忠于职守，秉公执法；

（三）执法时应当佩戴统一的执法标志，仪容整洁，举止文明；

（四）自觉接受监督。

**第九条** 交通行政执法人员需经专业知识和法律知识的培训，经考核获得交通行政执法资格。交通行政执法资格证书由交通部统一制定样式，各省、自治区、直辖市交通厅（局、委、办）或者交通部直属行政管理部门核发并且负责年度审核工作。

**第十条** 交通行政执法工作应当做到执法制度公开，执法结果公开，接受执法监督。

**第十一条** 交通行政执法监督的内容：

（一）法律、法规、规章和规范性文件的实施情况；

（二）规范性文件是否合法；

（三）行政执法主体是否合法；

（四）行政执法程序是否合法；

（五）行政执法文书是否规范；

（六）行政执法中认定事实是否准确；

（七）行政执法中适用法律、法规、规章和规范性文件是否正确；

（八）行政复议工作的开展情况；

（九）其他需要监督检查的事项。

## 第三章 行政执法监督

**第十二条** 交通行政执法监督按下列方式进行：

（一）实行法律、法规、规章和规范性文件实施情况报告制度。

法律、法规、规章和规范性文件施行一年后，交通行政管理部门应当向上一级交通行政管理部门报告该项法律、法规、规章和规范性文件的实施情况，包括配套规定的制定、实施效果、存在问题及建议。

（二）实行规范性文件备案审查制度。交通行政管理部门对下一级交通行政管理部门按规定备案的规范性文件进行审查。

（三）实行规范执法工作情况报告制度。交通行政管理部门应当将年度执法工作情况向上一级交通行政管理部门报告。

（四）实行行政执法检查制度。交通行政管理部门应当定期或者不定期地对下级交通行政管理部门执行法律、法规、规章和规范性文件的情况进行检查。

（五）实行行政复议制度。交通行政管理部门应当根据《行政复议条例》规定的职责，受理行政复议案件，纠正下级交通行政管理部门违法和不当的具体行政行为。

（六）实行重大行政处罚决定备案制度。交通行政管理部门作出吊销证照、责令停业整顿、2000 元以上罚款的重大行政处罚决定的，应当及时向上一级交通行政管理部门备案。

（七）实行行政赔偿案件备案制度。交通行政管理部门作出行政赔偿的案件和人民法院判决其作出行政赔偿的案件应当及时向上一级交通行政管理部门备案。

（八）实行错案追究制度。交通行政管理部门应当对下级交通行政管理部门作出的、造成管理相对人严重损害的不当或者违法的具体行政行为进行追究。

（九）交通行政管理部门在职权范围内需要采取的其他方式。

**第十三条**　交通行政管理部门对执法监督工作中发现的问题按下列规定处理：

（一）对与法律、法规、规章相抵触的规范性文件，责令发布单位撤销或者修改；

（二）对执法行政管理部门之间发生的行政执法争议，由争议双方共同的上级交通行政管理部门协调；

（三）对执法过程中的、法规、规章和规范性文件冲突，属于交通行政管理部门职权范围内的，应当负责审查和处理，无权处理的应当及时向上级交通行政管理部门或者有权处理的行政机关报告；

（四）对下级交通行政管理部门不履行或者不严格履行法定职责的，责令履行或者限期改正；

（五）对下级交通行政管理部门作出的违法和不当的具体行政行为，决定纠正或者责令改正；但公民、法人或者其他组织提起行政复议的，按《行政复议条例》处理；

（六）行政执法主体不合法的，责令予以纠正。

**第十四条** 各级交通行政管理部门和行政执法人员有义务接受监督检查。

**第十五条** 任何单位和个人都有权检举、控告交通行政管理部门和行政执法人员的违法行为。受理控告、检举的交通行政管理部门应当及时查处违法行为，并为检举、控告人保密。严禁对检举、控告 人打击报复。

**第十六条** 交通行政管理部门违反本规定，有下列情形之一的，由其上级交通行政管理部门出具书面意见责令其限期改正。拒不改正的，对于有直接隶属关系的，由上级交通行政管理部门给予其主要负责人和直接责任者批评或者行政处分：

（一）不履行或者不全面履行法律、法规、规章和规范性文件规定的行政管理职责；

（二）不按规定将重大行政处罚决定备案的；

（三）不按期报告法律、法规、规章和规范性文件实施情况的；

（四）不按规定将重大行政处罚决定备案的；

（五）不按规定将行政赔偿案件备案的；

（六）不按规定进行错案追究的；

（七）违反规定乱设站卡、乱收费、乱罚款的；

（八）无故拖延执行行政执法监督决定的；

（九）妨碍行政执法监督检查工作的其他行为。

**第十七条** 交通行政执法人员违反本规定,有下列情形之一的,上级交通行政管理部门和行政执法监督人员应当纠正其违法行为,可以暂扣其交通行政执法资格证书;情节严重的,可建议其所属部门给予其行政处分或者调离行政法岗位:

(一)执法过程中有违法或者不当行为的;

(二)不履行法定职责,玩忽职守的;

(三)违反职业道德规范的,不文明执法的;

(四)拒不接受执法监督的。

**第十八条** 各级交通行政管理部门应当加强对现场执法监督工作的领导。各省、自治区、直辖市交通厅(局、委、办)和交通部直属行政管理部门应当在法制(纠风)工作机构的基础上,建立专(兼)职人员组成的执法监督队伍。交通行政执法监督人员从事现场检查时,应当出示交通行政执法监督证件。交通行政执法监督证件由交通部统一制定样式,省级交通主管部门或者交通部直属行政管理部门核发。

**第十九条** 交通行政管理部门部门或者行政执法人员作出的具体行政行为侵犯公民、法人或者其他组织的合法权益造成损害的,由该交通行政管理部门或者该行政执法人没所在的交通行政管理部门依据有关法律、法规规定进行赔偿。交通行政管理部门赔偿损失后,应当责令有故意或者重大过失的行政执法人员承担部分或者全部赔偿费用。

## 第四章 附 则

**第二十条** 各省、自治区、直辖市交通厅(局、委、办)依据本规定制定实施办法。

**第二十一条** 本规定由交通部负责解释。

**第二十二条** 本规定自 1995 年 7 月 1 日起施行。

# 交通行政处罚程序规定

（交通部令1996年第7号 1996.09.25）

## 第一章 总 则

**第一条** 为规范交通行政处罚程序，根据《中华人民共和国行政处罚法》（以下简称行政处罚法）的规定，结合交通实际，制定本规定。

**第二条** 公民、法人或者其他组织违反交通行政管理秩序，应当给予行政处罚的，由交通管理部门依照行政处罚法和有关法律、法规及本规定的程序实施。

**第三条** 本规定中交通管理部门是指具有行政处罚权的下列部门或者机构：

（一）县级以上人民政府的交通主管部门；

（二）法律、法规授权的交通管理机构；

（三）县级以上人民政府的交通主管部门依法委托的交通管理机构。

**第四条** 县级以上人民政府的交通主管部门可以委托依法设置的符合行政处罚法第十九条规定的运输、航道、港口、公路、规费、通信等交通管理机构实施行政处罚。

## 第二章 行政处罚的管辖

**第五条** 各级交通管理部门依法可以作出警告、罚款、没收违法所得、没收非法财物、暂扣证照的行政处罚。

县级以上人民政府交通主管部门、交通部直接设置的管理机构、省级人民政府交通主管部门直接设置的管理机构依法可以作出吊销证照、责令停产停业的行政处罚。

省级人民政府交通主管部门直接设置的管理机构的下设机构，根据省级人民政府交通主管部门的决定，依法可以作出吊销证照、责令停产的行政处罚。

港务（航）监督机构行政处罚案件的管辖另行规定。

对涉外、涉台、涉港澳当事人作出行政处罚的权限，法律、法规、规章另有规定的，从其规定。

**第六条**　对违法行为需给予的行政处罚超出本级交通管理部门的权限时，应将案件及时报送有处罚权的上级交通管理部门调查处理。

**第七条**　上级交通管理部门可以办理下一级交通管理部门管辖的行政处罚案件；下级交通管理部门对其管辖的交通行政处罚案件，认为需要由上级交通管理部门办理时，可以报请上一级交通管理部门决定。

## 第三章　行政处罚决定

**第八条**　交通行政执法人员在实施行政处罚时，应当主动向当事人和案件其他有关人员出示执法身份证件。

**第九条**　交通行政处罚程序分为简易程序和一般程序。

### 第一节　简易程序

**第十条**　违法事实确凿并有法定依据，对公民处以50元以下、对法人或者其他组织处以1000元以下罚款或者警告的行政处罚的，可以当场作出行政处罚决定。

**第十一条**　执法人员当场作出行政处罚决定前，应当将认定的违法事实、处罚的理由和依据告知当事人。

当事人有权进行陈述和申辩。

执法人员必须充分听取当事人的意见，对当事人提出的事实、理由和证据应当进行复核；当事人提出的事实、理由和证据成立的，应当采纳。

**第十二条** 执法人员作出当场处罚决定，必须填写统一编号的《交通行政（当场）处罚决定书》（附件一），当场交付当事人，并应当告知当事人不服行政处罚决定可以依法申请行政复议或者提起行政诉讼。

**第十三条** 执法人员作出当场处罚决定之日起5日内，应当将《交通行政（当场）处罚决定书》副本向所属交通管理部门备案。

## 第二节 一般程序

**第十四条** 实施交通行政处罚，除适用简易程序的外，应当适用一般程序。

**第十五条** 交通管理部门必须对案件情况进行全面、客观、公正地调查，收取证据；必要时，依照法律、法规的规定，可以进行检查。

证据包括书证、物证、视听材料、证人证言、当事人陈述、鉴定结论、勘验笔录和现场笔录。

**第十六条** 案件调查人员调查、收集证据，应当遵守下列规定：

（一）不得少于两人；

（二）询问证人和当事人，应当个别进行并告知其做伪证的法律责任；制作《询问笔录》（附件二）须经被询问人阅核后，由询问人和被询问人签名或者盖章，被询问人拒绝签名或者盖章，由询问人在询问笔录上注明情况；

（三）对与案件有关的物品或者现场进行勘验检查的，应当通知当事人到场，制作《勘验检查笔录》（附件三），当事人拒不到场的，可请在场的其他人员见证；

（四）对需要采取抽样调查的，应当制作《抽样取证凭证》（附件四），需要妥善保管的应当妥善保管，需要退回的应当退回。

（五）对涉及专门性问题的，应当指派或者聘请有专业知识和技术能力的部门和人员进行鉴定，并制作《鉴定意见书》（附件五)；

(六)证据可能灭失或者以后难以取得的情况下，经交通管理部门负责人批准，可以先行登记保存，制作《证据登记保存清单》(附件六)，并应当在7日内作出处理决定。

**第十七条** 案件调查人员有下列情况之一的，应当回避，当事人也有权向交通管理部门申请要求回避：

(一)是本案的当事人或者其近亲属；

(二)本人或者其近亲属与本案有利害关系；

(三)与本案当事人有其他关系，可能影响案件的公正处理的。

**第十八条** 案件调查人员的回避，由交通管理部门负责人决定。

回避决定作出之前，案件调查人员不得擅自停止对案件的调查处理。

**第十九条** 案件调查人员在初步调查结束后，认为案件事实基本清楚，主要证据齐全，应当制作《交通违法行为调查报告》(附件七)，提出处理意见，报送交通管理部门负责人审查。

**第二十条** 交通管理部门负责人对《交通违法行为调查报告》审核后，认为应当给予行政处罚的，交通管理部门应当制作《交通违法行为通知书》(附件八)，送达当事人，告知拟给予的处罚及事实、理由和依据，并告知当事人可以在收到该通知书之日起三日内进行陈述和申辩，符合听证条件的可以要求组织听证。

当事人逾期未提出陈述、申辩或要求组织听证的，视为放弃上述权利。

**第二十一条** 当事人进行陈述和申辩的，交通管理部门应当审核当事人的意见并应当将当事人提出的事实、理由或者证据制成笔录。上述事实、理由或者证据成立的，交通管理部门应当采纳。

当事人要求组织听证的，交通管理部门应按本章第三节组织听证。

**第二十二条** 案件调查完毕后，交通管理部门负责人应当及时审查有关案件调查材料、当事人陈述和申辩材料、听证会笔录和听证会报告书，根据不同情况分别作出如下处理决定：

（一）违法事实清楚，证据确凿充分，依照本规定不需要经过听证程序的案件，根据情节轻重，作出处罚决定；

（二）应当经过听证程序处理的案件，适用本章第三节听证程序后作出处理决定；

（三）案件还需要做进一步调查处理的，责令案件调查人员补充调查；

（四）违法行为轻微，依法可以不予行政处罚的，不予行政处罚；

（五）违法事实不能成立的，不得给予行政处罚；

（六）违法行为已构成犯罪的，应当将案件有关材料移送有管辖权的司法机关处理。

案情复杂或者有重大违法行为需要给予较重行政处罚的，应当集体讨论。

**第二十三条** 交通管理部门作出行政处罚决定必须制作《交通行政处罚决定书》（附件九）。

**第二十四条**《交通行政处罚决定书》应当在宣告后当场交付当事人；当事人不在场的，交通管理部门应当在七日内送达当事人，由受送达人在《交通行政处罚文书送达回证》（附件十）上注明收到日期、签名或者盖章，受送达人在《交通行政处罚文书送达回证》上的签收日期为送达日期。

（一）当事人不在场的，交其同住的成年家属签收，并且在备注栏内写明与当事人的关系；

（二）受送达人已指定代收人，交代收人签收；

（三）受送达人拒绝接收的，送达人应当邀请有关基层组织的代表或者其他人员到场，说明情况，在《交通行政处罚文书送达回证》上写明拒收事由和日期，由送达人、见证人签名或者盖章，把交通行政处罚文书留在受送达人的住处，即视为送达；

（四）直接送达交通行政处罚文书困难的，可以委托其他交通管理部门代为送达，或者以邮寄、公告的方式送达。

邮寄送达，挂号回执上注明的收件日期为送达日期；公告送达，自发出公告之日起经过60天，即视为送达。

## 第三节　听证程序

**第二十五条**　交通管理部门在作出责令停产停业、吊销证照、较大数额罚款的行政处罚之前，当事人要求听证的，案件调查人员应当记录在案。交通管理部门应当组织听证。

本条第一款所指的较大数额，地方交通管理部门按省级人大常委会或者人民政府规定或其授权部门规定的标准执行；交通部直属的交通管理机构按5000元以上执行；港务（航）监督机构按1万元以上执行。

**第二十六条**　交通管理部门应当在举行听证会的七日前向当事人送达《听证会通知书》（附件十一），告知当事人组织听证的时间、地点、听证会主持人名单及是否申请其回避和可以委托代理人的权利。

**第二十七条**　除涉及国家秘密、商业秘密或者个人隐私外，听证会公开举行。

**第二十八条**　听证会由主持人、案件调查人员、当事人或者其委托代理人、证人、书记员参加。

听证会主持人由交通管理部门负责人指定的法制机构工作人员或者其他相应人员担任。

委托代理人出席听证会的，应当提交当事人的委托书。

**第二十九条**　听证会按以下程序进行：

（一）听证会主持人宣布听证会开始，宣布案由和听证会纪律，宣布和核对听证参加人员名单；

（二）案件调查人员介绍案件的违法事实和调查过程，宣读或者出示案件的证据，说明拟作出的行政处罚的内容及依据；

(三)当事人或者其委托代理人对案件的事实、证据、适用的法律依据及拟作出的行政处罚内容进行质证的申辩；

(四)听证会主持人就案件的有关问题向当事人、案件调查人员、证人询问；

(五)当事人或者其委托代理人做最后陈述；

(六)当事人或者其委托代理人阅读、修改《交通行政处罚案件听证会笔录》(附件十二)，并签字或者盖章。

**第三十条** 当事人或者其委托代理人无正当理由不按时出席听证会或者中途擅自退出听证会的，视为当事人放弃要求听证的权利。

**第三十一条** 听证主持人应在听证会结束后将听证情况和处理意见制作成《交通行政处罚案件听证会报告书》(附件十三)。

## 第四章 行政处罚的执行

**第三十二条** 交通行政处罚决定依法作出后，当事人对行政处罚决定不服申请行政复议或者提起行政诉讼的，除法律另有规定外，行政处罚不停止执行。

**第三十三条** 作出罚款决定的交通管理部门应当与收缴罚款的机构分离。

除依照本规定第三十四条、第三十五条的规定当场收缴的罚款外，作出行政处罚的交通管理部门及其执法人员不得自行收缴罚款。

**第三十四条** 依照本规定第十条的规定当场作出行政处罚决定，有下列情形之一的，执法人员可以当场收缴罚款：

(一)依法给予20元以下的罚款；

(二)不当场收缴事后难以执行的。

**第三十五条** 在边远、水上、交通不便地区，交通管理部门及其执法人员依照本规定第十条、第二十二条的规定作出罚款决定后，当事人向指定的银行缴纳罚款确有困难，经当事人书面提出，交通管理部门及其执法人员可以当场收缴罚款。

**第三十六条** 交通管理部门及其执法人员当场收缴罚款的，必须向当事人出具省级财政部门统一制发的罚款收据。

行政执法人员当场收缴的罚款,应当自收缴罚款之日起2日内,交至执法人员所属交通管理部门;在水上当场收缴的罚款,应当自抵岸之日起2日内交至所属交通管理部门;交通管理部门应当在2日内将罚款缴付指定的银行。

罚款决定与罚款收缴分离制度的执行,按照国务院制定的具体办法实施。

**第三十七条** 对需继续行驶的船舶、车辆实施暂扣或者吊销证照的行政处罚，交通管理部门在实施行政处罚的同时，应当发给当事人相应的证明，允许船舶、车辆驶往预定或指定的地点。

**第三十八条** 对已经生效的处罚决定,当事人拒不履行的,由作出处罚决定的交通管理部门依法强制执行或者申请人民法院强制执行。

**第三十九条** 下列适用一般程序的交通行政处罚案件结案后,案件调查人员应当填写《交通行政处罚结案报告》(附件十四);

(一)当事人在规定的期限内履行交通管理部门处理决定完毕的;

(二)申请人民法院或者由交通管理部门依法强制执行的案件,已经执行完毕的;

(三)对违法行为依法不予处罚的。

## 第五章 附 则

**第四十条** 本规定颁布之前交通部制定的规章与本规定不一致的,按本规定执行。

**第四十一条** 交通管理部门和执法人员违反本规定的,按照行政处罚法和交通行政执法监督规定的有关规定依法追究法律责任。

**第四十二条** 交通行政处罚文书由省级交通主管部门和交通部设置的管理机构组织印制；港务（航）监督机构使用的文书，中华人民共和国港务监督局可以参照本规定所附文书样式另行制定。

**第四十三条** 本规定自1996年10月1日起施行。

# 交通行政执法证件管理规定

（交通部令1997年第16号　1997.11.26）

**第一条**　为加强交通行政执法证件管理，规范交通行政执法人员的执法资格，促进交通行政执法队伍建设，制定本规定。

**第二条**　交通行政执法证件实行全国统一制式、统一管理的制度。交通行政执法证件的制式由交通部制定。

**第三条**　交通行政执法证件是交通行政执法人员依法从事公路路政、道路运政、交通规费征稽、水路运政、航道行政、船舶检验、港口行政、水上安全监督、交通卫生监督、交通通信等行政执法工作的资质和身份证明。

交通行政执法证件包括《交通行政执法证》和《水上安全监督行政执法证》。

**第四条**　省级交通行政主管部门是本地区交通行政执法证件的发证机关。

交通部直属及双重领导行政管理机构是本部门交通行政执法证件的发证机关。

**第五条**　发证机关对符合下列条件的人员颁发交通行政执行证件：

（一）在县级以上交通行政主管部门或其依法委托的交通管理机构、法律法规授权的交通管理机构直接从事具体的交通行政执法工作；

（二）经交通行政执法岗位培训并取得合格证书；

（三）符合《交通行政执法岗位规范》的资质条件。

**第六条**　县级或地市级交通行政主管部门应当将本地区符合条件的人员登记造册，经逐级审核后，报省级交通行政主管部门审批、颁发《交通行政执法证》；省级交通行政主管部门设立业务管理机构的，由业务管理机构对上述有关人员提出初步审核意见。

省级交通行政主管部门设立的业务管理机构应当对其直属的符合条件的人员登记造册并审核后，报省级交通行政主管部门审批、颁发《交通行政执法证》。

**第七条** 省级交通行政主管部门应当将本地区符合条件从事水上安全监督行政执法工作的人员登记造册，经中华人民共和国港务监督局审核后，由省级交通行政主管部门颁发《水上安全监督行政执法证》。

**第八条** 交通部直属海（水）上安全监督局、直属港航监督局应当将本部门符合条件的人员登记造册，经中华人民共和国港务监督局审核后，由交通部直属海（水）上安全监督局、直属港航监督局颁发《水上安全监督行政执法证》。

**第九条** 长江航务管理局、珠江航务管理局、黑龙江航运管理局所属的管理机构应当将本单位符合条件的人员（水上安全监督人员除外）登记造册，分别报长江航务管理局、珠江航务管理局、黑龙江航运管理局审批、颁发《交通行政执法证》。

**第十条** 交通部直属及双重领导的港务局对符合条件的人员登记造册，负责审批、颁发本单位的《交通行政执法证》。

**第十一条** 发证机关的法制工作部门具体负责证件的颁发和管理工作。

对经批准取得交通行政执法资格的人员，发证机关应当将其有关信息输入“交通行政执法证件管理数据库”，及时打印、颁发交通行政执法证件和《交通行政执法证件管理卡片》。

《交通行政执法证件管理卡片》由执法人员所在单位保管，随时做好有关记录。

**第十二条** 交通行政执法人员在执行公务时，应当随身携（佩）戴交通行政执法证件。

**第十三条** 持证人应当按照其所持交通行政执法证中注明的执法门类在法定职责和辖区范围内从事行政执法工作。

**第十四条** 持证人应当妥善保管证件,不得损毁、涂改或者转借他人。

**第十五条** 持证人遗失证件的,应当立即向所在单位报告,由该单位按证件颁发渠道逐级报请发证机关注销。发证机关审核属实,予以注销,同时登报声明作废,并按程序办理补发证件手续。

**第十六条** 持证人调离交通行政执法岗位的,其所在单位应当收回证件并报发证机关注销。

**第十七条** 对不按规定使用证件的,由其所在单位给予批评教育;对利用证件牟取私利、从事违法活动的,由发证机关吊销其证件。

**第十八条** 交通行政执法证件实行年度审验制度。发证机关应当于每年第一季度对持证人上年度以下情况进行审验:

(一)持证人执法工作考核或人事考核结果;

(二)持证人参加岗位培训的情况;

(三)持证人执法违纪或重大执法过失的情况;

(四)持证人受奖励和处分的情况;

(五)发证机关规定的其他情况。

**第十九条** 发证机关根据年度审验情况分别作出以下处理决定:

(一)对符合年度审验要求的,由发证机关在证件的年度审验栏和《交通行政执法证件管理卡片》上贴示当年的年度审验专用标志,允许持证人继续从事交通行政执法工作;

(二)对没有达到年度审验要求的,不予通过年度审验。没有通过年度审验的,不得从事交通行政执法工作;

(三)对玩忽职守、滥用职权、徇私舞弊造成严重后果的,取消交通行政执法资格,并按有关法律、法规规定办理。

发证机关应当将年度审验的有关信息输入"交通行政执法证件管理数据库"备查。

**第二十条** 未经发证机关年度审验的交通行政执法证件自行失效。

**第二十一条** 发证机关负责本地区或本部门"交通行政执法证件管理数据库"的使用和维护，定期向交通部传输或报送交通行政执法证件管理的有关数据、信息。

**第二十二条** 中华人民共和国港务监督局可根据本规定统一制定全国《水上安全监督行政执法证》的样式、编号和具体管理办法。

**第二十三条** 本规定由交通部负责解释。

**第二十四条** 本办法自 1998 年 1 月 1 日起生效。

**第二十五条** 本办法发布之前各级交通行政主管部门及其所属的管理机构颁发的各种名称的交通行政执法证件一律停止使用。

# 交通行政复议规定

（交通部令2000年第5号　2000.06.27）

**第一条**　为防止和纠正违法或者不当的具体行政行为，保护公民、法人和其他组织的合法权益，保障和监督交通行政机关依法行使职权，根据《中华人民共和国行政复议法》（以下简称《行政复议法》），制定本规定。

**第二条**　公民、法人或者其他组织认为具体行政行为侵犯其合法权益，向交通行政机关申请交通行政复议，交通行政机关受理交通行政复议申请、作出交通行政复议决定，适用《行政复议法》和本规定。

**第三条**　依照《行政复议法》和本规定履行交通行政复议职责的交通行政机关是交通行政复议机关，交通行政复议机关设置的法制工作机构，具体办理交通行政复议事项，履行《行政复议法》第三条规定的职责。

**第四条**　对县级以上地方人民政府交通主管部门的具体行政行为不服的，可以向本级人民政府申请行政复议，也可以向其上一级人民政府交通主管部门申请行政复议。

**第五条**　对县级以上地方人民政府交通主管部门依法设立的交通管理派出机构依照法律、法规或者规章规定，以自己的名义作出的具体行政行为不服的，向设立该派出机构的交通主管部门或者该交通主管部门的本级地方人民政府申请行政复议。

**第六条**　对县级以上地方人民政府交通主管部门依法设立的交通管理机构，依照法律、法规授权，以自己的名义作出的具体行政行为不服的，向设立该管理机构的交通主管部门申请行政复议。

**第七条**　对下列具体行政行为不服的，可以向交通部申请行政复议：

（一）省级人民政府交通主管部门的具体行政行为；

（二）交通部直属海事管理机构的具体行政行为；

（三）长江航务管理局、珠江航务管理局的具体行政行为；

（四）交通部的具体行政行为。

**第八条** 公民、法人或者其他组织向交通行政复议机关申请交通行政复议，应当自知道该具体行政行为之日起60日内提出行政复议申请，但是法律规定的申请期限超过60日的除外。

因不可抗力或者其他正当理由耽误法定申请期限的，申请人应当在交通行政复议申请书中注明，或者向交通行政复议机关说明，并由交通行政复议机关记录在《交通行政复议申请笔录》中，经交通行政复议机关依法确认的，申请期限自障碍消除之日起继续计算。

**第九条** 申请人申请交通行政复议，可以书面申请，也可以口头申请。

申请人口头申请的，交通行政复议机关应当当场记录申请人、被申请人的基本情况，行政复议请求，主要事实、理由和时间；申请人应当在行政复议申请笔录上签名或者署印。

**第十条** 公民、法人或者其他组织向人民法院提起行政诉讼或者向本级人民政府申请行政复议，人民法院或者人民政府已经受理的，不得再向交通行政复议机关申请行政复议。

**第十一条** 交通行政复议机关收到交通行政复议申请后，应当在五日内进行审查。对符合《行政复议法》规定的行政复议申请，应当决定予以受理，并制作《交通行政复议申请受理通知书》送达申请人、被申请人；对不符合《行政复议法》规定的行政复议申请，决定不予受理，并制作《交通行政复议申请不予受理决定书》送达申请人；对符合《行政复议法》规定，但是不属于本机关受理的行政复议申请，应当告知申请人向有关行政复议机关提出。

除前款规定外，交通行政复议申请自交通行政复议机关设置的法制工作机构收到之日起即为受理。

**第十二条** 公民、法人或者其他组织依法提出交通行政复议申请，交通行政复议机关无正当理由不予受理的，上级交通行政机关应当制作《责令受理通知书》责令其受理；必要时，上级交通行政机关可以直接受理。

**第十三条** 交通行政复议原则上采取书面审查的办法，但是申请人提出要求或者交通行政复议机关设置的法制工作机构认为有必要时，可以向有关组织和个人调查情况，听取申请人、被申请人和第三人的意见。

复议人员调查情况、听取意见，应当制作《交通行政复议调查笔录》。

**第十四条** 交通行政复议机关设置的法制工作机构应当自行政复议申请受理之日起7日内，将交通行政复议申请书副本或者《交通行政复议申请笔录》复印件及《交通行政复议申请受理通知书》送达被申请人。

被申请人应当自收到前款通知之日起10日内向交通行政复议机关提交《交通行政复议答复意见书》，并提交作出具体行政行为的证据、依据和其他有关材料。

**第十五条** 交通行政复议决定作出前，申请人要求撤回行政复议申请的，经说明理由并由复议机关记录在案，可以撤回。申请人撤回行政复议申请，应当提交撤回交通行政复议的书面申请书或者在《撤回交通行政复议申请笔录》上签名或者署印。

撤回行政复议申请的，交通行政复议终止，交通行政复议机关应当制作《交通行政复议终止通知书》送达申请人、被申请人、第三人。

**第十六条** 申请人在申请交通行政复议时，对《行政复议法》第七条所列有关规定提出审查申请的，交通行政复议机关对该规定有权处理的，应当在30日内依法处理；无权处理的，应当在7日内制作《规范性文件转送处理函》，按照法定程序转送有权处理的行政机关依法处理。

交通行政复议机关对有关规定进行处理或者转送处理期间，

中止对具体行政行为的审查。中止对具体行政行为审查的，应当制作《交通行政复议中止审查通知书》及时送达申请人、被申请人、第三人。

**第十七条** 交通行政复议机关在对被申请人作出的具体行政行为审查时，认为其依据不合法，本机关有权处理的，应当在30日内依法处理；无权处理的，应当在7日内按照法定程序转送有权处理的国家机关依法处理。处理期间，中止对具体行政行为的审查。

交通行政复议机关中止对具体行政行为审查的，应当制作《交通行政复议中止审查通知书》送达申请人、被申请人、第三人。

**第十八条** 交通行政复议机关设置的法制工作机构应当对被申请人作出的具体行政行为进行审查，提出意见，经交通行政复议机关的负责人同意或者集体讨论通过后，按照下列规定作出交通行政复议决定：

（一）具体行政行为认定事实清楚，证据确凿，适用依据正确，程序合法，内容适当的，决定维持；

（二）被申请人不履行法定职责的，责令其在一定期限内履行；

（三）具体行政行为有下列情形之一的，决定撤销、变更或者确认该具体行政行为违法；决定撤销或者确认该具体行政行为违法的，可以责令被申请人在一定期限内重新作出具体行政行为：

1. 主要事实不清、证据不足的；

2. 适用依据错误的；

3. 违反法定程序的；

4. 超越或者滥用职权的；

5. 具体行政行为明显不当的。

（四）被申请人不按照《行政复议法》第二十三条的规定提出书面答复、提交当初作出具体行政行为的证据、依据和其他有关材料的，视为该具体行政行为没有证据、依据，决定撤销该具体行政行为。

交通行政复议机关责令被申请人重新作出具体行政行为的，

被申请人不得以同一的事实和理由作出与原具体行政行为相同或者基本相同的具体行政行为。

**第十九条** 交通行政复议机关作出交通行政复议决定,应当制作《交通行政复议决定书》,加盖交通行政复议机关印章,分别送达申请人、被申请人和第三人;交通行政复议决定书一经送达即发生法律效力。

交通行政复议机关向当事人送达《交通行政复议决定书》及其他交通行政复议文书(除邮寄、公告送达外)应当使用《送达回证》,受送达人应当在送达回证上注明收到日期,并签名或者署印。

**第二十条** 交通行政复议机关应当自受理交通行政复议申请之日起60日内作出交通行政复议决定;但是法律规定的行政复议期限少于60日的除外。情况复杂,不能在规定期限内作出交通行政复议决定的,经交通行政复议机关的负责人批准,可以适当延长,并告知申请人、被申请人、第三人,但是延长期限最多不超过30日。

交通行政复议机关延长复议期限的,应当制作《延长交通行政复议期限通知书》送达申请人、被申请人、第三人。

**第二十一条** 被申请人不履行或者无正当理由拖延履行交通行政复议决定的,交通行政复议机关或者有关上级交通行政机关应当责令其限期履行。

**第二十二条** 交通行政复议机关设置的法制工作机构发现有《行政复议法》第三十八条规定的违法行为的,应当制作《交通行政复议违法行为处理建议书》向有关行政机关提出建议,有关行政机关应当依照《行政复议法》和有关法律、行政法规的规定作出处理。

**第二十三条** 交通行政复议机关受理交通行政复议申请,不得向申请人收取任何费用。

交通行政复议活动所需经费应当在本机关的行政经费中单独列支,不得挪作他用。

**第二十四条** 本规定由交通部负责解释。

**第二十五条** 本规定自发布之日起施行,1992 年交通部第 39 号令发布的《交通行政复议管理规定》同时废止。

# 交通行政许可实施程序规定

（交通部令2004年第10号　2004.11.22）

**第一条**　为保证交通行政许可依法实施，维护交通行政许可各方当事人的合法权益，保障和规范交通行政机关依法实施行政管理，根据《中华人民共和国行政许可法》（以下简称《行政许可法》），制定本规定。

**第二条**　实施交通行政许可，应当遵守《行政许可法》和有关法律、法规及本规定规定的程序。

本规定所称交通行政许可，是指依据法律、法规、国务院决定、省级地方人民政府规章的设定，由本规定第三条规定的实施机关实施的行政许可。

**第三条**　交通行政许可由下列机关实施：

（一）交通部、地方人民政府交通主管部门、地方人民政府港口行政管理部门依据法定职权实施交通行政许可；

（二）海事管理机构、航标管理机关、县级以上道路运输管理机构在法律、法规授权范围内实施交通行政许可；

（三）交通部、地方人民政府交通主管部门、地方人民政府港口行政管理部门在其法定职权范围内，可以依据本规定，委托其他行政机关实施行政许可。

**第四条**　实施交通行政许可，应当遵循公开、公平、公正、便民、高效的原则。

**第五条**　实施交通行政许可，实施机关应当按照《行政许可法》的有关规定，将下列内容予以公示：

（一）交通行政许可的事项；

（二）交通行政许可的依据；

（三）交通行政许可的实施主体；

（四）受委托行政机关和受委托实施行政许可的内容；

（五）交通行政许可统一受理的机构；

（六）交通行政许可的条件；

（七）交通行政许可的数量；

（八）交通行政许可的程序和实施期限；

（九）依法需要举行听证的交通行政许可事项；

（十）需要申请人提交材料的目录；

（十一）申请书文本式样；

（十二）作出的准予交通行政许可的决定；

（十三）实施交通行政许可依法应当收费的法定项目和收费标准；

（十四）交通行政许可的监督部门和投诉渠道；

（十五）依法需要公示的其他事项。

已实行电子政务的实施机关应当公布网站地址。

**第六条** 交通行政许可的公示，可以采取下列方式：

（一）在实施机关的办公场所设置公示栏、电子显示屏或者将公示信息资料集中在实施机关的专门场所供公众查阅；

（二）在联合办理、集中办理行政许可的场所公示；

（三）在实施机关的网站上公示；

（四）法律、法规和规章规定的其他方式。

**第七条** 公民、法人或者其他组织，依法申请交通行政许可的，应当依法向交通行政许可实施机关提出。

申请人申请交通行政许可，应当如实向实施机关提交有关材料和反映真实情况，并对其申请材料实质内容的真实性负责。

**第八条** 申请人以书面方式提出交通行政许可申请的，应当填写本规定所规定的《交通行政许可申请书》（见附件一）。但是，法律、法规、规章对申请书格式文本已有规定的，从其规定。

依法使用申请书格式文本的，交通行政机关应当免费提供。

申请人可以通过信函、电报、电传、传真、电子数据交换和电子邮件等方式提交交通行政许可申请。

申请人以书面方式提出交通行政许可申请确有困难的,可以口头方式提出申请,交通行政机关应当记录申请人申请事项,并经申请人确认。

**第九条** 申请人可以委托代理人代为提出交通行政许可申请,但依法应当由申请人到实施机关办公场所提出行政许可申请的除外。

代理人代为提出申请的,应当出具载明委托事项和代理人权限的授权委托书,并出示能证明其身份的证件。

**第十条** 实施机关收到交通行政许可申请材料后,应当根据下列情况分别作出处理:

(一)申请事项依法不需要取得交通行政许可的,应当即时告知申请人不受理;

(二)申请事项依法不属于本实施机关职权范围的,应当即时作出不予受理的决定,并向申请人出具《交通行政许可申请不予受理决定书》(见附件二),同时告知申请人应当向有关行政机关提出申请;

(三)申请材料可以当场补全或者更正错误的,应当允许申请人当场补全或者更正错误;

(四)申请材料不齐全或者不符合法定形式,申请人当场不能补全或者更正的,应当当场或者在 5 日内向申请人出具《交通行政许可申请补正通知书》(见附件三),一次性告知申请人需要补正的全部内容;逾期不告知的,自收到申请材料之日起即为受理;

(五)申请事项属于本实施机关职权范围,申请材料齐全,符合法定形式,或者申请人已提交全部补正申请材料的,应当在收到完备的申请材料后受理交通行政许可申请,除当场作出交通行政许可决定的外,应当出具《交通行政许可申请受理通知书》(见附件四)。

《交通行政许可申请不予受理决定书》、《交通行政许可申请补正通知书》、《交通行政许可申请受理通知书》,应当加盖实施机关行政许可专用印章，注明日期。

**第十一条** 交通行政许可需要实施机关内设的多个机构办理的，该实施机关应当确定一个机构统一受理行政许可申请，并统一送达交通行政许可决定。

实施机关未确定统一受理内设机构的，由最先受理的内设机构作为统一受理内设机构。

**第十二条** 实施交通行政许可，应当实行责任制度。实施机关应当明确每一项交通行政许可申请的直接负责的主管人员和其他直接责任人员。

**第十三条** 实施机关受理交通行政许可申请后，应当对申请人提交的申请材料进行审查。

申请人提交的申请材料齐全、符合法定形式，实施机关能够当场作出决定的，应当当场作出交通行政许可决定，并向申请人出具《交通行政许可(当场)决定书》(见附件五)。

依照法律、法规和规章的规定，需要对申请材料的实质内容进行核实的，应当审查申请材料反映的情况是否与法定的行政许可条件相一致。

实施实质审查，应当指派两名以上工作人员进行。可以采用以下方式：

(一)当面询问申请人及申请材料内容有关的相关人员；

(二)根据申请人提交的材料之间的内容相互进行印证；

(三)根据行政机关掌握的有关信息与申请材料进行印证；

(四)请求其他行政机关协助审查申请材料的真实性；

(五)调取查阅有关材料，核实申请材料的真实性；

(六)对有关设备、设施、工具、场地进行实地核查；

(七)依法进行检验、勘验、监测；

(八)听取利害关系人意见；

(九)举行听证；

(十)召开专家评审会议审查申请材料的真实性。

依照法律、行政法规规定，实施交通行政许可应当通过招标、拍卖等公平竞争的方式作出决定的，从其规定。

**第十四条** 实施机关对交通行政许可申请进行审查时，发现行政许可事项直接关系他人重大利益的，应当告知利害关系人，向该利害关系人送达《交通行政许可征求意见通知书》（见附件六）及相关材料（不包括涉及申请人商业秘密的材料）。

利害关系人有权在接到上述通知之日起5日内提出意见，逾期未提出意见的视为放弃上述权利。

实施机关应当将利害关系人的意见及时反馈给申请人，申请人有权进行陈述和申辩。

实施机关作出行政许可决定应当听取申请人、利害关系人的意见。

**第十五条** 除当场作出交通行政许可决定外，实施机关应当自受理申请之日起20日内作出交通行政许可决定。20日内不能作出决定的，经实施机关负责人批准，可以延长10日，并应当向申请人送达《延长交通行政许可期限通知书》（见附件七），将延长期限的理由告知申请人。但是，法律、法规另有规定的，从其规定。

实施机关作出行政许可决定，依照法律、法规和规章的规定需要听证、招标、拍卖、检验、检测、检疫、鉴定和专家评审的，所需时间不计算在本条规定的期限内。实施机关应当向申请人送达《交通行政许可期限法定除外时间通知书》（见附件八），将所需时间书面告知申请人。

**第十六条** 申请人的申请符合法定条件、标准的，实施机关应当依法作出准予行政许可的决定，并出具《交通行政许可决定书》（见附件九）。

依照法律、法规规定实施交通行政许可，应当根据考试成绩、考核结果、检验、检测、检疫结果作出行政许可决定的，从其规定。

**第十七条** 实施机关依法作出不予行政许可的决定的，应当出具《不予交通行政许可决定书》（见附件十），说明理由，并告知申请人享有依法申请行政复议或者提起行政诉讼的权利。

**第十八条** 实施机关在作出准予或者不予许可决定后，应当在10日内向申请人送达《交通行政许可决定书》或者《不予交通行政许可决定书》。

《交通行政许可(当场)决定书》、《交通行政许可决定书》、《不予交通行政许可决定书》,应当加盖实施机关印章,注明日期。

**第十九条** 实施机关作出准予交通行政许可决定的,应当在作出决定之日起10日内,向申请人颁发加盖实施机关印章的下列行政许可证件:

(一)交通行政许可批准文件或者证明文件;

(二)许可证、执照或者其他许可证书;

(三)资格证、资质证或者其他合格证书;

(四)法律、法规、规章规定的其他行政许可证件。

**第二十条** 法律、法规、规章规定实施交通行政许可应当听证的事项,或者交通行政许可实施机关认为需要听证的其他涉及公共利益的行政许可事项,实施机关应当在作出交通行政许可决定之前,向社会发布《交通行政许可听证公告》(见附件十一),公告期限不少于10日。

**第二十一条** 交通行政许可直接涉及申请人与他人之间重大利益冲突的,实施机关在作出交通行政许可决定前,应当告知申请人、利害关系人享有要求听证的权利,并出具《交通行政许可告知听证权利书》(见附件十二)。

申请人、利害关系人在被告知听证权利之日起5日内提出听证申请的,实施机关应当在20日内组织听证。

**第二十二条** 听证按照《行政许可法》第四十八条规定的程序进行。

听证应当制作听证笔录。听证笔录应当包括下列事项:

(一)事由;

(二)举行听证的时间、地点和方式;

(三)听证主持人、记录人等;

(四)申请人姓名或者名称、法定代理人及其委托代理人;

(五)利害关系人姓名或者名称、法定代理人及其委托代理人；

（六）审查该行政许可申请的工作人员；

（七）审查该行政许可申请的工作人员的审查意见及证据、依据、理由；

（八）申请人、利害关系人的陈述、申辩、质证的内容及提出的证据；

（九）其他需要载明的事项。

听证笔录应当由听证参加人确认无误后签字或者盖章。

**第二十三条** 交通行政许可实施机关及其工作人员违反本规定的，按照《行政许可法》和《交通行政许可监督检查及责任追究规定》查处。

**第二十四条** 实施机关应当建立健全交通行政许可档案制度，及时归档、妥善保管交通行政许可档案材料。

**第二十五条** 实施交通行政许可对交通行政许可文书格式有特殊要求的，其文书格式由交通部另行规定。

**第二十六条** 本规定自 2005 年 1 月 1 日起施行。

## 附件一

# 交通行政许可申请书

<table>
<tr><td>申请人(及法定代表人)名称</td><td></td><td rowspan="2">申请人住址及邮政编码</td><td rowspan="2"></td></tr>
<tr><td>申请人联系方式</td><td></td></tr>
<tr><td>委托代理人的姓名及联系方式</td><td colspan="3"></td></tr>
<tr><td>申请的交通行政许可事项及内容</td><td colspan="3"></td></tr>
<tr><td>申请材料目录</td><td colspan="3"></td></tr>
<tr><td>申请日期</td><td>年　　月　　日</td><td>申请人签字或盖章</td><td></td></tr>
</table>

注:1. 本申请书由交通行政许可的实施机关负责免费提供。

2. 申请人应当如实向实施机关提交有关材料和反映情况,并对申请材料实质内容的真实性负责。

附件二

# 交通行政许可申请不予受理决定书

编号：

________________：

你于______年______月______日提出________________申请。

经审查，该申请事项不属于本行政机关职权范围，建议向____________________________提出申请。

根据《行政许可法》第三十二条规定，决定对你提出的申请不予受理。

申请人如对本决定不服，可以在收到本决定书之日起60日内向____________________________申请复议，也可以在收到本决定书之日起3个月内直接向人民法院提起行政诉讼。

特此通知。

（印章）

年　　月　　日

附件三

# 交通行政许可申请补正通知书

编号：

________：

你于____年____月____日提出________申请。

根据《行政许可法》第三十二条第一款第四项的规定，请你对申请材料作如下补正：____________________________________________________________。

特此通知。

（印章）

年 月 日

附件四

# 交通行政许可申请受理通知书

编号：

____________________：

你于______年______月______日提出__________________申请。

经审查，该申请事项属于本机构职责范围，申请材料符合法定的要求和形式，根据《行政许可法》第三十二条的规定，决定予以受理。

（印章）

年　　月　　日

附件五

# 交通行政许可(当场)决定书

编号:

________________:

你于______年______月______日提出________________申请。

经审查,你提交的申请材料齐全,符合______________规定的形式,根据《行政许可法》第三十四条第二款的规定,决定准予交通行政许可,准予你依法从事下列活动:________________

______________________________________________________

______________________________________________________

本机关将在作出本决定之日起10日内向你颁发、送达________________________证件。

(印章)

年　　月　　日

附件六

# 交通行政许可征求意见通知书

编号：

________________：

申请人______于______年______月______日提出__________

______________________________的申请。经审查,该申请事项可能与你(单位)有直接重大利益关系。根据《中华人民共和国行政许可法》第三十六条的规定,现将该申请事项告知你(单位)。请于接到该通知书之日起3日内提出意见。逾期未提出意见的,视为无意见。

本机关地址：________________________________。

联系人及联系方式：__________________________。

特此告知。

附：申请书及必要的相关申请材料(复印件)

(印章)

年　　月　　日

附件七

# 延长交通行政许可期限通知书

编号：

________________：

你于______年______月______日提出________________申请，已于______年______月______日受理。由于______________________________________原因，20 日内不能作出行政许可的决定。根据《中华人民共和国行政许可法》第四十二条的规定，经本行政机关负责人批准，审查期限延长 10 日，将于______年______月______日前作出决定。

特此通知。

（印章）

年　　月　　日

附件八

# 交通行政许可期限法定除外时间通知书

编号:

________________:

你于______年______月______日提出____________________

_________申请,已于______年______月______日受理。根据__

__________________________________________的规定,需要:

(    )1. 听证,所需时间为__________________________。

(    )2. 招标,所需时间为__________________________。

(    )3. 拍卖,所需时间为__________________________。

(    )4. 检验,所需时间为__________________________。

(    )5. 检测,所需时间为__________________________。

(    )6. 检疫,所需时间为__________________________。

(    )7. 鉴定,所需时间为__________________________。

(    )8. 专家评审,所需时间为______________________。

根据《中华人民共和国行政许可法》第四十五条的规定,上述所需时间不计算在规定的期限内。

特此通知。

(印章)

年　　月　　日

注:根据上述 8 种不同情况,在符合的情形前的括号内划“√”。

附件九

# 交通行政许可决定书

编号:

________________:

你于______年______月______日提出__________________申请。

经审查,你提交的申请材料齐全,符合____________________________________规定的条件、标准,根据《行政许可法》第三十四条第一款、第三十八条第一款的规定,决定准予交通行政许可,准予你依法从事下列活动:______________________________________________________________________________________。

本机关将在作出本决定之日起10日内向你颁发、送达__________________________________证件。

(印章)

年　　月　　日

附件十

# 不予交通行政许可决定书

编号：

________：

你于______年______月______日提出______________申请。

经审查，你的申请存在______________________________问题，不符合______________________的规定，根据《行政许可法》第三十八条第二款的规定，决定不予交通行政许可。

申请人如对本决定不服，可以在收到本决定书之日起60日内向______________申请复议，也可以在收到本决定书之日起3个月内直接向人民法院提起行政诉讼。

（印章）

年　　月　　日

附件十一

# 交通行政许可听证公告

编号：

________________于______年______月______日提出________________的申请。

经审查，该申请事项属于：

(　　)1. 根据法律、法规、规章规定应当听证的事项；

(　　)2. 本机关认为该申请事项涉及公共利益，需要听证。

根据《中华人民共和国行政许可法》第四十六条的规定，拟举行听证，请要求听证的单位或者个人于______年______月______日前向本机关登记，并提供联系电话、通讯地址、邮政编 码。逾期无人提出听证申请的，本机关将依法作出交通行政许可决定。

本机关地址：________________。

联系人及联系方式：________________。

特此公告。

（印章）

年　　月　　日

注：根据上述两种不同情况，在符合的情形前的括号内划"√"。

附件十二

# 交通行政许可告知听证权利书

编号：

________________：

申请人________________于______年______月______日提出________________________________的申请。经审查，该申请事项可能与你(单位)有重大利益关系。根据《中华人民共和国行政许可法》第四十七条的规定，现将该申请事项告知你(单位)，你(单位)可以要求对此申请举行听证。接到该通知书之日起5日内如未提出听证申请的，视为放弃此权利。

本机关地址：________________。

联系人：________________。

联系方式：________________。

特此告知。

附：申请书及必要的相关申请材料(复印件)

(印章)

年　　月　　日

# 交通行政许可监督检查及责任追究规定

（交通部令2004年第11号　2004.11.22）

**第一条**　为加强交通行政许可实施工作的监督检查，及时纠正和查处交通行政许可实施过程中的违法、违纪行为，保证交通行政机关正确履行行政许可的法定职责，根据《中华人民共和国行政许可法》（以下简称《行政许可法》），制定本规定。

**第二条**　交通行政许可监督检查及其责任追究，应当遵守《行政许可法》和有关法律、法规及本规定。

**第三条**　实施交通行政许可监督检查及责任追究，应当遵守合法、公正、公平、及时的原则，坚持有错必纠、违法必究，保障有关法律、法规和规章的正确实施。

**第四条**　县级以上交通主管部门应当建立健全行政许可监督检查制度和责任追究制度，加强对交通行政许可的监督。

上级交通主管部门应当加强对下级交通主管部门实施行政许可的监督检查，及时纠正交通行政许可实施中的违法违纪行为。

**第五条**　交通主管部门应当加强对法律、法规授权的交通行政许可实施组织实施交通行政许可的监督检查，督促其及时纠正交通行政许可实施中的违法违纪行为。

**第六条**　交通主管部门委托其他行政机关实施交通行政许可的，委托机关应当加强对受委托的行政机关实施交通行政许可的行为的监督检查，并对受委托的行政机关实施交通行政许可的后果承担法律责任。

**第七条**　交通行政许可实施机关应当建立健全内部监督制度，加强对本机关实施行政许可工作人员的内部监督。

**第八条**　交通主管部门、交通行政许可实施机关的法制工作机构、监察机关按照职责分工具体负责行政许可监督检查责任追究工作。

**第九条** 交通行政许可实施机关实施行政许可,应当自觉接受社会和公民的监督。

任何单位和个人都有权对交通行政许可实施机关及其工作人员不严格执行有关行政许可的法律、法规、规章以及在实施交通行政许可中的违法违纪行为进行检举、控告。

**第十条** 交通行政许可实施机关应当建立交通行政许可举报制度,公开举报电话号码、通信地址或者电子邮件信箱。

交通行政许可实施机关收到举报后,应当依据职责及时查处。

**第十一条** 实施交通行政许可监督检查的主要内容包括:

(一)交通行政许可申请的受理情况;

(二)交通行政许可申请的审查和决定的情况;

(三)交通行政许可实施机关依法履行对被许可人的监督检查职责的情况;

(四)实施交通行政许可过程中的其他相关行为。

**第十二条** 有下列情形之一的,作出交通行政许可决定的交通行政许可实施机关或者其上级交通主管部门,根据利害关系人的请求或者依据职权,可以撤销交通行政许可:

(一)交通行政机关工作人员滥用职权、玩忽职守作出准予交通行政许可决定的;

(二)超越法定职权作出准予交通行政许可决定的;

(三)违反法定程序作出准予交通行政许可决定的;

(四)对不具备申请资格或者不符合法定条件的申请人准予交通行政许可的;

(五)依法可以撤销交通行政许可的其他情形。

**第十三条** 交通行政许可实施机关及其工作人员违反《行政许可法》的规定,有下列情形之一的,由交通行政许可实施机关或者其上级交通主管部门或者监察部门责令改正;情节严重的,对直接负责的主管人员和其他直接责任人员依法给予行政处分:

（一）对符合法定条件的交通行政许可申请不予受理的；

（二）不依法公示应当公示的材料的；

（三）在受理、审查、决定交通行政许可过程中，未向申请人、利害关系人履行法定告知义务的；

（四）申请人提交的申请材料不齐全、不符合法定形式，不一次告知申请人必须补正的全部内容的；

（五）未依法说明不受理交通行政许可申请或者不予交通行政许可的理由的；

（六）依法应当举行听证而不举行听证的。

**第十四条** 交通行政许可实施机关实施交通行政许可，有下列情形之一的，由其上级交通主管部门或者监察部门责令改正，对直接负责的主管人员和其他直接责任人员依法给予行政处分；构成犯罪的，依法追究刑事责任：

（一）对不符合法定条件的申请人准予行政许可或者超越法定职权作出准予交通行政许可决定的；

（二）对符合法定条件的申请人不予交通行政许可或者不在法定期限内作出准予交通行政许可决定的；

（三）依法应当根据招标、拍卖结果或者考试成绩择优作出准予交通行政许可决定，未经招标、拍卖或者考试，或者不根据招标、拍卖结果或者考试成绩择优作出准予交通行政许可决定的。

**第十五条** 交通行政许可实施机关在实施行政许可的过程中，擅自收费或者超出法定收费项目和收费标准收费的，由其上级交通主管部门或者监察部门责令退还非法收取的费用，对直接负责的主管人员和其他直接责任人员给予行政处分。

**第十六条** 交通行政许可实施机关及其工作人员，在实施行政许可的过程中，截留、挪用、私分或者变相私分依法收取的费用的，由其上级交通主管部门或者监察部门予以追缴，并对直接负责的主管人员和其他直接责任人员给予行政处分；构成犯罪的应当移交司法机关，依法追究刑事责任。

**第十七条** 交通行政许可实施机关工作人员办理行政许可、

实施监督检查,索取或者收受他人钱物、谋取不正当利益的,应当直接负责的主管人员和其他直接责任人员给予行政处分;构成犯罪的应当移交司法机关,依法追究刑事责任。

**第十八条** 交通主管部门不依法履行对被许可人的监督职责或者监督不力,造成严重后果的,由其上级交通主管部门或者监察部门责令改正,对直接负责的主管人员和其他直接责任人员依法给予行政处分;构成犯罪的,依法追究刑事责任。

**第十九条** 交通行政许可的实施机关及其工作人员违法实施行政许可,给当事人的合法权益造成损害的,应当按照《国家赔偿法》的有关规定给予赔偿,并责令有故意或者重大过失的直接负责的主管人员和其他直接责任人员承担相应的赔偿费用。

**第二十条** 交通主管部门、交通行政许可实施机关的法制工作机构具体负责对本机关负责实施行政许可的内设机构,下级交通主管部门,法律、法规授权的交通行政许可实施组织,受委托实施交通行政许可的行政机关实施行政许可进行执法监督。

法制工作机构发现交通行政许可实施机关实施交通行政许可违法,应当向法制工作机构所在机关提出意见,经机关负责人同意后,按下列规定作出决定:

(一)依法应当撤销行政许可的,决定撤销;

(二)依法应当责令改正的,决定责令改正。

收到责令改正决定的机关应当在10日内以书面形式向作出责令改正决定的机关报告纠正情况。

**第二十一条** 监察机关依照有关法律、行政法规规定对交通行政许可实施机关及其工作人员实施监察,作出处理决定。

**第二十二条** 交通行政许可实施机关及其工作人员拒不接受交通行政许可监督检查,或者拒不执行交通行政许可监督检查决定,由其上级交通主管部门或者监察部门对直接负责的主管人员和其他直接责任人员依法给予行政处分。

**第二十三条** 本规定自2005年1月1日起施行。

# 交通法规制定程序规定

（交通部令 2006 年第 11 号　2006.11.24）

## 第一章　总　　则

**第一条**　为规范交通法规制定程序和交通立法行为，保证交通立法质量，根据《中华人民共和国立法法》、《行政法规制定程序条例》和《规章制定程序条例》，制定本规定。

**第二条**　交通法规的立项、起草、修订、审核、审议、公布、备案、解释和废止，适用本规定。

**第三条**　本规定所称交通法规，是指交通部起草上报和制定的调整公路、水路交通事项的下列规范性文件：

（一）交通部起草上报国务院审查后提交全国人民代表大会或其常务委员会审议的法律送审稿；

（二）交通部起草上报国务院审议的行政法规送审稿；

（三）交通部及交通部与国务院其他部门联合制定的规章。

**第四条**　制定交通法规应当遵循下列原则：

（一）交通法规应当贯彻党和国家的路线、方针和政策；

（二）法律送审稿不得与宪法相违背；行政法规送审稿不得与宪法、法律相违背；规章不得同宪法、法律、行政法规、国务院的决定、命令相违背；

（三）交通法规应当促进和保障交通行业健康、可持续发展，体现和维护交通从业者和人民群众的根本利益。

**第五条**　交通法规的名称应当准确、规范，符合下列规定：

（一）法律称"法"；

（二）行政法规称"条例"、"规定"、"办法"；

(三)规章称"规定"、"办法"、"规则"、"实施细则"、"实施办法"。

**第六条**　交通法规应当备而不繁,逻辑严密,结构严谨,条文明确、具体,用语准确、简洁,具有可操作性。

**第七条**　交通法规根据内容需要,可以分为章、节、条、款、项、目。章、节、条的序号用中文数字依次表述,款不编号,项的序号用中文数字加括号依次表述,目的序号用阿拉伯数字依次表述。

除内容复杂的外,规章一般不分章、节。

**第八条**　交通法规制定工作由交通部法制工作部门(以下简称法制工作部门)归口管理,具体工作主要包括:

(一)编制和组织实施交通立法规划和年度立法计划;

(二)协调交通法规的起草工作;

(三)负责交通法规送审稿的审核修改和报送工作;

(四)负责配合立法机关开展法律、行政法规草案的审核修改工作;

(五)组织规章的解释、清理、废止工作;

(六)负责交通规章的公布工作;

(七)负责交通规章的备案工作。

交通立法工作经费应当列入财政预算。

## 第二章　立　项

**第九条**　法制工作部门应当按照突出重点、统筹兼顾、符合需要、切实可行的原则,于每年年初编制本年度的立法计划。

**第十条**　交通部各部门根据职责和管理工作的实际情况,认为需要制定、修订交通法规的,应当于计划年度前一年的10月份向法制工作部门提出立项建议。

其他单位、社会团体和个人也可以向交通部法制工作部门提出立法建议。

**第十一条**　立项建议涉及部内多个部门职责的,可以由有关部联合提出立项建议；对于立项建议有分歧的，由法制工作部门协调提出建议，仍不能达成一致意见的，报部领导决定。

**第十二条** 下列事项不属于交通法规立项范围：

（一）交通行政机关及所属单位的内部管理事项、工作制度等；

（二）对具体事项的通知、答复、批复等；

（三）技术标准、技术规范等；

（四）有关工资、津贴标准的规定；

（五）需要保密的事项；

（六）依照立法法规定不属于交通法规规定的其他事项。

**第十三条** 立项建议应当包括以下内容：

（一）交通法规的名称；

（二）拟立项目是新制定还是修订；

（三）立法目的、必要性和所要解决的主要问题；

（四）立法项目的调整对象和调整范围；

（五）拟确立的主要制度；

（六）立法进度安排；

（七）立法项目起草部门和责任人；

（八）发布机关。

立项建议应当由建议部门主要负责人签署。

**第十四条** 法制工作部门应当根据立法计划的编制原则，从以下方面对立项建议进行汇总研究，拟定交通部年度立法计划：

（一）是否符合交通部近期和年度中心工作要求；

（二）交通法律和行政法规的立项建议是否符合交通法规体系框架的要求；

（三）立法事项是否属于应当通过立法予以规范的范畴；

（四）法规之间是否相互衔接，内容有无重复交叉；

（五）立法时机是否成熟；

（六）立法计划的总体安排是否切实可行。

**第十五条** 立法计划分为一类立法项目和二类立法项目。

一类立法项目,是指应当在年内完成的立法项目,即法律送审稿、行政法规送审稿在年内上报国务院,规章在年内公布。

二类立法项目,是指年内研究起草,适时报审的立法项目。

**第十六条** 立法计划应当包括以下内容:

(一)立法项目名称;

(二)立法项目起草部门和责任人;

(三)报部法制工作部门审核时间;

(四)报部务会议审议时间或者上报国务院时间;

(五)其他需要写明的内容。

**第十七条** 交通部年度立法计划经主管部领导审核后,报交通部部务会议(以下简称部务会议)审议,以交通部文件印发执行。

交通部年度立法计划是开展交通年度立法工作的依据,应当严格执行。各部门应当按照立法计划规定的时间完成起草、修改和审核工作。法制工作部门应当对年度立法计划执行情况进行检查、督促,并定期予以通报。

立法计划在执行过程中需要增加或者减少立法项目的,部内有关部门应当提出变更立法计划的建议并会商法制工作部门,报主管法制工作的部领导和分管其业务的部领导批准后,由法制工作部门对立法计划作出调整。

## 第三章　起　草

**第十八条** 交通法规由立法计划规定的起草部门负责组织起草。需与有关部委联合起草的,应当同有关部委协调组织起草工作。

起草交通法规,可以邀请有关组织、专家参加,也可以委托有关组织、专家起草。

**第十九条** 起草交通法规,应当遵循立法法确定的立法原则,并符合宪法和法律的规定,同时还应当符合下列要求:

（一）体现改革精神，科学规范行政行为，促进政府职能向经济调节、市场监管、社会管理、公共服务转变；

（二）符合精简、统一、效能的原则，简化行政管理手续；

（三）切实保障公民、法人和其他组织的合法权益，在规定其应当履行的义务的同时，应当规定其相应的权利和保障权利实现的途径；

（四）体现行政机关的职权和责任相统一的原则，在赋予行政机关必要职权的同时，应当规定其行使职权的条件、程序和应承担的责任；

（五）体现交通事业发展和交通行业管理工作的客观规律；

（六）规章所规定的事项不得超过交通部的法定职能；

（七）符合立法技术的要求。

**第二十条** 起草部门应当落实责任人员或者根据需要成立起草小组，制定起草工作方案，并及时向法制工作部门通报起草过程中的有关情况。

**第二十一条** 法制工作部门可以提早介入交通法规起草工作，及时了解交通法规的起草情况，协助起草部门协调解决起草过程中的问题。

**第二十二条** 起草交通法规，应当深入调查研究，总结实践经验，广泛征求有关机关、组织和公民的意见。征求意见可以采取书面征求意见、座谈会、论证会、听证会等多种形式。

起草交通法规应当书面征求省级交通主管部门的意见。

**第二十三条** 需要举行听证会的，应当按照下列程序组织：

（一）听证会应当公开举行，起草部门应当在举行听证会的30日前公布听证会的时间、地点和内容；

（二）通过社会公开报名、邀请等形式确定参加听证会的有关机关、组织和公民；

（三）参加听证会的有关机关、组织和公民对起草的交通法规，有权提问和发表意见；

（四）听证会应当制作笔录，如实记录发言人的主要观点和理由；

（五）起草部门应当认真研究听证会反映的各种意见，并在起草说明中对意见的处理情况和理由予以说明。

**第二十四条** 起草的交通法规直接涉及公民、法人或者其他组织切身利益，有关机关、组织或者公民对其有重大意见分歧的，起草部门应当向社会公布，征求社会各界的意见，也可以举行听证会。

起草部门应当认真研究社会各界和听证会反映的意见，并在起草说明中对意见的处理情况和理由予以说明。

**第二十五条** 交通法规涉及重大技术管理问题的，起草部门应当向交通部总工程师征求意见，并在起草说明中对有关意见的处理情况和理由作出说明。

**第二十六条** 交通法规内容涉及多个部门职责或与其他部门关系紧密的，起草部门应当征求相关部门意见。经充分协商仍不能取得一致意见的，起草部门应当在起草说明中说明情况。

**第二十七条** 起草部门应当编写起草说明。起草说明应当包括以下内容：

（一）立法目的和必要性；

（二）立法依据；

（三）起草过程；

（四）征求意见的情况、主要意见及处理、协调情况；

（五）对设立和规定行政许可事项的说明；

（六）对确立的主要制度和主要条款的说明；

（七）其他需要说明的内容。

**第二十八条** 起草部门应当按照立法计划确定的进度安排完成起草工作，形成送审稿，并按时送法制工作部门审核。

送审稿应当由起草部门的主要负责人签署；涉及部内其他部门职责的，应当在送审前送有关部门会签；由几个部门共同起草的送审稿，应当由几个部门主要负责人共同签署。

**第二十九条** 起草部门将送审稿送法制工作部门审核时，应当一并报送起草说明和其他有关材料。

其他有关材料主要包括汇总的意见、调研报告、听证会笔录、国内外立法资料等。

## 第四章 审 核

**第三十条** 送审稿由法制工作部门统一负责审核、修改。

**第三十一条** 法制工作部门主要从以下方面对送审稿进行审核：

（一）提交的材料是否齐备，是否符合本规定的要求；

（二）是否符合本规定第四条、第十九条的规定；

（三）是否与有关法规衔接、协调；

（四）是否征求了有关方面的意见，并对主要意见提出了处理意见，有关处理意见是否正确、合理；

（五）有关分歧意见是否经过充分协调并提出处理意见，有关处理意见是否正确、合理；

（六）是否符合立法技术的要求；

（七）是否符合实际，具备可操作性；

（八）是否符合本规定的其他有关要求。

**第三十二条** 送审稿有下列情形之一的，法制工作部门可以退回起草部门：

（一）报送材料不齐备或者不符合规定的；

（二）立法依据不足或者与上位法抵触、矛盾的；

（三）起草部门对存在较大争议的问题未与有关部门协商或者有关部门对规定的主要制度存在较大争议的；

（四）主要内容严重脱离实际或者缺乏可操作性的；

（五）在立法技术上存在较大缺陷，需要作全面调整和修改的；

（六）送审稿不符合本规定第四条、第十九条、第二十八条规定的。

被退回的送审稿经起草部门按照要求完善后，应当按照规定程序重新报送法制工作部门审核。

**第三十三条** 法制工作部门可以就送审稿涉及的主要问题征求相关部门的意见；涉及国务院其他部委职责或者与之有密切关系的，可以向有关部委征求意见；涉及重大、疑难问题的，应当召开由有关单位、专家参加的座谈会、论证会，听取意见，研究论证。

**第三十四条** 法制工作部门可以就送审稿涉及的主要问题，深入基层进行实地调查研究，听取基层有关机关、组织和公民的意见。

**第三十五条** 送审稿直接涉及公民、法人或者其他组织切身利益，有关机关、组织或者公民对其有重大意见分歧，起草部门在起草过程中未向社会公开征求意见，也未举行听证会的，法制工作部门可以将送审稿向社会公开征求意见，也可以举行听证会。

需要举行听证会的，按照本规定第二十三条规定的程序进行。

**第三十六条** 法制工作部门应当就送审稿中的有关重要法律问题向交通部法律专家咨询委员会征求意见。

法制工作部门应当对专家咨询意见进行全面客观的整理，并提出对专家意见的处理建议。

**第三十七条** 各相关部门对送审稿中关于管理体制、职责分工、主要管理制度等内容有不同意见的，法制工作部门应当组织相关部门进行协调，力求达成一致意见；不能达成一致意见的，应当将争议的主要问题、各方意见和处理建议报主管部领导决定。

**第三十八条** 法制工作部门应当认真研究各方意见，在与起草部门协商后，对送审稿进行修改，形成交通法规送审修改稿，并编写审核报告。

**第三十九条** 交通法规送审修改稿和审核报告由法制工作部门主要负责人签署，并按有关规定送起草部门和相关部门会签，报有关部领导审核。

交通法规送审修改稿经部领导审核同意后，提请部务会议审议。

## 第五章 审议与公布

**第四十条** 交通法规送审修改稿由部务会议审议。

部务会议审议送审修改稿时,由法制工作部门主要负责人对送审修改稿作说明。

**第四十一条** 部务会议审议通过的规章送审修改稿,由部长签署并以交通部令形式公布。

部务会议审议通过的由交通部主办的与国务院其他部委联合制定的规章,由交通部部长与国务院其他部委的领导共同签署,以联合部令形式公布,使用交通部令的序号。

部务会议审议通过的法律、行政法规送审修改稿,由部长签署以交通部文件形式报国务院审查。在全国人大、国务院审核、修改过程中,由法制工作部门会同相关部门做好协调、配合工作。

**第四十二条** 经部务会议审议未通过的交通法规送审修改稿,由法制工作部门按照部务会议要求,会同有关部门进行修改、完善后,报部领导决定是否再次提交部务会议审定。

**第四十三条** 公布规章的命令应当载明规章的制定机关、序号、规章名称、通过日期、施行日期、公布日期和签署人等内容。

**第四十四条** 规章公布后,应当及时在《国务院公报》、《中国交通报》、交通部政府网站上刊登。

在《国务院公报》上刊登的规章文本为标准文本。

**第四十五条** 规章应当在公布之日起30日后施行,但是涉及国家安全以及公布后不立即施行将有碍规章施行的,可以自公布之日起施行。

## 第六章 备案、修订、解释和废止

**第四十六条** 规章应当在公布后30日内,由法制工作部门按照有关规定报送国务院备案。

**第四十七条** 具有下列情形之一的，交通法规应当予以修订：

（一）与上位法矛盾或者抵触的；

（二）与同位法存在矛盾的；

（三）立法背景发生重大情势变迁，交通法规内容已不适应形势需要的；

（四）其他应当修订的情形。

修订交通法规适用交通法规的制定程序。

**第四十八条** 规章的解释权属于交通部。规章的解释同规章具有同等效力。

规章有下列情形之一的，应当予以解释：

（一）规章条文本身需要进一步明确具体含义的；

（二）规章制定后出现新的情况，需要明确适用依据的。

**第四十九条** 规章的解释由原起草部门负责起草，由法制工作部门按照规章审核程序进行审核、修改；或者由法制工作部门起草，征求有关部门的意见。规章的解释报请部务会审议或者经部领导批准后以交通部文件公布。

**第五十条** 规章有下列情况之一的，应予废止：

（一）规定的事项已执行完毕，或者因情势变迁，无继续施行必要的；

（二）因有关法律、行政法规的废止或者修改，失去立法依据的；

（三）与新颁布的法律、行政法规相违背的；

（四）同一事项已被新公布施行的规章所代替，规章失去存在意义的；

（五）规章规定的施行期限届满的；

（六）应当予以废止的其他情形。

**第五十一条** 规章的废止由法制工作部门归口管理。

规章的废止可以由部内有关部门、省级交通主管部门向法制工作部门提出，也可以由法制工作部门直接提出。

**第五十二条** 除第五十条第（五）项规定的情形外，废止规章应当经部务会议审议决定，以部令形式予以公布。

## 第七章　附　　则

**第五十三条**　规章的清理工作由法制工作部门统一组织实施。

**第五十四条**　负责起草、制定地方交通法规、政府规章的交通主管部门应当在起草过程中征求交通部的意见。

地方交通法规、政府规章应当自公布之日起30日内，由公布机关同级人民政府交通主管部门法制工作机构向交通部报送十份。

**第五十五条**　本规定自2007年1月1日起施行。《交通法规制定程序规定》（交通部令1992年第38号）同时废止。

# 综　　合

# 交通卫生防疫工作条例

（交通部 (86)交劳字756号 1986.10.21）

## 第一章 总 则

**第一条** 为了贯彻“预防为主”的方针，明确交通系统卫生防疫站的性质、任务，加强卫生防疫站的建设，开展防病灭病工作，提高职工、旅客的健康水平，保护劳动力，保障运输生产任务的完成，特制定本条例。

**第二条** 交通卫生防疫站是交通系统的卫生事业单位。是应用现代预防医学理论、技术进行卫生防疫监测、监督、科研、培训的专业机构，也是卫生的职能机构和卫生防疫业务技术指导中心。

## 第二章 任 务

**第三条** 开展卫生防疫监测、监督工作

一、流行病学：要及时掌握流行病的动态，要经常地系统地收集、整理、分析发病因素，掌握流行规律，进行预报预测，制定综合性的防治措施，组织、指导防治工作。依据国家《急性传染病管理条例》的规定，参照当地制定的实施细则对传染病进行管理。监督医疗机构对疫情报告和传染病管理、隔离、消毒制度的执行情况。当发现甲类传染病发生、或乙类传染病流行时，及时组织、指导对疫情的调查处理，防止急性传染病借交通运输途径传播蔓延。

针对交通运输系统的特点，对常见病、多发病进行调查并提出防治措施。

组织、指导各项预防接种及预防投药工作，负责生物制品的使

用计划、分配和免疫效果的观察及接种后疫(菌)苗反应的调查处理,掌握人群免疫水平。

对病媒昆虫、动物制定防制措施,做好消毒、杀虫、灭鼠工作的技术指导。采取专业与群众相结合的方法,进行消毒、杀虫、灭鼠工作。

根据国家规定和上级主管部门的指令,组织实施对车、船、港的卫生检疫工作。

二、劳动卫生:对交通运输生产,车、船、港、站、厂和基建工程劳动环境的各种有害因素及其对人体健康的影响进行监测。预防职业病、职业中毒和多发病。对各种职业危害的防护措施进行卫生学鉴定,配合有关部门督促、指导劳动条件的改善。

组织接触有害作业的职工进行健康检查,收集、整理、分析有关厂、矿企业职业中毒和职业病报告资料,掌握职工的健康状况及负责劳动能力的鉴定。

三、放射卫生:调查环境放射性污染(水、空气、土壤、食物和有关生物、日用品、居住环境等)。

对放射性同位素应用进行管理。

组织对从事放射性工作的职工进行体检和防护工作。

四、环境卫生:对交通部门车、船、港、站、厂的环境卫生,生活饮用水卫生,旅客的旅行卫生状况及其工作人员的健康进行监督、监测、检查、管理,提出改善措施。

对粪便、垃圾、污水无害处理和给水卫生管理进行技术指导,并对三废处理的技术设施进行卫生学鉴定。开展环境污染影响人体健康的调查研究工作。对公共卫生设施、状况进行监督、监测。

根据国家法令、条例、标准对辖区内各交通单位的公共卫生设施进行经常性卫生监督。对新建、扩建、改建的港、厂、站、院、校、船舶及住宅区等公共卫生设施的设计、规划进行预防性卫生监督。

五、食品卫生:依据《中华人民共和国食品卫生法》对食品装卸、贮运条件和食品加工、销售过程的操作环节、食品的卫生质量、餐茶具、容器进行卫生监督和监测,提出改进意见。

对饮食从业人员进行健康管理，对食物中毒和食物运输污染事故进行调查处理。

对职工的营养状况进行监测、调查，提出改进膳食的建议。

六、学校卫生：对本系统所辖的学校、托幼机构的环境卫生、卫生设施、学生健康状况进行监测、监督、调查、管理。培训保健教师，改进学校卫生状况，保护学生的视力，指导疾病的预防工作。

**第四条** 积极宣传国家的卫生工作方针、政策，普及提高群众卫生防病除害知识。在爱国卫生运动中，当好参谋和负责技术指导，对群众创造的除害灭病成果进行卫生学鉴定。

**第五条** 结合交通运输生产和除害灭病任务的需要，开展预防医学的研究、实验和业务培训工作。

## 第三章 机构编制和职责范围

**第六条** 根据卫生部（80）卫防字第46号、国家编委（80）国编字第39号文颁发《各级卫生防疫站组织编制规定》的要求，结合交通系统的实际需要，交通卫生防疫站机构设置为：各港务局、海运局、内河航务管理局、远洋公司、轮船公司设立卫生防疫站；各省、自治区、直辖市交通厅（局），各公路工程局、航道局、航务工程局、救捞局及交通系统其他有关单位，都应设立相应的卫生防疫机构（站、组）或人员；长江航务管理局、长江轮船总公司以及其他5万人以上的企业，可设立中心防疫站。防疫站的级别应与同级医院相等。

**第七条** 交通卫生防疫站根据条件和需要可设置：流行病（防疫）、港、船卫生（消、杀、灭、环境卫生），食品卫生，劳动卫生，检验办公室（卫生宣传）等科（或组）室。如有条件可设学校卫生和放射卫生组。

**第八条** 交通卫生防疫站受企、事业单位的直接领导，业务上受本单位卫生行政部门、本系统和地方上一级卫生防疫站的领导。

**第九条** 交通卫生防疫站的人员编制，大中型企业按本企业卫生人员总数的7%配备,或根据任务按20～60人编制配备。小型企业职工500人以上设防疫员,1500人以上设卫生防疫组3～5人。各卫生防疫站科室人员编制方案自行制定,但行政管理人员不得超过16%。

## 第四章 队伍建设

**第十条** 卫生防疫站要配备得力的领导干部,实行站长负责制。站长要由具有卫生防疫专业知识,热爱熟悉卫生防疫工作,并有一定组织能力和开拓精神的人员担任。要有职有权。其他领导干部也要配备具有组织能力,熟悉业务工作的人员担任。积极配合站长工作。

**第十一条** 卫生防疫站各科室负责人,要由组织能力较强,业务水平较高的医师以上的专业人员担任。要把主要时间用在业务技术管理上,并亲自参加专业工作。

**第十二条** 卫生防疫站的业务技术人员的结构为:主任医师、副主任医师、主管(治)医师、医师、医士(含相应职务)。

**第十三条** 各卫生防疫站要有计划有步骤地进行卫生防疫人员的培训。对高级卫生防疫人员可专业定向培养,以发挥其专业特长。对政治思想好,在工作中有显著成绩的卫生防疫人员可重点培养。根据国家有关规定,对卫生防疫人员进行定期考核晋升。卫生防疫人员要经过专业培训,才能从事卫生防疫工作。严禁非卫生技术人员从事卫生防疫工作。

**第十四条** 行政后勤人员要树立为业务工作和全站工作人员服务的思想,为顺利开展业务工作创造条件。卫生防疫人员之间以及和行政后勤人员之间要加强协作,互相尊重,搞好团结。

## 第五章 工作用房、设备及其他

**第十五条** 卫生防疫站必须具有与业务开展相适应的工作用

房。如检验室、实验室、消毒室、精密仪器室、图书资料室、办公室、会议室、药品器材仓库等。根据实际需要和现实情况一般为：

中心防疫站 800～1200 平方米(使用面积)；

卫生防疫站 600～800 平方米(使用面积)。

**第十六条** 交通卫生防疫站应备有防疫、监测、消毒专用机动车辆和必须的监测设备器材。

卫生防疫经费属营业外开支,一般可按医疗经费的 10～20%提取,或按职工人数每人每年 8 元计算日常经费。

**第十七条** 在工作中接触有毒有害物质或传染病人、病源、病媒昆虫及疫区的卫生防疫人员,应按国家有关规定标准发放保健津贴,根据工作需要发放劳保用品和个人防护用品。

## 第六章 工作方法

**第十八条** 卫生防疫站的各项卫生防疫工作必须有计划性、系统性、连续性。必须有长远规划和近期安排。积极探索工作规律,注意总结经验。逐步建立工作程序,健全各种业务工作档案。经常分析卫生防疫工作的数量和质量指标,不断提高卫生防疫工作水平。

**第十九条** 卫生防疫站各级人员必须面向生产、面向基层、面向群众。总结推广典型经验,加强请示报告,运用科学方法和先进技术设备,进行调查研究和监督监测,提出防治对策,推动卫生防疫工作的全面开展。

**第二十条** 卫生防疫站在执行卫生监督任务时,应严格按照国家颁发的卫生法令和监督条例进行。

**第二十一条** 卫生防疫站必须结合工作实际有目的地开展科研工作。改进卫生管理,提高防病效果。要积极参加本系统和当地的学术活动,掌握科技情报,办好资料汇编。

**第二十二条** 各卫生防疫站要建立健全规章制度,制定各科(或组)室职责范围、工作人员岗位责任制和技术操作规程。

**第二十三条** 卫生防疫站在进行工作时，要与有关部门加强联系，密切配合，共同做好卫生防疫工作。

**第二十四条** 卫生防疫站要贯彻执行党的知识分子政策，对知识分子要做到政治上充分信任，思想上严格要求，工作上大胆使用，业务上不断培养，生活上热情关怀。有突出才能的卫生防疫人员，要在工作上重点保证，配备必要的助手。卫生防疫人员要保持相对稳定，不要轻易调动去做其他非业务性工作。

**第二十五条** 根据国家有关规定和关于医药卫生技术人员职务晋升条件，对卫生防疫人员进行考核晋升。

**第二十六条** 本条例自发布之日起实施。

# 交通部工业产品质量监督抽查试行办法

（交通部 （88）交企字77号 1988.01.30）

## 总 则

一、为了加强对交通工业产品的质量监督，促使企业贯彻执行产品标准，提高产品质量，防止劣质产品危害国家和消费者利益，根据国务院发布的《工业产品质量监督试行办法》与《工业产品质量责任条例》，特制订本办法。

二、本办法的抽查范围仅限于交通系统企业生产的工业产品。

三、建立交通部工业产品质量监督抽查制度，由交通部组织有关单位对产品质量进行抽查，并发布交通部监督抽查公报。

四、抽查的依据是产品的国家标准，部颁（专业）标准，地方标准或企业内控标准，以及国家有关规定中的重要性能和安全指标。对被抽查产品要进行综合评定，标准和有关规定中缺乏综合评定要求的，由产品质量检验测试中心提出意见报部确定。

五、抽查不得事先通知被查企业，由承检单位直接到销售部门、用户仓库或生产企业的近期产品中按规定（即承检单位公布的抽样规定）提取样品。

被抽取的样品，由生产企业无偿提供，在厂外抽取的样品由生产企业如数无偿补给，样品检验后，退还生产企业。

六、年度抽查产品计划由各省（自治区、直辖市、计划单列市）交通厅（局）（以下简称省（市）厅（局））选定向部提出，由部汇总下达执行，其抽查产品目录，定期公布实施（抽查产品目录将与交通部工业产品生产许可证、产品评优等日常监督工作统一商定）。

承检单位的职责和任务

七、承检单位应具备同检测任务相适应的仪器设备和管理制度等条件，并由熟悉产品标准、抽样方法、懂得生产工艺、熟练掌握检测仪器、设备的人员进行工作。

八、承检单位对抽样和检测要有详细记录，检测数据和产品综合评定要准确无误，检测原始数据要妥善保存备查。

九、承检单位在检测结束后，15 天内将检测结果，综合评定意见和抽检工作总结报交通部，抄送被检单位所在的交通厅（局）并将检测结果通知有关受检企业。

十、承检单位在检验结束后，将监督抽查检测费用决算表报部。

## 问 题 处 理

十一、对抽查不合格产品的生产企业，分别由各省（市）交通厅（局）组织有关单位查明情况，落实整改措施，并将整改情况报部。产品不合格企业经整改后，向省（市）交通厅（局）提出复查验收申请，对产品的复检由省（市）厅（局）负责组织，省（市）厅（局）检测有困难的可请原承检单位复检，检测费用一律由申请复检企业支付。

十二、对复查验收合格的企业，由部通过适当场合或通过新闻单位予以说明或报导。

对复查验收仍不合格的生产企业的处理可根据产品不合格程度，结合该企业质量保证体系和日常质量管理情况进行。处罚措施包括：

（1）限期对该产品的生产进行整改（一般为半年），在整改期间停发厂长和直接责任者的奖金。

（2）对一贯不重视质量管理，而又不认真整改的厂长除给予本条（1）项处罚外，企业主管部门要按国家有关规定给予行政处分，直至撤销其职务。

（3）获得部优质称号的产品抽查不合格时，暂停使用优质称号，收回证书，予以通报。

(4)对不具备生产条件或产品质量问题严重,经限期整顿无效者,责令企业停止该产品的生产,对颁有生产许可证的,建议由发证部门收回生产许可证。

(5)限期整顿无效,产品仍达不到质量标准的企业不能升级。

十三、产品抽查不合格的企业,在接到检测结果通知后,厂长要向全厂职工通报情况,检查存在问题,查清有关人员质量责任,对不合格的产品要进行清理,不准出厂,对已出厂的应由生产企业负责对用户实行包修、包换、包退。

## 工作纪律

十四、参与抽查的单位和人员对抽查厂家名单和有关检测数据要严守秘密,不徇私情,杜绝一切行贿受贿行为,如有违犯,主管部门要追究有关人员的责任,作出严肃处理。

十五、生产企业和经销单位要积极配合抽查工作,不能以任何理由和形式设置障碍。对影响抽查工作正常进行的单位和个人,要追究责任。生产企业抗拒抽样的,按不合格论处,并予通报批评。

十六、生产企业和经销单位不得以抽查结果作为商品广告的依据,用户不得以抽查结果取消订货合同。

## 附　　则

十七、本办法由交通部负责解释。

# 交通运输公共场所卫生管理办法

（交通部 （89）交人劳字484号 1989.08.26）

## 第一章 总 则

**第一条** 为加强交通运输公共场所的卫生监督管理。保障广大旅客及交通运输工作人员的身体健康，根据《公共场所卫生管理条例》（以下简称条例）和《公共场所卫生管理条例实施细则》（以下简称实施细则）的规定，制定本办法。

**第二条** 本办法适用于公路水路交通运输的候车（船）室，公路水路公共交通工具以及服务于交通运输的各公共场所。

**第三条** 交通系统各级行政部门是交通运输公共场所卫生管理的主管部门。交通系统各级卫生防疫站为交通运输公共场所卫生监督机构。未设立卫生防疫站的，交通运输行政部门应委托地方卫生防疫机构负责交通运输公共场所的卫生监督。

**第四条** 港口客运站、长途汽车站、客船的设计、经营应符合国家规定的公共场所卫生标准。

## 第二章 卫 生 管 理

**第五条** 交通运输公共场所的经营者负责对从业人员进行卫生知识培训，由所在地交通卫生监督机构负责考核。

交通卫生监督机构，应根据国家“公共场所从业人员卫生知识培训教学大纲”编写教材。下达培训任务和要求。公共场所从业人员未经培训或培训后成绩不合格不准上岗。

**第六条** 凡在主要对旅客和职工服务的公共场所从事直接服

务的人员,每年必须进行一次健康检查,新从事此项工作的须先进行健康检查,取得健康合格证后,方准上岗。

交通运输公共场所经营者应于每年4月30日前向交通卫生监督机构申报应检人员名单。健康检查工作由交通卫生监督机构或其指定的医疗部门承担。检查工作应于每年6月30日前完成。交通运输公共场所经营者应在检查工作结束后一周内,将检查结果上报交通卫生主管部门。对检查合格者,交通卫生监督机构核发健康合格证。

**第七条** 乘客定额100人以上的客船,建筑面积200平方米以上的长途汽车站候车室、港口客运站候船室及其他服务于交通运输的公共场所经营者,必须持有交通卫生监督机构签发的交通卫生许可证,方准办理营业手续。申请交通卫生许可证,须向所在地的交通卫生监督机构提出。交通卫生监督机构接到申请后应对营业场所进行审查、监测,符合《条例》要求的,发给卫生许可证。

新建、改建、扩建交通运输公共场所或变更营业项目,按上述程序重新申领卫生许可证。

卫生许可证每两年复核一次,未按《条例》及实施细则的规定如期复核的原卫生许可证即自行失效。

**第八条** 公路水路交通运输的候车(船)室,水路、公路公共交通工具以及服务于交通运输的各公共场所因不符合卫生标准和要求,造成下列危害健康事故的,经营单位除进行妥善处理外,应及时报告交通卫生监督机构。造成严重危害公民健康事故或中毒事故的应向受害人赔偿损失:

(一)因微小气候不符合卫生标准造成虚脱休克的;

(二)因空气质量恶化造成呼吸道传染病的;

(三)因强烈眩光刺激造成短暂视力损害的;

(四)因强烈噪声造成短暂听力损害的;

(五)因饮用水不卫生造成介水传染病流行和中毒的;

(六)因公共用具和卫生设施不卫生造成肠道传染病、病毒性肝炎、皮肤病、性病等传染性疾病的;

（七）因意外事故造成一氧化碳、氨气、氯气、消毒杀虫剂中毒的。

以上各项必须用标准方法检测，经交通卫生监督机构确认。

## 第三章 卫生监督

**第九条** 各级交通卫生监督机构负责管辖范围内的公共场所的卫生监督工作，并在业务上接受当地卫生防疫机构的业务指导。交通运输公共场所的卫生监督工作实行分级管理的制度。中心卫生监督机构负责所属地区交通运输公共场所的卫生监督、监测，并对所属的卫生监督机构进行业务指导。

**第十条** 各级交通卫生监督机构对所辖范围内的交通运输公共场所的新建、扩建、改建工程的选址和设计，进行卫生审查，参加竣工验收，对经营活动进行预防性和日常的卫生监督管理。

**第十一条** 交通卫生监督机构可根据需要设置公共场所卫生监督员。执行条例及其实施细则规定的任务。卫生监督员应选择政治思想好，遵纪守法、工作认真，作风正派，秉公办事，具有医士以上（含医士）的技术职称、熟悉有关监督监测业务和规章的人员担任，并经卫生监督机构的上级卫生主管部门考核批准。

设置卫生监督员后，应向交通部卫生主管部门和当地卫生行政部门备案。

**第十二条** 年发送旅客在50万人次以下的长途汽车站候车室、港口客运站候船室，可设卫生监督员1人。超过50万人次，每增加30万人次，增设卫生监督员1人。客船每15艘设卫生监督员1人。

**第十三条** 交通运输公共场所卫生监督员执行公务，必须着装整洁，佩戴“中国卫生监督”证章，出示卫生监督员证书。

交通部直属单位卫生监督机构设置的卫生监督员，由交通部卫生主管部门发给证书和证章。各双重领导港务局卫生监督机构设置的卫生监督员可由交通部卫生主管部门发给证书和证章。各省、市、自治区、计划单列市交通主管部门所属卫生监督机构设置的卫生监督员由当地卫生行政部门发给证书和证章。

## 第四章 罚 则

**第十四条** 对违反本《办法》的交通运输公共场所经营者，交通卫生监督机构应依照《条例》及实施细则的规定给予警告、罚款、停业整顿、吊销卫生许可证的处罚。

**第十五条** 对依法行使职责的卫生监督人员谩骂、殴打，阻挠卫生监督人员依法行使职责者，由公安部门按照《中华人民共和国治安管理处罚条例》进行处罚。对触犯刑律的，由司法机关依法追究刑事责任。

**第十六条** 交通系统各级卫生主管部门的人员、交通卫生监督机构的人员以及所设置的卫生监督员玩忽职守、滥用职权，收取贿赂、徇私舞弊的，由其主管部门给予行政或经济处罚；构成犯罪的由司法机关依法追究刑事责任。

## 第五章 附 则

**第十七条** 本办法由交通部负责解释。

**第十八条** 本办法自 1989 年 10 月 1 日起施行。

# 交通行业能源利用监测管理暂行规定

（交通部　(90)交体字391号　1990.07.18）

## 第一章　总　　则

**第一条**　为加强节能管理，促进节能降耗，提高经济效益，根据国务院《节约能源管理暂行条例》、国家计委《节约能源监测管理暂行规定》和交通部《交通行业节能管理实施条例》，制定本规定。

**第二条**　本规定适用于交通行业各级企业、事业单位。

## 第二章　机构与职责

**第三条**　交通部设"交通部水运行业能源利用监测中心"和"交通部汽车运输行业能源利用监测中心"（下称监测中心），分别负责管理水运系统、汽车运输系统直属单位的能源监测工作、负责监测站的建站管理，指导本行业的能源利用监测工作，接受"全国节能监测管理中心"的技术和业务指导。

**第四条**　各省、自治区、直辖市交通厅（局）可根据具体情况批准组建本地区水运系统和汽车运输系统的能源利用监测站（下称地方监测站）。

**第五条**　直属、双重领导企业经上级主管部门批准可设立能源监测站（下称企业监测站）。企业监测站对其所属基层单位的能源利用进行监测。

**第六条**　监测中心的主要职责是；

（一）组织制定本行业能源利用监测技术规范、标准；

（二）负责直属、双重领导企业的能源利用监测；

（三）负责地方监测站、企业监测站的建站审查、认定工作；

（四）指导地方监测站、企业监测站开展能源利用监测工作。如有必要，也可对地方企业实施节能监测；

（五）开展本行业能源利用监测技术研究、情报交流、技术培训和咨询工作；

（六）对地方监测站、企业监测站监测人员进行考核、审定、认证和技术指导；

（七）向交通部能源主管部门及“全国节能监测管理中心”汇报监测工作，并提出有关建议。

**第七条** 地方监测站的主要职责是：

（一）协助本地区节能主管部门制订本行业的能源利用监测计划；

（二）对本地区所属企业实施能源利用监测；

（三）负责搜集、整理、储存本地区本行业能源利用监测数据和资料；

（四）对地方企业中的能源利用自检工作进行技术指导和监督；

（五）定期向本地区节能主管部门和监测中心报告能源利用监测工作并提出有关建议。

## 第三章 监测内容及程序

**第八条** 能源利用监测的主要内容是：

（一）检测、评价合理用油状况；

（二）检测、评价合理用电状况；

（三）检测、评价合理用热状况；

（四）对企业或企业的主要用能设备进行能量平衡的监测和评价；

（五）对节能技术、节能装置（产品）的节能效果进行鉴定认证；

（六）协助技术监督部门对供能质量进行监督、检测；

（七）接受企业委托对企业申报节能管理升（定）级技术数据

进行测查；

（八）监督企业对国家已公布淘汰的高耗能机电产品进行技术更新和技术改造。

**第九条** 能源利用监测机构进行监测时，必须严格执行监测技术规程和有关技术标准。

**第十条** 能源利用监测分定期监测和不定期监测。定期监测须按计划进行，并提前1至3个月通知被监测单位。能源利用监测中心（站）对用能单位的能源利用情况，也可随时进行监测。

**第十一条** 被监测单位应向监测中心（站）提供与监测有关的技术文件和资料，并根据监测中心（站）的具体要求做好准备，提供必要的工作条件。

**第十二条** 监测中心（站）在监测工作结束后，应向被监测单位及其主管部门提出监测报告和处理意见，并抄报同级节能主管部门。

**第十三条** 对初次监测不合格者，监测中心（站）要及时通知被监测单位，并限期整改，整改后进行复测。如复测仍不合格者，可再次限期整改并复测；第二次复测不合格者，不能参加当年度节能企业升（定）级评选，已获得的节能等级应降级或取消称号。

**第十四条** 被监测单位对监测处理意见有异议时，在接到处理通知书后15天内可向上级节能主管部门申诉。上级节能主管部门应组织复测、复审，并在一个月内做出处理结论。

## 第四章 监测机构的管理

**第十五条** 监测中心须由国家技术监督局认证审定合格后，由交通部批准发给证书，才能施行其职能。

**第十六条** 地方监测站、企业监测站须经监测中心进行技术审查认可合格发给“监测许可证”后，方可实施监测。

**第十七条** 各监测站的监测专业人员须经监测中心考核，合格后发给“节能监测员证书”。监测人员凭证工作，无证工作提供的监测数据无效。

**第十八条** 监测人员在执行任务时应严格遵守纪律和操作规程，保证监测的准确性。

**第十九条** 优秀的能源利用监测技术规范、标准、方法和报告，可参与科研成果评比。能源利用监测资料和文件，涉及机密的，应严格按照有关保密制度处理。

**第二十条** 能源利用监测机构从事监测时，可按收费标准收取测试仪器设备折旧、材料、劳务等费用。收费标准须经监测中心（站）的上级节能主管部门会同物价部门批准实行。

**第二十一条** 本规定由交通部负责解释。

**第二十二条** 本规定自1990年9月1日起实行。

# 汽车、船舶节能产品公布规则

（交通部　交体发　［1992］191 号　1992.03.20）

**第一条**　为提高车、船能源利用率，应用、推广确有节能效果的车、船用节能产品（下称节能产品），防止和制止假冒伪劣节能产品，根据国务院《节约能源管理暂行规定》，国家计委《节约能源监测管理暂行规定》和交通部《交通行业能源利用监测管理暂行规定》，制定本规则。

**第二条**　本规则适用于：

（一）在用汽车、船舶节能产品的质量控制、检测和公布；

（二）节能船型、节能车型的认定、监测和公布。

**第三条**　交通部能源管理办公室（下称交通部能源办）负责组织实施本规则。

**第四条**　“交通部汽车运输行业能源利用监测中心”、“交通部水运行业能源利用监测中心”及其“武汉工作站”和交通部指定的其他监测机构（下称监测机构）是节能产品检验、试验、监测的实施单位。

**第五条**　监测机构依照有关国家标准、行业标准、技术标准、技术要求及《在用汽车节能产品试验评定方法》、《船舶用节能产品评定方法》，对节能产品的质量、节能效果进行检测，对节能产品生产企业的技术文件、管理水平、质量保证体系进行审查评定。

**第六条**　生产企业要求公布节能产品，应向交通部能源办提出申请，并附下列文件：

（一）产品证书、检测试验报告；

1. 产品（技术）鉴定证书；

2. 监测机构对被检产品所做的节能《检测报告》;

3. 节能产品装车、装船、装机(装卸机械)的可靠性(生产性)试验报告;

4. 其他应提供的检验、试验报告。

(二)技术文件:

1. 产品的技术文件和图样;

2. 企业生产工艺和全面质量管理文件;

3. 产品标准;

4. 标准化审查报告;

5. 生产工艺文件资料;

6. 试制总结报告;

7. 产品使用说明书。

**第七条** 交通部能源办受理申请后,应组织专家小组对产品技术文件及检测、试验和监测结果进行评审。

**第八条** 对评审合格的节能产品,交通部能源办应自企业申请之日起60 日内向申请企业颁发该产品的"公布证书",并分批向社会公布。

**第九条** 对经评审不合格的节能产品,交通部能源办应自企业申请之日起60 日内书面通知申请企业,不予公布。

**第十条** 申请方提出保密要求的,有关单位应予保密。

**第十一条** 取得证书的节能产品可以应用于在用汽车、船舶,并作为交通部节能优选推广项目的候选产品。

**第十二条** 取得证书的产品若改变设计、标准、工艺、技术参数、牌号、型号应重新办理申请公布手续。

**第十三条** 取得证书的产品转由其他企业生产、转入企业需另行办理申请公布手续。

**第十四条** 取得证书的产品须按 GB 2828—87《逐批检查计数抽样程序及程序表》进行抽样检测。检测结果纳入产品的"公布"档案,检测不合格的产品限期进行整顿,再行抽样检测,检测仍不合格者将撤消其证书,并予以公布。

**第十五条** 对伪造、涂改、转借、转让证书或检测报告的,将依法追究当事人的责任。

**第十六条** 申请公布应按规定交纳手续费。

**第十七条** 本规则由交通部负责解释。

**第十八条** 本规则自 1992 年 6 月 1 日起施行。

# 交通部专业计量检定站管理办法(试行)

(交通部　交体发[1993]49号　1993.01.27)

**第一条**　为了加强交通部专用计量器具的管理、健全部系统专用计量器具监督管理体系,保证量值传递的准确,根据《中华人民共和国计量法》第七、九条、《中华人民共和国计量法实施细则》第九、十二条的有关规定及部门对本系统的专用计量器具需依法实施计量监督管理的要求,制定本办法。

**第二条**　交通部专业计量检定站是承担交通部系统内的专用计量器具检定、测试任务的计量检定机构(以下简称检定站)。

**第三条**　交通部计量主管部门根据需要,按照统筹规划、经济合理、就地就近、利于管理、择优选定的原则,建立检定站。

**第四条**　检定站的建立、监督管理及开展计量检定、测试任务、必须遵守本办法。

**第五条**　检定站应当具备下列条件:

(一)能独立公开地开展工作,在专业项目上有相应的技术水平和计量管理能力。

(二)有与开展的专业项目相适应的计量标准、检测装置和配套设备。检定站建立的最高计量标准,需由有关政府计量行政部门主持考核发证。

(三)有与其工作任务相适应的计量检定人员和计量管理人员。检定人员需经交通部计量主管部门考核合格,取得相应的计量检定证书。

(四)有能保证专业计量检定、测试工作正常进行的工作环境和场所设施。

(五)有完善的管理制度和工作制度。

**第六条** 建立检定站,应当由申请承担计量检定、测试任务单位的主管部门向交通部计量主管部门提交申请建站报告,并报送有关技术文件和资料。

经初审同意筹备建站的单位,在自查具体条件后应向交通部计量主管部门提交考核评审申请书及其他规定文件;由交通部计量主管部门按本办法第五条规定的条件组织考核评审。经考评,合格的由交通部计量主管部门予以批准公布并颁发证书和印章;不合格的发给考核评审结果通知书。

**第七条** 检定站的职责:

(一)负责建立、保存、维护和使用本专业项目的计量标准。

(二)承担交通部系统专用计量器具的检定、测试任务;如经政府计量行政部门授权,可承担授权范围内的量值传递。

(三)提出发展规划、制定年度工作计划。

(四)开展本专业项目计量检测手段和检定方法的研究。参加有关计量技术法规的研究制定和修改。

(五)负责交通部系统专业项目的计量管理。建立专用计量器具检定档案,根据需要向交通部计量主管部门和行政主管部门提供资料。

(六)承担交通部计量主管部门交办的其他任务。

**第八条** 检定站业务上接受交通部计量主管部门的领导。行政上隶属于申请承担任务单位的主管部门。检定站站长由行政主管部门任免,并报交通部计量主管部门备案。

**第九条** 检定站应接受有关政府计量行政部门的监督。

**第十条** 检定站必须在经考核合格的项目范围内开展工作,未经交通部计量主管部门和其行政主管部门同意不得擅自中止工作。新增加的专业计量检定、测试项目、应当按本办法有关规定办理批准手续。

**第十一条** 交通部计量主管部门负责对检定站的监督检查。对不符合原考核条件的,会同检定站的行政主管部门责其限期改正;改正期内不得从事承担的检定、测试工作。经改进仍达不到原考核条件的,由交通部计量主管部门吊销其证书和印章。

**第十二条** 检定站的计量管理人员和计量检定人员,必须执行有关计量法律,法规和规章;违法失职的,由主管部门给予行政处分;情节严重的要追究法律责任。

**第十三条** 计量检定的收费标准按国家技术监督局技监局法发(1991)323号文的有关规定执行。

凡新增计量器具检定的收费标准,比照同类计量器具检定收费标准制定临时收费标准,报当地物价部门批准,并报部计量主管部门备案。

**第十四条** 检定站考核评审申请书;考核评审表、考核评审结果通知书及合格证书、印章式样由交通部统一制定。

**第十五条** 本办法由交通部计量主管部门负责解释。

**第十六条** 本办法自发布之日起试行。

# 交通女职工劳动保护实施办法

（交通部　交人劳发[1995]419号　1995.05.12）

**第一条**　为了切实搞好女职工劳动保护，根据国务院颁布的《女职工劳动保护规定》，结合交通系统实际情况，制定本办法。

**第二条**　本办法适用于交通系统各企业、行政、事业单位的女职工。

**第三条**　各单位必须严格执行国家有关女职工劳动保护的法规和交通部的有关规定，并确定负责女职工劳动保护的工作机构或专兼职人员，加强管理和监督。

**第四条**　凡适合妇女从事劳动（国家规定的不适合妇女的工种或者岗位除外）的单位，不得以性别为由拒绝录用女职工，或者提高录用标准。

**第五条**　在女职工怀孕期、产期、哺乳期工资按国家规定发放，不得影响工资调整及有关福利待遇，不得因此停薪或提前解除劳动合同（如合同期已满，必须延续到孕期、产假和哺乳期满），不得以女职工上述生理特点为由，将其转为待聘、编余人员或辞退。

**第六条**　禁止安排女职工从事国家规定的第四级体力劳动强度的劳动以及其他女职工禁忌从事的劳动。

**第七条**　月经期保健

（一）宣传普及月经卫生知识。

（二）在同一工作场所、女职工在100人以上有条件的单位，应逐步建立女职工卫生室，健全相应的制度。女职工在100人以下的有条件的单位，应逐步设置简易的温水箱、消毒箱及冲洗器。暂时不具备条件的单位，要积极创造条件，建立女职工卫生室或采取相应的措施。对流动、分散、野外工作的女职工应发放单人自用冲洗器。

（三）从事下列劳动的女职工，在月经期内暂时调整工作或给予1至2天的休假，并按出勤计算；

1. 国家规定的第三级体力劳动强度的劳动；

2.《高处作业级》标准中第二级（含二级）以上的作业；

3. 食品冷冻库及冷水、低温（低于5℃）等作业；

4. 野外流动作业、长久站立、行走、蹲位作业。

（四）患有重度痛经及月经量过多者经合同医院或妇幼保健机构确诊证明，月经期间可适当给予1至2天的休假。

（五）女职工月经卫生费每月不低于4元钱。

**第八条** 孕期保健：

（一）对已孕女职工建立孕产妇系统保健卡，建卡率要求达95%以上，怀孕3个月开始填写保健卡，按卫生部门的要求定期进行产前检查，检查率要求达90%以上。对高危孕妇，所在单位应配合医院严密观察和监护，使高危孕妇管理率达到100%。

（二）对妊娠的女职工，所在单位不得安排其从事国家规定的第三级体力劳动强度的劳动和孕妇禁忌从事的劳动，不得在正常劳动日以外延长劳动时间；对不能适应原劳动的，应根据合同医院证明，予以减轻劳动量或安排其他劳动。从事野外勘测工作及施工作业、公路养护、高等级公路收费、汽车司乘、港口装卸作业、轮船餐服、施工班组工作的女职工怀孕满5个月，应安排其他适当工作。

（三）女职工较多的单位应建立孕妇休息室。对妊娠满7个月以上（含7个月）的女职工，应在劳动时间内安排1至2小时工间休息或适当减轻工作，并不得安排从事夜班劳动。

（四）怀孕的女职工，在劳动时间内进行产前检查，应当算做劳动时间。对生产一线的女职工，要相应地减少生产定额，以保证产前检查时间。

（五）孕妇孕期及分娩时在合同医院发生的检查费、接生费、手术费、住院费、药费由原医疗经费渠道开支或按《企业职工生育保险试行办法》执行。

**第九条** 产期保健

（一）女职工产假（怀孕7个月以上）为90天，其中产前15天，难产增加15天。符合计划生育政策的多胞胎生育，每多生育一个婴儿，增加产假15天，当地政府有规定并优于本办法的，也可执行当地政府的规定。教师正值寒、暑假期间生育的，可按地方政府计划生育有关规定执行。女职工在产假期间，不影响其原有福利待遇。

（二）女职工怀孕不满4个月流产的，应根据医院证明，给予产假15天至30天；怀孕4个月以上7个月以下流产时，给予产假42天，怀孕7个月以上的按正常产休假，以上产假期间工资照发。对有过两次以上自然流产史，现又无子女的女职工，应调离有可能直接或间接导致流产的作业岗位。

**第十条** 哺乳期保健

（一）有不满1周岁婴儿的女职工，需亲自哺乳的，其所在单位应当在每班劳动时间内给予其两次哺乳（含人工喂养）时间，每次30分钟。女职工每班劳动时间内的两次哺乳时间，可以合并使用。哺乳时间和在本单位内哺乳往返途中的时间，算做劳动时间。

哺乳期满时，正值炎热季节（7至8月份），可根据当地气候条件延长1至2个月。对双胞胎或婴儿虽满周岁，因疾病、体弱经医务部门证明，哺乳时间可以适当延长，但最多不超过6个月。

（二）女职工在哺乳期内，所在单位不得安排其从事国家规定的第三级体力劳动强度的劳动和哺乳期禁忌从事的劳动，不得延长其劳动时间及从事夜班劳动。有条件的单位，应建立哺乳室。室内有洗手设施，乳母不得穿工作服进入哺乳室。

**第十一条** 产后保健

（一）女职工产假期满，恢复工作时，允许有1至2周时间逐渐恢复原定额工作量。

（二）女职工产假期满后是否办理离岗休假，根据工作情况和本人自愿的原则，依照当地计划生育政策，由有关部门批准执行。

在批准休假期间内，工资不得低于75%，工龄连续计算。

女职工较多的单位，应按国家有关规定，以自办或联办的形式，逐步建立有专人管理的托儿所、幼儿园。

**第十二条** 对女职工较多的单位在新建、改建、扩建工程中，要按照《工业企业设计的卫生标准》的规定，将孕妇的休息室、婴儿哺乳室、女工卫生室（冲洗室）等女职工劳动保护设施列入基建规划，做到同时设计、同时施工、同时投入生产和使用。

要重视一线女职工的厕所建设，应为蹲式；女职工浴室要符合卫生条件，采取淋浴式。

**第十三条** 对女职工每一至两年进行一次妇科疾病及乳腺疾病的普查，建立健康档案，对患者积极给予治疗。经合同医院证明，患更年期综合症的女职工，不适合现岗位工作的，可以照顾安排适当工作。

**第十四条** 女职工劳动保护的权益受到侵害时，有权向所在单位的主管部门或者当地劳动部门提出申诉，受理申诉的部门应当自收到申诉书之日起30日内作出处理决定。属于劳动争议的，依照《劳动法》规定办理。女职工对处理决定不服的，可以在收到处理决定书之日起，15日内向人民法院起诉。

**第十五条** 对违反本办法侵害女职工劳动保护权益的单位负责人及其直接责任人员，其所在单位的主管部门，应当根据情节轻重，进行批评教育或给予行政处分，并责令该单位给予被侵害女职工合理的经济补偿；构成犯罪的，由司法机关依法追究刑事责任。

**第十六条** 各单位对本办法的执行情况，由劳动人事部门检查落实，工会、卫生、劳动保护部门对本办法的执行情况进行监督。

**第十七条** 女职工违反国家有关计划生育规定的，其劳动保护应按照国家有关计划生育规定办理，不适用本办法。

**第十八条** 本办法由交通部负责解释。

**第十九条** 本办法自1995年7月1日起实施。

# 全国在用车船节能产品(技术)推广应用管理办法

(交通部　交体法发[1995]753号　1995.08.14)

**第一条**　为贯彻落实国务院《节约能源管理暂行条例》,根据《汽车、船舶节能产品公布规则》,进一步做好在用车、船节能产品(技术)的归口管理和推广应用工作,促进交通运输全行业节能降耗,特制定本办法。

**第二条**　在用车、船节能产品(技术)是指以降低行驶车、船能源消耗为直接目的的应用产品(技术)。

**第三条**　交通部能源管理办公室是全国在用车、船节能产品(技术)检测鉴定、监测监督、公布认证、推广应用的归口管理部门,负责组织本办法的实施。

**第四条**　各省、自治区、直辖市交通厅(局)节能主管部门为该地区在用车、船节能产品(技术)推广应用归口管理部门。

**第五条**　交通部认证授权的汽车运输行业能源利用监测中心、水运行业能源利用监测中心及其监测站为节能产品(技术)的质量检测部门。

**第六条**　符合下列条件之一的,可在全国范围内推广使用:

(1)国家计委、国家经贸委、交通部联合推广的在用车、船节能产品(技术)。

(2)获得国家《汽车、船舶节能产品公布规则》公布认证的节能产品。

(3)国务院各部委鉴定公布的,经交通部汽车运输、水运行业能源利用监测中心检测鉴定认可的车、船节能产品(技术)。

**第七条**　符合下列条件之一的,可在地区范围内推广使用:

(1)本地区计委、经贸委和交通厅(局)联合推广的在用车、船节能产品(技术)。

(2)符合本办法第六条规定的节能产品(技术)。

(3)本地区有关厅局鉴定公布的,须经交通部汽车运输、水运行业能源利用监测中心或能源利用监测站检测鉴定确有效果的车、船节能产品(技术)。

**第八条** 交通部负责指导全国在用车、船节能技术进步工作。不定期公布获得"汽车、船舶节能产品公布证"的节能产品(技术)。

**第九条** 交通部不定期会同国家计委、国家经贸委等有关部门联合开展全国重点在用车、船节能产品(技术)的评审,公布和技术交流活动。

**第十条** 各级政府和行业节能主管部门应支持和帮助节能产品(技术)生产企业提高产品质量,降低生产成本,督促在用车、船应用节能技术,进行技术改造。

**第十一条** 汽车运输、水运行业能源利用监测中心应依照《汽车、船舶节能产品公布规则》对已公布的在用车、船节能技术(产品)实行质量抽查、监控,对不合格的产品、信誉不端的生产企业及时上报。交通部对复测节能效果不符合标准的,又坚持不改进、不纠正的企业,撤销和不核发公布证书,并向社会通报。

**第十二条** 各省、自治区、直辖市交通行业管理部门依照《汽车、船舶节能产品公布规则》可对本地区推广应用的在用车、船节能产品(技术)实施产品质量监控。

**第十三条** 改型、增容、技术转移的在用车、船节能产品,应按公布程序的要求,重新申请认证公布。对于转产、停产的在用车、船节能产品,应及时报交通部。

**第十四条** 对伪造、涂改、转借、转让"公布证书"和"检测报告"的,将依法追究单位或当事人的责任,并向社会通报。

**第十五条** 积极支持和鼓励在有条件的地区建立节能产品(技术)推广应用基金。

**第十六条** 交通部负责全国车船节能产品质量监测体系的建

设，并会同国家计委、国家经贸委等有关部门不定期进行在用车、船节能产品（技术）推广应用和经验交流，对推广应用节能产品（技术）成绩显著的单位、生产厂家和用户将予以表彰奖励。

**第十七条** 港口、交通工程机械和工程船舶节能产品（技术）的推广应用可参照本办法执行。

**第十八条** 本办法由交通部负责解释。

**第十九条** 本办法自1995年10月15日起施行。

# 交通食品卫生监督管理办法

（交通部　交人劳发[1996]801号　1996.09.13）

## 第一章　总　　则

**第一条**　为保证交通食品卫生，防止食品污染和有害因素对人体的危害，保障旅客及职工、家属身体健康和交通运输安全，根据《中华人民共和国食品卫生法》（以下简称《食品卫生法》）和卫生部、交通部《关于规定交通食品卫生监督职责和管辖范围的通知》（卫监发[1996]第30号），制定本办法。

**第二条**　本办法适用于交通卫生监督机构管辖范围内的食品生产经营活动。

**第三条**　交通部卫生行政部门主管管辖范围内部属和双重领导单位食品卫生监督管理工作。

## 第二章　交通食品生产经营与运输的卫生要求

**第四条**　交通食品生产经营与运输单位应严格执行《食品卫生法》的有关规定，符合下列要求：

（一）保持室内外环境整洁，采取消除苍蝇、鼠、蟑螂和其他有害昆虫及其孳生条件的措施，与有毒、有害场所保持规定的距离。

（二）应有相应的通风、保温、防腐、防尘、防蝇、防鼠、洗消、污水排放、存入垃圾和地脚、废弃物的设施。

（三）运输、装卸和贮存的工艺流程应当合理，防止食品污染、变质，食品不得接触有毒、有害物和不洁物。

（四）运输、装卸和贮存食品的设备、容器包装和工具、属具必须安全卫生、无毒、无害，保持清洁，符合交通运输要求，防止食品污染。

（五）从事食品生产经营的现场作业人员应当保持个人卫生，必须按照工艺流程和规定的卫生要求穿戴清洁的工作服、帽、手套和鞋（靴）。

（六）食品专用的库场、仓储设备、设施和工具、属具，应当做到专管专用。

（七）食品运输、装卸、贮存的卫生与安全标准、管理办法和检验规程，必须符合有关规定。

（八）为旅客提供食宿服务的客船应配备符合规定、有足够容量的冷藏设施，以加强食品的防腐保鲜。

（九）内河客船生活饮用水应符合交通部《内河船舶生活饮用水卫生标准》；海上客轮应定期对生活饮用水水舱清洗消毒，保证饮用水卫生。

## 第三章　食品卫生管理

**第五条**　各交通食品生产经营单位应配备专职或兼职食品卫生管理人员，切实加强食品卫生管理工作，建立健全各项规章制度和操作规程，并对执行《食品卫生法》和本办法情况进行检查。

**第六条**　各上级单位应当鼓励和支持改进生产经营条件，促进提高食品卫生质量。

**第七条**　交通食品生产经营的设施、场所的新建、扩建、改建的选址和设计应当符合国家食品的卫生要求，其设计审查和工程验收必须有交通卫生监督机构参加。

**第八条**　专门从事交通食品生产经营的人员每年必须进行健康检查；新参加工作和临时参加工作的人员必须进行健康检查，取得健康证明后方可上岗工作。

## 第四章　卫生许可证管理

**第九条**　从事交通食品生产经营，必须取得交通部卫生监督机构发放的卫生许可证。未取得卫生许可证的,不得从事交通食品生产经营活动。

卫生许可证的发放由各交通卫生监督机构具体承办。

**第十条** 食品生产经营者申请取得卫生许可证时,应向交通卫生监督机构办理申请手续,填写《卫生许可证申请书》,并分别提供下列资料:

(一)法定代表人或者生产经营负责人资格证明;

(二)生产经营场地平面图、生产工艺流程及卫生防护设施;

(三)产品原料、配方及包装材料、标签、说明书、产品安全性、稳定性评价资料和产品卫生质量标准,试生产检验结果;

(四)食品从业人员健康检查和培训资料证明;

(五)新建、扩建、改建工程的预防性卫生审核材料;

(六)法律、法规、规章规定或卫生行政部门要求提供的其他材料。

**第十一条** 交通卫生监督机构应当在收到申请材料之日起7日内做出受理、不受理或限期补充有关材料的决定。

**第十二条** 受理申请后,交通卫生监督机构按照《食品卫生法》及有关规定对提供的材料进行审查,需要现场审查的,应当制作现场审查记录,并由承办人和申请人(经办人)签名。

**第十三条** 交通卫生监督机构应当自受理之日起,30日内做出同意,限期改正或不予批准的审查决定。经审查同意的,在10天内交通卫生监督机构发给卫生许可证。

**第十四条** 卫生许可证的有效期为4年,每年复核一次。卫生许可证悬挂在生产经营场所的明显处,亮证经营。

**第十五条** 卫生许可证年度复核由交通卫生监督机构指派两名以上食品卫生监督员进行复核,并制作现场卫生监督笔录,主要内容有:

(一)食品生产经营场所的环境卫生,车间布局,加工、贮存、工艺流程及卫生设施是否符合卫生要求;

(二)本单位卫生制度的执行情况;

（三）从业人员的健康证明，患病人员的调离情况；

（四）食品卫生质量检测情况；

（五）食品包装、标签、说明书是否符合法律、法规及规章的要求；

（六）食品生产经营者对交通卫生监督机构提出的要求或意见的执行情况。

**第十六条**　交通卫生监督机构对符合年度复核规定条件的，在卫生许可证上贴年度复核标志。

对年度复核不符合卫生要求的，通知当事人限期改正。

**第十七条**　已取得卫生许可证的食品生产者，对季节性和节令性生产加工的食品，在每年生产前必须申报原发证机构审查，符合标准后，才能投入批量生产。

**第十八条**　食品生产经营者在卫生许可证有效期内变更单位名称、法定代表人或负责人、许可项目，应向原发证机构提出申请。交通卫生监督机构收到申请之日起10日内，指派两名以上食品卫生监督员进行现场审查，并制作现场笔录。经审查符合规定条件的，应批准换发新证（编号及发证日期不变）。

食品生产经营者迁移地址，按本办法规定的程序重新申请办理卫生许可证。原卫生许可证自行失效。

**第十九条**　卫生许可证因故遗失、毁损的，应在遗失、毁损之日起5日内，向原发证机构申请补发。卫生监督机构收到补发卫生许可证的申请后，在10日内审批，发证。补发卫生许可证重新编号和填写日期，原卫生许可证同时作废。

**第二十条**　卫生许可证的有效期满后，依照本办法规定重新申请办理卫生许可证。

**第二十一条**　对被注销或被依法吊销卫生许可证的，交通卫生监督机构应及时收缴许可证和做好登记，并应予以公告。被注销或被吊销卫生许可证的，3个月内不得重新申请食品卫生许可证。

**第二十二条**　对部属和双重领导单位的交通招待所、港航海员公寓、工厂院校内和界定后的职工家属生活区的食品生产经营者发放卫生许可证,可参照当地卫生许可证发放条件。

## 第五章　食品卫生监督

**第二十三条**　交通部设立的卫生监督机构在管辖范围内行使《食品卫生法》规定的食品卫生监督职责。

**第二十四条**　交通食品卫生监督职责是:

(一)进行食品卫生监测、检验、查验和技术指导;

(二)协助培训食品生产经营人员,监督食品生产人员的健康检查;

(三)宣传食品卫生、营养知识,进行食品卫生评价,公布食品卫生情况;

(四)对于交通食品生产经营的设施、场所的新建、扩建、改建工程的选址和设计进行卫生审查,并参加工程验收;

(五)对食物中毒和食品污染事故进行调查,并采取控制措施;

(六)对《食品卫生法》和本办法的执行情况进行巡回监督检查;

(七)对违反《食品卫生法》和本办法的行为追查责任,依法进行行政处罚;

(八)负责其他食品卫生监督事项。

**第二十五条**　各交通卫生监督机构设食品卫生监督员,食品卫生监督员必须符合卫生监督员任职条件,由交通部审批发证。

**第二十六条**　食品卫生监督员按照《食品卫生法》第三十五条的规定,执行交通卫生监督机构交付的任务。

**第二十七条**　各交通卫生监督机构在其管辖范围内对已造成食物中毒事故或有证据证明可能导致食物中毒事故的食品,可以依照《食品卫生法》第三十七条规定采取临时控制措施。

## 第六章　法 律 责 任

**第二十八条**　各交通卫生监督机构可以依照《食品卫生法》,

在其管辖范围内，对违反《食品卫生法》行为的，作出卫生行政处罚的决定。

**第二十九条** 有下列情况之一的，交通卫生监督机构应吊销卫生许可证：

（一）卫生许可证有效期满后，未重新申请取得卫生许可证的；

（二）自行歇业连续6个月不生产经营食品的；

（三）食品生产经营者被吊销《企业法人营业执照》（营业执照）或被兼并、破产的；

（四）违反卫生许可证许可项目的。

（五）《食品卫生法》规定的其他违法行为。

**第三十条** 对被注销或吊销卫生许可证后仍继续从事食品生产经营活动的，依据《食品卫生法》第四十条规定予以处罚。

**第三十一条** 对年度复核不合格经限期改正仍不符合卫生要求的，责令停止生产经营。

**第三十二条** 当事人对行政处罚决定不服的，可依照行政复议和行政诉讼的有关法律、法规规定申请复议或提起诉讼。

## 第七章 附 则

**第三十三条** 本办法规定使用的卫生监督文书和执行文书及卫生许可证，按卫生部的规定执行，卫生许可证套印交通部卫生监督处印章。

**第三十四条** 本办法由交通部负责解释。

**第三十五条** 本办法自发布之日起实施。

# 交通部防静电个人防护用品使用管理规定

（交通部　交人劳发[1997]517号　1997.08.25）

**第一条**　为贯彻“安全第一，预防为主”的方针，加强港航企业防静电个人劳动防护用品的管理，预防因人体静电危害引起的燃烧爆炸事故和人身伤亡事故，根据国家、交通部有关规定和标准，结合港航企业生产实际，制定本规定。

**第二条**　本规定适用于交通港航企业各类易燃易爆作业场所的现场人员防静电安全管理。

各类易燃易爆作业场所包括：

（一）油船（化工品船、液化气船）的舱甲板（舱口、量油口、观察孔、透气口）、输油管和货油舱、货油泵舱、污油水舱、压载舱等。

（二）油码头（化工品码头、液化气码头）的生产区域，包括码头前沿、输送管道、泵站、汽车（火车）装卸站、油罐车和储罐区等。

（三）散粮筒仓。

（四）危险品（化工品）库、场、站、燃料供应船和加油站。

（五）其他需防静电危害的作业场所。

**第三条**　进入规定易燃易爆作业场所的人员（包括现场作业、管理人员、安全检查人员和临时参观的人员等），必须穿着防静电个人防护用品。包括防静电工作服、鞋、帽、手套等系列用品。

**第四条**　各单位配备的防静电个人防护用品，必须符合JT 2017—90、GB 12014—89、GB 4385—84的有关技术要求。

**第五条**　防静电工作服的使用要求：

（一）穿用前，应对防静电服的外观进行检查，在确认无破损和无影响防静电性能的情况后，方可使用。

（二）穿用防静电工作服必须上、下装同时穿着，必须与防静电工作鞋配套使用。

（三）禁止在易燃易爆场所穿脱。

（四）禁止在防静电工作服上附加或佩戴任何金属物件。

（五）严禁在高电压和强磁场区域使用。

（六）洗涤时应使用中性或弱碱性洗涤剂，禁止使用硬板刷洗刷。

**第六条** 防静电工作鞋的使用要求：

（一）穿用防静电胶底鞋时，所处地面的电阻应不大于1.0×108Ω。

（二）在穿用过程中，鞋的底部不得沾有绝缘性的杂质。

（三）在穿用过程中，应避免同时穿着绝缘性强或毛制的厚袜子以及绝缘性鞋垫等。

（四）对于维护动力设备或处理高压电气设备、有触电危险的工作人员，禁止穿用防静电工作鞋。

**第七条** 在油舱检尺和油舱、油罐维修等危险性较高的作业过程中，作业人员手工作业必须戴防静电手套。

**第八条** 企业必须实行防静电个人防护用品的配套使用管理，按生产现场色彩管理要求，为作业人员配发安全色（橙色）防静电服，并根据生产实际，推广使用连体防静电工作服。

**第九条** 各单位对防静电个人防护用品实行特种劳动防护用品监督管理。劳动保护部门应对防静电面料的选择、服装用品的质量严格把关。必须选购由省级以上劳动部门颁发生产许可证厂家的产品，购买时要查验和确认产品检验报告，产品必需标明生产日期。

**第十条** 各单位应按产品质量要求，选择防静电性能、耐用性和服用性好的产品，严禁选用纯化纤、涤纶或纯棉工作服替代防静电工作服。

**第十一条** 防静电个人防护用品的发放和保管：

（一）防静电服使用期限一般不超过两年，具体发放标准由各企业根据本单位生产实际情况自行制定。

（二）根据不同地区，可以春秋装或夏装相互交替发放。

（三）正常发放应以旧换新，超过规定期限的，禁止使用。

（四）发放时应查看服装的强度和外观质量。

（五）用品库房保管应处于在空气干燥、常温条件下。保管期两年以上的，应在抽检合格后再予发放。

（六）库房管理人员应定期检查用品外观质量及保管条件变化情况。

**第十二条** 各单位，尤其是防静电个人防护用品使用量大的企业，必须加强用品的跟踪管理，建章立制，做好用品质量的抽样检测工作，发现异常情况，及时整改。

**第十三条** 各单位使用的防静电工作服应配有交通部规定的防静电标志（见附件）。

**第十四条** 各单位劳动保护部门要认真履行职责，加强对防静电个人劳动防护用品的管理，有关部门要积极配合，切实做好工作。

**第十五条** 对违反规定而导致生产和人身伤亡事故的，必须按“三不放过”原则和国家有关规定严肃查处。

**第十六条** 各单位可根据本规定，结合本单位生产的实际情况，制定实施细则。

**第十七条** 本规定由交通部人事劳动司负责解释。

**第十八条** 本规定自发布之日起施行。

# 交通部《关于在公共交通工具及其等候室禁止吸烟的规定》实施细则

（交通部　交人劳发[1997]838号　1997.12.22）

**第一条**　根据全国爱卫会、卫生部、铁道部、交通部、建设部、民航总局发布的《关于在公共交通工具及其等候室禁止吸烟的规定》（全爱卫发〔1997〕第1号），结合交通系统实际情况，制订本实施细则。

**第二条**　交通部是本系统公共交通工具及其等候室禁止吸烟工作的主管部门，各级交通行政主管部门或交通部直属、双重领导港口、航运企业所在地交通卫生管理机构负责实施禁止吸烟的监督管理工作。

**第三条**　除特别指定的区域外，在下列公共交通工具及其等候场所禁止吸烟：

（一）营业性客运汽车的车厢内；各类客船的各等级舱室、会议室、阅览室、小卖部、医务室、理发室、各种娱乐场所和内走道；

（二）港口客运站和汽车客运站的等候室、售票厅、联检厅、会议室、阅览室、大堂、室内通道，旅客购物、娱乐、休闲场所，安装中央空调的客运站其他场所，进驻单位的旅客接待站。

**第四条**　客轮和港口、汽车客运站的旅客等候室可以指定吸烟区域或装有有效的通风装置的吸烟室；长途客车，可允许定时车外吸烟。

**第五条**　禁止吸烟场所的经营或管理单位应履行下列职责：

（一）在禁烟场所必须设立明显的禁止吸烟的标志；

（二）在禁烟场所不得设置烟草广告标志，不得放置吸烟用具；

（三）在旅客等候室可以指定吸烟场所的区域或设置有通风

装置的吸烟室，并设有准许吸烟的明显标志；

（四）必须对禁烟工作严格管理，可根据需要聘任若干名专（兼）职卫生检查员，负责监督、管理本场所的禁烟工作和劝阻旅客吸烟；

（五）应采用各种形式向旅客开展吸烟有害健康的宣传教育工作。

**第六条** 交通部门的工作人员在禁止吸烟的场所严禁吸烟，并有责任劝阻他人吸烟。

**第七条** 卫生检查员聘任条件：热爱本职工作、责任心强、经过卫生知识培训、遵章守纪的客运工作人员。

卫生检查员证件使用交通部规范性执法证件。

**第八条** 卫生检查员在执行检查工作时应在胸前配戴卫生检查员证章，劝阻吸烟时要礼貌待人，秉公办事；实施处罚时，应出具本人执法证件，按照规定的程序进行，并使用财政部门统一监制的卫生罚款专用票据。

**第九条** 在禁止吸烟场所，旅客有权要求该场所内的吸烟者停止吸烟和有权要求该场所的工作人员、卫生检查员劝阻吸烟。

**第十条** 对违反本细则第五条的单位，由上级交通行政主管部门或部属、双重领导港口、航运企业所在地的交通卫生管理机构责令其改正，通报批评、取消卫生荣誉称号，并根据情节轻重可以给予警告、罚款500～1000元的行政处罚。

**第十一条** 对违反本细则第三条、第五条的个人卫生检查员应对其进行教育，责令其停止吸烟，可处以10元的罚款；对经教育、劝阻仍不执行本规定者，可处以20～50元的罚款。

**第十二条** 卫生及客运管理部门对禁止吸烟场所做出行政处罚时，应出具法定的行政处罚决定书，必须使用所在省级财政部门统一监制的卫生罚款专用票据。票据应指定专人申领，并负责保管、登记、发放各执罚单位。

**第十三条** 拒绝、阻碍卫生检查员依法执行公务的，由公安部门按照《中华人民共和国治安管理处罚条例》处理；对使用暴力和用暴力威胁构成犯罪的,依法追究其刑事责任及经济赔偿责任。

**第十四条**　当事人对处罚不服的,可根据《行政复议条例》和《中华人民共和国行政诉讼法》的规定,向交通行政主管部门申请复议或向所在地人民法院提起行政诉讼。

**第十五条**　各级交通主管部门应定期对有关管理人员、卫生检查员遵守法纪、秉公执法情况进行监督和考核。对徇私舞弊、索贿受贿、玩忽职守的给予行政处分;构成犯罪的,依法追究其刑事责任。

**第十六条**　本实施细则由交通部负责解释。

**第十七条**　本实施细则自发布之日起实施。

# 交通行业实施节约能源法细则

（交通部　交体法发[2000]306号　2000.06.16）

## 第一章　总　　则

**第一条**　为推进交通行业节约能源，提高能源利用率和经济效益，保护环境，保障交通持续发展，根据《中华人民共和国节约能源法》（以下简称《节能法》），结合交通行业实际，制定本细则。

**第二条**　本细则适用于中华人民共和国境内公路、水路交通行业用能及节能监督管理。

本细则所称能源，是指煤炭、原油、成品油、液化石油气、天然气、电力、焦炭、煤气、热力、生物质能和其他直接或者通过加工、转换而取得有用能的各种资源。

本细则所称节能，是指加强用能管理，采取技术上可行、经济上合理以及环境和社会可以承受的措施，减少从能源生产到消费各个环节中的损失和浪费，更加有效、合理地利用能源。

**第三条**　各级交通主管部门应当强化节能管理，合理调整公路、水路交通运输结构、装备结构和能源消费结构，推进节能技术进步，降低单位产品能耗和产值能耗，提高能源利用率，促进交通行业向节能型方向发展。

**第四条**　交通行业用能应当遵循合理、节约、高效的原则，遵守有关节能的法律、行政法规、规章、技术标准及本细则。

**第五条**　任何单位和个人都有节约能源的义务，有权对浪费能源的行为进行举报。

**第六条**　交通部在自己的职责范围内，依法负责全国交通行业节能监督管理工作。

县级以上地方人民政府交通主管部门在自己的职责范围内，依法负责本行政区域交通节能监督管理工作。

## 第二章　节能管理

**第七条**　县级以上交通主管部门应加强节能工作领导，建立能源管理机制，每年部署、协调、监督、检查节能工作。

**第八条**　交通部根据国家产业政策和节能技术政策，制定交通行业节能技术政策、措施和标准，保障交通行业合理利用能源。

**第九条**　县级以上交通主管部门应采取有效措施，鼓励、支持交通节能科学技术的研究、开发和推广。

**第十条**　交通行业固定资产投资和技术改造项目工程的可行性研究报告，应当包括合理用能的专题论证。

年能耗量在2000吨标准煤以上的工程项目为交通重点能耗工程项目，应当经交通行业能源利用监测机构进行节能评估，取得其出具的"交通工程可行性研究节能评估报告"后，方可按有关规定报批。未达到交通部规定的交通行业固定资产投资和技术改造项目工程节能要求的，交通行业能源利用监测机构不得出具"交通工程可行性研究节能评估报告"，审批机关不得批准。

**第十一条**　交通行业固定资产投资和技术改造项目工程的设计、施工应当采用合理用能的先进工艺和设备，其耗能应当符合用能标准和节能规范。达不到合理用能标准和节能技术规范要求的项目，不得批准建设，不得验收。

**第十二条**　交通部会同有关部门对用于交通行业的节能产品实行行业监督。用于交通行业的节能产品应经交通行业能源利用监测机构进行检测，取得其出具的"交通行业节能产品检测报告"，并按有关规定取得交通部能源机构颁发的"汽车船舶节能产品（技术）公布证书"后，方可在交通行业推广使用。

**第十三条**　交通部和省级交通主管部门对交通重点用能单位实行分级监督管理，对重点用能单位的单位产品能耗实行限额核定和考核制度。

交通重点用能单位是指年综合能源消费量在5000吨标准煤以上(含5000吨)的用能单位。

超过核定的单位产品能耗限额使用能源,情节严重的,依法责令限期治理。

**第十四条** 交通部会同有关部门定期公布交通重点用能单位名单,并发布交通重点用能单位能源利用状况公报。

**第十五条** 交通用能单位应当接受县级以上交通主管部门对其能源利用状况进行监督检查,如实提供有关情况和资料。

**第十六条** 建立以交通行业能源利用监测机构和交通行业有关协会为依托的节能监测、技术服务体系。

交通行业能源利用监测机构应当具备国家规定的资质条件,并经考核取得"交通行业能源利用监测许可证"后,方可实施交通行业的能源利用监测。交通行业能源利用监测、评估必须客观、公正。

交通行业有关协会在交通主管部门的指导下,协助政府有关部门做好行业节能技术政策、标准的研究和制订;为企业提供用能设备的节能技术咨询等服务工作。

## 第三章 合理使用能源

**第十七条** 交通用能单位应当加强能源管理,建立和完善节能考核制度,根据生产过程中运量、运力、施工作业等多种因素变化情况及时调整生产计划,保持生产的高效、节能。

**第十八条** 交通用能单位应当加强生产调度指挥,建立和完善岗位责任制和能源消耗定额管理制度,提高车辆实载率和船舶载重量利用率以及港口机械、施工机械的使用效率。

**第十九条** 交通用能单位应当按照国家有关计量的法律、法规和有关规定,加强能源计量管理,配备准确可靠的能源计量器具,对耗能设备实行严格的计量管理。

**第二十条** 交通重点用能单位应当建立能源消耗成本管理制度和能源利用状况报告制度，在每年1月底前向交通部、省级交通主管部门报送上一年度的能源利用状况报告。

交通能源利用状况应当包括以下内容：

（一）能源购入和消耗量；

（二）节能量；

（三）单位产品能耗或产值能耗；

（四）用能效率和节能效益分析；

（五）节能措施；

（六）法律、法规、规章规定的其他需要报告的情况。

**第二十一条** 禁止购置、使用国家公布淘汰的用能产品和设备，不得将淘汰的用能产品、设备转让或租借给他人使用。

**第二十二条** 交通重点用能单位应当定期对用能设备进行技术评定，对于技术落后的老旧及高耗能设备，提出报废、改造计划。

**第二十三条** 交通用能单位应当组织能源管理人员、设备操作人员以及其他有关人员参加节能培训，未经培训的人员不得在能源管理岗位和耗能设备操作岗位上工作。

交通行业节能培训工作，由交通部认可的有关机构负责具体实施。

**第二十四条** 交通用能单位应当建立能源使用责任制，对节能工作取得成绩的集体、个人给予奖励。奖金从用能单位综合奖中按节能价值量合理比例提取。

**第二十五条** 交通重点用能单位和其他交通用能单位应当建立和完善节能管理体制，设立能源管理岗位，明确岗位的任务和职责。

能源管理人员应具有节能专业知识和3年以上实践经验，并具有工程师以上技术职称。

**第二十六条** 交通重点用能单位聘任能源管理人员应及时向县级以上交通主管部门和有关部门备案。

**第二十七条** 交通用能单位应当建立能源消耗统计和能源利用状况分析制度,并按规定向县级以上交通主管部门和有关部门报送有关统计数据和资料。

## 第四章 节能技术进步措施

**第二十八条** 县级以上交通主管部门鼓励、支持开发先进节能技术,会同有关部门确定交通行业开发先进节能技术的重点和方向,建立和完善交通节能技术服务体系。

**第二十九条** 交通部和省级交通主管部门负责实施重大节能科研项目、节能示范工程,提出节能推广项目,引导交通行业采用先进的节能技术、工艺、设备和材料。

**第三十条** 交通重点用能单位应当在更新改造等项资金中提取适当比例的资金,用于节能技术项目和节能示范推广项目及可再生能源利用项目。

**第三十一条** 县级以上交通主管部门鼓励以下节能技术的研究、开发和推广应用:

(一)道路运输方面的节能技术:

1. 调整车辆构成,增加柴油车、大吨位车辆的运输比重,大力发展集装箱半挂、分体(甩挂)运输,提高车辆运输效率。加速淘汰能耗高的老旧车辆。

2. 研究公路条件改善与汽车节约能源的关系,为公路规划建设提供节约能源的依据。

3. 研究制定运输车辆油耗法规和装载限额,对空驶和装载低于限额的车辆予以限制。

4. 加强公路客、货运站布局体系的研究,重点是大、中、小公路客、货运站的分布与配套;研究全国性汽车运输信息计算机管理系统,提高运输车辆实载率。

5. 开展天然气、液化石油气及醇类等汽车代用燃料的实用化进程研究和使用技术研究。

6. 进行车辆行驶的减阻、减磨技术研究与开发。

(二)水运方面的节能技术:

1. 淘汰高耗能的老旧船和水泥船、港口设备、水运工程施工机械,提高装备的整体技术水平。

2. 加强船型优化,利用综合节能技术推广先进的运输方法,发展大吨位海洋运输船,提高船舶的平均吨位,在内河等主要航线发展节能型船舶和分节驳顶推船队为主力的水上高效运输,提高综合运输效益。

3. 发展海峡、海湾和陆岛之间客货混装运输及商品车辆集装单元化运输。

4. 推广行之有效的船舶主机与增压器优化调整技术、最佳纵倾技术和船体防污、除污等技术。

(三)港口、航道、救捞、航务工程、公路工程等方面的节能技术:

1. 加速对耗能高的老旧设备的更新,改造落后的生产工艺,合理配备装卸机械、施工机械和工属具,使工艺流程合理化。

2. 高航道技术等级,改善航行条件,规范行驶路线,加速船舶周转,提高能源使用效率。

3. 积极采用"四新"节能技术(新技术、新工艺、新设备、新材料),实施集中供热和绿色照明工程。

## 第五章 法律责任

**第三十二条** 使用国家明令淘汰用能设备的,将淘汰的用能设备转让他人使用的,或者有其他节能违法行为的,按《节能法》的有关规定处理。

**第三十三条** 虚报、假报、迟报、拒报或不按规定报送能源统计数据的,视情节轻重,按《中华人民共和国统计法》处理。

**第三十四条** 节能工作管理人员滥用职权、玩忽职守、徇私舞弊的,依法给予行政处分,构成犯罪的,依法追究刑事责任。

## 第六章　附　　则

**第三十五条**　本细则由交通部负责解释。

**第三十六条**　本细则自发布之日起施行。1986 年 8 月 20 日交通部发布的《交通行业节能管理实施条例》同时废止。

# 交通建设项目环境保护管理办法

（交通部令2003年第5号　2003.05.13）

## 第一章　总　　则

**第一条**　为加强交通建设项目环境保护管理，预防交通建设项目对环境造成不良影响，促进交通事业可持续发展，根据《中华人民共和国环境影响评价法》、《建设项目环境保护管理条例》，结合交通建设实际，制定本办法。

**第二条**　本办法所称“交通建设项目”，是指在中华人民共和国境内建设的对环境有影响的公路、水运工程建设项目。

**第三条**　交通部依照有关法律、行政法规和本办法对交通建设项目环境保护实施管理。交通部设置的交通环境保护机构具体负责全国交通建设项目环境保护的管理工作。

县级以上地方人民政府交通主管部门依照有关法律、行政法规和本办法对本行政区域内交通建设项目环境保护实施管理。省、自治区、直辖市人民政府交通主管部门可设置交通环境保护机构具体负责本行政区域内交通建设项目环境保护管理工作。

**第四条**　县级以上人民政府交通主管部门应当将交通建设项目环境保护工作纳入本部门的工作计划，采取有利于交通建设项目环境保护的经济、技术政策和措施，使交通建设项目环境保护工作同交通建设相协调。

**第五条**　交通建设项目环境影响评价应当避免与交通建设规划的环境影响评价相重复，已经进行了环境影响评价的交通建设规划所包含的具体交通建设项目，其环境影响评价内容可以简化。

**第六条** 对交通建设项目环境保护工作成绩显著的单位和个人，县级以上人民政府交通主管部门或者其交通环境保护机构予以表彰和奖励。

## 第二章 环境影响评价程序

**第七条** 县级以上人民政府交通主管部门应当按照国家规定的环境影响评价制度和建设项目环境保护分类管理名录，对交通建设项目的环境保护实行分类管理。

未按照国家规定进行环境影响评价的交通建设项目，县级以上人民政府交通主管部门不予审批工程可行性研究报告和初步设计。

**第八条** 建设单位应当在交通建设项目可行性研究阶段报批建设项目环境影响报告书、环境影响报告表或者环境影响登记表。经交通环境保护机构审核，并经有审批权的环境保护行政主管部门同意，可在初步设计完成前报批建设项目环境影响报告书或者环境影响报告表。

按照国家有关规定，不需要进行可行性研究的交通建设项目，建设单位应当在交通建设项目开工前报批建设项目环境影响报告书、环境影响报告表或者环境影响登记表。

**第九条** 交通建设项目环境影响报告书、环境影响报告表或者环境影响登记表的内容和格式，应当符合国家有关规定及技术规范的要求。

涉及水土保持的交通建设项目，环境影响报告书或者环境影响报告表必须有水土保持方案。

**第十条** 根据《中华人民共和国环境影响评价法》第二十二条第一款和《建设项目环境保护管理条例》第十条的规定，需报环境保护行政主管部门审批的交通建设项目，其环境影响报告书、环境影响报告表或者环境影响登记表，必须事先经同级交通主管部门预审。

**第十一条** 交通主管部门应当自收到建设项目环境影响报告书之日起30日内、环境影响报告表15日内、环境影响登记表10日内，提出同意或者不同意的预审意见，按有关规定报有审批权的环境保护行政主管部门审批。

**第十二条** 交通建设项目环境影响报告书、环境影响报告表或者环境影响登记表经批准后，建设项目的性质、规模、地点、采用的施工工艺发生重大变动或者超过5年后开工建设的，应当重新办理报批手续。

**第十三条** 建设单位向县级以上人民政府交通主管部门申请交通建设项目环境影响评价预审，应当按规定提交有明确的建设项目环境影响评价结论的建设项目环境影响报告书、环境影响报告表或者环境影响登记表；按规定应当提交环境影响报告书的，还应当附具有关单位、专家和公众的意见及对有关意见采纳或者不采纳的说明。

**第十四条** 交通建设项目环境影响评价工作，由建设单位自主选择熟悉交通建设项目施工工艺、污染排放和生态损害及其防治对策，具备交通建设项目工程分析能力，依法取得相应的资格证书，并向交通主管部门办理备案手续的机构承担。

县级以上人民政府交通主管部门不得为建设单位指定任何机构进行交通建设项目环境影响评价。

**第十五条** 交通建设项目环境影响评价机构应当按照国家有关规定和资格证书确定的等级、评价范围，从事交通建设项目环境影响评价服务，并对评价结论负责。

## 第三章　环境保护设施

**第十六条** 交通建设项目需要配套建设的环境保护工程，必须与主体工程同时设计、同时施工、同时投入使用。

**第十七条** 交通建设项目的初步设计，应当按照交通行业环境保护设计规范及其他有关技术规范的要求，编制环境保护篇章，并依据经批准的建设项目环境影响报告书或者环境影响报告表，在环境保护篇章中落实防治环境污染和生态破坏的措施以及环境工程投资概算。

**第十八条** 省级以上人民政府交通主管部门按规定组织交通建设项目的初步设计审查，应当有交通环境保护机构参加。

交通建设项目初步设计的环境保护篇章不符合规定要求的，不得通过初步设计审查。

**第十九条** 交通建设项目的主体工程完工后，需要进行试运营的，其配套建设的环境保护设施必须与主体工程同时投入试运营。

**第二十条** 交通建设项目竣工后，建设单位应当向审批该建设项目环境影响报告书、环境影响报告表或者环境影响登记表的环境行政主管部门申请环境保护设施竣工验收，同时报县级以上人民政府交通主管部门。

省级以上人民政府交通主管部门按规定组织交通建设项目的竣工验收，应当有交通环境保护机构参加。

**第二十一条** 交通建设项目需要配套建设的环境保护设施经验收合格后，该建设项目方可正式投入生产或者使用。

**第二十二条** 交通建设项目的后评估文件应当有环境保护篇章。重大交通建设项目应当进行专项环境后评估，评估费用在建设项目工作经费中列支。

## 第四章　罚　　则

**第二十三条** 违反本办法有关规定，交通环境保护机构可以建议环境保护行政主管部门依法给予行政处罚。

**第二十四条** 县级以上人民政府交通主管部门及其交通环境保护机构的工作人员违反本办法及其他国家有关规定，滥用职权、玩忽职守、徇私舞弊，依法给予行政处分。

## 第五章　附　　则

**第二十五条**　本办法由交通部负责解释。

**第二十六条**　本办法自2003年6月1日起施行。交通部1990年6月16日发布的《交通建设项目环境保护管理办法》同时废止。

# 突发公共卫生事件交通应急规定

（卫生部、交通部令 2004 年第 2 号　2004.03.04）

## 第一章　总　则

**第一条**　为了有效预防、及时控制和消除突发公共卫生事件的危害，防止重大传染病疫情通过车辆、船舶及其乘运人员、货物传播流行，保障旅客身体健康与生命安全，保证突发公共卫生事件应急物资及时运输，维护正常的社会秩序，根据《中华人民共和国传染病防治法》、《中华人民共和国传染病防治法实施办法》、《突发公共卫生事件应急条例》、《国内交通卫生检疫条例》的有关规定，制定本规定。

**第二条**　本规定所称突发公共卫生事件（以下简称突发事件），是指突然发生，造成或者可能造成社会公众健康严重损害的重大传染病疫情、群体性不明原因疾病、重大食物和职业中毒以及其他严重影响公众健康的事件。本规定所称重大传染病疫情，是指根据《突发公共卫生事件应急条例》有关规定确定的传染病疫情。

本规定所称交通卫生检疫，是指根据《国内交通卫生检疫条例》对车船、港站、乘运人员和货物等实施的卫生检验、紧急卫生处理、紧急控制、临时隔离、医学检查和留验以及其他应急卫生防范、控制、处置措施。

本规定所称检疫传染病病人、疑似检疫传染病病人，是指国务院确定并公布的检疫传染病的病人、疑似传染病病人。

本规定所称车船，是指从事道路运输、水路运输活动的客车、货车、客船（包括客渡船）和货船。

本规定所称港站，是指提供停靠车船、上下旅客、装卸货物的场所，包括汽车客运站、货运站、港口客运站、货运码头、港口堆场和仓库等。

本规定所称乘运人员，是指车船上的所有人员，包括车辆驾驶人员和乘务人员、船员、旅客等。

**第三条** 突发事件交通应急工作，应当遵循预防为主、常备不懈的方针，贯彻统一领导、分级负责、反应及时、措施果断、依靠科学、加强合作的原则，在确保控制重大传染病病源传播和蔓延的前提下，做到交通不中断、客流不中断、货流不中断。

**第四条** 交通部根据职责，依法负责全国突发事件交通应急工作。

县级以上地方人民政府交通行政主管部门在本部门的职责范围内，依法负责本行政区域内的突发事件交通应急工作。

突发事件发生后，县级以上地方人民政府交通行政主管部门设立突发事件应急处理指挥部，负责对突发事件交通应急处理工作的领导和指挥。

县级以上人民政府交通行政主管部门履行突发事件交通应急职责，应当与同级人民政府卫生行政主管部门密切配合，协调行动。

**第五条** 县级以上人民政府交通行政主管部门应当建立和完善突发事件交通防范和应急责任制，保证突发事件交通应急工作的顺利进行。

**第六条** 任何单位和个人有权对县级以上人民政府交通行政主管部门不履行突发事件交通应急处理职责，或者不按照规定履行职责的行为向其上级人民政府交通行政主管部门举报。

对报告在车船、港站发生的突发事件或者举报突发事件交通应急渎职行为有功的单位和个人，县级以上人民政府交通行政主管部门应当予以奖励。

## 第二章 预防和应急准备

**第七条** 县级以上人民政府交通行政主管部门应当结合本行

政区域或者管辖范围的交通实际情况，制定突发事件交通应急预案。道路运输经营者、水路运输经营者应当按照有关规定，建立卫生责任制度，制定各自的突发事件应急预案。

**第八条**　制定突发事件交通应急预案，应当以突发事件的类别和快速反应的要求为依据，并征求同级人民政府卫生行政主管部门的意见。

为防范和处理重大传染病疫情突发事件制定的突发事件交通应急预案，应当包括以下主要内容：

（一）突发事件交通应急处理指挥部的组成和相关机构的职责；

（二）突发事件有关车船、港站重大传染病病人、疑似重大传染病病人和可能感染重大传染病病人的应急处理方案；

（三）突发事件有关污染车船、港站和污染物的应急处理方案；

（四）突发事件有关人员群体、防疫人员和救护人员的运输方案；

（五）突发事件有关药品、医疗救护设备器械等紧急物资的运输方案；

（六）突发事件有关车船、港站、道路、航道、船闸的应急维护和应急管理方案；

（七）突发事件有关交通应急信息的收集、分析、报告、通报、宣传方案；

（八）突发事件有关应急物资、运力储备与调度方案；

（九）突发事件交通应急处理执行机构及其任务；

（十）突发事件交通应急处理人员的组织和培训方案；

（十一）突发事件交通应急处理工作的检查监督方案；

（十二）突发事件交通应急处理其他有关工作方案。

为防范和处理其他突发事件制定的突发事件交通应急预案，应当包括本条前款除第（二）项、第（三）项和第（八）项规定以外的内容，并包括突发事件交通应急设施、设备以及其他有关物资的储备与调度方案。

突发事件交通应急预案应当根据突发事件的变化和实施中出现的问题及时进行修订、补充。

**第九条** 县级以上人民政府交通行政主管部门应当根据突发事件交通应急工作预案的要求，保证突发事件交通应急运力和有关物资储备。

**第十条** 道路运输经营者、水路运输经营者应当按照国家有关规定，使客车、客船、客运站保持良好的卫生状况，消除车船、港站的病媒昆虫和鼠类以及其他染疫动物的危害。

**第十一条** 县级以上人民政府交通行政主管部门应当开展突发事件交通应急知识的宣传教育，增强道路、水路运输从业人员和旅客对突发事件的防范意识和应对能力。

**第十二条** 在车船、港站发生突发事件，县级以上人民政府交通行政主管部门应当协助同级人民政府卫生行政主管部门组织专家对突发事件进行综合评估，初步判断突发事件的类型，按照有关规定向省级以上人民政府提出是否启动突发事件应急预案的建议。

**第十三条** 国务院或者省级人民政府决定突发事件应急预案启动后，突发事件发生地的县级以上人民政府交通行政主管部门应当根据突发事件的类别，立即启动相应的突发事件交通应急预案，并向社会公布有关突发事件交通应急预案。

## 第三章　应急信息报告

**第十四条** 县级以上人民政府交通行政主管部门应当建立突发事件交通应急值班制度、应急报告制度和应急举报制度，公布统一的突发事件报告、举报电话，保证突发事件交通应急信息畅通。

**第十五条** 县级以上人民政府交通行政主管部门应当按有关规定向上级人民政府交通行政主管部门报告下列有关突发事件的情况：

（一）突发事件的实际发生情况；

（二）预防、控制和处理突发事件的情况；

（三）运输突发事件紧急物资的情况；

（四）保障交通畅通的情况；

（五）突发事件应急的其他有关情况。

道路运输经营者、水路运输经营者应当按有关规定向所在地县级人民政府交通行政主管部门和卫生行政主管部门报告有关突发事件的预防、控制、处理和紧急物资运输的有关情况。

**第十六条** 县级以上人民政府交通行政主管部门接到有关突发事件的报告后，应当在接到报告后1小时内向上级人民政府交通行政主管部门和同级人民政府卫生行政主管部门报告，根据卫生行政主管部门的要求，立即采取有关预防和控制措施，并协助同级人民政府卫生行政主管部门组织有关人员对报告事项调查核实、确证，采取必要的控制措施。

突发事件发生地的县级以上人民政府交通行政主管部门应当在首次初步调查结束后2小时内，向上一级人民政府交通行政主管部门报告突发事件的有关调查情况。

上级人民政府交通行政主管部门接到下级人民政府交通行政主管部门有关突发事件的报告后1小时内，向本交通行政主管部门的上一级人民政府交通行政主管部门报告。

突发事件发生地的县级以上地方人民政府交通行政主管部门，应当及时向毗邻和其他有关县级以上人民政府交通行政主管部门通报突发事件的有关情况。

**第十七条** 任何单位和个人不得隐瞒、缓报、谎报或者授意他人隐瞒、缓报、谎报有关突发事件和突发事件交通应急情况。

## 第四章 疫情应急处理

**第十八条** 重大传染病疫情发生后，县级以上人民政府交通行政主管部门应当按照省级人民政府依法确定的检疫传染病疫区以及对出入检疫传染病疫区的交通工具及其乘运人员、物资实施交通应急处理的决定，和同级人民政府卫生行政主管部门在客运站、客运渡口、路口等设立交通卫生检疫站或者留验站，依法实施交通卫生检疫。

**第十九条** 重大传染病疫情发生后,县级以上人民政府交通行政主管部门应当及时将县级以上人民政府卫生行政主管部门通报的有关疫情通知有关道路运输经营者、水路运输经营者。县级以上人民政府交通行政主管部门应当及时会同同级人民政府卫生行政主管部门对道路运输经营者、水路运输经营者以及乘运人员进行相应的卫生防疫基本知识的宣传教育。

**第二十条** 重大传染病疫情发生后,道路运输经营者、水路运输经营者对车船、港站、货物应当按规定进行消毒或者进行其他必要的卫生处理,并经县级以上地方人民政府卫生行政主管部门疾病预防控制机构检疫合格,领取《交通卫生检疫合格证》后,方可投入营运或者进行运输。

《交通卫生检疫合格证》的印制、发放和使用,按照交通部与卫生部等国务院有关行政主管部门联合发布的《国内交通卫生检疫条例实施方案》的有关规定执行。

**第二十一条** 重大传染病疫情发生后,道路旅客运输经营者、水路旅客运输经营者应当组织对驾驶人员、乘务人员和船员进行健康检查,发现有检疫症状的,不得安排上车、上船。

**第二十二条** 重大传染病疫情发生后,道路运输经营者、水路运输经营者应当在车船、港站以及其他经营场所的显著位置张贴有关传染病预防和控制的宣传材料,并提醒旅客不得乘坐未取得《交通卫生检疫合格证》和道路旅客运输经营资格或者水路旅客运输经营资格的车辆、船舶,不得携带或者托运染疫行李和货物。

重大传染病疫情发生后,客车、客船应当在依法批准并符合突发事件交通应急预案要求的客运站、客运渡口上下旅客。

**第二十三条** 重大传染病疫情发生后,旅客购买车票、船票,应当事先填写交通部会同有关部门统一制定的《旅客健康申报卡》。旅客填写确有困难的,由港站工作人员帮助填写。

客运站出售客票时,应当对《旅客健康申报卡》所有事项进行核实。没有按规定填写《旅客健康申报卡》的旅客,客运站不得售票。

途中需要上下旅客的,客车、客船应当进入中转客运站,从始发客运站乘坐车船的旅客,不得再次被要求填写《旅客健康申报卡》。

**第二十四条** 重大传染病疫情发生后,旅客乘坐车船,应当接受交通卫生检疫,如被初验为检疫传染病病人或者疑似检疫传染病病人、可能感染检疫传染病病人以及国务院卫生行政主管部门规定需要采取应急控制措施的传染病病人、疑似传染病病人及其密切接触者,还应当接受留验站或者卫生行政主管部门疾病预防控制机构对其实施临时隔离、医学检查或者其他应急医学措施。

客运站应当认真查验《旅客健康申报卡》和客票。对不填报《旅客健康申报卡》的旅客,应当拒绝其乘坐客车、客船,并说明理由。

**第二十五条** 重大传染病疫情发生后,客运站应按车次或者航班将《旅客健康申报卡》交给旅客所乘坐车船的驾驶员或者船长、乘务员。

到达终点客运站后,驾驶员、船长或者乘务员应当将《旅客健康申报卡》交终点客运站,由终点客运站保存。

在中转客运站下车船的旅客,由该车船的驾驶员、船长或者乘务员将下车船旅客的《旅客健康申报卡》交中转客运站保存。

**第二十六条** 车船上发现检疫传染病病人或者疑似检疫传染病病人、可能感染检疫传染病病人以及国务院卫生行政主管部门规定需要采取应急控制措施的传染病病人、疑似传染病病人及其密切接触者时,驾驶员或者船长应当组织有关人员依法采取下列临时措施:

(一)以最快的方式通知前方停靠点,并向车船的所有人或者经营人和始发客运站报告;

(二)对检疫传染病病人、疑似检疫传染病病人、可能感染检疫传染病病人以及国务院卫生行政主管部门确定的其他重大传染病病人、疑似重大传染病病人、可能感染重大传染病病人及与其密切接触者实施紧急卫生处理和临时隔离;

(三)封闭已被污染或者可能被污染的区域,禁止向外排放污物;

(四)将车船迅速驶向指定的停靠点,并将《旅客健康申报卡》、乘运人员名单移交当地县级以上地方人民政府交通行政主管部门；

（五）对承运过检疫传染病病人、疑似检疫传染病病人、可能感染检疫传染病病人以及国务院卫生行政主管部门确定的其他重大传染病病人、疑似重大传染病病人、可能感染重大传染病病人及与其密切接触者的车船和可能被污染的停靠场所实施卫生处理。

车船的前方停靠点、车船的所有人或者经营人以及始发客运站接到有关报告后，应当立即向当地县级以上地方人民政府交通行政主管部门、卫生行政主管部门报告。

县级以上地方人民政府交通行政主管部门接到报告后，应当立即和同级人民政府卫生行政主管部门组织有关人员到达现场，采取相应的交通卫生检疫措施。

**第二十七条** 县级以上人民政府交通行政主管部门发现正在行驶的车船载有检疫传染病病人或者疑似检疫传染病病人、可能感染检疫传染病病人以及国务院卫生行政主管部门规定需要采取应急控制措施的传染病病人、疑似传染病病人及其密切接触者，应当立即通知该客车、客船的所有人或者经营人，并通报该车船行驶路线相关的县级人民政府交通行政主管部门。

**第二十八条** 对拒绝交通卫生检疫可能传播检疫传染病的车船、港站和其他停靠场所、乘运人员、运输货物，县级以上地方人民政府交通行政主管部门协助卫生行政主管部门，依法采取强制消毒或者其他必要的交通卫生检疫措施。

**第二十九条** 重大传染病疫情发生后，县级以上人民政府交通行政主管部门发现车船近期曾经载运过检疫传染病病人或者疑似检疫传染病病人、可能感染检疫传染病病人以及国务院卫生行政主管部门规定需要采取应急控制措施的传染病病人、疑似传染病病人及其密切接触者，应当立即将有关《旅客健康申报卡》送交卫生行政主管部门或者其指定的疾病预防控制机构。

**第三十条** 参加重大传染病疫情交通应急处理的工作人员，应当按照有关突发事件交通应急预案的要求，采取卫生防护措施，并在专业卫生人员的指导下进行工作。

## 第五章　交通应急保障

**第三十一条**　突发事件交通应急预案启动后，县级以上人民政府交通行政主管部门应当加强对车船、港站、道路、航道、船闸、渡口的维护、检修，保证其经常处于良好的技术状态。

除因阻断检疫传染病传播途径需要或者其他法定事由并依照法定程序可以中断交通外，任何单位和个人不得以任何方式中断交通。

县级以上人民政府交通行政主管部门发现交通中断或者紧急运输受阻，应当迅速报告上一级人民政府交通行政主管部门和当地人民政府，并采取措施恢复交通。如难以迅速恢复交通，应当提请当地人民政府予以解决，或者提请上一级人民政府交通行政主管部门协助解决。

**第三十二条**　在非检疫传染病疫区运行的车辆上发现检疫传染病病人、疑似检疫传染病病人、可能感染检疫传染病病人以及国务院卫生行政主管部门规定需要采取应急控制措施的传染病病人、疑似传染病病人及其密切接触者，由县级以上人民政府交通行政主管部门协助同级人民政府卫生行政主管部门依法决定对该车辆及其乘运人员、货物实施交通卫生检疫。

在非检疫传染病疫区运行船舶上发现检疫传染病病人、疑似检疫传染病病人、可能感染检疫传染病病人以及国务院卫生行政主管部门规定需要采取应急控制措施的传染病病人、疑似传染病病人及其密切接触者，由海事管理机构协助同级人民政府卫生行政主管部门依法对该船舶及其乘运人员、货物实施交通卫生检疫。

在非传染病疫区跨省、自治区、直辖市运行的船舶上发现检疫传染病病人、疑似检疫传染病病人、可能感染检疫传染病病人以及国务院卫生行政主管部门规定需要采取应急控制措施的传染病病人、疑似传染病病人及其密切接触者，交通部会同卫生部依法决定对该船舶实施交通卫生检疫，命令该船舶不得停靠或者通过港站。但是，因实施卫生检疫导致中断干线交通，报国务院决定。

## 第六章 紧急运输

**第三十三条** 突发事件发生后，县级以上地方人民政府交通行政主管部门应当采取措施保证突发事件应急处理所需运输的人员群体、防疫人员、医护人员以及突发事件应急处理所需的救治消毒药品、医疗救护设备器械等紧急物资及时运输。

**第三十四条** 依法负责处理突发事件的防疫人员、医护人员凭县级以上人民政府卫生行政主管部门出具的有关证明以及本人有效身份证件，可以优先购买客票；道路运输经营者、水路运输经营者应当保证其购得最近一次通往目的地的客票。

**第三十五条** 根据县级以上人民政府突发事件应急处理指挥部的命令，县级以上人民政府交通行政主管部门应当协助紧急调用有关人员、车船以及相关设施、设备。

被调用的单位和个人必须确保完成有关人员和紧急物资运输任务，不得延误和拒绝。

**第三十六条** 承担突发事件应急处理所需紧急运输的车船，应当使用《紧急运输通行证》。其中，跨省运送紧急物资的，应当使用交通部统一印制的《紧急运输通行证》；省内运送紧急物资的，可以使用省级交通行政主管部门统一印制的《紧急运输通行证》。使用《紧急运输通行证》的车船，按国家有关规定免交车辆通行费、船舶过闸费，并优先通行。

《紧急运输通行证》应当按照交通部的有关规定印制、发放和使用。

**第三十七条** 承担重大传染病疫情应急处理紧急运输任务的道路运输经营者、水路运输经营者应当遵守下列规定：

（一）车船在装卸货物前后根据需要进行清洗、消毒或者进行其他卫生处理；

（二）有关运输人员事前应当接受健康检查和有关防护知识培训，配备相应的安全防护用具；

（三）保证驾驶员休息充足，不得疲劳驾驶；

（四）进入疫区前，应当采取严格的防护措施；驶离疫区后，应当立即对车船和随行人员进行消毒或者采取其他必要卫生处理措施；

（五）紧急运输任务完成后，交回《紧急运输通行证》，对运输人员应当进行健康检查，并安排休息观察。

**第三十八条** 重大传染病疫情发生后，引航人员、理货人员上船引航、理货，应当事先体检，采取相应的有效防护措施，上船时应当主动出示健康合格证。

## 第七章 检查监督

**第三十九条** 县级以上人民政府交通行政主管部门应当加强对本行政区域内突发事件交通应急工作的指导和督察；上级人民政府交通行政主管部门对突发事件交通应急处理工作进行指导和督察，下级人民政府交通行政主管部门应当予以配合。

**第四十条** 县级以上地方人民政府交通行政主管部门的工作人员依法协助或者实施交通卫生检疫，应当携带证件，佩戴标志，热情服务，秉公执法，任何单位和个人应当予以配合，不得阻挠。

**第四十一条** 县级以上人民政府交通行政主管部门应当加强对《交通卫生检疫合格证》、《旅客健康申报卡》使用情况的监督检查；对已按规定使用《交通卫生检疫合格证》、《旅客健康申报卡》的车船，应当立即放行。

任何单位和个人不得擅自印制、伪造、变造、租借、转让《交通卫生检疫合格证》、《紧急运输通行证》。

任何单位和个人不得使用擅自印制、伪造、变造、租借、转让的《交通卫生检疫合格证》、《紧急运输通行证》。

## 第八章 法律责任

**第四十二条** 县级以上地方人民政府交通行政主管部门违反

本规定，有下列行为之一的，对其主要负责人依法给予行政处分：

（一）未依照本规定履行报告职责，对突发事件隐瞒、缓报、谎报或者授意他人隐瞒、缓报、谎报的；

（二）未依照本规定，组织完成突发事件应急处理所需要的紧急物资的运输的；

（三）对上级人民政府交通行政主管部门进行有关调查不予配合，或者采取其他方式阻碍、干涉调查的。

县级以上人民政府交通行政主管部门违反有关规定，造成传染病传播、流行或者对社会公众健康造成其他严重危害后果的，对主要负责人、负有责任的主管人员和其他责任人员依法给予开除的行政处分；构成犯罪的，依法追究刑事责任。

**第四十三条**　县级以上人民政府交通行政主管部门违反本规定，有下列行为之一，由上级人民政府交通行政主管部门责令改正、通报批评、给予警告；对主要负责人、负有责任的主管人员和其他责任人员依法给予降级、撤职的行政处分：

（一）在突发事件调查、控制工作中玩忽职守、失职、渎职的；

（二）拒不履行突发事件交通应急处理职责的。

**第四十四条**　道路运输经营者、水路运输经营者违反本规定，对在车船上发现的检疫传染病病人、疑似检疫传染病病人，未按有关规定采取相应措施的，由县级以上地方人民政府卫生行政主管部门责令改正，给予警告，并处 1000 元以上 5000 元以下的罚款。

**第四十五条**　检疫传染病病人、疑似检疫传染病病人以及与其密切接触者隐瞒真实情况、逃避交通卫生检疫的，由县级以上地方人民政府卫生行政主管部门责令限期改正，给予警告，可以并处 1000 元以下的罚款；拒绝接受交通卫生检疫和必要的卫生处理的，给予警告，并处 1000 元以上 5000 元以下的罚款。

**第四十六条**　突发事件发生后，未取得相应的运输经营资格，擅自从事道路运输、水路运输；或者有其他违反有关道路运输、水路运输管理规定行为的，依照有关道路运输、水路运输管理法规、规章的规定从重给予行政处罚。

## 第九章　附　　则

**第四十七条**　群体性不明原因疾病交通应急方案，参照重大传染病交通应急方案执行。

**第四十八条**　本规定自2004年5月1日起施行。

# 附　　则

# 关于废止 47 件交通规章的决定

（交通部令 2007 年第 9 号　2007.11.14）

现决定废止下列 47 件交通规章：

| 序号 | 发布机关 | 规章名称 | 发布文号 | 发布日期 | 联合发文部委的意见 |
|---|---|---|---|---|---|
| 1 | 交通部 | 关于海区测绘工作的若干规定 | (83)交水监字 712 号 | 1983 年 4 月 11 日 | |
| 2 | 交通部 | 港口油区安全生产管理规则 | (83)交水监字 860 号 | 1983 年 4 月 12 日 | |
| 3 | 交通部<br>财政部 | 对外开放港口港务监督人员服装供应办法、着装年限规定 | (83)交水监字 2465 号 | 1983 年 12 月 27 日 | 财政部同意废止 |
| 4 | 交通部国家经贸委 | 企业专用码头建设和管理试行办法 | (84)交海字 17 号 | 1984 年 1 月 9 日 | 国家发展和改革委员会同意废止 |
| 5 | 交通部 | 中华人民共和国磁罗经校正师（员）考核发证办法（试行） | (84)交水监字 1900 号 | 1984 年 10 月 11 日 | |
| 6 | 交通部 | 海洋运输危险货物包装检查暂行规定 | (84)交海字 2518 号 | 1984 年 12 月 22 日 | |

续上表

| 序号 | 发布机关 | 规章名称 | 发布文号 | 发布日期 | 联合发文部委的意见 |
|---|---|---|---|---|---|
| 7 | 交通部 | 交通部部属高等学校水上运输类专业毕业生分配办法 | (86)交政字923号 | 1986年12月1日 | |
| 8 | 交通部 | 交通部港口散粮筒仓防火防爆安全管理规程(试行) | (87)交函海字7号 | 1987年1月7日 | |
| 9 | 交通部 | 交通部关于乡镇运输船舶设计、修造和检验的暂行规定 | (87)交船检字709号 | 1987年10月2日 | |
| 10 | 交通部 | 交通运输企业燃油节约奖实施办法 | (87)交企字805号 | 1987年11月5日 | |
| 11 | 交通部<br>财政部<br>国家物价局 | 贷款修建高等级公路和大型公路桥梁、隧道收取车辆通行费规定 | (88)交公路字28号 | 1988年1月5日 | 国家发展和改革委员会、财政部同意废止 |
| 12 | 交通部 | 全国水运行业能源利用监测实施办法(试行) | (88)交企字620号 | 1988年10月18日 | |
| 13 | 交通部 | 长江干线在航船舶安全检查暂行规定 | (89)交安监字361号 | 1989年6月30日 | |

续上表

| 序号 | 发布机关 | 规章名称 | 发布文号 | 发布日期 | 联合发文部委的意见 |
|---|---|---|---|---|---|
| 14 | 交通部 | 海上安全监督局航标测量财务管理、会计核算暂行规定 | (89)交财字648号 | 1989年11月13日 | |
| 15 | 交通部 | 运输船舶机务管理指标(体系)考核办法(试行) | (89)交运字700号 | 1989年12月13日 | |
| 16 | 交通部 | 出租汽车旅游汽车客运管理规定 | (89)交运字709号 | 1989年12月18日 | |
| 17 | 交通部 | 港口建筑设备维修设计管理办法 | (90)交工字49号 | 1990年2月2日 | |
| 18 | 交通部 | 内河航运工程合资项目建设管理办法(试行) | (90)交工字379号 | 1990年7月9日 | |
| 19 | 交通部 | 油船作业安全技术要求 | (90)交运字517号 | 1990年9月21日 | |
| 20 | 交通部 | 汽车运输业车辆综合性能检测站管理办法 | 交通部令1991年第29号 | 1991年4月23日 | |
| 21 | 交通部国家物价局 | 中华人民共和国交通部国内航线海上救助打捞收费办法 | (91)交财字859号 | 1991年12月14日 | 国家发展和改革委员会同意废止 |

续上表

| 序号 | 发布机关 | 规章名称 | 发布文号 | 发布日期 | 联合发文部委的意见 |
|---|---|---|---|---|---|
| 22 | 交通部国家物价局 | 中华人民共和国交通部国际航线海上救助打捞收费办法 | (91)交财字859号 | 1991年12月14日 | 国家发展和改革委员会同意废止 |
| 23 | 交通部 | 交通档案管理办法 | 交办发[1992]89号 | 1992年1月9日 | |
| 24 | 交通部 | 交通部监察工作规定 | 交监察发[1992]23号 | 1992年1月16日 | |
| 25 | 交通部 | 公路运输企业责任行车事故统计报告办法 | 交安监发[1992]64号 | 1992年1月25日 | |
| 26 | 交通部 | 中华人民共和国验船师考试、考核任职规则 | 交船检发[1992]986号 | 1992年11月2日 | |
| 27 | 交通部国家经济体制改革委员会国务院经济贸易办公室 | 全民所有制交通企业转换经营机制实施办法 | 交体发[1993]18号 | 1993年1月8日 | 国家发展和改革委员会、商务部同意废止 |
| 28 | 交通部 | 道路运输服务业户开业技术经济条件(试行) | 交运发[1993]1384号 | 1993年12月26日 | |
| 29 | 交通部 | 道路运输货物装卸业户开业技术经济条件(试行) | 交运发[1993]1384号 | 1993年12月26日 | |

续上表

| 序号 | 发布机关 | 规章名称 | 发布文号 | 发布日期 | 联合发文部委的意见 |
|---|---|---|---|---|---|
| 30 | 交通部 | 交通部高等院校实习船财务管理办法 | 交财发[1995]583 号 | 1995 年 7 月 11 日 | |
| 31 | 交通部 | 交通部先进工程质量监督站和优秀工程质量监督人员评选办法（试行） | 交基发[1995]1145 号 | 1995 年 11 月 30 日 | |
| 32 | 交通部 | 集装箱汽车运输规则 | 交公路发[1995]1283 号 | 1995 年 12 月 29 日 | |
| 33 | 交通部 | 道路货物运输服务业管理办法 | 交公路发[1996]109 号 | 1996 年 1 月 26 日 | |
| 34 | 交通部 | 海（水）上安全监督局（港务监督部分）财务管理和会计核算试行办法 | 交财发[1996]723 号 | 1996 年 8 月 13 日 | |
| 35 | 交通部 | 交通部救捞单位成本费用核算办法 | 交财发[1996]819 号 | 1996 年 9 月 20 日 | |
| 36 | 交通部 | 水运工程建设市场管理办法 | 交通部令 1997 年第 1 号 | 1997 年 2 月 21 日 | |
| 37 | 交通部 | 渤海湾海上客运市场管理规定 | 交水发[1997]352 号 | 1997 年 6 月 16 日 | |
| 38 | 交通部 | 公路工程施工招标资格预审办法 | 交公路发[1997]451 号 | 1997 年 8 月 1 日 | |

续上表

| 序号 | 发布机关 | 规章名称 | 发布文号 | 发布日期 | 联合发文部委的意见 |
|---|---|---|---|---|---|
| 39 | 交通部 | 交通部公路工程优秀勘察奖、优秀设计奖和优质工程奖评审办法 | 交公路发[1997]501号 | 1997年8月18日 | |
| 40 | 交通部 | 交通汽车运输企业安全生产管理办法 | 交公路发[1997]540号 | 1997年9月2日 | |
| 41 | 交通部 | 公路工程节能管理规定(试行) | 交体法发[1997]840号 | 1997年12月24日 | |
| 42 | 交通部 | 关于降低中国籍船舶在国外滞留率的若干规定 | 交安监发[1998]68号 | 1998年2月12日 | |
| 43 | 交通部国家计委 | 汽车租赁业管理暂行规定 | 交通部、国家计划委员会令1998年第4号 | 1998年2月26日 | 国家发展和改革委员会同意废止 |
| 44 | 交通部 | 道路运输行政处罚规定 | 交通部令1998年第3号发布,经交通部令2001年第5号修正 | 1998年3月9日 | |
| 45 | 交通部 | 关于制发统计报表和发布统计资料的暂行规定 | 交规划发[1999]23号 | 1999年1月14日 | |
| 46 | 交通部 | 沿海港口建设工程概算预算编制规定 | 交水发[1999]133号 | 1999年3月24日 | |
| 47 | 交通部 | 因公临时随船人员申办海员证管理规定 | 交海发[1999]704号 | 1999年12月21日 | |